변증학

코넬리우스 반틸 지음
K. 스코트 올리핀트 편집
신국원 옮김

개혁주의신학사

C&R(Covenant and Reformed Publishing)
개혁주의신학사는 개혁신학과 언약신학에 관한 기독교 서적을 출판하는 출판사이며, 자유주의 신학과 다원주의 신학을 배척하며 순수한 기독교 신앙을 보수하기 위하여 설립된 문서선교 기관이다.

The Defense of the Faith

Written by
Cornelius Van Til

Edited by
K. Scott Oliphint

Translated by
Kuk-Won Shin

Copyright © 2008 by K. Scott Oliphint
Originally published in English under the title as
The Defense of the Faith
by Cornelius Van Til.
Translated and used by the permission of
P&R Publishing Company, P. O. Box 817
Phillipsburg, New Jersey 08865-0817.

All rights reserved.

Korean Edition
Copyright © 2012, 2017 by Covenant and Reformed Publishing
Seoul, Korea

CONTENTS

목차

편집자 서문 K. Scott Oliphint _ 7
한국어판 저자 서문 _ 15
저자 서문 _ 17
역자 서문 _ 19
서론 _ 21

제1부 구조적 견해
  제1장 기독교 신학 _ 51
  제2장 기독교 실재론 _ 79
  제3장 기독교 인식론 _ 93
  제4장 기독교 윤리학 _ 125
  제5장 변증학 접촉점 _ 151
  제6장 변증학 방법론 _ 199
  제7장 권위와 이성 _ 241
  제8장 일반은총과 스콜라주의 _ 281

제2부 반론

제9장 신학적 문제 _ 329

제10장 기독교 형이상학 _ 367

제11장 기독교 인식론 _ 429

제12장 기독교 변증 _ 453

제13장 암스테르담과 구 프린스턴 _ 527

제14장 일반은총과 실존주의 _ 581

부록 1 _ 612

부록 2 _ 619

색인 _ 620

FOREWARD

편집자 서문
K. Scott Oliphint

이번에 재출판된 반틸의 『변증학』(*The Defense of the Faith*) 초판은 개혁주의 변증학의 핵심 주제에 대한 그의 사상을 그의 다른 어떤 저서들보다 잘 보여준다. 이러한 주장의 근거는 주로 본서의 초판이 발행되었을 때 야기된 논쟁과 상황 속에서 찾아볼 수 있다.

반틸은 서문에서 "본서는 어떤 면에서 비평가들에 대한 대답이라고 할 수 있지만 그것이 본서의 주목적은 아니다"라고 말한다. 그에 의하면 본서의 주목적은 "기독교의 본질과 일맥상통하는 변증학적 방법의 대체적인 윤곽을 제시하는 것"이다. 반틸은 본서의 주목적이 비평가들을 반박하기 위한 것은 아니라고 말하지만, 그의 변증학이 예전보다 훨씬 방법론적인 요소에 초점을 맞추게 된 데에는 비평가들 (및 그들에 대한 반틸의 대답) 때문임을 부인할 수 없다.

이 문제에 관해 좀 더 구체적으로 살펴본다면, 반틸과 동료 교수들 사이에 갈등이 존재했던 1950년대 전반부 상황에는 어떤 특정한 힘이 작용한 것으로 보인다. 반틸은 1951년 칼빈신학교로부터 교수직을 제의받았다. 이 제안을 받아들일 것인가에 대해 확신이 없었던 그는 한 해

동안 결정을 미루었다. 반틸은 1951-1952년도 봄학기에 칼빈신학교에서 학생들을 가르친 후, 그 제안을 최종적으로 거절하였다. 그 후 1953년과 1954년, 칼빈대학교와 칼빈신학교가 공동으로 후원하는 정기간행물인 「칼빈 포럼」(*The Calvin Forum*)에는 그를 비판하는 기사가 쏟아졌다.[1] 이러한 기사들의 골자를 보면 확실히 (적어도 나에게는) 그들이 내세우는 표면적 비판의 배후에 무엇인가 있다는 사실을 암시하는 것이 분명한 것처럼 보였다. 왜냐하면 그들의 비판은 학문적 비판의 영역을 훨씬 넘어섰기 때문이다. 실제로 모든 비판은 반틸의 입장을 풍자화하거나 그의 말을 거두절미하고 일부만 발췌하여 허수아비로 만든 후 무참히 공격하는 식이었다. 표면 아래 감추어진 배경이 무엇이냐를 정확히 말하기는 어렵다. 반틸이 다시는 칼빈신학교에서 가르칠 수 없게 하려는 누군가의 작정된 의도였는가? 기독교 개혁교회(CRC)에서 정통 장로교회(OPC)로 옮긴 것이 그들의 적개심을 품게 했던 것인가? 반틸이 카이퍼(Kuyper)나 바빙크(Bavinck)에 대해 비판적이었다는 사실이 그들의 분노를 자아냈다는 말인가? 이러한 의문에 대한 대답은 결코 쉽지 않다.

반틸은 이러한 비판에 대해 매우 괴로워하였다. 그의 두 가지 반응에 대해 살펴보자. "나는 포럼 자료의 마지막 부분을 읽는다. 나는 내가 거칠게 반응하지 않도록 하나님의 영이 지켜주시기를 바란다. 허위진술은 용서할 수 없지만, 나는 나의 뜻을 보다 정확하게 제시해야만 한다." "나는 기독교적 사랑에 못 미치는 말을 하지 않기 위해 직접적인 대답을 피하는 것이 최선이라고 생각한다. 따라서 나는 개신교 변증학에 대해 다룬 소책자를 준비하려 한다." 그렇다면 자신의 뜻을 보다 명확히 하려는 목적과 "소책자를 준비"하려는 결심이 본서를 낳게 한 자극제가 되지 않았을까?[2] 아마도 그랬을 것이다.

---

[1] John Muether에 의하면 *The Calvin Forum*의 출판은 1955년 Cecil De Boer의 급사로 갑자기 중단되었다고 한다. 그로부터 한 달 후, Van Til은 De Boer에 대해 "그의 공격에 대해 거칠게 대응하지 않을 수 있어 얼마나 감사한지 모른다! 우리는 언젠가 자신이 한 말에 대해 설명해야 할 사람처럼 말해야 한다"라고 기고했다. John R. Muether, *Cornelius Van Til: Reformed Apologist and Churchman* (Phillipsburg, N. J.: P&R, 2008), 173.

[2] Van Til의 인용구절을 제공해 준 Van Til Archives의 John Muether에게 감사한다.

어쨌든 본서를 처음 쓰게 된 배경에는 (비록 "주목적"은 아니지만) 반틸이 자신의 의도를 오해한 데서 비롯된 허위주장이나 자신의 말을 풍자화하려는 시도를 잠재우려는 의도가 있었던 것이 분명하다.[3]

본서를 쓰기 시작하면서 반틸은 명확성에 심혈을 기울였다. 명확성은 일반적으로 소기의 성과를 거두기 어려운 작업이며, 그도 종종 생각처럼 명확하게 제시할 수 없는 것에 대해 좌절을 표하였다. 가르치는 일은 그렇지 않았지만 그에게 저술은 편한 작업이 아니었다. 아마도 반틸이 다양한 강의안으로부터 명확하고 매끄러우며 통일성 있는 자료를 취합하는 것이 자신의 입장을 명확히 밝힐 수 있는 최선의 길 가운데 하나라고 생각한 것도 그 때문일 것이다. 따라서 독자들은 본서 속에 다양한 강의안 자료가 한 묶음씩 들어 있는 것을 발견할 것이다. 이것은 단순히 작업의 편의를 위한 것 때문이 아니다. 반틸에게 책을 만드는 일은 결코 쉬운 작업이 아니었으며, 그의 사상은 책보다 강의실에서 더 명료하게 전달되었으므로 이 방법이 더욱 효과적이라고 생각했던 것이다. 본서에 인용된 그의 강의안(다양하게 편집되었으며 날짜를 밝히지 않았다)은 세 개의 긴 잡지 기사에서 발췌한 것으로 작은 글씨로 되어 있다.[4]

그러나 하나님의 섭리로 말미암아 이러한 비판과 이어진 반틸의 반론—대부분 본서에 수록되어 있다—은 독자들을 미로와 같은 반틸의 사상 속으로 인도하는 데 큰 도움이 되었다. 그리고 이제 동일한 하나님의 섭리 속에서 비평가들에 대한 반응을 담고 있는 유일한 판본인 『변증학』 초판이 다시 빛을 보게 된 것이다. 이러한 논쟁적 상황을 감안할 때, 본서는 반틸의 오랜(40년 이상) 강의와 저술의 핵심적 자료라고 할 수 있다. 본서에는 그가 이전에 저술하고 가르친 모든 내용 및 그 후의 상황이 담겨 있다. 따라서 본서는 반틸의 변증학적 접근을 이해하고자 하는 사람들이라면 반드시 읽어야 할 필독서이다.

---

[3] 안타깝게도 이 허수아비에 대한 왜곡과 풍자는 계속되었다. 예를 들어 R. C. Sproul, John H. Gerstner, and Arthur Lindsley, *Classical Apologetics* (Grand Rapids: Zondervan, 1984)를 참조하라.
[4] 한국어판은 여기서 언급한 강의안을 음영으로 편집하였다.

본서와 관련하여 독자들이 알아야 할 또 하나의 보다 중요한 사실은 이어지는 개정판들에서 삭제된 부분들이 아브라함 카이퍼와 헤르만 바빙크 및 워필드(B. B. Warfield) 등과의 견해차를 포함한 그들과의 논쟁 및 자신에 대한 비판에 반박하는 내용을 다룬 자료라는 사실이다. 그들의 비판은 "일반은총"이라는 개혁주의 교리―특히 1924년 기독교 개혁교회(Christian Reformed Church)가 제정한―에 초점을 맞춘다.[5]

나는 이 삭제된 부분을 읽는 것이 반틸의 다른 어떤 책을 읽는 것보다 그의 사상의 핵심에 더 근접하는 방법이라고 생각한다. 반틸이 개혁주의에 어떤 기여를 하였는지 알기 위해서는 카이퍼와 바빙크 및 워필드에 대한 그의 비판뿐만 아니라, 이 훌륭한 개혁주의 신학의 거목들을 어떻게 활용하여 그들의 신학적 통찰력을 자신의 변증학적 방법론에 이용하였는지를 살펴보아야 한다. 뿐만 아니라 (더욱 중요한 이유이지만) 반틸의 일반은총론에 대한 주장을 이해하지 못하는 한, 반틸의 다른 원리들을 거두절미한 채 일부 특정 원리들만 취하거나 그의 의도는 파악하지 못한 채 비판만 일삼는 비성경적 극단으로 흐를 수밖에 없는 것이다. 따라서 변증론 초판은 반틸의 변증학적/신학적 입장을 가장 잘 요약한 책이다.

이 시점에서 우리는 흔히 들을 수 있는 "이제 남은 것은 반틸을 넘어서는 일이다"라는 충고를 반복하고 싶은 유혹을 느낀다. 그러나 나는 이 유혹에 넘어가지 않을 것이다. 지금 우리에게 필요한 것은 반틸을 넘어서는 일이 아니라, 그의 접근의 깊이와 넓이를―아마도 처음으로―이해하는 것이라고 생각한다. 이해하지 못하는 것을 넘어설 수는 없다. 이런 점에서 나는 두 가지를 제안하고자 한다. (1) 그의 『변증학』을 자세하고 철저하게 그리고 반복해서 읽어보라. 반틸 사상의 원리가 어느 정도 익

---

[5] Van Til의 일반은총 개념에 대한 광범위한 비판에 대해서는 William Masselink, *General Revelation and Common Grace* (Grand Rapids: Eerdmans, 1953), James Daane, *A Theology of Grace: An Inquiry into and Evaluation of Dr. C. Van Til's Doctrine of Common Grace* (Grand Rapids: Eerdmans, 1954)를 참조하라.

숙해지면, (2) 그의 『일반은총과 복음』(Common Grace and the Gospel)에 제시된 글들을 읽어보라. 본서에서 보여주겠지만 일반은총이라는 개혁주의 교리는 반틸 사상에 반드시 필요한 중요한 요소이다. 본서(『변증학』)에 만족스럽게 전개된 이 교리는 『일반은총과 복음』에서는 좀 더 확장되어 있다. "[반틸을] 넘어서는" 일은 이 두 책의 원리를 온전히 파악한 후에라야 생각해 볼 수 있을 것이다.

한 가지 더 살펴보아야 할 것은 내가 아는 한 반틸은 본서에서부터는 자신의 연구방식에 대해 "초월적"이라는 표현을 더 이상 사용하지 않았다는 것이다(이 표현은 『예루살렘과 아덴』[Jerusalem and Athens]에서 헤르만 도예베르트에 대답할 때―그 주제가 두 사람 간의 논쟁의 핵심인 이곳에서만 유일하게―다시 사용되었다).[6] 초월적이라는 말이 그의 접근법을 가장 잘 묘사한다는 점에서 이 용어를 사용하지 않은 것은 어떤 면에서 안타까운 일이다. 반틸이 왜 이 용어를 사용하지 않았는지는 불분명하다. 그것은 아마도 본서의 배경이 된 논쟁의 중심에 그가 철학적 관념주의를 자신의 신학에 받아들였다는 비판이 있었기 때문일 것이다. 그가 칸트에게 기원을 두고 있는 이 용어를 빼는 것이 상책이라고 생각한 것도 그러한 이유 때문이었을 것이다. 혹은 버스웰(J. O. Buswell Jr.)이 1948년에 "전제주의"(Presuppositionalism)라는 용어를 사용하면서 반틸이 이를 따라갔을 수 있다. 이유야 어찌 되었든 독자들은 반틸에게 있어서 "전제"라는 말은 카이퍼나 바빙크를 비롯한 개혁주의 신학자들이 신학 원리(principia of theology)에 관해 항상 했던 말을 대신하는 또 하나의 표현이라는 사실을 알아야 한다(이 용어 및 관련된 사람들에 대한 설명은 본론에서 살펴볼 것이다).

일단 반틸의 사상을 파악하게 되면 그의 사상이 교회사역에 미치는 영향이 심대하다는 것을 알 수 있다. 반틸의 변증학적 접근과 말씀사역의 관계는 교회의 삶에 있어서 풍성한 의미를 가진다.[7] 뿐만 아니라 그래디

---

[6] E. R. Geehan, ed., *Jerusalem and Athens: Critical Discussions on the Philosophy and Apologetics of Cornelius Van Til* (New Jersey: Presbyterian and Reformed, 1971), 89–127.

[7] Edmund P. Clowney, "Preaching the Word of the Lord: Cornelius Van Til, V. D. M,"

스파이어스(Grady Spires)의 말처럼 "반틸에게 있어서 철학적 변증학으로부터 복음주의로의 여정은 근본적 내용에 있어서의 조정이 아니라 형식적(in style) 조정일 뿐"이다.[8] 명확성과 신학적 일관성이 반틸에게 중요한 이유는 유용한 변증학을 위해서 뿐만 아니라, 교회의 삶과 사역이 이러한 명확성과 일관성을 통해 더욱 하나님께 영광이 될 수 있기 때문이다.

* * *

여러분이 나에게 잠시 회상할 시간을 허락한다면 본서의 출판과 관련된 필자의 개인적인 이야기를 들려주고 싶다. 1977년 12월은 나의 인생에 중요한 두 가지 기념비적 사건이 있었던 달이다. 그 한 가지는—본서(또는 다른 책)와는 무관하지만 나에게는 가장 중요한—결혼이라는 사건이다. 또 하나는 반틸의 사진과 함께 "코넬리우스 반틸: 견실한 학자의 전설"(*Cornelius Van Til: The Legacy of a Down to-Earth Scholar*)이라는 제목의 표지 기사가 실려 있는 「크리스채너티 투데이」(*Christianity Today*)가 우리집 대문 앞에 놓여 있었던 것이다. (반틸의 사상을 아는 사람들은 이 표지 기사 밑에 "그름으로부터의 교육", "조니는 어떻게 하나님 없이 선한 사람이 될 수 있는가?" "공립학교에 할애된 전도 시간" 등의 기사가 실려 있는 것에 흥미를 가질 것이다.) 나는 당시 프란시스 쉐퍼(Francis Schaeffer)의 사상을 강의하는 교수(내가 처음으로 만난 기독교 철학자)의 철학 강좌를 수강하고 있었다. 반틸에 대해 들어본 적이 없던 나는 그가 쉐퍼의 스승이었다는 기사에 관심이 쏠렸다. 잡지의 기사를 다 읽은 후 나는 서점으로 가서 반틸의 책이 있는지 찾아보았으나 찾지 못했다. 나는 서점 주인에게 책을 주문해줄 수 있느냐고 물었다. 필자처럼 반틸에 대해 몰랐던 주인은 커다란 서지정보 목록(Books in Print)을 꺼내어 적당한 책이 있는지 찾아보았다. 서점 주인과 함께 책을 찾던 나는 『변증학』(*The Defense of the Faith*)이라는 책을 주문했다.

Westminster Theological Journal 46, no 2 (1984): 233-53.
8 David E. Kucharsky, "At the Beginning, God," *Christianity Today* 22, no. 6 (December 30, 1977): 20.

몇 주 후 책이 도착했다. 나는 열심히 탐독하였으나 일부분만 이해할 수 있을 뿐이었다. 따라서 나는 반복해서 읽으면서 의문이 드는 부분을 기록하여 철학 교수에게 가져갔다. 그는 어느 정도 도움이 되었으나 그 역시 혼돈스러워하는 부분이 있었다. 대화에 만족하지 못한 나는 책 뒷면에 있는 반틸의 약력에서 그가 웨스트민스터신학대학원에서 학생들을 가르쳤다는 사실을 알아냈다. 나는 웨스트민스터신학대학원에 편지를 보내어 반틸의 주소를 알 수 있는지 물었다. 그러자 즉시 반틸은 은퇴했지만, 서신을 반길 것이라는 답장이 왔다. 이렇게 해서 반틸 교수와 일련의 서신 왕래가 시작되었다. 나는 서서히 그리고 방법론적으로 그의 책에 담긴 모든 것을 섭렵하였다. 나는 다른 책을 주문하고 또 하나의 서신을 보내어 다른 대답을 받고 또 다른 책을 주문하는 일을 반복해 나갔다.

이 기간 중 나는 어느 날 저녁에 집으로 돌아와 이제 막 결혼한 아내에게 반틸의 책에서 얻은 것들에 대해 말했다. 그러자 아내는 눈물을 흘리기 시작했다. 나는 '이럴 수가! 아내는 내가 이 책에서 느낀 만큼 감탄했구나'라고 생각했다. 그러나 아내가 울면서 한 말은 "나는 당신이 광신자가 될까 두렵다"는 것이었다. 확실히 나의 설명은 그 점에서 심각한 결함이 있었던 것이다.

3년 동안 많은 책과 강의안들을 섭렵한 후에 나는 반틸에게 내가 사는 텍사스의 작은 마을로 와서 우리와 개인적인 교제를 나눌 수 있겠느냐고 물었다. 그는 기꺼이 그러겠다고 대답했고 필자의 집에 머물기로 했다. 그는 나에게 한 가지 조건을 제시했는데 그것은 매일 자신과 함께 산책을 해야 한다는 것이었다. 나는 마음속으로 어쩌면 거동이 불편할지도 모르는 80세의 노신학자와 함께 팔짱을 끼고 걸으며 느긋하게 신학과 변증학에 대해 토론하는 필자의 모습을 그려보았다. 그러나 이 일이 막상 현실화되자 나는 질문하는 것조차 힘이 들었다. 2마일 정도를 걷는 그의 걸음은 내가 쫓아가기 힘들만큼 빠르고 힘이 있었던 것이다. 1977년 12월은 나의 삶의 길을 제시하였으며, 그 후로 나의 모든 삶은 달라졌다고 해도 과언이 아니다.

　나에게 있어 『변증학』은 반틸 사상에 대한 입문서였다. 오랜 시간이 지나고 그의 책에 주석을 달기 위해 본서를 다시 읽으면서 나는 본서를 처음 읽을 때 가졌던 의문과 당황스러움을 기억하려고 애썼다. 나는 최소한의 필요한 설명만을 가미하였다. 또한 내가 처음 읽은 책에는 앞서 언급한 초판에서 삭제된 자료가 포함되지 않았지만, 나는 반틸과 함께 논쟁했던 사람들이 누구인지 궁금하게 생각했던 것을 기억한다. 따라서 나는 본서에 언급된 대부분의 사람들에 대한 역사적 사실 및 전기를 포함시키려고 애썼다. 이것은 독자들로 하여금 이 기간 중 반틸의 세계와 그의 논쟁에 등장하는 "인물들"이 누구인지를 인식하고 반틸의 변증학 내용 및 상황을 이해하는 것이 중요하다는 것을 알게 하기 위해서이다. 또한 필자는 혼돈을 줄 수도 있는 반틸의 용어들을 설명하고자 했다. 이러한 설명에도 불구하고 독자들은 중요한 배경이 되는 철학적 신학적 지식을 전제한 부분들이 본서에 있다는 사실을 알아야 한다. 따라서 어떤 사람들에게는 일부 설명이 낯설기도 할 것이다. 예를 들어서 아퀴나스의 형이상학이나 바르트의 신정통주의와 같은 개념에 대해서는 이처럼 제한된 지면에서 다 다룰 수 없기 때문에 자세한 설명을 하지 못했다. 그러나 필자는 가능한 독자들이 모든 상황을 이해할 수 있도록 충분한 정보를 제공할 것이다.

　필자의 언급은 주로 이 서문과 각주에 나타나는데 굵은 글씨체로[9] 되어 있는 반틸의 원래 각주는 대문자나 철자의 일관성, 구두점 및 사소한 문법적 조정 외에는 원문을 그대로 실었다(본문에서 필자에 의해 삽입된 부분은 별도로 표시하지 않았다-역자주).

　반틸은 본서가 독자들에게 명확성을 제공하기를 원했다. 필자 역시 이번에 재출판된 본서가 필자가 설명한 부분과 함께 21세기 독자들에게 처음과 같은 명확성을 제공하기를 소망한다.

---

[9] 한국어판은 Van Til의 원래 각주를 굵은 서체로, 인용문을 명조체로 편집하였고, 편집자 Oliphint가 추가 삽입한 각주를 가는 서체로, 인용문을 고딕체로 편집하였다.

FOREWARD

한국어판 저자 서문
Cornelius Van Til

나의 『변증학』이 한국어로 번역되고 있다는 소식을 처음 접했을 때 대단히 기뻤다. 이것은 나의 여러 책들과 타이핑된 원고를 복사하여 임시로 출판한 여러 강의록들 그리고 소책자로 출판된 여러 논문들 가운데 중요한 책일 것이다. 『변증학』에서 나는 진정으로 성경적이라 확신하는 변증학 방법론을 제시하였다. 로마 가톨릭의 변증학이나 복음주의자들의 변증학과는 아주 다른 것으로서 성경의 근본적 가르침에 순종하는 가운데 구성된 변증학이다.

본서에서 제시되고 있는 내용들은 첫째, "모든 성경은 하나님의 감동으로 된 것으로"라고 말하는 디모데후서 3:16의 말씀을 기초로 하고, 성경이 가르치는 창조(창 1:1; 요 1:14; 계 4:11 등)에 관한 교리와 죄(창 3:17; 6:7; 렘 17:9; 고전 2:14; 유 1:7 등)에 관한 교리 그리고 구속(마 18:11; 20:26-29; 요 3:5-8; 행 4:10-12; 계 2:1-4, 12-14, 19-21 등)에 관한 교리를 근간으로 삼고 있다.

이제 『변증학』의 한국어판 출판에 부쳐 나는 본서가 한국교회에 전제에 입각한 변증학을 자세히 소개함으로써, 한국교회가 말씀을 바로 변증함에 도움이 되기를 바랄 뿐이다. 본서를 번역함에 부딪칠 수 있는 여러 가지 난관에도 불구하고 이 어려운 작업을 해 낸 웨스트민스터신학대학원에서 변증학을 전공한 신국원 교수에게 감사를 드린다. 본서가 내가 쓴 다른 책들과 아울러 새 언약의 피로 하나 된 한국교회에 유익이 되기를 바란다.

  끝으로 민수기 6:25에서와 같이 여호와께서 그 얼굴을 여러분에게 향하여 드시어 평강 주시기를 원한다.

1984년 12월
필라델피아에서
코넬리우스 반틸

PREFACE

저자 서문

필자는 시간이 날 때마다 기독교 변증학 수업을 위한 강의안을 준비해 왔다. 많은 "국외자"들은 이 강의안에 관심을 가졌다. 어떤 사람들은 이 자료를 강의 교재로 사용하였으며, 어떤 사람들은 비판적 연구의 대상으로 삼았다.

본서는 두 가지 유형의 독자들에게 유익하다. 첫 번째 유형의 독자들에게는 필자가 기독교 신앙을 변증하는 성경적 방법이라고 생각하는 것들을 긍정적인 방식으로 제시할 것이다. 여기에는 변증학에 대한 가톨릭-복음주의적 관점과 개혁주의적 관점 간의 비교를 필요로 한다.[1] 두 번째 유형의 독자들에게는 필자의 변증학적 관점에 대한 오늘날의 반론에 대해 다룰 것이다.

그러므로 본서는 어느 면에서 비판에 대한 대답이지만, 그것이 주목

---

[1] Van Til은 그리스도인이 취할 수 있는 신학적 대안을 두 개의 범주로 요약한다. 하나는 로마 가톨릭이나 복음주의적인 경향이고 또 하나는 개혁주의 신학적 경향이다. 로마 가톨릭과 복음주의의 신학체계는 많이 다르지만 Van Til은 신론과 인간의 의지론에 관한 한 두 신학은 사실상 동일하다고 생각한다. 따라서 두 교리가 기독교의 변증학 개념에 미친 영향력을 감안할 때 본서에서 그의 관심은 신학적 체계 전체가 아닌 변증학에 구체적인 초점을 맞추고 있음을 알 수 있다.

적은 아니다. 본서의 주목적은 기독교의 본질과 일치하는 변증학적 방법의 대체적인 윤곽을 제시하는 것이다.

* * *

필자는 다음과 같이 다양한 책으로부터 본문을 인용할 수 있도록 허락해 준 출판사들에게 감사드린다. 『종교적 실재론』(Religious Realism, 1931), 테일러(A. E. Taylor)의 『신은 존재하는가?』(Does God Exist? reprint, 1947)-맥밀란 출판사(Macmillan Company). 제임스 진스(James Jeans)의 『신비한 우주』(The Mysterious Universe)-캠브리지대학 출판부(Cambridge University Press). 제임스 다아너(James Daane)의 『은혜의 신학』(A Theology of Grace), 에드워드 카넬(Edward Carnell)의 『기독교 변증학 개론』(An Introduction to Christian Apologetics), 윌리엄 마셀링크(William Masselink)의 『일반계시와 일반은총』(General Revelation and Common Grace)-어드만 출판사(William B. Eerdmans Co.), 마틴(Martin), 클라크(Clarke), 클락(Clark) 및 루딕(Ruddick)의 『철학사』(A History of Philosophy)-크로프트 출판사(F. S. Crofts and Company). 카시러(Cassirer)의 『인간론』(Essay on Man), 질송(Gilson)의 『하나님과 철학』(God and Philosophy)-예일대학 출판부(Yale University Press). 밀리컨(Millikan)의 『과학과 신문명』(Science and the New Civilization)-찰스 스크리브너 출판사(Charles Scribner's Sons). 코헨(Morris R. Cohen)의 『이성과 자연』(Reason and Nature, revised, 1953)-펠릭스 코헨 출판사(Felix Cohen).

특별히 모든 원고를 세밀하게 검토해준 존 러시두니(Rousa John Rushdoony) 목사와 원고의 기술적인 부분 및 색인 작업을 최선을 다해 도와준 옛 제자 데모스(Robert G. DeMoss) 군에게 감사드린다.[2]

---

[2] 원본에는 주제 및 인명 색인이 별도로 있었으나 본서에는 두 가지 색인을 한 곳에 모았으며, 주석 및 새로운 페이지 작업을 위해 필요한 조정을 하였다.

PREFACE

역자 서문

정말 길고도 길었던 작업을 마치고 이제 펜을 놓는다. 본서에 담긴 내용에 깊은 감명을 받고 번역하겠다는 의지를 실천하는 것이 여러 가지 난관에 부딪친 끝에 이제야 결실을 보게 되었다. 무려 4여년에 걸쳐 중단과 재개의 연속 끝에 이루어진 일이다. 그러기에 이 기나긴 작업을 지켜보면서 본서를 출판하겠다는 초지를 끝끝내 버리지 않고 격려하며 독촉해 온 사단법인 기독교문서선교회 박영호 목사님의 인내에 깊은 감사를 드리지 않을 수 없다. 이 점에 있어서는 CLC 편집실에서 수고한 분들에게도 마찬가지로 감사드린다.

펜을 놓기에 앞서 한 가지 저고 싶은 것은 본서가 진정으로 많은 신학생들과 일반 신도들 그리고 일반 독자들에게도 읽혀졌으면 하는 바람이다. 많은 사람들이 반틸에 대한 선입관과 문체의 강렬함 그리고 때때로 부딪쳐 오는 단도직입적인 서술에 의하여 본서를 끝내 읽어 내지 못하거나 읽어도 큰 반발만을 하게 되는 것을 여러 차례 보아왔다. 그러한 현상은 심지어 웨스트민트터신학교에서 같이 변증학을 공부하며 교과서로 본서를 읽던 학우들에게서도 발견되곤 했다.

본서를 문체가 강하거나 내용이 어렵다고 느낄 수도 있겠으나 사실상 본서가 어떤 의미에서 부정적인 반응을 불러일으키는 것은 그만큼 타협 없이 복음을 성경 그대로 열정을 가지고 설파하며 성경적 신앙을 추호의 타협 없이 성경의 방법에 따라 옹호하려 하기 때문이 아닌가 한다. 저자는 이러한 반발을 본서 속에서 예견하고 있다.

본서를 일견 대할 때 받는 인상이 어떤 것이든지 간에 그리고 저자 반틸에 관한 선입견이 어떤 것이든지 간에 본서를 진지하게 읽은 독자라면 적어도 본서 속에서 살아 움직이는 열정, 즉 복음을 있는 그대로, 성경의 진리를 성경이 보여주는 그대로 타협 없이 전하고 변증하려는 저자 반틸의 복음적 열정을 가슴으로 느낄 수 있을 것이다.

본서는 결코 지나치게 현학적인 책이 아니다. 여기서 간혹 사용되는 예들은 자못 미소를 머금게 하는 부분도 있을 것이다. 본서에서 사용된 철학적 용어들 자체도 오로지 복음을 현대인이 알아들을 수 있는 말로 제시하고 그들의 사상 가운데 담긴 치명적 허구를 그들의 말로 알려주기 위한 저자의 숭고한 노력의 산물이라고 보아, 역자는 이 괴상한 철학 용어 사용에 오히려 저자를 옹호하고 싶다.

본서를 계속 다듬어서 보다 나은 번역판이 되도록 노력할 것을 약속드린다. 부디 이 번역판이 "번역은 반역"이라는 경구의 대표적 예가 되지 않았으면 하는 두려움 섞인 마음뿐이다.

본서가 번역되어 나오기까지 격려를 아끼지 않으신 웨스트민스터신학대학원의 변증학 교수인 로버트 D. 크누드슨 박사와 데이비드 클로우니 그리고 반틸 저서 출판의 책임을 맡은 리차드 B. 개핀 2세 그리고 여러분이 잘 아는 간하배 교수님께도 감사드린다. 끝으로 늘 기도로 도우셨던 어머니와 아내 신동원에게도 고마움을 표한다.

신국원 識

---

* 개정4판의 K. 스코트 올리핀트가 첨가한 부분의 번역은 CLC 편집부에서 수고하였음을 밝힌다.

INTRODUCTION

서론

먼저 독자들이 문제의 핵심을 파악할 수 있도록 필자의 변증학 및 신학적 사상에 대한 비판에 대해 간략히 제시하고자 한다.

1. 비판의 준거

필자와 비평가들은 모두 정통 기독교를 고수한다. 뿐만 아니라 그들은 역사적 신조들[1]에 제시된 개혁주의 신앙을 표방한다. 역사적 개혁주의 신앙은 로마 가톨릭과 구별된다. 개신교 안에서도 개혁주의는 알미니안주의(Arminianism)[2]와 구별되며 오늘날 신학적 상황에서 이 신앙은

---

[1] Van Til이 말하는 "역사적 신조"는 (주로) 벨직 신앙고백서(1561년), 하이델베르크 요리문답(1563), 도르트 신조(1619)를 포함하는 "3대 기본 교리"(Three Forms of Unity)를 염두에 둔 것이다. 본서를 저술할 당시 Van Til 자신은 대소요리문답을 포함한 웨스트민스터 신앙고백서(1648)를 받아들였을 것이다.

[2] 알미니안주의라는 명칭은 화란의 신학자 아르미니우스(Jacobus Arminius, 1560-1609)의 이름을 딴 것이다. 예정론에 대한 그의 가르침은 17세기에 큰 논쟁을 불러일으켰다. 아르미니우스는 하나님이 자신에게 나아올 자들을 모두 구원하기로 작정하셨다고 주장한다. 따라서 택함의 여부는 인간의 선택에 달려있다. 아르미니우스의 가르침은 그의 지지자들

변증법적 신학(dialectical theology)³과 구별된다. 따라서 이 비평가들은 나의 사상을 평가함에 있어서 성경을 궁극적인 준거로 삼고 신앙과 행위의 정확무오한 법칙이자 진리로 받아들이며 역사적 개혁주의 신앙고백서를 제2의 준거로 삼는다.

성경 및 신앙고백서에 덧붙여 위대한 개혁주의 신학자들의 저술도 있다. 먼저 존 칼빈의 저서⁴가 있고, 다음으로 세 명의 위대한 개혁주의 신학자들(아브라함 카이퍼,⁵ 헤르만 바빙크,⁶ 벤자민 B. 워필드⁷)의 저서가 있다.

을 통해 확산되었으며, 1610년 5개 (항의) 조항(five Remonstrant Articles)에서 절정에 달했다. 이 5개 조항에 대처하기 위해 1618년 도르트에서 종교회의가 소집되었으며, 그 결과 1619년 도르트 신조(앞서 언급한 3대 기본 교리 가운데 하나)가 제정되었다. 도르트 신조는 예정, 속죄, 타락과 은혜 및 견인에 관한 내용을 4장에 걸쳐 다룬다. 5개 조항에 대해 반박한 내용은 소위 칼빈주의 5대 교리의 바탕이 되었다.

3 변증법적 신학은 자유주의 신학에 대한 반발로 제시되었으며, 주로-절대적인 것은 아니지만-Karl Barth(1886-1968)의 신학에 대한 언급이다. 변증법적 신학은 모순과 대조-죄에 대한 하나님의 "No"와 예수 그리스도 안에서의 "Yes" 사이의 대조-에 초점을 맞춘다. 따라서 변증법적 신학은 종합(sythesis)이 없다는 점에서 Hegel의 변증법보다 Kierkegaard의 사상에 가깝다. 이 대조는 우리와 하나님과의 관계를 신과 인간의 만남으로 해석할 것을 요구한다. 사실 특정 기독교 교리는 모두 변증법적 신학을 통해 재규명 및 재상황화 된다. Barth의 변증법적 신학에 대한 Van Til의 분석에 대해서는 Cornelius Van Til, *Christianity and Barthianism* (Philadelphia: Presbyterian and Reformed, 1962)을 참조하라.

4 John Calvin(1509-64)은 개혁주의 신학의 핵심이자 원천이다. 그의 저서 가운데 제일은 『기독교 강요』와 대부분의 성경주석이다.

5 Abraham Kuyper(1837-1920)는 신학자이자 정치가이다. 1900-1905년까지 화란의 수상을 지낸 그는 칼빈주의 신학을 정치분야에 적용하였다. 신학적으로는 기독교 세계관 및 신학 백과사전에 공헌한 바가 크며 일반은총에 대한 개혁주의 교리의 발전에도 기여했다. Kuyper's *Principles of Sacred Theology* (1898; repr., Grand Rapids: Baker, 1980); *Lectures on Calvinism* (Grand Rapids: Eerdmans, 1978); *De gemeene gratie*, 2nd. de onveranderde druk (Kampen: Kok, 1945); *Souvereiniteit in eigen kring* (Amsterdam: Kruyt, 1880). Kuyper의 세계관에 대한 탁월한 분석에 대해서는 Peter S. Heslam and Abraham Kuyper, *Creating a Christian Worldview: Abraham Kuyper's Lectures on Calvinism* (Grand Rapids: Eerdmans; Carlisle, Pa.: Paternoster, 1998)을 참조하라.

6 Herman Bavinck(1854-1921)는 Reformed Seminary at Kampen에서 20년간 교의학 교수를 지낸 후 Kuyper의 뒤를 이어 1902년부터 Free University of Amsterdam의 교수로 임용되었다. Bavinck의 조직신학 저서는 화란 개혁주의 조직신학의 표준서가 되었다. 오늘날 4권으로 구성된 그의 『개혁주의 교의학』(*Gereformeerde dogmatiek*) 전체는 영어로 번역되었다.

7 B. B. Warfield(1851-1921)는 Princeton의 가장 위대한 신학자일 것이다. 그는 많은 저서를 남겼으며, 광범위한 신학적 관심사에 대해 정확하고 상세한 접근을 하였다. 다음은 그의 저서 가운데 특히 많은 영향력을 끼친 것들이다. *Biblical and Theological Studies*, ed. Samuel

개혁주의자들은 누구나 이들 신학자들을 가장 높이 평가하며 그들에게서 벗어나는 것을 심각한 일로 생각한다. 다른 명망 있는 사람들도 개혁주의 신앙에 대한 변증 및 주석을 저술하였으나 어떤 책도 신앙고백서에 준하는 반열에 오르지는 못하였다. 그들을 떠나는 것은 대체로 교회의 신조로부터도 떠났다고 추측하기에 충분했다. 그들은 개혁주의 사고에서 권위 있는 지위를 누렸으며 개혁주의 사상의 전통이자 개혁주의 신앙의 고전적 대표자들이었다.

오늘날 필자를 향한 비판도 마찬가지이다. 그들은 내가 개혁주의 사고의 고전적 전통을 떠났을 뿐만 아니라 신조로부터도 떠났으며 심지어 신앙과 행위의 정확무오한 표준인 성경의 사상으로부터도 벗어났다고 생각한다.

2. 비판의 내용

필자에 대한 혐의에 대해 조목조목 따지기 전에 그동안 제기된 구체적이고 기본적인 반론에 대해 사례별로 살펴보는 것이 좋을 것 같다.

1) 마셀링크(Masselink)[8]

G. Craig (Philadelphia: Presbyterian and Reformed, 1968); *The Person and Work of Christ*, ed. Samuel G. Craig (Philadelphia: Presbyterian and Reformed, 1950); *Calvin and Augustine*, ed. Samuel G. Craig (Philadelphia: Presbyterian and Reformed, 1956); *The Inspiration and Authority of the Bible*, ed. Samuel G. Craig (Philadelphia: Presbyterian and Reformed, 1948); *Miracles Yesterday and Today*, True and False (Grand Rapids: Eerdmans, 1953).

[8] William Masselink(1897-1973)는 1918년 Grundy College 및 Seminary를 졸업하고 1919년 Princeton Theological Seminary에서 신학 석사학위(Th. M.)를 받았으며 1920년 Chicago Divinity School을 거쳐 1921년 Southern Baptist Theological Seminary(Ph. D.)와 1937년 Free University of Amsterdam(Th. D.)에서 학위를 받았다. 그는 1922년 Christian Reformed Church에서 목사 임직을 받았으며 인디애나, 미시간 및 일리노이주 여러 곳에서 Christian Reformed Church를 섬긴 후 1952-1963년까지 Reformed Bible College에서 학생들을 가르쳤다. 우리의 논의에서 중요한 것은 Masselink가 1938년 Free University of Amsterdam에서 Valentijn Hepp의 지도하에 쓴 논문이다. 우리의 현안과 관련된 책은 그의 *General*

마셀링크의 비판의 핵심은 다음 구절에 잘 나타난다. "반틸의 일반은 총에 관한 철학의 가장 큰 문제점[9]은 그의 전제 또는 출발점—즉 절대적인 윤리적 안티테제(대립)—이다."[10] 마셀링크는 카이퍼, 바빙크, 헵(Hepp)[11] 및 구 프린스턴신학(Old Princeton Theology)[12]과 필자 사이에는 일

---

*Revelation*이다. 본 장에 이어지는 전기 자료에 도움을 준 Calvin College의 Richard Harms 박사(Heritage Hall, Calvin College)에게 감사드린다.

[9] 이어지는 내용을 바르게 분석하기 위해서는 일반은총의 신학적 개념에 대해 이해하는 것이 중요하다. 대체로 일반은총 교리를 고수하는 사람들은 하나님이 택함 받지 못한 자들에게도 좋은 것을 주신다고 믿는다. 이 주제는 20세기 초에 뜨거운 논쟁을 불러일으켰으며 교파의 분리를 가져왔다. Calvin은 하나님의 선한 것들이 모든 피조물에게 미친다고 주장했으나(John Calvin, *Institutes of the Christian Religion*, ed. John T. McNeill, trans. Ford Lewis Battles [London: SCM Press, 1960], 2.2.16) 일반은총 교리는 화란 개혁주의 안에서 큰 발전이 있었다(가령 Kuyper, *De gemeene gratie*).

우리의 논쟁과 관련된 것은 1924년 기독교 개혁교회가 제정한 하나님의 일반은총에 대한 세 가지 조항이다. (1) 하나님은 선민뿐만 아니라 모든 사람에 대해 대체로 호의적인 태도를 보이신다. (2) 하나님은 개인의 삶 및 사회적으로 죄를 억제하신다. (3) 중생하지 못한 자도 사회적 의(civic righteousness)를 행할 수 있다. 자세한 내용은 부록 1을 참조하라.

[10] William Masselink, *General Revelation and Common Grace* (Grand Rapids: Eerdmans, 1953), 228.

[11] Valentijn Hepp(1879-1950, Van Til의 책에는 그의 이름이 미국식[Valentine]으로 바뀌어 있다)은 1903년에 Free University of Amsterdam을 졸업하였다. 그는 Herman Bavinck의 후계자로 잘 알려져 있으며, Bavinck가 죽은 직후인 1922년에는 그를 이어 모교의 조직신학 교수가 되었다. 그의 취임사 제목은 "*Gereformeerde apologetiek*"(Reformed apologetics)이었다. 12장에는 이에 대한 Van Til의 언급이 제시된다. Vrij(자유, 즉 Free University of Amsterdam)의 새로운 교의학자로서 Hepp는 *De Reformatie* (1920-1930년까지 편집장으로 있었다)에 게재한 일련의 논문(The Disavowal [or Denial] of Common Grace[1922-23])을 통해 미국의 일반은총 논쟁에 대해 반박하였다. Hepp은 미국을 두 차례 방문하였다. 1924년 가을에는 Calvin College를 포함하여 해안을 따라 44차례의 설교와 50회의 강연을 하였다. 1930년에는 Princeton Theological Seminary의 스톤 강연을 위해 두 번째로 미국을 방문하였다. Hepp은 Free University 교수 가운데 Kuyper(1898)와 Bavinck(1908)에 이어 이러한 영예를 누린 사람이었다. Hepp은 Princeton이 분리될 시점(Westminster Theological Seminary의 설립에서 절정을 이룬다)에 미국에 왔기 때문에 이 문제에 대해 장로교 안에서 어느 한 편에 서야 한다는 압박을 받았다. 그러나 그는 그렇게 할 수 없다는 결정을 내렸다. 이러한 결정으로 1930년 이후 그의 인기는 떨어지고 미국과 화란의 동료들과의 관계는 시들기 시작하였다. 그는 미국에서 돌아온 직후 *De Reformatie*의 편집자로 옮겼으며 1937-1940년까지 정기간행물, Credo의 편집자로 있었다.

[12] 구 프린스턴신학은 Charles Hodge와 B. B. Warfield로 압축할 수 있으며, 학교가 설립된 후부터 1920년대 후반까지의 신학을 일컫는다.

반계시[13] 및 일반은총에 대한 "기본적인 견해차"가 존재한다고 주장한다. 이러한 차이는 인식론의 차이로까지 거슬러 올라간다.[14] 또한 이 인식론상의 불일치는 "**하나님과 자연인 사이에 절대적인 윤리적 대립**이 존재한다는 그의 중요한 전제와 직결된다."[15]

2) 칼빈 포럼 기사들[16]

이 포럼의 기사들은 한 가지 논점으로 압축하기 어렵다. 그러나 한 가지 반복되는 강조점은 있다. 그것은 필자의 인식론이 대부분 관념론 철학으로부터 빌려왔다는 취지이다.

(1) 세실 드 보어(Cecil De Boer)[17]

"새로운 변증학은 우리가 다루어야 할 문제들이 단순한 사실이 아니라 '하나님이 해석하신 사실'임을 주장하기 위해 지식과 지혜에 대한 관념론자들의 이론―논리적인 면에서 일종의 범신론으로 이끄는 이론―을 무비판적으로 받아들인 것으로 보인다."[18]

---

13 일반계시는 모든 피조세계를 통해 인간에게 보여주시는 하나님 자신의 계시이다. 특히 시편 19:1 이하 및 로마서 1:18 이하를 참조하라.
14 인식론(epistemology)은 인간의 지식에 대한 연구이다.
15 Masselink, *General Revelation and Common Grace*, 126.
16 *Calvin Forum*은 Calvin College와 Calvin Theological Seminary에서 공동으로 후원하는 월간지이다. Van Til이 언급하는 주요 기사는 아래에서 인용된다.
17 Cecil De Boer(1895-1955)는 Calvin College(A. B., 1934)와 University of Michigan(Ph. D., 1929)에서 공부했다. 그는 1927-1928년에 University of Michigan에서 가르쳤으며 1928-1948년까지는 University of Arkansas 교수로, 1948-1950년까지는 University of Idaho 교수로 그리고 1950-1955년까지는 Calvin College 교수로 있었다. 그는 1955년 11월 28일 갑작스런 죽음을 맞기까지 *The Calvin Forum*의 편집자로 있었다. Van Til은 Cecil De Boer, "The New Apologetic," *The Calvin Forum* 19, nos. 1-2 (August-September 1953): 3-7에 대해 언급한다.
18 C. De Boer, "The New Apologetic," 3.

(2) 제시 드 보어(Jesse De Boer)[19]

대부분의 후기 르네상스 철학자들과 마찬가지로 반틸은 지식의 문제에 길들여졌다. 나는 반틸에게서 현대인식론자들과의 유사성을 보여주는 징후를 발견할 수 있다고 하는 일반적인 주제에 대해 논하고 싶지는 않다. 대신 나는 그가 사변적 관념론에서 빌어온 용어와 논증법을 사용하게 된 경위를 구체적으로 살펴봄으로써 그가 살얼음판 위를 걷고 있으며 그의 순수주의는 부메랑이 되어 돌아갈 것이라는 나의 생각을 증명해보이려 한다. 근대 관념론은 기독교로부터 어떤 원군도 찾지 못할 것이다.[20]

"그러므로 나는 그가 기독교를 관념론으로 대체하려는 위험한 발상에 빠져 있다고 경고한다."[21]

"나는 반틸이 고대와 중세 및 오늘날의 위대한 기독교 서적을 열심히 연구해서 완전히 정복하지 못하였기 때문에 그의 변증학은 그가 학창 시절에 읽은 관념론자들의 범주들과 방법론에 의해 왜곡되고 희생되었다고 생각한다."[22]

---

19 Jesse De Boer(1912-90)는 Calvin College(B. A., 1933)와 University of Michigan(M. A., 1935)을 졸업하였다. 그는 Harry Jellema를 대신하여 1935-1939년까지 Calvin College에서 철학을 가르쳤다. 그는 계속해서 Harvard University에서 박사학위(Ph. D., 1943)를 받고 미 해군에서 복무하였으며(1943-46) 1946년부터 1978년 은퇴할 때까지 Lexington의 University of Kentucky에서 철학 교수로 재직했다. Van Til이 언급한 기사는 다음과 같다. Jesse De Boer, "Professor Van Til's Apologetic: Part I: A Linguistic Bramble Patch," *The Calvin Forum* 19, nos. 1-2 (August-September 1953): 7-12와 Jesse De Boer, "Professor Van Til's Apologetic: Part II: God and Human Knowledge," *The Calvin Forum* 19, no. 3 (October 1953): 27-34 및 Jesse De Boer, "Professor Van Til's Apologetic: Part III: God and Human Knowledge," *The Calvin Forum* 19, no. 4 (November 1953): 51-57.
20 J. De Boer, "Professor Van Til's Apologetics: Part III," 57.
21 Ibid., 12.
22 J. De Boer, "Professor Van Til's Apologetics: Part III," 57.

(3) 올레베케(Orlebeke)[23]

다른 학자들보다 비판의 강도가 덜 했던 올레베케는 필자의 사상이 관념론의 사상과 어떤 식으로 다를 수 있는지를 찾는 데에도 관심을 가졌다. 그는 필자의 다음 구절을 인용한다. "기독교에 있어서 하나님의 생각은 구성적(constitutive)이다. 우주의 사실들(facts)은 하나님의 생각에 의해 실제로 존재하게 된다." 이어서 그는 다음과 같이 질문한다.

> 우리는 하나님의 지식이 그 지식의 대상과 구별될 수 없다고 생각해야 하는가? 하나님의 생각이 사실들(facts)을 실제로 구성한다고 말하는 것이 가능하다면 이러한 사실들 역시 하나님의 지식을 구성하며 따라서 하나님 자신을 구성할 수 있다고 해야 하지 않겠는가? 따라서 하나님과 그의 피조물 사이의 완전한 구별을 주장하기 위해서는 피조 된 실재의 존재와 그에 대한 하나님의 지식을 구별해야만 할 것이다.[24]

(4) 반 할세마(Van Halsema)[25]

반 할세마는 나의 "버클리의 하나님 개념"[26]에 대해 언급한다. 한 걸음 더 나아가 그는 내가 칸트의 "사고의 창조성 이론"(creativity theory of

---

[23] Clifton Orlebeke(1926-)는 University of Michigan(B. S. E., 1947)과 Calvin College(B. A., 1948)를 거쳐 University of Michigan(M. A., 1950) 및 Harvard University(Ph. D., 1963)에서 학위를 취득하였다. 그는 1957년부터 1992년 은퇴할 때까지 Calvin College 철학 교수로 재직하였다. *Calvin Forum* 기사를 작성할 당시 그는 University of Rhode Island 철학 교수로 있었다. Clifton J. Orlebeke, "On Brute Facts," *The Calvin Forum* 19, nos. 1-2 (August-September 1953): 13-17을 참조하라.

[24] Ibid., 15.

[25] Franklin Van Halsema는 Calvin College(B. A., 1952)과 Calvin Seminary(B.D., 1956)를 졸업하였다. 이 기사를 작성할 당시 그는 Free University of Amsterdam 졸업생이었다. Franklin Van Halsema, "Van Til in Review," *The Calvin Forum* 19, no. 5 (December 1953): 82-85.

[26] 이것은 George Berkeley(1685-1753)에 대한 언급이다. 여기서는 구체적으로 Van Halsema가 Van Til의 하나님 사상과 버클리의 관점 사이에 유사성을 보았다는 것이다. 버클리의 관점이란 *esse is percipi*(존재한다는 것은 지각된다는 것)이다. 우리의 마음에 관념을 넣어주는 것은 바깥세상이나 물질세계가 아니라 하나님이라는 것이다. 버클리에 의하면 하나님은 모든 것을 지각하시며 만물은 하나님이 지각하시기 때문에 존재하며 하나님으로 말미암아 우리에게 주어진다고 한다.

divine thought)에 대응하여 "신적 사상의 창조성 이론"을 제시하려 했다고 주장한다.[27] 그는 "도대체 어떤 기독교 사상이 이러한 관념론적 일탈을 '기독교 변증'에 포함시켰다는 말인가?"라고 통탄한다.[28]

3) 다아너(Daane)[29]

다아너의 비판의 기본적 내용은 다음의 글에 잘 요약되어 있다.

> 나의 이론의 절반은 반틸이 그의 일반은총 신학을 훅세마(Hoeksema) 신학의 기반이 된 헤겔의 이성주의로부터 끌어온 것도 아니며, 그가 개혁주의 전통에 속한 선구적인 신학자들의 일반은총에 관한 입장에서 발견된다고 생각했던 비기독교적인 철학적 잔재들로부터 끌어온 것도 아니라는 것이다.[30] 반대로 그는 일반은총 교리를 어느 시대보다 철학적

---

[27] Immanuel Kant(1724-1804)의 사고의 창조성 이론(creativity theory of thought)은 인간은 지각된 세계의 데이터 속에 선천적인 통찰력의 범주를 부과하는 방식으로 실재를 구성하고 조직한다는 Kant의 개념이다. 따라서 우리는 감각에 의해 우리의 이성이 "지각된 것들"에 대해 통찰력을 통해 개념을 부여하고 종합한다는 점에서 스스로 자신의 세계를 "창조해낸다." 우리의 이성은 통찰력을 통해 개념을 부여함으로써 지각된 "개념"을 종합한다. 이러한 Kant의 창조적 반실재론적 관점(creative anti-realism)을 훌륭하게 요약한 자료에 대해서는 Alvin Plantinga, "On Christian Scholarship," in *The Challenge and Promise of a Catholic University*, ed. Theodore Hesburgh (Notre Dame and London: University of Notre Dame Press, 1994)를 참조하라.

[28] **Van Halsema, "Van Til in Review," 84.**

[29] James Daane(1914-83)는 Calvin Theological Seminary(Th. B., 1940)와 Princeton Theological Seminary(Th. M., 1945) 및 Free University of Amsterdam(Th. D., 1953)에서 공부했다. 그는 1943년 Preakness, N. J.에서 기독교 개혁교회의 목사로 안수를 받았으며 Princeton Theological Seminary에서 학업을 계속했다. 그는 1945년 Princeton에서 신학 박사학위를 받았다. 1952-1953년 안식년을 맞은 그는 암스테르담에서 박사 후 과정을 밟았는데 그의 학업은 Van Til의 일반은총에 대해 비판한 내용으로만 되어 있는 한 권의 책(Daane, *A Theology of Grace*)에서 절정을 이룬다. 그는 1961년 *Christianity Today*지의 부편집자가 되었다. 1966년에 부편집자를 그만 둔 그는 Fuller Theological Seminary의 목회신학 강의를 맡았으며 1979년에 은퇴하였다. 그는 The Reformed Journal 창설자 가운데 하나이다.

[30] 20세기에 들어와 개혁주의 진영에서 일반은총에 관한 논쟁에 도화선을 당긴 것은 Herman Hoeksema(1886-1965)라고 해도 과언이 아니다. Hoeksema는 1924년 기독교 개혁교회가 제정한 "Three Points of Commom Grace"(하나님의 일반은총에 대한 3개 조항)를 반대했다. 일반은총에 대한 반대로 기독교 개혁교회로부터 쫓겨난 그는 몇 사람의 동

사변에 깊이 말려들게 하였다. 그는 기독교 역사철학의 순수한 기초나 정제된 일반은총 신학을 제시하는 대신 헤겔의 이성주의적 변증법이 견지될 뿐만 아니라 그 안에 신론적 변증법까지도 품을 만큼 확장된 헤겔의 이성주의와 현대실존주의의 복합물을 제시한다.[31]

3. 양극단의 만남

독자는 두 가지 사실에 놀랄 것이다. 첫째는 이러한 비판이 극도로 심각하다는 것이다. 필자는 인식론을 관념론에서 빌려왔으며 헤겔의 합리주의와 현대 실존주의를 혼합했다는 비판을 받고 있다. 관념론과 실존주의는 성경을 하나님의 말씀으로 여기지 않는다. 그들은 성경의 하나님을 믿지도 않는다. 그들은 예수 그리스도가 하나님의 아들이자 사람의 아들인 것을 믿지 않는다. 그들은 이 세계와 인간이 하나님에 의해 창조된 것을 믿지 않는다. 그들은 속죄를 믿지 않고 예수님이 하늘 구름

조자와 함께 미국 개신교 개혁교회(Protestant Reformed Churches of America)를 시작하고 1924-1964년까지 그곳의 목회자와 교사로 지냈다.
본 문맥에 제시된 "헤겔의 합리주의"는 독일 및 영국을 포함하여 절대적 관념론이라는 이름으로 불리고 있는 다양한 형태의 철학적 개념을 말한다. 여기서 절대적 관념론은 스스로 실재를 규명하는 절대적이고 보편적인 자의식이 있다는 것으로 Immanuel Kant의 주관적 관념론과 대조된다. 이 절대적 요소(보편성 또는 체계)는 그것과 반대되는 요소(안티테제)와 변증법적(또는 대립적) 관계에 있으며 종합(synthesis)의 과정을 통해 해결점을 찾는다. 이 종합은 즉시 하나의 이론이 됨으로서 안티테제를 해소하는 정반합의 과정을 거치게 된다. 존재론적 변증법은 이름에서 유비할 수 있는 대로 존재와 비존재의 개념과 씨름한다.
Hoeksema가 말하는 "헤겔의 합리주의"와 관련하여, Hegel에게 있어서 타락은 인간이 절대자에 대한 자의식을 찾아가는 역사적 운동의 시작을 의미한다. Hoeksema는 일반은총을 거부하며 따라서 구원받은 자와 구원받지 못한 자에 관하여 어떤 형태의 조건성도 거부하기 때문에 역사는 우리가 하나님과의 관계와 관련하여 점차 자의식을 찾아가는 과정으로 보아야 한다는 것이다.

[31] James Daane, *A Theology of Grace: An Inquiry into and Evaluation of Dr. C. Van Til's Doctrine of Common Grace* (Grand Rapids: Eerdmans, 1954), preface. Van Til이 인용한 이 본문에서 James Daane는 Van Til이 자신의 보편적 인류 개념이 관념론과 실존주의의 영향을 받았다고 비판한다.

을 타시고 산 자와 죽은 자를 심판하러 다시 오실 것을 믿지 않는다. 그러나 나는 나의 인식론을 그리스도인의 신앙을 대적하는 저들로부터 가져왔다는 비판을 받는다. 그리고 다이너는 필자의 『일반은총』에 나타난 논쟁 구조가 성경이 아닌 현대적 실존주의로부터 나왔다고 말한다. 이러한 비판은 실로 심각한 것이다.

한편 마셀링크의 비판의 핵심은 내가 "절대적인 윤리적 대립"(antithesis)을 고수한다는 것이다. 이것은 내가 불신자들의 지식이나 행위를 전혀 인정하지 않는다는 것이다.[32] "반틸은 일반은총에 대한 불신자들의 반응은 부정적일 뿐이며 따라서 그들은 인식론적으로 신자들과 공통점이 없다"고 주장한다.[33] 이러한 주장 역시―관념론과 실존주의로부터 왔다는 주장만큼은 아니지만―심각한 비판이다.

이러한 비판들이 얼마나 철저히 서로 모순되는지 살펴보자. 한편으로 그들은 나의 사상의 본질적 구조는 전적으로 불신자의 것과 같다고 말한다. 다른 한편으로 나는 아리스토텔레스를 마귀로 규정한다는 비판을 받는다. 왜냐하면 그들은 내가 절대적인 대립을 믿는다고 생각하기 때문이다. "절대적"이란 단어의 사전적 의미는 어떤 개선도 인정하지 않는다는 뜻이기 때문에 절대적인 대립이라는 개념이 뜻하는 것은 인간은 더 이상 나빠질 수 없는 최악의 상태라는 것이다.

그러나 필자는 나에 대한 비판이 이처럼 상호 배타적이라는 사실에 만족할 수 없다.[34] 왜냐하면 마셀링크는 다른 비판, 즉 내가 비기독교적

---

[32] Van Til이 말하는 "antithesis"는 Kuyper로부터 힌트를 얻은 것이다. Van Til은 antithesis에 관해 Kuyper와 의견을 달리하지만(앞으로 살펴볼 것이다) 그의 기본적 논지는 Kuyper와 동일하다. 이 개념이 Van Til의 신학에서 어떤 역할을 하는지는 이어지는 논의의 주요 쟁점 가운데 하나이다. "Antithesis"가 의미하는 것은 세상에는 두 종류의 사람―중생한 자와 중생하지 못한 자―만 존재한다는 것이다. 따라서 Kuyper는 "외부로부터 안으로 들어온 '거듭남'이 인간의 존재에 (비록 잠재적이라고 할지라도) 중요한 변화를 가져온다면 그리고 동시에 이 변화가 그의 의식에 영향을 미친다면, 이러한 변화를 경험하는 만큼(또는 경험하지 못하는 만큼) 우리의 보편적 의식에는 어떤 다리로도 연결할 수 없는 깊은 심연이 존재한다"고 말한다. Kuyper, *Principles of Sacred Theology*, 152.

[33] Masselink, *General Revelation and Common Grace*, 148.

[34] Van Til이 자신에 대한 비판을 상호 배타적이라고 한 이유는 한편으로 그의 주장이 비그

철학의 언어로 말하는 경향이 있다는 주장에 동의하며, 다른 비평가들은 내가 절대주의 신학을 소유했다고 비판하는 마셀링크의 주장에 동의하기 때문이다.

앞서 언급한 것처럼 마셀링크에 의하면 필자의 사고는 절대 윤리적 대립으로부터 시작되었다. 그는 이 절대 윤리적 대립은 논리적으로 절대 논리 및 절대 심미적 대립을 포함한다고 주장한다. 그러나 또 한편으로 필자는 스킬더(Schilder)[35]와 함께 일반적인 성령의 내적 외적 증거를 부인한다는 비판을 받는다. 이 부인에는 "전적 부패에 대한 부인과 인간의 책임에 대한 부인"이라는 이중적 오류가 포함된다.[36]

리스도인적 철학으로부터 왔다는 비판을 받고 있으며 다른 한편으로 그는 불신자들에게 어떠한 지식이나 진리도 불가능하다는 안티테제를 강조한다는 비판을 받기 때문이다.

[35] Klaas Schilder(1890-1952)는 Gereformeerde Kerken(Vrijgemaakt) 또는 Liberated Churches(교회 질서[Church Order] 31조항을 지지하는 개혁교회)의 아버지로 잘 알려져 있다. 스킬더는 1903-1909년까지 Kampen에 있는 Gereformeerde Gynmasium에서 수학했다. 그는 1914년에 Gereformeerde Kerken Theological Seminary를 우수한 성적으로 졸업하고 1914-1933년까지 여섯 개의 다른 회중을 섬겼다. 독일의 University of Erlangen에서 박사학위를 취득한 그는 그의 뛰어난 명성으로 A. G. Honig 박사를 이어 교의학 교수가 되었다. 스킬더는 나치에 반대한 죄로 수감되었으며, 그 후 여러 가지 이유로 1944년 8월에 사역을 그만 두었다. 이 사건은 그로 하여금 그 해에 Vrijgemaakt를 설립하게 하였다. 그 후 스킬더에 대한 논쟁이 이어졌으며, 그의 언약관과 교회관은 논란의 대상이 되었다. 구체적으로는 그가 헤르만 Hoeksema와 일반은총 및 언약 문제에서 다른 주장을 한다는 것이었다. 스킬더의 저서 가운데 가장 유명한 책은 그의 *Christus en Cultuur*를 번역한 것이다. Klaas Schilder, *Christ and Culture*, trans. G. van Rongen and W. Helder (Winnipeg: Premier, 1977)을 참조하라. 스킬더에 대한 자세한 내용은 J. Geertsema, *Always Obedient: Essays on the Teachings of Dr. Klaas Schilder* (Phillipsburg, N. J.: P&R, 1995)를 참조하라.

[36] Masselink, *General Revelation and Common Grace*, 107. Masselink의 주장은 두 곳에서 발견된다. 하나는 "The Holy Spirit and General Revelation"이고 또 하나는 "What Calvin Means with 'Seed of Religion'"이다. Masselink는 불신자에게서 나오는 어떤 유익한 것도 그들의 삶 속에 역사하시는 성령의 사역의 결과라고 주장한다(Calvin, *Institutes*, 2.2.15-16). 그러므로 Van Til이 인간은 "본래적으로" 하나님에 대한 지식을 가진다고 주장한다면, 인간이 성령의 사역과 무관하게 무엇인가 선하고 참된 것을 가진다는 뜻이기 때문에 전적 부패의 교리를 부정하는 것이다. 또한 Van Til이 (Klaas Schilder와 함께) 성령의 내적, 외적 증거를 부인한다면 자연인이 범죄하는 대상이 존재하지 않게 되며 따라서 인간의 책임 역시 부인되는 것이다. Masselink, *General Revelation and Common Grace*, 103-17을 참조하라.

따라서 재건주의자들(reconstructionists)**37**에게는 대립에 대한 심각한 혼돈이 존재한다. 한편으로 대립을 전적으로 부정하고, 부인하며 다른 한편으로는 그것을 절대화한다. 그들은 자연인이 일반은총이나 일반계시와 무관하게 본래적 형상의 잔재로 인해 하나님을 아는 지식과 도덕성을 가지고 있다고 주장함으로써 이러한 대립을 실제적으로 소거해 버린다.**38**

필자는 스킬더와 함께 "모든 지식의 기원은 자연인 자신에게 있다는 주장을 상당 부분 인정했다"는 비판을 받았다.**39** 역사적 개혁주의 신학에서 선교의 접촉점은 언제나 일반계시―또는 자연인으로 하여금 하나님 의식과 도덕 의식을 가지게 하는 성령의 이중적 증거―에서 찾았다. "그러나 반틸은 이 접촉점을 인간 자신에게서 찾는다."**40** 이와 같이 마셸링크는 필자가 비기독교적 개념을 사용한다는 다른 비평가들의 주장에 동조한다. "나의 판단에 의하면 이 '새로운 운동'의 모든 철학적 체계의 근본적인 취약점은 이러한 결론이 성경적 해석 대신 복잡한 철학적 사유과정이라는 수단에 의해 도출되었다는 사실에 있음이 틀림없다."**41**

한편으로 다른 비평가들 역시 내가 절대주의자의 입장을 고수한다는 마셸링크의 주장에 동조한다. 세실 드 보어는 필자의 주장에 대해 "철학

---

37 Van Til이 말하는 Reconstructionists는 Masselink에 의해 가장 잘 묘사되어 있다. "나는 본서의 내용에서 일반계시 및 일반은총에 대해 두 개의 상반된 견해를 제시한다. 이 대립적 개념은 화란과 미국 모두에서 발견된다. 두 가지 체계는 역사적 개혁주의 관점과 소위 재건주의자의 관점으로 나눌 수 있다. 전자는 Kuyper와 Bavinck 및 Warfield에 의해 처음으로 발전되었으며 이들을 따르는 신학자로는 Hodge, Machen, Hepp 및 Berkhof와 같은 학자들이 있다. 소위 재건주의자들은 네델란드에서 Schilder, Vollenhoven 및 Dooyeweerd, 미국에서는 Westminster Theological Seminary의 Van Til이 사상적 흐름을 이어가고 있다. 이 후자의 흐름은 "재건주의"로 특징되는 지지자들의 뒷받침을 받고 있다. 그들은 두 가지 교리 및 다른 진리들을 이론화하는 역사적 개혁주의를 재건하는 것을 공식적인 목표로 삼는다. 이러한 이론화는 Kuyper의 사상과 강력한 대립을 이룬다. 그러나 그들의 비판의 대상에는 Kuyper뿐만 아니라 Bavinck, Warfield, Hodge, Machen 및 Hepp이 포함된다. 그들은 Warfield와 Hodge와 Machen을 "구 프린스턴신학"으로 부른다." Masselink, *General Revelation and Common Grace*, 11.
38 Ibid., 159.
39 Ibid., 145.
40 Ibid., 158.
41 Ibid., 176.

에 있어서 그리스도인과 비그리스도인은 동일한 용어를 사용할 때에도 동일한 의미를 가질 수 없다"고 가르치는 것이라고 말한다.[42] "어쨌든 한 사람이 기독교를 받아들이지 않는다고 해서 그가 실제로(즉 궁극적으로 또는 형이상학적으로) 계란과 오이를 구별할 수 없다고 주장하는 것은 명백히 쓸데없는 짓이다."[43] 제시 드 보어는 "성경은 중생한 자와 중생하지 못한 자의 근본적인 차이에 대해 동일한 대수학이나 화폐학이나 기상학을 공유할 수 없다는 것이라고 가르치는가?"[44]라고 묻는다. 그는 필자의 "중생하지 못한 자는 어떤 사실도 알지 못한다고 하는 자주 언급되는 기본적 이론"에 대해 언급한다.[45] 그는 다음과 같이 주장한다.

> 비그리스도인과의 공통적 통찰력을 공유하는 것을 피하고 싶어 하는 개혁주의 순수주의자인 반틸이 결국 관념론자들의 논리로 기독교가 무엇을 의미하는지에 대한 자신의 해석을 옹호하려 했다는 것은 전적으로 부당하지 않은가?[46] 다른 진술을 정당화하거나 옹호하기 위한 진술은 전자의 진술보다 잘 알려져 있어야 한다. 따라서 반틸은 기독교 유신론보다 관념론자의 논리를 확신한다는 것이다.[47]

반 할세마는 필자가 카이퍼 및 심지어 도예베르트[48]와 대조적으로

---

42 C. De Boer, "The New Apologetic," 5.
43 Ibid., 6.
44 Ibid., 159.
45 Ibid., 10.
46 여기서 말하는 "관념론자의 논리"는 구체적으로 Van Til이 자신의 저술 작업에 교감을 나눈 두 명의 영국 관념론자, Bernard Bosanquet(1848-1923)와 F. H. Bradley(1846-1924)를 지칭한다. 절대적 관념론자들은 모든 추론은 반드시 우주적 체계를 전제해야 한다고 주장하는 선형적 추론과 같은 논리적 방법과 반대된다.
47 J. De Boer, "Professor Van Til's Apologetic: Part I," 12.
48 Herman Dooyeweerd(1894-1977) 및 그의 매형인 D. H. Vollenhoven(1892-1978)은 20세기 화란의 기독교 철학의 선구자이다. 도예베르트는 법률가였으나 그의 철학적 영향력은 Vollenhoven을 능가했는데 이는 그의 세 권의 저서, De wijsbegeerte der wetsidee(법철학 [1935-36]) 때문이기도 하다. 본서는 나중에 영어로 번역되었다(Herman Dooyeweerd, *A New Critique of Theoretical Thought*, ed. William S. Young, trans. David H. Freeman [Nutley, N. J.: Presbyterian and Reformed, 1969]). 자신을 카이퍼 사상의 후계자로 자처한 도예베

"그리스도인과 비그리스도인은 동일한 사유법칙(laws of thought)에 따라 사고하지도 못한다"⁴⁹고 주장했다고 말한다.

필자는 한편으로는 기독교보다 관념론의 논리(idealist logic)를 더욱 확신하는 사람이 되었고, 다른 한편으로는 그리스도인과 비그리스도인은 동일한 사유의 법칙에 따라 사고하지도 못한다고 주장하는 사람이 되고 만 것이다.

4. 양보

필자의 변증학에 대한 이처럼 격렬한 비판은 비평가들의 부분적 양보로 어느 정도 누그러졌다.

1) 마셀링크

마셀링크는 필자의 "절대주의"에 대해 어느 정도 양보한 것으로 보인다. 그는 "중생하지 못한 이성과 이해를 가능하게 하는 기독교 신앙의 시오함 사이에 어떤 유사성이 존재할 수 있겠는가?"⁵⁰라고 말한다.

> 신성에 대한 범신론적 헬라 개념과 성경의 관점 사이에는 절대적인 차이가 존재한다는 반틸의 주장은 옳다. 또한 반틸은 헬라 시인들이 범신론적인 의미로 "우리가 그를 힘입어 살며 기동하며 존재하느니라"⁵¹라고 했으나 바울은 그 속에서 성경적 방식으로 하나님의

르트는 철학, 문화, 사회 이론, 정치 및 법률 이론을 다룬 200권 이상의 저서와 논문을 남겼다.

49 Van Halsema, "Van Til in Review," 85.
50 William Masselink, *J. Gresham Machen* (n.p., n.d.), 147. Cf. Van Til, *A Letter on Common Grace* (n.p., 1953), 12, 13
51 사도행전 17:28에서 발췌한 것으로 본문에서 바울은 그레데의 철인 Epimenides의 말을 인용한다.

내재하심을 발견했다고 말한다. 이 모든 사실을 감안할 때 어떤 개혁주의 신학자도 그에게 이의를 제기하기 어렵다.[52]

또한 마셀링크는 필자의 절대주의에도 불구하고 내가 1924년에 기독교 개혁교회(CRC)의 종교회의에서 받아들인 일반은총에 대한 "세 가지" 조항을 견지하려 했다는 사실을 인정한다. 그는 "반틸은 탁월하게 인반은총을 하나님의 호의적인 베푸심으로 설명한다"라는 리델보스(Ridderbos)의 말을 인용한다.[53]

리델보스는 필자가 시민의 정의와 관련된 세 번째 조항에 대한 바른 관점을 가지고 있다고 주장한다.[54] 그는 다른 곳에서 "현재로서는 반틸이 '3개 조항'(Three Points)을 믿는다는 사실에 의문을 제기할 사람은 없다…. 문제는 이 모든 것이 어떻게 그의 중요한 전제와 조화될 수 있느냐라는 것이다"[55]라고 말한다. 그는 필자가 첫 번째와 세 번째 조항에 대한 지지에도 불구하고 어떻게 "지적 재세례파"(intellectual anabaptism)[56]로부터 벗어날 수 있는지는 알 수 없다고 말한다. 이러한 리델보스의 지적에 대해 마셀링크는 그의 판단이 "지나치게 공격적"이라고 말한다.[57]

따라서 마셀링크 자신도 어느 면에서 그리스도인과 비그리스도인의 대립(antithesis)은 절대적이라고 믿는다. "원칙적으로 자연인의 타락은 절대적이다."[58] "바른 자연과학에 대한 기본적인 원리는 성경에서만 발견

---

52 Masselink, *General Revelation and Common Grace*, 136.
53 Ibid., 185.
54 "우리의 견해는 사회적 의, 즉 자연인의 행하는 선이 일반은총 교리와 연계된다는 것이다"(S. J. Ridderbos, *Concerning the Problem of Common Grace* [Kampen: Kok, 1949], 37–38).
55 Ibid., 233.
56 "지적 재세례파"는 지성에 있어서 근본적인 분리를 뜻하는 경멸적 은유에 해당한다. 이것은 Van Til이 신자와 불신자의 지식을 얼마나 철저하게 구별하는지를 보여줌과 동시에 재세례파로서 Van Til의 관점이 개혁주의적이지 않다는 사실을 보여주는 Ridderbos의 방식이다.
57 Ridderbos, *Rondom het gemene-gratie-probleem*, 233.
58 Ibid., 112.

된다."⁵⁹ 또한 그는 일반은총으로 인해 자연인이 "하나님에 대한 약간의 바른 지식"과 "도덕성의 파편들"을 소유할 수 있다고 강조함으로써 이러한 지식과 도덕성을 외부적 출처, 말하자면 하나님께로 돌린 것이다. "그러나 일반은총이 없이는, 하나님에 대한 지식은 절대적으로 거짓이다."⁶⁰

2) 세실 드 보어

세실 드 보어는 필자의 절대주의에 대해 "기하학 문제의 해결"을 위해 성경을 받아들여야 한다고 주장하는 격이라고 비판하면서 다음과 같은 언급을 덧붙인다.

> 웨스트민스터신학대학원의 반틸 교수에 대해 솔직하게 말하자면, 최근 들어 그는 현안과 관련하여 보다 극단적이었던 자신의 초기 주장에 대해 부인하는 듯한 태도를 보인다. 그리고 우리는 그의 강의안에서 종종 피조물은 자신만의 본성과 행위를 가지고 있으며 불신자도 "어느 정도 진실한" 지식을 가지고 있다는 진술을 발견한다. 그럼에도 불구하고 이러한 진술들은 변증학에 관한 그의 일반적인 어조와 판이하게 다르기 때문에 이런 진술들은 기껏해야 카이퍼 박사와 다른이들이 일반은총이라고 부르는 것에 대한 립서비스에 불과하다고 해도 틀린말이 아닐 것이다.⁶¹

따라서 그는 필자가 드물게나마 불신자에게도 어느 정도 진실이 있다는 사실을 받아들인다고 인정한다. 그는 필자의 절대주의는 지금보다 초기 시절에 더욱 절대적이었다고 덧붙인다.

그러나 다른 한편으로 세실 드 보어 역시 마셀링크와 마찬가지로 자

---

59 Ibid., 115.
60 Ibid., 117.
61 C. De Boer, "The New Apologetic," 6.

신의 절대주의를 드러낸다.

> 그리스도인과 비그리스도인의 삶의 방식 사이의 안티테제는 아무리 강조해도 지나치지 않지만 나름대로의 시답잖은 철학을 가진 기독교인에 의해서 비기독교인이 우습게 여겨져도 된다는 뜻은 아니다. 어떤 그리스도인도 하나님의 자기 계시를 부인하는 불신자가 실재와는 동떨어져 있다는 사실을 부인하지 않는다. 그러나 남은 문제는 결국 실재와 어느 정도 동떨어져 있느냐라는 것이며, 대체로 불신자는 하나님의 형상으로 지음 받은 존재로 볼 수 없을 만큼 동떨어져 있지는 않다. 하나님의 형상을 입은 자로서 불신자는 신자와 많은 부분에서 공통점이 있는 것으로 보인다. 그에게 우주를 창조하시고 통치하시는 하나님에 대한 개념은 달리 부정하기 힘들기 때문에 적어도 무의미한 것은 아니다.[62]

3) 제시 드 보어

제시 드 보어 역시 어느 정도 양보하는 모습을 보인다. 사실 그는 독자들에게 처음부터 다음과 같이 경고한다. "나는 반틸과 필자는 여러 가지 기본적인 문제에 있어서 어떤 공통점도 없다고 가정하는 경향이 있는 사람들을 두둔하고 싶은 마음은 없다. 그러한 가정은 단순한 실수일 수 있다. 일부 독자들은 이러한 실수를 하기 쉽지만 그렇다고 그러한 실수를 줄이기 위해 여기서 반틸의 사상 전체를 요약하여 제시함으로써 그들의 시간을 빼앗고 싶지는 않다."[63]

따라서 제시 드 보어는 비록 "반틸은 마치 하나님이 특정 '진리체계'의 한 '부분'인 것처럼 주장하면서도 자신은 고전적 기독교의 사고방식을 가진 것처럼 말한다"[64]고 주장함에도 불구하고 그는 개괄적으로 필

---

62 Ibid.
63 J. De Boer, "Professor Van Til's Apologetic: Part I," 7.
64 Ibid., 12.

자의 사상에 대해서는 동의하고 있는 것이다.

4) 올레베케

올레베케는 특히 나의 사실관(view of facts)에 대해 다룬다. 그는 "어떤 사실이 존재한다는 것은 그 사실에 대한 인식이 존재한다는 것"이라는 관념론자의 관점에 대해 언급한다.[65] 그는 필자가 이러한 관념론자의 "존재와 지식(인식)의 상호 의존성"에 영향을 받았다는 증거가 있다고 생각한다. 그러나 올레베케는 필자가 사실(fact)에 대한 지식과 사실의 존재는 동일하다는 이론을 변호한 적은 없으며, 때로는 그것의 오류를 전제한다고 말한다.[66] 올레베케는 신자와 불신자의 공통적 영역[67]에 관한 문제를 다루면서 마셀링크를 비롯한 학자들이 필자가 얼마나 카이퍼의 견해와 근본적으로 다른지를 보여주기 위해 인용한 구절에 대해 언급한다. 다음은 그가 인용한 구절이다.

> 측량 및 측정, 그리고 추론은 하나로 통합된 해석 행위의 다양한 측면들일 뿐이다. 소위 자율적 인간은 그가 추상적이고 비인격적 원리라고 생각하는 것들의 도움을 받아 "엄연한 사실"(brute or bare facts)들을 측량하는가 하면, 자신이 하나님의 피조물인 줄 아는 신자는 그가 하나님이 창조하신 법칙들로 알고 있는 것들로, 그가 하나님이

---

[65] 이러한 사실관은 "마음은 그 자체의 실재를 구성한다"는 Kant의 개념에 뿌리를 내리고 있다. Orlebeke는 Kant에 대해 "Hume에 대한 그의 반론은 논리적으로 '마음은 지각 행위에 있어서 구성'이라는 원리-사물자체(thing-in-itself)를 부인하는 관념론의 원리-에 입각한 것이다"라고 주장한다. Orlebeke, "On Brute Facts," 14.
[66] Ibid.
[67] 앞으로 살펴보겠지만 접촉점이나 공통 영역이라는 개념은 변증학의 핵심이 되는 중요한 요소이다. 그것은 이 문제의 논의를 일반은총, 일반계시 및 하나님의 형상으로까지 확대하며 공통 영역에 대한 이해는 자신의 변증학적 방법론을 결정함에 있어서 중요한 역할을 한다.
Van Til은 어느 날 강의시간에 말없이 칠판으로 돌아서서 독일어로 "공통 영역"(Anknüpfungspunkt)이라고 쓴 후 시험을 치게 할 정도로 공통 영역은 그에게 중요한 개념이었다.

창조하신 사실들이라고 여기는 것들을 측량한다. 이러한 접근은 "공통" 영역을 카이퍼보다 확장하지만 이 확장된 영역에는 제한이 있다…이것은 우리로 하여금 "안티테제"에 대해 바르게 평가하게 하며 카이퍼도 이것을 강조한 바 있다. 또한 이것은 우리가 토마스 아퀴나스로 대표되는 일종의 자연신학[68]에 빠지는 것을 막아주며 카이퍼도 그것을 거부하라고 가르쳤다.[69]

이어서 그는 "이처럼 상세하게 인용한 것은 반틸 교수가 '공통 영역'에 관한 문제를 얼마나 중요시하는지를 보여주기 위해서이다. 카이퍼도 그러한 것을 믿었기 때문에 토마스 아퀴나스의 자연신학적 경향을 띠고 있다는 의심을 받았던 것이다"라고 덧붙인다.[70] 그러나 동시에 그는 다음과 같이 말한다. "반틸 교수가 이러한 사실을 인정한 것처럼 보일 때도 있다. 예를 들어 그는 '우리는 비그리스도인이 이 세상에 관해 어느 정도는 진실된 많은 지식을 가지고 있다는 사실을 잘 알고 있다. 즉 비그리스도인의 지식의 가치에 대해 인정해야만 한다는 생각이 들 때가 있다. 이것은 언제나 어려운 문제이다'라고 말한다."[71] 따라서 올레베케는 카이퍼가 "공통 영역"을 믿었다는 사실을 인정하며 필자에 대해서도 그렇다고 생각한다. 그는 여기서 카이퍼에 대한 필자의 정확한 비평을 언급하지 않은 채 계속해서 자신의 주장을 제시한다. 올레베케의 요지는 카이퍼가 아무런 제한이 없는 공통 영역을 믿었으나 필자는 제한된 공통 영역을 믿었다는 것이다.

그러나 다음 페이지에서 올레베케는 계속해서 제한된 공통성의 개념에 대해 다룬다. 그는 필자의 저서에 나타나는 모순, 즉 한편으로는 불

---

[68] 이 언급은 Thomas Aquinas의 자연신학에 관한 것으로 그의 저서에는 하나님의 존재에 대해 소위 다섯 가지 방식(또는 증거)이 다양하게 제시된다. 이러한 증거들은 계시에 대한 호소 없이 오직 이성에 근거해서만 제시된다. 이 다섯 가지는 주로 운동(motion), 인과성(causality), 필연성(necessity), 완전성(perfection), 목적(design)에 관해 다룬다. 이 문제에 대해서는 나중에 보다 상세히 다룰 것이다.
[69] Cornelius Van Til, *Common Grace* (Philadelphia: Presbyterian and Reformed, 1947), 44.
[70] Orlebeke, "On Brute Facts," 15.
[71] Ibid., 16.

신자의 지식의 가치를 인정하면서 다른 한편으로는 "어떤 죄인도 실재를 바로 해석할 수 없다"고 주장하는 "모호성"에 대한 해결을 시도한다. 그는 신자와 불신자가 꽃과 같이 단순한 대상에 대해 가질 수 있는 지식에 대해 언급한다.

> 어떤 사람이 이 꽃에 대해 본질적으로 정확하게 알고자 한다면 그것을 하나님의 피조물, 곧 그의 지혜와 권능과 영광의 계시로서 알아야만 한다. 따라서 이러한 궁극적 관점으로부터 본다면 "자연인"은 아무것도 진실하게 알 수 없으며 그리스도인은 이 동일한 궁극적 관점을 통해 모든 것을 진실하게 알 수 있는 것이다. 그러나 이것은 궁극적 관점으로부터 나오지 않은 불신자의 모든 지식이 잘못되었다는 것은 아니다. 말하자면 A라는 꽃과 B라는 꽃의 공간적 관계와 관련하여 불신자도 나름대로 바른 지식을 가질 수 있으며 신자도 이러한 관계에 관한 한 잘못된 지식을 가질 수 있다는 것이다. 그리스도인이 A와 B의 거리를 잘못 계산한다면 그런 경우에 해당하는 것이다.[72]

여기서 올레베케는 필자의 다른 글을 인용한다.

> 이와 유사한 것은 과학에 대한 우리의 태도이다. 우리는 많은 과학자들의 상세한 연구를 매우 높이 평가하며 기꺼이 인정한다. 우리는 "과학"이 많은 부분에서 우리에게 통찰력을 가져다 준 것에 대해 기꺼이 인정한다. 그러나 현대 과학자들과 그들의 방법이 기독교적 해석의 틀을 건축하게 할 수는 없다…. 우리는 성경에 나타난 하나님과 그리스도를 모든 사실들에 의미를 부여하는 구체적 보편성(concrete universal)[73]으로서 제시한다.[74]

---

[72] Ibid.
[73] 앞으로 살펴보겠지만 Van Til은 하나님을 "구체적 보편자"(보편성)로 언급한 것에 대해 비판을 받는다. 이 표현 자체는 Kant의 추상적 보편자(보편성)에 대한 반론으로 제시된 헤겔주의로부터 나온 것으로, 실재하는 보편성을 강조하며 변증법적 긴장(존재와 비존재 간의)을 조성한다. 헤겔주의에서 구체적 보편성이란 그것이 실재하며 그 안에 모든 것이 포함되어 있다는 것이다.
[74] Orlebeke, "On Brute Facts," 16.

그는 이 부분을 다음과 같이 끝맺는다.

이것(반틸의 주장)은 나의 이론을 확인하는 것처럼 보인다. 불신자들이 제공하는 "설명들"—우리가 이러한 설명의 가치를 부인하지 않는 한—이 그리스도인의 해석 체계에서 어떻게 바뀌는지는 알 수 없다. 유비적인 용어를 사용하자면, 이스라엘 백성들은 페니키아인이 다듬어서 보낸 목재를 성전에 맞추어 다시 자를 필요가 없다[75]는 것이다.[76]

이렇게 되면 양자 사이에 상당한 공감대가 형성되는 것이다. 남아 있는 차이점에 대해서는 나중에 다룰 것이다. 올레베케는 이 모든 것과 관련된 문제를 보다 정확히 보도록 도와준다.

올레베케는 자신의 논고 결론부분에 변증학에 관한 언급을 제시한다.

내가 설명한 관점은 공통 영역에 대한 카이퍼의 개념을 변론하기 위한 것으로서 결코 자연신학의 가능성을 암시하는 것은 아니다. 계시가 없다면 인간은 하나님에 대해 아무것도 알 수 없을 것이다. 그러나 계시는 존재한다. 칼빈의 말처럼 일반계시는 정직한 마음을 가진 자라면 누구라도 세상을 창조하시고 통치하시는 하나님이 존재한다는 사실을 확신할 만큼 객관적으로 분명하고 충분하다. 예를 들어 들에 핀 꽃의 아름다움은 하나님이 존재하지 않는다면 불가능하다.

그리스도인에게 이것은 명백한 사실이다. 이제 그가 믿지 않는 친구에게 그것이 사실이라는 것을 확신시키려 한다고 생각해보라. 그는 먼저 자신의 친구가 꽃이 그곳에 있으며 그것이 아름답다는 사실을 알고 있다는 사실을 전제해야만 한다. 이것이 공통 영역이다. 이어서 그는 이러한 아름다움의 사례를 설명하기 위해 필요한 절대적 아름다움(Absolute Beauty)의 원리들이 존재하는 것이 틀림없다는 사실을 증명해야 하는 상황에 놓일 수도 있다. 여기까지 그의 친구는 동의할 수도 있고 그렇지

---

[75] 다른 말로 하면, 하나님의 백성이 아닌 자들도 하나님의 백성을 위해 정확한 재료를 제공할 수 있다는 것이다.

[76] Orlebeke, "On Brute Facts," 16.

않을 수도 있다(예를 들어 플라톤의 경우에는 동의할 것이다). 만일 그가 동의한다고 가정해보라. 그 경우 이 두 번째 원리는 공통 영역이 되는 것이다. 이런 식으로 이 토론은 신적 존재를 향해 그리고 궁극적으로는 기독교의 하나님에게로 나아가게 되는 것이다.

우리는 이러한 논의 과정에서 두 가지 사실을 관측할 수 있다. 첫째, 그리스도인은 모든 경우에 그의 증거로서 오직 계시된 사실에만 호소한다는 것이다. 둘째, 불신자의 마음속에 하나님의 구원의 은혜가 개입하지 않으면 마지막 결론을 진정으로 받아들일 수 없다는 것이다.

그러나 이 부분에서 반틸 교수의 접근은 약간 다르다. 그는 "기독교를 옹호하는 결정적인 논증은 다음과 같은 사실에 있다. 그 가르침의 진실성을 전제할 때에만 논리와 일반적 진술이 실재와 접촉할 수 있다는 것이다."[77] 이것은 훌륭한 주장이기는 하나 유일하거나 최상의 주장이라고는 할 수 없다. 기독교의 진리를 "의미 있는 서술"이라는 사실을 통해 주장하는 것이 타당하다면 창조주의 필연성을 논증함으로써 우연적 존재라는 "사실"을 설명하는 것도 옳다고 주장하는 것은 더욱 타당하지 않겠는가?

반틸 교수는 그리스도인은 자신의 신앙을 변증하기 위해 "엄연한 사실"(brute fact)들[78]에 호소해서는 안 된다고 강조한다. 이것은 전적으로 사실이다. 그러나 이것은 우리가 신앙의 변증을 위해 사실들이나 실재에 호소해서는 안 된다는 것은 아니다. 그렇지 않으면 우리가 달리 어디에

---

[77] 이것은 Van Til이 말하는 초월적 접근—본서에서 말하는 소위 "전제에 의한 주장"—을 잘 요약한다. 이유는 알 수 없지만 Van Til은 본서에서(그리고 그 후에도 거의) "초월적"이라는 용어를 사용하지 않으며 자신의 연구방법에 대해 전제(presupposition)라는 표현을 사용한다. Van Til의 방법론에 대한 분석에 대해서는 K. Scott Oliphint, "The Consistency of Van Til's Methodology," *Westminster Theological Journal* 52, no. 1 (1990): 27-49를 참조하라.

[78] Van Til의 사상에서 brute fact의 개념은 종종 오해를 받는다. Van Til이 이 개념을 거부했다고 생각하는 것은 brute facts에 대한 우리의 해석 때문이다. 그러나 brute fact에 대한 Van Til의 해석은 사실들에 대한 관점과는 무관하며 오히려 이 개념은 포스트모던 상대주의(relativism)와 관련하여 해석해야 한다. Van Til에게 있어서 brute fact란 "침묵하는 사실," 즉 "아무것도 말하지 않는 사실"이며, 우리가 의미를 부여하지 않으면(부여할 때까지) 아무런 의미도 갖지 못한다. Van Til에게 brute facts가 존재할 수 없는 것은, 모든 사실은 우리의 해석을 지니고 있기 때문이 아니라 모든 사실은 창조된 사실(created fact)이기 때문이다. 모든 사실들은 창조되었기 때문에 하나님 자신의 해석이 부여된다. 하나님은 사실들을 존재케 하셨으며 자신이 창조한 모든 것들을 통해 말씀하신다.

호소할 수 있겠는가?
아마도 여기서의 문제점은 불신자의 "사실에 대한 지식"과 그 지식을 설명하기 위해 제시한 이론을 구별하지 못한 데 기인하는 것 같다. 이 이론이 "엄연한 사실"에 호소하는 것이 부적절하게 보이는 것은 의심할 여지 없는 사실이다. 그러나 다행히 사람의 행위는 그것에 대해 설명하는 말보다 나을 때가 있다. 우리는 이러한 불일치를 이용해야 한다.[79]

5) 반 할세마

앞서 언급한 것처럼 반 할세마는 필자가 그리스도인과 비그리스도인은 논리에 대한 철학이 다를 뿐만 아니라 전혀 다른 사고법칙을 따라 생각한다는 사상에 빠져 있다고 주장한다. 또한 그는 내가 신자와 불신자 간에 어떤 "사실성의 공유"(community of facthood)도 부인한다고 말한다. 그의 비판은 다음과 같이 요약된다.

> 따라서 비평적인 관점에서 볼 때 반틸 교수는 그리스도인과 비그리스도인에게 있어서 논리의 법칙은 전혀 다르다고 생각하는 것이 분명하다. 이러한 "현상론적"(phenomenalistic)[80] 특징과 함께 반틸은 공통적 논리(공통적 사유의 법칙)를 부인하며, 어떤 면에서는 사실의 공유도 부인함으로써 변증학적 논의는 명백히 불가능한 일이 되고 말았다.

---

79 Orlebeke, "On Brute Facts," 17.
80 Van Halsema는 자신이 말한 "현상론"이 무엇인지에 대해 설명한다. "여기서 말하는 '현상론'은 Van Til 자신이 존재한다는 것은 인식 속에서 존재하는 것임을 보여주기 위해 특정 후기 칸트주의자들을 묘사할 때 사용한 용어이다. Van Til은 이 용어를 이런 의미로 사용한 것이다. 우리는 이러한 그에게서 '객관'을 '주관'으로 전락시키려는 현대적 경향의 흔적을 발견할 수 있다." Van Halsema, "Van Til in Review," 84 n. 2. Van Halsema에 의하면 Van Til은 이러한 현상론 속에 지식의 원리(principium cognoscendi)와 존재의 원리(principium essendi)를 결합한다. 이것이 Van Halsema가 후기 칸트 사상에서 사물의 존재는 인식(지성) 안에 존재하기 때문이라고 말한 의미이다. Van Til에 대한 언급이 사실이라면 Van Halsema의 말처럼 어떤 논리나 사상의 공유도 부인될 것이다. 이러한 논리나 사상은 인격을 통해서만 알 수 있기 때문이다.

그럼에도 불구하고 반 할세마 역시 다음과 같은 언급으로 양보하는 모습을 보인다.

> 반틸 교수의 의도가 선한 것인지 그의 특정 논리가 바른 것인지는 중요한 문제가 아니다. 문제는 그가 일관성이 있느냐는 것이다. 논의된 결점이나 선을 넘어서는 내용은 그의 저서에서 명백히 제시된 내용이지만 어쩌면 그의 저서 다른 곳에는 그에 대한 평가를 뒤바꿀 수 있는 훨씬 엄청난 내용이 숨어 있는지도 모른다. 그러나 이처럼 상반된 평가를 해소할 수 있을 만한 정도가 아니라면 어느 쪽의 증거도 반틸의 저서는 불행하게 모순적이라는 증거 밖에 될 수 없을 것이다. 이러한 모순은 처음부터 가져온 우리의 의구심을 떨쳐버릴 수 없게 한다. 즉 그는 왜 모호한 말로 사람들을 혼돈케 하는가?("*Cur spargit voces in vulgum ambiguas?*")[81]라는 것이다.

따라서 반 할세마에 의하면 필자에 대해 그가 내린 것과는 전혀 다른 평가를 내리게 할 수 있는 "훨씬 엄청난 내용"이 존재할 가능성이 있다. 물론 이러한 평가가 제시된다고 해도 필자의 "관념론적" 경향이나 "팩트에 대한 해석이 팩트"라고 생각하는 경향에 대한 그의 주장이 여전하다면 그것은 필자의 관점이 스스로 모순됨을 보인 것밖에 되지 않을 것이다. 그러나 적어도 이 경우 필자의 사상은 전적으로 관념론적이거나 현상학적이라는 비판은 받지 않을 것이다.

6) 다이너

다이너는 『일반은총』(*Common Grace*)이라는 필자의 소책자[82]에 대해서

---

81 Ibid., (페이지는 나타나지 않음) Virgil의 *Aeneid*, book 2, lines 98-99에 제시된 이 표현은 주로 논쟁에서 자신의 주장을 관철하기 위해 이슈를 모호하게 만드는 사람을 언급할 때 사용한다(이러한 언급과 의미에 대해 알려준 Jonathan Rockey에게 감사드린다).

82 Van Til이 말하는 "소책자"는 1947년에 출판된 책으로 "The Christian Philosophy of History," "Abraham Kuyper's Doctrine of Common Grace," "Common Grace in Debate"라는 세 개의 장으로 구성된다. 이 세 개의 장과 일반은총에 대해 다룬 여섯 개의 다른 장들은 후에 Cornelius Van Til, *Common Grace and the Gospel* (Natley, N. J.: Presbyterian and

만 다룬다. 그의 요점은 필자의 입장이 논리적으로 헤겔주의, 합리주의 및 실존주의로 연결된다는 것이 아니라 필자의 모든 사상적 구조가 이러한 현대적 형태의 비기독교적 사상에 의해 지배받고 있다는 것이다.[83]

> 그러므로 요점은 반틸의 일반은총 사상이 비합리적 실존주의에 가깝다는 것이 아니다. 오히려 반틸의 사상은 실존적 변증법에 뿌리를 두고 그것을 표방하기 때문에, 보편적 인간은 타락 전 세계와 마찬가지로 타락 후 세계에서도 비존재 상태(non-existence)로 인해(아직 존재하지 않기 때문에) 사물을 공유할 수 있다고 주장할 수 있는 것이다. 또한 동일한 이유로 보편적 비존재가 "존재화 과정"(process of coming into existence)의 전진운동을 통해 점차 잠식되어가는 정도에 따라 공통성은 중단되고 일반은총은 회수되는 것이다.[84]

그는 특히 필자에게 시간은 정상적인 역사적 시간이 아니라고 주장한다. "반틸의 사상은 모든 절대적 사상체계에서와 마찬가지로 연대기적 시간을 무시하는 특징을 보여준다."[85] "반틸은 '역사의 초기 단계'에 대해 언급한다. 이것은 그의 진정한 의도가 '존재의 초기 단계'이기 때문에 혼란을 야기 시키는 표현이다."[86] 필자가 구원의 일반적 제시에 관하

Reformed, 1972)에 포함된다.
[83] Daane의 Van Til에 대한 비판은 가장 광범위하며 복잡하다. 그의 비판의 핵심을 알기 위해서는 Daane가 일반은총에 대한 Van Til의 관점이 "존재와 비존재 사이에는 영원한 변증법적 작용이 있다"는 식의 존재론적 변증을 요구한다고 생각한다는 사실을 기억하는 것이 유익하다. 사실 Daane가 그렇게 생각하는 이유는 Van Til의 관점이 그로 하여금 실제가 아닌 보편성(인류와 같은)을 먼저 생각하고 실제인 특수성을 나중에 생각하게 하기 때문이다. 그러므로 Daane는 Van Til이 "먼저"와 "나중에"라는 용어를 사용한 것에 대해 "본래적으로 언제나 먼저이며 나중이 될 수 없는 것은 '존재되어 가는 과정에 있는 비존재(non-existence)'이며 존재(존재론적으로 규명된)는 이 초기 형태의 비존재의 지배를 받는다"고 이해했던 것이다. Daane, *A Theology of Grace*, 116.
[84] Ibid., 50.
[85] Ibid., 114 n. 관념론은 구체적인 형태와 관계없이 최우선 관심사가 보편성에 있기 때문에 시간과 사물의 개념은 기껏해야 최소화되는 경향을 보인다. 전형적으로 보편성은 일시적이고 물질적인 특수성과 독특성을 초월하는 추상성을 보인다.
[86] Daane, *A Theology of Grace*, 115.

여 언급한 것에 대해서도 다아너는 "이러한 제시는 여전히 비존재의 초기 림보(limbo) 상태에 있는 자들에게 의미가 있다."[87]고 말한다. "전적으로 비성경적인 반틸의 은총 개념은 이 은총이 본질적으로 초기-실제적 존재 이전-의 은총이라는 개념으로부터 나온 결과이다."[88]

그러므로 필자의 입장은 "아담의 실재를 단순한 인간의 보편성으로 전락"시켰다는 것이다. "그러나 이제 이 부분에서 반틸은 아담의 대표적 역할을 아담의 개인적 실재와 함께 제시한다."[89] "반틸이 개인적 실재인 아담이 인간의 대표라는 범주로 들어갔다는 사실을 인정한다면 처음에 제시된 복음은 부분적으로 의미가 없다는 사실 또한 인정하지 않을 수 없을 것이다."[90] "반틸의 일반은총 신학은 아담에게 어떠한 여지도 남기지 않는다. 자세히 들여다보면 결국 '아담아 네가 어디 있느냐'라는 외침으로 끝난다."[91]

그는 필자의 존재론적 변증법에 대해 "아담이라는 사실적 실재(factual reality)를 배제했다"[92]고 주장한데 이어, "반틸은 그리스도의 초림의 순간이나 복음 선포를 통해 역사하는 은혜의 순간에 대해 고려하지 않으며 사실 그렇게 할 수도 없다"[93]고 주장한다. "결국 반틸이 예수 그리스도의 초림의 순간에 대해 어떤 중요성도 부여하지 못한 것은 이러한 생성[실존]의 순간(moment of becoming)에 대한 존재론적 해석 때문이다. 그의 사상은 복음 전파를 통해 역사하는 종말론적 순간이나 중생의 순간에 대해 어떤 여지도 남기지 않는다."[94] 역사적 기독교의 사실들이 이와 같이 증발해버린 것은 모두 "반틸의 윤리적 결정의 순간이 존재와 비존재 간의 깨어질 수도 돌이킬 수도 없는 상호 관계에 의해 전적으로 결정

---

87 Ibid., 116.
88 Ibid., 64.
89 Ibid., 40.
90 Ibid., 41.
91 Ibid., 42.
92 Ibid., 151 n.
93 Ibid., 137.
94 Ibid., 119.

되기 때문"[95]이라는 것이다.

필자가 "일부 현대 변증법적 신학자들보다 세속적인 철학적 전통으로부터 덜 벗어났다"[96]는 다나허의 기본적 주장에 비추어 볼 때, 아담의 실제적인 역사적 존재에 대한 필자의 믿음에 대해서는 의심하지 않는다는 그의 언급은 상당한 양보가 아닐 수 없다. "사실 문제는 반틸이 아담의 실재를 믿느냐의 여부가 아니다. 나는 그것에 대해 의심하지 않는다."[97] "반틸이 아담의 실재를 부인하려는 의도가 없다는 것은 분명하며 그의 글들은 그가 아담의 실재를 믿는다는 사실을 보여준다고 할 수 있다. 그러나 그의 일반은총 신학은 아담의 실재를 인정하지 않는다는 것 역시 분명한 사실이다. 이것은 반틸의 창조 교리에도 해당된다."[98]

이 정도면 독자들에게 우리의 관심사인 비평에 대한 충분한 묘사를 제시했다고 볼 수 있을 것이다. 필자는 이러한 비평에 대해 다음과 같은 방식으로 다루고자 한다. 먼저 제1부에서는 나의 사상의 일반적인 구조에 대해 다룰 것이다. 나는 이러한 구조가 비평가들이 생각하는 것과 정반대임을 제시하고 필자의 사상이 정확무오한 하나님의 말씀인 성경의 사상과 성경에 나타난 "교리체계"로부터 나온 것임을 보여줄 것이다.

이 부분은 주로 필자의 저서에서 발췌한 내용으로 구성된다. 따라서 독자들은 나의 사상적 구조에 대해 스스로 판단할 수 있을 것이다. 여러분은 필자의 사상이 관념론이나 헤겔의 합리주의나 실존주의나 현상학이 아니라 총체적인 칼빈주의로부터 왔다는 사실을 쉽게 발견할 것이다.

필자는 모든 부분에서 고대나 (특히) 현대의 비기독교적 사상과 반대되는 기독교적 인생관을 제시하고 비평가들이 말하는 "절대론"(absolutism)과 같은 요소는 없다는 것을 보여줄 것이다. 확실한 것은 기독교적 인생관은 참되고 다른 견해는 모두 거짓이라는 사실이다. 말하자면 하나님과 인간과 그리스도에 대한 성경의 관점은 다른 모든 관점

---

[95] Ibid., 124.
[96] Ibid., 147.
[97] Ibid., 40.
[98] Ibid., 118.

을 배제한다는 것이다. 자연인은 창조주보다 피조물을 더 섬기고 경배한다.[99] 그리스도인은 하나님의 은혜로 말미암아 피조물보다 창조주를 더 섬겨야 한다는 사실을 알고 있다. 그리고 이러한 사실은 그가 행하신 모든 것에서 드러난다. 그러나 창조주보다 피조물을 더 경배하고 섬기는 자들도 이 세상에서 "끝장나버린 제품"(finished products)이 아니다. 그들은 역사의 첫 번째 사람으로 모든 후손을 대표하는 아담에게 주어진 문화명령[100]의 성취에 긍정적인 기여를 할 수 있으며 그렇게 한다.

이 모든 것을 통해 필자는 총체적 또는 역사적 칼빈주의를 제시할 뿐이다. 다른 점이 있다고 해도 그것은 결코 기본적인 의미에 있어서의 차이가 아니다.[101] 필자가 제시하는 변증학적 방법조차 칼빈과 고전적 개혁주의 신학자들의 토대 위에 바탕을 둔 것이다. 그들이 상호 의견을 달리하는 경우 필자는 그들 가운데 선택하지 않을 수 없었다. 그러나 그러한 경우에도 두 당사자가 공유하는 주장에 호소하지 않았다고 할 만큼 본질적인 차이가 존재하는 내용은 없다. 필자는 가능한 카이퍼와 워필드의 사상적 요소들을 활용하고자 했다. 만일 본서가 양자와 다르다는 의미에서 "독창적"이라고 할 만한 내용이 있다면 그 내용이 건전한 것인지의 여부는 그 자체로서 평가받아야 할 것이다.

제2부는 필자의 관점에 대한 비평의 핵심적인 요소들에 대해 직접 다룬다.

---

[99] "이는 그들이 하나님의 진리를 거짓 것으로 바꾸어 피조물을 조물주보다 더 경배하고 섬김이라 주는 곧 영원히 찬송할 이시로다 아멘"(롬 1:25).
[100] 여기서 말하는 문화명령(cultural mandate)이란 주로 (그리고 가장 우선적으로) 하나님이 아담을 창조하실 때 주신 "생육하고 번성하여 땅에 충만하라 땅을 정복하라 바다의 물고기와 하늘의 새와 땅에 움직이는 모든 생물을 다스리라"(창 1:28)는 명령을 말한다.
[101] 이러한 Van Til의 고백은 가볍게 보아 넘겨서는 안 된다. 그는 여기서 자신의 변증학적 접근의 핵심은 개혁주의 조직신학을 그리스도인의 신앙적 변증에 적용한 것이라고 고백하고 있는 것이다. 그는 이런 의미에서 자신은 어떤 새로운 것도 발전시키지 않았다고 생각한다.

제1부

구조적 견해

The Defense of the Faith

Cornelius Van Til

제1장

기독교 신학

필자의 관점에 대해 앞서 언급한 비평가들의 비판에 대한 상세한 답변은 필자의 사상의 전체적 구조라는 차원에서 접근하지 않으면 큰 의미가 없다. 또한 다니어는 필자의 『일반은총』(*Common Grace*)에 제시된 내용을 토대로 이 전체적 구조에 대해 다룬다. 그의 비판에 대해 필자가 생각하는 필자의 사상적 구조가 무엇이었으며 무엇을 의도했는지를 진술하는 것 외에는 달리 답변할 방법이 없다.

필자의 사상의 기본적인 구조는 매우 단순하다. 필자는 지금까지 체계적 신학(어떤 형태이든)의 정립에 대한 요구를 받아본 적이 없다. 나는 변증학을 가르치는 교수이다. 따라서 나는 개혁주의 교리체계를 전제한다.¹ 나는 학생들에게 우리에게 필요한 것은 바로 이러한 교리적 체계라

---

1 서문에서 밝혔듯이 이 언급은 매우 중요하며 반복적으로 언급된다는 사실에 주목해야 한다. Van Til은 자신이 한 일은 개혁주의 교리체계를 구체적인 변증학적 관심사에 적용한 것밖에 없다고 말한다. 이러한 방법론 때문에 Van Til의 주장은 옛것인 동시에 새것이다. 그가 개혁주의 교의학의 기본적 특징을 변증학에 적용했다는 점에서 그의 주장은 옛것이다. 그는 이 신학의 어떤 기본적 내용이나 주제도 자의적으로 바꾸지 않으려 했다는 것이다. Van Til 이전의 변증학이 신학적 작업을 위한 발판으로서 신학보다 철학에 주목해왔다는 점에서 그의 주장은 새것이다. 이러한 방법론의 근본적 성격을 염두에 두어야 한다.

는 사실을 가르친다. 강의를 처음 듣는 학생들은 대부분 조직신학에 대해 많이 듣지 못하였기 때문에 나는 그들에게 체계적인 신학에 대해 간략히 제시한다. 그러면 학생들은 필자의 동료인 존 머레이 교수(Professor John Murray)[2]의 조직신학 강의를 들으면서 다시 나를 찾아와 변증학적 문제에 대해 새롭게 살펴보는 것이다.

다음에 제시한 필자의 변증학 강의안[3]은 본장에서 다루어야 할 주제를 잘 보여준다. 즉 우리는 무엇을 믿고 변증해야 하는가라는 것이다. 우리는 기독교 유신론을 변증해야 한다.

> 기독교를 오로지 사실에 대한 논쟁을 통하여 하나의 역사적인 종교로서 변증하려는 노력은 불가능한 것이고 또한 가능하다 해도 소용없는 일이다. 우리는 그리스도께서 무덤에서 살아나셨다고 전파한다. 한 걸음 더 나아가서 우리는 이 부활의 사건이 그의 신성(神性)의 증거라고 전파한다. 바로 이것이 기독교를 변증해 온 역사적인 논증의 핵심이었다.[4] 그러나 실용주의 철학자들은 이와 같은 논리의 전개를 납득치 못하고 거부할 것이다.[5] 설사 그 철학자들이 그리스도께서 무덤에서 살아나셨다는

---

[2] John Murray(1898-1975)는 1923년 Glasgow University에서 M. A.를 취득하고 1927년 Princeton Theological Seminary에서 Th. B.와 Th. M. 학위를 받았다. New College, Edinburgh에서 신학을 공부하고 있던 Murray는 1929년 Caspar Wistar Hodge로부터 Princeton Seminary 조직신학 조교로 초청받았다. Princeton에서 1년간 사역한 그는 Machen 으로부터 한 해 전에 설립된 Westminster Theological Seminary에서 조직신학을 가르쳐달라는 요청을 받았다. 그는 1930년부터 1967년 1월 1일 퇴직할 때까지 Westminster에서 조직신학을 가르쳤다. Westminster에서 퇴직한 Murray는 결혼하여 두 자녀를 낳아 키웠던 스코틀랜드로 돌아가 그곳에서 죽을 때까지 설교와 목회 사역에 전념하였다.

[3] Van Til이 말하는 강의안은 본서에 인용된 내용을 여러 번 손질하여 지금은 Cornelius Van Til, *Christian Apologetics*, ed. William Edgar (Phillipsburg, N. J.: P&R, 2003)이라는 책으로 출판되었다. Van Til은 이 자료의 많은 부분을 본장을 비롯한 본서 여러 곳에 삽입한다.

[4] 앞으로 살펴보겠지만 여기서 Van Til이 염두에 두고 있는 책은 Wilbur Moorehead Smith, *Therefore, Stand: A Plea for a Vigorous Aplogetic in the Present Crisis of Evangelical Christianity* (Boston: W. A. Wilde, 1945)이다.

[5] 실용주의는 미국적인 색채가 가장 뚜렷이 드러나는 철학 가운데 하나이다. 이 사상의 기본적 입장은 의미는 전제에 있는 것이 아니라 결과에 있다는 것이다. Van Til이 생각하는 실용주의자 가운데 대표적 인물인 William James(1842-1910)는 실용적 방법이란 어떤 개념의 실제적 결과를 추적함으로써 의미를 찾으려는 시도라고 말한다. 따라서 실용주

사실을 인정한다 해도 이것은 예수라는 인간에게 일어난 지극히 특이한 사건일 뿐이라고 말할 것이다. 실용주의 철학에 따르면 이 세상의 모든 것들은 서로 연관이나 인과관계로 연결되어 있는 것이 아니므로 예수님의 부활과 같은 사건은 설사 그것이 사실이었다 하더라도 그 예수님이 살았던 시대로부터 2000년이나 후에 살고 있는 우리에겐 아무 의미도 없는 것이라고 주장한다. 이러한 사실을 참작할 때에, 만일 우리가 기독교를 역사적인 종교로서 진정하게 변증하고자 한다면 기독교의 기초인 유신론(有神論)에 대한 변증이 동시에 이루어져야 하며, 이 작업에는 철학적인 논쟁이 따를 수밖에 없다는 것은 분명한 사실이다.[6]

그러나 철학적인 논쟁을 벌인다는 것이 성경 없이 시작한다는 뜻은 아니다. 우리는 먼저 이성과 경험에 호소함으로 철학적으로 유신론을 변증한 후에 기독교에 대한 지식과 변증을 위해 성경으로 돌아오는 것이 아니다. 우리는 우리가 믿는 기독교 자체뿐만 아니라 우리가 주장하는 유신론도 성경으로부터 얻는다.[7]

성경은 그것이 언급하는 모든 것에 대한 권위를 가지고 있다. 그리고 성경은 **모든 것에 대해** 언급한다.[8] 성경이 축구경기나 원자(原子) 등에 대해서 직접적으로 말하고 있다는 말은 아니지만 성경이 직접적으로 또는 간접적으로 모든 것을 말하고 있다는 말이다. 성경은 우리에게 그리스도와 그가 하신 사역에 대하여 말해 줄 뿐만 아니라 하나님이 어떤 분이시며, 이 우주의 유래는 어떠한지 등에 대해서도 말해 준다. 성경은

는 방법론을 거부한다. 실용주의와 관념론은 대립적인 것처럼 보이지만 Van Til은 자신의 박사논문에서 두 사상이 근본적으로 하나라고 주장한다. Cornelius Van Til, "God and the Absolute"(Ph. D. diss., Princeton University, 1927).

[6] Cornelius Van Til, *Christian Apologetics* (Syllabus, 1942), 2.
[7] 이것은 Van Til 사상의 핵심이다. 이것이 우리가 말하는 모든 것에는 그것을 뒷받침하는 성경구절이 있다는 말은 아니다. 오히려 Van Til이 여러 곳에서 분명히 제시한 대로 우리의 기독교 변증은 성경을 통해 계시된 진리체계에 의존한다는 것이다. Van Til에게 이러한 진리체계는 교회 안의 역사적 개혁주의 신조를 통해 표현된다.
[8] 예를 들어 하나님이 하늘과 땅을 창조하셨다고 성경이 말할 때 이는 하나님을 제외한 모든 것이 창조되었다는 것을 말해준다는 것이다.

우리에게 역사 자체를 제공할 뿐만 아니라 역사를 이해할 역사철학도 제공하고 있다. 또한 이와 같은 여러 가지 주제들에 대한 정보들은 개개의 사실로서 쪼개질 수 없는 하나의 전체 속에 얽혀 있다. 성경의 내용 가운데 소위 종교적이거나 도덕적인 교훈을 성경이 다른 주제, 예를 들어 물질적인 우주에 대해 가르치는 말씀과 분리하는 것은 성경을 하나님의 말씀으로 받아들이지 않을 경우에만 가능한 일이다.[9]

그러므로 우리는 성경에 포함되어 있는 진리의 체계 바로 그것을 세상에 전파해야만 한다. 신학의 여러 부분들은 이 진리체계를 전파하는 작업에 기여하고 있다. 교의신학(dogmatic theology) 또는 조직신학(systematic theology)의 과업은 바로 이 진리체계를 여러 제목으로 나누어 제시하는 것이다.

그러므로 우리는 예를 들자면, 루이스 벌코프 교수(Professor Louis Berkhof)[10]가 쓴 여러 가지 입문서들에서 볼 수 있는 것과 같은 조직신학의 제목들을 갖게 된다. 그 제목들에는 (1) 신론(神論), (2) 인간론(人間論), (3) 기독론(基督論), (4) 교회론(敎會論), (5) 구원론(救援論), (6) 종말론(終末論) 따위가 있다.

개혁주의적 입장은 이 교리들 하나하나에 있어서 성경의 가르치는 바를 그대로 밝혀 준다. 그러나 로마 가톨릭교나 알미니안주의 그리고 여타의 입장들은 성경적인 입장을 완전히 보여주지 못한다. 이제 우리가 개혁주의적 신앙을 변증하는 문제에 들어가기에 앞서, 우리는 개혁주의적 신앙이 무엇인지를 개괄적으로 만이라도 알아야 할 것이다.

---

9 Van Til, *Christian Apologetics* (Syllabus), 2.
10 Louis Berkhof(1873-1957)은 1906년부터 1944년까지 Calvin Theological Seminary의 교수로 있으면서 Van Til에게 조직신학을 가르친 것으로 보인다. 그는 1902-1904년까지 Princeton에서 Warfield와 Vos로부터 배웠다. 그의 저서 가운데 가장 영향력 있는 책은 화란 개혁주의 신학, 특히 Herman Bavinck의 사상에 바탕을 둔 *Systematic Theology*이다. 여기서 Van Til은 본서를 요약한 Louis Berkhof, *Manual of Reformed Doctrine* (Grand Rapids: Eerdmas, 1933)에 대해 언급한다.

1. 신론

조직신학이나 변증학에서 신론이 차지하는 중요성은 두말할 필요도 없다. 우리는 기독교가 믿는 하나님의 존재 여부를 바로 묻기에 앞서 먼저 그 하나님이 어떤 분이신지를 물어야만 한다.[11] 즉 어떤 존재인가를 묻는 질문이 존재 여부를 묻는 질문에 선행한다는 말이다. 다시 말하자면 내포(connotation)가 외연(denotation)을 선행한다. 이 말은 적어도 한 번쯤 전자를 생각하지 않고서는 후자에 관한 납득될 만한 논의를 펼 수 없다는 말이다. 우리는 하나님이란 단어를 무슨 뜻으로 사용하고 있는가? 조직신학자들은 하나님의 속성 또는 하나님의 품성에 대한 논의에서 이 문제를 다루고 있다. 신학자들은 하나님의 속성(attributes)을 비공유적 속성(incommunicable attribute)과 공유적 속성(communicable attribute)으로 나눈다.[12] 비공유적 속성들에는 다음과 같은 것들이 속한다.

첫째, 하나님의 독립성(independence) 또는 자존성(aseity)이다.[13] 이 속성

---

[11] 이 주장은 Van Til에게 매우 중요하다. 일반적으로 변증학 역사에서 하나님이 누구신가라는 문제에 대해서는 쉽게 단정해버리는 경향이 있다. 가령 Anselm의 존재론적 논증은 하나님이 "더 이상 큰 것을 생각할 수 없는 분"이라는 개념으로부터 시작한다. 그러나 Van Til의 출발점은 다르다. 그는 우리는 하나님이 누구신지를 어떻게 아느냐라는 문제에 관심을 갖는다. 따라서 그의 존재를 증명하기 위해서는 증명의 대상이 되는 그분이 누구시라는 것에 대한 의견의 일치가 있어야 한다는 것이다.

[12] 이것은 하나님의 속성을 범주화하는 대표적인 방법 가운데 하나이다(관계적 속성과 절대적 속성 등 다른 방법도 있기는 하다). 비공유적 속성은 인간을 비롯한 어떤 피조물과도 공유할 수 없는 속성-가령 불변성-이다. 공유적 속성은 피조물에게도 주어지는 선(goodness)과 같은 속성이다. 그러나 이처럼 피조물에게 주어진 속성은 피조물의 관점에서 주어지는 것이지 창조주의 관점에서 주어지는 것은 아니다. 따라서 피조물의 선이 하나님으로부터 왔으며 하나님의 선과 유사하다고 할지라도 하나님의 선은 여전히 하나님의 것으로 남아 있는 것이다.

[13] "자존성"(aseity)이라는 단어는 라틴어(*a se* [of himself])에서 유래된 말이다. Van Til은 이 하나님의 속성을 가장 먼저 강조함으로써 개혁주의적 전통-하나님이 모세에게 자신의 이름을 "스스로 있는 자"라고 알려주신 것에서 하나님의 속성의 기초를 찾으려 했다-을 이어가고 있다. 하나님이 자신의 성품에 대해 밝히신 이 부분의 함축을 놓칠 경우 하나님의 어떤 속성도 제대로 파악하지 못할 것이다. 17세기 개혁주의 사상에 관한 유익한 논의는 Richard A. Muller, *Post-Reformation Reformed Dogmatics: The Rise and Development of Reformed Orthodoxy, Ca. 1520 to Ca. 1725*; vol. 3, *The Divine Essence and Attributes*, 2nd

의 의미는 하나님이 그 자신의 존재 밖에 어느 것에도 의존하시거나 그것들과 대등한 관계로 존재하지 않으신다는 것을 의미한다. 하나님은 그 자신의 존재의 근원이시다. 오히려 근원이라는 말조차 하나님께는 적용될 수 없다. 하나님은 절대적이신 분이다. 그는 자기 자신만으로 충분하시다.

둘째, 하나님의 불변성(immutability)이다. 하나님은 자기 자신의 영원하신 존재 이외에 다른 어떤 것에도 의존하고 계시지 않으므로 변함이 없으시며 또 변하실 수 없다. 이는 당연한 것이다(막 3:6; 약 1:7).

셋째, 하나님의 무한성(infinity)이다. 우리는 이 무한성을 시간과 관련하여 생각할 때 하나님의 영원성(eternity)이라 부르고, 공간에 관련해서 생각할 때에는 하나님의 편재성(omnipresence)이라고 부른다. 영원성이라 함은 하나님의 존재나 의식(consciousness)에 있어서 시작이라든가 끝 또는 시간적인 흐름이 있지 않다는 것을 의미한다(시 90:2; 벧후 3:8). 영원성에 관한 이와 같은 개념은 시간 속에 존재하는 현세계의 의미를 설정하는 문제 전체와 관련되어 있기 때문에(즉 영원성에 대한 이 개념은 어떤 일정한 역사철학을 포함하고 있다) 변증학에 있어 매우 중요한 위치를 차지한다. 편재성이란 하나님이 공간에 내재하고 계신다든지 아니면 공간 속에는 전혀 계시지 않는다든지 하는 의미가 아니다. 하나님은 전체 공간 위에 계시지만 그럼에도 불구하고 그 공간 어느 부분에건 빠짐없이 임재하여 계신다(왕상 8:27; 행 17:27).

넷째, 하나님의 단일성(unity)이다. 단수성의 단일성과 단순성의 단일성은 구별되어야 한다. 단수성의 단일성은 수적인 의미에 있어서의 단 하나임을 의미하고, 단순성의 단일성이란 하나님이 어떤 의미에 있어서라도 하나님 이전에 존재하던 어떤 부분들이나 요소가 모여서 이루어지는 분이 아니라는 것을 뜻한다(렘 10:10; 요 1:5).

우리는 이러한 하나님의 속성들을 한 본체가 가진 여러 양상으로 생

---

ed. (Grand Rapids: Baker, 2003), 특히 227-364를 참조하라.

각하는 것 이외에 달리 생각해서는 안 된다. 그 전체는 부분들과 완전히 동일하다. 다른 한편으로 이러한 속성들은 하나님이 점진적으로 발전시켜온 특징들(characteristics)이 아니다. 이러한 속성들은 하나님의 존재(being)의 근본적인 요소들이며 이 부분적 속성들이 모여서 전체를 형성하게 된다. 전체적으로 생각할 때 우리는 하나님께는 단일성과 다양성(the unity and diversity) 둘 다 근본적이며 상호 의존적 관계에 있다고 할 수 있다. 이 교리가 변증학에서 차지하는 중요성은 모든 철학적 문제는 단일성과 다양성의 관계로 귀착된다는 사실을 통해 알 수 있다. 소위 하나(one)와 여럿(many)의 문제는 하나님의 단순성의 교리로부터 분명한 해답을 얻게 된다.[14]

인간은 이러한 하나님의 비공유적 속성을 나누어 가질 수 없다. 인간은 어떤 의미에서건 자기 자신의 존재의 근원일 수 없으며 또 인간이 어떤 의미에서건 간에 불변하거나 영원하거나 편재하거나 단일할 수는 없는 것이다. 그러므로 이러한 하나님의 비공유적 속성들은 하나님의 초월성(transcendence)을 강조한다.

공유적 속성에는 영성(Spirituality, 하나님은 영이시다[요 4:24]), 불가시성(Invisibility), 전지성(Omniscinece)과 같은 것들이 있다. 하나님은 영원한 지식적 행위 안에서 자신에 대해 완전히 아신다. 하나님은 자신의 존재에

---

[14] 하나님의 단순성에 관한 교리는 오늘날 철학계 및 기독교 철학계에서 고리타분한 과거의 유물로 여겨지고 있지만, 하나님이 누구신가에 대한 개혁주의적 이해의 핵심에 위치한다. Van Til은 우리가 삼위일체 사상을 "이해"하듯이 하나님의 단순성에 대해서도 "이해"하라고 촉구한다. 즉 하나님 안에서 발견되는 단일성과 다양성에는 동일한 궁극성이 있다는 것이다. 역사적으로 하나님의 단순성 교리와 관련된 한 가지 중요한 사실은 이러한 구별이 하나님 안에 실제로 존재한다고 생각하지는 않았다는 것이다. 즉 이러한 특징들은 실체를 가진 어떤 것(thing)이 아니라는 것이다. 따라서 삼위 하나님의 신격(Godhead)은 thing과 thing의 결합적 구조가 아니다. 오히려 신적 속성의 특징들은 본질과 동일하기 때문에 이러한 구별은 하나님이 존재하는 방식을 보여주는 형식이나 양태(formal or modal)상의 구별이라는 것이다. 따라서 가령 삼위 하나님의 세 위격은 하나님 안의 본질적인 구별이 아니라 하나님의 본질이 인격적으로 존재하는 방식이다. Muller가 언급한 대로 단순성에 대한 개신교의 학문적 교리는 삼위일체이며 이러한 교리는 삼위일체에 대한 정통적 이해를 부인하는 다양한 대적자들에 맞서 형성되었다는 것이다. Muller, *Divine Essence and Attributes*, 271 이하.

관한 모든 것을 아신다. 그렇기 때문에 하나님의 자기 지식은 "분석적"[15] 이라는 표현이 가장 적절하다고 할 수 있다. 이것은 하나님이 시간이 걸리는 과정을 통해 자신을 분석해야 한다는 뜻이 아니다. 분석적이라는 말이 강조하는 것은 하나님은 자신의 지식에 덧붙이기 위해 자신 너머를 바라볼 필요가 없다는 것이다.

그렇다면 피조세계의 사실들, 즉 하나님 외의 존재하는 사물들에 대한 지식은 어떤가? 인간으로서 우리는 사실들을 본 후에 또는 그러한 사실들이 그곳에 존재한 후 (아마도) 어느 정도의 시간 동안 작동한 후에, 그러한 사실들에 대해 알거나 해석한다. 그러나 하나님의 경우 사실들에 대한 하나님의 지식이 선행한다. 즉 하나님은 사실들이 있기 전에 사실들에 대해 아시거나 해석하신다. 사실들에 대한 하나님의 계획 또는 그의 포괄적인 해석이 사실들을 존재하게 하는 것이다(p. 6).

> 하나님의 비공유적 속성들은 하나님의 초월성을 그리고 공유적 속성들은 그의 내재성(immanence)을 각기 분명하게 나타낸다. 이 둘은 서로가 서로를 포함하고 있다. 즉 초월성에 대한 기독교적 인식과 내재성에 대한 기독교적 인식은 보조를 같이한다.[16]

범신론적인 체계들은 하나님의 내재성만을 믿으며, 자연신론적 체계들은 하나님의 초월성만을 믿지만, 그리스도인으로서 우리가 하나님의 초월성과 내재성을 모두 믿는다고 말하는 것만으로는 기독교적 유신론

---

[15] Van Til은 "분석적"이라는 용어를 칸트적 의미로 사용한다. Kant에게 분석적 판단(analytic judgment)이란 주어 안에 서술이 포함된 개념이다. 따라서 종합적 판단(synthetic judgement)과 달리 이 개념의 의미는 여러 가지 개념들을 종합하는 방식에 의해서가 아니라 한 번의 행위를 통해 알려진다. 이러한 Van Til의 논지는 적어도 Aquinas 이후의 신학 역사 속에서 형성된 것이다. 즉 하나님의 지식은 어떤 형태의 논증적 과정도 필요치 않다는 것이다. 하나님의 온전한 자기 지식은 사실 그 자체에 대해 그리고 즉시 모든 것을 완전히 아시는 지식이다.

[16] 이것은 두 가지가 하나님 안에서 양립한다는 말은 아니다. 창조 이전에는 어떤 초월성이나 내재성도 없었다. 오직 하나님만 계실 뿐이다. 두 가지는 창조와 함께 양립하게 된 것이다. 이런 의미에서는 둘 다 하나님의 속성이 될 수 없다는 사실에 주목해야 한다.

에 대한 충분한 서술이 되지 못한다. 이는 우리가 믿는 하나님의 초월성은 자연신론에서 말하는 그런 초월성이 아니며, 우리가 믿는 하나님의 내재성 역시 범신론자들이 믿는 그런 내재성이 아니기 때문이다. 자연신론의 경우 초월성이 의미하는 바는 사실상 분리이며, 범신론이 말하는 내재성이란 사실상 일체성을 의미한다. 우리가 이러한 범신론적 일체화의 개념에 자연신론적인 분리의 개념을 더한다 할지라도 그 결과로써 유신론을 끌어낼 수 있는 것이 아니다. 유신론자로서 우리가 하나님에 대하여 이야기할 때, 어떤 특별한 하나님에 대해 이야기하는 것과 마찬가지로 이와 같은 용어들을 사용할 때도 우리는 어떤 특별한 종류의 초월성과 내재성을 뜻하면서 사용하는 것이다. 하나님께 대한 기독교의 교리는 피조물인 이 세계와 하나님 사이의 관계라는 명백히 한정된 개념을 포함하고 있다. 그것뿐만 아니라 하나님에 대한 기독교의 교리는 피조물인 이 세계 속에 있는 만물에 대한 어떤 일정한 한정된 개념을 포함하고 있다(pp. 6-7).

1) 하나님의 인격성

이제까지 하나님의 속성들에 대하여 논의하여 온 내용들은 "하나님은 절대적인 인격체(absolute personality)[17]이시다"라는 말로 요약될 수 있을

---

17 Bavinck가 범신론과 대소되는 하나님의 절대적 인격성에 대해 논의했다는 사실을 감안할 때 여기서 Van Til은 이러한 Bavinck의 주장을 염두에 두고 있는 것으로 보인다. 그러나 우리는 다음과 같은 Bavinck의 언급에 주목할 필요가 있다. "인격은 인간의 영역에서 빌려온 말이기 때문에 하나님께 적용할 경우 언제나 어느 정도의 불완전한 적용이 될 수밖에 없음을 알아야 한다는 Fichte의 말을 우리는 사실로 받아들여야 한다. 인격이라는 개념은 하나님께 적용할 경우 적절하지 못할 뿐 아니라 원리 면에서 하나님에 대한 다른 신인동형성론적 표현(anthropomorphisms)과 다를 바 없다. 기독교 교회와 기독교 신학은 하나님의 존재를 묘사할 때 "인격"이라는 단어를 사용한 적이 없으며 또한 하나님 안의 세 가지 존재양식에 관해서도 그들은 더 나은 표현이 없기 때문에 어쩔 수 없이 인격이라는 표현을 사용했을 뿐이다." Herman Bavinck, *Reformed Dogmatics*, vol. 2., *God and Creation*, ed. John Bolt, trans. John Vriend (Grand Rapids: Baker, 2004), 50. 개혁주의 사상에서 인격이라는 말은 하나님이 생각과 의식과 의지를 가지신다는 의미이다.

것이다. 이 속성들은 하나님의 자의식적(self-conscious)이며 도덕적인 활동들을 가리키는 말들이다. 하나님이 이성적이며 도덕적인 활동을 하심에 있어서 그 자신의 존재외에 다른 어느 것에도 의존하지 않으심을 인식할 때에 우리는 하나님의 인격성(personality)에 관한 참다운 개혁주의적 교리를 갖게 된다.

하나님을 초월하는—또는 하나님 다음의—어떤 진리, 진, 선, 미 따위의 원리들이 이미 존재하여 하나님이 그것들을 모본으로 하여 세상을 창조하신 것은 결코 아니다. 오히려 진, 선, 미 따위의 원리들은 모두가 하나님의 존재와 같은 것으로 생각됨이 마땅하다. 왜냐하면 그것들은 하나님의 속성들이기 때문이다.[18]

비기독교적인 철학체계들은 하나님의 인격성을 부인하지 않는다. 적어도 일부는 그렇다. 그럼에도 불구하고 사실상 하나님의 절대적인 인격성에 대해서는 그들 모두가 부인한다. 그리스도인들은 우리 자신이 인격체라는 점에서는 하나님과 같을 수 있으며 또 하나님과 같아야만 한다고 말할 수 있다. 그러나 한편으로 하나님은 절대적인(absolute) 인격이신 반면에 우리는 제한된(finite) 인격을 가진 자들이란 점에서 결코 하나님과 같을 수 없다는 사실을 고백하지 않을 수 없다. 그러나 무신론자들은 하나님이 우리가 생각할 수 있는 것 그 이상으로 훨씬 월등한 인격이시라 할지라도, 우리는 이러한 하나님의 절대적인 인격성과 우리의 제한적인 인격성 사이의 구별이 질적인 차이의 것임을 주장해서는 안 된다고 우긴다.

---

[18] 여기서 Van Til은 하나님의 인격의 절대성에 관해 다루며 구체적으로는 Euthyphro가 Plato에게 던진 질문을 염두에 두었을 것이다. 즉 "선이 선인 것은 하나님이 그렇게 말씀하시기 때문입니까 아니면 그것이 선이기 때문에 하나님이 그렇게 말씀하시는 것입니까?"라는 것이다. 그리스도인의 대답은 선이 선인 것은 하나님이 그렇게 말씀하시기 때문이라는 것이다. 그것이 선하기 때문에 하나님이 그렇게 말씀하셨다는 것은 선을 하나님과 별개의 것으로 생각하는 것이며 하나님이 그것에 의존하시는 것으로 본다. 후자의 사고방식은 서구 철학의 전형적 방식이다.

2) 삼위일체

기독교 신론 중 여기서 언급하고자 하는 또 하나의 항목은 삼위일체 교리이다. 우리는 하나님이 삼위의 인격체(tri-personality)로서 존재하신다고 주장한다. "삼위일체 교리는 기독교의 핵심이다."[19] 삼위일체의 삼위(three persons)는 본질상 동일하며, 그중의 어느 한 위의 본질이 다른 한 위 또는 다른 두 위로부터 유래된 것이 아니다. 그러나 이와 같은 단일성 속에 각기 다른 삼위가 각각 존재하는 것이다. 즉 다양성과 동질성은 둘 다 파생적이 아니라는 것이다.[20]

우리는 지금 기독교 신론의 골자만을 적은 간략한 개요를 보고 있는 중이다. 기독교는 이제껏 상술한 바의 모든 속성들을 지니신, 절대적인 인격체이신 삼위일체의 하나님을 우리가 믿는 하나님으로서 제시하고 있다.

하나님에 대한 이와 같은 개념은 우리가 소중하게 여기며 주장하는 다른 모든 것들의 기초가 된다. 만일 우리가 이와 같은 하나님을 믿을 수 없다면, 우리가 어떤 다른 종류의 하나님을 믿을 수 있다든가 또는 다른 어떤 무엇을 믿을 수 있다든가 하는 따위는 하나도 유익을 줄 수 없는 것들에 불과하다. 우리에게 있어서는 모든 것이 그 의미를 이러한 하나님께 의존하고 있다. 따라서 삼위 하나님이 아닌 다른 어떤 하나님의 존재에 대한 증명에도 관심이 없다. 다른 하나님은 하나님이 아니며 다른 하나님의 존재를 증명하는 것은 사실상 하나님이 계시지 않는다는 증거밖에 되지 않는다(p. 7).

---

19 H. Bavinck, *Gereformeerde Dogmatiek*, II. p. 289.
20 Van Til은 여기서 "존재론적"(ontological) 삼위일체에 대해 언급한다. 즉 하나님 자신은 피조물과 완전히 구별되신다는 것이다(이것이 바로 우리가 말하는 "경륜적"[economical] 삼위일체이다). 이 교리는 본서—특히 일반은총에 관한 논의—에서 매우 중요한 사상이다.

2. 인간론

우리가 변증학에서 다루는 모든 문제란 결국 하나님과 인간 사이의 관계이다. 그러므로 신론 다음으로 인간론이 매우 중요하다.

1) 인간 속에 있는 하나님의 형상

인간은 하나님의 형상으로 지음을 받았다. 그러므로 인간은 피조물이 하나님과 같을 수 있는 한도 내의 모든 면에 있어서 하나님과 같다. 인간이 인격체라는 면에 있어서 인간은 하나님과 같다.[21] 우리가 광범위하고 일반적인 의미로서 하나님의 형상을 말할 때에는 바로 인간이 인격체라는 점을 지적하여 이야기하는 것이다. 그리고 인간이 참된 지식(knowledge)과 참된 의(righteousness)와 참된 거룩(holiness)을 따라 지음 받았다는 것은 인간의 도덕적 성품의 탁월성이 하나님을 닮았음을 강조하는 것이다. 이 교리는 신약성경이 우리에게 가르쳐 주는 바 그리스도께서 우리에게 참된 지식과 의와 거룩을 회복시켜 주시고자 오셨다는 사실(골 3:10; 엡 4:24)에 근거한 것이다. 우리는 이것을 좁은 의미의 하나님의 형상이라고 부른다. 이 두 가지 의미의 하나님의 형상은 완벽하게 나누어질 수 없다. 인간이 오로지 넓은 의미에서의 하나님의 형상만으로 창조되었다고 생각하기란 불가능하다. 인간의 모든 행위가 시초에 있어서부터 하나의 도덕적인 행위이며 인간은 모든 행위에 있어서 하나님을 위하는 선택을 하거나 아니면 하나님을 대적하는 선택을 하기 때문이다. 그러므로 인간은 심지어 모든 지식적 행위에 있어서 조차 그의 참된 의와 거룩을 나타내기 마련이다.

---

[21] Van Til이 언급하듯이 이러한 하나님과의 "닮음"은 언제나 피조물로서의 닮음이며 동질성에 있어서 그렇다는 뜻은 아니다. "형상"이라는 말에는 정체성이라는 개념이 빠져있다. Van Til의 말 가운데 또 한 가지 주목해야 할 것은 하나님의 형상이라는 개념이 넓게는 타락 후에 완전히 소멸되지 않았다는 해석을 포함하며 좁게는 그리스도 안에서 새롭게 되었다는 사실을 포함한다는 것이다.

이제까지 우리는 인간이 하나님과 비슷하였다는 것과 이 경우의 성격을 비추어 보아 인간이 하나님과 비슷하였던 것이 틀림없음을 강조했다. 이제 우리는 인간이 언제나 분명하게 하나님과 구별되어야만 한다는 점을 역시 강조해야만 하겠다. 인간은 하나님의 형상으로 지음을 입었다. 우리는 이미 하나님의 속성들 가운데 어떤 것들이 비공유적인지를 보았다. 인간은 어떤 의미에서건 그의 피조물적인 지위에서 그 위로 나아갈 수 없다. 이러한 사실은 인간이 하나님과 비슷하다(like)는 표현 속에 분명하게 함축되어 있다. 인간이 하나님과 비슷한 것은 사실이나 엄격히 말하자면 이는 언제나 피조물적인 범위 내에서 그러하다. 인간은 신적인 자존성, 불변성, 무한성, 단일성을 가지신 하나님과는 결코 동일할 수 없다. 교회는 이러한 이유 때문에 항상 하나님의 모든 것을 완전하게 이해할 수는 없다는 불가해성(Incomprehensibility of God)의 교리를 신앙고백서의 핵심 속에 빠짐없이 넣어 왔던 것이다. 하나님의 존재와 하나님의 지식은 절대적으로 전포괄적(全包括的)인 것이다.

이런 지식은 인간들에게 있어서 너무도 불가사의한 것이다. 인간은 그 지식에 도달할 수 없다. 인간은 그가 지음을 받을 때에 전포괄적인 지식을 받은 것이 아니었다. 인간은 유한하며 그 유한성이 본래부터 그에게 제약이나 부담이 되었던 것은 결코 아니었다. 인간이 미래의 어떤 시기에 이른다 해서 완전한 지식에 이를 것이라고 기대할 수도 없다. 심지어 천국에서라도 완전한 지식을 갖게 될 것으로 기대하기란 어렵다. 지금 우리에게 신비로운 많은 일들이 그때에는 밝히 보여질 것임이 확실하지만, 문제의 성격상 하나님이 피조물인 우리가 이해할 수 없는 것들까지 우리에게 보여주지는 않으실 것이기 때문이다. 우리가 그의 존재 깊은 곳에 계시는 하나님을 계신 그대로 이해하려고 한다면 우리 자신이 하나님이 되어야만 한다. 그러므로 하나님은 언제나 인간들에게 신비로 남아 계시기 마련이다.

우리가 이러한 기독교적 신비의 개념을 지금은 심지어 기독교 진영 내부에서조차 볼 수 있게 된 비기독교적인 신비의 개념과 비교해 볼 때,

이 점이 갖는 중요성은 더욱 뚜렷하게 나타난다. 기독교적인 신비의 개념과 비기독교적인 신비의 개념 사이의 차이는 간단히 다음과 같이 정의될 수 있을 것이다. 즉 그리스도인은 인간에게는 신비가 있되 하나님께는 신비가 있을 수 없다고 말하는 반면에, 비그리스도인들은 인간에게나 하나님께 모두 신비가 없다고 말하거나 하나님과 인간에게 모두 신비가 있다고 주장한다.

2) 인간과 우주의 관계

우리는 이제까지 인간이 하나님의 형상으로 지음을 입었다는 사실을 생각했다. 이제 그 다음으로 그러한 인간이 자신의 주위를 둘러싸고 있는 우주와 더불어 유기적인 관계를 맺고 있음을 생각해야만 한다. 즉 인간이 이 피조세계 속에서 하나님의 명령을 받아 그대로 행하는 하나님 감독하의 선지자와 제사장과 왕이 되었다는 점이다. 그러므로 이 세계가 번영할지 아니면 쇠퇴할지는 인간이 무엇을 하는가에 달려 있다. 인간은 선지자로서 이 세계를 해석하고, 제사장으로서 이 세계를 하나님께 봉납(捧納)하며, 왕으로서 이 세계를 하나님의 뜻에 따라 다스리도록 되어 있었다. 이러한 이론과는 반대로 모든 비기독교적 이론들은 인간과 인간 주위를 둘러싸고 있는 우주의 흥망 여부는 오로지 우연이며 그 양자 사이의 관계란 우발적인 것이라고 주장한다.

3) 인간의 타락

인간이 타락했다는 사실은 창조의 사실만큼이나 중요하다. 우리는 인간이 오래 전 한 시기에 하나님의 형상을 따라 지으심을 입었다는 것을 믿는 것과 꼭 마찬가지로, 그 직후에 인간이 불순종으로 말미암아 죄에 빠졌다는 것도 믿는다. 우리는 이미 우리가 어떤 의미로 하나님이란 단어를 사용하며, 인간이 하나님의 형상을 따라 피조 됨을 입었다는 것이 어떤 것을 뜻하는지를 생각한 바 있으므로 죄가 무엇인지를 아주 쉽게 이해할 수 있다. 하나님의 피조물인 인간은 하나님의 법, 즉 하나님이 피조물 속에 제정하신 그의 규례들에 부합되도록 살아야만 했다. 이 법은 대부분 음성을 통하여 인간에게 전달되었다기보다는 인간의 존재 그 속에 새기어 창조되었다.[22] 인간은 그가 하나님의 법을 순종하고자 할 때에만이 그 자신의 본성과 일치하는 행동을 하게끔 되어 있었고, 역으로 본성과 일치하는 행동을 하려면 결국 하나님의 법을 순종하기 마련이었다. 또한 하나님은 인간에게 말씀하시되 그의 본성 속에 이미 주어져 있던 것을 넘어서 그 이상으로 진정 선악과를 먹지 말라는 특별한 명령을 별도로 주셨다. 특히 인간이 그 자신의 내부에 지니고 있을 뿐만 아니라, 주위의 어느 곳에건 온통 계시되어진 하나님의 법에 부합된 삶을 살려는지 아닌지를 직접적으로 시험하고 또 인간으로 하여금 이러한 최종적인 시험을 직면토록 했던 것이 바로 이 명령이었다.[23]

그러므로 인간이 범죄하였을 때에 그가 행한 일이란 모든 면에 있어서 하나님 없이 자기 뜻대로 뭔가를 행하려고 시도한 셈이었다. 즉 그가 행하고자 했던 시도란 진, 선, 미 등에 대한 인간적 이상을 하나님 아닌 자기 자신 속에서 직접적으로 또는 자신의 주위로부터 찾아내고자 하였던 것이다. 하나님이 이미 인간을 위하여 우주를 해석하셨기에 인간은 또한 하나님의 지도하에 우주를 해석하였던 것인데, 이제 인간이 하나님을 염두에 두지 않고 우주를 해석하고자 하였던 것이다. 물론 우리가 여기서 말하고자 하는 바는 다음과 같은 것이다. 즉 인간이 우주를 자기 뜻대로 해석하고자 했을 때에 그는 우리가 위에서 정의한 바 있는 그러

---

[22] Van Til은 웨스트민스터 신앙고백서 4장 2조를 염두에 두고 있다. "하나님이 다른 모든 피조물들을 지으신 후에 사람을 창조하시되 남자와 여자로 지으시고 합리적이고 죽지 아니하는 영혼과 그의 형상을 따라 지식과 의와 진리의 거룩함을 부여하셨으니 그 마음에는 하나님의 율법이 기록되어 있고 그것을 이룰 능력도 가지고 있었다. 그러나 범죄할 가능성 아래 있었던 것은 변하게 되어 있는 그들의 자유의지에 맡기셨다. 저희 마음에 기록된 율법 외에 그들은 명령을 받았으니 선악을 분별하는 나무의 실과를 먹지 말라 하신 것이다. 그 명령을 지키는 동안 저희는 하나님과 교통하며 행복했으며 만물을 다스렸다."
[23] 로마서 1:32; 2:14 이하 참조하라.

한 하나님을 무시하고 우주를 해석하고자 하였다는 것이다.

그 결과 인간은 자기 자신을 위해 지식에 대한 그릇된 이상(a false ideal of knowledge)을 만들어 내게 되었다. 인간은 자기 스스로 모든 지식을 하나도 빠짐없이 절대적으로 파악할 수 있다는 잘못된 생각에 빠지고 말았다.[24] 이것은 만일 그가 자기 자신이 하나님의 피조물이라는 사실을 망각지 않고 항상 인식하고 있었더라면 결코 생길 수 없는 일이었다. 인간이 절대적으로 완전한 지식을 추구해야 한다는 것은 피조물이란 지위가 지닌 본래적 성질에 전혀 걸맞지 않는 개념이었다. 만일 그와 같은 절대적으로 완벽한 지식이 획득될 수 있다면 하나님은 그 존재 자체부터 부정되어 말살되고 결국 인간이 신이 되어 버리고 말 것이다. 결국 우리가 앞으로 보게 될 것과 마찬가지로 인간이 도달할 수 없는 이와 같은 헛된 이상을 추구하였기 때문에 자기 자신을 끝없는 불행 속에 스스로 빠뜨리고 말았던 것이다.

인간이 만들어 낸 지식에 대한 그릇된 이상과 관련하여 우리는 여기서 또 한 가지 새로운 사실을 보게 된다. 즉 인간은 자신이 만들어 낸 지식에 대한 그릇된 이상에 도달할 수 없음을 알게 될 때에 그것을 자신의 유한성에 돌려 책임전가를 꾀한다는 사실이다. 인간은 죄와 유한성을 혼동한다. 그리하여 인간은 실재의 형이상학적인 면과 윤리적인 면을 혼합한 것이다.[25] 인간은 죄에 대한 책임을 결코 지지 않으려는 생각에서 그것을 자기 자신의 주변과 자기 자신 내부의 환경에 전가시킨다.

---

[24] Van Til은 첫 번째 시험과 이어진 죄는 그 안에 지식에 있어서 하나님과 같이 되려는 욕망이 있었다는 사실에 대해 언급하고 있다. "뱀이 여자에게 이르되 너희가 결코 죽지 아니하리라 너희가 그것을 먹는 날에는 너희 눈이 밝아 **하나님과 같이 되어 선악을 알 줄을** 하나님이 아심이니라"(창 3:4-5).

[25] 이것은 아담이 하나님에 대한 반역을 인정하는 대신 자신(그리고 하와)의 환경을 탓한 사실에 대한 언급이다. "아담이 가로되 하나님이 주셔서 나와 함께하게 하신 여자 그가 그 나무 실과를 내게 주므로 내가 먹었나이다 여호와 하나님이 여자에게 이르시되 네가 어찌하여 이렇게 하였느냐 여자가 가로되 뱀이 나를 꾀므로 내가 먹었나이다"(창 3:12-13). 이것이 형이상학적인 면과 윤리적인 면의 혼합이라고 말하는 이유는 아담과 하와가 하나님에 대한 반역(윤리적) 대신 유한한 피조물이라는 상황(형이상학적)을 탓했기 때문이다.

3. 기독론

신론과 인간론을 다루었으므로 이제 우리는 지식을 전달하고 전달받는 두 개의 주체들을 모두 알게 되었다. 그러나 세상에 죄가 들어온 이후 인식론에는 큰 변화가 생겼다. 이제는 만일 우리가 죄로 인하여 서로 불화하게 된 하나님과 인간이 어떻게 다시금 화해케 되는지 알지 못한다면 그 어느 누구도 세상에 존재하는 실재들의 전체적인 참된 모습을 기독교적인 입장에서 바르게 바라볼 수 없게 된다. 화해는 오직 하나님이 인간을 위하여 구원을 가져오시어, 그 구원 속에서 인간이 하나님과 재연합했을 때에만 가능한 일이다. 그리스도께서는 인간을 하나님께로 되돌려 회복시키고자 세상에 오셨다.

이러한 사역을 수행하시는 예수 그리스도는 참 하나님이셔야만 했으며 또한 실로 참 하나님이셨다. 이러한 이유로 인해서 교회는 그리스도께서 "틀림없는 하나님"이심을 거듭해서 강조해왔다. 여기서 우리가 경륜적 삼위일체(economical trinity)를 다루기에 앞서 필히 존재론적 삼위일체(ontological trinity)를 먼저 다루는 것이 얼마나 중요한 일인지를 분명히 알 수 있게 된다. 성육신하심으로 말미암아 인간의 본성을 취하신 예수 그리스도는 그의 본질(essence)에 있어서 하나님과 동일하신 분이다. 예수 그리스도께서는 성부 하나님과 더불어 영원 전부터 함께 계신 존재론적 삼위일체 내의 제2위(第二位)시다.

이것은 그리스도께서 자신이 가지신 신성을 버리셨다거나 인간이 되셨다는 말이 아니다. 또한 그리스도께서 신적인 인간이 되셨다는 말도 아니다. 그리고 이것은 그리스도 안에서 그가 지닌 신성과 인성이 구별 없이 하나로 뒤섞여 버렸다는 뜻도 아니다. 그리스도께서는 심지어 그가 베들레헴 여관의 말구유 속에 누워계셨을 때에도 역시 하나님이셨다. 그가 신성을 지니고 계신 분이셨음은 그때나 지금이나 조금도 변화가 없다. 오직 이와 같이 신성을 항상 지니고 계신 그리스도께서 이미 그가 가지고 계신 신성에 인성을 또 취하셨던 것이다. 그리스도께서 취하신 인성은 그가 이미 지니고 계신 신성과 매우 밀접한 관계를 맺고 그리스도의 양성(兩性) 가운데 하나가 되었다. 칼케돈 신조는[26] 이 모든 사실을 종합하여 그리스도 안에서 신성과 인성이 "서로 혼동되거나 또는 변화되거나 혹은 분열되거나 분리됨이 없는 두 개의 성품으로서 매우 밀접하게 연관되었다"라고 표현하였다. 맨 처음 두 개의 한정 어구(혼동되거나 변화됨이 없이)는 신성과 인성이 어떠한 의미에서건 간에 한데 뒤섞였다는 생각을 방지하고자 함이었다. 그리고 뒤의 두 개의 한정 어구 (분열되거나 분리됨이 없는)는 그리스도가 분리됨이 없는 하나님의 완벽한 단일체적 인격이심을 확증하기 위한 것이었다.

우리는 이와 같은 성육신의 개념이 이미 앞에서 설명한 신론과 완전히 부합되는 것임을 잘 알 수 있다. 만일 그리스도께서 참으로 존재론적 삼위일체의 제2위이시라면 그는 신격(Godhead)이 지닌 비공유적 속성들을 가지실 것이다. 따라서 이것은 그리스도께서는 심지어 그가 성육신하신 후라 할지라도 그의 영원한 속성들을 시간에 매여 있는 순간적인 속성들에 뒤섞을 수 없으셨다는 사실을 암시한다. 영원한 속성은 언제나 순간적인 것과 구별되어 우위를 지니며 존재하게끔 되어 있다.

첫째, 우리는 이제까지 그리스도의 품위(person)에 대해 간략히 설명하였다. 이제 우리는 그의 직임에 대하여 간단히 설명하고자 한다.

그리스도는 참 선지자이시며 참 제사장이신 동시에 참된 왕이시다.[27] 웨스트민스터 소요리문답은 "그리스도께서는 어떻게 자신의 선지자 직임을 수행하시는가?"라고 묻고, 이어서 "그리스도께서는 그의 말씀과 성령으로 우리의 구원을 위한 하나님의 뜻을 계시하여 주심으로써 자

---

[26] 이 신조는 주후 451년 공회(Council of Chalcedon)로 모인 500여 명의 교회지도자들에 의해 작성되었다. 이 신조는 그리스도의 인격에 대한 잘못된 해석에 대해 반박하였다. 당시 Nestorianism은 성육신하신 그리스도 안에 두 인격이 존재한다고 주장했으며 Eutychianism은 성육신 이전의 신인 혼합상태로 구성된 한 본성을 주장하였다.

[27] 그리스도의 삼중적 중보직에 대한 이해는 개혁주의 신학에서 매우 분명하게 제시되며 Calvin의 『기독교 강요』 2.25에 처음 다루어진다. 이 사상의 역사에 대해서는 Louis Berkhof and Dick Oostenink, *Systematic Theology*, 3rd ed. (Grand Rapids: Eerdmans, 1953), 356 이하를 참조하라.

신의 선지자 직임을 수행하신다"²⁸라고 대답한다. 인간이 죄인이 되었을 때에 진정한 지혜를 잃고 자기 자신을 위하여 헛된 거짓 지식 이상을 세웠다는 사실을 상기한다면, 이제 우리는 그리스도 안에서 인간이 다시금 참된 지식에로 회복시킴을 받았다고 말할 수 있다. 인간은 그리스도 안에서 자신이 하나님의 피조물이라는 사실과 전포괄적 지식을 구할 수 없는 존재임을 인식하게 된다. 그리스도는 우리의 지혜이시다.²⁹ 그리스도는 우리에게 천국에 갈 수 있는 방법의 비밀을 말해 준다는 의미에서 뿐만이 아니라, 우리가 알아야만 하는 모든 것에 대한 참된 지식을 가르쳐 준다는 의미에서도 역시 우리의 지혜이신 것이다.

둘째, 소요리문답의 또 다른 문항은 "그리스도께서는 그의 제사장 직임을 어떻게 수행하시는가?"를 묻고, 이어서 "그리스도께서는 하나님의 공의를 만족시키기 위하여 단번에 그 자신을 제물로 드림으로써 하나님께 우리를 화해시키셨으며 또 계속하여 우리를 위한 중보를 행하심으로 그의 제사장 직임을 수행하신다"³⁰라고 대답하고 있다. 여기서는 제사장으로서의 그리스도의 사역이 선지자로서의 그의 사역에서 분리될 수 없다는 사실을 언급하는 것 이외에 또 다른 사실을 말할 필요는 없는 것이다. 그리스도께서 우리를 위한 제사장으로 죽지 않으셨더라면 하나님과 우주에 대한 참된 지식을 우리에게 주실 수 없었을 것이다. 이는 지식의 문제가 결국 그 근본에 있어서는 윤리적인 문제이기 때문이다. 하나님을 전혀 사랑하지 않더라도 하나님을 이론적으로 정확하게 이해할 수 있는 가능성은 얼마든지 존재한다. 마귀가 이 점을 매우 잘 설명해 준다. 그러나 성경에서 말하는 하나님을 아는 지식이란 **하나님을 알고 또 그를 사랑하는 것**을 말한다. 이것이 하나님을 아는 참된 지식이고 그 이외의 것들은 전부 거짓이다.³¹

---

28 웨스트민스터 소요리문답, 24장.
29 "오직 부르심을 받은 자들에게는 유대인이나 헬라인이나 그리스도는 하나님의 능력이요 하나님의 지혜니라…너희는 하나님으로부터 나서 그리스도 예수 안에 있고 예수는 하나님으로부터 나와서 우리에게 지혜와 의로움과 거룩함과 구원함이 되셨으니"(고전 1:24, 30).
30 웨스트민스터 소요리문답, 25장.
31 아마도 Van Til의 사상에서 지식의 문제만큼 논쟁적인 주제도 없을 것이다. 따라서 이 문

셋째, 소요리문답은 "그리스도께서는 어떻게 왕의 직임을 수행하시는가?"라고 묻고, 이어서 "그리스도께서는 우리를 그의 뜻 아래 복종시키시며 우리를 다스리시며 또 보호하시며 자신과 우리를 대적하는 모든 원수들을 제거하시며 정복하심으로써 왕의 직임을 수행 하신다"[32]라고 대답하고 있다. 우리는 여기서도 그리스도가 왕으로서 행하시는 사역 역시 그리스도께서 선지자와 제사장으로서 행하시는 사역과 분리할 수 없는 유기적 관계 속에서 이해되어져야만 함을 보게 된다. 그리스도께서는 우리에게 참된 지혜와 지식을 주시기 위하여 우리를 그에게 복종시키셔야만 했다. 그리스도는 우리를 자기에게 복종시키기 위하여 우리를 위하여 죽으셨으며, 그와 같이 하여 우리에게 지혜를 주셨다. 우리가 지식의 문제에 있어서 지적인 면과 윤리적인 면의 어떠한 기계적인 구분을 피할 수 있게 되는 것은 오직 우리가 그리스도의 사역들이 갖는 여러 국면들 사이의 이와 같은 유기적 관계를 강조할 때에만 비로소 가능하게 된다.[33]

제는 그의 인식론과 변증학에 있어서 매우 중요하다. 여기서는 전반적인 사상에 대해 평가하기보다 다음 몇 가지 사실에 대해서만 언급하고자 한다. (1) Van Til은 지식의 문제를 "근본적인 면에서 윤리적 문제"라고 생각한다. 왜냐하면 이 지식에는 하나님과의 관계가 포함되기 때문이다. 그러므로 특정 명제에 대한 단순한 동의만으로 참된 지식을 소유할 수 없다. 동의와 관련된 정황은 동의 자체만큼 중요하다. 이러한 논점은 변증학에서 종종 간과되며 특히 지식에 관한 철학적 논의에서 그렇다. (2) Van Til은 우리가 하나님을 사랑하지 않으면서도 하나님에 대한 정확한 이론적 지식을 소유하는 것이 가능하다고 말한다. 그러나 이 "지식은 근본적으로 윤리적 문제"이기 때문에 이론적 지식은 성경적 의미에서 하나님을 아는 것과는 많이 다르다. (3) Van Til이 "성경에서 하나님을 안다는 말이 뜻하는 것은…"이라고 할 때 그는 성경은 하나님을 "알고 사랑"한다는 뜻으로만 "하나님에 대한 지식"을 언급한다는 의도로 말한 것이 아니다. Van Til은 여러 곳에서 불신자도 하나님을 실제로 안다고 말한다. 그가 말하는 것은 가장 온전한 의미에서 이 지식은 하나님을 사랑하는 것을 포함한다는 것이다. (4) "그 이외의 것[지식]은 전부 거짓"이라는 마지막 구절은 설명하기 쉽지 않다. 거짓 지식이라는 개념은 이해하기 어려울 수 있다. 그러나 우리가 지식을 "근본적인 면에서 윤리적 문제"로 본다면 "거짓 지식"은 이론적으로는 바르지만—즉 바른 명제에 동의하고 그것의 정당성을 인정하지만—지식을 부여하실 뿐만 아니라 그것에 대한 설명을 제시할 수 있는 유일한 분이신 하나님을 반역하는 정황에서는 거짓이라는 것이다.

32 웨스트민스터 소요리문답, 26장.
33 지식의 지적 요소와 도덕적 요소의 관계에 유의하라. Van Til에 의하면 두 요소는 분리될 수 없

4. 구원론

지금까지 우리는 그리스도의 여러 직임들 사이의 유기적인 관계들을 강조하였다. 이제 우리는 그리스도께서 우리를 **위하여** 행하신 일과 "그리스도께서 우리 **안에서** 하셨으며 지금도 하고 계신 일" 사이에도 동일한 유기적 관계가 존재한다는 것을 지적하고자 한다. 구원론에서 우리는 그리스도께서 우리를 위하여 행하신 구속 사역이 우리에게 적용되는 문제를 다루게 된다. 우리가 죄악 된 존재이므로 구원이 아무리 우리 가까이에 이미 있다 하더라도 그것이 우리에게 직접 적용되지 않는다면 구원은 하등에 소용없는 것이 되고 말 것이다. 우리가 죄와 허물로 말미암아 죽어 있는 한[34] 비록 생명을 주는 놀라운 유업일지라도 관 속에 누워 있는 우리에게는 아무런 유익도 주지 못하는 것이다. 누군가가 그 몫을 실제로 우리에게 베풀어 주어야만 비로소 우리에게 유익이 되는 것이다.[35]

이러한 사실은 그리스도가 우리에게 참된 지식을 주시기 위해서는 우리를 그에게 복종시키셔야만 한다는 사실 속에 이미 내포되어 있다. 그러나 그리스도께서 우리를 복종시키심은 그의 성령을 통하여 일어나는 일이다. 그리스도께서 행하여 놓으신 일을 취하여 그것을 우리에게 주시는 분이 바로 성령이시다. 그리스도께서 그의 일을 행하시는 것처럼 성령도 역시 자신의 일을 행하신다. 바로 이러한 이유에서 그리스도께서는 그의 제자들에게 자신이 천국에 올라가시는 것이 그들에게 유익이 될 것이라고 말씀하셨던 것이다.[36] 오직 그리스도께서 승천하신 후에야

다.
[34] "그는 허물과 죄로 죽었던 너희를 살리셨도다"(엡 2:1).
[35] 개혁주의의 구원관에서 강조하는 것은 하나님의 단독적 사역이다. 즉 오직 하나님 혼자만의 사역이라는 것이다. 왜냐하면 우리는 죄로 말미암아―아프거나 불구가 된 것이 아니라―완전히 죽었기 때문이다. 따라서 우리는 약이 필요한 것이 아니라 부활이 필요한 것이다.
[36] "그러나 내가 너희에게 실상을 말하노니 내가 떠나가는 것이 너희에게 유익이라 내가 떠나가지 아니하면 보혜사가 너희에게로 오시지 아니할 것이요 가면 내가 그를 너희에게

성령께서 세상에 오시어 그리스도가 세상에 계실 때 시작하여 놓으신 일을 완성시킬 수 있는 것이다. 그리스도께서 지상에 계시며 하신 일들은 오로지 그의 사역의 시작에 불과하다.

이러한 이유로 이 시점에서 우리가 꼭 알아야 할 중요한 사실은 그리스도께서 하신 일을 우리에게 적용시키시는 성령 자신도 존재론적 삼위일체 가운데 한 분이시라는 점이다. 성령께서는 필히 하나님이셔야 한다. 만일 그렇지 않다면 구원의 모든 작업이 오직 하나님이 홀로 하시는 일이 아닌 것이 되고 말기 때문이다. 만일 하나님이 그의 비공유적 성품들을 손상시키심 없이 계속 지키시려면, 인간의 구원을 주도하는 것은 인간이 아니라 바로 하나님의 성령이셔야만 한다.[37] 이것에 대한 유일한 대안은 인간이 어느 시점에서 자신의 구원 문제에 주도권을 취할 수 있어야 한다는 것이다. 그러나 이것은 결국 그리스도께서 완성하신 구원이 인간에 의해 좌절될 수도 있다는 의미가 된다. 자신에게 주어진 구원을 아무도 받아들이지 않았다고 생각해보라. 이 경우 그리스도의 구원 사역은 헛된 것이 되고 영원하신 하나님은 유한한 인간에 의해 아무 것도 아닌 것이 되고 말 것이다. 어느 한 죄인의 경우를 생각해 보아도, 구원의 문제를 최종적으로 결정함이 하나님께 달린 것이 아니라 인간에게 달린 것이라고 한다면, 즉 만일 인간이 자신의 뜻에 따라 스스로 복음을 받아들이거나 아니면 거절할 수 있다고 한다면, 우리는 결국 영원하신 하나님을 인간에 의존하시는 분으로 만들어 결국 하나님의 비공유적 속성들을 부인하는 것이 되고 마는 것이다. 우리는 창조시 및 성육신의 경우에 영원한 것과 일시적인 것을 혼합시키지 않으려 한 것처럼 구원의 경우에 있어서도 그와 같이 혼합하는 것을 마땅히 거부해야 할 것이다.

로 보내리니"(요 16:7).

[37] Van Til이 "하나님이 계속해서 비공유적 속성들을 지니시기 위해서는…"이라고 말한 이유는 구원이 하나님에게서만 나오지 않는다면 그는 어느 면에서 우리에게 의존하시는 것이 되기 때문이다. 그렇게 되면 그의 자존성과 자존성으로 함축되는 모든 속성들은 사라지고 말 것이다.

바로 앞 단락에서 논의된 문제가 알미니안주의(Arminianism)와 칼빈주의(Calvinism) 사이의 차이점에 관한 것임을 혹 감지할 수 있었을지도 모르겠다. 변증학에 있어서 상이한 여러 신학 사조들 사이에 존재하는 차이점들을 일절 무시하고 소위 "공통적인 신앙"(common faith)만을 옹호해야 할는지는 정말 좋은 질문거리일 것이다.

그러나 우리가 위에서 계속 언급해왔던 바에 의하면 적어도 우리는 이와 같은 태도를 취할 수 없다는 것이 너무도 분명하다. 칼빈주의와 알미니안주의 사이의 차이는 영원하신 하나님과 순간에 매인 일시적인 인간 사이의 관계를 규정하는 개념에 대한 차이에서 생긴다. 우리는 인간과는 완전히 별도로 존재하시는 하나님에 대한 개념을 어떤 면에서건 가감함으로 손상시키거나 절충시킴이 없이 있는 그대로 확고하게 주장하는 신학적 입장만이 오로지 모순 없이 일관된 기독교적 입장을 진정하게 대변할 수 있다고 생각한다. 더구나 우리는 기독교적인 입장과 비기독교적 입장 사이의 모든 논쟁이 영원과 순간에 매인 일시적인 것들의 관계 또는 하나님에 대한 인간의 관계를 논하는 문제의 주변을 맴돌고 있다는 사실을 잘 알고 있다.

그러므로 우리는 알미니안주의가 기독교를 위한 어떤 효과적인 변증도 제시할 수 없음을 명백히 알고 있기에 또한 강한 반론을 펼 수 있는 것이다. 알미니안주의자가 칼빈주의자에 의해 제시된 변증보다 훌륭한 변증을 기독교를 위하여 제시할 수 있다고 주장하고, 혹 그가 그렇게 할 수 있어서 이를 입증해 보이는 일은 전적으로 그에게 달린 일이므로 나는 상관 않고자 한다. 그러나 한 가지 분명한 것은 칼빈주의자와 알미니안주의자 사이의 차이는 절대로 무시될 수 없는 것이라는 점이다. 이것을 무시하려고 하는 사람은 이미 사실상 알미니안주의적 입장을 취하고 있는 셈이다. 만일 우리가 우리 사이에 있는 그와 같은 차이점을 무시하고 넘어간다면 우리의 공동의 적을 대항함에 있어 그다지 좋은 성과를 올리지 못할 것이다. 그러므로 칼빈주의자들은 자연히 알미니안주의자들이란 자신들이 스스로 하고 있는 일이 무엇인지를 생각하며 알고 있음에도 불구하고 적으로 하여금 자신들의 요새 속으로 기어들게 내어버려두는 이들로 생각하게 된다. 그러나 반면에 알미니안주의자들은 칼빈주의자들을 자신들이 알지 못하는 사이에 적을 요새 속으로 들어오도록 방치하는 이들로 생각하고 있다.[38]

5. 교회론

"눈으로 볼 수 없는 보편적 또는 우주적(the catholic or universal) 교회는 그리스도를 그 머리로 하여 하나로 모였으며 지금도 그렇게 모이고 있고 앞으로도 그렇게 모일 선택된 자들의 전체로서 이루어진다. 그리고 그 교회는 그리스도의 신부요 몸이며, 모든 것을 충만히 채우는 그리스도의 충만이다." 웨스트민스터 신앙고백서는 교회를 이렇게 정의한다.[39] 이러한 정의는 구원에 대한 교리에 나타난 영원한 것과 일시적인 것의 관계와 동일한 개념을 포함하고 있다. 결국 영원한 것은 일시적인 것에 선행하며, 인간의 구원을 결정하는 분은 다름 아닌 바로 하나님이시고 "선택받은 자들의 전체"란 바로 불가시적(invisible) 교회인 것이다. 그러나 이것이 인간의 책임을 배제하는 것은 아니다. 웨스트민스터 신앙고백서는 바로 그 앞 장에서 인간의 책임과 "자유의지"를 다루고 있다.[40] 그것은 여기에 있어서도 다른 어느 곳에서와 마찬가지로 오직 하나님이 홀로 절대적이시라는 사실을 분명하게 해 주고 있을 뿐이다.

인간을 선택하시는 하나님의 택정하심 속에 나타난 하나님의 절대성에 관한 진리들은 우리가 사람들로 더불어 논의하며 그들에게 복음을 전파할 때에 우리에게 한없는 용기를 불어넣어 준다. 그들은 죄인이기 때문에 만일 하나님이 그들에게 강제적으로 역사하지 않으신다면 우리

---

38 우리는 다시 한 번 Van Til의 사상에서 변증학은 신학과 직접 연계되며 그것에 의존한다는 사실에 유의해야 한다.
39 웨스트민스터 신앙고백서, 25장 1조.
40 웨스트민스터 신앙고백서 9장을 참조하라.

의 모든 논의나 복음 전파가 헛것이 되고 말 것임에 틀림없다. 인간은 빠져 나갈 구석을 알고 있는 한 절대로 궁지에 빠져들려고 하지 않기 때문이다. 그리고 만일 그들 자신이 복음을 받아들이거나 거부할 수 있는 본래적 능력(inherent ability)을 가지고 있다면 그들은 어디로든 빠져나갈 구석을 알고 있는 셈이 된다. 이러한 경우에 그들은 오늘 복음을 거절하는 것에 대해 조금도 주저하거나 불안을 느끼지 못한다. 왜냐하면 그들은 내일이라도 그 복음을 받아들일 수 있기 때문이다.[41]

6. 종말론[42]

"마지막 일들"에 대한 기독교적인 입장을 생각함에 있어서도 역시 우리는 이 문제에 대한 기독교적 입장이 그의 상대방의 입장과 완전히 정반대로 대치하고 있다는 사실을 볼 수 있게 된다. 기독교적인 입장으로 사물을 관찰하는 관점에 있어서는 사건보다 해석이 선행한다는 사실이 여기서 특히 분명하게 나타난다. 자신의 미래를 하나님께 맡긴 모든 그리스도인들은 하나님이 미래를 좌우하고 계심을 믿는다. 그리스도인들은 하나님이 미래를 해석하셨음을 믿는다. 그리고 그리스도인들은 미래가 하나님이 계획하신 바대로 될 것을 믿는다. 예언은 이것을 잘 설명해 준다. 만일 하나님이 미래를 좌우하시지 않는다면 우리의 영원한 구원에 관한 하나님의 약속을 믿는다는 것 자체가 사실상 무의미한 일이 된다. 우리는 하나님께로부터 미래의 사건들에 주어진 해석들을 받기 때문에 미래에 일어날 사건들을 앞서 보게 된다.

우리는 여기서도 인간은 주변의 만물과 분리될 수 없는 존재임을 보

---

[41] 즉 구원이 궁극적으로 우리에게 달려있다면 우리는 복음에 대한 긴급성을 느끼지 못할 수 있다는 것이다. 우리는 지금 그것을 거부하더라도 나중에 받아들이면 된다. 그러나 하나님만 그것을 주실 수 있다면 성령께서 설교를 통해 우리의 죄를 지적하실 때 우리는 구원을 주시는 유일한 분이신 하나님께 부르짖게 될 것이다.
[42] 'The Doctrine of the Last Things' 종종 'eschatology'라고 표현되기도 한다.

게 된다. 그리스도께서는 세상의 종말에 대한 말씀을 하시는 가운데 "만물의 재창조"(regeneration of all things)[43]에 대해 언급하셨다. 미래에 대한 약속은 장차 의인들이 거할 새 하늘과 새 땅을 포함하고 있다.[44] 이 의에는 이리와 어린 양이 함께 거하며 어떤 짐승도 사람에게 해를 끼치지 않을 것이라는 사실도 포함되어 있다.[45] 우리는 자연을 오로지 하나님의 해석에 의거하여 해석한다. 그리고 이 모든 일들이 일어나는 그 순간도 역시 전적으로 하나님의 손 안에 들어 있는 것이다. 만일 우리가 "시대의 징조들"을 해석하고자 한다면 우리는 그것을 해석하되 반드시 하나님이 그것들을 해석하신 것과 같이 해석하고자 노력해야만 한다. 우리는 역사를 오로지 하나님의 해석에 의거하여 해석한다. 기독교적인 자연철학과 기독교적인 역사철학은 비기독교적인 자연철학이나 역사철학과는 아주 반대적인 입장의 것이다.[46]

우리는 이 첫 장에서 우리가 하나님의 진리로서 변호하고자 하는 것들에 대한 매우 광범위한 일반적 진술을 제시하였을 따름이다. 그러나 이와 같이 광범위하게 살펴보았을지라도 다음과 같은 사실은 분명하게 알 수 있다. 즉 우리가 마땅히 변증해야만 할 대상은 기독교가 갖는 소위 공통분모적인 "핵심"이 아니라 개혁주의적 신앙이라는 사실이 가장 먼저 분명하게 드러난다. 필자가 말하는 "기독교적 인생관"(삶의 철학)이란 전통적인 개혁주의 신학자들이 여러 개의 장(章)들로 나누어 자세히 설명하면서 발전시켜 온 성경의 진리를 말한다.[47]

---

[43] "예수께서 이르시되 내가 진실로 너희에게 이르노니 세상이 새롭게 되어 인자가 자기 영광의 보좌에 앉을 때에 나를 따르는 너희도 열두 보좌에 앉아 이스라엘 열두 지파를 심판하리라"(마 19:28).
[44] "우리는 그의 약속대로 의가 있는 곳인 새 하늘과 새 땅을 바라보도다"(벧후 3:13).
[45] 이사야 11:6 이하.
[46] Van Til, *Christian Apologetics*(Syllabus).
[47] 이러한 사실에도 불구하고 Masselink는 "Van Til과 Patton은 둘 다 명백히 개혁주의적인 변증학을 강조하지 못한다"라거나 "나의 판단으로는 Patton과 Van Til은 개혁주의적 색채가 전혀 드러나지 않는다. 두 사람의 주장은 Calvin의 변증학과 함께 알미니안 변증학에도 적용될 수 있다. 알미니안주의자도 '그리스도인'이기 때문이다"라고 말한다. William Masselink, *General Revelation and Common Grace* (Grand Rapids: Eerdmans, 1953), 176.

이 기독교적 철학은 다음과 같은 내용을 담고 있다. (1) 하나님에 대한 교리는 성경과 관계없이 "경험"이나 "이성"이 주도하는 자연신학으로부터 나오지 않는다.[48] (2) 그러므로 여기에는 하나님의 모든 속성과 그의 인격 및 삼위일체에 관한 내용이 담겨 있다.[49] (3) 만물과 상호 관계적인 하나님을 상상함으로써 그의 자기 충족적(self-contained) 성품을 부인하는 모든 형태의 비기독교적 사상에 대한 반박을 위한 것이다.[50] 필자의 역사철학이 하나님의 섭리(또는 계획) 사상에 기반을 두고 있는 것은 분명하다. 피조세계의 사실들을 만들어 내는 것은 하나님에 대한 지식이 아니다. 그 일을 하는 것은 하나님의 계획에 대한 실행으로서 하나님의 뜻이다.[51] 필자는 하나님의 섭리나 뜻이 그의 창조와 보존 사역을 통해 수행된다고 생각한다.[52] 나는 그리스도의 사역이 개인의 구원의 도구일 뿐만 아니라 그의 몸인 교회를 통해 "만물의 회복"을 실현하는 수단이라고 믿는다.

---

[48] 따라서 필자의 "기독교적 삶의 철학"이라는 언급은 Masselink의 주장처럼 "필자의 모든 체계에 있어서 철학에 대한 극단적 강조"가 아님을 보여준다.

[49] 필자의 사상적 구조가 존재와 비존재에 대한 비성경적, 반성경적 변증으로부터 나왔다는 Daane의 비판은 전혀 사실이 아니다. 앞서 개혁주의 교리에 대한 일련의 진술만 살펴보더라도 필자의 모든 사상이 "헤겔의 합리주의"나 "현대의 실존론"과는 다르다는 것을 알 수 있다.

[50] 필자의 사상이 하나님을 기껏해야 우주와의 상관 관계 속에서만 발견하려고 하는 관념론적 철학으로 기우는 경향이 있다고 하는 비난 역시 근거 없는 것이다. 필자가 인용한 장의 모든 구조는 전반적으로 상관주의나 범신론에 대한 반박을 다분히 의도하고 있다.

[51] 이것은 필자가 기록한 모든 글에서 분명히 드러나는 자주 반복되는 강조이다. 비평가들은 이러한 사실에 대해 간과해서는 안 될 것이다. 하나님의 계획에 기초하지 않은 하나님의 지식이 우주의 사실들을 구성한다면 이러한 사실들 역시 하나님의 지식을 구성할 것이다. 그러나 자기 충족적이신 하나님 및 하나님의 지혜의 기본이 되는 하나님의 섭리에 대한 필자의 모든 관점 구조는 이러한 상관성과 관련된 어떤 개념도 배제한다.

[52] 이것으로 필자가 우주의 사실들의 존재가 인간의 해석학적인 행위에 의존한다고 생각할지도 모른다고 걱정하는 Mr. Van Halsema를 비롯한 학자들을 만족시킬 수 있을 것이다. 우주의 사실들은 하나님의 창조에 의해 존재하며 하나님의 섭리에 의해 유지된다. 여기에는 사람도 포함된다. 그렇다면 어떻게 인간의 사상이 우주의 사실들을 존재하게 하거나 유지하게 할 수 있겠는가? 필자가 창조 교리의 실재를 이해하지 못한다는 Daane의 주장은 본장에 제시된 이러한 교리의 기본적 입장에 비추어 볼 때 전혀 거짓임을 알 수 있다(James Daane, *A Theology of Grace: An Inquiry into and Evaluation of Dr. C. Van Til's Doctrine of Common Grace* [Grand Rapids: Eerdmans, 1954], 118 n.).

The Defense of the Faith

Cornelius Van Til

제2장

기독교 실재론

지금까지는 일종의 서론으로서 개혁주의를 신봉하는 그리스도인들이 믿는 바에 대해 제시하였다. 이제 어떻게 하면 사람들로 하여금 이러한 우리의 믿음에 대해 관심을 가지게 할 수 있을 것인가에 대해 살펴보고자 한다. 일반적인 사람들은 우리가 사용하는 신학 용어들을 사용하지 않을 뿐만 아니라 심지어는 알지도 못한다. 그러나 교육 정도에 따라 세속 철학은 어느 정도 이해하고 있다. 그들은 하나님과 인간 그리고 우주 따위의 범주들을 비기독교적인 철학으로 이해하고 있다. 그러므로 만일 우리가 그들을 대화를 통해 구원하고자 한다면 우리는 불가피하게 그들이 쓰는 언어를 배워야만 한다.[1]

이러한 일이 번거로운 일이라고 해서 그만두거나 회피할 수는 없다. 우리가 그들의 언어를 사용함으로써 그들과 더불어 대화하지 않는다면 그들과 접촉할 수 있는 길이 완전히 단절될 것이다.[2] 많은 사람들이 하

---

[1] 그의 글 대부분에서 볼 수 있듯이 여기서도 Van Til의 관심은 어떻게 하면 철학적 문제와 동일한 수준에서 전달(communicating)할 것인가에 있음을 알 수 있다.
[2] 나를 비판하는 이들은 종종 내가 "구체적 보편"(concrete universal)이라는 용어를 사용하거나 "보편"(the universal), "개체"(the particular), "하나와 여럿"(the one and many) 등의 용어를 사용하는 것에 대해 반대하고 있다. 그런데 나는 이런 식의 태도를 취하는 사람들의 의도를 이해

나님을 믿는다고 고백하지만, 흔히 하나님과 실재가 동일한 것으로 생각하곤 한다.[3] 그러므로 만일 우리가 실재를 놓고 논하고자 한다면, 우리는 마땅히 그 실재들을 모두 같은 것으로 취급할 것이 아니라 그 가운데는 어떤 명백한 구분이 존재하고 있음을 분명히 드러내어 주장해야 한다. 다시 말하자면, 자족(self-sufficient)하신 하나님의 실재와 그러하신 하나님의 계획과 창조와 섭리로 말미암아 비로소 존재케 되는 "우주의 실재"는 마땅히 구분되어야만 한다. 존재를 이와 같이 구분하는 일은 우리가 지식이나 행동에 대한 바른 견해를 갖는 데 매우 중요하고도 본질적인 영향을 미친다. 실재(reality) 또는 존재(being)에 대한 우리의 견해는 지식과 윤리에 대한 견해를 포함하기 마련이다. 마찬가지로 지식과 윤리에 관한 우리의 견해는 존재에 관해서 우리가 갖고 있는 견해를 기초로 하여 그 위에 세워진 것이며, 결국 지식과 윤리에 대한 우리의 견해는 존재에 대한 우리의 견해를 포함하게 된다. 그러나 우리는 지식과 윤리 그리고 존재에 대한 완전한 체계를 제시할 수 없다.

> 단지 우리는 신학체계의 몇 가지 중요한 개념들을 취하여 그것을 철학적인 용어를 사용하여 표현하기만 하면 된다.[4] 따라서 우리는 철학자들의 용어를 사용해야 할 필요가 있다. 그렇지만 대개의 경우

할 수 없다. "전문 철학자"나 기독교적인 입장에서 철학을 가르치는 사람들이 이와 같은 반대를 표명하는 것에 대해서는 더욱 이해할 수 없다. 만일 변증학 교수인 내가 기독교의 진리를 이 시대의 언어로 바꾸어 놓는 일에 실패하였다면 "지적 재세례파"(**intellectual anabaptism**)라는 비난이 내게 적절한 것이었을지도 모른다. 기독교적인 의미들이 비기독교적인 의미들과 대조되어 구별되는 것이 중요한 일이 아니겠는가? 사도들은 본래 비기독교적 근원을 가진 말들을 빌려 사용함에 있어서 조금도 주저함이 없었다. 그 일례로서 사도들은 로고스(*logos*)라는 말을 사용하였다. 단지 이러한 용어들을 사용했다는 사실만을 들어서 그들이 Philo가 창시한 비기독교적인 사상을 추종하던 사람들이었다고 말할 수 있겠는가?

3 Van Til의 전문 철학 영역은 관념론이다. 철학사에는 다양한 관념론이 존재한다. Van Til의 시대에 특히 지배적인 사상은 영국의 관념론 및 그것의 철학적 사촌이라고 할 수 있는 개체주의(personalism)이다. 다양한 형태를 가진 개체주의는 궁극적 실재는 신적 위격 안에서 발견된다고 주장한다. 그러나 관념론의 영향으로 말미암아 Van Til이 주장하듯이 개체주의는 기독교와 반대된다. Van Til은 Cornelius Van Til, *The Case for Calvinism* (Philadelphia: Presbyterian and Reformed, 1963)에서 개체주의에 대해 보다 구체적으로 고찰한다.

4 **Cornelius Van til**, *Christian Apologetics* (**syllabus**), 12.

철학자들은 그리스도인이 아니었다. 철학적 언어들이 다소간에 비기독교적인 영향을 받아 형성된 것임은 틀림없는 사실이다. 만일 우리가 철학자들의 용어를 사용하게 한다면 이것으로 말미암아 기독교적으로 사물을 이해하는 체계 속에 비그리스도인들이 형성해 놓은 여러 가지 문제들을 끌어들이는 결과가 되지나 않을까?…그러나 우리는 이와 같은 질문에 대해서 이렇게 대답할 수밖에 없다. 우리는 철학자들의 용어의 상당한 분량을 사용해야 하며 그렇지 않고서는 그들과 어떤 접촉점도 공유할 수 없을 것이다.[5] 그러나 우리는 우리가 빌려서 사용하는 이 용어들 속에 기독교적인 내용을 집어넣는 일에 세심한 주의를 기울여야만 할 것이다.[6]

철학자들은 인간의 모든 경험을 설명하기 위한 통일된 조망을 추구해 왔다. 철학자들은 인간이 접근할 수 있는 한도 내의 가장 전체적인 실재의 본성을 포괄적으로 그려주는 그림을 찾으려고 노력했다. 그러나 우주는 너무 많은 것들로 구성되어 있다. 인간에게 부과된 과제는 사물의 복수성 속에서 단일성을 찾는 것이었다. 사람들은 흔히 이것을 하나와 여럿의 문제(the one and many problem)라고 부른다.[7] "철학적인 문제를

---

[5] 변증학적 관점에 초점을 맞춘 독자라면 "접촉점"(point of contact)이라는 표현이 종종 전문 용어로 사용된다는 사실을 알 수 있을 것이다(이 문제에 관해서는 5장에서 보다 상세하게 다룰 것이다). 그러나 여기서는 본문에서 볼 수 있듯이 단지 불신자와의 의사소통이라는 차원에서 이 단어를 사용하고 있음을 알 수 있다.

[6] Van Til, *Christian Apologetics*, 13.

[7] 하나와 여럿(one and many)의 문제는 복잡하고 다양한 국면을 가진 철학적 주제이다. 간단히 요약하면 이 문제의 두 가지 기본적 요소는 형이상학적 요소와 인식론적 요소이다. 형이상학적인 면에서 이 문제는 보편성과 특수성에 관한 용어들을 취하는 경향이 있다. 보편성은 주로 여러 가지 다양한 사물에 적용하기 위한 용어로 사용된다. Plato는 이 세상에 존재하는 어떤 실제적인 아름다움도 미(beauty)의 "형식"(form), 즉 보편자와의 관계 속에서 의미를 갖는다고 주장한다. 유명론과 실재론, 다시 말해 보편성은 명목상의 것인가 아니면 실제로 존재하는가 하는 문제는 중세 철학의 중요한 논쟁거리였다. 인식론적인 면에서(형이상학적 요소와 무관한 것은 아니다) 이 문제는 우리가 어떻게 수많은 특수한 것들을 개별자로 규명하는 동시에 보편적(일반적) 특성을 가진 것으로 규명할 수 있느냐는 문제로 귀결된다.
하나와 여럿의 문제는 대부분의 사람에게 큰 문제가 아닌 것처럼 보이지만 철학적 입장에서는 반드시 해결해야 할 숙제 가운데 하나이다. 그 이유는 이 문제 자체가 추상적이거나 고상한 것이어서가 아니라 이것이 우리의 사고방식이라는 철학자의 인식 때문이다. 예를

이런 식으로 제기하는 것에 대해 우리는 아무런 이의(異意)를 갖지 않는다. 우리 역시 우리가 갖고 있다고 생각하는 어떤 전체적 그림에 대한 인식으로부터 철학의 본성(the nature of philosophy)에 대한 개념을 형성하기 때문이다."[8] "그러므로 우리가 해야 할 일은 기독교적인 전체적 그림(the totality picture of Christianity)을 먼저 알아내어 그것을 비기독교적 사상의 전체적 그림(the totality picture of non-Christianity)과 더불어 비교하는 일일 것이다."[9]

1. 영원한 단일성과 복수성

기독교적 철학과 비기독교적 철학의 차이는 기독교적인 입장에 서서 하나와 여럿의 문제를 해결하려고 하는 그 첫 시도에서부터 나타나는 매우 근본적인 차이이다. 우리는 하나와 여럿에 관한 문제에 답을 하는 과정에 있어서 영원한 하나와 여럿을 일시적인 하나와 여럿으로부터 구별하는 것이 매우 필수적임을 알게 된다. 그러나 비기독교적 철학자들은 이와 같은 구별이 불필요한 것이라고 생각한다. 우리가 이것을 구별하는 일이 중요하다고 생각하는 이유는 말할 것도 없이 삼위일체 하나님에 대한 신관이 우리 사고의 중심에 있기 때문이다. 우리는 이러한 사고를 철학적으로 다음과 같이 표현할 수 있을 것이다. 즉 우리에게 있어서 영원한 하나와 여럿은 하나의 자족적인 단일체를 이루고 존재한다고 말할 수 있다. 하나님은 절대적인 인격체이시며, 따라서 절대적인 단일적 개별자이시다. 그는 필연적으로 존재하신다. 그는 본질상 스스로 정

들면 어떤 것을 개(특수성)로 규명하기 위해서는 "개란 이런 것이다"라는 보편적 개념(보편성), 즉 개라고 생각할 수 있는 형이상학적 및 인식론적 매개변수가 있어야 한다는 것이다. 따라서 여기서 하나와 여럿의 문제는 세상이 어떤 것이며 우리는 그것의 의미를 어떻게 표현할 수 있느냐라는 것을 설명하려는 시도라고 할 수 있다.
[8] Van Til, *Christian Apologetics*, 13.
[9] Ibid., 14. 본 장의 나머지 부분은 *Christian Apologetics*에서 발췌한 내용이다.

의를 내리는 분이시다. 하나님은 심지어 자신의 존재를 정의하심에 어떤 비존재와 자신의 존재를 비교하심으로써 정의하시지 않는다. 어느 무엇, 심지어 비존재도 하나님과 비교될 수 없기 때문이다.

우리는 하나와 여럿이라는 문제에 관한 언어를 사용하여 하나님 안에서 하나와 여럿은 둘 다 궁극적이라는 사실을 주장한다.[10] 하나님 안의 단일성은 다양성과 마찬가지로 근본적인 것이 아니며 다양성 역시 단일성과 마찬가지로 근본적이지 않다. 삼위일체 내에서 삼위는 상호 포괄적이다.[11] 아들과 성령은 아버지와 더불어 존재론적(ontologically)으로 동등하다. 교회사에 나타나는 모든 이단들이 다양한 형태의 종속설(subordinationism)을 가르쳐 왔다는 것은 잘 알려진 사실이다. 이와 마찬가지로 우리는 변증학적 방법론에서 기인된 모든 "이단들"이 각종의 종속설에 뿌리를 두고 돋아났던 것을 알고 있다.

이 시점에서 구체적 보편성(concrete universal, 구체적 보편자)에 관한 개념을 도입하는 것이 유익할 것으로 보인다. 철학자들은 하나와 여럿의 문제에 대한 해답을 찾는 과정에서 명백하고도 엄청난 난관에 봉착하곤 했었다.[12] 여럿(many)은 반드시 그들 상호 간에 어떤 연관이 지워져야만 한다. 그렇지만 여럿이 서로 연관 지어진다는 것을 우리가 어떻게 알 수

---

10 여기서 Van Til이 사용한 "철학 용어"는 두 극단(하나 또는 여럿) 가운데 어느 것이 궁극적(또는 실재적)이냐는 문제와 관련된다. 동서양에서 철학은 역사적으로 하나를 궁극적 범주로 보려는 경향이 있다. 여기서 Van Til의 독특성은 그가 두 극단 모두에 대해 동일한 궁극성을 인정한다는 사실에서 나타난다. 하나와 여럿에 관한 문제와 관련하여 이처럼 동일한 궁극성의 원리에 대한 기독교 철학적 적용에 관해서는 H. G. Stoker, "On the Contingent and Present-Day Western Man," in *The Idea of a Christian Philosophy: Essays in Honour of D. H. Th. Vollenhoven*, ed. K. A. Bril, H. Hart, J. Klapwijk, 144–66 (Toronto, Canada: Wedge Publishing Foundation, 1973)을 참조하라.

11 이것은 삼위일체 안에서 세 위격의 신성에 적용할 수 있다. 성자는 성부와 성령과 마찬가지로 하나님이시다. 그들은 하나이시다. 그러나 성부는 성자가 아니며 성령은 성부나 성자가 아니라는 점에서 그들은 셋이다. 각 위는 다른 위가 가지지 않고 할 수 없고 공유할 수 없는 일련의 독특한 속성을 가지고 있다.

12 서론의 각주 73을 살펴보라. 이 개념이 하나와 여럿이라는 상황에 포함된 이유는 구체적인 것은 모두 개별적이라고(특수하다고) 생각되지만 개별적인 것이 보편적이지는 않다는 사실 때문이다.

있겠는가? 그 여럿이 단지 상호 간에 연관성 없는 개별자로서 존재하는 것이 아님을 우리가 어떻게 알 수 있는가? 이제까지는 이러한 경우, 여럿에 대하여 아무것도 알 수 없다는 것이 정설로 간주되었다. 여럿은 우리가 가지고 있는 지식체계로부터 추상화, 즉 추상적 특수성(abstract particulars, 추상적 개별자)이 되고 말 것이다.[13] 이와는 반대로, 그러면 우리가 어떻게 개별자를 파괴하지 않는 단일성을 획득할 수 있겠는가? 우리는 대개 개별자들을 보다 큰 단일성들 속에 포함시키기 위하여 개별자들을 추상화시킴으로써 일반화하여 어떤 단일성에 이르곤 한다. 그런데 만일 우리가 개별자의 개체성을 전부 배제시킬 수 있다고 치고 이러한 개체성을 모두 배제하기까지 일반화 과정을 계속 한다고 한다면 우리는 그 모든 개별자들로부터 그들이 가진 개체성을 모두 빼앗아 버리게 되지 않을까? 그렇다면 우리가 얻을 수 있는 것은 추상적 보편자 외에 무엇이겠는가?[14]

우리 그리스도인들은 비그리스도인들의 입장에서는 이 문제에 대한 해답을 제시할 수 없다고 확언한다. 우리는 잠시 후에 이 문제를 논하게 될 것이다. 지금 우리가 이 문제를 도입한 이유는 구체적 보편자라는 개념이 가진 의미를 설명하기 위함이었다. 구체적 보편자라는 개념은 본래 관념론 철학자들이 추상적 개별자와 추상적 보편자라는 논리적 불합리성에 빠지게 되는 것(*reductio ad absurdum*, 귀류법)[15]을 피할 목적으로 인출

---

[13] 그것들은 구체적인 것을 분유하지 못 했기 때문에 추상적이라고 해야 할 것이다. 왜냐하면 구체적인 것을 분유한다는 것은 어떤 특수한 것에 참여한다는 것이기 때문이다. 장미의 붉음을 서술한다는 것은 그 꽃이 "붉음"(red-ness)이나 "장미다움"(rose-ness)이라는 보편적인 개념에 참여한다는 것을 서술하는 것이다. "우리가 가진 지식체계로부터" 이 꽃을 이론화(추상)한다는 것은 그 꽃에 대해서 아무것도 모른다는 것이다.

[14] 이 문제는 보편적 범주가 규명된 사물과 동일하다고 생각될 때 해결된다. 우리가 "꽃다움"(flower-ness)을 통해 "붉음"(rose-ness)을 알고 "식물다움"(plant-ness)을 통해 "꽃다움"을 알며 이런 식으로 결국 "존재함"(being-ness)에 까지 이른다면 우리가 아는 모든 것은 "존재 자체"(being itself)와 같은 추상적 보편자로 귀결될 수 있다.

[15] 귀류법은 전제와 반대되는 결론이 잘못되었음을 보여줌으로써 그것을 입증하는 방법이다. 가령 추상적 보편자와 관련하여, 만일 추상으로서 존재가 또한 본질적으로 특수한 것으로 여겨질 수 있다면 "존재는 궁극적 보편자"라는 전제는 잘못된 것이다. 그러나 만일 추상적 존재가 어떤 식으로든 특수한 것이 될 수 없다면 그것이 사물이 아니며 따라

해 냈던 것이다. 그러나 우리가 진정한 구체적 보편자를 소유하게 되는 것은 믿음으로서만 접근할 수 있는 삼위 하나님에 대한 기독교적 교리를 통해서 뿐이다.[16] 하나님의 존재 속에 보편자와 관련 없는 개별자는 존재하지 않으며, 개별자 속에 완전하게 나타나지 않는 보편자 역시 존재하지 않는다.

2. 일시적 단일성과 복수성

우리가 영원한 하나와 여럿을 위에서 설명한 방식대로 주장한다면, 일시적인 하나와 여럿, 또한 하나님에 의하여 창조된 것이라고 주장해야 한다는 사실은 너무도 분명한 일이다. 우리는 앞에서 하나님은 어떤 비존재를 설정하여 놓으시고 그것과 자신을 비교하시어 자신에 관한 정의를 내리실 그러한 비존재(non-being)를 필요로 하지 않으심을 언급한 바 있다.[17] 기독교는 비존재를 매우 심각하게 다룬다. 비존재의 문제를 다룸에 있어 우리는 하나님과 비존재 사이의 관계와 인간과 비존재 사이의 관계를 맨 먼저 구분한다. 하나님께 있어서 비존재란 실로 그 자체가 아무것도 아니다. 그러나 인간에게 있어서의 비존재는 하나님이 개연적으로 활동하실 수 있는 활동의 바탕이 된다. 비존재가 하나님께 있어서 아무것도 아니므로 만일 하나님이 무엇인가를 창조하고자 하셨다면 그는 그것을 "전혀 아무것도 존재하지 않는 것으로부터"(out of

---

서 아무것도 아닌 것이다. 이 경우 "존재는 궁극적 보편자"라는 것은 보편적 궁극성과 개별적 궁극성을 모두 인정하는 전제가 되는 것이다.

[16] 독자들은 여기서 내가 "구체적 보편자"라는 말에 부여한 의미가 본래 관념론자들이 그 말에 부여했던 의미와 극히 대조적으로 다른 것이라는 점을 인지할 수 있을 것이다.

[17] 이것은 하나님 자신과 관련된 중요한 언급이다. 창세 이전에 "하나님은 계시고 다른 것은 아무것도 없었다"라는 표현은 잘못된 것이다. 그보다 창세 이전에는 "하나님이 계셨다"고 해야 한다. 그는 스스로 완전하신(self-complete) 분이시기 때문에 하나님이 아닌 어떤 것으로 그분에 대해 설명할 수 없다. 그는 스스로 계신 분이시며 모든 것의 처음이시며 만물을 창조하신 창조주이시다.

nothing) 창조하셔야 했던 것이다. 하나님이 우주를 아무것도 없는 속으로(into) 창조하여 채우셨다고 말하는 것이 오히려 나을지도 모르겠다.[18] 기독교적으로 볼 때, 창조는 반드시 명령[19]에 의해서만 이루어진다.[20]

우리가 창조의 교리를 이와 같이 중요하게 다루게 되면 그에 이어서 자연히 피조 된 실재가 갖는 여러 양상들은 창조주께서 그들 상호 간에 정하여 주신 바 우위와 하위 그리고 동등의 관계를 그대로 계속 유지해야만 한다는 사실이 따르게 된다. 모든 양상들은 그들이 피조 되었다는 점에 있어서 동등하므로 실재의 어떤 양상이 다른 양상에 비해 보다 본원적인 것으로 생각될 수 없다. 이와 같이 피조 된 하나와 여럿은 이러한 점에 있어서 상호 간에 동등하다고 말할 수 있을 것이다. 즉 그들은 모두 그들 모두를 보살펴 유지시키시는 하나님께로부터 유래되었다는 점에 있어 동등하며, 그들 모두가 그 하나님께 전적으로 의지하고 있다는 점에 있어서도 역시 동등하다.

우주 안에 있는 모든 개별자들과 여러 사실들은 보편자 또는 법칙들에 의하여 운행하고 움직이기 마련이다. 이와 같이 피조 된 이 우주에는 질서가 있다. 그러나 반면에 법칙들은 개별자들을 추상적 개별자로 축소시키거나 다른 어떤 방식으로건 그들의 개별성을 축소시키지 않으며 또 그렇게 할 수도 없다. 법칙들이란 단지 개별자들을 움직이시며 일하시는 하나님의 방법을 일반화시킨 것에 불과하다. 하나님은 언제 어느 때라도 그들 가운데 한 가지 사실을 취하여 피조세계의 법칙과 새로운 관계를 맺게 하실 수 있으시다. 즉 사실들이나 법칙들 그 자체에 어떤

---

18 여기서 Van Til은 *Ex nihilo nihil fit* (무로부터는 아무것도 나오지 않는다)라는 속담에 민감한 모습을 보인다. 이 속담은 사실이다. 그리스도인은 창조가 무로부터 이루어졌다고 생각하지 않으며 하나님 자신의 활동으로부터 이루어졌다고 생각한다. 창조 이전에는 "무"(nothing)라는 것이 없었기 때문에 Van Til은 하나님이 이 nothing 속으로-즉 하나님의 창조 행위 이전에는 존재하지 않았던 것 속으로-창조하셨다고 주장하는 것이다.
19 명령(fiat)이란 "-할지어다"라는 뜻의 라틴어에서 온 말이다. 이것은 창조가 하나님의 주권적 명령에 의한 결과로 초래되었음을 강조한다.
20 독자들은 이러한 입장이 얼마나 철저하게 관념론과 대치되며, 창조교리가 얼마나 근본적인 것이라고 말해지는지 다시 한 번 확인하게 될 것이다.

사실이 이렇게는 될 수 없다는 식의 본래적 이유까지 들어 있는 것은 아닙니다. 우리는 이적들을 믿을 수 있는 여지를 마련하기 위하여 이와 같은 관념을 필요로 한다. 즉 "우리가 확실히 믿는다고 고백한 하나님 사상"에 포함된 일시적인 하나와 여럿, 즉 사실들과 법칙들 사이에 있는 관계들을 이와 같이 이해하는 개념이 기적을 믿을 여지를 마련함에 필수적으로 요구된다.[21] 이적은 기독교적 입장이 주장하는 것들 중 가장 중요한 것 가운데 하나이다.

이와 같이 피조 된 하나와 여럿 또는 피조 된 실재의 여러 양상들 사이에는 근본적인 동등성이 존재한다.[22] 그러나 그와 반면에 그들 사이에는 하나님이 제정하신 것에 의한 종속적 관계도 역시 존재한다. "기계적 법칙들"(mechanical laws)은 "목적론적 법칙들"(teleological laws)보다 하위에 놓여진다.[23] 물론 "기계적 법칙들"과 "목적론적 법칙들"이 모두 하나님의 뜻에 순종한다는 의미로 볼 때에는 둘 다 "목적론적 법칙"에 해당한다. 그리고 우주의 물리적 양상의 여러 사실들 역시 사람의 의지와 지성들에 관한 사실들보다 하위에 처한다. 성경이 말하는바 인간이 자연을 다스린다는 것은 바로 어떤 사실이나 법칙이 다른 사실들과 법칙들

---

21 이런 의미에서 기적은 기계적 절차 속으로 하나님을 밀어 넣는 것이 아니다. 오히려 하나님이 특정 사실들 및 "법칙"들과 관계하던 방식과는 다른 방식을 그들의 관계 속에 적용시킨 것이라고 할 수 있다. 다시 말하면 Van Til이 말한 대로 "법칙은 하나님의 사역 방법의 일반화일 뿐"이기 때문에 하나님이 기적의 영역을 "침범"한 것은 결코 아니다.

22 Van Til은 관념론에서 발견되는 동등성 개념과 대조해서 이 표현을 사용한다. Hegel의 관념론에 따르면 절대자 안에는 의식과 그것의 대상(그리그 그것 자체) 사이에 동질성이 있다고 여겨졌다. 따라서 보편적 자의식이 존재하는데 그것이 바로 절대자다. 이런 구조 하에서 "여럿"(대상들)은 "하나"(절대자)가 되는 것이다. Van Til이 주장하려는 요지는 모든 것이 모든 면에서 동일하다는(또는 동질적이라는) 것이 아니라 **하나님과의 관계에 있어서** 하나와 여럿은 동일하다는 것이다. "그들은 동일하게 하나님으로부터 파생되었으며 동일하게 하나님께 의존한다"라고 말한다. 이것이 하나와 여럿에 관한 기독교적 개념과 관념론의 개념의 차이점이다. 전자는 하나님(삼위일체 하나님으로서)과 피조물에 대한 구별로부터 시작한다.

23 Van Til은 여기서 주로 "자연법"을 염두에 두고 있다. 자연법 하에서 기계적 법칙들은 인과관계를 의미하며, 목적론적 법칙들은 인과관계를 공유하기는 하나 어떤 의도된 목적 안에서 그 의미를 발견한다. 따라서 목적론적 법칙들은 기계적 법칙을 전제하지만 그것을 넘어선다는 점에서 더욱 "고상"하다.

에 종속한다는 것을 말함이다. 성경에 따르면 인간은 자연 위에 왕으로서 세움을 입었다. 인간은 그것을 정복하게 되어 있었다. 그렇지만 인간은 하나님을 위하여 자연을 정복할 뿐이었다. 인간은 하나님의 수하에 있는 왕일 뿐만 아니라 제사장이기도 했다. 인간이 하나님의 수하에서 자연을 정복하기 위해서는 자연을 해석해야만 했다. 따라서 그는 하나님 아래의 왕과 제사장인 동시에 선지자이기도 했다.[24]

어떤 사실과 법칙이 보다 고등한 피조계의 사실과 법칙들에 종속되는 관계는 특히 이적의 관념 속에 아주 잘 나타난다. 모세가 바다를 명하여 갈라지게 하여 이스라엘 백성들로 하여금 마른 하상을 건너게 하였을 때 물리적 세계의 법칙들은 인간의 의지가 내린 명령에 굴복하였던 것이다. 그러나 자연법칙들이 인간의 의지에 종속된 것은 인간의 의지를 하나님께 종속시키고자 함이었다.

최근의 철학적 용어를 사용하면 우리는 이제껏 우리가 이야기해 온바 피조세계의 어떤 양상이 다른 양상들에 종속되는 관계를 이렇게 표현할 수 있을 것이다. 즉 하위의 논의세계들(the lower universes of discourse)은 상위의 논의세계를 예상하고(anticipate) 상위의 논의세계들(the higher universes of discourse)은 하위의 논의세계를 회고한다(look back to). 기계론적 논의세계는 유기론적 논의세계에 종속하며 그것을 예상하는 한편, 유기론적 논의세계는 기계론적 논의세계를 회고한다. 다음으로 유기론적 논의세계는 지적 논의세계와 윤리적 논의세계를 예상하며, 지적, 윤리적 논의세계들은 유기론적 논의세계를 회고한다.[25]

---

24 이것이 바로 Cecil De Boer가 주장하는 스콜라적 세대주의(dimensionalism)와 대조되는 일종의 개신교적 혹은 개혁주의적 차원분할주의이다(제2부 참조).

25 Van Til은 Josiah Royce(1855-1916)에 대해 언급하는 것으로 보인다. Royce는 절대적 관념론을 지지하는 미국의 대표적인 인물이다. 실용주의자인 C. S. Peirce가 "미국의 Plato"라고 불렀던 Royce는 제한적인 논의의 세계(limited universes of discourse)에 대해 언급한다. 제한은 부정의 산물이며 관계의 계층화를 허락한다. "덜 선한"(제한으로 인해) 것은 "보다 선한"(앞서의 제한이 없으므로) 것보다 열등하다. Royce는 이러한 제한이 질서를 가져다 주며 비대칭적 관계를 이해하게 해 준다고 말한다. Royce에 대한 Van Til의 간략한 논평은 Cornelius Van Til, "Recent American Philosophy," *Philosophia reformata: Orgaan van de Vereeniging voor Calvinistische wijsbegeerte 2* (1937): 1-24를 참조하라.

3. 죄와 죄에 따른 저주

위에서 우리가 제시해 온 유신론은 그 자체에서 그쳐서는 안되며 반드시 기독론이 첨가되어야만 한다.[26] 인간의 범죄로 말미암아 하나님의 저주가 피조물 전체에 임하였다. 인간은 사단과 연합하여 하나님을 대적하였던 것이다. 그러나 하나님은 그와 동시에 죄와 싸워 그것을 치유하는 힘을 이 세계에 집어넣으셨다. 이 치유적 사역은 그리스도 안에서 중심을 이룬다.

> 그리스도께서 나타나신 것은 "마귀의 일을 멸하려 하심"이었다.[27] 실로 그리스도께서 오신 것은 평화를 가져오기 위함이었는데 그가 가져오신 이 평화는 어두움의 세력을 완전히 파괴한 후 그 위에 세워져야만 하는 성질의 것이었다. "내가 세상에 평화를 주러 온 줄로 생각지 말라. 화평이 아니요 검을 주러 왔노라"(마 10:34). 평강의 왕께서 하신 말씀이었다. 그는 이와 같은 메시지를 선포하시기 위하여 자신이 몸소 오시기 이전에는 선지자들을 그리고 자신이 오신 이후에는 사도들을 파송하셨다. 시편 기자(記者)는 이 메시지에 가장 깊이 사로잡혀 이 평화를 지극한 열심으로 사모하는 가운데 이렇게 외쳤다. "여호와여 내가 주를 미워하는 자를 미워하오며 주를 치려 일어나는 자를 한하지 아니하나이까? 내가 그들을 미워하니 그들은 나의 원수들이니이다"(시 139:21-22). 그리스도께서는 그가 이 세상에 계실 때에 한번은 사단과의 싸움터에 단독으로 뛰어드시어 승리를 거두셨다. 이 그리스도가 사도 요한의 눈에는 백마를 타고 정복하시고 또 정복하시는 분으로시 보였다.[28] 그의 군대들의 기력이 쇠하고 싸움에 지쳤음을 보셨을 때, 그는 나팔을 불어 그들로

---

[26] 이 주제는 방법론적이 아니라 신학적이다. 우리는 하나님과 그의 창조에 대해 어느 정도 이해했기 때문에 이제 기독교의 원리들에 대해 이해해야 한다.
[27] "죄를 짓는 자는 마귀에게 속하나니 마귀는 처음부터 범죄함이라 하나님의 아들이 나타나신 것은 마귀의 일을 멸하려 하심이라"(요일 3:8).
[28] "이에 내가 보니 흰 말이 있는데 그 탄 자가 활을 가졌고 면류관을 받고 나아가서 이기고 또 이기려고 하더라"(계 6:2).

하여금 하나님의 전신갑주를 입도록 명령하신다.²⁹ 그들은 전투적 교회요 하나님의 백성으로서 흔들리지 않아야 한다. 오직 끝까지 싸우는 자만이 면류관을 얻을 것이다.³⁰ 그리고 그때에는 진정 평화가 있을 것이다. "세상이 새롭게"³¹ 된 가운데 예수님은 이십사 장로들과 네 생물들에게 둘러싸여 보좌에 앉으실 것이다. 전 피조물이 거기에 있어 그들 모두가 구속을 받는다. 어떤 반대의 소리도 거기엔 들리지 않는다. 모두가 구속된 세계의 위대한 노래를 부르고 있다.³² 구속을 통하여 창조의 목적이 달성된 것이다. 원수들은 어디에 있는가. 그들은 아무런 소리도 들리지 않는 완전히 격리되어 밀폐된 방 속에 갇혀 있다. 사단은 싸움에 패하였다. 하나님은 진정 참되신 하나님이신 것이다.³³

바로 위에서 말한 이러한 것들이 존재에 대한 개략적인 기독교적 개념 또는 형이상학에 관한 기독교적인 개념이다. 아마도 우리는 이것을 실재에 관한 이층 이론(two-layer theory)이라고 부를 수 있을 것이다. 만일 우리가 생각하고 있는 실재나 존재는 어떤 것인가라는 질문을 받았다고 가정해 보자. 이 경우 우리는 만일 그 요구가 둘로 나누어 생각될 수 없다면 거기에 대한 아무런 대답도 제시할 수 없노라고 말해야만 할 것이다. 왜냐하면 우리에게 있어서 하나님의 존재는 궁극적이며 영원하지만 피조물적인 존재들은 그 성격상 파생적이기 때문이다.

그리고 만일 우리가 영원한 것과 일시적인 것 사이의 관계를 어떻게 생각하고 있는가라는 질문을 받았다고 가정해 보자. 우리는 이 질문에 대하여 우리에게 있어서 영원한 것은 하나의 원리로서가 아니라 인격(人格)으로서 존재하며, 그 인격은 영원한 인격이라고 대답하게 될 것이다. 결국 우리는 영원이란 말을 일시적인 것과 상대적인 관계에 있는

---

29 "마귀의 간계를 능히 대적하기 위하여 하나님의 전신 갑주를 입으라"(엡 6:11).
30 "너희 중에 있는 하나님의 양 무리를 치되 억지로 하지 말고 하나님의 뜻을 따라 자원함으로 하며 더러운 이득을 위하여 하지 말고 기꺼이 하며 맡은 자들에게 주장하는 자세를 하지 말고 양 무리의 본이 되라 그리하면 목자장이 나타나실 때에 시들지 아니하는 영광의 관을 얻으리라"(벧전 5:2-4).
31 "예수께서 이르시되 내가 진실로 너희에게 이르노니 세상이 새롭게 되어 인자가 자기 영광의 보좌에 앉을 때에 나를 따르는 너희도 열두 보좌에 앉아 이스라엘 열두 지파를 심판하리라"(마 19:28).
32 이것은 요한계시록 4장과 5장에 대한 언급이다.
33 Jesse De Boer는 이러한 군사적 용어를 좋아하지 않는다. 그러나 이러한 표현은 모두 성경에서 나온 것이다. 평화의 왕은 사단의 권세를 멸하신다.

것으로는 사용하지 않는다. 오히려 우리는 영원한 하나님에 대한 관념을 일시적인 우주의 인격적 창조주라는 개념으로 사용하고 있다.[34]

이제 한걸음 더 나아가서 만일 우리가 생성(becoming)과 존재(being) 중에 어느 것이 먼저냐는 질문을 받게 되었다고 가정해 보자. 이 경우 우리는 먼저 생성이란 용어는 하나님께 적용될 수 없다는 사실을 말해야만 한다. 하나님의 존재는 생성에 구속되지 않는다. 그는 영원한 존재이시다. 그리고 피조물이란 하나님의 계획에 의하여 생성 과정에 있는 여러 가지 것들을 말한다. 그러므로 하나님의 존재는 피조세계의 생성 "이전"이다. 영원한 하나와 여럿은 피조 된 하나와 여럿에 "선행"한다. "이전"이란 말과 "선행"이란 말을 따옴표 속에 집어넣은 것은 이유가 있어서이다. 즉 만일 실재에 관한 우리의 논리가 옳다는 것이 선선히 받아들여진다면, 우리는 하나님이 우주에 선행하시다고 단순히 말해서는 안 된다. 왜냐하면 우리는 하나님이 피조 된 우주 시간적인 순서로 볼 때의 "앞선다"는 의미로서 선행하는 것으로 생각할 수는 없기 때문이다.[35] 더욱이 하나님은 시간에 구속됨이 없으시기 때문에 우리는 그 하나님을 달력 속에 국한시킬 수 없다. 하나님은 시간 자체를 하나의 피조물로 창조하셨기 때문이다. 그러므로 우리가 하나님이 피조 된 세계를 "선행"하신다고 말하는 것이 단지 우리가 보통 사용하는 논리적인 선후 관계에 있어서의 선행성만을 의미하는 것은 아니다. 실로 하나님이 피조물의 세계를 논리적으로 "선행"하시는 이유는 그가 이 우주를 그것에 속한 모든 일시적인 피조물들과 더불어 무(nothing)로부터(또는 안으로) 창조하셨기 때문이다. 이러한 시간적 피조 개념을 생각지 않는다면 논리적인 의존의 개념은 주장하기 어려울 것이다.

이제 우리가 생각하는 실재의 본질에 대한 개념은 철학의 역사가 제공하는 실재에 관한 다른 모든 이론들에 반대된다는 사실이 분명해졌을 것이다. 이 문제는 본서의 뒷부분에서 더 분명해질 것이다.

---

[34] 이것은 영원과 시간의 관계에 대한 논의에서 매우 중요한 내용이다. 영원은 종종 시간과 상호 관련이 있는 "정황"으로 생각된다. 하나님은 바로 이 영원한 정황 가운데 거하시며 우리는 시간이라는 정황에 머문다. 그러나 이 경우에 있어서의 영원성은 하나님의 본질적인 속성이며 따라서 하나님의 하나님 되심과 동등한 의미를 갖는 표현이다.

[35] 성경은 이러한 방식에 대해서도 언급하고 있다는 사실을 알아야 한다(요 17:24; 엡 1:4; 벧전 1:20를 참조하라).

지금 이 시점에서 우리가 강조하고자 하는 것은 우리는 성경에 기초를 둔 조직신학 속에서 발견되는 실재의 개념을 취할 수 있을 뿐이라는 것이다. 그리고 이제 우리는 그러한 사실을 기초로 하여 다음 장의 주제인 인식론의 문제로 나아가고자 한다.[36]

---

[36] Van Til, *Christian Apologetics*.

제3장

기독교 인식론

이제까지 우리가 분명하게 밝혔던 것은 다음과 같다. 그리스도인들은 하나님의 말씀인 성경에 명백히 나타난 것들을 믿는다. 우리는 성경으로부터 하나님, 인간, 그리스도, 구원 그리고 마지막 사건 등등에 관한 교리들을 발견한다. 개혁주의 그리스도인으로서 우리는 사람들에게 필요한 것은 로마 가톨릭이나 저급한 복음주의적 개신교가 아니라 개혁주의 신학이라는 사실을 보여주고자 한다.

사람들에게 성경에 계시된 교리체계의 진리를 받아들이도록 설득하고자 할 때에 우리는 삶에 대한 기독교적 관점을 제시한다. 이 기독교적 인생관은 기독교적 존재론, 기독교직 인식론, 기독교적 행동론 또는 기독교적 윤리학이라는 세 가지 요소로 분류된다.[1] 우리는 이러한 기독교적 입장을 비기독교적 입장과 확실하게 구분해야 한다. 삶에 대한 기독교적 관점과 비기독교적 관점의 차이 중, 가장 근본적인 것은 그리스도인들은 창조주를 예배하며 섬기지만 비그리스도인들은 피조물을 예배

---

[1] Van Til은 여기서 철학의 세 가지 주요 분야—형이상학(존재), 인식론(지식) 및 윤리학(행동)—에 대해 언급한다.

하며 섬긴다는 점이다.[2] 모든 사람은 최초의 인간이자 인류의 대표였던 아담 안에서의 타락을 통하여 피조물을 섬기는 자들이 되었다.[3] 그러나 그리스도에 의하여 완성되고, 성령에 의하여 그의 백성들에게 적용된 구속을 통하여 선택함을 입은 자들은 비록 원리적이기는 하나[4] 피조물이 아닌 창조주를 섬기고 예배하는 것을 배우게 되었다. 이제 그들은 성경에 제시된 실재에 대한 바른 원리들을 믿는다. 그들은 이제 자족(self-sufficient)하신 하나님을 믿으며, 이 우주의 만물이 그 하나님께 피조함을 입은 바 되었음을 믿는다. 또한 역사의 시작에 즈음한 인간의 타락을 믿으며, 그리스도로 말미암아 "만물이 새롭게 될 것"을 믿는다.

그러나 기독교적 인식론을 갖는 것은 기독교적 존재론을 갖는 것만큼 중요한 일이다. 이 둘 가운데 하나를 결하여 이 둘을 동시에 갖지 못한다면 실상 그 하나마저 제대로 소유할 수 없기 때문이다. 현대의 사상들은 대개 인식론에 의해 크게 좌우되고 있다.[5] 그러므로 그리스도인으로서 우리는 현대의 비기독교 인식론에 대항하는 기독교적 인식론을 세워야 할 필요성을 느끼지 않을 수 없다. 이렇게 할 때에 우리의 존재론이 이러이러하기 때문에, 따라서 우리의 인식론이 이러이러하다는 사실을 분명하게 설명할 수 있게 될 것이다. 그리스도인은 지식 그 자체만을 숙고하는 것으로부터 시작해서는 안 된다. 우리는 무엇을 아는가를 물음 없이 어떻게 아는가를 물을 수 없다. 여기서 『기독교 변증학』(Christian Apologetics)의 내용을 다시금 인용하고자 한다.

---

[2] "이는 그들이 하나님의 진리를 거짓 것으로 바꾸어 피조물을 조물주보다 더 경배하고 섬김이라 주는 곧 영원히 찬송할 이시로다 아멘"(롬 1:25).
[3] Calvin은 『기독교 강요』 초판에서 인간을 다른 피조물과 구별하는 것은 예배라고 했다. 여기서 Van Til이 말하려는 요지는 모든 사람은 무엇인가를 섬긴다는 것이다. 우리는 예배하기 위하여 창조되었고 그것을 피할 수 없다. 우리는 죄로 말미암아 우리를 창조하신 자 대신 피조물을 섬기게 된 것이다.
[4] 여기서-그리고 사실상 Van Til의 모든 글에서-중요한 것은 그가 우리에게 개혁주의 변증학의 원리들을 (우리가 그것을 꾸준히 실행하느냐의 여부와 관계없이) 제시하고 있음을 기억하는 것이다.
[5] 이러한 사조로는 계몽주의 시대부터, 칸트의 철학에 초점을 맞추어서 시작되었다. 그 전에는 소위 형이상학에 초점이 맞추어졌다.

우리는 성경으로부터 실재의 성격에 관한 관념을 취하도록 강제되고 있다는 느낌을 받는다. 우리가 제시해 온 실재에 관한 관념은 오직 권위에 의해서만 받아들여질 수 있다. 우리가 제시해 온 존재에 대한 관념은 오직 성경에서만 발견될 뿐이다. 우리는 성경을 통해 주어진 계시와 비교될 만한 또는 성경의 계시의 표준으로 삼아 참고할 만한 어떤 실재의 영역도 가지고 있지 못하다. 그러므로 성경은 매우 중요하고 소중하게 취급된다. 그리하여 우리는 성경 그 자체를 진리의 최종적 표준으로 취한다.[6]

이와 같은 과정이 철학을 공부하는 대개의 사람들에게 자살이나 다름없는 것으로 보일 것은 틀림없다. 실재의 성격과 지식의 성격을 생각하는 것이 인간 스스로 이성의 도움으로 말미암는 것이 아니란 말인가? 권위에 의거한 삶에 대한 해석을 받아들이는 것은 오로지 우리가 받아들이는 그 권위의 근거들을 조사한 다음에야 용납될 수 있는 일이다. 그러나 만일 우리가 권위의 근거들을 결정해야만 하는 경우라면 그것은 이미 권위에 기초하여 권위를 받아들이는 것이 아니다.[7] 권위는 오로지 그것이 권위임을 스스로 주장할 수 있는 권위를 가지고 있다는 것을 미리 알고 있을 때에만 우리에게 참된 권위일 수 있다. 그리고 우리가 그 권위의 성격을 미리 알고 있어야만 가능한 일이다. 이와 같이 우리는 연구조사를 시작하는 시초로부터 이미 당연한 것으로 받아들여진 어떤 존재론을 갖고 있는 것이다. 이와 같은 자세를 가지고는 반대되는 견해들을 공정하게 들어줄 수 없게 된다.

에드가 싱어 박사(Dr. Edgar A. Singer)[8]는 그의 『경험과 성찰에 대한 주

---

6 이 문단은 Van Til이 자신의 변증학 원리를 위해 성경과 그 권위에 대해 의식적으로 의존하고 있음을 보여준다. 이러한 입장은 지금까지의 변증학과 전적으로 대조된다. 그러나 그의 접근은 개혁주의 성경관을 변증학에 적용한 것일 뿐이다.

7 이것은 성경의 권위에 대한 Calvin의 입장이다. Calvin의 주장에 귀를 기울여 보라. "그러나 교회는 성경이 하나님에 대한 진리임을 인정하기 때문에 성경을 존중하는 것을 마땅한 의무로 생각한다. "교회의 신조가 아니라면 성경이 하나님으로부터 왔다는 것을 어떻게 확신할 수 있다는 말인가?"라는 그들의 질문은 "우리는 어떻게 빛과 어두움을 구별하고 흰 것과 검은 것을 구별하며 단 것과 신 것을 구별할 수 있는가?"라고 묻는 것과 같다. 사실 성경은 흰 것과 검은 것을 색깔로 구별하고 단 것과 신 것을 맛으로 구별하는 것처럼 그것이 진리라는 명백한 증거를 충분히 보여준다." John Calvin, *Institutes of the Christian Religion*, ed. John T. McNeill, trans. Ford Lewis Battles (London: SCM Press, 1960), 1.7.2.

8 Edgar A. Singer Jr.(1873-1955)는 실용주의자 William James에게 배웠다. 그는 University

해』(*Notes on Experience and Reflection*)⁹라는 저작에서 우리의 입장에 대한 반대를 현대적 표현방식으로 제시하고 있다. 싱어 박사는 우리가 어떻게 아는가(How do we know)를 묻는 것이 철학이 해야 할 일이라고 말하고 있다. 다른 말로 해서 싱어 박사에 따르면 인식론적 질문(epistemological question)은 존재론적 질문(ontological question)과 전혀 상관없이 제기될 수 있으며 또 그렇게 되어야만 한다는 것이다.

싱어 박사의 이와 같은 입장은 과연 옳은 것일까? 이 문제의 진위를 논하기 위하여 우선 우리가 이제껏 이러저러한 형편으로 존재하신다고 설명해 왔던 하나님이 실제로 존재하신다고 가정해 보기로 하자. 그러한 하나님이 권위를 가지고 우리에게 말씀하실 수 있는 권리가 없단 말인가? 지식의 문제가 존재의 문제와 전혀 상관이 없는 독립적인 것이라고 말하는 것은 지식의 문제 그 자체를 해결할 수 있는 한 가지 가능성을 배제하는 것이 아니겠는가? 만일 하나님의 존재가 성경의 여러 가지 증거들을 토대로 하여 발견된 것이라면 우리가 가진 지식도 이와 마찬가지로 그 하나님의 지식과 부합하는 한에 있어서만이 참된 지식일 것이라는 결론이 뒤따라 나오기 마련이다. 지식의 성격에 대한 질문을 제기함에 있어서 실재의 성격에 관한 문제는 상관할 필요가 없다고 말하는 것은 중립적인 것이 아니다. 이러한 태도는 사실상 지식의 문제에 관한 기독교적 해답을 배제하는 것일 뿐이다.¹⁰

---

of Pennsylvania를 졸업하였으며 B. S.(1892)와 철학 Ph. D.(1894)를 취득하였다. 그는 1898부터 1903년까지 동 대학 철학과 전임강사를 시작으로 1904-1909년까지는 조교수, 1910-1943년까지는 교수로 있었으며 1944-1955년까지는 명예교수로 후학을 양성하던 중 1955년 4월 3일 세상을 떠났다. Singer는 철학적 방법론, 윤리학 심미학 및 역사에 조예가 깊은 경험적 관념론자였다. Singer에 관한 자세한 내용은 F. P. Clarke and M. C. Nahm, eds., *Philosophical Essays in Honor of Edgar Arthur Singer, Jr.* (Freeport, N. Y.: Books for Libraries Press, 1942)를 참조하라.

9 사실상 출판되지 않은 강의록이다.
10 Van Til에게 있어서 "중립"이라는 통념은 부정적인 것이다. Van Til은 "중립"이라는 말을 "종교적 중립" 또는 "우리와 하나님의 관계라는 문제에 있어서의 중립"이라는 의미로 사용한다. 우리가 하는 모든 일은 하나님을 위한 것이거나 반대하는 것이기 때문에 우리의 사상이나 행동 및 결정에 있어서 중립이란 있을 수 없다.

사실상 처음부터 지식의 문제에 대한 기독교적 해답을 배제하고 있는 싱어 박사의 자세는 이 문제의 해결을 위해 지식을 가지고 있다고 생각되는 사람들을 가능한 한 많이 찾아가야 한다는 말에서 잘 드러난다(p. 5). 다른 사람의 의견보다 훨씬 가치 있는—심지어 훨씬 권위 있는—의견을 가지고 있다고 생각되는 분을 찾아간다는 식의 생각은 아예 고려조차 되지 않고 있다. 에덴동산에서 하와는 지식을 갖고 있다고 생각되는 이에게 가능한 한 최대한으로 찾아다녔다. 하와는 하나님과 사단 모두가 지식이 있다고 생각되었다. 하나님은 사단의 지식을 하찮게 여기고 계셨으며, 사단 역시 하나님의 지식을 대수롭게 생각지 않고 있는 것 같이 보였다. 그리고 하나님도 사단도 각기 자신의 지식을 최고의 것으로 생각하고 있는 듯이 보였다. 그러므로 하와는 하나님과 사단의 지식에 대한 평판을 저울질해야만 했다. 이것이 하와에게는 "어떻게 아는가"라는 문제였던 것이다.[11]

하와가 직면했던 문제는 어려운 것이었다. 하나님은 일찍이 금지된 나무의 과일을 먹으면 정녕 죽으리라고 말씀하셨다. 숫자적으로 볼 때에는 찬성하는 편이 하나, 또 다른 반대쪽 견해에도 하나가 있었을 뿐이었다. 그러므로 하와는 숫자적인 우열로써는 결정을 내릴 수 없었다. 하와는 선택과 행동으로 결정할 수밖에 없었다. 하나님은 그가 창조주이심을 주장하셨다. 하나님은 자신의 존재는 영원한 반면 사단은 피조 되었으며 따라서 하나님에게 의존할 수밖에 없는 존재임을 주장하셨다. 사단은 사실상 하와가 이러한 존재의 문제에 대해 전혀 신경 쓸 필요가 없다고 이야기했던 것이다. 사단은 하와에게 우리가 무엇을 아는가(What do we know)를 물음 없이 우리가 어떻게 아는가(How do we know)의 문제를 결정지어야만 한다고 속삭였던 것이다. 사단은 그녀에게 금지된 나무의 과실을 먹게 될 경우에 일어나게 될 일에 대한 자신의 해석과 하

---

[11] 하와가 실제로 Van Til이 여기서 설명하는 것처럼 양자의 의견을 저울질하였는가의 여부와 관계없이 그가 여기서 (그리고 다른 여러 곳에서) 말하려는 요지는 동산에서의 죄가 윤리적 반역일 뿐만 아니라 방법론적 및 인식론적인 범죄였다는 것이다.

나님의 해석에 대한 중립을 지켜야만 한다고 속삭였다. 하와는 지식의 문제를 해답함에 있어서 존재의 문제를 무시하고 말았다. 하와는 그녀가 발견할 수 있는 한 지식을 가지고 있다고 생각되는 모든 의견들을 최대한 수집한 후에 여러 견해들이 각기 말하는 바를 공정하게 판단해 볼 것이라고 생각했던 것이다.[12]

특히 우리는 하와의 행동을 통해 그녀가 "무엇을 아는가"의 문제를 실제로는 회피하지 않았다는 사실을 알아야 한다. 하와는 그 문제에 대한 아주 분명한 해답을 암시적으로나마 은연중에 내리고 있다는 것이다. 하와는 하나님의 존재를 부정하고 말았다. 하와는 하나님의 존재가 궁극적임을 부정하였다. 하와는 그것으로 실상 모든 존재는 본질상 같은 수준 위에 있다는 사실을 확고히 주장한 셈이다.[13]

동시에 하와는 우리가 어떻게 아는가의 문제에 대해서도 아주 분명한 해답을 내리고 있다. 하와는 하나님을 염두에 두지도 않고 우리가 독립적으로 지식을 가질 수 있다고 말했다. 하와는 하나님의 권위가 그녀에 의해 시험되어야만 한다고 말했다. 이와 같이 하와는 스스로 궁극적인 권위를 취하기에 이르렀다. 하와는 하나님의 권위를 경험과 그 경험에 관한 성찰(experience and reflection upon experience)로써 시험함에 주저나 의심 없이 대담하였다. 즉 최종적 권위는 오로지 하와 그녀 자신뿐이었던 것이다.

이제 우리가 이제껏 제시해 온 존재론이 하나님의 권위적인 계시인 성경의 관념과 일치하는 것임이 명백하게 되었을 것이다. 성경이 말하는 그와 같은 존재는 절대적인 권위로 말씀하실 뿐 달리는 말씀하시지 않는다. 결국 우리는 지식에 관한 두 가지 이론 가운데 어느 하나를 택

---

[12] 필자의 모든 글에서 나타나듯이 "Van Til에게 형이상학적 상황은 간접적일 뿐"이라고 비판했던 Van Halsema의 주장(Franklin Van Halsema, "Van Til in Review," *The Calvin Forum* 19, no. 5 [December 1953]: 85)은 전적으로 잘못된 것이다.

[13] 만일 하와가 하나님을 궁극적인 존재로 받아들였다면 누구의 말을 순종해야 하느냐의 문제는 생각할 것도 없었을 것이다. 그러나 하나님이 궁극적인 존재가 아니라면 다른 피조물과 마찬가지로 의존적 존재일 것이다. 따라서 하와에게 모든 존재는 본질상 동일한 수준이었던 것이다.

해야만 한다. 한 이론에 의하면 하나님이 최종적인 심판자가 되신다고 말한다. 그러나 또 다른 한 의견에 의하면 인간이 최종적인 심판자가 된다고 한다.

이제 우리는 이제껏 이야기해 왔던 것에다 한 가지 사실을 더 추가해야만 하겠다. 죄는 인간의 마음과 심성(心性)을 극단적으로 파괴시키는 것이라는 점이다. "허물과 죄로 죽었던 너희"라고 했다.[14] 인간 내부의 어딘가 가장 올바른 장소에 하나님께 대한 인식이 있으려면 그는 반드시 거듭나야만 한다. 거듭남이 없이 인간이 "하나님의 나라"를 보는 것은 불가능한 일이다.[15]

우리는 인간이 모든 해석의 문제에 있어서의 자신을 궁극적인 심판자로 삼았다는 사실을 통해 죄가 인식의 문제라는 사실을 알 수 있다. 인간은 하나님의 권위를 인정하는 것을 단연코 거부한다. 우리는 이미 아담과 하와의 이야기를 통하여 죄인이 되어 버린 인격의 자세와 태도를 분명하게 설명해 보였다. 인간은 하나님을 향하여 감히 대항함으로써 그 자신이 스스로를 좌우할 수 있는 자율성을 가진 존재라고 선포해 버렸던 것이다.

이것은 인간이 전체성의 그림 안에서 자신에 관한 것을 찾아야만 하며 최고의 권위를 지닌 성경으로 가야 한다는 사실을 잘 보여준다. 인간은 아직까지도 자연으로부터 무엇인가를 알 수 있다. 그러나 인간이 자연으로부터 알 수 있는 것들은 그것들이 성경이 인간에게 가르쳐 주는 것과 관련을 지어 이해될 때에만 비로소 제대로 이해될 수 있다.[16]

---

[14] "그는 허물과 죄로 죽었던 너희를 살리셨도다"(엡 2:1).
[15] "예수께서 대답하여 이르시되 진실로 진실로 네게 이르노니 사람이 거듭나지 아니하면 하나님의 나라를 볼 수 없느니라"(요 3:3).
[16] 여기서 독자들은 필자의 사상이 성경적 범주의 지배를 받지 않는다는 **Daane**의 비판을 다시 한 번 상기할 수 있을 것이다.

1. 하나님이 자신을 이해하시는 지식

그러므로 우리는 실재에 대해서만 이층 이론(two-layer theory)을 가질 뿐만 아니라 지식에 대해서 생각할 때 역시 같은 이층 이론을 가지게 된다. 사실상 실재에 대한 이층 이론은 지식에 대한 이층 이론과 그 사활을 같이 한다. 우리는 하나님이 모든 것을 스스로 결정하시는 자주적(self-determinative)인 하나님이심을 믿고 또 그렇게 주장한다. 하나님은 자기 자신의 실재를 입증하거나 자기 자신의 어떤 일부분을 밝히 보여주시기 위해 그 어느 무엇과 비교하여 자신을 나타내실 필요가 없는 분이시다. 하나님은 자기를 나타내 보이시기 위해 비존재(non-being)를 들어 자신을 비교하실 필요도 없는 분이시다. 비존재는 하나님을 해석함에 하등의 도움이 되지 못한다. 하나님은 또한 전지(omniscient)하신 분이시다. 그는 스스로 충족하신 분이시므로 또한 전지하시다. 덧붙여 필히 알아야 할 또 한 가지는 하나님 존재는 본질상 이 세상의 모든 것을 완전히 파악하여 아시는 자의식(self-consciousness)을 요구하고 있다는 점이다. 하나님의 존재는 하나님의 자의식과 동연적(coterminous)이다.

이 점이야말로 거듭 강조되어야만 할 중요한 포인트이다. 왜냐하면 어떤 이들은 주장하기를 하나님의 존재는 절대적이지만 하나님의 의식은 시간의 변화에 의하여 지배를 받는다고 말하기 때문이다. 이 엉뚱한 이론은 절대적이신 하나님이 어떻게 일시적이며 순간적인 시간에 구속된 이 세계의 시간의 흐름을 느끼실 수 있는가 하는 문제를 사람들에게 납득시키기 위해 도입되었던 것이다. 알미니안주의 신학자인 왓슨(Watson)[17]은 그가 쓴 『신학 강요』(*Theological Institutes*)에서 하나님이 시간 안에서 일어나는 사건들을 어떻게 이해하시는가에 대해 다음과 같이 논한 바 있다. "하나님께 적용되는 시간적 간격이란 우리가 생각하는 개념을 연장한 것에 불과하다. 그럼에도 불구하고 우리가 생각하는 것과 본

---

[17] Van Til은 여기서 감리교신자이며 John Wesley의 전기를 기록한 바 있는 최초의 알미니안 조직신학자, Richard Watson(1781-1833)에 대해 언급하고 있다.

질적으로 다른 개념을 생각하도록 요구하는 것은 우리가 생각할 수 없는 것을 생각하라고 요구하는 것이나 마찬가지다"(1:357). 왓슨이 제기한 문제는 다음과 같이 답변될 수 있다. 만일 우리가 시간과 영원의 관계성을 이해할 수 있는가의 여부를 영원에 대한 제반 이론들의 진위를 가리는 실험도구로 삼는다면, 우리는 하나님의 영원성을 다루는 모든 문제를 망쳐버리고 말 것이다. 시간과 관계를 지어야만 이해될 수 있는 우리의 영원 개념은 자주적이신 하나님이 가지고 계시는 영원 개념을 송두리째 파괴하고 만다. 하나님이 어떻게 시간과 관계를 가지시는지를 이해하기 위하여 시간이나 순간의 연속을 하나님의 의식과 연결할 경우 우리는 결국 하나님의 의식과 하나님의 존재는 어떠한 관계를 가지는지를 묻지 않을 수 없을 것이다. 그러므로 우리는 결국 시간적 변화라는 개념을 하나님의 의식과 연계한 것과 동일한 이유로 시간적 변화를 하나님의 존재와도 연결해야 할 것이다.[18]

성경은 이러한 생각과는 아주 대조적으로 하나님을 전지하시어 완전히 자의식적이신 존재로서 묘사하고 있다. 하나님의 속에는 그 자신의 의식에 의해서 파악되지 못할 만큼 깊숙이 숨겨져 있는 것은 없다. 뿐만 아니라 심지어는 비존재라 할지라도 하나님이 그것에 대해 한참 생각하셔야만 바로 파악하실 그런 어떤 것도 전혀 있을 수 없다. 하나님과 시간의 사이에 존재하는 관계성을 생각하는 문제에 있어 우리의 한계가 하나님의 지식의 성격을 결정하는 표준으로 사용되어서는 안 될 것이다.

하나님의 존재와 하나님의 의식은 동연적이라는 사실을 주장할 때만이 범신론의 오류를 피할 수 있다는 사실을 알아야 한다. 만일 하나님 내부에서 지식과 존재가 그 하나님 자신에게 관련된 것으로서 동일시되지 않는다면 하나님은 그 자신 이외의 어떤 다른 존재에 의존적인 분이

---

[18] 그럴 수밖에 없는 것이 우리가 재규명하지 않는 한 하나님의 존재와 지식은 본질적으로 다르지 않기 때문이다. 그렇지 않고 만일 하나님의 지식이 축척적이라면, 즉 습득될 수 있는 성격의 것이라면, 하나님의 "존재"(being)는—Barth의 용어를 빌리자면—"생성"(becoming)이 되고 마는 것이다. 즉 하나님은 많이 아시면 아실수록 더욱 하나님이 되시는 것이다.

되고 만다. 이러한 경우에 하나님의 의식은 시간적 실재에 의존하는 것이 되고 말며 나아가서는 하나님의 존재 역시 시간적 실재에 의존적인 것이 되고 만다.[19]

범신론자였던 스피노자(Spinoza)[20]가 하나님 안에서는 지식과 존재가 동일하다는 말을 한 것도 사실이다. 그러나 우리의 입장에는 스피노자나 어떤 다른 범신론적 사상체계들과 전적으로 구별되는 중요한 차이가 있다. 우리가 하나님의 지식과 존재를 동일시할 때, 우리는 오로지 하나님의 존재와 하나님의 지식 사이의 관계를 말할 뿐이다. 우리는 여기서 피조세계에 대한 하나님의 지식을 이야기하고 있는 것이 아니다. 우리가 앞으로 보게 될 것이지만 인간이 뭔가를 바로 서술할 수 있다는[21] 가능성에 대한 소망과 확신을 굳게 가질 수 있는 것은 하나님 안에서의 지식과 존재가 동일하다는 이 사실에 근거를 두고 있는 것이다.

그러므로 우리는 하나님이 완전한 내적 일관성(complete internal coherence)을 갖고 계시며 바로 그가 완전한 내적 일관성 자체시라는 점을 강조하기에 주저하지 않는다. 하나님 자신의 인격에 관한 한 지식의 주체가 바로 지식의 대상이 되기도 한다. 그러므로 그 자신에 대한 하나님의 지식은 전적으로 분석적[22]이다. 이 말은 결코 하나님이 자기 자신의 여러 가지 면들을 알아내시기 위해 일련의 조사 과정을 거치며 자신을 검토해야만 한다는 뜻이 아니다. 피조물인 우리가 언어를 사용할 때 따라오는 모든 연상으로부터 완전히 벗어나기란 어렵다. 그러나 철학적인 영역에서 쓰이는 분석적이라는 용어는 자립(self-dependence)의 개념을 의미한다. 분석적 지식이란 종합적 지식과 분별되는 개념으로서 인식하

---

19 독자들은 기독교적 입장이 관념론이나 범신론과 얼마나 대조적인지를 발견할 것이다.
20 Benedict De Spinoza(1632-77)는 Descartes 및 Leibniz와 함께 3대 합리주의자 가운데 한 사람으로 알려져 있다. 그는 자신의 기념비적 저서 *Ethics*에서 하나님의 초월성을 부인하고 하나님은 자연과 동일하다고 주장하였다. 하나님과 자연을 동일시하는 주장이야말로 모든 것을 신으로 보는 범신론(pantheism)인 것이다.
21 무엇인가를 "서술한다"는 것은 무엇인가를 "주장한다"는 것이다.
22 "분석적"이라는 표현에 대해서는 1장 각주 15를 참조하라.

는 주체가 자신 이외의 어떤 다른 존재를 참고하거나 도움을 입음 없이 갖는 지식을 말한다. 하나님은 그 자신을 아시되 그 자신 이외의 어떤 다른 것과 자신을 비교하거나 대조하여 보심으로써 아시는 것이 아니다. 심지어 하나님은 아무것도 존재하지 않는 비존재에 자신을 비교 또는 대조하여 자신을 아시는 것도 아니다. 하나님은 자신을 아시되 단 한 번의 영원하신 통찰 행위로써(one single eternal act of vision) 아신다. 그러므로 하나님 안에는 현실적인 것(the real)이 곧 이성적인 것(the rational)이요, 이성적인 것이 곧 현실적인 것이다.[23]

2. 하나님이 세계를 이해하시는 지식

위에서 우리는 하나님의 자기 자신을 이해하시는 지식을 생각해 보았다. 이제 하나님이 자신 이외의 여러 가지 것들에 대한, 즉 세계를 이해하시는 하나님의 지식의 성격에 대해 이야기하고자 한다. 하나님은 영원부터 우주를 창조하실 계획을 갖고 계셨다. 우리는 이것을 대략 비유적으로 건축가가 자기가 건축하려고 하는 건물에 대해 가지고 있는 청사진에 비유할 수 있다. 건축가가 그의 청사진을 가지고는 있다 하더라도 아직 그의 건축물 자체를 가지고 있는 것은 아니다. 건축가에게 있어서는 어떤 사물에 대한 생각과 그것의 실재가 동일시되지 않는다. 이와 거의 흡사하게 하나님은 우주에 대한 생각을 영원부터 가지고 계셨다.

---

[23] 독자들은 이 부분의 내용이 Spinoza와 Hegel 및 다른 관념론자들과 어떻게 반대되는지 알 것이다. 그러나 필자의 비평가들은 표현이 같으니 뜻도 같을 것이라고 생각한다. "현실적인 것이 이성적인 것이며 이성적인 것이 현실적인 것이다"라는 말은 아마도 Georg W. F. Hegel(1770-1831)의 가장 유명한 진술일 것이다. Hegel은 Phenomenology of Spirit에서 절대자는 스스로 발전하는 절대 정신(Geist)으로, 의식의 변증적 과정의 절정에 해당하기 때문에 그것 자체가 현실이라고 주장한다. 여기서 반틸은 이러한 Hegel의 관점 및 그가 주장하는 관념론과 정 반대의 의미로 말한 것이 틀림없다. 하나님은 부족함이 없으시다는 의미에서 전적으로 자의식적이시기 때문에 그분에게 있어서는 실제적인 것이 합리적이며, 합리적인 것이 실제적이다. 다른 말로 하면, 하나님은 그분이 생각하시는 대로 존재하시고, 또 존재하시는 대로 생각하신다.

스피노자는 이 사실로부터 우주는 그러므로 영원부터 존재하는 것이라고 결론을 짓고자 했다. 그렇기 때문에 스피노자는 신(神)과 우주를 포함하는 모든 실재는 모든 합리주의와 동일하다는 원칙을 적용하려고 하였다. 그리스도인들인 우리는 이것과는 완전히 대조적으로 아무것도 없는 무에서부터의 창조라는 독특한 창조관을 고수한다. 우리는 하나님이 갖고 계셨던 우주에 대한 영원하신 생각 그 자체가 우주의 영원적 창조를 의미하는 것이 아님을 특히 강조한다.

우리는 바로 여기서 매우 명백한 난제에 부딪치게 된다. 우리는 앞서 하나님이 그 자신에 대해 아시는 바 그의 지식이 분석적이라고 주장한 바 있다. 그리고 어떤 의미에서건 하나님을 결정지어 주는 비존재가 하나님과 반대적으로 존재한 일이 없으며 또 존재할 수도 없다는 사실을 거듭 강조한 바 있다. 그러나 이와 같은 주장들로 인하여 우리 앞길의 선로 방향지시기가 범신론 쪽을 가리키게 되는 것이 아닌지 의심될 수 있다. 우리는 이미 하나님의 자기 자신에 대한 지식은 그의 존재와 동일하다는 사실을 말한 바 있다. 이와 같은 주장에 뒤이어 우주에 대한 하나님의 지식이 우주의 존재와 동일하다는 논리가 연결될 것 같은 생각이 들 수도 있다는 말이다.

그러나 우리의 주장은 혹자가 이야기하는 다음과 같은 사실과는 정반대이다. 그들은 말하기를 우리가 하나님을 우주에서의 시간의 흐름을 알 수 있는 분으로 생각하기 위해서는 하나님의 의식 속에 순간의 연속이 있다고 생각해야만 한다고 주장한다. 그러나 우리의 주장은 이와 전혀 다르다. 우리는 하나님의 의식 속에서의 시간적 순간의 연속을 주장하는 이러한 논점을 무신론적 가정에서 시작된 것이라는 이유로 배격한다. 이와 같은 주장은 시간적인 것이 우리가 영원을 생각하고 그것에 대한 어떤 관념을 갖는 것에 표준이 된다는 가정에서 시작된 것이다. 그러나 사실은 영원이 시간적인 것을 이해하는 표준이 되어야만 한다. 인간의 경험은 우리 자신이 시간적인 존재임을 인식하는 것에서부터 출발함이 분명하다. 그러나 만일 우리가 자의식적으로 생각할 수 있는 존재라고 한다면 우리는 다음과 같은 사실을 분명히 깨달아야 할 것이다. 즉 우리가 우리 자신을 시간적인 존재로서 인식한다는 그 사실 자체가 하나님이 그 자신을 영원한 존재로서 인식하신다는 사실을 전제로 하고 있다는 것을 분명히 알아야만 한다. 사실 우리는 여기서 이와 같은 논쟁을 벌이려는 것이 아니다. 단지 이 문제와 관련하여 우리가 여기에서 다루고 있는 그리스도인과 비그리스도인의 인식론에 있어서의 가장 근본적으로 대조되는 차이라는 사실을 의식하고자 하는 것뿐이다. 기독교는 실재를 영원한 자의식적인 신적 인격성(eternally self-conscious divine personality)의 맥락 속에서 해석하지만 비기독교적 사상은 실재를 하나님과는 아무런 상관이 없는 독립적인 존재로서 해석하고 있다.

하나님의 존재와 자신에 관한 하나님의 지식이 동일하다고 생각한다면, 피조물의 영원성을 고수할 수밖에 없다는 주장은 반유신론적 가정에 근거하기 때문에 마땅히 배격되어야 한다. 하나님이 어떻게 자신의 "외부"에 있는 모든 실재들에 대해―그들의 본질을 무의미한 것으로 만들지 않으면서―완벽하게 포괄적인 지식을 가지실 수 있는지 이해할 수 없는 것은 우리가 유한한 피조물이기 때문이다. 만일 시간적 실재들에 대한 사전 해석(preinterpretation)이 있었다면 시간이란 모순된 개념으로 귀착되고 만다는 주장은 유한의 세계 속에서의 생각일 뿐이다. 그리고 하나님께 있어서 자신의 존재와 자신의 존재에 대한 지식이 동일하다는 주장으로부터 결정론(determinism)을 끌어내려는 생각 역시 하나의 유한한 생각일 따름이다.[24]

따라서 유신론을 논의함에 있어서 유한한 인간의 지성을 가능한 것과 불가능한 것을 판단하는 기준으로 삼을 수 없다. 가능한 것을 결정하는

---

[24] 이것은 하나님에 관한 교리에서 매우 어려운 부분이다. 하나님이 필연적 존재이고 하나님의 지식이 그의 존재와 동연적(conterminous)이라면 하나님이 아시는 모든 것도 필연적이어야 한다는 결론이 따르지 않겠는가? 이에 대한 성경의 대답은 그렇지 않다는 것이다. 왜냐하면 창조는 하나님의 자유로운 결정에 의한 것이기 때문이다. 전통적 개혁주의 신학은 이러한 구별―즉 하나님의 필연적 지식과 하나님의 자유로운 지식의 구별―을 통해 우발적 창조를 정당화한다.

것은 하나님의 마음이다. 이제 우리는 우주에 대한 하나님의 지식 역시 분석적이라고 결론을 짓는다. 세계에 대한 하나님의 지식은 자신에 대한 지식에 의존한다. 하나님은 자신의 영원한 계획에 따라서 세상을 만드셨다. 따라서 세상의 존재 그 자체가 세상에 대한 하나님의 지식 또는 계획에 의존해 있다. 확실히 하나님은 세계와 인류를 그 자신의 "외부적"인 존재로서 살펴보고 계신다. 하나님은 영원부터 그들이 존재하게 된 것으로 보아 오셨기 때문에 이제는 그들을 그들 나름대로의 실제적인 일에 종사하고 있는 그대로의 실제적인 존재로서 살펴보고 계신다. 우주 내에서 일어나고 있는 것들에 대한 하나님의 지식은 논리적으로 그가 우주에 관해 영원 전부터 작정하셨던 바에 의존한다.

3. 하나님에 대한 인간의 지식

위에서 말한 모든 사실을 다른 관점에서 다시 정리하자면 인간의 지식은 하나님의 지식에 유비적(analogical)이라고 할 수 있다.[25] 우리는 하나님의 지식과 인간의 지식 둘 중에 누구의 지식이 남은 하나의 표준이 될 것인가에 대한 분명한 결정을 내리는 일을 피할 수 없게 된다. 이 둘 중 어느 하나가 원형(original)이며 다른 하나는 유비적인 것에 틀림없다. 그중 하나는 결정적이며 또 하나는 종속적인 것이 분명하다. 로마 가톨릭 신학은 여기서 두 주인을 섬기려고 한다. 로마 가톨릭 신학 역시 피

---

[25] Van Til이 지식이나 서술(predication)과 관련하여 사용하는 "유비" 또는 "유비적"이라는 개념은 그의 신학 및 변증학의 핵심이다. 이 용어 자체는 아퀴나스 사상의 가정들이 수반되기 때문에 모호하지만 Aquinas가 이해하는 유비와 혼돈하거나 그것과 동일시할 필요는 없다. Thomas에게는 존재에 대한 유비이지만 Van Til에게는 하나님과 인간 사이의 존재론적 및 인식론적 차이를 전해 주기 때문이다. 이러한 차이는 역사적으로 원형/복사(archetypal/ectypal) 관계라는 표현으로 제시되었다. 후자에 관한 상세한 내용은 Willem J. van Asselt, "The Fundamental Meaning of Theology: Archetypal and Ectypal Theology in Seventeenth-Century Reformed Thought," *Westminster Theological Journal* 64, no. 2 (2002): 319-36을 참조하라.

조 된 존재와 인간의 지식을 하나님의 존재와 하나님의 지식에 대한 유비적인 것으로 이야기하기는 한다. 그러나 그들은 이것을 진지하게 다루지 않는다. 로마 가톨릭교는 그들의 철학과 변증학에 있어서 인간이 하나님의 도움이나 그를 참고함 없이 홀로 지식의 성격과 지식의 가능성을 결정할 수 있는 것처럼 이야기한다. 한편으로 로마 가톨릭교는 신비를 인간의 이해가 미칠 수 없는 무엇인 양 이야기한다. 그러나 개신교도들인 우리는 하나님을 지식에 관한 모든 것의 원형이라고 서슴없이 주장할 수 있어야만 한다.

우리가 하나님에 대해 알고 있는 지식의 문제를 다룸에 있어 가장 처음으로 생각해야 할 문제는 그 지식이 틀림없이 참된 것이며 객관적인 것이라는 사실이다.[26] 그 지식이 틀림없이 참되고 객관적인 것이라는 사실은 우리가 가지고 있는 하나님에 대한 개념과 연관이 있다. 하나님은 그 자신을 분석적으로 완벽하게 아시며 따라서 그 자신 이외의 모든 것을 분석적으로 완벽하게 알고 계심이 틀림없다. 즉 하나님은 우리에 대한 참된 지식과 세계 전반에 대한 참된 지식을 갖고 계심에 틀림없다. 우리의 존재와 우리가 쓰는 의미 그리고 우리의 외연(denotation)과 내포(connotation)가 모두 하나님께로부터 파생된 것이다.

우리는 존재하기 이전에 이미 완벽하게 해석되었다. 하나님은 우리의 이전과 앞날의 모두를 아신다. 또한 하나님은 우리가 마음에 품고 있는 생각을 아신다. 우리는 하나님의 존재와 의미를 떠나서는 존재와 의미를 가질 수 없다. 이 모든 것이 하나님께로부터 우리에게 이르는 통로인 까닭이다. 우리는 분명히 하나님이 우리를 창조하셨을 때에 사용하셨던 그 통로를 통해서만 하나님께로 다시 돌아갈 수 있다. 만일 내가 어떤 도시를 어딘가에 건설하기 위하여 도로를 닦아 둔다면 그 도시의 주민들은 내가 닦아 둔 그 도로를 통하여 내게로 이를 수 있을 것이다. 물론

---

[26] 우리는 이러한 주장이 오늘날의 지식 개념과 배치된다는 사실을 알아야 한다. 현대적 지식 개념에 따르면, 모든 지식은 우리의 특정한 해석학적 상황에 불가해하면서도 철저하게 매여 있기 때문에, 무엇보다도 주관적인 것이라고 여겨진다.

누군가가 그 길을 파괴할 가능성도 있다고 말할 수 있을 것이다. 그러나 그렇다 할지라도 그 도시는 여전히 존재케 될 것이다. 단지 그 도시의 주민들이 내게로 올 수 없을 뿐일 것이다. 그렇지만 이와 같은 이야기는 하나님과 우리 사이의 관계에 대한 비유가 될 수 없다. 우리는 하나님에 의하여 존재하게 되었을 뿐만 아니라 우리의 의미조차도 하나님께 의존하고 있기 때문이다. 우리에게 부여된 의미는 오로지 역사의 과정을 통해서만 실현될 수 있다. 하나님은 인간이 필히 어떤 분명한 목적을 실현하도록 인간을 창조하셨다. 그것은 다름 아닌 하나님의 영광이며[27] 그로 말미암아 하나님은 자신의 목적을 달성하시는 것이다. 그러므로 만일 하나님과 인간 사이의 통로가 부서진 것으로 생각된다면 그것은 우리가 그 이상 더 존재하지 못한다는 것을 의미하는 것이요, 이로써 모든 문제는 사라지고 말 것이다.

이제 우리는 다음과 같이 결론을 내려도 무방할 것이다. 즉 만일 하나님이 우리가 이제껏 이야기해 왔던 그런 분이셔서 스스로 시종 일관된 완벽한 체계로서 필연적으로 존재하시며, 우리도 역시 자의식적인 존재들로서 존재한다면 우리는 하나님에 대한 참된 지식을 가져야 한다는 것이다(우리는 지금 여기서 죄의 문제를 언급하고 있는 것이 아니다. 죄란 윤리적인 문제이지 결코 형이상학적인 문제가 아니다. 하나님에 대한 우리의 형이상학적인 의존성이 죄로 말미암아 말소된 것은 결코 아니다). 인간이 하나님의 형상으로 창조되었다고 말하는 것은 이 모든 사실을 신학적으로 표현한 것과 다르지 않다. 이러한 사실이 인간을 하나님과 비슷하게 하고 인간이 갖고 있는 하나님께 대한 참된 지식을 보장하여 준다. 우리는 하나님의 아신 바 되었으며, 그러므로 우리는 하나님을 알고 또 우리가 하나님을 안다는 그 사실도 알고 있다. 하나님은 빛이시기 때문에 우리도 빛을 가지고 있다.

하나님이 우리가 이제껏 이야기해 온 그러한 분이시기 때문에 하나님

---

[27] 웨스트민스터 소요리문답 1문답은 "사람의 제일 되는 목적이 무엇이뇨? 사람의 제일 되는 목적은 하나님을 영화롭게 하고 그를 영원토록 즐거워하는 것이니라"라고 말한다.

에 대한 우리의 지식이 틀림없이 진정한 것이라고 주장하는 일은 매우 중요하다. 그러나 그에 못지않게 하나님이 그러하시므로 하나님에 대한 우리의 지식이 그를 완전히 이해하는 포괄적 지식이 아니며 그럴 수도 없다는 주장 역시 중요하다. 우리는 하나님의 피조물들이다. 우리는 하나님을 포괄적으로 완전히 알 수 없으며 언젠가는 지금보다 훨씬 하나님을 완벽하게 알게 될 것으로 기대할 수도 없다. 우리는 장래에 지금 우리가 알고 있는 것 이상으로 훨씬 많은 것을 알게 될 것이다. 특히 천국에 가게 되면 우리가 지금 알고 있는 것보다 훨씬 많은 것들을 알게 될 것이다. 그러나 결코 모든 것을 완벽하고 전포괄적으로 알게 되지는 못할 것이다.

그러므로 우리는 우리의 지식이 참되다는 점에 있어서 하나님과 비슷하다. 그러나 우리는 우리의 지식이 결코 전포괄적이 될 수 없다는 점에 있어서 하나님과 같지 않다. 우리는 하나님이 신비라고 말한다. 그러나 이 말은 하나님에 대한 우리의 지식이 우리가 알고 있는 한도 내에서조차 바르지 않은 것이라는 뜻은 결코 아니다. 우리가 하나님이 초월적이시라고 말하거나 하나님은 "절대적 타자"(the absolutely Other)라고 말할 때 이러한 말들이 하나님과 우리 사이에는 아무런 합리적인 관계가 존재하지 않는다는 말은 아니다.

하나님은 우리를 그의 계획에 따라 창조하셨다. 즉 하나님은 우리를 그의 절대적인 합리성에 따라 창조하셨다. 그러므로 하나님과 우리 사이에는 어떤 합리적 관계가 존재하기 마련이다.[28] 기독교는 결국 절대적인 비합리주의가 아니라 절대적인 "합리주의"(rationalism)이다. 사실상 우리는 모든 비기독교적인 인식론을 기독교적인 인식론과 비교하여 다

---

28 "절대적 합리주의"라는 개념은 관념론으로부터 나왔다. 예를 들어 Hegel의 경우에서는 정신이 절대자이다. Van Til은 다른 곳에서와 마찬가지로 여기에서도 자신의 신학적 입장을 밝히기 위해 관념론의 용어를 빌어온다. 하나님만이 전적으로 합리적이시기 때문에 하나님은 절대적 합리성이라고 할 수 있다. "이성적 관계"(rational relation)는 하나님이 시작하신 우리와의 관계이며 하나님이 자신을 완전히 알고 계시기 때문에 우리는 부분적으로나마 이러한 사실에 대해 알 수 있으며 실제로 알고 있다.

음과 같이 말할 수 있다. 기독교적 인식론은 궁극적 합리주의를 믿는 반면에 다른 모든 인식론 체계들은 궁극적 비합리주의를 신봉한다.[29]

우리가 그리스도인으로서 궁극적 합리주의를 믿는다고 말할 때 인간인 우리가 하나님에 대한 전포괄적인 합리적 이해를 갖고 있다거나 앞으로 언젠가는 갖게 될 것으로 기대한다는 의미가 아닌 것은 당연하다. 우리는 이와 정반대의 것을 주장한다. 여기서도 마찬가지로 모든 비기독교적인 인식론들이 기독교적인 인식론으로부터 구별될 수 있다. 그것을 구별할 수 있는 것은 사람이 전포괄적 지식을 가질 수 있다는 이상(理想)을 제시하지 않는 인식론은 기독교적인 인식론밖에 없기 때문이다. 그 이유는 기독교적 인식론은 전포괄적 지식이 오로지 하나님에게서만 발견되어진다고 주장하기 때문이다. 참된 지식이 어딘가 존재해야 한다면 그것은 전포괄적인 지식이 되어야 함에 틀림없다. 그러나 이와 같은 전포괄적인 지식이 우리 속에 있어야 할 필요는 없으며 실제로 그럴 수도 없다. 그 지식은 하나님 속에 있어야만 한다.[30]

4. 우주에 대한 인간의 지식

하나님에 대한 인간의 지식에 대하여 이제까지 우리가 이야기해 왔던 것은 우리가 이제부터 이야기하고자 하는 우주에 대한 인간의 지식을 결정지어 주는 중요한 것이다. 우리가 우주라 함은 인간 그 자체와 인간의 주변환경 전부를 포함한 피조물의 세계 전체를 말한다.

---

29 이것은 Van Til이 그리스도인과 비그리스도인의 신비에 대한 개념의 차이에 대해 논할 때 다시 한 번 드러나게 된다. 기독교 외의 다른 모든 인식론적 체계들은 궁극적으로 알 수 없는 것이 존재한다고 생각하기 때문에 궁극적인 비합리성을 믿는다. 그리스도인은 모든 것은 알 수 있으며 실제로 알려지지만 그것은 오직 하나님에 의해서뿐이라고 믿는다.

30 지식이 존재한다면 어딘가에 포괄적 지식이 존재하고 있음이 틀림없다는 개념을 강조하는 것은 관념론이다. Van Til은 그것은 사실이지만 그 이유는 기독교가 사실이기 때문이며 기독교는 이러한 포괄적 지식이 하나님 안에 있으며 우리 자신이 그것을 알 수 있다고 가르친다고 말한다.

우주에 대한 우리의 지식을 논함에 있어서 하나님에 대한 우리의 지식과 관계를 지어 가장 먼저 제기할 의문은 우주에 대한 우리의 지식과 하나님에 대한 우리의 지식 중에 어느 것이 우선하느냐 하는 것이다.[31]

인간은 주변환경과의 관계를 통해서만 자신을 알 수 있게 된다. 지식의 주체는 지식의 대상과의 관계 안에서 또는 대조를 통해 자신을 알 수 있을 뿐이다.

인간이 자신을 알되 오로지 주변환경과의 관계 속에서 알게 될 뿐이라는 주장은 단순히 경험적 관찰에 의하여 얻어진 일반적인 고찰에 그치지 않는다. 그것은 기독교적 유신론의 가장 기초 부분에 내포되어 있다. 이러한 사실은 하나님에 대한 우리의 관념과 하나님이 피조세계와 맺고 계신 관계에 대한 우리의 관념을 다시 한 번 언급함으로써 알 수 있다. 인간은 하나님의 존재에 힘입어 존재한다. 인간의 환경은 인간을 선행한다. 그러나 하나님은 인간의 본원적인 환경이시며, 이 환경은 그 자신을 알고 있는 인간을 완전하게 해석하는 환경이기도 하다.[32]

다른 말로 설명하자면 인간의 환경은 비인격적인 것이 아니라는 것이다. 더구나 이러한 환경의 인격성은 이미 하나님 자신의 등장과 함께 인격성을 갖추게 되었을 뿐만 아니라 자신을 인격체로 알고 있는 유한한 인격들이 존재한다는 점에서 그렇다는 것이다. 유한한 인격체들이 또 다른 유한한 인격체들 및 비인격적인 사물들과 맺는 관계들의 배후에는 바로 하나님의 절대적인 인격이 있다. 인간이 다른 유한한 인격체 또는 유한한 비인격적 환경이 필요한가라는 질문의 이면에는 인간의 직접적인 환경의 배후가 되는 궁극적 환경이라는 문제가 있다. 하나님은 인간의 궁극적 환경이시며, 이 궁극적 환경은 인간은 물론 인간의 직접적인 환경 전체를 주관한다. 그리고 인간 자신뿐만 아니라 인간의 직접적인 환경 전체는 이미 하나님에 의하여 해석된 바 있다. 심지어 전체 우주의

---

[31] 인식론의 핵심이면서 동시에 인식론이 안고 있는 문제가 무엇인가하면, 어떻게 지식의 주체가 지식의 대상을 알 수 있느냐라는 것이다.
[32] Van Til이 말하려는 것은 우리의 궁극적 환경으로서 하나님은 우리를 완전히 "해석"하시며 심지어 우리를 창세 전에 알고 계실 뿐만 아니라 우리를 존재하도록 섭리하신다는 것이다.

외연은 하나님의 내포 또는 하나님의 계획에 의하여 존재한다.

우리는 이와 같이 시간적인 순서의 문제를 논리적인 순서의 문제에 대한 대답으로써 답하고 있다. 하나님에 대한 인간의 지식이 우주에 대한 인간의 지식보다 논리적으로 근본적이므로 우리는 아마도 시간적인 순서의 문제를 그다지 심각하게 생각지 않고 넘어갈 수도 있을 것이다. 비록 우리의 심리학적 경험에 있어서 자의식적이신 하나님에 대해 이야기하기에 앞서, 우리 자신이나 우리 주변의 우주를 알고 있다고 하더라도 만일 우리가 다른 뭔가를 진정하게 알고 있다면 우리는 언제나 하나님을 알고 있는 것이다.[33]

우리는 하나님에 대한 관념이 그리스도인이 믿는 것들 가운데 가장 중요함을 언제나 강조하고 있다. 이것은 하나님이 존재하시되 필연적으로 존재하시므로 그러하다. 그렇기 때문에 만일 우리가 하나님을 알지 못한다면 우리는 어떤 의미로든지 우리 자신을 진정으로 알 수 없다. 그는 우리의 본원(本源)이시며 따라서 절대적으로 필요불가결한 환경이시다. 이런 이유에서 우리는 비록 포괄적으로는 알지 못하지만 그를 진정으로 아는 것이다.

이 모든 것으로부터 우리는—비록 포괄적인 것은 아니지만—우주를 진정으로 안다는 논리가 나오게 되는 것이다.

우리가 우주에 관한 지식의 객관성(objectivity)을 논함에 있어 만일 지식의 객체와 주체를 모두 하나님과 관련시키지 못한다면 우리는 결코 완전하거나 만족한 논의를 해낼 수 없다. 만일 우리가 실재의 성격에 관한 형이상학적 질문을 제기하지 않고 오히려 그것을 거부한다면, 우리는 결국 심리학적인 문제들에 관해 끝없이 공허한 논쟁만을 거듭하게 될 뿐이다.[34] 만일 창조에 관한 기독교적 입장—인간이 가진 지식의 주체와 객체 이 둘 모두의 근원에 대한 관념—이 옳은 것이라면 객관적인

---

[33] 왜냐하면 무엇인가를 "진정으로 안다"는 것은—부분적으로 그러나 본질적으로—그것이 삼위 하나님에 의해 창조되고 주관된다는 사실을 아는 것이기 때문에 그렇다.
[34] 창조의 교리가 갖는 중요성과 그것과 함께 관념론자들과는 구별되는 근본적으로 기독교적인 형이상학이 가지는 중요성에 유의하라.

지식이 필히 존재케 된다. 이 경우에 있어서 객체들의 세계는 지식의 주체인 인간이 하나님 하에서 그것을 해석하도록 피조 된 것이다. 우주가 인간에 의하여 하나님의 영광을 지향하여 해석되어지지 않는다면 세계 전체는 무의미한 것이 되고 만다.[35]

그러므로 지식의 객체와 주체는 상호 순응한다. 반면에 만일 하나님에 의한 창조라는 기독교적인 창조 이론이 사실이 아니라면 우리는 어느 것에 대한 객관적 지식도 존재할 수 없다고 말할 수밖에 없다. 이러한 경우에 있어서 이 우주 내의 모든 사물들은 무관하며 상호 간에 어떤 유익한 관계도 맺을 수 없다. 우리가 믿는 바로는 바로 이것이 이 우주의 여러 사물들에 관한 한 지식의 객관성을 논의하는 문제에 대해 제시할 수 있는 유일한 대안이다.

우리가 인간적 지식의 객관성을 논함에 있어 언제나 큰 문제가 되어 혼란을 야기했던 여러 가지 가운데 하나는 세계에 대한 인간의 지식이 참된 것이 되려면 그것은 필히 전포괄적인 것이어야만 하느냐는 의문이었다. 혹시 하나님에 대하여 우리가 완전히 전포괄적인 지식을 얻을 수 없다 할지라도 이 우주의 사물에 관해서는 지금 당장은 아닐지라도 결국 언젠가는 그와 같은 전포괄적 지식을 갖게 될 것으로 기대할 수 있다는 주장이 제기되곤 했었다.

그러나 우리는 하나님에 대한 전포괄적인 지식이 획득될 수 없다는 이유와 똑같은 이유로 우리가 이 세상에 있는 어느 것에 관해서건 전포괄석인 완전한 지식이 얻어질 수 있는 것으로 기대할 수 없음을 믿는다. 이 세상에는 마치 하나님이 무한하신 것처럼 무한하여 완전히 전포괄적으로 이해될 수 있는 것은 존재하지 않는다. 즉 이 세상의 사물과 존재들은 그 자체에 있어서 무한한 존재들은 아니다. 그러나 여기에 있어

---

[35] Van Til은 여기서 인간의 해석이 없으면 모든 세계가 궁극적으로 무의미하다고 말하지 않는다. 왜냐하면 그가 말한 것 처럼 모든 피조물의 중심에 하나님의 해석이 있기 때문이다. 그가 말하려는 것은 사람이 땅을 정복하는 일까지 포괄하는 하나님의 계획에 발 맞추어 행동하지 않으며, 이 세계의 존재 목적과 실상을 이해할 수 없다는 것이다. 그런 면에서는 무의미한 것이다.

서도 하나님의 무한성은 우리가 피조세계의 사물들을 완전하게 전포괄적으로 이해하는 것을 불가능하게 만든다. 그 이유는 매우 간단하다. 이 세계 내에 있는 사물은 반드시 하나님과 관련을 지어 해석되어야만 하기 때문이다. 지식의 객체는 그것이 비록 인간의 지성과 관계될지라도 하나님의 지성과 무관하면 진정하게 해석되어질 수 없다. 하나님은 해석에 있어서 본원적(本源的)인 범주이다. 피조세계의 사물에 대한 하나님의 계획을 완전히 이해할 수 없으므로 결국 우리는 사물들을 완전하게 이해할 수 없다.

그리고 이제 우리는 우주에 대한 우리의 지식이 틀림없이 진실한 것임을 알게 된다. 왜냐하면 우리 자신이 우리와 세계를 만드신 하나님의 피조물들이기 때문이다. 그렇지만 우주에 대한 우리의 지식은 역시 완전하게 전포괄적인 것일 수 없다. 이는 하나님에 대한 우리의 지식이 전포괄적인 것이 될 수 없기 때문이다.

여기서 이율배반에 관련된 문제에 한마디 언급을 하고 지나가야만 하겠다.[36] 우리 그리스도인이 무엇을 이율배반이라고 하는가는 쉽게 추론될 수 있을 것이다.[37] 이 용어는 인간의 지식이 결코 완전하게 전포괄적인 지식이 될 수 없다는 사실과 깊은 연관을 지니고 있다. 지식이 발생되는 모든 관계들 속에는 그 속에 어디엔가 하나님과 연관되는 사항이 있게 마련이다. 따라서 우리가 하나님을 완전하게 전포괄적으로 알 수 없으므로 우리는 자연히 우리가 가지고 있는 모든 지식들 속에서 상충되는 듯한 요소들을 갖게끔 되기 마련이다.[38] 우리의 지식은 유비적인

---

36 Van Til이 이율배반이라는 표현을 사용한 것은 서론에서 언급한 일반은총에 관한 논쟁 때문이다. 이 논쟁에서 Van Til은 역설과 이율배반의 개념을 상호교환적으로 사용한다. 이율배반은 둘 다 정당하게 보이는 두 가지 원리 사이에 나타나는 실제적인 또는 명백한 모순을 말한다.

37 Cf. Cornelius Van Til, *Common Grace* (Philadelphia: Presbyterian and Reformed, 1947), 9.

38 다음의 두 가지 중요한 사실에 유의하라. (1) Van Til은 "모순처럼 보이는" 것에 대해 언급하고 있다. 그는 하나님은 전적으로 일관되시기 때문에 어떤 궁극적 모순도 없다는 사실을 끊임없이 주장한다. (2) Van Til은 이 용어를 실제적인 논리의 위반이라는 협의적 의미가 아니라 일종의 지적 긴장을 뜻하는 느슨한 의미로 사용하고 있다는 점이다.

것이므로 역설적이기 마련이다. 우리는 만일 진정한 지식이 어디에건 존재한다면 하나님 안에는 분명히 지식의 절대적인 체계가 존재해야만 한다고 주장한 바 있다. 그러므로 우리는 모든 것이 하나님의 그 절대적인 체계에 연관되어야만 한다고 주장한다. 그러나 우리는 그 체계를 완전히 이해하지는 못한다.

우리가 이제껏 이야기해 온 바의 의미를 보다 분명하게 설명하기 위해 사물들을 기독교적으로 해석함에 있어서의 가장 문제시될 만큼 두드러진 역설(paradox) 가운데 하나를 실례로 들고자 한다. 그것은 우리의 기도와 하나님의 계획 사이의 관계의 역설이다. 이를 보다 정확하게 말하자면 다음과 같다. 우리는 기도가 사물을 변화시킨다고 말하는 한편, 모든 것이 하나님의 계획에 의하여 일어나며 그 하나님의 계획은 불가변적(immutable)이라고 말한다.

우리가 여기서 관심을 두고 있는 일은 다름 아니라 이 문제의 성격에 비추어 볼 때에 일종의 역설이나 외견상의 모순이 인간의 지식 속에 있다는 사실을 지적하고자 하는 것이다. 하나님은 우리와 별도로 스스로 완전하신 분으로 존재하신다. 그리고 그는 무한히 영광스러운 분이시다. 그러나 그는 그것이 그를 영화롭게 하게끔 우주를 창조하셨다. 바로 이 점이 모든 역설 또는 모순들 가운데 가장 근본적인 위치에 놓여질 것이다. 이 문제의 성격에 비추어 볼 때에 우리가 존재하게 되기에 앞서 우리는 이미 완전하게 해석되어졌다.

하나님의 보편석인 계획은 역시적인 개별자들에 의해서 보충되어질 필요가 없으며 또 그렇게 보충될 수도 없다. 역사에 속한 존재는 어떤 것도 전적으로 새로운 것을 전혀 만들어 낼 수 없다. 이것은 이미 우리가 분명하게 보았던 바이다. 하나님은 우리가 이제껏 말해 온 그와 같으신 분으로서 존재하시므로 필수불가결하며 스스로 완전한 통일성으로서 모든 유한한 하나와 여럿의 배후에서 작용하고 있는 것은 틀림없이 그 하나님의 계획임이 확실하다.[39] 만일 이렇게 주장하지 않는다면 역

---

[39] "모든 일을 그의 뜻의 결정대로 일하시는 이의 계획을 따라 우리가 예정을 입어 그 안에

사적인 과정은 전혀 새로운 것이라고 말하게 될 뿐인데 이것은 기독교적인 유신론체계, 즉 그 창조주 하나님과 우주의 창조 그리고 하나님이 그 우주를 다스리심에 관한 유신론체계의 가장 근본적인 개념들을 포기하는 것이 되고 말 것이다.

반면에 역사적인 것들은 진정한 의미를 가져야만 한다. 만일 그렇지 않다면 어째서 하나님이 그것을 창조하셨겠는가? 기도는 반드시 응답이 되어야 하며 그렇지 않다면 하나님은 하나님이 아니시다. 세계는 반드시 진정 하나님을 영화롭게 하여야 한다. 그것이 바로 세계가 존재하는 목적이기 때문이다. 그러므로 우리는 한 손에 물이 가득 담긴 양동이를 들고 다른 손으로는 스스로 물이 가득 담겨 있다고 말한 그 양동이에 계속해서 물을 퍼 담고 있는 것과 같은 형국인 셈이다.

인간의 지식에 필히 어떤 모순이 존재하는 것처럼 보이기도 한다. 그러나 마치 인간의 지식에 존재하는 것처럼 보이는 이러한 모순은 겉에서 볼 때에 그렇게 보이는 외연상의 모순에 불과하다는 사실을 여기에 덧붙여야만 한다. 만일 우리가 인간의 지식에 어떤 실제적인 모순이 존재한다고 말할 것 같으면 그것은 결국 기독교적인 유신론의 근본적인 기초 개념, 즉 하나님 안에서 자기 완성적 보편에 대한 개념을 또 한 번 부정하는 것이 되고 만다.

따라서 우리는 우리의 사고에는 완전한 일관성이 존재하지 않는다고 말하지 않아야 할 뿐만 아니라, 더 나아가서 하나님의 사고 속에 완전한 일관성이 존재하지 않는다고 말하는 일이 없어야만 하겠다.[40] 왜냐하면 그것은 우리의 생각 가운데 아무런 일관성 또는 진리가 전혀 존재하지 않는다고 말하는 것이나 다름이 없게 될 것이기 때문이다. 만일 이러한 역설 또는 모순의 관념이 진정한 실질적 상충의 모순을 의미하는 것이

서 기업이 되었으니"(엡 1:11)을 참조하라.
[40] Van Til이 말하려는 것은 우리가 무엇인가를 진정으로 알고 또한 우리가 진정으로 아는 것이 모순되는 것처럼 보이는 긴장을 조성할 때 이 모순처럼 보이는 진리들이 실제적으로 모순된다고 주장한다면, 하나님에 대해서도 마찬가지라는 것이다. 그렇게 되면 하나님도 일관성이 없는 분이라고 말하는 셈인데, 그것은 불가능한 일이다.

라면 우리는 모든 인간적인 지식과 하나님의 지식을 송두리째 파괴시키고 말 것이다. 그러나 만일 이러한 역설 또는 모순의 개념이 외견상 상충되는 모순이라고 한다면 우리는 하나님의 지식을 계속 가능케 보존할 수 있고 그것에 의하여 우리의 지식도 계속 보존할 수 있게 된다.

우리는 여기서도 변증학적 논의에 있어서 여러 신학 사조들 사이의 차이들을 간과하기가 얼마나 어려운지를 다시금 주목해야만 한다.[41] 그와 같은 사실은 다른 어느 곳에서보다 바로 여기에서 두드러지게 나타난다. 알미니안주의는 창조에 대한 신앙에 있어서 옳지 못하다. 알미니안주의는 바로 이러한 창조신앙을 가지고 앞서 우리가 개괄적으로 설명해 온 그들 나름의 하나님에 대한 견해와 하나님의 계획에 대한 견해 그리고 그 하나님의 계획과 더불어 인간이 맺는 관계를 정립시키고 있다. 그러나 이러한 것들은 그들이 역사에 매인 어떤 것들이 절대적으로 새로운 무엇을 만들어 낸다고 주장하고 있다는 점에서 옳지 못한 것임을 알 수 있다.

바로 이러한 이유에서 그들은 하나님의 계획과 인간의 활동 사이의 관계를 하나의 실제적으로 상충하는 모순으로 간주한다.[42] 그들은 이와 같은 "모순"을 피하기 위하여 모든 것을 다스리시며 통괄하시는 하나님의 계획이라는 사고를 쉽사리 내어버리고 말았다. 결국 그것은 하나님의 지식이나 인간의 지식을 모두 파괴하고자 한 것이 되고 만다. 뿐만 아니라 결국 그들이 그토록 애쓰며 보존하고자 노력하던 역사의 의미 그 자체를 파괴하는 것이 되고 만다. 만일 사람들이 자기들의 소원에 따라서 그들이 구원받는 것을 거절할 수 있다면, 하나님은 그 사람들을 구원하여 주실 것을 간구하는 우리의 기도를 전혀 응답하여 주실 수 없게 된다.

---

41 독자들은 필자의 변증학에 개혁주의적 특징이 나타나지 않는다는 Masselink의 비판을 기억할 것이다.
42 즉 알미니안주의는 다음과 같은 주장으로 하나님의 뜻과 인간의 행위 사이의 긴장점을 해소하려는 시도를 한다. 즉 인간의 선택-또는 적어도 그러한 선택의 대부분-은 사람이 뭔가를 결정해야만 하나님이 그러한 선택에 대해 아시고 반응하실 수 있다는 의미에서 하나님과 사람에게 "새로운" 것이다.

5. 죄와 죄의 저주

이제까지 우리는 이장의 시작으로부터 지금까지 인간의 지식에 대하여 논하여 왔다. 그러나 우리가 그 문제를 논함에 있어 이제까지는 죄의 문제를 전혀 고려하지 않았다. 우리가 이제까지 이야기해 온 것들은 인간이 하나님으로부터 완전하게 처음으로 창조되었던 그때 그대로 존재했던 정상적인 상황에 대한 것에 불과하다. 이제 우리는 죄가 인간의 마음속에 들어왔을 때에 지식적 상황에 어떤 변화가 일어났는지를 생각해 보아야만 한다.

우리는 죄가 인간 스스로 범한 행위로써 자신을 하나님으로부터 분리시켜 관계를 단절하려는 시도였음을 알고 있다. 그러나 사실상 하나님으로부터 그 자신을 분리시켜 관계를 단절하는 것이 형이상학적인 것일 수는 없다. 만일 그것이 그러하였더라면 인간 그 자체가 멸절되었을 것이며, 인간에 대한 하나님의 계획은 무산되고 말았을 것이다. 그러므로 죄는 하나님으로부터의 윤리적 단절이지 형이상학적 단절은 아니다.[43] 죄가 하나님께 대항한 피조물의 적대 행위이며 반역이긴 하지만 피조물이 그것으로써 스스로 그들의 피조물 됨을 벗어난 탈출은 아니었다는 것이다.

그러나 우리가 죄를 윤리적인 것이라고 말할 때에 우리는 죄가 오로지 인간의 의지에만 영향을 미치며 인간의 지성과는 아무런 상관이 없다고 이야기하는 것은 아니다. 죄는 인간의 인격 전체에 상관되어 영향을 미친다. 하나님이 인간에게 정하여 주신 바 모든 관계들에 있어 인간이 취하는 모든 반응은 도덕적이며 단지 지성적인 것에서 끝나는 것이 아니다. 즉 지성적인 것 그 자체도 역시 윤리적인 것이다.

인간이 하나님께 대적하여 일으켰던 반역이 지식의 문제에 끼친 결과는 도대체 무엇이었는가? 그 결과는 인간은 그가 접촉하는 모든 사물들

---

[43] 즉 우리는 죄인임에도 불구하고, 또 영원히 그럴지라도 여전히 하나님의 피조물이라는 것이다.

을 하나님을 고려함 없이 해석하고자 노력했다는 것이다. 그가 행하게 되는 모든 해석의 저변에는 우주의 내부적 관계들의 자족성이 가정으로 깔려 있다. 이것은 인간이 직접적으로 그리고 공공연하게 하나님이 존재하신다는 것을 부인하게 된다는 뜻이 아니다. 이것은 또한 하나님이 어떤 의미에서 초월적이신 존재이심을 언제 어디에서나 부인하고 있다는 뜻도 아니다.

인간이 적어도 암시적으로나마 항상 부인하고자 하는 것은 그 하나님이 자족적이시라는 것 또는 스스로 완전하신 존재라는 점이다. 기껏해야 인간은 하나님이 인간과 동등한 관계에 놓여 있는 상대적인 분이심을 인정할 뿐이다. 즉 인간인 우리는 우리 자신을 해석하기 위해서 하나님을 필요로 한다고 말할 수 있을 것이다. 그러나 그와 동시에 똑같은 의미에서 우리가 하나님을 해석하자면 인간이 필요하게 된다고 말하게 되는 것이다. 시간적인 것은 영원을 참고로 하여야만 해석될 수 있다고 말할 것이나 동시에 영원도 그와 마찬가지로 일시적인 것을 참고로 해야만 해석될 수 있다고 말하게 될 것이다. 우리는 경험의 통일성을 얻으려면 하나님이 필요하다고 말하겠지만 그와 동시에 하나님도 다양한 경험을 위해 역사적인 것들을 많이 필요로 한다고 말하는 것이다.

결국 이런 온갖 종류의 상관적인 대등성을 주장하는 것은 유한한 범주들이 자족적인 것이라고 말하는 것과 똑같다. 우리는 바로 이 점을 들어 지식에 대한 모든 비기독교적인 철학적 개념과 기독교적인 개념 사이의 매우 간단하시만 그러니 그 모두를 포괄할 수 있는 반정립을 만들어 낼 수 있다. 성경은 몇몇의 사람들이 창조주를 섬기고 예배하며 그를 섬긴다고 말한다. 그들이 바로 그리스도인들이다. 그 외의 모든 사람들은 창조주가 아닌 피조물을 예배하며 섬긴다.

기독교적 유신론은 생각에는 두 개의 차원, 즉 절대적인 차원과 파생적인 차원이 있다고 말한다. 기독교적 유신론은 두 종류의 해석자가 있다고 말한다. 하나는 절대적으로 해석하시는 하나님이며 하나님의 해석을 이어받아 다시금 해석함을 본연으로 하는 인간이 바로 다른 하나이다. 그러므로 기독교적 유신론은 인간의 생각은 하나님의 생각에 유비적인 것이라고 말한다. 그런데 비기독교적인 사상은 이 모든 것에 반대하여 사실상 절대적인 사고와 파생적인 사고의 구분은 말살되어야만 한다고 주장한다. 하나님의 생각은 인간들의 생각보다는 포괄적일 수 있지만 인간의 존재가 전혀 필요치 않을 만큼 완전히 포괄적인 것은 아니라는 것이다. 이 말은 모든 존재는 동일하게 궁극적이므로 모든 사고도 동일하게 궁극적인 것으로 생각되어야만 한다는 것이다. 그들에게는 오로지 한 차원의 해석자들만이 존재한다. 혹시 하나님이 고려된다고 하더라도 그것은 하나님을 인간과 같은 수준의 협력자로서 생각할 뿐이다. 그들에 따르면 우리는 하나님을 따라 하나님의 사고를 생각하는 것이 아니라 하나님과 더불어서 이전에는 하나님도 사람도 전혀 생각지 못했던 것들을 같이 생각해 낸다는 것이다. 비기독교적 철학들은 인간의 사고가 유비적인 것이 아니라 독자적인 것이라고 주장한다.[44]

이와 같이 유비적인 사고에 대한 기독교적 개념과 독자적인 사고에 관한 비기독교적인 개념은 서로 극히 적대적인 입장에 서서 정반대를 이루고 있다.

비기독교적인 사상은 피조세계의 궁극성을 주장한다. 그러므로 그것은 인간 마음의 궁극성을 주장하며 그에 따라서 유비적인 사고의 필연성을 극구 부인하기 마련이다. 그리고 비기독교적 사상은 인간의 마음의 궁극성뿐만 아니라 인간의 마음이 극히 정상이라는 사실을 주장한다. 이는 이 세상에 있는 다른 모든 것들과 동시에 인간의 마음도 지극히 정상이라는 것을 주장하는 것이다.

인간의 마음이 지극히 정상적이라는 생각은 자연히 인간의 마음이 결코 잘못을 저지르지 않는다는 생각을 내포하게 되는 것은 아니다. 그것은 다만 잘못들을 자연스러운 것으로 생각하며 있을 수 있는 일로 간주하여 그것이 죄와 어떤 관계가 있으리라고는 전혀 생각하지 않는다는 것을 의미한다.

---

[44] 독자적 사고란 인식론적 동질성을 통해 "연결된" 두 (또는 그 이상의) 인격 간의 사고이다.

우리는 바로 이러한 사실로부터 다음과 같은 점을 잘 알 수 있게 된다. 즉 무신론자는 자신의 생각에 함축되어 있는 모든 요소들을 충분히 의식하지 못하는 한 절대적으로 전포괄적인 지식의 이념을 자기 자신을 위해 설정해야만 한다.[45] 그러나 무신론자는 전포괄적인 보편을 가져야만 사람이 살아갈 수 있는 것은 아니라고 주장하게 될 것이다.

그러나 무신론 사상이 여전히 사람이 살아가는 데에 어떤 절대적인 보편이 있어야만 한다고 생각한다면 당연히 그것은 스스로가 그러한 보편을 찾아내어 스스로를 위해 이를 설정해야만 한다. 왜냐하면 그들은 이미 하나님을 더 이상 고려하지 않기 때문이다. 그러나 시간에 예속되어 있는 개별자들이 시간을 생성하는 어떠한 보편보다 언제나 앞서는 것으로 이해되기 때문에 어떠한 보편도 발견할 수 없는 것처럼 보이게 마련이다. 이러한 경우 인간은 극히 제한된 개념으로서의 절대적인 보편을 제외하고는 어떠한 절대적인 보편도 필요치 않다고 말하게 되는 것이다.[46]

그러므로 이런 맥락에서 볼 때 우리는 전체적인 상황에서 세 가지 유형의 의식을 고려해야 한다는 사실을 지적하는 것이 유익할 것이다.

첫째로 아담의 의식을 생각할 수 있다. 인간이 처음 창조되었을 때 그는 완전했다. 인간은 스스로가 피조물임을 알고 있었으며 따라서 지극히 정상적이었다. 그는 하나님의 해석을 다시금 반복하여 해석하는 해석자 이상의 무엇이 되려고 하지 않았다. 인간은 그 자신의 내부와 그의 주변에 나타나는 하나님의 계시를 잘 받아들이고 있었다. 그리고 그는

---

45 관념론 철학에서 포괄적 지식이라는 개념은 결정적이다. 예를 들어 Hegel에게 있어서 절대자는 이러한 절대적 자의식을 가지고 있기 때문에 절대자인 것이다.
46 "제한적 개념"이란 철학-특히 Immanuel Kant-에서 빌려온 또 하나의 개념이다. Kant에게 제한적 개념은 우리가 본체에 대한 지식을 가질 수 없다는 불가지론을 전제하지만 Van Til에게 제한적 개념이란 또 다른 제한적 개념에 의해 동시에 결정되고 규명되는 것이다. 따라서 선택 교리는 우리의 선택에 관한 한 제한적 개념인 것이다. 따라서 이 둘의 제한적 개념은 반드시 서로 동등한 것은 아니라는 사실을 기억해야 한다. 하나님의 선택은 우리의 선택에 앞선다. 그러나 우리는 피조물이기 때문에 하나(자유)는 다른 하나(선택)에 의해 규정되고 결정된다.

이 계시를 다시금 재구성하곤 하였다. 그는 모든 것을 수용적으로 재구성하였다. 그러하기에 그는 그의 경험에 있어서 비록 전포괄적인 것은 아니었으나 참된 통일성을 가지고 있었다.[47]

둘째로 타락한 또는 중생하지 못한 의식을 들 수 있다. 이러한 의식은 무신론적 가정을 근거로 하여 세워졌다. 그것은 사실상 그 자체의 피조물 됨을 부정하며 자신이 정상적이라고 주장한다.[48] 그것은 하나님의 해석에 대해 수용적이지 못하다. 그것은 하나님을 고려함 없이 자기 멋대로의 해석을 만들어 낸다. 그러나 타락한 의식은 결국 자신의 해석을 만들어 낼 뿐이다. 타락하고 중생치 못한 의식은 독자적이고 창조적으로 구성적이기를 추구한다. 이와 같이 타락한 의식은 불가능한 일을 추구하므로 그것이 시도하는 일에 있어 모두 참담한 좌절을 겪을 뿐이다. 왜냐하면 무신론 사상은 오직 하나밖에 없는 동일성의 본체로부터 그 스스로를 분리시켜 떨어져 나갔기 때문이다.

그러나 타락한 의식은 실제로 하나님으로부터 형이상학적으로 분리되어 떨어져 나갈 수 없을 뿐만 아니라, 하나님이 자신의 구원 계획을 실현시키기 위하여 인간에게 일반은총을 허락하셨기 때문에 중생하지 못한 의식 속에도 하나님과 우주에 관한 지식의 단편 또는 불씨(*rudera* or *scintillae*)[49]가 남아 있는 것이다. 바울이 로마서에서 이야기하고 있는 것처럼 비그리스도인들도 어느 정도는 알고 있다. 마찬가지로 윤리적으로 아주 악한 사람들 사이에서도 상대적인 선이 존재하는 것은 사실이다. 그들의 경험 속에 있는 통일성은 그림자적인 것으로서 이러한 그림자적 통일성이 이 세상에서 그들이 완전히 파멸되는 것을 방지하고 있다. 여기서부터 완전한 파멸이 뒤따르게 된다. 그러나 이러한 완전한 파멸 역

---

47 독자들은 역사에 있어서의 아담의 위치가 얼마나 근본적으로 중요하게 여겨지는지를 여기서 다시금 알 수 있게 될 것이다.
48 Van Til은 여기서 Kuyper를 따른다. Kuyper는 비록 타락 후 상황에서 죄는 불가피했으나 그것이 정상적인 상황은 아니라고 주장한다. 정상적인 상황은 최초에 창조되었을 때의 상황이다.
49 문자적으로 단편 또는 불씨라는 의미이다. 모든 사람은 하나님을-비록 특별계시를 통해 주어진 것에 비하면 미약하지만-안다.

시 오직 윤리적인 것이지 형이상학적인 것은 아니다. 그러므로 심지어는 지옥에도 어떤 체계 또는 모조의 통일성이 있게 마련이다.[50]

셋째로 중생한 의식을 들 수 있다. 이 중생한 의식은 원칙적으로 아담의 의식과 위치로 회복되었다.[51] 인간은 하나님의 피조물이며 죄로 말미암아 타락하였다는 사실을 다시 깨닫게 된 것이다. 중생한 의식은 은혜로써 구원받았음을 인식한다. 그러므로 그것은 다시 한 번 수용적으로 재구성하는 존재가 되기를 원한다. 그것은 다시금 실재를 영원한 하나와 여럿이라는 관점에서 해석하기를 원한다. 그러므로 중생한 의식은 그것이 체험하는 경험에 있어 비록 완전히 포괄적인 통일성은 아닐지라도 통일성을 갖게 된다.

그러나 중생한 의식은 오직 원칙적으로만 회복되었을 뿐이다. 인간 내부에 잔존하는 죄의 부스러기들 때문에 심지어는 중생한 이후에도 그 자체의 원래대로 살아나가지 못하며 또 그렇게 할 수도 없다. 이렇기 때문에 절대적(원리적인 면에서 그렇다는 것이다)으로 선한 사람들 속에도 상대적인 악이 존재하게 된다. 절대적으로 선한 사람들 속에 존재하는 상대적인 악은 그리스도인이 자신의 유신론적인 입장을 일관적으로 나타내는 데 아주 커다란 장애나 악영향을 준다. 그리고 이러한 비일관성 (inconsistency)은 기독교에 대한 지적인 논쟁에서 볼 수 있는 양보와 타협적 입장 및 그리스도인들의 비기독교적 삶 속에서 말과 행동으로 나타난다. 그러므로 비그리스도인들은 완전히 기독교적인 입장을 자주 대하지 못하게 된다.

이러한 모든 것들이 변증학적 논의를 아주 복잡하게 만든다. 오로지 우리가 여기서 말한 대로 의식에 세 가지 종류가 있음과 중생치 못한 의식 자체는[52] 기독교적인 진리를 깨닫는 일에 있어 전적으로 무능하다는

---

[50] 즉 사람은 부분적으로는 지옥에서도 하나님의 형상을 유지하기 때문이라는 것이다.
[51] 너무나도 중요해서 반복적으로 말하지만, Van Til은 모든 면에서 일관성을 찾을 수 없는 곳에서는 관행이 아니라 원리들을 탐구했다.
[52] 이곳에 사용된 "자체"라는 표현은 중요하다. 중생하지 못한 자의 의식은 성령께서 죽어 있는 마음에 진리를 적용하실 때 거듭나서 기독교의 진리를 받아들일 수 있다.

사실 그리고 하나님의 은혜에 확고하게 의지하여 기독교적 입장을 일관되게 제시하여야 할 필요성 등을 분명하게 인식하는 것만이 우리가 사람들과 더불어 이야기할 때에 그 대화가 유익함이 사실이 되도록 도와줄 것이다.

제4장

기독교 윤리학

우리는 이제까지 존재에 대한 기독교적 입장과 지식에 대한 기독교적 입장을 간단히 생각해 보았다. 이제 인간의 행위 또는 행동에 대한 기독교적인 입장을 간단하게 설명할 차례이다.

윤리에 대한 기독교적 입장을 제시함에 있어 우리는 개혁주의 신앙고백서로부터 선한 일은 반드시 하나님의 영광을 위한 것이어야 한다는 취지의 간략한 진술을 찾을 수 있다.

첫째, 그러므로 우리는 인간이 구속을 받은 피조물로서 하나님의 영광을 위하여 살아갈 때에, 그가 마땅히 추구하며 모색해야 할 목표로서 인간의 최고선에 대해 이야기하고 있는 것이다. 인간은 이 세상에서 하나님의 나라를 세우려고 노력함으로써 세상에서 이 작업을 구체적으로 실행하게 된다.

둘째, 인간은 하나님의 나라를 실현시키고자 노력하게 될 어떤 기준이나 표준을 그 스스로 설정할 수 없다. 인간의 표준은 언제나 성경에 계시된 하나님의 뜻이어야만 한다.

셋째, 죄인에게는 하나님의 나라의 실현을 위해 일을 할 수 있는 능력이 없다. 믿음이 없이는 하나님을 기쁘시게 할 수 없다. 그리고 믿음은 성령으로 말미암는 중생을 통하여 하나님께로부터 온다.

  윤리에 대한 이와 같은 신앙고백서의 주제는 매우 간단하다. 이것은 윤리학 서적들이 산더미같이 쌓여 미로를 이루고 있는 속에서 우리가 나아갈 길을 바로 찾을 수 있게 해준다. 이것에 대하여 뭔가를 쓴다면 누구나 (1) 인간의 최고의 선과 (2) 인간의 표준 그리고 (3) 인간의 동기에 대하여 다루어야만 할 것이다.[1]

1. 윤리학과 기독교 인식론

  기독교적 최고선과 기독교적 표준 그리고 기독교적 동기를 다루기 위하여 우리는 먼저 기독교적 윤리학이 기독교적 인식론과 어떻게 직접적으로 연관되는지를 잘 알아야만 할 것이다. 나는 여기서 "기독교적 윤리학"(Christian Ethics) 강의록의 한 부분을 인용하고자 한다.

> 절대적 인격이신 하나님은 인간이 그의 존재의 모든 면을 해석함에 있어서 본원적인 범주가 되신다. 하나님의 모든 속성은 성격상 하나님의 다른 모든 성품을 근본적으로 나타낼 것이다. 삼위일체의 삼위께서 내부적으로 맺으시는 관계는 서로가 서로에게 완벽하고도 철저하게 맺어진 관계이다. 따라서 삼위일체 가운데 어느 한 위도 그의 존재에 있어 신성하신 하나님 이외의 어떤 다른 존재와도 상대적으로 상관관계에 있는 분으로 이야기할 수 없다. 그러므로 만일 인간이 창조된 바 되었다면 그는 모든 면에 있어서 존재의 의미를 하나님과 맺고 있는 관계에 절대적으로 의존해야만 함이 마땅할 것이다. 그리고 만일 이것이 사실이라면 그것은 인간에게 있어서 선(善)이란 하나님이 그것을 인간에게 선으로 정하여 주셨기 때문에 선이 된다는 것을 의미한다. 이 사실은 보통 "선은 하나님이 그것을

---

[1] 최고의 선(*Summum bonum*)은 일반적으로 윤리학의 궁극적 목표로 여긴다. 이 주제는 예를 들어 스토아철학자들이나 Cicero에 의해 논의되었다. 이 주제는 Van Til이 본문에서 언급한 다른 두 가지 주제-표준 및 동기-와 함께 윤리학의 근본적인 주제를 구성하는 세 가지 요소이다.

선이라고 말씀하셨기 때문에 선이다"라고 표현된다. 이 입장은 선은 그 자체로 스스로 선이며 하나님도 스스로 선인 그 자체로 그것을 얻으려고 힘쓰고 계실 뿐이라고 말하는 비기독교적인 입장과 명백한 대조를 이루고 있다. 우리는 하나님의 의지를 하나님의 성품으로부터 인위적으로 분리시키지 않는다. 하나님의 성품뿐만 아니라 하나님의 의지 역시 궁극적으로 선하다. 그러나 하나님의 성품은 인격적인 것이므로 따라서 선 그 자체로서 존재한다고는 전혀 이야기할 수 없다.

1) 하나님의 형상으로 창조된 인간

이러한 사실들을 고려함과 동시에 우리는 이 지구상에 최초로 나타났던 인간에 대하여 생각해 볼 수 있을 것이다. 그가 유한하기는 하지만 그러나 하나님을 완벽하게 본받은 존재로서 이 세상에 나타나게 되었던 것은 논리적으로 지극히 당연한 일이었다. 모든 면에 있어서 인간의 완벽과 특히 윤리적인 면에 있어서 인간의 원초적 완전성은 기독교 사상의 전체적 체계의 기초에 깔려 있는 하나님에 대한 개념 속에 이미 내포되어 있다.

만일 하나님 속에 어떠한 악도 존재할 수 없다면 그러한 하나님이 인간을 악하게 창조하셨을 리가 전혀 없다. 더욱이 이러한 사실은 단지 우리가 하나님이 인간을 악하게 창조하셨다는 것을 인정하기 싫어서가 아니라 그렇게 행한다는 것이 하나님의 존재에 모순이 되기 때문에 그러하다. 그러므로 우리는 인간이 본래 완진한 도덕적 양심을 가지고 있었다는 점을 주장한다. 창세기의 이야기가 우리에게 말해 주는 것도 바로 이것과 같다.[2]

만일 여기서 우리가 인간의 도덕적 양심이 심지어는 그와 같이 본래적인 완전한 조건 속에서조차도 파생적인 양심이었으며 무엇이 선인지를 그 스스로가 분간하는 궁극적인 근원이 아니었다는 점을 인식하여

---

[2] 역사의 첫 번째 사람으로서 아담이 다시 한 번 중요한 위치를 차지하는 것을 보게 된다. 관념론자들이 과연 이러한 사상에 공감할 것인가?

바로 강조하지 않는다면, 기독교적 윤리학과 비기독교적 윤리학 사이의 차이는 완벽하게 구분되지 못할 것이다. 인간은 본래 유한한 존재이다. 그러므로 그의 도덕적 양심도 역시 유한하며, 따라서 그는 계시로 말미암아 살아가야만 한다. 인간의 도덕적인 생각은 그가 가진 생각의 여러 다른 양상들과 꼭 마찬가지로 수용적으로 재구성적이어야만 한다.

바로 이 점이 기독교적인 인식론과 비기독교적인 인식론의 가장 근본적이며 가장 본질적인 차이이다. 이제 이 점을 윤리의 문제에 직접적으로 옮겨 생각해보면 비그리스도인의 생각에 있어서는 인간의 도덕적 활동이 창조적으로 구성적인 것으로서 생각될 것이다. 그러나 그와는 달리 그리스도인의 생각에 있어서는 인간의 도덕적 활동이 수용적으로 재구성적인 것으로서 생각된다. 비그리스도인의 생각에는 인간이 그를 향해 책임을 갖게 되는 어떤 절대적인 도덕적 인격체가 존재하지 않으며, 그로부터 인간이 선에 대한 개념을 받아야 될 절대적인 도덕적 인격체는 존재하지 않는다. 그러나 그리스도인의 생각에는 인간에게 참된 도덕의 실체를 보여주시는 그 절대 무한하신 도덕적 인격체가 존재하는데 그는 바로 하나님이시다.

그리고 인간에게 보여주신 이 하나님의 계시가 본래 외부적일 뿐만이 아니라 내부적이기도 하다는 사실을 필히 이해해야 한다. 인간은 그 자신의 구조와 도덕적 성품으로부터 무엇이 선인지를 알게 되었을 뿐만 아니라 그것을 사랑하게도 되었다. 인간 자신의 성품이 곧 하나님의 뜻을 계시적으로 나타내 주었다. 그러나 이와 같이 하나님의 뜻을 계시로써 나타내 주던 인간의 성품도 에덴동산에 있을 때조차 어떤 기능을 홀로 수행하게끔 되어 있던 것은 아니었다. 그 인간의 성품은 그것과 상호 관계를 맺게끔 되어 있는 하나님의 뜻의 초자연적이며 외부적이고 명백하고 적극적인 명령에 의하여 그 즉시 보완되었다. 이와 같이 윤리적인 문제와 관련하여 인간의 윤리적 성품을 생각할 때에 그리스도인이 갖는 견해와 비그리스도인이 갖는 견해가 얼마나 근본적으로 차이가 나는 것인지는 오로지 이 모든 사실들을 생각했을 때에만 알 수 있다.

2) 죄와 죄에 따른 저주

우리가 위에서 이야기했던 일반적인 반정립에 반드시 포함되어야만 하는 또 하나의 차이점은 죄가 인간의 윤리의식에 끼친 영향에 관한 것이다. 이 점을 설명하기 위하여 이에 관계된 모든 성경구절들을 늘어놓고 개관해 나갈 수는 없다. 그러나 가장 중요한 요점은 매우 분명하다. 죄가 사람의 지성을 어둡게 한 것과 꼭 마찬가지로 그것은 인간의 의지를 부패케 하였다. 바로 이것을 가리켜 흔히 사람의 마음이 강퍅해졌다고 말한다. 바울은 자연인이 하나님과 원수가 된다고 말했다. 자연인은 하나님의 뜻대로 행할 수 없다. 자연인은 심지어 무엇이 선인지조차 알 수 없다. 죄인은 창조주를 섬기고 예배하는 대신 피조물을 섬기고 있다. 자연인은 윤리적 기준을 모두 엉망으로 전도시키고 만다.

인간의 전적 부패 교리는 오늘날에 존재하는 인간들의 윤리의식이 무엇이 이상적인 선인지를 알게 해 주는 지식의 원천이 되지 못하며, 그것이 선의 기준이 무엇인지를 정하는 일에 있어서나 선을 위하여 분투노력해야 할 의지의 참된 성격이 무엇인지를 알게끔 해 주는 지식의 원천이 될 수 없음을 명백하게 밝혀주고 있다. 인간이 이 점에 대하여 기독교적인 입장을 취하든지 아니면 비기독교적인 입장을 취하든지 어떤 양자 간에 선택을 해야만 한다는 사실이 이제는 분명하게 밝혀졌으리라 믿는다.

특히 바로 이 사실이 그리스도인으로 하여금 필연론적으로 성경만이 홀로 모든 윤리적인 질문의 해답이 되며, 오직 성경에 비추어서만 모든 윤리적인 질문이 대답되어져야 한다는 사실을 어떠한 변명이나 어떠한 양보도 없이 주장하게 만든다. 외부적인 계시로서의 성경은 인간의 죄 때문에 필수적인 것이 되었다. 이 세상에 사는 어느 누구도 성경에 비추어 그렇게 하지 않고서는 제대로 윤리적 문제를 제기하거나 올바로 윤리적인 질문을 던질 수 없다. 인간은 그 스스로 윤리적인 질문을 참되게

숙고할 수 없으며 인간 스스로 그 질문에 대답할 수도 없다.³

그러므로 오늘날에 존재하는 인간의 윤리의식은 (1) 유한할 뿐 아니라 (2) 죄악으로 가득 차 있다. 만일 그것이 오직 유한할 뿐 죄악 된 것이 아니었더라면 우리는 우리 스스로 인간의 윤리의식에 대한 지식을 가지고서 이에 의존할 수 있었을 것이다. 그러나 죄가 없는 우리의 윤리의식이라 할지라도 우리가 그것에 의존할 수 있었던 것은 그것이 그 스스로의 힘으로써 홀로 도덕적인 문제를 옳게 제기하고 또 올바르게 답할 수 있어서가 아니라, 도덕적인 질문과 해답이 궁극적으로 유래하는 하나님과의 충실한 연결 속에서 그 본래의 기능이 발휘되고 있기 때문이었다는 사실을 필히 기억해야 한다.

인간의 중생치 못한 의식이 그 자체의 본질로부터 울려나오는 하나님의 명령들에 전적으로 순종할 수 없음은 사실이다. 그러나 이와 같이 하나님의 뜻은 인간의 중생하지 못한 의식 그 자체에도 불구하고 그것으로부터 울려나오고 있다. 그러므로 자연인은 그 스스로가 자기 자신의 윤리적인 행동에 대해서 변명하거나 정죄하곤 한다. 여기서 말하고자 하는 중요한 사항들을 위하여 이 점에 대해서는 그냥 넘어가고자 한다. 하나님의 일반은총에 의하여 그 자신의 죄악 된 원래대로 살지 못하게끔 제재되지 않는 범위에 있어서, 자연인은 그 스스로의 윤리의식을 윤리적 행위의 궁극적인 기준으로 삼는다.

3) 중생한 의식

그러면 중생한 윤리의식은 어떠한가? 첫째로 중생한 의식은 다시 한 번 원칙적으로 그것의 본래적 위치에 복귀된다. 이 말은 우리가 해답을 얻기 위하여 본래적인 의식의 위치로 되돌아갈 수 있기 때문에 우리가 그 본래적인 위치로 갈 수 있다는 의미이다. 이것은 그것이 그리스도인

---

3 독자들은 여기서 필자의 사상이 성경적이 아니라 사색적이라는 **Daane**의 비판이 정당한 것이지 다시 한 번 판단할 수 있을 것이다.

의 윤리학과 비그리스도인의 윤리학 사이에 접촉점을 마련해 준다는 점에서 매우 중요하다. 그리스도인인 우리는 어떠한 조건에서나 어떠한 의미에 있어서도 인간의 윤리의식이 모든 것을 좌우하는 좌표로서의 기능을 할 수 없다고 주장하지는 않는다. 그러나 그것이 좌표로서의 기능을 하기 위해서는 인간의 윤리의식이 거듭나야만 한다. 더구나 중생한 윤리의식 역시 여전히 유한하다. 본래 계시에 의존하여 살았던 것과 마찬가지로 중생한 윤리의식은 계시에 의존하여 살아야만 한다. 그것은 결코 궁극적으로 모든 것을 알게 해 주는 무언가가 될 수 없다. 결국 중생한 윤리의식은 원칙적으로 변화한 것이며, 따라서 가끔 잘못을 범하기도 한다. 그러므로 계속하여 쉬지 않고 성경에 비추어 그 자신을 검토하는 일에 힘을 써야만 한다. 더 나아가서 중생한 의식은 도덕적 문제에 대한 어떠한 해답도 자신 안에서 스스로 만들어 내지 않는다. 중생한 의식은 이러한 문제에 대한 해답들을 받아 이를 다시금 구성한다. 이제 이와 같이 윤리적 문제에 대한 해답을 받아들이는 것이 인간의 마음이 행하는 하나의 작용임을 비추어서 이를 윤리의식의 기능이라고 불리울 것 같으면 우리는 아마도 중생한 의식을 이러한 것에 관한 지식의 원천이라고 이야기할 수 있을 것이다. 성경에 의하여 계속하여 양육을 받는 중생한 윤리의식은 그의 정부가 원하는 것이 무엇인지를 아주 잘 알고 있는 전권대사와 같다.

　이제까지 우리는 인간의 윤리의식에 대한 기독교적인 개념과 비기독교적인 개념을 생각해 보았다. 이것을 요약하자면 우리는 다음과 같이 이야기할 수 있다. (1) 한때 완전하여 윤리적인 문제들에 대한 하나의 지식의 원천으로서 그러나 오직 근사치적인 원천으로서 작용할 수 있었던 윤리의식이 존재한 적이 있었다. (2) 그리고 현재에는 두 종류의 의식이 있는데, 이 두 종류의 의식 각각의 원리에 따라 작용하는 한에서는 이 의식들은 어느 윤리적 대답이나 윤리적 문제에서도 서로 동의하지 않는다. (3) 중생하지 못한 의식은 인간의 죄 때문에 모든 인간의 도덕적 결정이 성경에 의하여 검증을 받아야만 한다는 것을 부정하는 반면에, 중생한 의식은 인간의 죄 때문에 모든 인간의 도덕적 결정이 성경에 의하여 검증을 받음이 옳음을 확증한다.

4) 로마 가톨릭교

로마 가톨릭교는 우리가 이 장에서 논의하고 있는 문제에 대하여 기독교적 입장과 비기독교적 입장의 중도적 입장을 취한다. 토마스 아퀴나스(Thomas Aquinas)의 작품들 속에 나타나는바 인간의 의식에 대한 견해는 아리스토텔레스(Aristotle)의 형상과 질료의 구조를 주로 원용하여 전개시킨 것이다. 그 결과 하나님의 의식에 대하여 반대적인 입장에 서 있는 것으로서의 인간의 의식에 상당한 분량의 자율을 부여하고 있다. 이러한 점은 지식의 영역에 있어서도 사실이며 윤리의 영역에 있어서도 마찬가지로 사실이다.

이러한 사실은 윤리의 영역에서 다음과 같은 것을 뜻한다. 즉 타락하기 전에 인간이 에덴동산에 있을 때에도 인간은 하나님에 대한 수용적으로 구성적인(receptively constructive) 존재로서 생각되지 않는다는 점이다. 인간의 자율성―또는 토마스가 생각하는 대로 말하자면 자기 스스로 사물을 독자적으로 의식하는 존재이며 책임 있는 존재로서의 인간이 지닌 인간성―을 주장하기 위해서, 인간은 적어도 어떤 면에 있어서 하나님의 섭리로부터 완전하게 독립적이어야만 한다. 바로 이러한 내용이 소위 "자유의지"의 개념에 내포되어 있다. 토마스가 만일 인간의 모든 행동들이 궁극적이고도 최종적인 근거를 오로지 하나님과 하나님의 의지에 두고 있었다면, 그러한 인간을 책임 있고 자유로운 존재라고 생각할 수 없었을 것이다. 이와 같이 로마교에는 권위에 대한 참된 성경적 개념이 존재하지 않는다.[4]

---

[4] 여기서 Van Til이 구체적으로 생각하고 있는 것은 Aquinas의 미덕관 또는 윤리관이다. *Summa Theologica*, 2a.85.2 (http://www.newadvent.org/summa/2085.htm#2.)에서 Aquinas 는 다음과 같이 말한다. "앞서 언급한 대로(1) 죄로 말미암아 퇴색해버린 선한 성품은 미

이러한 사실에 관련되어 로마 가톨릭교가 타락한 인간의 윤리의식을 너무나 높게 생각하는 것이 그 결과로 따라 오게 된다. 토마스에 따르자면 타락한 인간은 에덴동산에 있던 아담과 그다지 크게 차이가 나지 않는다고 한다. 그는 죄인이 아담이 했던 것보다 더 많은 것들을 하기 위해서는 은혜가 필요하지만 그러나 죄인이기 때문에 더 많은 은혜가 필요한 것은 아니라고 말한다.[5] 이것을 좀 다른 각도에서 접근하여 토마스는 다음과 같이 말한다.

> 그러므로 이와 같이 완전한 상태에 있던 인간은 한 가지 이유, 즉 초자연적 선을 행하며 이를 소원하기 위해서 그가 가진 자연적인 힘에 첨가하여 은혜로서 부어지는 능력을 더 보충받아야만 했다. 그러나 타락한 상태에 있는 인간은 두 가지 이유, 즉 그가 치유함을 받고 더 나아가서는 공로가 될 수 있는 초자연적인 덕행을 행하기 위해서 자연적인 그의 힘에 첨가하여 능력을 은혜로서 더 보충받아야만 한다. 이와 같은 사실 이외에도 완전한 상태의 인간이나 타락한 상태의 인간이나 모두가 선행을 하게끔 되기 위해서는 하나님의 도움을 필요로 한다.[6]

어쨌든 토마스에게 있어서 인간의 윤리적 문제는 도덕적인 순종의 문제이기도 하지만 그에 못지않게 유한성의 문제이기도 한 것이다. 인간은 본래 유한하다. 그러므로 인간은 본래 악에 기울어지게 마련이다. 인산은 그가 비록 죄인이 아니라 할지라도 하나의 피조물이기 때문에 은

덕으로 향하는 경향이 있으며 이것은 인간이 이성적 존재라는 사실때문에 인간에게 어울린다. 그렇기 때문에 그는 이성에 따라 행동하며 그것은 덕스러운 행동인 것이다. 죄는 인간으로부터 그가 이성적 존재라는 사실을 완전히 제거하지는 못하며 따라서 그는 더 이상 범죄하지 않을 수 있다. 따라서 이 선한 성품이 전적으로 파괴되는 것은 불가능하다." 이러한 그의 주장이 옳다면 윤리학은 우리가 이성적 존재라는 사실에 기초하게 될 것이다. Thomas는 이러한 이성주의는 하나님으로부터 온 것이지만 그가 어떤 사람이냐에 따라 자율성의 정도는 다르다고 주장한다.

5 Thomas Aquinas, *Summa Theologica*, translated by Fathers of the English Dominican Province (New York: Benziger Bros, 1947), 4:324(Van Til이 인용한 페이지는 1.95.4이다).
6 Ibid, Vol. 8, p. 327.

혜를 필요로 한다.7 그러므로 적어도 어느 정도에 있어서는 하나님이 마땅히 인간들에게 은혜를 내리셔야만 한다. 그리고 인간은 그에게 주어진 은혜를 죄로부터 그 자신을 완전히 지키는 데 사용하지 못한 경우라도 전적으로 타락하게 되는 것은 아니다. 어떤 경우에 있어서나 인간의 자유의지의 활동은 자연히 인간을 극한적 위험 속에 몰아넣게 된다. 따라서 타락한 인간은 오로지 부분적으로만 범죄한 것이며 책임도 부분적으로만 진다. 그리고 타락한 인간은 에덴동산에서 본래의 인간이 가졌던 것과 거의 똑같은 윤리적 능력을 계속해서 갖고 있다. 왜냐하면 윤리적 능력은 사실상 형이상학적 능력 또는 자유의지 속에 내포된다고 말할 수 있기 때문이다.

이제 한걸음 더 나아가서 심지어 중생한 의식조차도 그 자체를 성경에 완전하게 복종시킬 필요가 없으며 또 그렇게 할 수도 없다. 토마스는 믿음으로 행하지 않는 것이 바로 죄라고 말한 사도 바울을 제대로 이해할 수 없었다. 기본 덕목과 그것이 신학적인 덕목들과 더불어 가지는 관계에 대한 토마스의 전체적 논의가 바로 이 점을 입증해 준다. 그는 이 둘을 매우 분명하게 구분하였다. "신학적 덕목의 목적은 하나님 그 자신이시며 그 하나님은 우리 이성의 모든 지식을 초월하시어 만물의 마지막 목적이 되시는 분이다. 반면에 이지적이고 도덕적인 덕목의 목적은 인간의 이성이 파악할 수 있는 것이다. 그러므로 신학적 덕목은 도덕적인 덕목 및 이지적인 덕목과 확연히 구분된다."8 초자연적 계시와는 관계없이 이성에 의해서 알 수 있다고 생각되는 것들에 대하여서는 그리스도인도 비그리스도인과 똑같은 동기로써 행동하며 또 그렇게 해야만 한다. 그리스도인이 자연적인 삶의 관계 속에서 도덕적으로 행동하는

---

7 Ibid. "인간의 본성은 두 가지 관점에서 접근할 수 있다. 하나는 범죄하기 전 첫 번째 조상에게서 볼 수 있는 완전성이며 또 하나는 타락 후 우리에게서 나타나는 부패성이다. 두 상태 모두 앞서 언급한 대로(1) 인간의 본성이 무엇인가 선한 것을 하거나 바라기 위해서는 제1동인(First Mover)이신 하나님의 도우심을 필요로 한다. 그러나 작용력의 충분성과 관련하여 완전성의 상태에서 인간은 그의 타고난 자질로 말미암아 자신의 본성에 합당한 것을 바라거나 할 수 있었지만 주입된 미덕과 같이 탁월한 선은 아니었다."
8 Ibid, 7:150 (2a.62.2).

데 신앙이 요구되지는 않는다. 혹 신학적 덕목이 그리스도인의 일상생활에 대하여 어떤 영향을 미쳤다고 한다면 그것은 우발적이며 부차적인 성격의 영향일 뿐이다.[9]

무엇보다도 로마 가톨릭교는 이를 열심히 따르는 자들에게 어떤 방식으로건 그들의 윤리의식을 성경에 굴복시키라고 이야기할 수 없음이 분명하다. 따라서 로마 가톨릭교는 비기독교적인 입장에 철저하게 도전을 가할 방도를 전혀 가지고 있지 못하다.[10]

5) 복음주의[11]

로마 가톨릭교에 의해서 견지되고 있는 것과 거의 비슷한 입장이 매우 빈번하게 복음주의적인 신교도들에 의해서도 주장되곤 한다. 우리는 루이스(C. S. Lewis)[12]를 최근의 실례로 생각해 볼 수 있다.

루이스는 로마 가톨릭교와도 유사하게 먼저 형이상학적인 것과 윤리적인 것을 혼동하고 있다. 『인격성을 넘어서』(Beyond Personality)[13]라는 그의 책에서 그는 삼위일체의 성격에 대하여 논의한다. 거기서 루이스는

---

[9] Thomas는 네 가지 주요 덕목-신중, 정의, 절제, 용기-은 모든 사람이 가질 수 있지만 세 가지 신학적 덕목-믿음, 소망, 사랑-은 "초자연적"으로 주어지기 때문에 초자연적인 행복으로 인도한다고 말한다. 이런 의미에서 네 가지 주요 덕목은 일차적이며, 신학적 덕목은 이차적이다.
[10] Van Til의 주요 관심사는 한 사람의 윤리학적 관점이 그의 변증학적 관점에 영향을 준다는 것이다.
[11] 이 문맥에서 말하는 복음주의는 알미니안주의와 동일한 것으로 보아야 한다.
[12] C. S. Lewis(1898-1963)는 Belfast, Northern Ireland에서 태어났다. 그는 The Chronicles of Narnia의 저자로 잘 알려져 있다. Lewis는 1925-1954년까지 Magdalen College, Oxford에서 영어학 및 영문학을 가르쳤다. Lewis는 1954년 Cambridge에서 중세 및 르네상스 문학과장(chair of medieval and Renaissance literature)을 맡아 1963년 여름까지 가르치다 은퇴하였으며 그해 세상을 떠났다. Lewis의 변증학 저서로는 Mere Christianity: Comprising the Case for Christianity, Christian Behaviour, and Beyond Personality (New York: Macmillan, 19520); The Problem of Pain (London: Geoffrey Bles, 1945); Miracles: A Preliminary Study (London: Geoffrey Bles, 1947); and The Pilgrim's Regress: An Allegorical Apology for Christianity, Reason, and Romanticism (1933); repr., Grand Rapids: Eerdmans(1959) 등이 있다.
[13] C. S. Lewis, Beyond Personality; The Christian Idea of God (New York: Macmillan, 1945).

삼위일체 교리의 실제적 중요성을 강조하기 위하여 다음과 같이 이야기한다. "이 세 분 인격체가 이루는 삶의 전체적인 춤이나 연극 또는 형식이 우리 개개인의 내부에서 완전히 구현되어져야만 한다. (이 말을 다르게 말하자면) 우리 개개인이 그와 같은 삶의 형식 속에 뛰어들어 살아야 하며 그와 같은 춤 속에 한 부분을 차지하여 움직여야만 한다는 말이다."[14] 기독교의 목표는 동물적인 생명 또는 자연적인 인간의 삶을 피조 되지 않은 생명으로 끌어올리는 것이다.[15] 우리는 성육신 속에서 이러한 일이 어떻게 일어날 수 있는지를 찾아볼 수 있다. "우리는 예수 그리스도 안에서 어머니로부터 태어남으로써 피조 된 생명이 그의 속에서 그 생명 자체가 완전한 생명이 되도록 허용되었고 또 나아가서 그 생명을 출생된 생명으로 완전히 바꾸었던 한 사람을 보게 된다." 그리고 루이스는 거기에 덧붙여 이렇게 말하고 있다. "그가 전 인류에게 미친 변화가 어떤 것인가? 그것은 바로 다음과 같은 것이다. 그는 우리를 위하여 하나님의 아들로 되는 작업, 즉 피조 되어진 존재로부터 출생된 존재로 변화하는 일, 순간적인 생물적 생명으로부터 시간의 구속을 받지 아니하는 '영적인 생명'으로 건너가는 일을 행하셨다."[16]

이 모든 것의 의미는 인간이 은혜를 통하여 신성에 참여하게 된다는 생각을 강조하는 아퀴나스의 입장과 매우 유사하다.

윤리적인 문제가 이와 같은 입장을 근거로 해서는 절대로 옳게 해결될 수 없다는 것은 이미 앞서 내린 결론이었다. 아마도 모든 형태의 비기독교적 윤리학과 기독교적인 윤리학 사이의 가장 근본적인 차이가 다음과 같은 사실에 놓여 있는 것이 아닌가 한다. 즉 비기독교적 윤리학은 인간의 윤리적 갈등을 낳는 것이 다름 아닌 인간의 유한성이라고 보는 반면에 기독교적 윤리학은 그것을 인간의 유한성으로 보지 않고 오히려 모든 문제를 야기시키는 것은 하나님께 대항한 피조물 인간의 불순

---

[14] Ibid., 27.
[15] Ibid., 28.
[16] Ibid., 31.

종이라고 생각하는 차이이다. 루이스는 이러한 차이점을 분명하게 나타내 보이지 못하고 있다. 루이스는 분명하고도 큰 소리로 사람들을 성경의 하나님에 대한 순종으로 돌아오도록 부르지 못하고 있다. 그는 사람들에게 그들 앞에 놓인 그리스도라는 이상을 바라보면서 그들이 그 이상을 실현하는 것으로부터 얼마나 멀리 떨어져 있는지를 절감하는 가운데, 그리스도께서 그들의 곁에 계셔 "그가 가지신 것과 같은 생명과 생각과 그의 영원한 생명"을 그들에게 부어 주심과 더불어, 그들을 "그 자신과 같은 존재"로 만들어 주실 수 있도록 "그리스도로 옷 입으라"고 권하고 있을 따름이다.[17]

루이스는 "죄에 대한 전통적인 개념을 회복하는 것이 기독교에 있어서 매우 중요하다"[18]라고 주장한다. 그렇다면 그는 어째서 사람들로 하여금 하나님조차 어찌실 수 없는 형이상학적 긴장 속에 인간이 휘말려 들어가 있다고 주장하도록 부추기고 있는 것일까? 루이스는 사람들은 그들이 윤리적인 행위의 이면에 깔려 있는 동기를 꿰뚫어 보지 않기 때문에 죄에 대한 전통적 개념을 회복하지 못하기 쉽다고 말한다.[19] 그러나 만일 사람들이 그들 스스로를 성경의 빛에 비추어 생각하지 않고 또 성령의 중생시키시는 능력을 받음 없이도 적어도 자연적인 영역에 있어서도 옳은 것을 행할 수 있는 것으로 생각하도록 장려되고 있다면, 도대체 어떻게 하여 그들 자신의 내부를 돌아보아 믿음을 따라 행하지 않는 모든 것이 죄라는 사실을 발견하도록 도전을 받을 수 있다는 말인가? 정말 신앙을 갖지 않고도 인간이 신중, 절제, 정의, 용기 등의 "기본적 덕목"을 참되게 행할 수 있을까? 참된 개신교도라면 그 어느 누구고 그와 같은 가능성을 용납해서는 안 된다.

루이스는 윤리와 문학과 인생의 모든 부분에서 객관적인 표준을 찾고 있다. 그리고 그는 객관성이 여러 곳에서 발견될 수 있다고 주장하고

---

17 Ibid., 37.
18 Lewis, *The Problem of Pain*, p. 45.
19 Ibid., 47.

있다. 그는 그리스도인과 비그리스도인 사이에 공통으로 존재하는 어떤 일반적 객관성에 대하여 이야기하면서 마치 사람들이 그것을 저버린 것이 거의 근대적인 현상이거나 아니면 전혀 근래에 들어와서 처음으로 일어난 일인 것처럼 주장하고 있다. 그는 이 일반적 객관성에 대하여 이야기하면서 이렇게 말한다.

> 이 개념은 플라톤적 철학의 형태에 있어서나 아리스토텔레스적이거나 스토아철학적이거나 그리스도적이거나 동양적이건 간에 모든 형태에 있어서 똑같은 것이므로 나는 그것을 앞으로는 간단하게 "도"(*tao*)[20]라고 부르고자 한다. 내가 인용한 설명들 중 어떤 것은 아마도 다수의 사람들에게 기묘하게 보이거나 아니면 심지어 마술적인 것처럼 보일 것이다. 그러나 우리는 그 모든 것에 있어서 공통적인 것이 있다는 사실을 결코 경시할 수 없다. 그것은 바로 객관적 가치에 대한 신앙으로서 어떤 행동양식들은 세계와 인간 존재에 진정 성실한 것이지만, 어떤 다른 행동양식들은 전혀 거짓되다는 점을 굳게 신봉하는 것이다.[21]

이러한 일반적 객관성은 오직 형식적인 의미로서 볼 때에만이 그리스도인과 비그리스도인 사이에서 공통적일 수 있음에 분명하다.[22] 어떤 객관적인 표준이 존재한다고 말하는 것이나 아니면 그러한 표준이 필히 존재해야만 한다고 이야기하는 것과 그러한 표준이 무엇이냐에 대해 이야기하는 것은 다르다. 여기서 가장 중요한 것은 **무엇**(what)이다. 비록 인간을 초월한 그 어딘가에 존재하는 것이 그 표준이라고 생각하는 비그리스도인이 인간 이외에는 어디에건 아무런 표준도 존재하지 않는다

---

20 도교(Taoism)에서 말하는 도(*tao*)는 모든 존재의 원천인 영원하고 보편적이며 초월적인 원리이다.
21 C. S. Lewis, *The Abolition of Man* (London: n.p., 1943), p. 17.
22 Van Til이 말하는 "형식적 의미"란 특정 개념이나 문구를 일컫는다. 그러나 그가 말하는 "무엇"이란 그것에 내포된 함축적 의미(connotation)를 지칭한다. 개념적 표현으로서 객관성이 그리스도인과 비그리스도인에게 공통적이라는 것은 외연적인 의미에서만 그렇다는 것이다. 그러나 이 개념 자체는 그것에 내포된 함축이라는 상황 안에서만 의미가 있으며 이러한 함축은 기독교의 진리로부터 나온다.

고 주장하는 비그리스도인보다 낫다고 치더라도 결국 핵심적인 문제에 있어서는 비기독교적인 객관론자가 같은 비기독교적인 주관론자보다 결코 덜 주관적인 것이 아니라는 점은 분명한 사실이다. 여기에는 오로지 궁극적인 단 하나의 선택의 가능성이 있을 뿐이다. 즉 하나님께 순종하는 자와 그 자신을 즐겁게 하는 자의 구분이 있을 따름이다. 그리스도를 통하여 하나님을 믿는 자만이 하나님께 순종하기를 추구할 수 있다. 오직 그들만이 윤리의 참된 원리를 가지고 있다. 사람들은 루이스가 높은 인기를 누리는 것을 인해 기뻐할 수 있다. 그러나 그가 사람들을 복음에 돌아오도록 부르는 일에 있어서 토마스 아퀴나스의 방법을 그토록 대폭적으로 따르고 있다는 점에 대해서는 유감을 표하며 안타까워할 수밖에 없다. "성 루이스의 복음"은 자연인의 사상과 더불어 너무도 많은 타협과 양보를 하였기 때문에 이 시대에 대한 아주 분명한 도전이 될 수 없다.

2. 윤리학과 기독교 실재론

하나님은 절대적인 합리성(rationality)이자 절대적인 의지(will)이시다. 이 말은 기본적으로 하나님이 반드시 선해야만 하시는 것은 아니지만 영원부터 영원까지 선하시다는 것이다. 하나님 안에는 능동성, 수동성의 문제가 존재하지 않는다.[23] 하나님 안에서는 영원한 성취만 있을 뿐이다. 하나님은 최종적이고 궁극적으로 자기결정적(self-determinative)이시다. 하나님은 최종적이시며 절대적으로 필연적이시며 따라서 절대적으로 자유하시다.[24]

그리스도인은 하나님에 대한 이러한 개념을 진리일 수도 있고 허위일

---

[23] 즉 하나님은 정통 신학이 주장하는 대로 순수 행위(Pure Act)시라는 것이다. 하나님 안에는 어떠한 불완전함이나 결점도 없다.
[24] 하나님이 필연적이지 않다면 그는 궁극적 의미에서 자유하지 않으시다. 왜냐하면 그는 어느 면에서 우발적이며 따라서 다른 무엇인가에 의존적이 되시기 때문이다.

수도 있는 무언가로 제시하지 않도록 특별히 유의해야 한다. 무신론적인 견해에서 볼 때에 이러한 하나님 개념은 모든 난제들을 그곳으로 미루어 던져 모아 두는 쓰레기장의 역할을 하는 것처럼 보일 것임에 분명하다. 그러나 지금으로서는 윤리학의 문제에 있어서 그리스도인과 비그리스도인 사이에 존재하는 모든 차이는 궁극적으로 하나님의 개념에 대한 차이에서 비롯된 것이라는 사실에 초점을 맞추기 위해 이와 같은 반대의 소리를 귀담아 듣지 않아야 하겠다.

그리스도인은 하나님에 대한 개념이 모든 인간 행위의 필수적인 전제임을 주장한다. 그러나 비기독교적 사상은 기독교적인 하나님 개념이란 모든 윤리적 행위에 대한 자살 행위라고 말한다. 모든 비기독교적 윤리는 기독교인들이 믿는 그런 하나님이 존재하지 않는다고 확신하고 있다. 비기독교적 사상은 하나님의 의지는 인간의 의지와 마찬가지로 당연히 배후가 있다고 생각한다. 비기독교적 윤리는 궁극적인 행동주의를 가정한다.[25] 그러한 윤리에 있어서는 하나님이 필히 선한 존재로 되어 가야만 한다. 그들은 인간에게 있어서 뿐만 아니라 하나님에게 있어서도 성품은 역시 어떤 과정을 통해서 습득되는 결과라고 본다. 하나님은 결정된 존재로 생각되지만 그와 동시에 결정력이 있는 존재로서 생각되기도 한다.

무신론은 궁극적으로 불확정적인 실재(ultimately indeterminate Reality)에 대한 가정으로 더불어 출발한다. 따라서 무신론에 있어서 모든 결정된 존재, 즉 모든 인격체는 파생적인 존재로 생각된다.

아마도 관념론자들은 플라톤의 영원한 선이나 근대 관념론의 절대자 사상에는 성취에 대한 아무런 언급이 없다고 반론을 펼 수도 있겠다. 이런 개념 속에서는 절대적으로 자기결정적인 경험이 있다고 말할 것이다. 아마도 이러한 개념들에 있어서 우리는 절대적으로 자주적(自主的,

---

[25] 궁극적 행동주의란 그 자체가 궁극적인 과정(process)에 대한 형이상학적 개입이다. 그러므로 하나님은 순수 행위(Pure Act)가 되실 수 없으며 그가 아닌 무엇인가가 되셔야 한다는 것이다. Karl Barth의 신학은 이런 점에서 매우 현실적이다. 하나님 안에는 존재가 없으며 생성만 있을 뿐이라는 것이다.

self-determinative) 경험을 한다고 우길지도 모르겠다. 그러나 우리는 이에 대하여 플라톤의 하나님은 사실상 궁극적이지 않다는 사실을 지적할 뿐이다. 플라톤에게 있어서는 하나님이 아니라 선이 가장 궁극적인 개념이었다. 플라톤이 자신의 신을 인격적인 것으로 이야기한 것은 오직 비유적인 의미로서 그렇게 이야기한 것에 불과했다. 결국 그의 신은 자기 자신에 의존하기보다는 궁극적으로는 배경에 더욱 의존하는 그런 신이었다. 플라톤의 철학에 있어서 우연의 요소가 차지하는 비중은 절대적이며 궁극적인 것이다. 그리고 결정된 선을 성취라고 하거나 혹은 선을 그것의 배경과의 관계에서 분리시킴으로써 가치를 파괴하는 것도 이 우연의 궁극성이다.[26]

절대자에 대한 근대 관념론적 개념에 대해서는 그것이 하나의 절대적으로 자기결정적인 경험에 대한 개념을 찾고자 하는 오랜 동안의 집요한 노력의 결과라는 점이 주목되어야 한다. 관념론자들은 만일 절대적으로 자기결정적인 경험이 전개될 수 없다면 인간의 모든 경험 일반과 특히 윤리적 경험은 무의미한 것이 되고 말 것이라는 근본적인 신념을 갖고 있는 것처럼 보인다. 근대의 관념론은 플라톤의 선을 배경과 실질적인 관계를 맺게 하려고 일차적으로 시도해 왔다. 그러나 근대의 관념론은 플라톤의 윤리학에 내재하고 있는 난제들을 극복하지 못하였다. 이는 자기결정적인 하나님에 도달한 대신 결정된 존재에 도달하고 말았다. 그들은 시공의 세계는 궁극적 실재의 한 부분이나 국면이라는 사실을 낭연시사로 받아들였다.[27] 근대의 관념론은 이러한 가정을 가지고

---

[26] Van Til은 여기서 다시 한 번(1장 참조) 유명한 Euthyphro의 질문, 즉 "선이 선인 것은 하나님이 그렇게 말씀하시기 때문입니까 아니면 그것이 선이기 때문에 하나님이 그렇게 말씀하시는 것입니까?"에 대해 언급하고 있다. 다시 말하면 하나님이 선의 원천이냐 아니면 선은 하나님과 무관한 것인가 하는 것이다. Plato의 대답은 후자였다. Plato, *Euthyphro, Apology, Crito, Phaedo, Phaedrus*, The Loeb Classical Library, trans. H. N. Fowler (New York: Macmillan, 1913).

[27] Van Til은 그의 학위논문이래 지속적으로 관념론의 절대자는 자신의 존재를 위해 우연적이 될 수밖에 없으며 따라서 합리주의/비합리주의 변증학에 빠질 수밖에 없다고 주장한다. Cornelius Van Til, "God and the Absolute" (Ph. D. diss., Princeton University, 1927).

시간을 영원과 같은 궁극적인 것으로 만들었으며, 하나님을 시간과 공간의 기반(space-time matrix)으로부터 나올 수 있는 모든 것에 의존하는 존재로 만들고 말았다.[28]

기독교의 윤리학과 비기독교의 윤리학을 구분하는 근본적인 차이는 하나님의 궁극적인 자기결정적 의지를 받아들이는가 아니면 거부하는가에 있다. 그리스도인인 우리는 하나님의 절대적 의지가 존재하지 않았다면, 결정된 인간의 경험은 어떤 목표에도 기여할 수 없고 어떤 계획에 따라 움직여 그 목표에 보탬이 될 수도 없으며, 심지어는 아무런 역할도 할 수 없게 될 것이라고 주장한다.

그러므로 우리가 인류 의지의 전제로서 하나님의 절대적인 의지를 주장하게 되는 것도 바로 이러한 근거 위에서이다. 이러한 관점에서 볼 때 많은 이들에게 일견 인간의 책임에 가장 큰 장애가 되는 것처럼 보이는 하나님의 절대 주권 개념이 도리어 인간의 책임을 가능케 하는 기초가 된다.[29]

그러나 우리는 오해를 피하기 위하여 절대적으로 인격적인 배경에 대한 개념을 철학적인 결정론으로부터 확실하게 구분해야만 한다.[30] 사람들은 흔히 논리정연한 기독교와 철학적 숙명론을 너무도 조급하게 동일시한다. 그러나 이 둘은 너무도 대조적으로 극을 달리 한다. 철학적 숙명론은 궁극적인 비인격성을 표명하고 있으며, 반면에 정연한 기독교는 궁극적인 인격론을 표명하고 있다. 이제 이것이 인간 의지 자체의 활동에 어떤 관계가 있는지를 간략하게 살펴보기로 하자.

---

28 여기서도 다시 한 번 하나님에 대한 성경적 개념은 관념론과 정면으로 배치된다는 사실을 알 수 있다. 관념론은 비기독교적 철학의 한 단면일 뿐이다.
29 Van Til은 여기서 기독교 진리의 적용에 대한 초월적 접근을 시도한다. 인간의 의지에 자기결정성이 있다면 이러한 자기결정성의 배후에 존재하는 전제가 과연 무엇이냐는 것이다. Van Til의 대답은—이곳이나 다른 곳에서도 마찬가지이지만—개혁주의 신학에서 주장하는 하나님과 그의 성품이 바로 이러한 전제에 해당한다는 것이다.
30 철학적 결정론은 모든 사건, 행위 또는 영향은 앞선 사건, 행위 및 원인의 필연적 결과라고 가르친다.

3. 인간의 최고선으로서의 하나님의 나라

1) 비기독교적 최고선

윤리학 책을 남긴 비그리스도인들이 스스로를 위하여 정립하였던 인간 행위의 이상은 무엇이었는가? "**최고선에 대한 모든 비기독교적인 이론과 기독교적인 이론의 가장 큰 차이는 비기독교적 윤리학은 지금 형태의 존재를 극히 정상적이라고 생각한다는 것이다.**"[31] "그들에게 인간의 본래적 상태에 대한 우리의 생각은 단지 하나의 슬픈 망상이자 용서할 수 없는 오만일 뿐이다."[32] 인간은 환상가들이 꿈꿔 오던 유토피아를 읽기 좋아하고 심지어는 창세기의 이야기를 그저 한가한 시간을 보내기 위한 가벼운 독서목록 속에 넣고 싶어 하지만 그들의 도덕적 이상들이 아담의 도덕적 이상들에 의하여 판단되고 심판되어야만 한다는 이야기에 대해서는 펄쩍 뛰며 반발하는 것이다.[33]

> 본래적인 완전한 윤리적 이상에 대해 이와 같은 반대를 제기하는 사람들의 본의는 살아계신 하나님에 대한 적개심을 표현하는 것에 지나지 않는다. 만일 하나님이 인간을 창조하신 창조주로서 존재하신다면 우리가 이미 보아 왔던 것과 마찬가지로 이 시간적 세계에 악이 본래 내재했었다는 것은 불가능한 일이다. 만일 하나님이 계신다면 인간 자신이 그 스스로 의지적인 과오를 저지름으로 말미암아 죄에 빠졌음이 분명하다. 그러므로 지금 존재하는 실재들은 정상적이지 않고 비정상적이다. 따라서 지금 존재하고 있는 실재가 정상적이라고 말하는 것은 죄에 대한 인간의 책임을 전가하는 것이므로 절대적인 하나님이 존재하지 않으신다는 말과 하나도 다를게 없게 된다.[34]

---

31 Cornelius Van Til, *Christian Theistic Ethics*(Syllabus), 51.
32 Ibid.
33 여기서도 역사적 자료인 창세기는 기독교적 윤리학의 기초로 제시된다.
34 Van Til, *Christian Theistic Ethics*, 51.

인간의 윤리의식이 정상적임을 가정하는 것에 덧붙여, 비기독교적 견해는 인간의 윤리의식이 피조 된 것이 아니거나 궁극적인 것으로 가정한다. 심지어 관념론자들이 하나님을 절대자로서 이야기한다 하더라도 그 하나님은 인간의 창조주 하나님은 아닌 것이다.

> 자기발전에 대한 참된 기독교적 이론과 관념론적 자기발전의 이론 사이의 차이는 우리가 **관념론의 인식은 실현되어 가는 자아에 대한 비기독교적인 개념을 근거로 한다**는 사실을 보게 될 때에 가장 잘 드러날 것이다. 그러한 자아는 하나님의 피조물로서 생각되고 있지 않다. 그러한 자아는 지금 여기에 나타나 있는 합리성의 한 국면으로 생각되고 있을 뿐이다.[35]

우리는 기독교적 최고선을 비기독교적인 최고선과 구별할 수 있는 대표적인 것들 가운데 가장 중요한 점들을 충분히 밝혔다고 확신한다. 우리는 주지주의적 윤리학과 의지주의적 윤리학, 민족주의적 윤리학과 세계주의적 윤리학, 개인적 윤리학과 사회적 윤리학, 이기주의적 윤리학과 이타주의적 윤리학, 행복과 선, 실리성과 덕성 등의 모든 비기독교적 윤리학들 사이의 차이점들은 **하나님과 인간이 대등한 상호 연관 관계 속에서 움직인다는 가정**을 기초로 한 허구적 상관성 원리에서 기인된 사소한 차이들에 불과한 것임을 지적하였다.

하나님과 인간 사이의 이러한 가정적 상관성(correlativity)을 인정하며, 창조 교리를 이와 같은 가정적 기초에 서서 부정하고, 나아가서는 악의 궁극성을 가정적으로나마 결국은 부정하고 마는 것은 윤리적으로 무서운 결과를 초래한다. 즉 이러한 전제를 받아들이는 사람들은 **함께 살아야 하지만 상대를 희생시켜야만 살아나갈 수 있는 사람들의 집단 속에서** 기껏해야 받는 것을 전제로 주는 "급부와 반대급부"의 원리만을 윤리적 이상으로 제시할 수 있을 뿐 그 이상의 아무런 고상한 윤리적 이상도 제

---

35 Ibid., 61. 기독교와 관념론 사이에 존재하는 대조에 대해 유의하라. 둘 다 "자기실현"(self-realization)이라는 용어를 사용하지만 양자가 생각하는 이 용어의 함의(connotation)는 다르다.

시할 수 없게 된다. 그럼에도 불구하고 이러한 토양에서 우리가 보는 것들과 같은 고상한 윤리학들이 갖가지로 싹터 올라온다는 사실은 기적이 아닐 수 없다. 이러한 현상을 설명해 줄 수 있는 것은 오직 하나님의 일반적인 은총뿐이다.[36]

2) 성경적 최고선

성경적 최고선의 개념은 스스로를 정상적이며 궁극적인 존재로 가정하는 인간 중심적인 비기독교적 최고선의 개념과 정반대이다.

(1) 성경은 절대적인 이상이 존재한다고 말한다. 신구약성경은 일치되게 창조주이자 심판자이신 하나님이 인간이 마땅히 추구해야 할 이상적인 삶을 설정해 놓으셨다고 말한다. 구약성경과 신약성경 전반에 걸쳐서 나타나는 성경의 윤리는 인간이 하나님의 뜻을 완전하게 행할 수 있는 능력을 부여받은 하나님의 형상으로 창조된 존재임을 매우 분명하게 보여준다. 이러한 인간관은 절대적 이상이라는 개념과 깊은 연관을 맺고 있다. 구약성경과 신약성경을 제외한 어느 곳에서도 이와 같이 완벽한 인간의 본래적 완전성에 대한 개념을 찾아볼 수 없다는 바로 그 사실은 거꾸로 인간에게 어떤 절대적 이상이 수여되었음을 증명하는 셈이 된다.

하나님은 인간이 타락한 이후에라도 인간들이 그것을 그저 행하려고 노력만 해야 할 그런 무엇이 아닌 절대적 완전에 대한 이상을 주셨다. 인간은 그것을 행하려 노력만 할 것이 아니라 실제로 성취시켜야 한다. 하나님은 이와 같은 절대적 완전에 대한 이상을 개개인 각자에게 그리고 또 인류 전체에게 통괄적으로 설정해 놓으셨다.

(2) 그러나 죄인인 인간은 무능하여 이와 같은 이상을 향해 한 발자국도 뗄 수 없다. 따라서 인간의 최고선으로서 하나님의 나라는 선물로 주

---

[36] Ibid., 62.

어진다. 인간이 마땅히 행하여야 할 임무가 인간에게 주어진 선물이 되었는데 이는 동시에 선물이 다시 인간에게 주어진, 즉 인간이 마땅히 행하여야만 할 임무가 된 것이기도 하다.[37]

(3) 성경적인 최고선은 개개인 속에 깊숙이 존재하는 악과 사회에 내재하는 죄와 악을 근원적으로 소멸해야 할 것을 요구한다. 구약시대에 있어서는 이러한 일들이 외형적으로 드러나 보이는 방식으로써 성취되었으나 신약시대에 있어서는 이 목표가 보다 영적이며 내부적인 성취로써 나타난다. 그러나 죄와 악의 멸절이라는 목표는 구약시대에 있어서나 신약시대에 있어서 모두 같다.[38]

악을 멸절시키는 이 목표와 연관된 우리의 임무는 단순하지 않다. 그것은 그저 우리가 죄를 보고 만나는 곳에서 그것과 더불어 싸워 이기고자 노력하는 것으로 끝나지 않는다. 우리는 우리가 할 수 있는 한 이 세계에 존재하는 모든 죄와 죄의 여러 가지 결과들을 소멸해야 하는 보다 더 큰 임무를 가지고 있다. 우리는 모든 사람들 또 특히 믿음의 권속들에게 선을 행해야만 한다. 하나님이 창조하신 피조물들이 겪고 있는 고통의 그 얼마만이라도 덜어 주려고 노력한다는 것은 우리가 가진 특권이며 우리에게 주어진 임무이기도 하다.

최고선의 세 번째 모습은 바로 이것이다. 우리는 사람들에게 보여주어 그들로 따르도록 할 절대적인 윤리적 이상을 가지고 있다. 이 절대적 이상은 바로 하나님의 선물이다. 그리고 이러한 절대적 이상이 우리에게 선물로 주어졌다는 사실이 우리로 하여금 하나님이 지으신 이 세계에서 악을 소멸할 계획을 세워 착수할 수 있는 용기를 준다. 불행히도 우리는 하나님이 인간을 처음 만드셨던 것과 같은 위치에서는 시작할 수 없다. 우리는 죄를 소멸하는 일에 막대한 시간을 소요해야만 될 것이다. 어쩌면 우리는 우리가 사는 동안에 우리 자신 속에서나 우리 주위에서 그다지 커다란 진보를 보지 못하게 될지도 모른다. 우리는 한 손

---

[37] 즉 이 임무는 선물로 주어진 것인데, 이 선물조차 인간의 임무가 되었다는 것이다.
[38] Van Til, *Christian Theistic Ethics*, 72.

에는 칼을 잡고 싸우면서 동시에 또 다른 한 손에는 흙손을 쥐고 건축해야만 할 것이다. 아마도 이러한 일은 바닷물을 작은 조가비로 퍼 올리는 것과 같은 절망적인 일같이 보일지도 모르겠다. 그러나 우리는 만일 우리가 그리스도인이 아니었더라면 우리가 스스로 고안해 낸 윤리적인 이상이 극히 절망적이었을 것이라는 점을 잘 알고 있다. 우리는 비그리스도인의 경우에 있어서 그들의 윤리적 이상이 그들 자신에게 있어서나 그들의 사회에 있어서 결코 실현될 수 없다는 사실을 알고 있다. 그들은 심지어 무엇이 참된 윤리적 이상인지조차 모르고 있다. 그러나 우리가 행하고 있는 노력에 관하여 생각해 볼 때에, 우리는 비록 엄청난 시간을 죄의 물을 퍼올리는 데 소비해야만 하지만, 그럼에도 불구하고 우리가 건축하고 있는 다리의 교각이 굳센 반석 위에 기초하고 있으며 계속하여 우리의 목표를 향해 꾸준히 전진하고 있다는 사실을 알고 있다. 우리가 승리를 거둔다는 것은 확실한 일이다. 마귀와 마귀의 모든 하수인들은 하나님의 몸소 거주하시는 이 세계로부터 축출되어질 것이다. 의인들이 거하게 될 새 하늘과 새 땅이 임할 것이다.[39]

(4) "끝으로 우리는 성경적 윤리의 네 번째 요소인 희망의 윤리를 생각해 보아야 한다. 희망의 윤리란 우주가 하나님이 정하신 그날에 완전히 회복될 수 있으며 또한 실제로 그렇게 될 것이라는 확신 가운데서 매일을 살아가는 것이다. 그것은 새 하늘과 새 땅을 대망하는 삶이다."[40]

이제까지 이야기해 온 것들이 대략 성경의 윤리적 이상이다. 그것은 다른 어떤 윤리학적 서적들이 제시할 수 없는 절대적인 이상을 우리에게 제시하여 준다. 이 윤리적 이상은 인간에게 주어진 하나님의 선물이며 그 윤리적 이상이 하나님의 선물로서 인간에게 주어지는 길을 열어놓은 능력이기도 하다. 이는 그 이상이 의심할 여지없이 성취될 것이라는 점을 우리에게 확신시켜 준다. 이 윤리적인 이상은 절대적인 성격을 지니므로 결국 모든 악을 완전히 소멸할 것을 요구하고 있다. 그렇기 때

---

[39] "우리는 그의 약속대로 의가 있는 곳인 새 하늘과 새 땅을 바라보도다"(벧후 3:13).
[40] Van Til, *Christian Theistic Ethics*, 76.

문에 구약에 있어서나 신약에 있어서 하나님의 백성이 해야 할 일 가운데 하나로 두드러지는 일이 바로 모든 악을 소멸시키는 일인 것이다. 이제 마지막으로 이러한 윤리적 이상은 하나의 절대적인 이상이며 또한 악의 완전한 소멸을 요구하기 때문에 이 이상에 대한 완전한 실현은 내세에서 이루어진다는 것이다. 다시 말하자면 성경의 윤리는 소망의 윤리이다.

성경이 보여주는 윤리적 이상이 아주 독특한 것이라는 사실은 이와 같은 면에서 충분히 쉽게 이해될 수 있다. 세상에 존재하는 많은 윤리 가운데서는 이와 같은 성경적 윤리에 근접할 만큼 수준이 높은 것은 전혀 찾아 볼 수 없다. 이 세상의 다른 모든 윤리적 이상들은 실제로 극히 상대적인 목표를 지향하고 있을 뿐이다. 이러한 상대적인 윤리적 이상을 가진 윤리들은 어느 하나 윤리적인 이상이 인간에게 선물로서 주어진 것으로 생각하지 않는다. 또한 그들 가운데 어느 하나도 악의 완전한 소멸을 요구하지 않는다. 그리고 이러한 상대적 윤리들 가운데 어느 하나도 그들의 이상이 내세에서만 완전히 실현될 것으로 믿고 기대하지 않는다. 이러한 면에 있어서 구약성경은 신약성경과 마찬가지로 매우 독특하다. 구약성경과 신약성경은 이 점에 있어서 완벽하게 일치하고 있다. 또한 구약성경과 신약성경은 다른 어떠한 세상적, 상대적인 윤리의 이상들과 정면으로 배치된다.[41]

기독교적 윤리학을 비기독교적인 윤리학과 완전히 구별되는 것으로 보고 그것을 좀 더 자세히 설명하기 위하여 기준의 문제나 동기의 문제를 다루게 되면 아마도 아주 긴 설명이 불가피하게 될 것이므로 우리가 다루고자 하는 범위에서 벗어나는 일이 될 것이다. 윤리의 기준의 문제에 있어서나 동기의 문제에 있어서 개혁주의 신앙이 주장하는바 기독교적인 입장은 하나님 자신에 대한 여러 가지 가르침과 창조, 타락, 그리스도를 통한 구속에 대한 여러 가지 성경적 가르침, 즉 이러한 모든 것들

---

[41] 독자들은 여기서 다시 한 번 필자의 사고가 성경적이 아니라는 Daane의 비판이 사실이 아님을 알 수 있을 것이다.

에 대한 교리에 그 중심을 두고 있다. 그리스도인은 계시되어 나타난 하나님의 뜻을 그들의 표준으로 삼는다. 이 표준은 절대적인 표준이다. 그러나 반면에 비그리스도인들은 인간의 경험 속에서 그들의 표준을 발견한다. 그리스도인들은 또한 하나님이 그들에게 부여해 주신 믿음의 능력을 가지고 하나님이 주신 표준을 따라서 그들의 윤리적 이상을 실현시키고자 열심히 노력하고 있다. 그러나 그와 반대로 비그리스도인들은 그가 실재론을 신봉하는 실재론자이든지 아니면 관념론을 신봉하는 관념론자이든지 또 아니면 도구주의를 신봉하는 도구주의자이든지를 불문하고 모두가 자기를 스스로가 내세운 그들 나름의 윤리적 이상들을 자신이 가진 능력으로 실현시키고자 힘써 노력하고 있다.

The Defense of the Faith

Cornelius Van Til

제5장

변증학 접촉점

지금까지 우리는 개혁주의적 그리스도인의 신앙이 무엇인지를 생각해 보았다. 이제 이 장과 앞으로 전개될 장들에서는 개혁주의적 그리스도인이 어떻게 자신이 믿는 바를 변증하며, 어떻게 그것을 전파해야 하는지를 생각해 보기로 하겠다.[1]

이 장에서 다룰 주제는 그리스도인이 비그리스도인과 만나는 접촉점(point of contact)[2]에 관한 것이며 이것에 이어 다음 장에서는 접촉방법에

---

[1] 따라서 본 장의 직접적인 관심사는 변증학이 될 것이다.
[2] 변증학에서 접촉점의 문제는 많은 논쟁이 되고 있는 복잡한 주제이다. 불행히도 이러한 혼란의 한 가지 분명한 원인은 이 문제에 관한 정확한 규명이 이루어지지 않았다는 것이다. 접촉점에는 두 가지 요소가 포함되어 있다. 하나는 불신자와 세상과의 "접촉"이다. 이 요소는 사실에 관한 개념과 연계된다. 즉 우리의 지식이 세상의 존재방식을 반영하는 만큼 우리의 지식은 사실이라는 것이다. 또 하나는 신자와 불신자의 접촉으로 신자는 이러한 접촉을 통해 불신자에게 다가갈 수 있다. Van Til은 이러한 접촉점은 모든 사람이 하나님의 형상으로 지으심을 받았다는 성경적 의미와 연계된다고 주장한다. 바울이 말한 것처럼(롬 1:18 이하) 하나님을 안다면 실재와 일치하는 얼마간의 지식(수납적이고 계시적인 것이라 할지라도)을 가지고 있는 것이다. 뿐만 아니라 (자연계시를 통해 주어진) 하나님에 대한 진정한 지식(비록 억압된 것일지라도)이 있기 때문에 우리가 변증학에서 호소하는 사실들은 불신자에게 하나님에 관한 사실들로서 "전달되며" 그의 계시는 의도했던 목적을 성취하게 되는 것이다. 따라서 여기서 신성을 감지하는 능력에 "호소한다"는 것은 그것에 대해 언급하거나 축자적으로 표현한다는 의미가 아니라 신성을 감지하는 능

대하여 생각하게 될 것이다.

이 두 가지 문제, 즉 접촉점에 관한 것과 접촉방법에 관한 문제에 대해서는 개혁주의 신학자들 사이에서도 상당한 차이가 있다. 이 차이의 성격은 이제 앞으로 논의하는 가운데 잘 알 수 있게 될 것이다.

신자가 불신자에게 기독교적 인생관을 제시할 때에 신자가 그것에 호소하여 불신자의 마음과 생각에 접촉할 수 있는 접촉점은 무엇인가?[3]

> 그리스도인이나 비그리스도인이 모두 다 잘 알고 있으므로, 우리가 그것을 하나의 출발점으로 삼아서 신자들은 잘 알고 있지만 믿지 않는 이들이 전혀 알지 못하는 사실들로 진입해 들어갈 수 있는 공통적 출발점으로 삼을 영역이 과연 존재하느냐 하는 것은 하나의 큰 의문점이다. 그리고 불신자가 지금은 알지 못하는 어떤 한 지식의 방법론이 있어 그것을 가지기만 하면 이 "잘 알려져 있는 공통적 영역"이 존재한다는 사실과 그것이 과연 진실한 것이라는 점을 불신자라도 단번에 알 수 있게 되는, 신자와 불신자가 공유할 수 있는 지식의 방법론이 과연 존재하느냐 하는 것도 문제가 된다. 처음부터 이러한 문제들에 긍정적인 해답이 있으리라는 가정을 가지고 시작하는 것은 타당치 않다. 어떤 대상을 인식하는 주체는 인식 작용을 성립시키기 위하여 그가 알고자 하는 대상뿐만 아니라 그 대상에 대한 해석도 필요로 하게 된다. 인식하는 주체인 인간의 마음은 그것이 얻게 되는 지식을 수동적으로 받아들이는 것이 아니라 무엇인가 자신의 것을 덧붙이게 된다. 이러한 이유 때문에 만일 신자와 불신자가 인간이 어떠한 성격을 가진 존재인지에 대해 일치할 수 없다면, 그 둘 사이에서 지식에 대한 어떤 공통적인 영역을 찾는다는 것은 거의 불가능한 일이 될 것이다.

력을 불신자가 서 있는 불신앙의 토대로 본다는 것이다. 신성을 감지하는 능력에 호소한다는 것은 일반적으로 (1) 기독교의 진리를 가지지 않는 한 어떤 진리도 (궁극적 의미에서) 정당화될 수 없으며 (2) 신자와 불신자 간의 어떤 일치-비록 형식적일지라도-도 기독교가 진리이기 때문에 그렇다는 사실을 보여준다. 또한 이러한 신성을 감지하는 능력은 부분적으로 신자와 불신자 간에 교제와 (적어도 형식적인) 일치가 가능할 수 있는 원인 가운데 하나이다.

3 이 장의 나머지 부분에 해당하는 자료는 『기독교 변증학』(*Christian Apologetics*)의 강의록에서 발췌한 것이다.

사실상 그와 같은 의견일치는 존재하지 않는다. 에른스트 카시러(Ernest Cassirer)[4]는 최근에 그가 쓴 『인간론』(*An Essay on Man*)에서 여러 시대에 걸쳐 여러 철학자들이 계속하여 논술해 왔던 다양한 인간론을 정리하여 설명하고 있다. 카시러는 현대 인간론이 지적(知的) 핵심을 잃었다고 말한다.

> 우리는 그 대신에 완전히 뒤죽박죽이 된 사상체계를 갖게 되었다. 물론 이전에도 이 문제에 관한 많은 이견과 여러 이론이 있었던 것은 사실이다. 그러나 적어도 거기에는 모든 분야별 의견이 어떤 하나를 중심으로 하여 생각하게 되는 일반적인 경향, 즉 준거의 틀(frame of reference)이 존재하고 있었다. 형이상학, 신학, 수학, 생물학 등이 인간의 문제에 관한 사색에 있어서 어떤 길잡이가 있음을 가정함은 극히 자연스러운 일이었고 또 그들의 연구관찰의 진로를 그 길잡이에 따라 아무런 어려움 없이 결정하곤 했었다. 그런데 이 문제의 위기는 모든 분야별 연구노력들을 지도하고 길잡이의 역할을 할 수 있었던 그와 같은 중심적 세력이 사라진 때에 그 모습을 드러내기 시작하였다. 이 문제가 가장 중요하다는 사실은 모든 분야의 지식과 탐구에 있어서 지금도 절실히 느껴지고 있다. 그러나 어느 누구라도 이에 호소해야만 하는 그러한 기존의 권위는 더 이상 존재하지 않는다. 신학자, 과학자, 정치가, 사회학자, 생물학자, 심리학자, 인류학자, 경제학자 등의 모든 학자들이 자기 나름대로 이 문제에 접근하여 왔다. 그러나 이 모든 분야별 양상들을 종합하거나 또는 통합한다는 것은 불가능하다. 심지어 일부 특수한 분야에 있어서는 그 자체 안에서나 일반적으로 받아들여지는 어떤 과학적 법칙조차 존재하지 않는 실정이다. 개별적 요소가 증강되고 개별적인 저자들이 쌓은 성벽이 결정적인 역할을 해내고 있는 중이다. "각 사람은 자신의 요구에 의해

---

[4] Ernst Cassirer(1874-1945)는 독일에서 출생하여 Marburg school of Neo-Kantianism의 창시자인 Hermann Cohen에게서 배웠다. 1933년 나치즘이 부상하자 독일을 떠나 영국으로 건너갔고 그후 Yale(1941-44)과 Columbia University(1944-45)에서 가르쳤다. Van Til이 언급한 저서는 Cassirer의 가장 영향력 있는 저서로 1944년에 출판된 *The Myth of the State*(1946) 이다.

인도함을 받는다."⁵ 즉 모든 저술가들은 결국 인생에 대한 자기 나름대로의 관념이나 평가에 의지하는 것처럼 보인다는 것이다.⁶

카시러가 여기서 묘사하고 있는 것과 같은 현대 인간학의 혼란은 그 자체 내에서도 충분한 고통거리가 되고 있다. 일반적으로 현대사상이 풍미하는 인간관은 성경이 제시하고 있는 인간관과 같은 것으로 볼 수 없다. 그러므로 기독교 변증학자가 보통 사람에게 기독교를 전함에 있어서 분명히 주의하고 생각해야 할 것은 자신이 생각하는 것과 전혀 다른 류의 사람들이라는 점이다. 좋은 의사라면 환자 자신이 내린 진단에 따라서 처방을 하는 실수는 범하지 않을 것이다. 의사는 환자의 상태가 긴급한 수술을 요하는 것으로 확신하고 있는 반면에 환자는 그저 간단히 약이나 한 병 먹으면 낫게 될 줄로 생각하는 수가 있기 때문이다.

기독교는 결국 인간이 경험하는 모든 일들과 그 경험세계 내에서 일어나는 모든 일들 그리고 더 중요한 것은 인간 자신의 본성을 있는 그대로 밝히 보여주는 빛으로서 제 구실을 하며 그 자체를 드러내 증거해야만 한다. 기독교는 인간을 위한 삶과 빛이 흘러나오는 원천이다.

1. 로마 가톨릭교

이제까지 서술한 것들은 무척 중요하다. 만일 개신교가 기독교의 본질에 대하여 로마 가톨릭교도와 논의하여 싸우는 것이 불가피함을 발견하였다고 한다면, 그는 또한 만남의 장소인 접촉점의 문제에 대해서도 역시 그들과 입장을 같이 할 수 없어 논쟁하여 싸워야 한다는 사실을 알게 될 것이다. 즉 개신교의 신학은 개신교의 변증학을 요구한다.⁷

---

5 *Trahit sua quemque voluptas*라는 구절은 적어도 Virgil까지 거슬러 올라간다.
6 Ernst Cassirer, *An Essay on Man* (New Haven: Yale University Press, 1944), p. 21.
7 이는 앞서 언급한 내용의 반복으로 아무리 강조해도 지나치지 않다. 한 개인의 신학은 일관성을 유지하는 한 변증학적 접근으로 이어질 수밖에 없다.

접촉점에 대한 개신교도의 견해와 로마 가톨릭교도의 견해 차이는 이미 앞서 우리가 이야기했던 개신교와 로마 가톨릭교의 신학의 차이를 생각했던 것과 마찬가지의 방식으로 이해되어도 좋을 것이다. 이 차이는 두 가지로 나누어 생각할 수 있다. 그중 한 가지 아주 보편적인 방법은 개신교와 로마 가톨릭교의 신학이 모두 가지고 있는 신학적 교리의 어떤 한 부분을 취하여 그것이 교리적으로 같은 부분을 다루는 것임을 먼저 입증한 후 그 양자가 보이는 차이점을 열거해 나가는 방식이다. 워필드(B. B. Warfield)는 『구원의 계획』(*The Plan of Salvation*)[8]이라는 유명한 소책자 속에서 바로 이 방법을 사용하였다. 워필드는 구원의 계획에 대해서 그것의 존재를 주장하고 설명하는 사람들 가운데, 이 구원의 계획을 자연주의적인 방식으로 생각하는 노선과 초자연주의적인 방식으로 생각하는 두 부류가 있다고 말하였다. 그는 이렇게 말하고 있다. 자연주의적 견해를 가지고 있던 펠라기우스주의자들(the Pelagians)에 대항하여 "조직된 모든 교회들―희랍 정교, 로마 가톨릭, 라틴 그리고 역사상에 나타난 모든 훌륭한 형태를 가진 개신교들, 즉 루터교, 개혁주의, 칼빈주의, 알미니안 등의 교회들은 구원의 초자연적 개념에 대한 일치되고 확고하며, 강력한 열정이 담긴 증거를 제시하였다."

워필드는 이 점에 대해 계속 논의하는 가운데 초자연주의자들을 사제주의자들(sacerdotalists)[9]과 복음주의자들(evangelicals)로 나누고 있다. 이들 양자 간에 문제가 되는 것은 "하나님의 구원 행위의 직접성" 여부에 관한 것이다. 성직자 제도, 즉 사제 제도를 고수하고 있는 로마 가톨릭교는 "은혜가 교회의 사역에 의하여 그리고 교회의 사역을 통하여, 사람들에게 전달되며 그 외에는 다른 전달방법이 존재하지 않는다"고 가르친다(p. 18). 그러나 이와 반대로 복음주의는 "오로지 일관성 있는 초자연주의만이 가지고 있다고 생각되는 것을 보호하고자 노력하는 길은 영혼의 하나님과 영혼 사이의 중개적인 모든 것들을 제거하여 영혼의 하나

---

[8] B. B. Warfield, *Plan of Salvation* (Grand Rapids: Eerdmans, 1935), 111.
[9] 사제주의(Sacerdotalism)는 하나님과 인간 사이의 인간적 매개(중보)의 필요성을 시사한다.

님과 영혼이 그의 구원을 오로지 하나님께만 전폭적으로 의지함으로써 하나님이 영혼을 그의 직접적인 은혜로서 좌우하시도록 열어놓는 일이다"라고 가르친다(p. 19). 개신교와 복음주의는 "만일 똑같은 동의어적 명칭이 아니라면 적어도 동일한 연장선상에 놓인 것임에는 틀림없다"(p. 20).

여기서 워필드는 개신교의 내부적 주요 차이점들을 검토하는 것으로 나아간다. 개신교도 또는 복음주의자 가운데는 구원 계획에 관한 보편론적(universalistic) 개념을 갖고 있는 사람과 그와는 반대로 모든 사람이 하나님의 은혜를 입는 것이 아니라 특별한 사람만이 그런 은혜를 입는다는 특수주의적(particularistic) 개념을 갖고 있는 사람이 있다. "복음주의자들은 누구나가 영혼을 구원하는 데 작용하는 모든 힘이 하나님께로서 오며 이러한 구원의 능력이 인간의 영혼을 구원하는 데 작용된다는 것에 동의한다. 그러나 그들은 하나님이 이러한 구원의 능력을 실제로 구원을 받든지 못 받든지 간에 모든 사람에게 균등하게 또는 적어도 차별 없이 작용하는지 아니면 특별히 구원받은 사람들, 즉 특별한 사람들에게만 작용하는지에 관하여 차이를 갖고 있다"(p. 22). 워필드는 다음과 같은 말을 사용하여 보편주의적 복음주의와 특수주의적 복음주의 간의 차이를 명백히 하고 있다. "보편주의자와 특수주의자를 갈라놓는 문제의 핵심은 결국 그로 인해서만 구원을 가능케 만드는 하나님의 구원하시는 은혜가 실제적으로 구원을 베푸는가 아닌가에 대한 의견의 차이에 있다"(p. 24).

워필드는 한걸음 더 나아가서 특수주의자들 사이의 여러 형태를 다시금 구분하고 있으나 이는 여기서 우리가 생각하고자 하는 것과는 관계가 적으므로 더 이상 깊이 생각지 않도록 하겠다. 이제 우리는 그가 "커다란 차이점들"(p. 27)이라고 부른 것에 대해 생각해 보기로 하자. 워필드는 특수주의 또는 칼빈주의를 옹호하고 있다. 그리고 복음주의라는 말이 칼빈주의가 아닌 다른 개신교들을 가르치는 말로 사용되고 있음은 모두가 잘 아는 사실이다.

이제 다음과 같은 사실이 우리의 관심을 끌고 있다. 워필드는 공통적 견해로부터 출발하기는 했다. 그러나 결국 그가 새로운 차이점을 지적하여 밝힐 때마다, 그는 그것이 일관성과 깊은 관계가 있는 것임을 밝힐 도리밖에 없게 되었다. 개신교도는 로마 가톨릭 신자보다 훨씬 더 일관성 있는 초자연주의자가 되고자 하는 점에 있어서 개혁주의적인 개신교도들이다. 칼빈주의자는 다른 개신교도들이 그러한 것보다 훨씬 더 일관성 있게 복음적이라는 면에 있어서 특수주의자이다. 칼빈주의자는 워필드의 말대로 "외부로부터 잠입해 들어오는 요소들에 착색됨이 없이"(p. 21) 순수한 입장을 고수하는 것을 목표로 하고 있다. 따라서 구원에 관한 여러 가지 개념들은 "그 각각이 제각기 다른 견해들과는 반대 입장에 서 있는 구원의 계획에 대한 갖가지 견해들로 병존하는 것은 아니다. 오히려 그 견해들은 앞서 저질러진 여러 가지 오류들을 수정함으로써 구원에 대한 가장 근본적인 개념을 구체적으로 형성해 나가는 가운데 일관성을 점차로 증진시키는 일련의 발전 과정 속에서 서로 간의 연관성을 지니게 된다"(p. 31).

워필드 자신은 그 뒤에 로마 가톨릭과 개신교 또는 보편주의와 특수주의적 개신교 사이의 차이를 설명하기 위해 자신이 채용했던 방법보다 훨씬 나은 방법이 있음을 보고는 그것을 쓰도록 강력하게 권하였다. 그 다른 방법이란 바로 존 머레이 교수(Professor John Murray)의 방법인데 머레이는 다음과 같이 이야기한다.

> 그러므로 이 모든 것을 생각해 볼 때에 기독교를 변증하는 일과 기독교의 본질적인 내용들을 설명하는 보다 참되고 효과적이면서도 분명한 방법은 다음과 같은 것이 아닌가 한다. 우리가 출발점을 잡을 때에 역사상에 나타난 기독교에 대한 조금씩 곡해된 몇몇의 기초적 신앙고백서의 내용들을 포용하는 것으로 출발하지 않고 도리어 기독교의 본래적 본질인 구속종교의 특질을 잘 드러내 보여주어 그것을 완전히 설명할 수 있는 용어로부터 출발하는 방법이다. 다른 말로 설명하자면 만일 기독교가 성부와 성자와 성령의 삼위일체께서 주신 언약에 의한 계획과 목적에

따라 시작하여 그것이 성취되어가는 가운데 완전히 절정에 오른 것으로 생각되지 않는다면, 그것은 제대로 설명되어질 수도 또 바로 이해될 수도 없다는 말이다.[10]

우리는 기독교의 정수를 가장 낮고 열등한 언어로 정의해서는 안되며, 도리어 가장 고상한 형식의 언어로 정의해야 한다. 칼빈주의는 "본연을 다시 찾은 기독교이다."[11] 우리는 칼빈주의로부터 시작하여 참된 기독교적 견해로부터 조금씩 빗나갔던 것들인 보편주의적 개신교에로 내려가고 거기서 또 다시 가톨릭교로 내려가야만 할 것이다.

우리가 이제 주로 관심을 기울여 살펴보려고 하는 것은 로마 가톨릭교이다. 로마 가톨릭교는 기독교의 **변질된** 형태로 간주되어야만 한다. 사실상 로마 가톨릭교는 최악으로 변질된 기독교이다. 그리고 로마 가톨릭교가 범한 변질 행위는 어느 한 부분에 국한되는 것이 아니라 그들이 가지고 있는 교리의 전체에 나타나고 있다. 개신교와 로마 가톨릭교의 차이는 너무나도 큰 것이다. 만일 우리가 루터의 업적이 참된 성경적 교리들, 특히 이신칭의 교리와 만인 제사장직의 교리를 회복한 것에 그쳤다고 말한다면 그것은 이 양자 간의 차이를 적절하게 나타내지 못하는 것이 된다. 그 차이는 오히려 개신교는 교리의 모든 항목들에 있어 보다 일관성 있게 기독교적인 반면에 로마 가톨릭교는 교리의 모든 항목에 있어서 개신교보다는 훨씬 일관적이지 못하다는 점이다. 개신교와 로마 가톨릭교 사이의 차이는 이것 이외에 다른 무엇일 수 없다. 교리의

---

10 *The Westminster Theological Journal*, 9:90. 이 언급은 John Murray, "Review of Samuel G. Craig: Christianity Rightly So Called," *Westminster Theological Journal* 9, no. 1 (1946): 87-91에 대한 것으로 John Murray, *Collected Writings of John Murray*, vol. 3, *Life of John Murray, Sermons, and Reviews* (Carlisle, Pa.: Banner of Truth, 1982), 329-33에서 발견된다.

11 Van Til은 여기서 Warfield의 말을 *Calvin and Calvinism*, ed. Ethelbert Dudley Warfield (New York and London: Oxford University Press, 1931), 355에서 인용하고 있다. 그가 인용한 부분은 다음과 같다. "따라서 객관적으로 말하면 유신론은 칼빈주의 안에서 본연의 모습을 찾는다. 유신론은 목적론적 우주 개념 안에서만 본연의 모습을 찾는다. 이 개념은 만물을 창조하시고 보존하시며 주관하시는 분이시자 궁극적인 원인이 되시는 하나님의 계획의 질서정연한 섭리하심이 모든 사건의 과정에 존재한다고 믿는다."

한 부분에 나타나는 비일관성은 교리체계 전체의 비일관성의 필연적인 결과일 뿐이다. 로마 가톨릭교는 교리의 전반에 걸쳐 기독교적인 요소와 비기독교적인 요소를 언제나 혼동함으로써 항상 비일관성을 벗어나지 못해 왔다.

여기서 이 모든 고려가 출발점의 문제에 대해 가지는 함축을 잠깐 언급하고 지나가는 것도 좋을 것이다. 출발점의 문제에 있어서도 우리가 진정한 기독교적 인간론을 갖는다는 것은 가장 중요하다. 그러나 로마 가톨릭교는 이것을 가지고 있지 못하다. 상세하게는 이야기하지 않더라도 로마 가톨릭교는 다음과 같은 점에 대하여 잘못된 교리를 가지고 있다고 볼 수 있다. 즉 그들은 (1) 피조 된 인간이 지니는 본성에 대해서와 (2) 죄가 들어옴으로써 인간의 본성에 미친 영향에 대한 잘못된 교리를 가지고 있다. 찰스 핫지(Charles Hodge)는 "개신교와 로마 가톨릭의 중요한 차이"에 대해 다음과 같이 서술한다.

> 개신교는 아담의 도덕적인 탁월성에 존재하던 본래적 의가 자연적인 것이었다고 주장하는 반면에, 로마 가톨릭교는 그것이 초자연적인 것이었다고 주장한다. 로마 가톨릭교에 의하면 하나님은 인간을 영혼과 육체로서 창조하셨다고 한다. 그런데 인간의 이 두 가지 요소는 본래적으로 서로 상충하는 것이었다. 이 두 요소의 조화와 영에 대한 육의 적합한 복종을 유지하기 위하여, 하나님은 본래적 의라는 초자연적인 은혜를 인간에게 내리셨다. 인간이 타락으로 말미암아 상실한 것이 바로 이 은혜이다. 그러므로 범죄한 이후로 인산은 아담이 이 초자연적인 은혜를 부여받기 이전에 존재했던 것과 똑같은 상태로 되었다고 로마 가톨릭교는 주장한다. 그러나 개신교는 이러한 교리에 반대하여 본래적인 의는 창조와 더불어 동시에 그에게 주어진 것이요 또한 자연적인 것임을 주장한다.[12]

---

12 Charles Hodge, *Systematic Theology*, 3 vols. (New York: Charles Scribner's Sons, 1871-73; Grand Rapids: Eerdmans, n.d.), 2:103.

핫지가 잘 설명한 것과 같이 이 견해에 대한 반론은 다음과 같다. (1) "그것은 인간 본성의 본래적 구조를 매우 낮게 평가하는 견해를 전제로 하고 있다. 이 교리에 따르면 악의 씨앗은 인간의 본성이 하나님의 손에 의하여 창조될 때에 이미 그 속에 심어졌다는 것이다. 인간의 본성은 무질서하고 병든 것이었다. 인간의 본성에는 벨라민(Bellarmin)이 질병(morbus) 또는 무기력(languor)이라고 부른 치유되어야만 하는 것들이 존재하고 있었다…." (2) "본래적 의에 관한 교리는 로마 교회의 반펠라기우스주의(semi-Pelagianism)에서 나온 것으로써 반펠라기우스주의를 옳은 것으로 승인하기 위하여 고안된 것이다."[13]

한 로마 가톨릭교 신자가 불신자에게 접근하여 기독교를 전한다고 생각하여 보자. 그가 보기에는 불신자가 본래적 의를 상실한 한 사람으로 보일 따름일 것이다. 로마 가톨릭교가 주장하는 바를 핫지는 이렇게 말하고 있다. "그저 이성적일 따름이라 생각되며, 특히 인간의 의지적 본성 또는 자유의지"(p. 103)는 여전히 손상되지 않은 완전한 것으로 여겨지고 있다. 즉 극단적으로 말해서 불신자도 자기 자신의 지성과 의지의 능력에 대하여 올바르게 생각하고 있다는 것이다. 불신자 또는 자연인이 그의 인식과 행동능력을 행사함에 있어 어떤 죄악이 개입될 필연성이 전혀 존재하지 않는다. 이와 같은 견해에 의하면 자연인에게 있어서 기독교의 빛이 절대적으로 필요한 것은 아니다. 왜냐하면 이것이 없이도 자연인은 세상과 그 자신을 올바로 이해할 수 있기 때문이다. 자연인은 성경의 계시나 성령의 조명을 절대적으로 필요로 하지 않는다. 왜냐하면 이것들이 없이도 그는 자기 자신이 가지고 있는 본성의 의미를 바로 알 수 있기 때문이다.

그러므로 이와 같은 것을 근거로 하여 자연인에게 기독교를 전파할 경우에, 기독교는 이미 자연인이 가지고 있는 지식에 단순히 덧붙여지는 일종의 부가적 지식으로서 그에게 제시될 수밖에 없다. 기독교적 지

---
[13] Ibid., 105.

식은 인간이 본래 가지고 있는 이성과 관찰능력의 결과로써 생겨진 지식에 연결되어지며 그것이 연결되는 방식은 마치 창조 당시 본래적 의가 인간 속에 있던 하나님의 형상에 덧붙여지는 것과 흡사한 것이다.

그러나 기독교의 빛이 없이 인간이 그 자신과 세계에 대한 올바른 견해를 가진다는 것은 인간이 기독교의 빛을 가짐 없이 하나님에 대한 참된 견해를 갖는 것만큼이나 어렵고 거의 가능성이 없는 일이다. 인간은 죄로 말미암아 진리가 어디에 나타나건 간에 그것을 볼 수 없는 장님이 되었다. 진리는 단 하나이다. 따라서 인간은 그가 하나님을 참되게 알지 못하면 결국 그 자신을 참되게 바로 알 수 없다.[14] 칼빈은 철학자들이 타락의 사실을 바로 깨닫지 못했기 때문에 만사에 혼동을 거듭하고 있다고 말한다. 그들은 "처음에는 인간의 영혼이 모든 부분에 있어서 올바르게 형성되어 있었으나" 그 후에 타락으로 말미암아 인간의 존재 전체의 모든 구석구석이 모두 부패하고 말았다는 사실을 바로 인식하지 못한다는 것이다.[15] 칼빈은 다음과 같이 말한다.

> 철학자들은 영혼의 유기적 움직임과 이성적 영역 사이에는 상당한 모순이 존재한다고 말한다. 그들은 이성의 조언이 때로는 적대적인 군대들처럼 서로 싸우지만 이성은 이성 자신이나 이성이 제시하는 여러 조언들과 전혀 마찰이 없다는 듯이 그들은 말한다. 그러나 이와 같은 혼란은 본성의 타락과 부패로 말미암은 것이기 때문에 비록 이성의 기능이 우리가 정상적이라고 생각하는 것만큼 조화있게 일치되어 움직이지 않는다고 해서 두 개의 영혼이 존재하는 것으로 생각한다면 그것은 잘못된 추론이다.[16]

그러므로 우리는 인간의 본성에 일어났던 "대혼란"의 기원과 성격에

---

[14] 즉 인간이 하나님을 구원적 방식으로 알지 못하면 그렇다는 것이다. 인간은 *sensus divinitatis*(신의식)에 의해서만 하나님을 알 수 있다.
[15] John Calvin, *Institutes of the Christian Religion*, 1.15.8. Van Til은 McNeill-Battles edition 보다 이전에 나온 판에서 인용한다.
[16] Ibid., 1.15.6.

대한 로마 가톨릭교도와 칼빈의 의견에는 근본적인 차이가 있음을 알게 된다. 로마 가톨릭교의 견해는 실질에 있어서 희랍 철학자들의 견해와 다를 것이 없다. 이는 특별히 아리스토텔레스의 견해와 일치한다. 이 견해에 의하면 이 대혼란은 인간이 부분적으로 비이성적인 요소로써 구성이 되었기 때문에 인간이라면 누구나 본래적으로 갖고 있는 병적인 것이라고 한다.[17] 이성적으로 구성되어 있는 범위 내에서 인간은 죄를 범하지도 않고 또 범할 수도 없다. 인간구성 내에 일어났던 "대혼란"은 사실상 인간 자신의 잘못에 의하여 기인되었던 것이 아니다. 그 대혼란은 근본에 있어서 인간을 "만드신" 이인 "하나님"께로부터 기인된 것이다. 그러나 칼빈에 의하면 인간이 하나님의 손으로부터 지음을 받았을 때에 인간의 본성에는 "대혼란"의 소지가 전혀 없었다고 한다. 그 "대혼란"은 죄의 결과이다. 따라서 범죄함으로써 타락한 인간의 모든 기능은 비정상적으로 움직인다. 인간의 인격 전체의 눈금(set)이 바뀐 것이다. 타락한 인간의 이성도 아마 충분히 날카롭기는 할 것이고 그러므로 기독교의 입장을 형식적으로는 이해할 수 있을지도 모른다.

이성은 그것에 닿는 나무 판자들을 당장 두 동강으로 잘라대는 윙윙거리며 돌아가는, 예리하게 보이며 번쩍거리는 제재소의 둥근 톱날에 비유될 수 있을 것이다. 어떤 목수가 마룻바닥을 깔기 위해 50개의 판자를 자르고자 한다고 생각해 보자. 그 목수는 톱의 눈금을 맞추어 놓았다. 그리고 그는 판자의 한쪽 끝으로부터 잘라 들어가기 시작하였다. 그러나 그는 자신의 일곱 살짜리 아들이 그 톱날을 가지고 장난하다가 눈금의 위치를 조금 바꾸어 놓았다는 것을 전혀 모르고 있었다. 그 결과 그가 잘라 낸 판자는 모두 비스듬히 잘라졌으며 따라서 그가 처음 톱날에 댄 부분을 제외하고는 너무 짧아서 사용할 수 없게 되어 버렸다. 톱의 눈금을 원래대로 해놓지 않는 한 결과는 언제나 매한가지일 것이다.[18] 이와 꼭 마찬가지로 자연인은 그에게 기독교의 가르침이 전파될

---

17 일반적으로 사물은 본래적으로 악하다는 Aristotle의 관점에 대한 언급이다. 따라서 인간은 비이성적 또는 물질적 요소로 구성된 만큼 수리가 필요하다는 것이다.
18 이것은 죄가 이성에 미치는 영향력에 대한 개혁주의적 관점을 이해하도록 도와주는 유익

때마다 죄로 말미암아 비뚤어진 인성을 가지고 그것을 자르게 된다. 이성에 의하여 잘려지는 기독교의 진리는 이성이 날카로우면 날카로울수록 보다 더 철두철미하게 그 이성이 가진 내재적 형식의 틀에 의하여 잘려지게 될 뿐이다.[19] 그 결과는 자연인이 기독교의 진리를 얼마나 형식적으로 이해했는지에 관계없이, 자연인은 여전히 "자기 자신의 마음이 낳은 환상과 허구"[20]를 변함없이 숭배하기에 여념이 없을 뿐이다. 그들은 핫지가 말한 대로 "그저 지각(知覺)이나 할 뿐"이지 하나님에 대한 참된 지식은 소유하지 못하고 있다.[21]

"철학자들"과 칼빈은 인간 본성에 일어났던 "대혼란"의 기원과 성격에 대하여 이처럼 견해를 달리하고 있다. 따라서 한걸음 더 나아가 그들은 이 대혼란을 제거하는 데 사용되어야 할 치유책에 대해서도 인간이 그의 존재 내부에 있는 이런 혼란을 제거하는 일에 있어서 초자연적인 도움까지는 받을 필요가 없다고 말한다. 로마 가톨릭교가 대폭적으로 따르고 있는 희랍적 사고방식에 의하면 인간의 이성에는 그 나름에 적합한 체계가 그 속에 들어 있다고 한다. 타락은 인간 이성이 갖고 있는 톱날의 체계를 어지럽혀 놓지 않았다. 따라서 인간 이성은 그것을 재정비할 성령의 초자연적인 능력을 필요로 하지 않는다는 것이다. 이성의 본성과 그것의 활동은 역사 속에서 인간에게 일어났던 일로부터 거의 아무런 영향도 받지 않았다는 것이 그들의 주장이다.

핫지는 이러한 견해에 반대하여 칼빈의 모범을 따라서 죄악 된 인간의 전체적 구조는 성령의 능력에 의해서 새로이 교정되어야만 한다고 주장한다. 자연인은 반드시 "자기를 창조하신 자의 형상을 따라 지식에

한 은유이다. 톱(이성적 기능에 대한 유비이다)은 제대로 작동하고 있다. 그것은 이전에 눈금을 제대로 맞춘 것과 동일한 톱이다. 그러나 눈금을 잘못 맞추어 놓음으로 인해 작동은 해도 언제나 비스듬하게 잘리는 것이다.

[19] "내재적 형식의 틀"(immanentistic pattern)이란 하나님과 그의 창조 및 통치하심에 대해서는 전적으로 무시한 채 오직 세상적 잣대로만 보려는 패턴을 말한다.

[20] Calvin, *Institutes*, 1.15.1.

[21] 반복되는 말이지만 이 "단순한 지각"은 모든 사람이 신의식(*sensus divinitatis*)에 의해 가지는 하나님에 대한 진정한 지식과는 구별된다. 단순한 지각은 어휘나 개념에 대해서는 이해하지만 그것의 진리에 대해서는 인정하지 못한다.

까지 새롭게 하심을 받아야"(골 3:10)만 한다. 핫지는 사도 바울의 이 말을 다음과 같이 주석한다.

> "새 사람"(new man)이라고 할 때의 "새"(νέον)는 우리가 통상적으로 구분하는 "네오스"(νέος, 시간적으로 새로운)와 "카이노스"(καινός, 질적으로 새로운)의 전자에 해당하는 단어로서, 옛(παλάιος, 오래된)의 반대인 "최근의" 또는 "새롭게 만들어진"이라는 의미이다. 이렇듯 새로이 형성된 사람이 갖는 도덕적 성품 또는 도덕적 탁월성은 "거듭 새로워진"(ἀνακαινούμενον)이라는 말로써 표현될 수 있는데, 성경에서 "순수한"(질적으로 새로운)이라는 뜻으로 사용되는 카이노스(καινός)에 해당된다고 할 수 있다. 우리는 이러한 새로움에 대해 지식 안으로(εἰς ἐπίγνωσιν) 새로워 졌다는 표현을 사용할 수 있다. 즉 단순히 지식 **속에서**(in knowledge) 또는 지식에 **의하여**(by knowledge) 새로워진 것이 아니라 **지식에까지**(unto knowledge) 새롭게 되었다는 것이다. 따라서 이제 그는 "안다"(know), 즉 지식은 여기서 이야기하는 새로움의 결과인 것이다.[22]

핫지는 여기서 조금 더 나아가 이렇게 말한다. "여기서 말하는 지식이란 그저 한낱 지각 행위를 뜻하는 것이 아니다. 그것은 충만하고 정확하며 살아 있는 실제적인 지식이다. 그와 같은 지식은 바로 영생과 같은 것인데 그 이유는 여기서 말하는 이 지식에는 에베소서 4:24에서 언급되고 있는 의와 거룩의 본질이 포함되어 있기 때문이다."[23]

또한 핫지는 에베소서 4:24, 즉 "하나님을 따라 의와 진리의 거룩함으로 지으심을 받은 새 사람을 입으라"는 말씀을 이렇게 주석한다.

> 의와 진리의 거룩함이라는 말을 함께 쓴 것은 그 내용 전체를 전부 포괄하기 위한 것이다. 다시 말해서 도덕적 탁월성에 대한 모든 것을 전부 포괄하여 언급하기 위함이다. 이 두 가지 말은 모두가 이와 같은 전포괄적인 의미로서 사용될 수 있는 것이긴 하지만 그것을 좀

---

22 Hodge, *Systematic Theology*, II, 99.
23 Ibid., 100.

더 세밀하게 구분하자면 다음과 같다. 의(δικαιοσύνη)는 올바름, 즉 정의가 요구하는바 바른 사람이 되는 것과 바른 행동을 하는 것을 말한다. 그리고 거룩함(ὁσιότης)은 영혼이 하나님으로 말미암아 가득 차고 넘칠 때에 그 결과로서 오는 심령의 상태로서 순결과 성결함을 말한다. 사도 바울이 본래 썼던 단어는 참된 거룩함(true holiness, 우리 성경에는 진리의 거룩함-역자주)이라고 번역되기보다는 오히려 "진리의 의와 거룩함"(righteousness and holiness of truth)이라고 번역되었어야 했을 것이다. 이는 그와 같은 의와 거룩이 진리의 결과 또는 진리의 표현으로서 나타나는 것이기 때문이다. 여기서 22절에 나오는 유혹(ἀπάτη)이라는 말에 대치되는 개념으로 사용된 진리라는 말은 골로새서 3:10에 나온 지식(knowledge)과 같은 의미이다. 그것은 우리로 하여금 사물을 이해케 하는 하나님의 빛이요, 우리의 모든 올바른 감정과 올바른 행위들이 솟아나는 근본적인 원천이며, 그것의 주인은 진리의 성령이시다.[24]

핫지는 성경에 의하여 자연인은 그 스스로 그리스도의 진리를 이해할 수도 또 받아들일 수도 없다는 사실을 거듭거듭 강조하였다. "본성에 따라 살아가는 자연인은 하나님을 따라 사는 삶, 즉 영적인 삶을 절대로 누릴 수 없다. 그의 깨닫는 것은 어두워졌으므로, 그는 하나님에 대한 것을 알지 못하고 받아들일 수도 없다. 자연인은 영적인 세계의 실재들에 대하여 둔감하여 아무런 감각을 느끼지 못한다. 자연인은 마치 죽은 사람이 이 세상의 어떤 것들에 대해서도 아무런 감각을 느끼지 못하는 것처럼 영적인 것에 대하여 전혀 무감각하다."[25] 핫지는 중생에 대해 다음과 같이 언급한다.

성경은 영생이 지식으로 구성되어 있다고 말한다. 거꾸로 말해서 죄악은 흑암이요 맹목이라는 말이다. 죄의 상태로부터 거룩의 상태로의 전환은 어두움을 빛으로 바꾸는 작업이다. 사람들은 지식에로 새롭게 됨을 받으라고 강권 되고 있다. 지식에로의 전환이란 지식이 중생의

---

24 Ibid., 101.
25 Ibid., 244.

결과라는 말과 같으며, 회심(conversion)은 그리스도의 계시로써 말미암은 것이라고 말할 수 있다. 사람들이 하나님의 아들이요 인간의 구세주 되신 그리스도를 배척하였다는 사실은 믿지 않는 자의 눈이 이 세상의 신에 의하여 감기워 못 보게 되었다는 것을 잘 말해 주고 있다.[26]

또한 핫지는 다음과 같이 표현하기도 한다.

성경은 생각하고 느끼고 결단하고 행동하는 것이 인간의 마음이라고 말한다. 인간의 마음은 영혼이자 자아(self)이다. 따라서 새로운 마음(심령)은 새로운 자아요, 새로운 사람이다. 그것은 전체적인 변화를 뜻한다. 그것은 정말 새로운 성품이다. 인간의 모든 도덕적, 의식적, 의지적 행위가 바로 마음으로부터 나온다. 그러므로 심령의 변화는 이러한 행위들이 나오는 곳의 원천적인 변화요, 그 행위의 성격을 결정해 주는 본질적인 변화이다.[27]

복음적인 교리에 따르면 중생하는 것은 사람의 영혼 전체이다. 지금 여기서 문제가 되고 있는 이 변화는 감정을 제외한 이성만의 변화는 아니다. 그리고 그것은 이성을 제외한 감정만의 변화도 아니다. 더욱이 그것은 의지만의 변화인 것도 아니다. 우리가 그것을 넓은 의미에서 생각하건 아니면 좁은 의미에서 생각하건 간에 이 변화에 있어서 바뀌는 것은 인간의 영혼 전체이다.[28]

중생은 바른 감정뿐만 아니라 바른 지식도 가능케 한다. 바른 감정이 바른 지식의 결과로서 얻어지거나 바른 지식이 바른 감정의 결과로서 얻어지는 것은 아니다. 둘 다 인간의 영혼 전체에 영향을 미친 사역(중생)의 동시적 결과이다.[29]

---

[26] Ibid., 3:16
[27] Ibid., 35.
[28] Ibid., 36.
[29] Ibid.

그러므로 이제 우리는 로마 가톨릭교의 변증학자들을 평가함에 있어서 다음과 같은 결론을 내리는 것이 합당하고도 정확한 것이라고 할 수 있겠다. 즉 로마 가톨릭교의 변증학자들은 불신자들과의 접촉점을 지식의 "공통적인 영역"에서 구하고 있다는 것이다. 로마 가톨릭교의 신학은 인간의 의식 작용이 하나님을 전제하지 않더라도 자신과 이 세상의 모든 사물을 스스로 이해할 수 있다고 믿는 사람들의 본질적인 주요 주장들에 동의한다. 그러면서도 가톨릭 신학자들은 이들을 기독교의 신앙에로 이끌어 들이기를 모색하는 것이다.

그러나 바로 이것이 로마 가톨릭교와 개신교를 나누어 놓는 기본적인 차이점이다. 개신교의 원리에 따르면 자기 자신을 제대로 이해하고 또 사물을 제대로 인식하는 인간의 인식 작용은 하나님의 자의식적 인식 작용을 전제하였을 때에만 비로소 가능하게 된다. 그러나 이와 같은 논리를 주장함에 있어서 우리가 마음속에 생각하고 있는 바는 단지 하나님의 자의식적 인식 작용이 인간의 인식 작용보다 심리학적으로 또는 시간적으로 앞선다는 것이 아니다. 우리가 숙고하는 바는 사물을 해석함에 있어서 궁극적인 준거가 무엇이냐라는 것이다. 개신교는 이러한 준거를 완전한 존재론적 삼위일체 안에서 발견한다. 삼위일체 하나님은 자신의 계획과 섭리를 따라 이 세상에서 일어나는 모든 일들을 주관하신다.[30] 그러므로 인간의 의식이 본질상 출발점이 되어야 한다면 하나님은 언제나 모든 해석의 기본이 되시며 따라서 가장 궁극적이고 최종적인 준거가 되셔야만 하는 것이다.[31]

이 문제는 결국 무엇이 우리에게 있어 궁극적인 전제들인가 하는 문제이다. 인간이 타락하여 죄인이 되었을 때 그는 하나님을 밀어내고 그 대신 자기 자신을 궁극적인 또는 최종적인 준거의 위치에 세워 놓았다. 문제로 삼아 깊이 생각해야 할 점은 바로 이 전제인데 그 이유는 이 전

---

30 웨스트민스터 신앙고백서, 3장 1조.
31 이 부분은 중요하다. Van Til은 우리의 모든 사고의 (개략적인) 출발점은 자아가 되어야만 한다고 말한다. 그러나 변증학적 요지는 이러한 서술과 관련한 궁극적 준거는 삼위 하나님이시라는 것이다.

제가 예외 없이 모든 형태의 비기독교적 철학을 관장하며 이끌어 가기 때문이다. 만약 어떤 분야에서건 이 전제가 문제시되지 않고 그냥 넘어간다면 그것은 결국 불신자들에게 제기되는 모든 사실들과 모든 논의들을 그들 나름대로 처분하라고 그냥 넘겨주는 것이 되고 말 것이다. 죄인들은 그 스스로가 절대로 벗어버릴 수 없는 색안경을 눈에 단단히 덮어쓰고 있다. 황달병자의 눈에는 모든 사물이 노랗게 보일 뿐이다.[32] 만일 함께 앉아서 논의를 벌이고 있는 사람들이 먼저 그들이 쓰고 있는 용어의 의미를 서로 이해하지 못한다면 그들 사이에서는 피차 이해하고 납득되는 논의를 벌일 수 없게 됨이 분명한 사실이다.

인간이 사물을 해석하는 모든 서술에 있어서 궁극적인 준거라는 자신에 관한 이 근본적인 전제를 뒤집어엎거나 바꾸려 하지 않으면서도 자연인은 소위 "유신론적 논증들"을 틀림없이 옳은 것으로 받아들일 가능성이 있다. 자연인 자신이 이러한 논증들을 제시할 가능성도 있다. 실제로 많은 자연인이 유신론적 논증을 제시했던 적이 있다. 그러나 자연에 의해서 그들 스스로에게 이러한 방법을 통해 존재가 입증된 신들이란 한결같이 성경이 말하는 완전한 존재론적 삼위일체의 하나님이 아닌 어떤 신들이었다. 로마 가톨릭의 변증학자는 성경이 보여주는 완벽한 존재론적 삼위일체의 하나님을 입증하려고 하지 않았다. 그들은 인간의 자율성을 적어도 어느 정도는 그대로 남겨 둘 수 있는 그러한 하나님의 존재를 입증하길 원했다. 로마 가톨릭의 신학이 원하는 신은 세상에서 일어나는 모든 것을 그의 계획과 섭리에 따라 관장하시는 그런 하나님은 아니었다. 그들의 생각이 이러하므로 로마 가톨릭이 불신자와의 접촉점을 생각하는 견해가 이제껏 위에서 우리가 본 바와 같다는 것은 극히 자연스러운 일이다.

---

[32] 이러한 은유 역시 매우 유익하다. 여기서 죄로 인해 소경이 되었다는 것은 우리가 아무 것도 볼 수 없다는 뜻이 아니다. 오히려 우리가 보는 모든 것이 우리의 타락한 상태로 말미암아 채색되었다는 것이다. 그러므로 우리가 보는 것은 우리의 악한 정욕으로 말미암아 왜곡될 수밖에 없는 것이다.

2. 복음주의

이제껏 우리는 접촉점의 문제에 관한 로마 가톨릭교와 개신교 사이의 근본적인 견해 차이에 대해서 생각해 보았다. 그러나 모든 개신교의 종파가 개신교적 원리에 참으로 충실한 것은 아니다. 워필드는 이미 우리가 앞서 이야기한 책 가운데서 이 점을 매우 잘 지적해 냈다. 구원은 오로지 하나님에게서 나온다는 개신교적 원리를 충분히 일관성 있게 표현한 것은 오직 칼빈주의 밖에 없었다. 흔히 복음주의라고 일컫는, 칼빈주의가 아닌 모든 다른 개신교의 종파들은 인간 개개인이 최종적이며 궁극적인 결정권을 가질 수 있는 여지를 남겨 놓기 위해서 "하나님의 활동들을 다분히 보편주의적 구원의 각도에서" 보려고 애쓰고 있다.[33]

이들의 논리는 마치 다음과 같이 비유될 수 있다. 즉 하나님이 그리스도를 통하여 거금을 어떤 은행에 예치시키신 후에 그것을 여러 일간지들에 광고하시기를 누구나 와서 필요한 만큼 찾아가라고 제안하셨다는 것이다. 이는 결국 사람이 이 은행에 맡겨져 있는 후한 선물을 가져다 그것에 의존하여 사는 사람이 되어 그런 사람들과 함께 지내느냐, 아니면 그렇게 하지 않느냐 하는 것이 전적으로 개개인에게 달려 있다는 말이 된다. 하나님이 인간에게 접근하시되 보편의 방법을 통하여 그리하신다는 것이다. 물론 복음주의자들 간에도 다소의 차이는 있다. 그러나 이 차이란 단지 하나님이 보다 광범위한 보편주의적 방식으로 접근하시는지 아니면 그보다는 비교적 제한된 보편주의적 방식으로 접근하시는지에 대한 차이일 뿐이다. 최종적인 문제는 항상 개인에게 맡겨지고 있다. "구원의 과정을 생각하는 문제에 나타나는 특수주의는 이와 같이 칼빈주의의 한 중요한 특징이 된다."[34] 그러므로 워필드는 칼빈주의만이 "외부에서 침투해 들어간 요소들로 인하여 변색되지 않은" 유일하게 순수한 형태의 개신교라고 말했다. 칼빈주의자들은 하나님이 하신 활동이

---

33 Warfield, *Plan of Salvation*, 111.
34 Ibid.

모든 유한적 존재의 궁극적인 근원임을 믿는다.

우리가 여기서 중요하게 생각해야 할 점은 복음주의도 로마 가톨릭과 마찬가지로 로마 가톨릭이 말하고 있는 인간론과 신론의 일부를 찬동하여 같은 이야기를 하고 있다는 점이다. 복음주의는 로마 가톨릭과 마찬가지로 하나님의 의식 작용을 반드시 고려해 넣지 않더라도 인간이 그 스스로를 생각하는 행위나 사물을 생각하는 것이 어느 정도는 의미 있고 또 가능한 일이라고 생각한다. 따라서 복음주의가 접촉점의 문제에 있어서 로마 가톨릭과 같은 견해를 가질 것이라는 점은 쉽게 짐작될 수 있는 일이다. 복음주의나 로마 가톨릭의 신학은 모두가 그 근본에 있어서 매우 자연주의적인 요소들의 침투를 받아 변색되었던 것이다.[35] 그러므로 이 둘 모두가 인간 스스로가 이 세계를 해석하는 일에 있어 궁극적인 준거가 된다고 주장하는 자연인의 근본적 전제를 공격하려고 하지 않는다. 그 뿐만이 아니라 이 둘 모두가 하나님의 존재를 입증하려 하되 이 세상에서 일어나는 모든 일들을 주관하시는 주권적인 하나님으로 하나님의 존재를 증명하려고 하지 않는다.

복음주의적 노선의 변증학 가운데 가장 뛰어난 교과서적 저술로는 버틀러 감독(Bishop Butler)이 쓴 그 유명한 『유비론』(*Analogy*)이 있다.[36] 여기서 그의 논법을 전부 소개하려고 하지는 않겠다. 그러나 본서에서 쓰고 있는 논증법들이 간단히 예를 들어, 토마스 아퀴나스의 『이교도 반대

---

[35] 여기서 Van Til은 "자연주의"(naturalism)라는 용어를 일반적 의미로 사용한다. 즉 인간의 본성을 포함하여 스스로 자립할 수 있는 "본성적" 요소들이 존재한다는 것이다.

[36] Joseph Butler(1692-1752) 감독은 18세기의 가장 영향력 있는 개신교 변증학자이다. Van Til이 언급한 책은 *The Analogy of Religion, Natural and Revealed, to the Constitution and Course of Nature*(1736)이며 당시에 팽배했던 이신론에 맞선 기독교 변증서이다. Butler는 이신론의 자연종교로부터 계시종교의 가능성을 주장하는 **이중적 부정**방식을 사용한다(자연종교에서 X를 믿는다는 것을 고려해 볼 때, 계시종교에서 Y를 믿는 것은 그리 **비합리적인** 것이 **아니다**). Butler의 주장의 핵심은 다음과 같다. (보이는) 이생과 (보이지 않는) 내세를 결합할 경우 이 생의 특징과 유사한 특징들을 보여준다는 것이다. 예를 들어 우리는 젊은 시절은 노후의 삶의 훈련장이 된다는 이생의 논리로부터 이생은 내세를 위한 훈련장이라는 추론을 도출할 수 있다는 것이다. 덧붙여 말하자면 독자들은 "유비"라는 용어는 Butler나 Aquinas 및 Van Til이 각각 다른 의미로 사용하였다는 사실을 알아야 한다. 이것은 변증학에서 이 용어와 관련된 혼란이 존재하는 이유 가운데 하나이다.

론』(*Summa Contra Gentiles*)의 논증방식과 매우 흡사하다는 것을 지적하는 것으로도 우리의 목적에는 충분하다.

버틀러는 신학적으로 알미니안적 견해를 견지하고 있다. 따라서 그는 자연인이 "이성을 올바로 사용하기만 하면 자연 만물의 형성 본질과 그것이 나아가는 과정 모두를" 바르게 알고 또 해석할 수 있는 것으로 믿는다. 그는 더 나아가서 만일 자연인이 성경이 그리스도에 대해서와 그의 하신 일에 대해서 말하는 모든 사실들에 대해서도 똑같이 "이성을 올바로 사용하기만 한다면 자연인은 거의 누구나가 그리스도인이 될 것이다"라고 주장한다.[37]

3. 칼빈주의에 대한 일관성의 결여

어떤 출발점을 가지느냐 하는 것은 대개 신학에 의해서 좌우된다. 첫째 장에서 우리는 개혁주의 신학 원리들에 따라서 기독교의 잘 알려져 있지 않은 면모들을 소개하려 했다. 우리는 특별히 현대의 위대한 개혁주의 신학자들이 제시한 기독교의 중요한 면모들을 소개하려고 노력했다. 이제까지 펼쳐 온 개혁주의적 인생관이나 세계관은 찰스 핫지나 헤르만 바빙크(Herman Bavinck) 그리고 워필드 등의 여러 위대한 인물들의 저술을 기초로 한 것이었다. 우리가 이처럼 일관성 있는 개신교에 접하고 또 그것을 소유할 수 있게 된 것은 오로지 이들의 덕택이었다.

보다 엄밀한 의미에서 신학이라고 불리우는 부분에서 뿐만 아니라 변증학에서도 그들이 제시한 원리들을 따르려면, 우리는 필히 그들의 제안을 철저히 따라가야만 한다. 워필드 자신이 매우 잘 말한 바대로, 우리는 기독교의 어떤 최소한의 핵심을 옹호하여 변증하려는 것이 아니다. 또 기독교의 모든 세세한 항목들을 모두 들어 변증하려는 것도 아니

---

[37] Butler의 입장에 대해서는 필자의 강의안 『험증학』(*Evidences*)에 상세히 제시되어 있다.

다. 단지 "낱낱이 설명할 수는 없지만 그렇다고 간략하게 마구 줄여 버리지 않은 전체로서의 기독교 그 자체, 즉 '모든 세세한 사실들'을 포함하면서도 그것의 '핵심들'을 빠짐없이 강조하고 기독교 자체를"[38] 옹호하며 변증하려는 것이다.

우리는 이런 기독교를 죄와 허물로 말미암아 죽은 소망 없는 사람들에게 전파해야만 한다.[39] 워필드는 다음과 같이 말한다.

> 의의 해가 저 삭막한 죽음의 들판 위로 찬란하게 솟아올랐다. 그의 강림을 알리는 많은 외침들이 듣지 못하는 귀머거리의 귀에 크게 울려 퍼졌다. 아! 그렇다. 아무리 새벽별이 또 다시 즐거운 노래를 발한다 해도, 그처럼 아름답고 위대한 선포가 공기를 진동시키며 메아리친다 해도, 그들의 소리가 귀머거리의 귀를 뚫을 수는 없었던 것이다. 눈을 들어 극악한 죄 가운데 놓인 이 세상을 보라. 옛날 선지자가 환상 중에 보았던 그 골짜기, 뼈들, 보라! 마르고 말라 하얗게 된 뼈들로 가득 찬 골짜기가 보이지 않는가! 아무리 그 가장 크고 위대한 구속의 소식을 소리 높여 전한들 이 마른 뼈들에게 어떤 유익이 끼쳐질 것인가? 아! 이 마른 뼈들 된 너희여, 하나님의 말씀을 들으라! 우리는 어떻게 이들을 향해 서서 울며 외칠 수 있단 말인가? 이 죽은 자들이 다시 살아나도록 하늘로부터 하나님의 내뿜으시는 생기가 불어오지 않는다면 구원도 헛되고 그것을 전파함 또한 헛된 것이 되고 말 것이다."[40]

"그리스도인은 오직 그에게 선물로 부여된 생명을 인하여 살아간다. 이 생명이 받아들여져서 움직이기 시작하기 이전에는 전혀 움직일 힘이 없다는 것은 말할 필요도 없다. 그러나 우리 그리스도인들은 단지 우리가 다시 살게 된 것을 받은바 구원의 초자연성에만 호소하는 수준으로 끌어내려 간증하는 데 그쳐서는 안 된다. 이 점을 잘 이해하는 것

---

[38] B. B. Warfield, *Studies in Theology* (New York: Oxford University Press, 1932), 9.
[39] "그는 허물과 죄로 죽었던 너희를 살리셨도다"(엡 2:1).
[40] Warfield, *Studies in Theology*, 43.

은 중요한 일이다."⁴¹ 앞서 살펴본 대로 핫지는 우리가 거듭나는 것은 지식에로의 중생이며, 의에로의 중생이며, 거룩에로의 중생이라고 주장하였다.

그러나 종교의 문제에 있어서 이성의 기능에 관한 핫지의 이야기를 들을 때에 우리는 마치 높다란 고원에서부터 복음주의라는 낮은 평지로 떨어지는 듯한 기분을 느끼게 된다. 종교의 문제에 관한 이성의 역할이란 제목을 핫지는 다음과 같이 세 가지로 나누어 설명하였다. 첫째, 그는 이성이 계시를 받아들이는 도구로서 필수불가결하다고 보았다. 이 점에 대해서는 논쟁의 여지가 별로 없다. "짐승이나 백치를 대상으로는 계시가 주어질 수 없다"⁴²는 것이다. 둘째, 핫지는 "이성이 계시의 신빙성을 판단하여야 한다"라고 주장한다. 이에 덧붙여 핫지는 이렇게 말한다. "신빙성이 있는 것이란 우리가 믿을 수 있는 것을 말한다. 불가능한 것을 제외하고 나머지는 모두 신빙성이 있다고 보아야 한다. 개연성이 있는 것들은 이성적으로 (즉 적절한 근거들의 뒷받침에 의해) 믿을 수 있는 것이다." 그러면 불가능한 것이란 무엇인가? 핫지는 이렇게 대답한다.

(1) 모순이 내포된 것, 즉 어떤 것이 존재하면서 동시에 존재하지 않는다든가 아니면 옳은 것이 틀렸다든가 동시에 틀린 것이 옳은 것이라고 말하는 등등의 명백한 모순이 내포된 것은 불가능한 것이다. (2) 하나님이 도덕적으로 잘못된 것을 행하도록 명령하신다는 것은 불가능한 일이다. (3) 하나님이 이미 우리의 본성에 깊이 새겨 놓으신 믿음의 법칙들에 행여나 상충되는 것을 우리로 하여금 믿도록 강요하신다는 것은 절대로 불가능한 일이다. 그러므로 어떤 진리가 다른 진리와 상충되고 모순된다는 것은 불가능한 일이다. 그러므로 하나님이 이미 우리의 직관이나 경험 또는 앞서 보여주신 계시를 통하여 확고하게 진리로 밝혀 주신 사실에 상충되는 어떤 것을 진리로서 우리에게 계시하신다는 것은 불가능한 일이다.⁴³

---

41 Ibid., 45.
42 Oldge, *Systematic Theology*, 1:49.
43 Ibid., 51.

셋째, 핫지는 계속하여 이렇게 이야기한다. "이성이 계시의 증거를 검증하여 판단하여야 한다."⁴⁴ "믿음에는 우리가 무엇을 옳은 것으로 긍정하는 동의의 요소가 있는데 이 동의는 확실한 증거에 의거하여 생긴 확신이다. 따라서 증거가 없는 믿음이란 비이성적인 것이거나 아니면 불가능한 것이라는 사실이 자연히 뒤따라 나온다." 핫지는 이성이 가진 두 번째와 세 번째의 특권은 성경 자체가 뒷받침하는 특권이라고 말하고 있다. 그는 또 계속하여 바울은 "마음이 가지고 있는 직관적 판단력이 최상적인 권위를 지니고 있는 것으로 인정하였으며, 예수님도 그의 이적과 여러 가지 행하신 일을 들어 그가 가르치시고 선포하신 진리의 증거로 삼으셨다"고 말했다.

여기서 이성과 계시의 문제를 철저히 규명하려는 것은 아니다. 단지 이런 방식으로 접촉점의 문제를 생각하려는 경향에 깔려 있는 모종의 애매모호한 점들을 지적하려는 것이다. 여기서 핫지가 이성이라고 말했을 때, 그는 이 말을 "하나님이 우리의 본성 가운데 심어 놓으신 믿음의 법칙들"이라는 뜻으로 사용하였다. 하나님이 우리의 존재 깊숙이 그와 같은 법칙들을 심어 놓으셨다는 것은 의심할 나위 없는 사실이다. 칼빈은 바로 이 부분에서 모든 인간은 일종의 신의식(a sense of deity)을 가지고 있다고 역설하였던 것이다. 그러나 비그리스도인들은 자기 자신이 하나님의 형상으로 지은 바 되었다는 가르침을 받아들이지 않는다. 그러므로 **인간이 스스로 해석하는 대로 인간의 지적 본성과 도덕적 본성에 의지하여** 이러한 본성이 계시의 신빙성과 증거를 판단해야 한다고 주장하는 것은 안 될 이야기이다. 만일 이것이 옳은 것으로 받아들여진다면 우리는 실상 비그리스도인에게 다음과 같은 말을 하는 것이 되고 만다. 즉 기독교를 받아들이되 그들이 가지고 있는 인간 본성에 대한 그릇된 관념에 비추어 보아 그들이 받아들일 정도의 기독교만을 받아들여야지 그 이상이나 그 이하도 안 된다고 말하는 것이 되고 만다.⁴⁵

---

44 Ibid., 53.
45 이러한 Hodge에 대한 Van Til의 비판적 관점으로 미루어볼 때 우리는 Hodge가 이 특정

톱날의 예를 여기서 다시 한 번 사용하고자 한다. 실상 그 톱날 자체는 하나의 도구에 불과하다. 따라서 그 톱날은 스스로 움직일 수 없으며 톱날이 움직이며 물건을 바로 잘라 내거나 그렇지 못하거나 하는 것은 전적으로 그것을 작동시키는 사람에게 달려 있다. 마찬가지로 이성 또는 지성은 언제나 그것을 소유한 인격체의 도구일 뿐이다. 그런데 그 이성을 사용하는 인격체는 필히 그리스도를 믿는 신자든지 아니면 불신자든지 둘 중에 하나이다. 만일 그 인격체가 신자라면, 앞에서 핫지가 말한 바와 같이 그의 이성은 이미 중생(重生)을 통하여 그 틀에 변화를 받은 새로운 이성이다. 그러므로 새로운 이성은 스스로 사물을 판단하는 높은 판단자의 위치에 서려고 하지 않을 뿐만 아니라 오히려 하나님의 권위에 즐겁게 복종하는 거듭난 인격체의 일부로서 그 스스로를 족하게 여긴다. 하나님의 은혜로 말미암아 이 거듭난 이성은 그 자체를 하나님의 계시 앞에 내어 놓아 오히려 하나님의 계시에 의하여 그 자신이 해석되기를 원하는 자리로 낮아진다. 그와 반대로 만일 이성을 사용하는 인격체가 불신자라면 전혀 다른 현상이 일어난다. 이성을 사용하는 인격

부분에서 기존의 개혁주의 전통을 떠난 것처럼 보인다는 사실을 이해하는 것이 중요하다. (아울러 사실상 다른 모든 면에서는 Van Til이 Hodge를 따른다는 사실을 알아야 한다) 그러나 그는 그 이유에 대해서는 여기서 밝힐 수 없었다. 다만 Hodge의 *Systematic Theology*가 나오기 전까지 Hodge와 구 프린스턴이 따랐던 Turretin(*Institutes*)의 다음과 같은 언급은 주목할 만하다. "문제는 이성이 신학에 사용될 수 있느냐의 여부가 아니다. 왜냐하면 우리는 이성의 용례가 다중적이라고 고백하기 때문이다…. 논증을 위해…비교를 위해… 추론을 위해…주장을 위해…그러나 문제는 과연 이성이 가장 위대한 종교적 신비까지도 지탱해야 하는 원리와 법칙의 관계를 감당할 수 있으며 그렇게 함으로써 이성에 속거하지도 않고 그것으로부터 도출될 수도 없는 어떤 다른 주장도 침묵시킬 수 있겠느냐는 것이다. 우리는 이 점에서 이성은 믿을 수 있는 것만 믿고 마음속에 불가능하다고 생각되는 것은 믿지 않는 종교적 원리라고 주장하는 Socinians의 주장을 반박한다." Francis Turretin, *Institutes of Elenctic Theology*, vol. 1, ed. James T. Dennison Jr., trans. George Musgrave Giger (Phillipsburg, N. J.: P&R, 1994), 1:24.
그 후에 Turretin은 다음과 같이 말하였다. "따라서 초자연적 질서의 첫 번째 원리인 성경은 스스로 알려진다. 즉 성경은 외부로부터 끌어들인 어떤 논증의 도움 없이 스스로 자신을 입증하거나 알게 한다. 만일 하나님이 첫 번째 원리들 위에 모든 사람들이 즉시 알 수 있는 흔적을 표시해두었다면 우리는 그가 (우리의 구원에 가장 필요한) 이 거룩한 첫 번째 원리 위에 이러한 흔적을 남겨두었을 것이라는 사실을 믿어 의심치 않는다. *Institutes of Elenctic Theology*, 1:89.

체는 그의 이성이 계시의 신빙성을 판단하고 또 그것의 증거가 될 수 있는 판결권을 갖고 있는 것으로 믿기 때문에 항상 그에게 흡족할 만한 증거를 제시하지 못한다고 생각되는 기독교를 믿지 못할 불가능한 종교로 생각하게 될 것이다. 자연인이 보여주는 맹목성과 강팍성에 대한 핫지의 설명은 이 점을 매우 분명하게 증거한다.

핫지는 물론 워필드도 특수주의적 구원관이 바른 성경적 신학의 본질적인 특징이라고 생각한다. 그런데 자연인의 이성이 가능한 일과 불가능한 일을 판결할 수 있다고 인정하여 그러한 권리를 넘겨주거나, 자연인의 도덕적 본성이 악이 무엇이고 또 선이 무엇인지를 결정할 수 있는 능력이 있다고 인정하는 것은 결국 바른 성격적 신학의 특징인 "특수주의"(particularism)를 사실상 부정하는 것이다. 이러할 경우에 기독교가 이성을 사용하는 그 자신조차도 해석해야 한다고 주장할 수 없게 된다. 이성을 사용하는 사람이 기독교를 받아들이기 훨씬 이전부터 사물을 옳게 해석할 능력을 가지고 있었으며 더 나아가서는 본성적으로 가지고 있는 능력을 올바로 사용할 힘을 가지고 있었던 것으로 인정되고 만다. 이것은 알미니안주의의 입장과 똑같은 것이다. 왜냐하면 알미니안주의는 하나님이 객관적으로 구원을 가능하게 만드셨을 뿐 실제로 개개인을 구원하시지는 않는다고 주장하고 있기 때문이다.

접촉점에 대한 문제와 관련하여 핫지의 입장에 내포된 가장 어려운 문제는 인간의 창조된 본래의 본성과 타락 후 인간이 갖게 된 타락한 본성을 분명하게 구분 짓지 않고 있다는 점이다. 물론 핫지의 의도가 기본적으로 하나님이 창조하신 그대로의 본래적 인간의 본성에 호소하여 문제를 해결하려는 것임은 사실이다. 그러나 핫지는 매우 자주 창조받았던 그대로의 인간 본성이 지금도 인간의 "상식적 의식 행위" 속에서 활발하게 움직이고 있는 것처럼 말하고 있다. 물론 인간의 상식적인 의식이 철학자들의 궤변처럼 진리에서 크게 벗어나 어그러진 것이 아니라는 그의 주장에는 상당한 부분의 진리가 포함되어 있는 것이 사실이다. 실제로 대중들 사이에서는 공공연하고 지극히 신성모독적인 무신론을 쉽게 찾아볼 수 없다. 그러나 그렇다고 해서 모든 사람들이 그들의 인격이 보여주는 모든 면모에 있어 죄악으로 가득 차 있다는 사실을 부정해 주지는 못한다.

다음에 나오는 비교를 잘 살펴보면 이 점이 분명해질 것이다. 바울은 로마서 7장에서 자기 자신을 가리켜 그가 비록 신자이긴 하지만 자기 속에 때때로 자신의 의지를 거스려 자신을 마음대로 좌우하는 한 죄의 법을 가진 사람이 있다고 말한다.[46] 그가 소유한 "새 사람"은 그리스도 예수 안에 있는 사람으로서 정말로 그의 속에 거하는 사람임에 틀림없다. 그러나 그가 가진 또 하나의 "옛 사람"은 아직도 완전히 소멸되지 않은 그의 죄악 된 본성의 잔재로 남아 있음도 사실이다. 바울의 비유를 자연인에게 적용시켜 보면 다음과 같은 사실을 알게 된다. 죄인이란 그가 소유하고 있는 "새 사람"이 사단과 동맹을 맺고 있는 사람이다. 그러나 그가 가진 "옛 사람"은 그 속에서 그의 뜻을 거스려 싸우고 있는데 이는 그 옛 사람이 다름 아닌 창조주께서 지으신 모습 그대로의 본성이기 때문이다. 탕자가 아버지의 집을 떠나서 방황하며 나갔던 모든 과정은 결국 돼지우리에 떨어지는 길에 불과했다. 그 사람이라고 해서 중간에 의심과 회의가 없었던 것은 아니었다. 그러나 그는 끈덕지게도 아버지의 집을 떠나는 것이 자신을 위한 최선의 길이라고 생각하는 자신의 고집을 스스로에게 확신시키고자 안간힘을 썼던 것이다. 그는 결국 고집스럽게 반항하다가 비참한 지경에 빠지고 말았다. 그는 자신의 지식보다 훨씬 나은 지식을 거부하며 반항함으로써 죄에 빠지고 말았다.

죄인 속에 있는 "옛 사람"에게 호소하고자 하는 것은 핫지의 신학이 가진 특성에 매우 잘 부합된다. 그러나 마치 죄인이 어떤 문제에 대해서건 근본적으로는 잘못이 없는 바른 판단을 내릴 수 있을 것이라고 기대하면서 죄인의 마음속에 있는 "새 사람"에게 호소하려는 것은 전혀 핫지의 신학에 어울리지 않는 일이다. 그렇지만 핫지는 이 둘을 분명하게

---

[46] 로마서 7장은 논쟁이 되는 본문이지만 여기서 Van Til은 적어도 바울이 그리스도인의 갈등에 대해 기록했다는 John Murray의 이해를 따른다.

구분 짓지 못하고 있다. 따라서 핫지는 접촉점에 관한 개혁신학적인 견해를 복음주의나 로마 가톨릭의 접촉점에 관한 견해와 명백히 구분 짓지 못하고 있다. 결국 그는 "이성"이 사용되는 어느 분야에서건 올바르게 제 기능을 다하고 있는 정상적인 것인 양 말하고 있다. 하지만 죄인의 이성은 잘못되어 있어 필연적으로 제 기능을 발휘하지 못하게 마련이다. 특별히 죄인의 이성이 성경에서 말하는 여러 가지 사실들에 부딪쳤을 경우에는 더더욱 그러하다.

자연인은 어쩔 수 없이 그의 이성을 도구로 사용하여 받아들일 수 없는 사실들을 자연주의적으로 이해될 수 있는 수준으로 낮춰 버리고 말 것이다. 심한 경우 자연인은 모순율의 편에 서서라도 결단코 이 같은 일을 해내고야 만다. 그 이유는 간단하다. 그것은 자연인은 자신의 궁극성을 그들 철학 전반에 대한 가장 기본적인 전제로 삼고 있기 때문이다. 자연인은 이 전제를 지렛대의 받침으로 삼아 마음대로 모순율을 적용하여 사용하고 있다. 만일 자연인이 이성을 사용하여 외부의 기독교적 계시의 신빙성을 판단하라는 권고와 동시에 동일한 의미에서 자신을 궁극적인 존재로 생각하는 전제를 버리라는 권고를 받았다고 가정해 보자. 이러한 권고는 실상 그 자신에 대한 궁극성을 한편으로는 믿지 말라고 했다가 또 다른 한편으로는 다시금 믿으라고 권하는 격이 되고 만다. 더구나 이 똑같은 문제의 자연인은 모순율을 들먹이며 기독교를 배척할 뿐 아니라 그가 소위 자신의 자유로운 직관이라고 부르는 것을 들어 또 다시 기독교를 배척할 것이다. 이것은 궁극성에 대한 주장과 동일한 의미를 가진다. 칼빈은 "철학자들"에 대해서 이렇게 말한 적이 있다. "철학자들이 설정해 놓은 법칙은 인간이 선악에 대한 자유로운 선택권을 갖지 못한다면 인간은 이성적인 동물이 될 수 없다고 한다. 그들은 또한 멋대로 상상하기를, 만일 인간이 그 자신의 삶을 스스로의 계획에 따라 조장하여 좌우할 수 없다면 덕과 악 사이의 구분이 파괴되고 말 것이라 생각한다."[47] 이와 같은 사람에게 인간의 운명이 하나님의 섭리에 따라

---

[47] Calvin, *Institutes*, 1.15.8.

서 궁극적으로 결정된다고 말하는 기독교의 입장을 받아들이라고 권하는 것은 마치 그가 옳다고 생각하는 것은 그른 것으로 또 그르다고 생각하는 것은 옳은 것으로 여기라고 권하는 것과 마찬가지이다.

만일 우리가 불신자와 접하게 되는 접촉점을 그것이 이성이든지 직관이든지 또 아니면 그 어떤 무엇이 되든지 간에 추상적인 것으로부터 찾지 않으려면, 우리는 핫지가 칼빈을 추종하면서 그의 신학에서 제시한 노선만을 철저히 따라야 한다. 이러한 추상은 인간의 보편 속에 존재하지 않는다. 우리는 항상 구체적인 개개인을 상대로 한다. 그런데 이 개인들은 죄인들이다. 죄인은 "갈아서 날을 다시금 세워야 할 도끼"를 가지고 있다. 그 죄인은 불의에 빠져 진리를 억누르려고 하는 사람들이다. 죄인이 자신의 이성을 이런 용도에 사용할 것은 뻔한 노릇이다. 인간의 궁극성에 대한 가정을 묵과한다 치더라도, 만일 죄인이 기독교의 가르침들을 배격한다면 적어도 형식적으로는 논리적일 수 있다. 더 나아가서 논리적으로 일관성이 있으려면 죄인은 필히 기독교의 가르침들을 배격해야만 한다.[48] 앞으로 좀 더 나감에 따라 이 문제는 보다 깊게 생각할 수 있게 될 것이다. 지금 당장에는 단지 만약 변증학자가 "인간이 가진 공통적인 의식" 형태에 호소하여 자기의 목적을 성취하려고 한다면 그것은 단순히 인간을 하나님의 피조물로 믿는 자신의 인간론에 배치될 뿐만 아니라 자기가 세웠던 목표조차 스스로 실패를 자초하는 것이 되고 만다는 사실을 밝히 보이는 것으로 만족하고자 한다.

이제 어떤 것이 접촉점의 문제에 관한 보다 더 참으로 성경적인 견해로 생각되어야 하는지에 대한 문제를 다루기에 앞서 이 문제와 관련하여 칼빈주의에 대한 일관성을 결여한 또 하나의 형태에 대해 주의를 집중해 보기로 하자. 발렌타인 헵(D. Valentine Hepp)은 『성령의 증거』(*Het Testimonium Spiritus Sancti*)라는 자신의 저서에서 하나님과 인간 및 세

---

[48] Van Til 역시 신자와 마찬가지로 불신자도 논리적 일관성이 없다고 주장한다. 그러나 만일 불신자가 논리적일 수 있다면 자신의 생각과 삶에서 자신의 피조성(creatureliness)을 완전히 지워버릴 수 있을 것이다.

계에 관한, 사람들이 보편적으로 받아들이는 소위 **제일 되는 원리**(*prima principia*)에 대하여 이야기하고 있다. 사람들은 창조와 같은 일들로부터 계시적으로 보여진 중심적 진리들에 대해서는 거의 의심하지 않는다. 단지 잘못된 출발점을 계속 고집하고자 애쓰는 몇몇의 잘못된 과학자들만이 하나님, 인간 또는 세계의 존재를 의심하느라고 고집을 피우고 있는 것이다. 그들의 주장은 경험에 근거한 것이 아니라 그들의 체계에 기인한다. 그러나 우리가 그들에 대한 이야기를 수없이 듣고 있음에도 불구하고 실상 그들의 숫자는 그리 많지가 않다. 전체 인류는 결코 중심적 진리들을 부인하지 않는다. 대다수의 사람들은 그들 위에 존재하는 상위적 능력을 인정하고 있으며 세계와 인간의 실재를 조금도 주저 없이 옳은 것으로 받아들이고 있다.[49] 이 단 한 구절의 인용 문제에서도 잘 나타나는 것과 같이 헵의 입장은 핫지의 입장과 매우 흡사하다.

헵은 핫지와 마찬가지로 너무 복잡하지 않는 한 모든 사람들이 전부 받아들여 인정하는 소위 "중심적 진리들"에 대한 일반적인 믿음에 호소하려고 한다. 핫지와 마찬가지로 헵 역시 일반상식의 철학의 방법에는 자연인이라면 누구나 다 갖고 있으며 직관적이거나 아니면 즉각적이기 때문에 그런 한에 있어서는 죄로 오염되지 않은 어떤 것이 존재하리라고 생각했던 것처럼 보인다.[50] 그러나 앞서 인용한 짧은 인용문만을 볼 때에도 인간의 "공통적인 인식들"이 다름 아닌 죄 된 인식들임이 분명하게 나타난다. 인간이 의미에 대한 스스로의 지각을 다시금 고찰하고 나서 그저 자기보다 상위적인 힘 또는 (어떤) 신이 존재한다고 말하는 것은 실상 하나님과 같은 신은 존재하지 않는다고 말하는 것과 하등 다를 것이 없다. 그것은 마치 어린아이가 자기 집을 휘휘 둘러보고는 (어

---

49 Valentijn Hepp, *Het testimonium Spiritus Sancti* (Kampen, Kok, 1914), 165.
50 Van Til은 여기서 다른 사람들의 주장을 인정하고 있다. 예를 들면 다음과 같다. Mark A. Noll, *The Princeton Theology, 1812-1921: Scripture, Science, and Theological Method from Archibald Alexander to Benjamin Breckinridge Warfield* (Grand Rapids: Baker, 1983), and Mark A. Noll, *Princeton and the Republic, 1768-1822: The Search for a Christian Enlightenment in the Era of Samuel Stanhope Smith* (Princeton, N. J.: Princeton University Press, 1989).

떤) 아버지나 (어떤) 어머니가 계시리라고 결론짓는 것과도 같다. 그러나 단지 "세계와 인간의 실재를 인정하는" 것 자체가 창조와 섭리의 기본적인 진리들을 인정하는 것일 수는 없다. 비기독교 사상가들이 만들어 낸 보다 고차원적으로 표현된 철학체계나 인간에게 의존하는 계시의 영향력에 보다 직접적으로 관계하는 공통적 의식이나 상식, 직관의 철학에 호소하는 것으로는 충분하지 않다.

헵이나 핫지는 둘 다 모든 사람들 속에 존재하는 신의식에 호소했던 칼빈과 동일한 노선을 취하여 나가고자 노력하고 있는 것처럼 보이기도 한다. 그러나 헵이나 핫지가 바울의 가르침을 그대로 서술하려고 노력하는 중에 제시한 이 개념, 즉 하나님의 계시가 모든 사람들 속에 존재한다는 이 생각은 죄인이 계시를 적대하며 보여주는 행위로서의 계시에 대한 반작용과는 반드시 분명하게 구분되어야만 한다. 워필드는 칼빈의 생각을 그대로 따라서 어떤 한 신이 아니라 바로 하나님의 계시가 모든 사람들 속에 존재한다고 말하면서 다음과 같이 주장하였다. "하나님의 존재에 대한 확신은 그것이 전 세계적으로 보편적이며 도저히 피할 수 없는 인간 전체의 확신이라는 점에 있어서 분명히 직관적 진리의 특징을 지니고 있다. 또 그 확신은 의존적이며 책임을 져야 할 존재인 인간에게는 의존할 뿐 아니라 책임도 져야 할 그 어떤 분을 전제한 자아 개념이 주어진 바로 그 순간에 함께 주어진 것이다."[51] 바울이 모든 사람들에게 있다고 말한 것은 바로 이러한 신의식 또는 하나님에 대한 지식이다(롬 1:19, 20). 그러나 바울이 말한 대로 모든 죄인들은 기독교 변증학자들이 필히 호소해야 할 신의식 또는 하나님에 대한 지식을 억누르고자 애쓰고 있다.

이제까지 이야기해 온 여러 가지는 극단의 경우 매우 실망스러운 이야기들로 보일 수도 있는 것이다. 이제까지 논의해 온 대로라면 불신자들과는 어떤 종류건 전혀 접촉할 접촉점이 존재할 수 없다는 극단적인

---

51 Warfield, *Studies in Theology*, 110.

부정적 결론에 이르고야 말 것 같은 생각이 들었을지도 모르겠다. 그러나 만일 사람들이 진리에 대한 보다 가까운 지식을 얻으려면 먼저 그들이 이 진리와 접촉을 해야만 하는 것이 아니겠는가? 만일 사람이 진리에 대해서 전혀 아는 바가 없다면, 도대체 그가 어떻게 해서 그 진리에 대하여 흥미를 느낄 수 있다는 말인가? 만일 인간이 완전한 장님이라면 구태여 그 앞에 스펙트럼을 통하여 분리되어 나오는 찬란한 일곱 가지 색깔을 보여줄 필요가 무엇이겠는가? 만일 그들이 철저한 귀머거리들이라면 그들이 수고스럽게 음악의 전당으로 데려가야 할 필요는 또 무엇이라는 말인가?

더구나 이성 그 자체가 하나님이 주신 선물의 하나가 아닌가? 과학자가 아니라 하더라도 심지어 그리스도인이 아니라 하더라도 사람은 우주에 대하여 많은 것을 알고 있지 아니한가? 둘에 둘을 곱하면 넷이 된다는 사실을 알기 위해서 인간은 반드시 그리스도인이 되어야만 하는 것일까? 이런 모든 사소한 문제는 접어 두고서라도 비록 기독교가 이성을 **초월하여**(above reason) 알기가 어려운 사실들을 많이 알려주기는 하지만 그렇다고 해서 이성을 **거스르지**(against reason) 않고는 도저히 받아들일 수 없는 사실들을 억지로 강요하는 일이 단 한 번이라도 있었다고 생각되는가?

이상의 모든 의구점들에 대하여 우리는 이렇게 대답한다. 오로지 개혁주의의 신학적인 접촉점의 개념만이 역사적으로 그토록 잘 알려진 난제, 즉 인간이 만일 이 세상의 모든 것을 알 수 없다면 인간은 아무것도 알 수 없게 된다는 난관을 빠져 나올 수 있는 길이라는 사실이다. 그러나 지금은 개혁주의의 신학적 접촉점 개념을 적극적으로 설명하기에 앞서 바로 이와 같은 난제에 대하여 로마 가톨릭이 취하는 입장이 어째서 전혀 쓸모없는 무용지물인지를 보이는 것이 불가피하게 요구된다.

만일 사람이 전혀 진리에 대해서 알지 못한다면 그는 진리에 대해서 도무지 관심을 가질 수 없을 것이다. 그러나 만일 그가 진실로 진리를 알고자 하는 관심을 갖고 있다면, 그 관심 자체는 그가 이미 진리의 중요한 요소들을 그의 속에 소유하고 있다는 사실의 증거가 된다. 로마 가톨릭이나 복음주의적 개신교가 그들의 접촉점을 신자와 불신자 사이의 중립적인 어떤 "공통적인 지식"의 영역에서 찾고자 모색하는 것은 다름이 아니라 바로 이 난제의 양쪽 극단을 피하는 일에 유리한 위치를 점하고자 함이다. 그들의 논지는 다음과 같다. 즉 인간의 전적 타락을 고지식하게 주장하는 가운데 복음을 전하는 칼빈주의자들이야말로 이와 같이 불리한 입장에서 벗어난 유일한 사람들임을 알고 있으며 또한 믿는다.

플라톤의 유명한 동굴의 비유가 로마 가톨릭교의 입장을 잘 설명해 준다.[52] 이 동굴에 사는 사람들은 그들의 목과 다리가 무거운 쇠사슬로 묶여 있다. 그들은 오로지 벽에 비치는 그림자만 볼 수 있을 뿐이며, 그림자를 상대로 해서 행동을 취할 따름이다. 그러나 그들은 "그들 앞에 실제로 존재하는 무엇에 반응하는" 양 착각하고 있다. 플라톤이 말한 대로 만일 그들 중에 어떤 한 사람이 사슬에서 풀려난다면 그는 태양 광선에 적응하기까지 상당한 고생을 하게 될 것이다. 그러나 일단 적응이 된 그는 아직도 동굴 속에 머물러 있는 이들을 불쌍하게 생각할 것이다. 더 나아가서 만일 그가 아직도 동굴 속에 갇혀서 단 한 번도 동굴 밖으로 나와 보지 못한 나머지 사람들과 더불어 벽에 비친 그림자의 실상을 논하는 내기를 벌였다고 가정해 보자. 아직도 안에 남아 있던 그들은 밖에 나갔다가 돌아온 그를 정신병자 취급할 것이 아니겠는가? 사람들은 그에 대해서 이렇게들 말할 것이다. "아니, 이 자가 밖에 나갔다가 오더니 눈이 멀어서 돌아왔군 그래. 그것 보라구. 밖에 나갔다 와 봐야 아무 쓸데없으니 생각조차 말자구. 만일 누군가가 나른 사람을 풀어주어 밖에 나가 빛을 보게 하려는 자가 있다면 우리 모두 그 자를 붙잡아서 죽여 버리세."

플라톤은 스스로 이 비유를 인간이 갖고 있는 진리에 대한 포용 가능성과 진리에 대한 인간의 지식을 설명하는 데 이용하며 이런 해석을 덧붙인 바 있다. 즉 동굴에 갇힌 자들은 진리를 볼 수 있는 눈을 가지고 있

---

[52] Plato, *The Republic of Plato*, trans. Benjamin Jowett (Oxford: Clarendon Press, 1888), bk. 7.

다. 그러므로 그들은 단지 마음을 고쳐먹고 그들의 머리를 돌리기만 하면 진리를 볼 수 있게 된다.

로마 가톨릭이 자연인에 대해 생각하고 있는 바도 이와 매우 흡사하다. 아리스토텔레스의 논리학적 방법론 일반을 그대로 추종하는 토마스 아퀴나스는 자연인이 그의 이성을 평범하게 사용함으로써 그의 주변에 널려 있는 자연계시를 바로 보고 바로 받아들일 수 있다고 주장한다. 단지 자연인은 그 자신 스스로 부족함을 갖고 있기에 그가 기독교 안에서 발견되는 초자연적 계시를 제대로 이해하고 또 그것에 바로 반응을 보이려면 약간의 도움이 필요하게 된다.[53]

따라서 로마 가톨릭의 견해에 따르면, 자연인은 자연계시에 대한 참된 이해와 해석에 관한 한 이미 진리를 소유하고 있다는 말이 된다. 자연인은 그가 하나님의 존재가 가지는 특성을 얼마만큼은 공유하고 있기 때문에 적어도 자연계시만큼은 바로 분별할 수 있다. 그들이 확실하게 이야기하는 것은 자연인이 자연계시에 국한된 범위 내에서만큼은 바른 진리를 가지고 있다는 사실뿐이다. 그러나 만일 자연인이 조금도 틀림없이 자연계시를 해석할 수 있고 또 그가 실제로 바로 해석하고 있다면, 그가 기독교를 바로 해석하고 이해하기 위해서 초자연적인 도움을 받아야만 한다는 것은 도무지 납득할 수 없는 일이다. 그가 그렇게도 능력이 있는 존재라면 그가 필요로 하는 것은 기껏해야 누군가 그에게 그리스도와 그의 성령께서 이 세상에 오신 일에 대해서 이야기해 주면 충분할 것이다. 이러한 이야기를 듣는 순간 참된 이성적 존재인 자연인은 결코 빗나가는 일이 없이 올바른 반응을 보일 것이기 때문이다. 만일 자연인의 눈(이성)이 제대로 되어 있어서 하나의 차원을 바로 볼 수 있다면, 그

---

[53] 가령 Aquinas는 다음과 같이 말한다. "우리가 하나님에 대해 고백하는 진리에는 두 가지 형식이 있다. 하나님에 대한 일부 진리들은 이성의 모든 능력을 초월한다. 하나님은 삼위일체시라는 진리는 이러한 진리에 속한다. 그러나 자연적 이성도 도달할 수 있는 진리들도 있다. 하나님은 존재하신다거나 그는 한 분이시다와 같은 진리들은 여기에 속한다. 사실 하나님에 대한 이러한 진리들은 자연적 이성의 빛의 인도함을 받은 철학자들에 의해 입증되었다." Thomas Aquinas, *Summa contra Gentiles*, trans. Anton C. Pegis (Notre Dame and London: Notre Dame University Press, 1957), 1.63.

가 바로 같은 그 눈을 가지고 다른 모든 차원들을 외부적인 어떤 도움을 입지 않고도 바로 볼 수 있어야 할 것이라는 것은 자연스러운 생각이다. 왜 동굴 안에 갇힌 모든 사람들이 각자 목에 매인 사슬을 끊고 광명 천지로 걸어 나올 수 없는지에 대한 적절한 이유를 댈 수 없다. 사실상 플라톤도 아직도 동굴 속에 갇혀 있는 자들이 어째서 다른 한 명이 그렇게 했던 것처럼 그 동굴에서 탈출할 수 없었는지를 설명해 주지 않고 있다.

이와는 정반대로 로마 가톨릭의 입장이 자연인은 자연계시에 대해 완벽하게 옳은 해석을 가하지 못한다는 정반대의 주장을 하고 있다고 할 수도 있다. 토마스 아퀴나스는 소위 "그 철학자"(아리스토텔레스를 말함-역자주)가 자연의 사물들에 부여했던 해석들을 바로잡은 일이 있지 않았던가?[54] 또 로마 가톨릭은 인간 내부에 있는 하나님의 형상을 생각함에 있어서 인간은 본래 타락 이전에조차도 **덧붙여진 선물**(donum superadditum)[55]이 없이는 매사를 완벽하게 아는 일에 무능했었다고 생각하고 있지 아니한가?

비록 아퀴나스가 아리스토텔레스의 결론들 가운데 몇몇은 수정했다고 하나, 그는 근본에 있어서 아리스토텔레스의 방법을 본질적으로 올바른 것으로 받아들였다는 점을 우리는 잊지 말아야 한다. 이와 같은 사실을 별로 대수롭지 않은 것으로 무시하고 또 로마 가톨릭의 입장에 따라 자연인이 가지는 자연계시에 대한 견해가 전적으로 옳은 것이 아니라는 것을 보다 더 면밀하게 검토하기 위해서 위의 사실을 그냥 그런 것으로 인정한다 치더라도 우리는 다음의 한 가지 사실만큼은 주목하고 넘어가야 한다. 즉 로마 가톨릭은 이러한 사실들을 끄집어내어서 말함에 있어 그 유일한 근거로서 계시 자체에 어떤 결점이 있는 것이 아닐까 상상한다는 것이다. 마치 플라톤의 비유에 나오는 동굴에 갇힌 자들이

---

54 Aquinas는 가령 창조는 영원한 것이 아니라고 주장했다는 점에서 "그 철학자"인 Aristotle와 다르다.

55 이것은 "덧붙여진 의의 선물"에 대한 언급이다. 로마 가톨릭 신학에 의하면 인간은 자신에게 없는 이러한 은총이 반드시 필요했다.

오직 그림자만을 보고 있다는 사실 때문에 비난당하는 것은 적당치 못한 일이라는 것이다. 그들은 그들 처지에서 최선을 다하고 있다는 것이다. 만일 그들의 머리가 그림자만을 볼 수밖에 없게끔 고정이 되어 있다면 그것은 그들이 지음 받은바 구조상의 문제요, 자연적인 형성 과정의 잘못인 셈이다.

결국 이러한 이론에 따르면 인간의 마음은 본래 자연적으로는 진리와 접하게끔 되어 있지 않다는 결론에 이르게 된다. 로마 가톨릭 신학이 항상 즐겨 쓰는 자유의 개념은 인간의 존재가 형이상학적으로 "신"(god)과는 전혀 다르다는 가정을 전제로 하고 있다. 그런데 결국 이 말은 인간이 "존재"하지 않아야 자유로울 수 있다는 말과 하나도 다를 것이 없다.[56] 이러한 것을 전제로 하면 결국 자연인의 마음에 접촉할 진정한 연결점은 발견될 수 없다. 인간이 하나님과 접할 수 없다는 생각과 그럼에도 불구하고 인간이 하나님의 존재가 가지는 특성의 얼마를 공유하고 있다는 생각은 서로 연관이 되어지는 생각들이다.

우리는 인간의 마음이 초자연적 계시를 언제나 필요로 하고 있다는 생각을 부정하지 않는다. 오히려 우리는 천국에서조차도 인간의 마음은 초자연적 계시를 필요로 하여 그것을 만끽하게 될 것이라는 점을 거듭 강조하고자 한다.[57] 우리가 반대하고자 하는 것은 로마 가톨릭이 말하는바 인간이 어째서 천국에서조차 초자연적 계시를 받지 않으면 안 되는가 하는 바로 그 이유이다. 로마 가톨릭의 견해에 따르면, 인간은 본래적 구조상 실제적인 문제점이 있어서 필히 초자연적 계시를 필요로 한다는 것이다. 이러한 주장은 인간은 그 본래적 구조상 진리를 파악

---

56 이러한 Van Til의 추론에는 다음과 같은 사상이 담겨 있다. 즉 로마 가톨릭의 철학적 신학에서 인간은 하나님의 존재에 참여하지만 이러한 참여는 인간의 선택을 포함하지 않는데 그 이유는 그 선택이 어떤 외부의 구속으로부터도 자유롭기 때문이라는 것이다. 따라서 만일 우리가 하나님 안에 "있지만" 그의 영향력으로부터 "자유"하다면 우리는 우리의 선택에 있어서 하나님 안에 "있지 않는" 것이다. 이것은 Van Til이 불신앙적 요소들에 대한 합리적/비합리적 변증작업을 하는 한 가지 방식이다.

57 즉 하나님은 아담과 하와에게 말씀하셨으며(창 2:16-17) 그들에게 어떻게 그 앞에서 순종할 것인지에 대해 구체적으로 제시하셨다는 것이다.

할 수 있는 경향뿐만 아니라 오류에 빠질 수 있는 경향을 자연적으로 가지고 있다는 사실을 함축하고 있다. 로마 가톨릭이 이러한 주장을 하게 되는 이유는 다름이 아니라 그들의 신이 이 세상에서 "일어나는 일 모두를" 통괄하시는 하나님이 아니기 때문이다. 따라서 인간은 오로지 하나님이 계시하여 주시는 것만을 대하게 되는 것이 아니다. 인간은 궁극적으로 비이성적인 것과도 대면하게 된다.[58] 일반적으로 실체에 대해서 이와 같이 생각하는 관념을 가지게 되면, 인간의 본질적인 구조가 한편으로는 진리를 소유하고 있지만 그럼에도 불구하고 다른 한편으로는 인간의 본래적 구조와 자연적 행위로서는 결단코 진리를 소유하는 데 이를 수 없다는 기이한 생각에 이르게 되는 것이다.

이와 같은 생각이 기본적으로 전제되면 자연계시에 초자연계시를 첨가한다 하더라도 그 초자연계시가 이 모든 문제를 단번에 해결하는 묘약은 되지 못한다. 이는 자연계시뿐만 아니라 초자연계시도 마찬가지로 이러한 기반에서는 그것이 인간에게 아예 도달하지 못하거나 아니면 다행히 인간에게 도달한다 하더라도 인간이 그것을 필요로 하지 않을 것이기 때문이다.

만일 자연계시가 인간이 이 세상의 만물을 두루 살펴보는 가운데 그 중 어느 것 하나라도 하나님에 대한 이야기를 발하고 있지 않는 것이 없다는 사실을 깨닫게 할 정도로 철저하게 인간을 둘러싸고 있지 않다면, 아무리 초자연계시가 도입된다 하더라도 인간에게 하나님에 대한 이야기를 해 줄 수 없을 것이다. 만일 자연계시가 그의 섭리에 따라 인간을 철저하게 둘러싸고 계신 하나님에 대해서 뭔가를 이야기해 주시 않는다면 초자연계시 역시 그와 같은 하나님에 대해서는 아무런 이야기도 할 수 없다. 더욱이 가톨릭이 생각하는바 인간관에 의하면, **절대로 불가능한 일이긴 하지만** 만약 자연계시가 그와 같은 하나님에 대해서 뭔가를 이야기한다 하더라도 그것은 인간의 마음에 아무런 느낌도 줄 수 없

---

[58] 로마 가톨릭 신학에서 "궁극적 비합리성"이란 피조 된 인간이 하나님을 기쁘시게 할 수 없다는 사실을 포함한다. 인간은 덧붙여진 의를 필요로 한다.

다. **자족적이신 하나님이 보여주신 계시는 그 자신을 궁극적으로 자율적 존재로 생각하는 인간의 마음에 아무런 의미를 지녀다 줄 수 없다.** 그리하여 접촉점에 대한 가능성은 사라지고 만다. 만일 인간이 자율적인 존재이든가 아니면 자족적인 존재라면, 성경에서 말하는 자족적인 하나님이 인간을 상대로 보여주신 계시에 대한 전체적 개념이 완전히 파괴되어 땅에 떨어져 버리고 만다. 만일 인간이 자신의 내부 구조에 대한 여러 사실들을 밝히 보여줄 수 있는 가능성을 지닌 존재, 즉 하나의 계시적 존재가 아니라면, 인간은 외부로부터 그에게 주어지는 계시를 전혀 수용할 수 없다.[59]

한편, 만일 인간이 어떤 의미에 있어서건 자율적인 존재라면 그는 계시를 필요로 하지 않게 된다. 만일 인간이 진리를 소유하고 있다고 한다면 그는 그 진리를 자신이 소유한 이성의 궁극적이며 자율적인 능력의 산물로서 소유하고 있게 된다. 인간이 어떤 진리를 만에 하나라도 터득하여 알게 되는 것은 오로지 그가 자신을 둘러싸고 있는 여러 실체들의 모든 사실들에 비모순율의 법칙(the law of non-contradiction)을 잘 적용시켜 그 모든 사실들을 완전히 장악하여 통괄할 수 있게 되었을 경우뿐이다. 따라서 만일 인간이 이와 같은 방식으로 뭔가 진리를 알게 되었다면 그는 사실상 모든 진리를 알고 있는 셈이다.

로마 가톨릭의 입장에 의하면 인간은 마치 플라톤의 비유에 나오는 동굴 안에 묶인 인간처럼 본질적 구조상으로 거의 절반은 흑암뿐인 현실에 적응이 되어 있는 존재이다. 우리가 혹 인간이 계시를 필요로 할지도 모른다고 생각할지라도 사실상 계시는 인간에게 아무런 도움도 주지 않는다. 만일 계시가 인간에게 주어진다면, 이는 필히 플라톤의 비유에 나오는 동굴 속에 살던 어떤 한 사람에게 주어졌던 생각처럼 홀연히 우발적으로 인간에게 주어지게 마련이다. 만일 그렇지 않을 경우에 인간

---

59 Masselink의 입장은 **Hepp** 및 **Thomas Aquinas**의 입장을 따른다. William Masselink, "New Views of Common Grace in Light of Historic Reformed Theology," The Calvin Forum 19, no. 10 (May 1954): 197f를 보라.

은 마치 우연적으로 동굴에서 풀려난 어떤 한 사람처럼 도무지 초자연적 계시를 필요로 하지 않는다. 왜냐하면 인간은 그가 닿을 수 있는 범위 내의 모든 진리를 잠재적으로 이미 소유하고 있기 때문이다.

4. 개혁주의 입장

이제 한 가지 분명해진 것은 오로지 철저하게 성경적인 접촉점의 개념만이 절대적인 무지를 택하거나 절대적인 전지(全知)를 택할 수밖에 없는 딜레마에서 우리를 건져낼 수 있다는 사실이다.

이미 살펴본 바와 마찬가지로 로마 가톨릭과 알미니안주의의 견해가 갖는 하나의 커다란 결점은 그 견해들이 인간의 마음에 궁극성 또는 자족성을 부여하는 점이다. 앞서 말한 대로 로마 가톨릭교와 알미니안주의는 그들 나름대로의 조직신학을 전개하는 가운데, 특히 인간론에서 이와 같은 견해를 펴고 있다. 그러므로 그들이 비그리스도인들이 주장하는 궁극성의 가정을 제대로 비판하거나 도전하지 못함이 오히려 당연한 귀결이다. 그러나 칼빈에 의하여 창도되었으며 핫지, 워필드, 카이퍼 그리고 바빙크 등 근자에 칼빈을 바로 이해한 신학자들에 의하여 발전, 계승된 개혁주의 신학은 인간의 마음이 파생적임을 주장한다. 인간의 마음은 그 자체만으로도 자연히 하나님의 계시를 접하고 있다. 인간의 마음은 실로 온통 계시로 둘러싸여 있다. 더 나아가서 인간의 마음은 그 자체가 하나의 계시이다. 따라서 인간의 마음은 그 자체만으로도 자연히 하나님의 계시를 접하고 있다. 인간의 마음은 실로 온통 계시로 둘러싸여 있다. 더 나아가서 인간의 마음이 스스로의 피조물 됨을 인식하지 않고서는 그 스스로를 인식조차 할 수 없다. 이유는 간단하다. 인간의 자의식(self-consciousness)은 하나님을 아는 신의식(God-consciousness)을 전제하기 때문이다. 이것을 가리켜 칼빈은 인간이 지닌 피할 수 없는 신의식(man's inescapable sense of deity)이라 불렀다.

낙원에 거하던 아담에게 있어서 이러한 신의식, 즉 하나님을 앎이란 삼단논법 등의 논리를 사용하여 결론적으로 창출해 낸 것 아니었다. 오히려 이 신의식, 즉 하나님을 아는 지식은 아담이 무엇에 대해 생각을 하건 간에 그 사고를 의미 있게 만드는 기본적 전제였다.

한편 창조 교리에 언약의 개념이 더불어 이해되어야만 한다.[60] 인간은 하나의 역사적 존재로 창조되었다. 하나님은 역사의 시작으로부터 인간에게 피조계 안에서 인간 개개인과 전체로서의 인간에게 나타내시는 대로의 하나님의 계획을 재해석하는 의무와 과업을 맡기셨다. 그러므로 인간 속에 있는 피조물로서의 자의식(man's a creature-consciousness)을 보다 특별하게 이야기한다면 그것은 언약의식(covenant-consciousness)이라고 말할 수 있을 것이다. 그런데 낙원에서 사람과 더불어 맺으신 언약에 대한 계시는 초자연적으로 계시되었는데, 언약에 대한 계시가 인간의 역사적 사명과 연관되어져 있으므로 이것은 자연스러운 것이다. 따라서 순종하느냐 아니면 불순종하느냐 하는 의식은 동시에 아담의 자기 자신에 대한 의식과 연관되게끔 되어 있다.

언약의식은 피조물의식을 포괄한다. 낙원에서의 아담은 자신이 하나님의 한 피조물이기 때문에 하나님이 자신과 맺어 놓으신 언약을 지키는 것이 자연스럽고 당연하다는 점을 알고 있었다. 이런 면에 있어서 올바른 인간의 자의식은 심지어 낙원에 있어서 조차도 초자연계시와 자연계시를 전해 받고 있다는 사실에 의존하고 있었음이 분명해진다. 하나님의 자연계시는 인간의 주변을 둘러싸고 있을 뿐만 아니라 인간 내부에도 존재한다. 인간이 이성적이며 도덕적인 존재로 지음을 받았다는 사실 자체가 인간은 계시에 대하여 윤리적인 책임을 가지고 반응해

---

[60] Van Til은 여기서 웨스트민스터 신앙고백서 7장 1조를 염두에 두고 있다. 이 부분은 다음과 같은 진술로 시작된다. "하나님과 피조물 사이의 간격은 너무나 크기 때문에 이성적인 피조물이 마땅히 하나님을 그들의 창조주로 순종할지라도 그러한 순종으로 말미암아 하나님으로부터 어떠한 축복이나 상급도 얻을 수 없으며, 오직 하나님 편에서 자원하여 자비를 베푸심으로만 그것을 얻을 수 있는바 하나님은 그것을 언약의 방법으로 나타내시기를 기뻐하셨다." 이러한 일반적 개념으로부터 개혁주의는 행위언약과 은혜언약을 도출해내었던 것이다.

야 하는 존재임을 인간에게 일깨워 주는 하나의 계시이다. 그러나 자연계시는 항상 그 자체만으로는 불완전한 것이다. 자연계시는 애초에 그것이 인간의 장래를 비추어 주는 초자연계시에 의하여 보완하도록 되어 있었다. 그리고 초자연계시의 개념은 인간의 자의식의 개념 속에 상관적으로 체현되어 있었다.

이러한 의미로 볼 때에 비록 인간이 진리의 전체를 알 수 없다 할지라도 본래 지음받은 바에 의하여 적어도 최소한의 진리를 접하고 있다고 말할 수 있다. 인간은 결코 플라톤이 말하는 동굴 속에 갇힌 존재가 아니다. 인간은 비정상적인 위치에 앉혀져 그저 암흑 속에서 되어지는 일이나 볼 수 있는 그런 존재는 아니다. 인간은 결코 플라톤의 동굴 예화에 나오는 동굴 속에 갇힌 이들이 그러한 것처럼 실제로는 진리를 알 수 없지만 그저 진리를 파악할 수 있는 가능성만을 가지고 태어나는 것이 아니다. 오히려 인간은 실제로 진리를 소유하고 있다. 진리의 세계가 인간에게서 멀리 떨어진 미지의 세계에서 발견되는 것이 아니라는 말이다. 오히려 진리는 인간의 존재 목전에 전개되고 있다.

하나님의 음성은 비단 인간의 감각들을 통해서 들려질 뿐만이 아니라 인간의 이성을 통해서도 청취되어진다. 인간이 외부세계를 보지 않으려고 눈을 감는다고 치자. 그러면 이제는 그의 내부적 감각들이 지음받은 바 그 자신의 체질로부터 스스로 하나님을 드러내 보이게 될 것이다. 인간이 경험으로부터 얻는 **질료**(matter)는 결단코 그 경험의 자료들을 간추려서 정리해 줄 형상을 꼭 필요로 하는 것이 아니다. 그와는 정반대로 인간이 경험을 통해 얻는 **질료**는 매우 분명하다. 왜냐하면 사물들로 하여금 그렇게 나타나게끔 하는 섭리를 베푸시는 하나님이 또한 그 사물들을 인간으로 하여금 잘 알 수 있도록 스스로 조명해 주시기 때문이다. 인간은 주변을 둘러싸고 있는 사물들을 인식함 없이 자신을 인식할 수 없다. 나아가서 인간은 자신과 모든 사물들을 하나님의 영광을 위해 다스려 나갈 책임을 바로 인식함 없이 그 자신을 바로 안다고 할 수 없다. 따라서 사물을 이해하거나 자기 자신을 이해하는 인간의 의식은 결코

정지되어 있지 않다. 인간의 의식은 시간 속에서의 의식이다. 시간 속에서 사물들을 의식하며 또 자기 자신을 의식한다는 것은 역사의 이면에 흐르는 하나님의 계획에 밀접한 연관을 지워 역사를 의식한다는 말과 같다. 따라서 인간이 처음으로 자기 자신을 깨달아 의식한다는 것은 하나님의 존재를 의식하는 것을 포함하는데, 이는 하나님을 단순히 알 뿐 아니라 자신을 드려 그가 주신 커다란 과업을 성취시켜 나아가야 할 분으로 아는 앎을 말한다.

그러나 우리가 자연인에 관한 바른 개념을 얻으며 자연인이 소유했던 진리를 파악하는 능력들을 제대로 이해하려고 하면, 우리는 우선 이 접촉점의 문제를 인간이 타락하기 이전에 낙원에서 거할 때의 상황에 비추어 그때는 접촉점을 어떻게 얻고 있었는지 분석함으로써 해결코자 해야 할 것이다. 사도 바울은 자연인이 하나님에 관한 지식을 실제로 갖고 있다고 말한다(롬 1:19-21). 그러므로 자연인의 죄가 중대한 까닭은 다름이 아니라 그들이 "하나님을 알되 하나님으로 영화롭게 아니하기" 때문이다. 인간은 어느 누구를 막론하고 하나님을 앎에서 벗어날 수 없다. 왜냐하면 인간이 무엇을 의식하든 간에 하나님을 아는 지식이 지울 수 없이 포함되기 때문이다. 그러므로 칼빈이 말한 바대로 인간은 필연적으로 하나님을 지각한다. 인간이 하나님을 알지 못한다 함에는 변명이 있을 수 없다. 하나님을 알지 못하는 원인은 오로지 자연인에게 달려 있다. 그 원인이란 다름이 아니라 그 자신 속에 존재하는 법을 스스로 의지적으로 거스르는 것이다.

로마 가톨릭이나 개신교의 복음주의는 둘 다 인간을 하나님의 계시만으로 에워싸는 일에 실패한다. 그들은 만사를 주관하시는 하나님의 계획을 인정하고 그것을 주장하지 않음으로 인간이 스스로를 아는 자의식이 하나님을 아는 신의식을 전제로 해야 함을 가르칠 수 없다. 로마 가톨릭의 입장과 복음주의의 입장에 의하면, 인간은 자신과 자신 주변의 사물들을 하나님과의 관계 속에서 파악하여 주장해 나갈 책임을 인식하지 않고도 자신이나 인간 주변의 사물들을 어느 정도까지는 충분히 인식할 수 있다고 한다. 그러므로 사물과 인간 자신 그리고 시간과 역사에 대한 인간의 의식이 처음부터 하나님을 전적으로 의지하는 관계 속에서 되지 않는다. 이를 인하여 통곡할진저![61]

물론 우리가 이와 같이 모든 사람들이 단지 하나님을 아는 지식의 가능성만을 가지고 있는 것이 아니라 실제로 그와 같은 신지식을 가지고 있다는 바울의 가르침을 강조할 때에, 우리는 마땅히 바울의 그 다음 말씀을 또한 덧붙여 이해해야만 한다. 바울은 신지식의 실재를 강조할 뿐만 아니라, 더 나아가서 모든 인간이 그들 속에 있는 죄로 인하여 한결같이 모든 관계들에 있어서 이 신지식을 불의로써 "막고"(suppress) 있음을 밝히 말한다(롬 1:18, American Standard Version). 이처럼 거듭나지 못한 자연인은 그가 끌 수 없는 불에 계속 물을 끼얹은 어리석은 자이다. 자연인은 사단의 유혹에 굴복하여 그의 노예가 되어 버렸다. 사단이 아담과 하와를 낙원에서 유혹하였을 때, 사단은 그들로 하여금 사람의 자의식이 파생적이며, 따라서 하나님에 의존하고 있는 것이 아니라 궁극적인 것으로 믿게끔 애썼던 것이다.

사단은 마치 인간의 자의식이 본래 모든 서술의 궁극적인 준거인 양 인간에게 속삭였다. 또한 사단은 마치 하나님이 이 세상의 시간 속에서 일어나는 모든 일들을 주관하실 수 없는 것처럼 거짓말을 하였다. 이 모든 것을 다시 간추려 말하자면, 사단은 결국 모든 종류의 자의식은 필히 그 자체의 궁극성을 짐짓 가정해야만 하며 따라서 많은 일들이 아무런 섭리나 간섭받음 없이 발생하고 있다는 사실을 인정하고 그 스스로의 한계를 선선히 용인해야만 한다고 속삭였던 것이다. 그러므로 사단은 시간이나 역사 속에서 시간에 의해 생성되는 여러 가지 사물들이 만에 하나라도 이해될 수 있는 것들이라면 어느 수준까지는 하나님과 연관시키지 않고도 얼마든지 이해될 수 있을 것이라고 주장하였다.

---

[61] 원문은 "*Hinc illae lacrimae!*"(Hence those tears)이다. "이 문제의 근본적 원인 또는 진정한 문제점은 바로 이것이다!"와 같은 의미로 사용되며 로마의 시인 Terence(fl. 170–160 BC), *Andria*, 126에서 인용한 말이다.

그러나 로마 가톨릭이나 복음주의는 이와 같은 인간에게서 나타나는 자율성 또는 궁극성의 가정을 죄의 결과로 보지 않는다. 그들은 인간이 이러한 사고방식으로써도 자기 자신과 시간 내의 여러 사물들과 자신이 맺고 있는 관계를 아주 정확하게 이해할 수 있을 것으로 믿고 있다. 따라서 이들은 인간의 해석기능(the interpretative activity of man)에 미치는 죄의 영향에 관한 바울의 가르침을 정당하게 다루고 있지 않다. 그들은 인간이 단지 진리를 알 수 있는 능력만을 갖고 태어나는 것이 아니라 본래 진리를 소유하고 있다는 점을 실질적으로 부인하는 것처럼, 자연인이 진리를 막고 있다는 사실마저 실질적으로 부인하고 있다.

그러므로 로마 가톨릭이나 복음주의가 칼빈이 말하는바 소위 "철학자들"이 타락 이전과 타락 이후에 인간이 진리에 대하여 가지는 태도상의 엄청난 변화를 전혀 고려함이 없이 인간의 의식을 이해하려 함에 크게 반발하지 않는 점에 대해 그리 이상하게 생각할 필요는 없다. 결국 그들은 자연인 스스로가 생각해 낸 인간에 대한 정의와 성경이 말한 인간에 대한 정의를 조심하여 구분하지 않는다. 하지만 접촉점의 문제가 걸리는 한 이 점은 매우 중요하다. 만일 우리가 이 차이를 깨닫지 못하고 자연인에게 무엇인가를 설득하려고 한다면, 우리는 실제로 인간에 대한 자연인 스스로가 내린 정의가 옳다고 인정할 수밖에 없다. 심지어 우리는 자연인에게는 정보가 필요하다고 주장해야 할 것이다. 우리는 그가 도덕적으로 부패했을 뿐이라는 사실을 인정하지 않을 수 없을 것이다. 우리가 인정할 수 없는 것이 한 가지 있다면 이는 자신이 적어도 어떤 부분에 있어서 사물들을 본질적으로 바르게 이해할 수 있다는 자연인의 생각이 잘못되었다는 것이다.

따라서 이러한 기반 위에 선 이상 우리는 자연인의 가장 근본적인 인식론적 가정에 대해, 그의 자의식(self-consciousness)과 시간의식(time-consciousness)은 자기해설적(self-explanatory)일 뿐이라는 취지의 비판을 하기 어렵다. 우리는 자신의 모든 경험을 전적으로 내재적인 범주 속에서 스스로 해석하고자 하는 자연인의 권리를 비판할 수 없다. 그리고 모든 것은 바로 여기에 달려 있다. 만일 먼저 우리가 매사를 자기중심적으로 해석하며 자신을 사물 해석의 궁극적인 준거로 생각하는 자연인의 가정을 정당화할 경우 그가 기독교 자체를 자연주의적인 관점에서 해석할지라도 그러한 권리를 부인할 수 없는 것이다.

그렇다면 복음을 위한 접촉점은 당연히 자연인의 내부에서 모색 되어야만 한다. 사람이면 누구나 그의 마음속 깊은 곳에서 자신이 하나님의 피조물이라는 사실과 하나님께 일종의 책임을 가진 존재임을 알고 있다. 사람은 누구나 마음 저변에서 자신이 하나님과의 언약을 위반한 자(a covenant-breaker)임을 알고 있다.[62] 그러나 인간은 누구나 자기가 그렇지 않은 양 말하고 행동하곤 한다. 이러한 일들은 자연인의 목전에서 차마 이야기하기 어려운 일 가운데 하나임에 틀림없다. 누군가가 암을 앓고 있다고 하자. 이 사실을 그에게 직접 이야기하는 것은 모두가 꺼릴 것이다. 아마 환자 자신도 자신이 정상이 아니라는 것을 약간은 눈치챌지도 모른다. 대개 이런 경우, 환자가 자신에게 처방된 약이 암 진단을 전제로 한 것이라는 사실을 모른다면, 그는 아무런 거부감 없이 약을 받아들이게 될 것이다. 하지만 훌륭한 의사라면 환자의 증상을 젖혀놓고 환자의 뜻에 따라 쓸모없는 약이나 처방하고 있겠는가? 훌륭한 의사라면 절대로 그렇게는 하지 않을 것이다. 훌륭한 의사라면 환자에게 자신이 그의 생명을 구해 낼 수 있음을 확신시키는 동시에 그것이 오직 당장 개복수술을 시술함으로써만 가능하다는 점을 분명하게 이야기해 줄 것이다.

죄인을 다루는 문제도 이와 마찬가지다. 죄인은 살아 있으되 하나님과의 언약을 파괴한 자로서 살아 있다. 그가 행하는 사물에 대한 해석 활동은 모조리 그가 죄인이 아니며 하나님과의 언약을 파괴한 자는 더욱이 아니라는 가정 위에 서 있다. 로마 가톨릭과 복음주의는 인간의 내

---

[62] 즉 모든 사람은 "아담 안에" 있으며 따라서 그들의 불순종으로 말미암아 저주를 받았다. 이러한 상태는 성령의 역사를 통해 "그리스도 안에" 있지 않는 한 (있을 때까지) 지속될 것이다.

부에 들어 있지만 늘 인간에 의하여 의지적으로 눌리고 있는 하나님을 아는 지식에만 의거하여 자연인을 향해 도전하지 않기 때문에, 결국 실질적으로는 자연인이 스스로를 검토하여 생각해 낸 인간관의 합법성을 인정하고 만다. 따라서 그들은 자연인이 언제고 싸우다가 도망쳐 들어가서 그곳을 최종적 거점으로 해버리곤 하는 최종의 요새를 공략하여 폭파시키려 애쓰지 않는다. 그들은 행여 곡식이 상할까 염려하기 때문에 잡초들을 지표에서 낫으로 잘라 낼 뿐 과감히 파헤쳐 뿌리까지 뽑아내지는 못한다.

그러나 참된 성경적 입장은 자연인이 스스로 생각해 낸 인간관의 전제에 대하여 원자폭탄이건 화염방사기건 가리지 않고 극렬한 공격을 퍼붓게끔 되어 있다. 순수한 성경적 입장은 만일 잡초를 지표면에서 낫으로 잘라 내는 대신에 뿌리채 뽑아내면 그것과 접촉할 접촉점을 잃게 되는 것이 아닌가 걱정하지 않는다. 순수한 성경적 입장은 사람은 누구나 하나님의 형상을 따라 지음을 받았으며 따라서 하나님의 법이 그 속에 새겨져 있다는 사실을 접촉점으로 확신한다. 이러한 사실만으로도 순수한 성경적 입장을 취하는 사람은 접촉점에 관한 한 안심할 수 있게 된다.[63] 왜냐하면 사람이 하나님의 형상을 따라 지음을 입었고 따라서 하나님의 법이 그 속에 새겨져 있다는 사실이 사람들로 하여금 언제나 하나님을 접할 수 있도록 만들기 때문이다. 이 사실은 사람이면 누구나, 만일 어떤 사람이 진정 인간이라면 필히 진리를 이미 접하고 있다는 사실을 우리로 하여금 확신하게 해준다. 자연인이 그가 자신으로부터 이와 같은 사실들을 감추려는 헛된 노력을 기울이며 허비하는 힘만큼은 진리를 알고 있다고 하겠다. 그러나 그 자신으로부터 이와 같은 사실을 숨기고자 하는 그의 노력은 결국 무위로 끝나고 만다.

그러므로 우리는 오직 접촉점을 인간 스스로 내세우는 자의식의 개념

---

[63] 이 장 전체에 걸쳐 논의된 바와 같이 자연인의 지식에 대한 필자의 연구는 Masselink가 주장하는 소위 "절대적인 윤리적 반정립"(absolute ethical antithesis)의 개념에서 출발한 것이 아니라 Calvin이 말한 신의식(the sense of deity)으로부터 출발하고 있음을 볼 수 있다.

저변에 깔려 있는 인간의 신의식에서 찾을 때만이 성경에 충실하게 되며, 그렇게 할 때에야 비로소 자연인과 더불어 힘 있는 논쟁을 벌일 수 있다. 왜냐하면 인간은 하나님을 알면서도 기억 속에서 하나님을 떨쳐 버리려고 부단히 애쓰고 있기 때문이다(롬 1:28).

The Defense of the Faith

Cornelius Van Til

제6장

변증학 방법론

접촉점에 대한 논의 후에 방법론의 문제를 논의한다는 것은 매우 자연스러운 일이라고 생각된다.[1] 만일 이제까지 해 온 일이 우리가 전도하여 신앙을 받아들이도록 하고자 하는 대상이 어떤 사람인가를 알아내는 일이었다면, 이제 그다음으로 어떻게 그 대상자로 하여금 진리를 아는 지식으로 인도해야 할지를 연구해야만 하겠다.

기독교의 방법론은 기독교 인간론과 마찬가지로 통일성 있는 전체로서의 기독교적 입장의 한 국면들이다. 이와 마찬가지로 비기독교적 방법론은 비기독교적 인간관과 더불어 하나의 전체적 통일체를 이루고 있는 비기독교적 입장의 일부이다. 이 점들은 이제 우리가 논의를 계속해 나가는 중에 보다 분명히 밝혀질 것이다. 그러나 지금 여기서는 이 장에서 논의하고자 하는 것을 분명하게 개괄하기 위하여 핵심만을 단적으로 확실히 이야기해 두고자 한다.

우리의 주관심은 철저히 순수한 개신교적, 즉 개혁주의 변증학(a reformed apologetic)의 성격을 설명하고자 하는 데 있다. 개혁주의 변증학

---

[1] 본 장의 모든 자료는 필자의 강의안 *Christian Apologetics*에서 발췌한 것이다.

의 방법론은 기독교의 본질을 그대로 반영하는 개혁주의적 인생관과 세계관을 다른 공격으로부터 옹호하는 것을 그 목표로 삼아야만 한다. 그런데 개혁주의적 인생관과 세계관을 옹호한다 함에는 이미 자연이나 역사의 어떤 법칙이나 사실들, 즉 실체의 어떤 일부분을 기독교가 견지하는 주요 교리들의 조명 아래서 이해함 없이 임의대로 해석하려는 모든 시도를 배격한다는 원칙이 포함되기 마련이다. 그러나 만일 이것이 사실이라면 개혁주의적 노선을 지향하는 변증가는 로마 가톨릭과 알미니안주의자가 기독교를 그들 임의대로 해석하고 또 그것 위에 기초하여 택한 변증의 방법론을 공유할 수 없음이 분명하다. 왜냐하면 로마 가톨릭과 알미니안주의자는 한결같이 기독교에서 말하는 유신론(Christian theism)이 참인지 아닌지를 꼭 시험해 보아야만 한다는 비그리스도인의 원칙에 동의하고 있기 때문이다.

그러므로 로마 가톨릭과 알미니안주의자에게 있어서 방법론의 문제는 출발점의 문제와 마찬가지로 하나의 중립적인 문제(a neutral matter)로 인식되고 있다. 이 입장에 따르면 기독교를 옹호하려는 변증가는 이미 공인된 방법론에 따라서 그가 실재의 어떤 면들을 조사함에 있어서 비그리스도인 과학자나 철학자와 아무런 문제 없이 보조를 같이 할 수 있다고 한다. 예를 들어서 토마스 아퀴나스의 추종자들은 물론이고 소위 "현인(賢人) 버틀러"를 따르는 이들도 테일러(A. E. Tayler)[2]가 다음과 같은 주장을 펼 때 그의 원칙에 대해 아무런 이의도 제기할 필요를 느끼지 않는다. 테일러는 이렇게 주장한다.

> 다시 말하자면 자연과학은 오로지 "자연의 법칙", 즉 어떤 현상의 생성 과정에 나타나는 일관성을 찾아 밝혀냄에 주 관심을 기울인다. 그러므로

---

[2] A. E. Taylor(1869-1945)는 철학적 유신론자이며 수많은 헬라 철학교재를 번역한 것으로 잘 알려져 있다. 그는 Oxford에서 교육을 받고 1891-1898년까지 Merton College에서 교수로 있었다. Manchester와 캐나다에서 학생들을 가르치기도 한 그는 1908-1924년까지 University of St. Andrews의 도덕 철학교수를 지냈으며 1924년부터는 University of Edinburgh에서 1941년 은퇴할 때까지 도덕 철학과장으로 있었다.

자연법칙의 전형적 명제는 분명하게 측정이 가능한 어떤 현상이 발생하게 되면 필히 또 다른 일련의 측정 가능한 현상이 후속한다는 것이다. 따라서 이와 같이 제한적인 과학적 탐구는 하나님이 존재하시는지 아닌지 하는 문제나 또는 과학자들이 그 속에서 일관성을 찾아 밝히려는 세상에서 일어나는 모든 현상들 전체가 어떤 지고(至高)한 지성적 존재에 의하여 본질적으로 선한 결과에 이르게끔 인도되고 있느냐 아니냐 하는 문제에 대해서는 아무런 대답도 줄 수 없다."[3]

한편 개혁주의 입장을 견지하는 변증가라 할지라도 테일러의 주장에 동의한다면 결국 자신이 이제껏 기독교의 본질로 주장했던 것들에 대해 타협하게 될 것이다. 그에게 있어서 다양한 학문이 다루고 있는 연구분야를 포함한 모든 피조세계의 실재들은 성경이 말하는 바로 그 하나님을 드러낸다. 피조 된 실재의 본질은 그것 자체의 계시적 성격에 있다. 과학자들은 하나님의 흔적이 새겨진 실재를 다룬다. 피조세계는 마치 커다란 토지에 비유될 수 있다. 소유자는 그 토지에 들어오려면 꼭 지나게 되어 있는 곳곳에 빠짐없이 자기 이름을 크고도 분명하게 지워지지 않는 페인트로 써서 붙여 놓았던 것이다. 그렇다면 어떻게 나그네가 이 토지에 들어와서 돌아다니며 조사를 한 후에 자신에게는 이 토지의 소유권에 대하여 생각해 볼 필요나 가능성을 느낄 수 없노라고 말할 수 있겠는가?

비유를 바꿔서 말하자면, 과학의 여러 분야에서 관심을 기울이고 있는 자연과 역사의 사실들은 마치 지워질 수 없는 독특한 무늬가 아로새겨진 나무로 만든 바닥과도 같다. 마룻바닥에 아로새겨진 그 무늬들은 바닥 자체가 다 닳아 없어지기 전에는 결코 사라지지 않는다. 이와 같이 과학자들은 그들이 다루는 사실들 속에서 기독교에서 말하는 유신론을 피할 수 없이 직면하게 된다. 사도 바울은 사람이 자연 속에서 하나님을 발견하지 못하는 것에는 어떠한 핑계도 댈 수 없음을 강조하였다. 칼빈

---

3 A. E. Taylor, *Does God Exist?* (London: Macmillan, 1947), 13, 14.

도 바울의 예를 따라서 인간은 하나님을 반드시 알되 그냥 막연한 어떤 신이 아닌, 즉 막연한 초자연적 능력으로서의 신이 아닌 유일신 하나님을 자연에서 알게끔 되어 있다고 주장하였다. 만일 그들이 막연히 어떤 신이 존재한다든가 아니면 하나님이 혹시 존재하실지도 모르겠다는 식의 이야기를 한다면 그들 자신의 내부나 그들의 목전에서 목격하는 여러 가지 사실을 정당하게 다루고 있지 않는 것이다. 칼빈주의자들은 성경계시와 자연계시의 본질적 명료성(the essential perspicuity)을 주장한다. 그러나 이와 같은 주장이 실재에 대한 비기독교적이고 무신론적인 해석이 그럴 듯한 설득력을 전혀 가질 수 없다고 말하는 것은 아니다. 그렇지만 다른 한편으로 볼 때 이러한 주장은 비기독교적 입장이 단지 그럴 듯하게 보이는 외견적 설득력 이외에 아무런 힘도 가질 수 없음을 또한 분명히 한다.

그러므로 로마 가톨릭의 변증가들은 그들의 신학이 자연계시의 명료성을 가르치지 않기 때문에 자연인의 방법론을 아무런 모순도 느끼지 않고 줄곧 사용할 수 있다. 로마 카톨릭은 그들이 인간 본성을 이해함에 있어서 반쯤은 이교도적 사상을 받아들임으로써 자연인들이 말하는 지식의 출발점 문제에서 자연인들과 일치할 수 있었던 것과 꼭 마찬가지로, 사물들을 이해함에 있어서도 반쯤은 이교도적인 사상을 받아들이기 때문에 지식의 방법론에 대해서도 자연인들의 견해와 상당한 부분에 있어 일치하고 있다.

알미니안주의자들도 역시 잘못된 신학에 입각하여 방법론 문제에 관해서는 불신자들과 아무런 모순을 느낌 없이 동의한다. 알미니안주의자들은 어느 정도까지 인간의 자율성과 궁극성을 인정하기 때문에, 인간을 그들이 행하는 모든 인간적 서술의 궁극적 준거로 삼는 이들과 출발점 문제에서 어느 정도까지는 의견을 같이 한다. 따라서 알미니안주의자들은 모든 사물의 움직임이 온전히 하나님의 계획에 의하여 간섭되며 통제되는 것이 아니라는 사상을 얼마간 받아들이기 때문에 지식의 대상은 하나님의 계획과 전혀 상관이 없다고 주장하는 이들과 방법론에 있어서 일치할 수 있게 되는 것이다.

그러나 로마 가톨릭이나 알미니안주의자와는 전혀 반대로 개혁주의적 입장에 선 변증가는 자연인의 방법에 도저히 동의할 수 없다. 자기 자신을 궁극적인 준거로 삼는 자연인의 자기해석과 불일치하는 개혁주의적 입장의 변증가는 자연인과의 접촉점을 자연인의 식역(the threshold of consciousness, 즉 활동적 의식의 발단점-역자주) 아래 깔려서 자연인에 의해 항상 억누름을 당하고 있는 신의식에서 찾고자 한다. 그리고 이런 일을 함에 있어서 개혁주의적 입장의 변증가는 자연인이 건설해 놓은 체계들과 접촉점을 설정하고자 노력한다. 그러나 이 접촉점은 결국 정면충돌(head-on collision)의 성격을 띠게 마련이다.**4 만일 자연인의 체계들과 정면으로 충돌하는 일이 없다면 자연인 내부의 신의식과는 아무런 접촉도 일어나지 않을 것이다.**

마찬가지로 지식의 대상의 성격에 관하여 자연인과 불일치하는 개혁주의적 입장의 변증가는 지식을 얻기 위하여 사용하는 방법에 있어서도 자연인과 불일치할 수밖에 없다. 개혁주의 신앙의 교리는 자연과 역사에서 일어나는 모든 일들은 그것들이 존재하며 움직이며 변화하는 모든 일이 전부 하나님의 유일한 전포괄적 계획하에 움직임을 주장한다. 따라서 인간이 알 수 있는 일들은 하나님이 다 알고 계신다. 모든 일들이 하나님의 통제 아래 있기 때문에 하나님은 이 모든 일을 인간 이전에 이미 알고 계신다.

위에서 말한 것들이 방법론의 문제에 대하여 지니는 의의는 곧 거론케 될 것이므로 여기서는 이 긴단한 사실이 개혁주의적 입장을 견지하는 신학자와 비그리스도인 철학자나 과학자가 방법론에 있어서 일치할 가능성을 미리부터 배제케 만드는 요인이 된다는 사실만을 잠시 지적해 두고자 한다. 우리는 개혁주의적 신학자와 비그리스도인 철학자나 과

---

4 Van Til의 요점은 이러한 접촉점은 신자와 불신자가 함께 서 있는 곳이 아니라는 것이다. 이 곳은 하나님에 대한 참된 지식을 억압하는 토대이기 때문에 접촉점은 불신자들 안에서 기독교와 일치하는 형태가 아닌 자기기만적 억압의 형식으로 표출된다.

학자 사이와 방법론적 차이를 밝히 드러내는 한 가지 문제를 생각해 볼 수 있을 것이다. 이 문제는 다름이 아니라 가정의 적절성(the relevancy of hypotheses)에 관계되어 있다. 비그리스도인들에게 있어서는 어떤 문제를 연구, 조사함에 있어서 어떤 가정을 내세우느냐 하는 것이 별로 중요치 않은데, 이는 모든 가정이 가정이라는 점에서 같은 의의를 갖기 때문이다. 더 나아가서 비그리스도인의 입장을 전제하면, 사실은 그것이 하나님과 맺고 있는 조직적인 관계와 관련하여 파악되는 것이 아니기 때문에 더욱 그러하다. 비기독교적인 전제에 의하면 사실이란 인간에 의해서 해석되었을 때에 비로소 "합리성을 갖게 된다"라고 주장한다. 그러나 사실이란 하나님의 계획에 의하여 궁극적으로 합리적인 체계의 일부라고 주장하는 그리스도인들은 처음부터 그와 같은 하나님의 계획의 존재를 부정하는 전제에 입각한 가정이 잘못된 것임을 분명하게 알고 있다.

1. 전제에 입각한 추론

이상에서 이야기해 온 것들이 사실이기 때문에 이제 이번 장에서 우리가 처음으로 할 일은 다음과 같다. 즉 그리스도인들이 변증 논쟁을 함에 있어서 출발점에 관한 그리스도인들의 근본적 개념과 맥락을 같이하여 사용할 수 있는 기독교적 논쟁방식은 오로지 전제에 입각한 추측일 수밖에 없음을 입증해 보이는 일이다.[5] 전제에 입각하여 논쟁을 이끌

---

[5] Van Til은 전제의 개념을 일반적인 의미로 사용하지만 그는 언제나 우리의 세계관과 인생관은 성경에서 그리고 더 구체적으로는 웨스트민스터 신앙고백서에서 발견되는 진리에 근거해야 한다는 사실을 표명한다. Van Til은 이 전제에 대해 규명한 적이 없기 때문에 그것을 패러다임이나 선입견 또는 선험적 믿음과 혼동하는 사람도 있다. 우리가 Van Til의 전제 개념을 일반적 용어로 제시한다면 다음과 같은 "Strawson의 도식"이 가장 적절할 것이다. "P가 참이든 거짓이든 Q가 참이라면 P는 Q를 전제한다." 즉 전제란 다른 명제가 참이든 거짓이든 관계없이 언제나 참이어야 한다. Van Til이 말하는 전제가 명제에 국한될 필요는 없다. 그러나 이 전제는 객관적인 "사태"(state of affairs)를 포함한다. 이런(즉 객관적 사태라는) 의미에서 볼 때 불신자도 불신앙 안에서 하나님을 전제한다. 뿐만 아니라 그들은 주관적으로도 하나님을 전제한다. 그들이 생각하고 행하는 모든 것은 일반적 계

어간다 함(to argue by presupposition)은 논쟁자의 방법론 밑에 깊숙이 숨어 있어 그의 방법론 자체를 좌우하는 인식론적 원리와 형이상학적 원리의 근본 성격을 드러내 보이는 방식을 의미한다. 그런데 개혁주의적 입장을 지닌 변증가는 자신의 방법론이 기독교의 유신론이 내포하는 여러 진리들을 전제로 받아들임을 거리낌없이 인정할 것이다. 기독교 유신론의 여러 교리들 가운데 가장 근본적인 교리는 스스로 완전하신 하나님 (the self-contained God) 또는 존재론적 삼위일체 하나님에 관한 교리이다. 실제로 기독교적인 방법론을 궁극적으로 결정하는 것은 다름이 아닌 바로 이 존재론적 삼위일체 하나님에 대한 개념이다. 또 이 세상에 존재하는 모든 피조물을 다스리는 하나님의 섭리에 관한 생각은 이러한 존재론적 삼위일체 하나님의 교리에 근거를 두며 동시에 그것과 일관성을 지닌다.

그러므로 기독교적 방법론은 비기독교적 방법론의 전제와는 전혀 다른 전제 위에 기초한다. 모든 비기독교적 방법론의 핵심은 방법론이 그것을 사용하여 이끌어 내게 되는 결론들을 결단코 미리 결정지을 수 없다는 것이다. 따라서 비그리스도인의 눈에는 기독교의 변증가들이 확립하고자 하는 진리를 스스로 부인하지 않으려면 필히 취하게 되는 입장, 즉 참된 방법론이 이끌어 내는 결론은 기독교의 유신론이 말하는 진리일 뿐이라는 주장 그 자체가 권위주의(authoritarianism)를 가장 잘 드러내는 증거로 보일 뿐이다. 그러나 개혁주의 변증가는 비그리스도인의 이런 중립성(neutrality) 주장에도 불구하고 다음과 같은 점을 지적해야만 한다. 즉 다른 모든 방법론과 마찬가지로 중립적인이 주장된 그 어떤 방법론이라도 결국 기독교 유신론을 진리라고 가정하지 않으면 그것을 거짓으로 가정하게 된다는 것이다.

전제에 입각한 추론방식은 직접적인 것이라기보다는 오히려 간접적인 추론방식이라 말할 수 있다. 기독교 유신론에 관한 신자와 비신자 사

시로 인해 가지는 하나님에 대한 지식을 전제한다.

이의 쟁점은 논의에 가담한 신자와 비신자 모두가 그것의 성격과 의미에 동의하는 "어떤 사실"이나 "법칙"에 직접적으로 호소함으로써 종결지어질 수 없다. 사실상 문제는 그 "사실"과 "법칙"이 이해될 수 있도록 만드는 데 필요한 궁극적 준거가 무엇이냐는 데로 귀결된다. 즉 문제는 "사실"과 "법칙"이 정말 무엇이냐 하는 것이다. "사실"과 "법칙"은 과연 비기독교적 방법론이 가정하는 것인가? 아니면 그것은 기독교적 방법론이 가정하는 것인가?[6]

이 문제에 관한 답은 결국 "사실"에 대한 어떤 직접적인 논쟁으로도 해결될 수 없다. 이 문제는 결국 간접적으로 해결되어야만 한다. 기독교 변증가는 비기독교인과의 논쟁에 있어서 그들의 입장을 따르게 되면 결코 "사실"이 사실이 되지 않으며 "법칙"이 법칙이 되지 않는다는 것을 입증해 보이기 위해서 한 번 그들의 입장이 옳다고 가정하고 그들의 입장에 서서 생각해 보아야 할 것이다. 그리고 그는 또 한편으로 비기독교인으로 하여금 그가 기독교적 근거 위에 서서 생각할 때에만 "사실"과 "법칙"이 이해될 수 있는지를 알아볼 수 있기 위해서는 기독교인의 입장에 서서 생각해 볼 것을 적극 권유해야 할 것이다.[7]

그러므로 자신의 전제를 인정하고 타인들의 전제를 지적해 내는 것은 결국 모든 추론이 성격상 **순환적 추론**(circular reasoning)임을 주장하는 것

---

[6] 사실과 법칙에 대한 "직접적인" 호소는 사실과 법칙을 기독교적 하나님의 계시로 받아들이지 않고 그것들 자체로 받아들이는 것이다. "간접적인" 호소는 사실과 법칙 배후에 그것들을 가능하게 만든 전제에 대해 묻는 것이다. 전제는 Van Til이(그의 사역 초기에) 초월적인 접근이라고 불렀던 방법의 핵심이다. 이 개념 자체에 대한 자세한 설명 없이 우리는 그것이 일반적으로 다른 어떤 것을 얻기 위해 반드시 얻어야 하는 선결조건(preconditions)이라고 말할 수 있다. Van Til의 방법론에 대한 연구에 관해서는 K. Scott Oliphint, "The Consistency of Van Til's Methodology," *Westminster Theological Journal* 52, no. 1 (1990): 27-49를 참조하라.

[7] 본 단락의 설명은 변증학적으로 불신자의 관심을 끄는 요령에 관한 것이다. 이 요령은 두 단계로 나눌 수 있다. (1) 불신자의 생각이 잘못되었음을 보여주기 위해 그들의 입장에 서 보라는 것이다. (2) 불신자에게 그리스도의 입장만이 불신자의 문제점에 대답할 수 있다는 사실을 보여주기 위해 그리스도인의 입장에 서보라고 요구하는 것이다. 물론 인생이 그처럼 단순하고경직된 것은 아니기 때문에 여기서 상세히 설명할 수 없는 대화의 어려움이 있을 것이다. 그러나 이 두 단계는 변증학적 방법의 한 부분이 되어야 할 것이다.

이다.[8] 출발점과 방법론과 결론은 언제나 긴밀하게 연결되어 있다.

자, 이제 기독교의 변증가가 자신의 입장을 그의 논적인 비기독교인에게 제시했다고 가정해 보자. 또 한걸음 더 나아가서 기독교 변증가가 자신의 실재를 검토할 때 쓰는 방법들은 자기가 이미 밝힌바, 자신의 입장이 진리임을 전제하고 있노라고 말했다고 가정해 보자. 기독교 변증가가 회심시키고자 애쓰는 그의 논적에게 있어서, 기독교적 입장을 받아들인다는 것은 극심한 권위주의에 굴복하는 것으로서 인간의 이성을 바르게 사용하여 사실들을 검토하는 것과는 전혀 거리가 먼 일로 보일 것임에 분명하다. 이럴 경우 변증가가 할 수 있는 그다음의 일은 무엇일까? 만일 그 변증가가 로마 가톨릭이거나 알미니안주의자라면, 그는 기독교의 성격을 얼마간 깎아 내려서라도 그의 논적인 비그리스도인의 중립적 방법의 일관성 있는 적용이 결국에는 기독교 유신론을 받아들이는 데 이를 것처럼 보이도록 하기 위해 애쓸 것이다. 그러나 그 변증가가

---

[8] 이 진술은 많은 사람들에게 문제를 야기했다. 그 이유 가운데 한 가지는 *petitio principii*(선결문제 요구의 오류)로 불리기도 하는 이 순환적 주장의 형식이 사실상 논리적으로 오류가 있다는 것이다. 그러나 Van Til은 여기서 오류가 있는 추론에 대해 주장하고 있는 것이 아니다. 보다 상세한 설명이 필요하겠지만 Van Til이 주장하는 순환적 추론과 관련하여 우리는 다음 두 가지 사실을 기억해야 한다. (1) 순환적 추론은 순환적 주장과는 다르다. 순환적 주장은 전제(하나 또는 그 이상) 속에 결론이 들어 있다. Van Til의 순환 개념은 이처럼 엄격한 순환적 주장 형식보다 훨씬 광범위하고 포괄적이다. 예를 들면 William Alston, *The Reliability of Sense Perception* (Ithaca, N. Y.: Cornell University Press, 1993)에서 Alston은 어떤 분야에 대한 일정 지식을 전제하지 않는 한 그 분야에 대한 지식을 가지고 있다고 주장하는 것은 불가능하다고 말한다. 이러한 사례는 감각에 의한 인식(sense perception)의 신뢰성에 대한 주장이라고 할 수 있다. 이러한 신뢰성에 대한 어떤 주장도 신뢰성을 전제한다. 이것은 인간이 존재하는 인식론적 상황 때문에 그런 것이다. 확실히 이러한 Alston의 주장은 옳은 것으로 보인다. 뿐만 아니라 좀 더 깊이 들여다보면 인간이 존재하고 있는 인식론적 상황 및 형이상학적 상황 안에서 우리가 존재하고 사고하는 모든 것의 원천 및 논리적 근거는 궁극적으로 성경의 삼위일체 하나님 안에 있다. 이런 의미에서의 순환성은 불가피하다. 이생이든 내세든, 우리의 사고와 삶은 결코 하나님의 형상이라는 상황 밖에 있을 수 없다. (2) Van Til의 순환적 추론에 대한 주장은 앞서 언급한 "간접적" 주장이라는 문맥 속에서 이해해야 한다. 모든 *petitio principii*는 용어의 정의상 몇 가지 전제와 하나의 결론을 포함하는 직접적인 논증이다. 그러나 Van Til의 간접적 방식은 우리로 하여금 이러한 직접적인 주장에서 벗어나, "존재하거나 사실일 것으로 생각되는 사실이나 법칙"의 논리적 근거라는 상황 속으로 데려간다. 따라서 이러한 순환은 초월적 접근과 연계될 수밖에 없으며 엄밀히 말해 직접적인 논증에 대한 언급이 아닌 것이다.

칼빈주의자라면 이러한 일은 생각조차 할 수 없는 일이다. 칼빈주의적 변증가는 그의 논적이 그의 소위 중립적 방법을 철저하게 사용하면 할수록 그는 기독교의 유신론이 진리가 아니라는 결론으로 점점 더 기울어질 것임을 지적해 낼 것이다. 로마 가톨릭이나 알미니안주의자는 자연인이 자신의 이성을 자율적인 이성으로 생각하는 것을 알면서도 이성에 대한 그들의 입장을 따라 자신들의 "이성"에 호소하기 때문에, 그들은 결국 자연인에게 직접적으로 접근하는 방식, 즉 실재에 대한 비기독교적이며 무신론적 관념이 근본적으로는 정확한 것이라는 가정에 입각한 방법을 쓰게끔 되어 있다.

그러나 이와는 반대로 개혁주의 변증가는 자연인이 그 스스로의 궁극성을 가정하고, **억누르고 있는**, 자연인 속에 있는 참된 하나님을 아는 지식에 호소함으로써 잘 알고 있으되 억지로 억누르고 있는 참된 방법론에 입각한 지식에 호소하게 된다. 자연인은 그의 마음속 깊은 곳에서 그가 하나님의 피조물임을 알고 있다고 한다. 그는 자신이 하나님에 대하여 책임 있는 존재라는 사실도 알고 있다. 그는 자신이 하나님의 영광을 위해 살아야만 한다는 것도 알고 있다. 그는 자기가 조사한 실재의 모든 영역 위에 하나님이 그것들의 주인이 되신다는 인장이 찍혀 있음을, 자신이 하는 모든 일을 통해서 엄숙히 강조해야 함도 알고 있다. 그러나 그는 있는 그대로 자기 자신 알기를 부정하며 자신에 대한 지식을 무리하게 억누르고 있다.[9] 그는 철가면의 인간이 된다. 그러므로 변증학의 참된 방법론은 그 철가면을 벗겨 내는 것을 목표로 삼아야만 한다.

로마 가톨릭과 알미니안주의자들은 이런 일을 시도조차 하지 않고 있다. 그들은 심지어 철가면을 쓴 모양이 과연 멋있는 것이라고 그것을 쓴 사람들의 비위를 맞춰 주고 있다. 알미니안주의의 변증가들이나 로마 가톨릭 변증가들은 변증학에 대한 그들의 책자의 서론에서, 흔히 비그리스도인들로 하여금 그들의 분야에 있어서 그들의 방법론이야말로 모

---

9 "하나님의 진노가 불의로 진리를 막는 사람들의 모든 경건하지 않음과 불의에 대하여 하늘로부터 나타나나니"(롬 1:18) 이하를 참조하라.

든 그리스도인들이 적절한 것으로 여기는 바른 방법론이라는 것을 확신시킴을 통해서 일단 그들의 "논적들"이 품는 적대감을 완화시켜려고 애쓰곤 한다. 개혁주의 변증가는 이와는 정반대로 인간은 하나님의 피조물이라는 사실을 바로 인정하는 방법론만이 어떤 영역에서건 진리에 이를 수가 있음을 강조할 뿐만 아니라, 그러므로 인간은 하나님을 따라 하나님이 생각하시는 대로 생각하기를 갈망해야만 한다고 거듭 강조할 것이다.

그러나 이런 이야기가 개혁주의 변증가들은 비기독교적 방법론의 성격에 대해 전혀 관심을 두지 말라는 말이 아니다. 오히려 이들은 비기독교적 방법론을 비판적으로 분석해야만 한다. 개혁주의 변증가는 마치 그 방법이 옳은 양 그의 "논적"과 그것을 같이 사용해야 한다. 그러나 그가 그것을 사용할 때는 언제나 상대방의 방법론의 철두철미한 적용이 결국은 단지 기독교의 유신론에서 멀어져 갈 뿐만 아니라, 그것이 기독교 유신론에서 멀어져감으로 인해 이성과 과학을 또한 파괴로 몰고 간다는 점을 보여줄 목적을 마음속에 새기며 그렇게 해야 한다.

지금까지의 이야기를 구체화시키기 위하여 예를 하나 들어 보겠다. 가령 끝도 없이 넓고 바닥도 없이 깊은 바다 한가운데 있는 물로 구성된 한 인간이 있다고 상상해 보자. 물로 구성된 이 사람이 물에서 나오기 위해서 물로 사다리를 만들었다고 생각해 보자. 그는 이 사다리를 물에 기대어 세워 놓고 물에서 기어 나오려고 애쓰는 것이다. 시간이나 우연이 궁극적인 것이라는 전제에 근거한 자연인의 방법론을 묘사하자면 우리는 방금 말한 예와 같이 실로 소망도 없고 이치에도 닿지 않는 장면을 그려내는 수밖에 없는 것이다. 자연인의 가정에 의하면 나의 이성 역시 우연의 산물이다. 그의 가정에 의하면 그가 사용하는 논리의 법칙들 역시 우연의 산물이다. 그의 가정에 의하면 그가 사용하는 논리의 법칙들 역시 우연의 산물이다. 합리성이나 목적 등 그가 찾고자 하는 것들 역시 우연의 결과에 지나지 않는다. 그러므로 그의 입장에 충실하려면 불가불 기독교 유신론이 절대적인 진리라고 주장해야만 한다. 뿐만 아니라 모든 지식 분야에 있어서 납득할 만한 지식이 획득되려면 기독교의 유신론이 전제로 받아 들여져야만 한다고 주장하는 개혁주의 변증가는 그의 "논적"의 끝없는 헛수고에 동참하되, 단지 그의 수고가 언제나 헛된 수고일 뿐임을 깨우치기 위해 그렇게 해야 한다.

이제 이러한 수고를 거쳐, 지금까지 외관상으로 나타난 권위주의적 모습으로 인해서 배척되었던 기독교 유신론이 인간의 이성으로 하여금 득이 되는 활동을 할 수 있는 기반을 제시하고 지식의 참된 발전을 기약하는 방법론을 공급하는 유일한 입장으로 드러나게 될 것이다.[10]

개혁주의 변증가가 사용하는 이 방법론은 몇 가지 분명한 반대들에 직면케 되는데 다음과 같이 두 가지로 요약될 수 있다.

첫 번째 반론은 수사학적인 질문으로 이렇게 반문되곤 한다. 그렇다면 당신(개혁주의 변증가)은 불신자들이 사용하는 방법론들을 통하여 진리를 전혀 발견하지 못한다는 것을 주장하려는 것이오?" 이와 같은 질문에 우리가 답할 말은 사실상 우리가 그런 어처구니없는 주장을 펴는 것이 아니라는 것이다. 여기서 우리가 제창하는 방법론에 내포된 것은 다른 뜻이 아니라, 불신자들은 그들의 방법론을 결단코 일관성 있게 채용할 수 없으며, 그러하기에 그들은 실제로 그들 자신이 내세운 방법론을 일관성 있게 채용하지 않는다는 말이다. 테일러(A. E. Tayler)는 자연의 통일성 문제를 거론하는 가운데 다음과 같이 말한 적이 있다.

> 어떻든 간에 지금까지 공공연하게 받아들여지고 있던 바, 현대 과학의 기본적 사상은 자연 전체에 걸쳐 적용되는 "법칙의 보편적 지배"가 존재한다는 생각이었다. 자연은 이성적인 것으로 여겨졌는데 이는 우리가 자연을 살필 때 우리에게 주어진 이성을 올바르게 꾸준히 사용하여 살피면, 자연은 어느 곳에서든지 우리 이성에 의해서 점진적으로 발견될 수 있는 일정한 형식을 가지고 있다는 면에서 그렇게 여겨졌다. 과학은 항상 "자연의 일양성"(Uniformity of nature)에 관한 이 원리를 근거로 하여

---

[10] 이것은 초월적 접근의 또 다른 양상이다. Van Til은 이것을 "반론의 불가능성"(impossibility of the opposite)이라고 부른다.

세워져 왔으나 사실상 이 원리 자체는 과학으로 전혀 증명될 수 없는 성질의 것이었다. 어떤 과학자라도 이 원리에 근본적 의심을 품고 질문을 던지는 사람에게 이 원리의 진리 됨을 입증할 수는 없었다. 왜냐하면 "자연의 일양성"을 입증하기 위한 "증거"를 마련해 보려는 모든 시도들 그 자체가 그들이 입증해 보려는 이 원리 자체를 전제하고 있기 때문이었다.[11]

이와 같은 논리에 대항하여 우리가 펼칠 수 있는 이론은 다음과 같다. 즉 우리는 기독교 유신론에서 주장하는 하나님의 존재와 우주안의 만물을 다스리시는 하나님의 섭리에 대한 사상이 과학자가 필요로 하는 자연의 일양성을 설명하기 위한 유일한 전제라고 믿는다. 그러나 기독교 유신론에서 말하는 그와 같은 하나님의 존재를 입증할 최선의 증거이자 유일한 증거는 그러한 하나님의 존재가 자연의 일양성과 세계의 만물들의 일관성을 위해 요구된다는 것이다.

만일 우리가 증거를 이야기할 때에, 증거란 반드시 우리가 기거하는 방안에 놓인 책상이나 의자를 볼 수 있듯이 눈으로 볼 수 있어야만 하는 것이라고 규정한다면, 우리는 결코 우리가 딛고 서 있는 바닥 밑에서 건물을 떠받치고 있는 들보의 존재를 증거할 수 없게 된다. 그러나 바닥에 놓인 책상이나 의자를 떠받치고 있음을 아는 것 자체가 그 밑에 놓여 있는 들보의 존재를 아는 것을 요구한다. 왜냐하면 만일 바닥을 떠받치는 들보가 없다면 바닥도 있을 수 없기 때문이다. 마찬가지로 하나님의 존재와 기독교에서 말하는 유신론은 절대적으로 확실한 증거를 가지고 있다. 심지어는 불신자들조차도 말로는 하나님의 존재를 부정하면서도 기독교의 유신론이 진리임을 전제하고 살아가는 것이다.[12] 그들은 자신이 이루어 놓은 업적들을 설명하기 위해서 기독교 유신론이 참된 진리임을 전제할 필요가 있다.

---

11 Taylor, *Does God Exist?* 2.
12 앞서 언급했듯이 Van Til이 사용한 전제의 개념은 하나의 신념과 관계된 것이라기보다 일의 상황(a state of affairs)과 관련된다. 마룻바닥 아래에 있는 들보에 관한 예화는 이러한 사실에 초점을 맞춘다.

두 번째 반론은 다음과 같이 정리될 수 있다. "아무리 그리스도인이 기독교적 입장도 상대방의 입장만큼이나 충분히 납득할 만한 것으로 밝히 말할 수 있다 치더라도 하나님이 존재하신다거나 성경이 하나님의 말씀이라는 사실을 절대적으로 입증할 수 있는 증거는 없으며 누구라도 반론을 제기할 수 있을 정도라는 것이다." 이런 식의 문제 해결 방식에는 객관적으로 분명한 사실과 자연인이 주관적으로 납득할 수 있는 사실 사이에 혼돈이 있을 수밖에 없다. 사실상 기독교를 옹호하는 것은 그것이 무슨 방법론이건 간에 자연인에게 달갑게 용납되는 것일 수 없다. 더구나 우리의 방법론이 보다 철저하게 기독교적일수록 자연인이 이를 받아들일 가능성은 상대적으로 줄어들게 마련이다. 그런데 신학의 분야에서는 이와 비슷한 일이 일어난다. 여러 가지 일들이 있으나 그중에서도 오직 개혁주의적 신앙만이 유별나게 자연인으로 하여금 가장 혐오를 느끼게 만드는바, 그 자연인의 전적 타락을 가르치고 있는 것은 주지의 사실이다. 그러나 이러한 사실이 개혁주의 신앙이 진리가 아니라는 증거가 될 수는 없다.

환자의 입장에서는 그의 질병이 그저 외용 연고나 바르면 쉽사리 나을 것으로 진단한 의사를 좋아하고, 그와는 달리 대수술을 해야 그의 병이 낫겠다고 말하는 의사를 싫어할 수도 있는 것이다. 그러나 두 번째 의사의 진단이 옳은 것이었다면 일을 어찌할 것인가? 로마 가톨릭과 알미니안주의자들의 방법론의 약점은 그들의 객관적인 타당성과 자연인의 변덕스러운 주관적 수용성을 실제로 같은 것처럼 다루는 데 있다. 그러나 개혁주의 입장에 선 변증가는 객관적 타당성을 주관적 수용성과 엄밀히 구분하기 때문에 하나님의 존재와 기독교의 유신론이 절대적 타당성을 가지고 있을 뿐만 아니라 그 절대적 타당성은 객관적으로 입증될 수 있는 것이라고 주장한다.[13] 만일 개혁주의 변증가가 이러한 주장

---

[13] 여기서 문제는 타당성에 있지 않다는 것에 유의해야 한다. 타당한 주장이란, 만일 명제(premise)가 사실이라면 결론은 필연적으로 따를 수밖에 없다는 것이다. 그러나 언제나 문제가 되는 것은—그리고 명제의 배후에 존재하는 전제라는 차원에서 논의를 필요로 하는 것은—명제의 진실이다. 어떤 주장에 대한 주관적인 수납 또는 거부는 타당성의 준거

을 펴는 이외의 딴 일을 한다면, 그는 결국 하나님이 인간에게 보이신 계시가 불분명한 것이었다고 말하는 것이나 다름없다. 개혁주의 변증가에게 있어서 가장 치명적인 일은 어떤 사람이 사실들을 검토하고 난 연후에 그 사실들을 통하여 기독교 유신론에 이르지 않고 다른 결론에 도달했음에도 불구하고, 그가 검토 과정에서 객관적 증거를 바로 다루었음을 인정해 주는 일이다.

대체 자연인이 우리가 사용하는 논리에 근거한 진리를 받아들이겠느냐는 회의적인 질문에 대해서 우리는 만약 하나님이 그의 눈에서 흑암의 비늘을 벗겨 내기를 기뻐하시며 그의 얼굴에서 철가면을 벗겨 내기를 기뻐하신다면 그 자연인도 진리에 수긍할 것이라고 대답할 것이다. 개혁주의에 입각한 전도자가 자연인들을 향하여 죄 가운데 빠져 있으므로 구세주를 찾아야만 한다고 외칠 때는 오로지 성령의 능력에 의지하여 그렇게 한다. 그러므로 개혁주의적 입장에 선 전도자는 혹시 자연인이 자기의 말에 귀를 기울여 줄까 하여 자신의 메시지를 양보하거나 절충하지 않는다. 그는 자연인이 자신의 메시지를 받아들이지 않는다고 해서 의기소침해져서 자신의 메시지가 꼭 확실한 것이 아니었노라는 따위의 이야기를 하지 않는다.

자연인은 그 역시 하나님의 형상으로 창조되었기 때문에 진리를 항상 접할 수 있을 뿐 아니라 하나님의 성령의 역사에 의하여 진리에 도달할 수도 있다. 변증학은 조직신학과 마찬가지로 자연인의 주의를 끌어 진리를 힘 있게 증거한다는 데에 가치를 지닌다. 자연인은 자신을 숨기고 있는 은신처들과 땅굴들 그리고 깊숙이 파 놓은 최후의 보루에서 빠져 나오도록 강제되어야 한다. 로마 가톨릭이나 알미니안주의의 방법론은 자연인들이 숨어 있는 깊은 곳까지 미칠 수 있는 강력한 화염방사기를 갖추고 있지 못하다. 그리스도인과 현대적 외관을 갖춘 자연인 사이에 벌어진 이 한판의 총력전에서, 로마 가톨릭이나 알미니안주의자들이 항상 자연인들로 하여금 종래는 그리로 도망가서 안전하게 머물게끔 버

가 되지 않는다. 주장이 타당하고 참될지라도 완고한 마음에 의해 거부당할 수 있다.

려두었던 자연인의 최후의 요새[14]를 발칵 뒤집어 놓을 수 있는 것은 진정한 개혁주의적 방법론의 원자폭탄적 위력 이외에는 아무것도 없다.[15]

2. 성경

로마 가톨릭과 알미니안주의자들의 논법과 개혁주의적 논법이 다른 점은 전자가 직접적 논법이라면 후자는 간접적 논법이라는 점에 있음을 이미 언급한 바 있다. 전자는 비그리스도인의 인간관이나 방법론이 본질적 진리 됨을 용인하지만 후자는 비그리스도인의 인간관과 방법론을 모두 비판하며 도전한다. 이제 전자와 후자의 차이는 변증학에 있어서 성경이 차지하는 위치 문제가 거론되기 시작하면 더없이 뚜렷하게 드러날 것이고, 그와 더불어서 그 차이의 중요성은 보다 확실하게 밝혀질 것이다. 이제 다음과 같은 내용들을 검토해 보면 우리가 생각하고자 하는 주제가 분명해질 것이다.

그것이 좋은 일이든 나쁜 일이든 간에 개신교의 변증가는 성경을 인간에게 보이신 하나님의 정확무오하게 영감 된 최종적 계시로 믿는 성경관을 고집하게 된다. 따라서 그는 기독교 유신론을 나누어질 수 없는 전체로서 옹호하게 된다. 개신교 변증가에게 있어서는 기독교의 유신론만이 참된 유신론이다.[16] 개신교의 변증가는 성경을 통하여 인간에게 권위를 가지고 최종적으로 말씀하신 하나님 이외의 다른 어떤 신의 존재를 입증하는 데 관심을 둘 수 없다.

만약 유신론을 기독교의 기초라고 생각지 않고 그에 대해 왈가왈부한다면 그것은 모두 알맹이가 빠져 버린 공허한 이야기가 되고 만다. 그

---

14 *Festung*(Fortress)
15 군사 용어들을 쓴다고 해서 기독교에서 말하는 사랑의 원리와 어긋날 일은 없다. 사람을 진정으로 사랑하는 이는 그들의 편의와 유익을 위해 무엇이건 가리지 않고 최선을 다해 조언하는 것이다.
16 그러므로 순수한 유신론을 입증하는 것은 기독교 신앙에 대한 변증이 아니다.

러나 일단 유신론이 기독교의 기초임을 인정케 되면 이제 문제는 일반적인 유신론이 아니라 기독교에서 말하는 유신론으로 귀착된다. 일반적으로 신의 존재를 믿는 이들인 범신론자, 이신론자(deist) 그리고 막연히 신의 존재만을 상정하는 단순 유신론자 등 모두가 형식적으로는 신의 존재를 이야기함에 있어서 일치할 것이다. 소크라테스도 『유티프로』(*Euthypro*, 플라톤의 대화편 가운데 하나—역자주)에서 경건의 속성을 논하는 가운데 이렇게 말했다. 사람들이란 "대개 세밀한 것을 따지게 되면 의견이 대립되곤 한다." 그러므로 변증학에 있어서 전반적인 논쟁이 단지 하나님의 존재에 대한 **무엇인가 막연한 것**을 다루는 무의미한 토론 이상의 것이 되어 **구체적으로 어떤** 하나님이 존재하시는가를 다루는 것이 되려고 하면, 이 문제를 다룸에 있어 하나님의 계시에 관한 이야기가 함께 거론되어야 할 것은 너무도 당연한 일이다. 우리가 앞서 살펴본 대로, 심지어는 죄가 이 땅에 들어오기 전에도 사람은 피조세계 속과 자기 자신 안에 보여진 계시 이외에도 분명하고도 구체적인 초자연계시를 자연계시의 보충으로 가져야만 했었다.[17]

우주에 나타난 하나님의 일반계시를 바로 이해하기 위해서 사람은 자신과 이 세상의 궁극적 목적과 방향을 밝히 보여주는 보다 높은 차원의 계시에 비추어 그 일반계시를 이해해야만 했었다. 만일 인간이 에덴동산에서조차 자연에 나타난 일을 바로 깨달아 알기 위해서 분명하고도 구체적인 초자연계시를 꼭 필요로 했다면, 인간이 타락한 지금에 있어서 초자연계시의 필수성은 말할 나위도 없다. 에덴동산에서 주어진 초자연계시의 내용은 만일 인간이 금지된 나무의 열매를 먹게 되는 날에는 정녕 죽으리라는 것이었다.

그러므로 인간은 그 열매를 따먹었기 때문에 이제 그에게 주어진 최종적으로 갈 길이란 하나님과 영원히 단절되는 일뿐이었다. 하나님이 한 백성을 그의 귀중한 백성으로 택하여 구하시려는 의도는 자연을 아

---

17 즉 하나님은 아담과 하와에게 순종을 위해서는 무엇을 해야 하며 또한 불순종은 무엇인지를 알려주시기 위해 말씀하셨다.

무리 들여다본다 한들 알려질 수 없는 일이다. 뿐만 아니라 이러한 하나님의 뜻은 에덴동산에서 인간에게 내려 주신 계시, 즉 구속역사 이전 시대의 초자연계시에는 전혀 포함되어 있지 않은 내용이었다. 구속의 계시는 타락 후에 주어진 특별계시(post-lapsarian supernatural revelation)로서 주어져야만 했다. 실상 언약을 파기한 자는 언약에서 경고된 진노를 받는 것 이외에 다른 길이 있을 수 없었다. 하나님이 언약을 깨뜨린 범죄자들을 은혜언약(covenant of grace)을 통하여 당신과의 언약 속에서 누릴 수 있는 친교의 특권으로 다시금 회복시키고자 하신 뜻은 초자연적 구속의 계시 이외의 어디에서도 발견될 수 없다.

워필드는 이와 같은 사실을 지적하여 말하기를, 그리스도인들은 단지 초월적으로 자존하시는 하나님에 대한 초자연적인 사실들을 믿고, 그 하나님이 창조와 섭리를 통하여 친히 보이신 초자연적 역사들을 믿는 것은 물론이고, 그 위에 초자연적 구속을 믿어야 한다고 했다. "그리스도인은 세계를 생각함에 있어서 죄의 존재가 엄청나다는 사실을 바로 인식할 뿐 아니라 죄를 치유하시는 하나님의 직접적인 역사(즉, 한마디로 말해서 기적)의 필요성과 그러한 기적이 실제로 일어났다는 사실을 그의 믿음의 절대로 빼놓을 수 없는 요소로 삼아야만 한다."[18] 그러나 만일 초자연계시가 그 자체로만 따로 전달된다면 우리는 그것을 알 수 없을 것이다.

> 왜냐하면 우리가 초자연적 구속에 대하여 전혀 아는 바 없는 상태에서는 그 구속으로 인한 유익을 얻을 수 없기 때문이다. 하나님 자신 외에 몇 가지 연속적으로 벌어지는 구속의 위대한 역사의 뜻을 우리에게 열어 보일 이가 어디 있으랴?…2천 년 전에 베들레헴에서 한 아기가 태어났으며, 이 아기는 건강하게 잘 성장하였고, 그의 삶은 가난하였으나 남을 돕는 은총으로 가득했으며, 마지막에는 남에 의해 무참하게 살해되었으나 죽은 자 가운데서 다시 살아났던 일이 있었다. 그러나 대체

---

[18] B. B. Warfield, *Studies in Theology* (New York: Oxford University Press, 1932) p. 38.

이 사건이 우리와 무슨 상관이 있는가? 이 사건이 벌어진 지 얼마 후 그의 제자들이 예루살렘에서 모여 뭔가를 기다리던 중에 강한 바람과 같은 강력한 것이 그들을 휘감고, 마치 불의 혀와 같은 모양이 그들의 머리 위에 임했던 일이 있었다. 물론 기이한 일이었기는 하지만 이런 일 등에 우리가 관심을 기울여야만 할 이유가 무엇인가? 그러므로 우리에게는 이 경건한 아이가 누구이며 무엇을 하신 분인지 또 왜 그러한 모양으로 사셨고, 그가 죽으심을 통해서 무엇을 성취하셨는지, 그가 무덤 속에 갇혀 계실 수 없었다 하는 말의 의미가 무엇인지 그리고 갈라진 불의 혀 같은 것은 도대체 무엇이었는지 등의 일이 설명되어져야만 그제야 비로소 구속의 사건들을 알 수 있게 된다."[19]

여기서 좀더 나아가 이야기를 전개하자면 이상의 이야기는 결국 다음과 같은 것을 주장하는 것이다. 죄인은 자기 스스로를 구제할 수도 어찌할 수도 없으며 또 그는 자신의 죄와 죄로 말미암는 수치를 들추어내는 초자연계시를 파괴해 버리려는 자연스러운 충동을 느끼게 마련이다. 죄인의 가장 두드러진 특징이 교만이라는 점을 감안하면 이 점은 쉽게 이해될 수 있다. 그러하기에 인간이 범죄한 이후에[20] 하나님이 인간에게 주신 하나님에 대한 초자연계시는 반드시 기록되어 보존되어야만 할 필요가 생겼다.

따라서 죄인을 향해 주어진 하나님의 정확무오하게 영감 된 계시인 성경은 우리 앞에 주어진 빛으로서 우리는 그 빛 안에서 세상의 모든 사실들을 해석해야 한다. 세상에 있는 모든 유한한 존재들은 그것이 자연적으로나 구속적으로 하나님의 마음속에 있는 세상만사를 포함하는 한 계획안에서 움직이고 있다. 사람이 이러한 하나님이 하시는 역사의 되어지는 형식에 대하여 무언가를 깨달아 알려고 한다면, 그는 그러한 통찰력을 성경이 비추는 빛 안에서 그가 검토하는 모든 대상들을 살핌으로써 얻어야만 한다. "만일 참된 종교가 우리에게 빛을 발하려면 우리의

---

19 Ibid., 42.
20 Post-lapsarian(after the fall).

원칙은 다음과 같아야만 한다. 즉 그것은 필히 하늘로부터 주어지는 가르침에서 시작되어야만 하고 따라서 어느 누구든 간에 성경을 배워 아는 성경의 제자가 되지 않고서는 옳고 건전한 진리의 지극히 적은 부분이라도 절대로 소유할 수 없다."[21]

지금까지 성경에 관하여 이야기해 온 내용들은 주로 개신교의 교리와 그 속에서 성경이 가지는 위치에 관한 것이었다. 그런데 이와 같은 이야기가 기독교의 변증학 속에서 성경이 가지는 위치와 무슨 연관성을 가지는가? 한 걸음 더 나아가서 이러한 이야기가 변증학의 방법론 일반과 무슨 관계가 있는가?

먼저 개신교도는 성경을 믿되 성경이 그 스스로의 권위를 주장하기 때문에 성경으로 받아들이고 있음을 확고히 해야만 하겠다.[22] 성경은 그 스스로를 오직 그 안에서만 사실의 진실이 드러나고 또 여러 사실 간의 관계에 내포된 진리가 분명히 밝혀질 수 있는 빛이라고 말한다. 아마도 태양과 우리 지구 그리고 지구를 구성하는 여러 요소들 간의 관계는 여기서 문제를 밝혀 주는 좋은 예가 될 것이다. 우리는 태양의 광선이나 에너지가 정말 존재하는지 알아보기 위해서 촛불을 켜거나 전등을 달려고 하지 않을 것이다. 오히려 촛불이나 전등의 유무를 태양의 빛 아래서 알아볼 수 있게 되는 것이 사실이다. 사실상 태양의 광선과 에너지가 있기 때문에 촛불이 빛을 내며 전구가 우리를 밝혀 줄 수 있다. 마찬가지로 우리는 실재에 관한 성경의 권위 있는 말씀들을 이성 아래 두고 그것을 사용해서 검증할 수 없다. 왜냐하면 이성은 그 자체가 그것의 바른 기능을 성경으로부터 지도받아 배우기 때문이다.

물론 이야기가 이런 식으로 강하게 제시될 때에 즉각적으로 떠오르는

---

21 John Calvin, *Institutes of the Christian Religion*, 1.6.2. 반틸은 McNeill-Battles 이전 판으로부터 인용한다.
22 웨스트민스터 신앙고백서 1장 4조는 "우리가 성경을 믿어 복종함이 당연한 것은 성경의 권위 때문이다. 그 권위의 성립은 어떠한 사람이나 교회의 증거로 말미암아 부여되는 것이 아니고, 전적으로 그 저자이시고 진리 자체이신 하나님께 있다. 그런즉 성경은 하나님의 말씀인 고로 우리는 그것을 받도록 되어 있다."

몇 가지 반론들이 없을 수는 없다. 그런 반론들을 여기서 철저하게 다룬다는 것은 불가능한 일이다. 그러나 부차적인 여러 가지 사소한 문제들과는 달라서 단순하긴 하지만 극히 근본적인 이 문제만큼은 매우 신중하게 다루어야 한다. 그런데 위에서 말한 입장에 반대하여 일어나는 모든 반대들은 결국 궁극적으로 인격이다. 따라서 그러한 것으로서의 인격은 자기가 아닌 타자가 주장하는 모든 권위를 올바르게 평가할 수 있는 심판자의 역할을 충분히 해 낼 수 있다는 가정에서 출발한다. 그러나 인간이 자율적 존재가 아니라 오히려 성경에서 말하는 대로 하나님의 피조물이며 더욱이 하나님의 면전에서는 한낱 죄인에 불과하다면, 인간은 당연히 그의 이성을 성경에 굴복시켜 자신의 경험을 해석할 빛을 그 속에서 찾고자 해야 할 것이다.

그러므로 성경의 권위에 대한 이성의 바른 태도는 오히려 온전한 하나님의 계시 그 자체 앞에서의 이성의 바른 태도와 일치한다. 사람은 언제나 하나님이 말씀하시는 그대로의 대상을 알기 위해 힘써야 한다. 하나님의 계시는 언제나 권위를 가진다. 하나님이 자연 가운데 보이신 계시가 그러하거니와 성경을 통한 하나님의 계시 역시 그러하다. 따라서 학문의 참된 발전을 가져 올 것으로 기대할 수 있는 참된 과학적 방법론은 하나님의 생각을 그대로 따라서 생각하고자 애쓰는 방법론이다.

이러한 문제들을 염두에 둘 때에 이제 한 가지 분명한 것은 성경에 대한 모든 개신교도들의 바른 방법론(기독교)과 하나님의 존재에 대한 그들의 참된 방법론(유신론)은 오로지 전제에 입각한 간접적 추론방식(the indirect method of reasoning by presupposition)이라는 사실이다. 사실상 하나님의 무오한 계시인 성경을 옹호하는 논증은 그 모든 의도와 목적에 있어서 하나님의 존재를 옹호하는 논증과 마찬가지이다. 개신교도들은 그들의 체계의 가장 기본적 원리들에 의해 오로지 성경을 통하여 말씀하신 그 하나님의 존재를 옹호하도록 되어 있다. 그러나 전제에 입각한 간접적 방법론 이외에 하나님의 존재를 입증할 방법은 없다.

비록 인간의 경험이 하나님의 존재와 계시에 대해 증거하고 확증하는 듯이 생각되고 있으나 사실은 그러한 경험조차도 그것이 입증할 수 있다고 주장하는 하나님과 그의 계시로부터 조명을 받지 않으면 하나님의 존재나 성경 가운데서 말씀하신 하나님의 계시에 담긴 진리에 대하여 한 마디의 증거도 제시할 수 없다. 태양 광선이 사물들을 밝게 비추어 우리로 보게 하는 그 유익함을 동굴 속의 어두움을 증거로 삼아 입증할 수는 없는 노릇이다. 동굴 속의 어두움은 오히려 밝게 빛나는 태양 광선의 비춤을 받아야만 한다. 태양 광선이 어두운 동굴 속을 밝게 비추었을 때, 비로소 그 안에 있던 물건들은 태양 빛을 받아 정체를 드러냄으로써 태양의 존재와 그 특성을 역으로 "입증"하게 된다.

이제 한 가지 분명히 말할 것은 로마 가톨릭은 이제껏 우리가 이야기해 온 것과 같은 성경관에 전혀 동의하지 않는다는 사실이다. 따라서 로마 가톨릭은 그의 변증학을 직접적 방법에 의존하여 세울 수 있다. 앞에서 우리가 이미 보았던 것과 같이, 로마 가톨릭은 자연인의 출발점에 관한 생각이나 지식의 방법론에 관한 생각에 대부분 동조한다. 그러므로 성경은 옆으로 제쳐놓고 불신자와 더불어 오로지 이성에만 의지하여 하나님의 존재 또는 비존재에 관한 그의 탐구를 같이 할 수 있다. 다시 말하자면, 로마 가톨릭은 자연인과 함께 기독교와는 전혀 상관없는 유신론을 설립해 보고자 애쓸 수 있다는 것이다. 로마 가톨릭은 그의 친구인 자연인과 더불어 둘 다 만족할 만한 일층을 지어 놓은 후에, 이제는 이층, 즉 기독교의 층을 함께 지어 보지 않겠느냐고 넌지시 이야기한다는 것이다. 그는 그의 친구 자연인에게 이제껏 일층을 함께 짓던 공동 건축 방식 그대로 이층도 지을 수 있다고 거듭 확언할 것이다.

로마 가톨릭에 의하면 이층은 분명히 권위의 층이며 믿음의 영역이다. 그러나 동시에 이층은 전문가의 영역이기도 하다. 로마 가톨릭은 개신교가 그의 성경론에서 주장하는 것 같은 절대적 권위에 대해 전혀 아는 바 없다. 로마교의 권위는 그들의 말이 곧 하나님의 말씀으로 되어 버리는 여러 전문가들의 권위이다. 이러한 말씀들은 그것들을 해석하는 전문가와 무엇보다도 그 위에 군림하는 교황으로부터 그들에게 부여된 권위의 빛을 받는다. 그러나 권위를 이런 식으로 생각하는 것은 소크라테스가 『심포지움』(The Symposium, 또 하나의 플라톤의 대화편—역자주)에서 디오티마(Diotima)를 가리켜 영감 받은 자라고 칭하는 것과 별반 다른 것이 없다. 실상 여기서 소크라테스는 그것을 이성으로써 해석하려 애쓰다가 제대로 되지 않으므로 차선의 방책으로 신화 속으로 뛰어들어 일종의 피난을 한 셈이다.[23] 그러나 이와 같은 소위 현인의 "육감"이야말로 인간이 자율적 이성을 사용하여 미칠 수 없는 일들에 대하여 뭔가 할 수 있는 최선의 방법이다. 제 아무리 "현인"이라 할지라도 그와 같은 "초자연"의 개념에는 반대를 표하지 않는다. 즉 이러한 사실은 결국 이성으로써는 세상의 모든 실재에 대한 진리를 이제껏 다 발견하지 못했다는 사실을 깨닫게 하는 결과를 가져온다. 따라서 이제 자연인은 그 자신의 입장에 서서 로마 가톨릭 변증가가 그에게 제시하는 초자연적 계시에 관한 이야기에 대해 반론을 제기할 필요를 느끼지 않는다는 것이다.

기독교를 위해 만들어졌다는 로마 가톨릭의 변증학 방법론을 따르자면 기독교는 그 자체를 자연인이 받아들일 수 있는 수준으로 낮춰야만 할 것이다. 로마 가톨릭은 적어도 "자연의 영역"에 있어서만큼은 자연인의 출발점이나 방법론이 본질적으로 옳은 것이라고 인정하기 때문에 초자연적 실재에 대한 자연인의 결론을 논리적으로 반박할 수 없다. 자연인은 자기에게 제시된 기독교의 여러 교리들을 자연주의적인 크기로 축소시키기 위해서는 단지 그의 출발점에 확고히 서서 그의 방법론을 철저하게 적용하여 이론적으로 따져 가기만 하면 된다.

이미 앞서 말한 바와 같이 알미니안주의적 추론방식도 결국 로마 가톨릭의 방법과 마찬가지이다. 버틀러 감독의 방법론은 토마스 아퀴나스의 방법과 매우 흡사하다. 버틀러의 말에 의하면 기독교를 믿지도 않거니와 방법론에 대한 지식조차 없는 사람들 가운데서도 어떤 이들은 "자

---

[23] Diotima는 Plato의 *Symposium*에서 Socrates의 스승 가운데 하나로 등장한다. 그 책에서 그녀가 맡은 일은 사랑의 단계에 대해 설명하는 것이다. 그녀는 부분적으로 신화의 방식을 사용하여 설명한다.

연의 과정과 구성"을 매우 정확하게 해석한다는 것이다. 앞에서 말한 비유를 다시금 도입한다면, 어두컴컴해야 할 동굴이 태양 빛이 비치지도 않았는데 이미 뭔가에 의해 밝게 비춤을 받고 있다는 말이다.

비록 그들이 성경을 읽고 거기서 뭔가를 배우는 흉내조차 내지 않는다 하더라도 사람들 가운데 어떤 이들은 경험적 방법을 사용하여 자연을 있는 그대로 해석한다고 말할 수 있으며, 적어도 그럴 수 있는 가능성만큼은 인정해야 한다는 것이다. 그러므로 성경의 내용조차 자연인의 기호에 맞추어 조정되어야 한다고 나서는 것은 하나도 이상한 일이 아니다. 만약 그렇게 하지 않으면 자연인은 성경을 용납하지 않을 것이다. 이런 상황에서 버틀러는 자연인을 개종시키길 간절히 바라고 있다. 그러므로 버틀러는 자연인에게 이렇게 말을 건넨다.

> 이성은 단지 계시의 의미뿐만 아니라 계시에 담긴 도덕과 증거를 검증할 수 있으며 또한 그렇게 해야만 한다. 첫째로 성경에 담긴 도덕을 검증하는 일은 이성의 영역에 속한다. 이성은 성경에 우리가 지혜롭고 바르며 선한 존재로부터 온 것으로 우리가 기대할 수 있는 것과는 다른 무엇이 포함되어 있는지를 검토하는 것이 아니라—이런 문제에서 비롯되는 반론들은 앞에서 이미 해결되었다—혹시 성경에 지혜와 정의 또는 선 등 자연의 빛이 우리로 하여금 하나님에 대하여 알게 해 주는 것과 현저하게 모순되는 일이 있지나 않은지를 검토한다.[24]

자연인은 "자연"을 해석함에 있어서 그가 모든 일을 알 수는 없음을 스스로 잘 알고 그것을 인정하기 때문에, 그는 조금도 거리낌 없이 성경이 "초자연적"인 것들에 대하여 이야기하는 내용이 아마도(probably) 사실일지 모른다는 것만큼은 쉽사리 받아들일 수 있다. 심지어는 "자연의 과정과 구성"을 해석함에 있어서조차 불연속적 방법을 용인하는 데 이미 익숙해져 있는 그가 오히려 더 배워야 할 것으로 생각하는 영역들에

---

24 Joseph Butler, *The Works of Bishop Butler*, edited by W. E. Gladstone (New York, 1896), 1:238.

서 같은 종류의 불연속성을 조금 더 인정하지 못할 이유가 과연 어디에 있겠는가?

그와 같은 양보는 자연인이 알고 있는 사실들을 해석할 때 사용하는 연속성의 원리를 파괴하지 않는다. 여기서 그의 연속성의 원리가 다소 확대 적용될 필요가 있을 뿐이다. 자연인은 실재에 나타나는 비이성적 요소들에 부딪혀 필히 그의 논리를 확장해야 할 경우에는 별다른 반대 없이 그의 연속성의 원리를 확장할 것이다. 그가 못내 못마땅하게 여겨 저항하는 것은 그의 연속성의 원리와 불연속성의 원리를 하나님의 섭리 아래 굴복시키는 것이다.[25]

그러므로 알미니안주의는 로마 가톨릭과 함께 자연인의 가상적인 중립적 출발점과 중립적 방법에 선선히 동의하여 어울린다. 그러나 이와 같은 양보는 결국 자연인으로 하여금 거꾸로 그가 믿는 기독교에 대하여 이런 것은 믿고 이런 것은 믿지 않아야 한다는 엉뚱한 간섭을 초래하여 충분한 보응을 받고야 만다. 일단 자연인이 한 집의 기초의 도면을 그릴 허락을 받고 또 그 도면에 따라 그 집의 일층을 건축하게끔 방치되

---

[25] 아래에서 살펴보겠지만 Van Til은 연속성/불연속성의 원리라는 개념을 사용하여 불신 사상의 비일관성을 보여준다. 이 개념은 본래 변증적인 불신 사상에 대한 Van Til의 전반적인 비판의 요소들이다. 일반적으로 변증학은 합리주의/비합리주의의 하나이다. Van Til에게 비기독교적 연속성의 원리는 Parmenides의 일원론(monism)에서 가장 잘 나타난다. Parmenides에게는 존재하는 모든 것이 존재이다. 다른 모든 것은 비존재이며 따라서 존재하지 않는다. 비기독교적 불연속성의 원리는 Heraclitus에게서 가장 잘 나타난다. Heraclitus는 모든 것은 흐르며 따라서 우리는 동일한 강물에 두 번 발을 담글 수 없다고 가르친다. 따라서 연속성의 원리는 통일성에 초점을 맞추며 불연속성의 원리는 다양성에 초점을 맞춘다. Van Til은 연속성과 불연속성의 기독교적 원리에 대해 명료하게 제시하지는 않는다. 가령 어떤 곳에서는 "진정한 기독교 변증가는 불연속성의 원리를 가진다. 이러한 원리는 그[변증가]가 모든 것을 주관하시기 때문에 모든 것을 알고 계시는 하나님의 마음에 호소하는 것으로 표현된다"고 말하지만 다른 곳에서는 "이것은 하나님이 그 자신에게 온전히 알려지셨으며 피조세계도 그에 의해 주관되기 때문에 그에게 온전히 알려졌다는 사상을 포함한다"라고 말한다. 이러한 인용문으로 볼 때 연속성과 불연속성의 원리는 마치 동일한 것처럼 보인다. Van Til에게 있어서 기독교적 연속성의 원리는 통일성에 초점을 맞추기 때문에 하나님의 전포괄적 지식과 역사를 위한 전포괄적 계획과 관련된다는 사실을 기억하는 것이 좋을 것이다. 반면에 다양성에 초점을 맞추는 기독교적 불연속성의 원리는 하나님이 피조세계의 모든 양상을 주관하시며 따라서 역사의 모든 사실을 주관하시고 결정하신다는 사실과 연계된다.

어진 후, 이층의 건축이 시작될 즈음에 그리스도인이 나서서 이층을 짓고자 한다면, 결국 그리스도인은 자연인의 설계도에 의해 크게 영향을 받는 것을 도저히 피할 수 없게 된다.

마찬가지로 알미니안주의는 자연인에게 본질과는 전혀 상관이 없는 불순물들로 가득 찬 불순한 기독교의 신학을 제시함으로써 복음 전도를 시작한다. 개혁주의 신앙에 정면으로 대항하여 알미니안주의자들은 구원을 받아들이거나 거절할 궁극적 능력이 사람에게 있다는 사상을 내걸고 이를 위해 싸워 왔다. 결국 그들의 주장은 인류를 향한 하나님의 주장이 개인에게까지는 미칠 수 없다는 이야기가 된다. 그의 주장은 최저종(infima species)[26]까지만 미칠 뿐이다. 하나님은 그가 하나님으로 택함을 받게 되는지 아닌지를 알기 위해서 사람들의 선택을 기다리셔야만 한다. 그러므로 하나님의 지식은 하나님도 전적으로 좌우하실 수 없는 시간 내적 실재들에 대립됨과 동시에 어느 정도는 그것에 의존한다.

알미니안주의자는 그들 나름대로 자신이 칼빈주의자에 반대하여 인간의 책임을 강조하여 이를 옹호할 때 자기는 기독교적 입장을 자연인으로부터 옹호하고 있는 양 생각한다. 그러나 머지않아 알미니안주의자는 자신이 자연인의 손아귀에 잡혀 꼼짝도 못하고 있는 것을 알게 된다. 자연인은 실로 철저하게 고집스럽다. 자연인은 오히려 알미니안주의자에게 이렇게 말하는 것이다. 약간의 자율은 완전한 자율을 내포하며, 하나님의 섭리로부터 벗어난 약간의 실재는 하나님의 섭리로부터 벗어난 모든 실재를 내포한다는 것이다. 그 후의 축소 과정은 시간문제에 불과하다. 자연인은 알미니안주의자가 기독교의 교리를 그에게 제시할 때마다 그것을 기꺼이 받아들여 순식간에 그 나름대로 "자연화"시켜 버리고 말 것이기 때문이다.

하지만 사실상 많은 알미니안주의자들이 결코 기독교를 자연주의적으로 이해하는 일이 없다고 말하는 것은 이미 위에서 제시한 비판에 대

---

[26] 즉, 말단분류군(the lowest species).

한 바른 반론이 되지 못한다. 왜냐하면 문제는 지금 알미니안주의자들 개개인이 무엇을 믿느냐 하는 것이 아니기 때문이다. 그들의 신앙에는 기껏해야 자연주의와의 타협이라고 볼 수 있는 것이 들어 있을 뿐이다. 그러나 지금 우리가 거론하고 있는 문제의 핵심은 알미니안 신학체계에 부합하는 변증학 방법론에 있다.

이 점에 대해서 솔직히 말하자면, 우리는 알미니안주의적 방법론이 본질적으로 로마 가톨릭의 방법론과 마찬가지이며 본질적으로 기독교의 교리를 축소시키는 것으로서 결국은 자멸적인 방법론임을 지적하지 않을 수 없다. 만일 사실이 그렇다면 이제껏 알미니안주의가 최대의 적으로 여겨 왔던 칼빈주의는 알미니안주의의 가장 훌륭한 친구가 아닐 수 없다. 오직 개혁주의 신앙 안에서만이 기독교의 교리들이 손상되거나 타협되지 않은 본래의 모습 그대로 선포된다. 그 외의 다른 모든 것들은 훼손된 것들이다. 따라서 우리는 오직 개혁주의적 신앙 안에서만 손상되거나 타협됨 없이 있는 그대로 보존된 변증학 방법론을 찾아볼 수 있을 것으로 기대할 수 있다.

칼빈주의는 자연인과 더불어 인간 마음의 자율성에 관한 견해를 놓고 타협하여 절충하거나 하지 않으며, 세상의 만물이 하나님의 계획과는 무관하게 존재한다는 그들 나름대로의 존재관에 전혀 동조하지 않는다. 따라서 칼빈주의는 자연인들과 더불어 이야기할 때 그들이 기쁘게 받아들일 어떤 생각을 찾아내어 그것들을 시발점으로 삼는 직접적 접촉점의 방식을 발견할 수 없다. 칼빈주의자는 자연인의 사고방식 전체에 대해 반대하기 때문에 그 자연인이 말하는 구체적인 신조들에 대해서도 동의할 수 없게 마련이다. 왜냐하면 자연인이 말하는 여러 가지 구체적 신조들은 결국 모두가 자연인의 기본적 가정에서 솟아나는 것이기 때문이다. 그러므로 자연인의 이러한 기본적 가정이야말로 제대로 된 기독교의 신조들을 만나게 될 때 맨 처음으로 그것도 가장 심각한 도전을 받게 마련이다.

개혁주의 변증가는 아예 그의 대적을 만나는 처음 순간에 그의 장갑을 벗어 던져 결투를 신청하고 생사가 걸린 결투에 필사적으로 도전해 들어간다. 그는 결코 자연인이 운전하는 차 속에 잠잠히 앉아서 한동안 그가 운전하는 대로 따라간 다음에 그제야 넌지시 이쪽으로 갈 게 아니라 다른 방향으로 가야 할 것 아니냐는 식으로 이야기하지 않는다. 개혁주의 변증가는 진리에 이르는 오직 한 길을 알고 있을 뿐만 아니라 자연인이 그 길을 달리고 있으되 정반대 방향으로 달리고 있음을 안다. 고속도로 상에 있는 서비스 센터들은 어느 방향으로 가는 차건 간에 도움을 베풀게 마련이다. 일견 올바른 방향으로 가는 차보다는 잘못된 방향으로 가는 차들이 훨씬 많기 때문에 고속도로의 유지비는 잘못된 방향으로 가는 차들에 의해서 주로 조달될 것이다. 비록 각기 다른 방향으로 달리고 있던 사람들이라 할지라도 이제 잠시 쉬고 휘발유를 넣기 위해서 잠깐 같은 휴게소에 들렀을 경우에, 그들은 완벽한 고속도로의 설비나 그들이 넣고 있는 휘발유의 좋은 품질 등에 대해서만큼은 같은 말로 찬사를 보낼 수 있을 것이다.

그러나 존 번연의 『천로역정』[27]에 나오는 그리스도인처럼 개혁주의 변증가는 길에서 만난 사람들에게 그가 달리는 길이 결국 낭떠러지로 가는 길임을 일러줄 것이다. 개혁주의 변증가는 길에서 우연히 만난 친구, 즉 자연인에게 도로 건설자가 길 곳곳에 붙여 놓은 표지판들이 모두 자기가 가는 방향을 가리키고 있음을 상기시켜 줄 것이다. 만일 자연인이 끝내 고집을 부리면서 자기도 이제껏 길에 붙은 표지판들을 따라왔는데 그 표지판들이 모두 자기가 가는 방향을 가리키고 있었으며, 이제껏 아무 탈 없이 여기까지 왔노라고 말하는 경우라도, 개혁주의 변증가는 자기 근처에 있는 잘못된 표지판들을 지워 버리고는 자연인에게 당신도 자신이 있으면 이때까지 잘못됐다고 생각해서 무시해 온 표지판을 지워보라고 도전할 것이다.

로마 가톨릭과 알미니안주의 변증가는 잘못된 표지판을 지워 버릴

---

[27] John Bunyan, *The Pilgrim's Pregress: Grace Abounding, and a Relation of His Imprisonment*, ed. Edmund Venables (Oxford: The Clarendon Press, 1925).

만한 입장에 서지 못한다. 어쩌다가 자연인과 같은 휴게소에서 마주치게 된 알미니안주의의 변증가는 곤혹을 면치 못하게 된다. 그 역시 그리스도인이므로 자연인에게 그가 잘못된 표지판을 따라가고 있음을 진심으로 이야기해야만 할 것이다. 그가 믿는 창조의 신앙은 알미니안주의의 변증가로 하여금 이제 막 새로 알게 된 사람이 계속 잘못된 방향으로 가는 것을 막아야만 할 것을 촉구한다.

그러나 알미니안주의 변증가 자신이 인간의 자율성을 어느 정도 주장하고 있으며 이러한 입장이 그가 믿는 창조신앙을 저해하고 있기 때문에, 그는 기껏해야 이제 새로 만나 알게 된 자연인에게 그가 따라가는 표지판이 과연 옳은 것인지 의심스럽다고 말하는 데 그칠 뿐이다. 심지어 알미니안주의자는 자신이 견지하는 소위 "중립적" 변증학의 방법론에 따라서 이제 알게 된 자연인을 바른 방향으로 인도할 목적으로 그리 한다고는 하지만, 분명히 잘못된 도로 표지판들을 바른 것들이라고 인정하기까지 하는 것이다. 그뿐만 아니라 알미니안주의자는 자연인과 함께 한참 동안이나 동행하기까지 한다. 그는 자연인이 나아가는 잘못된 방향으로 함께 출발할 것에 동의할 뿐만 아니라, 멸망의 도시로 이끌어가는 그 도로상에서조차 마음을 같이 하여 한참이나 달려가는 것이다. 그렇게 한참 동안 달려가다가 알미니안주의자는 자기의 동행인 자연인도 자기와 똑같은 행동을 해 줄 것으로 기대하면서 갑자기 브레이크를 밟고서는 급선회하여 오던 길로 내달려 버리는 격이다.

그러나 알미니안주의자는 이런 일을 행하는 가운데 첫째, 실질적으로 하나님의 계시를 불분명한 깃인 양 용인해 버린 데다가 둘째, 자연계시를 해석함에 있어서 하나님 없이 멋대로 해석하여 초자연계시를 자연인의 불합리한 요구에 굴복시키는 등의 일로 오히려 하나님의 영광을 가리는 결과를 낳는다. 그와 동시에 그는 자연인을 설득하여 바른 방향으로 이끌고자 하는 자기 목표도 달성하지 못한다. 로마 가톨릭과 알미니안주의의 신학은 타협적이다. 결과적으로 로마 가톨릭과 알미니안주의의 변증학 방법론들은 타협적인 동시에 자멸적이다.

3. "블록 하우스"(Blok-House) 방식

이 장을 매듭짓기에 앞서 우리는 나머지 한 가지의 문제를 다루어야 하겠다. 이제까지 우리는 개신교 변증학의 바른 방법론이 직접적 접근의 방식이 아니라 전제에 입각한 방식임을 살펴보았다. 그러나 로마 가톨릭의 신학과 알미니안주의의 신학은 그와 같은 논리를 용납하지 않는다. 로마 가톨릭과 알미니안주의는 직접적 접근방식의 필연성을 고집한다. 결국 그들이 말하는 기독교 유신론은 그 자체가 훼손된 것이기 때문에 너무 늦었다는 자각이 들기까지도 자연인에게는 아무런 도전을 제기하지 못한다.

그리고 우리는 앞서 전제에 입각한 방법론이 기독교 유신론을 하나의 단위로 제시할 것을 요구한다는 사실도 보았다. 그러나 로마 가톨릭의 신학은 먼저 유신론(theism)을 따로 떼어서 다룬 후에 기독교(Christianity)를 다루도록 강조한다. 로마 가톨릭의 신학은 성경에 의존함 없이 자연을 해석할 과업을 이성에게 떠맡겨 놓았기 때문에 결국 먼저 유신론이 침입을 증명해야만 하는 것이다. 이런 식으로 입증된 유신론이 모든 그리스도인이 입증하고자 원하는 유신론, 즉 기독교의 유신론과 같은 유일무이의 유신론일 수는 없다. 그러나 어떻게 되던 간에 "이성"에 의하여 일종의 유신론을 입증해 놓은 로마 가톨릭은 이제 그것이 "설정"해 놓은 기형적 유신론에 부합될 수 있는 어떤 기독교를 그들의 신학을 통해서 증명해야만 한다. 그런데 로마 가톨릭에 관한 이런 사실들은 근본적으로 알미니안주의에도 마찬가지로 적용된다.

이제 남은 것은 앞서 이야기해 온 것보다 자세하게 로마 가톨릭과 알미니안주의의 추론방식이 기독교 유신론의 통일성을 둘로 갈라놓을 뿐만 아니라 그 토막 낸 유신론마저도 부분 부분으로 나누어 입증하게끔 되고 만다는 사실을 분명하게 밝히는 일이다. 로마 가톨릭과 알미니안주의는 그들의 방법론에 있어서 이원론으로 떨어질 뿐만 아니라 결국

원자론(atomism)으로 전락하고 만다.²⁸

 진정한 개신교적 추론방식에는 기독교 유신론의 모든 국면이나 부분의 의미가 바로 그 기독교 유신론을 분리할 수 없는 하나의 통일체로 생각하는 것에 크게 좌우됨을 강조하는 것도 포함된다. 개신교도는 그리스도의 부활에 대해 이야기할 때에 그를 통하여 세상이 지은 바 된 영원한 말씀, 즉 하나님의 아들이 부활하신 것으로 이야기한다. 그리스도인이 역사의 영역에 대하여 주장하는바 이 사실에는 그들이 말하는 유신론의 진리가 함께 따라가기 마련이다. 그리스도의 부활에 적용되는 사실은 마찬가지로 성경이 역사적 사실들에 대하여 이야기하는 모든 부분들에 그대로 적용된다. 아무리 그것이 역사에 관한 이야기라 할지라도 만일 그것이 성경에서 말하는 유신론의 일부로서 진술되지 않을 경우에는 성경에 나오는 역사적 사실들을 있는 그대로 바르게 진술할 수 없게 된다. 이렇게 말하는 것은 다름이 아니라 피조세계의 모든 일은 피조세계를 위한 하나님의 계획에 의하여 규정된다는 사상 속에 내포되어 있다. 인간의 모든 영역 속에서 일어나는 일들은 그 모두가 있는 그대로만으로도 기독교 유신론에서 말하는 하나님과 그리스도를 분명히 계시해준다.

 그러나 만일 이것이 사실이라면—실제로 이것이 사실이라고 말하는 것이 성경적 입장의 가장 중요한 핵심이라고 해서 틀릴 것이 없겠지만—기독교 유신론에 관한 전반적인 주장이 결국 모든 사실에 얽힌 제반 문제에 자연히 끼어들게 마련이다. 그러므로 기독교 유신론은 그 속에서 비로소 어떤 사실에 관한 모든 명제가 의미를 갖게 되는 빛이라고 말해야 할 것이다. 기독교 유신론의 진리를 전제로 놓지 않으면 아무런 사

---

28 Van Til이 말하는 "부분 부분 나누어" 입증한다는 것은 "블록 하우스" 방식을 의미하며 "이원론뿐 아니라 원자론으로까지 전락한다"는 것은 로마 가톨릭과 알미니안주의가 하나님의 통치와 인간의 지배(자유의지로 인해) 사이의 딜레마에 사로잡힐 뿐 아니라 이러한 방법론은 먼저 자율성으로부터 시작한 후 나중에 유신론을 끼워 넣으려 하기 때문에 그것이 받아들인 (원자론적) 개인의 진리들을 연결하는 적절한 방식이 아니라는 사실에 대한 언급이다.

실도 다른 사실들로부터 구별될 수 없게 된다. 그러나 문제를 이렇게 말하는 것은 단지 관념론적 논리학자들이 그들의 반기독교적 유신론의 가정들 때문에 적용시킬 수 없었던 관념론의 논리적 방식으로 적용시켜 본 것에 불과하다.

관념론적 논리학자들의 주장에 따르면 단지 개체들을 헤아리기만 하는 데도 이 개체들을 분리하는 진리의 체계를 전제해야 한다는 것이다. 만약 그러한 진리체계가 존재하지 않는다면 한 개체를 다른 개체로부터 갈라 구분 지을 방법이 전혀 없게 된다. 사실들은 마치 우리 눈이 거대한 대양을 이루고 있는 수억만의 물방울들을 따로따로 떼어서 볼 수 없는 것과 같이 전혀 구별 지을 수 없게 될 것이다. "즉 요점은 모든 계수 행위는 어떤 양적인 전체를 전제로 하여 그것에 의존하고 있으며 **집합적 판단**은 한 집단 내부의 포함 관계를 웅변적으로 나타낸다. 따라서 아무 연관도 없는 개체들은 셀 수 없다."29

한 사실이 다른 한 사실과 구별될 수 있는 것은 바로 그 사실들 중 어느 하나도 이성적으로 통제되고 있지 않기 때문이라는 반대가 있을 수 있다. 오히려 개별적 사실을 어떤 논리적으로 얽힌 체계 속에 집어넣음으로 그 사실들이 이미 갖고 있던 개성이 상실되는 것이 아닐까? 칸트는 우리에게 가르치기를 만일 우리가 경험세계의 개별적 사실들 간에 논리적 체계를 갖고자 한다면 그것은 오로지 우리가 개별적 사건들을 그것들 자체 개개의 것으로 알려는 불가능한 생각을 포기했을 경우에만 가능하다고 하지 않았던가?

이러한 반론들을 답변함에 있어서, 우리는 이와 같은 탈출구가 개혁주의 변증가에게는 열려 있지 않다는 점을 알고 있기만 하면 된다. 개혁주의 변증가는 만일 그가 진정 개혁주의적 신학자이기도 원한다면, 오

---

29 F. H. Bradley, *The Principles of Logic*, 2nd ed. (London: Oxford University Press, 1922; corrected impression, 1928), 1:368-69. Francis Herbert Bradley(1846-1924)는 University Colledg, Oxford에서 교육을 받았다. 그는 Merton College, Oxford에서 가르치기 시작하여 죽을 때까지 그곳에서 있었다. **Bradley**는 경험은 불완전하고 자기모순적이라고 주장한 절대적 이상주의자였다.

늘날의 평범한 과학자들과 철학자들이 여태껏 알고 있던 합리주의의 여러 형태들 가운데 가장 지독한 합리주의라고 생각할 만한 주장을 해야만 한다. 역사상에 나타났던 여러 종류의 합리주의들은 예외 없이 다음의 두 가지 중에서 하나를 택하곤 했다. 그들이 이성적으로 철저한 일관성을 띤 경우에 있어서는 역사에 있어서 개체의 존재와 의미를 일방적으로 과감히 무시했었다. 파르메니데스(Parmenides)는 주장하기를 "**존재냐 무존재냐** 하는 거창한 문제는 사람이 그것에 대하여 얼마나 철저하게 일관성 있는 주장을 펼 수 있는가에 따라 그 답이 결정된다"고 했다.[30] 바로 이런 것이 철저한 합리주의다. 그러므로 파르메니데스는 개별적인 역사적 사실의 존재와 의미를 기꺼이 부정할 용의가 있었다.

그러나 이와는 반대로 합리주의자들이 철저하게 일관성을 견지할 경우 그들은 인간 편에서의 완전한 논리적 서술을 수단으로 하여 개별화를 추구하는 똑같은 이상에 집착하지만 결국 그들은 그와 같은 서술이 결코 성취될 수 없는 것임을 자각하게 된다. 라이프니츠도 그의 기대에 있어서나 열망에 있어서 결코 파르메니데스에 뒤지는 합리주의자가 아니었다. 그는 "지식의 가능성을 가능성에 관한 지식에 의존케 하는 일"을 주저하지 않았다. 그러나 라이프니츠는 인간이 아무런 모순을 느끼지 않고도 그로 하여금 하나님의 절대적 속성들을 회상케 해 줄 완전한 분석을 해낼 수 있을런지에 대해 의문을 제기하였다.[31] 그래서 그는 도저히 자신에 어울리지 않게도 개별체, 즉 궁극적으로 변화하는 것들의 실제적 존재를 용인해야만 했었다. 그러나 라이프니츠는 이 일을 위해서 자신이 세운 논리체계를 서버려야만 했다. 그가 시간내적 개별성을 인정하기는 했으되 그것은 오직 자신의 논리체계를 희생시킨 결과로 그렇게 할 수 있었다.

그러므로 이와 같이 합리주의자는 개별성이란 오직 논리체계를 무시

---

30 John Burnet, *Greek Philosophy, Part I, Thales to Plato* (London: Macmillan, 1920), 67.
31 Seymour G. Martin et al., *A History of Philosophy* (New York: F. S. Crofts and Company, 1941), 396.

했을 경우에만 실제로 존재할 수 있는 것임에 관하여 불합리주의자들과 의견을 같이한다. 이 점에 있어서는 브래들리(F. H. Bradley)와 버나드 보잔켓(Bernard Bosanquet)32도 예외는 아니다. 그러나 합리주의자와 비합리주의자와는 달리 그리고 이들 둘 사이에서 일종의 사상적 결합을 찾아보려 애쓰는 여러 가지 사고방식들과도 달리 개혁주의 변증가는 진정한 의미의 역사적 사실과 개별성의 개념을 주장할 뿐만 아니라 그와 동시에 절대적 체계의 개념도 같이 주장해야만 한다. 그는 "이성의 진리"(truths of reason)를 희생시켜 "사실의 진리"(truths of fact)를 세우려고 애쓰지 않는다. 그가 사실의 진리를 진리로 주장하는 것은 그에게 있어서 그것이 곧 이성의 진리이기 때문이다. 그러나 그 역시 하나의 인간일 따름인 그가 자기 힘으로 기독교 유신론에 관해 신자와 불신자가 늘 의견 충돌을 벌이는 문제인 자연과 역사의 사실들의 관계를 완벽하게 논리적으로 설명할 수 없을 것은 확실하다. 따라서 그는 성경이 말하는 사실의 진리는 성경이 말하는 그대로이든지 아니면 도저히 이해할 수 없는 무의미한 것들이라고 주장하게끔 된다.

참된 기독교 변증가는 또한 불연속의 원리를 견지하는데, 이는 하나님이 모든 능력을 좌우하기 때문에 지식에 있어서도 모든 것을 포괄하게 되는 하나님의 마음에 호소할 때 두드러지게 나타난다. 기독교 변증가는 그의 불연속의 원리가 사실들 간의 모든 논리적 관계를 부정하는 것이 아니라 단지 그의 피조물 됨을 겸손하게 인정하는 것뿐임을 숨김없이 이야기한다. 그러므로 그의 불연속의 원리는 합리주의자의 불연속의 원리와 같지 않으면서도 오히려 불합리주의자의 불연속 원리와는 정반대의 것이다. 그러나 그리스도인은 또한 연속성의 원리를 갖고 있다. 그것은 스스로 완전하신 하나님과 그러한 하나님이 역사에 관해 세우신

---

32 Bernard Bosanquet(1848-1923)은 주로 Edward Caird와 T. H. Green을 통해 독일 관념론의 영향하에 들어오게 되었다. 그는 Harrow and Balliol Colleges, Oxford에서 수학하였으며 졸업한 후 1870년에는 University College, Oxford의 Fellow로 임용되었다. Bosanquet의 사망 부고에는 절대적 관념론을 주장했던 그를 당대 "영국 철학의 핵심 인물"로 소개한다.

계획에 의거한 연속성의 원리이다. 그러므로 그의 연속성의 원리는 불합리주의자의 연속성의 원리와 같지 않으면서도 합리주의자의 연속성의 원리와는 정반대의 것이다.

이제 우리는 이 두 가지 원리, 즉 기독교적 연속성의 원리와 기독교적 불연속의 원리를 한데 묶어서 전제에 입각한 추론에 관한 기독교 원리를 얻게 된다. 이 세상의 모든 사실이 해석될 수 있으려면 기독교 유신론에서 말하는 하나님의 실제적 존재와 죄인들에게 그러한 하나님에 관하여 말씀하시는 성경의 무오한 권위가 전제로써 받아들여져야만 한다.

그러나 이러한 이야기는 기독교 유신론에 대한 전반적인 논의가, 우리가 개별적인 역사적 사실들을 의논할 때마다 언제나 완전한 형태로써 그 논의에 반영되는 것이 가능할 것이라는 뜻은 아니다. 그렇다고 역사적인 구체적 사실들을 논의하는 것이 별로 중요하지 않다는 이야기는 더욱이 아니다. 그것은 기독교 변증가가 개별적 사실에 관한 체계를 주장하는 일을 망각해서는 결코 안 된다는 것을 뜻한다.[33] 그는 논적과 더불어 토론하고 있는 "사실"이 하나의 사실로서 인식되려고 한다면 성경이 그것에 대하여 이야기하는 그대로여야만 한다는 것을 항상 명심해야 한다. 그는 어떤 영역에서건 그 사실이 진리체계의 일부인 바로 그 진리체계를 실제적으로 보여주지 않는 사실은 존재할 수 없음을 분명히 주장해야 한다. 만일 사실이 기독교 유신론의 진리체계의 일부임에 틀림없다면 사실은 그 진리체계의 일부로서 모든 능력을 다해서 스스로가 속한 체계를 드러내 보이는 것 이외에 무슨 일을 할 수 있겠는가? 있는 그대로가 바로 이 체계의 모습 그 자체이다. 만일 변증가가 그것을 있는

---

[33] 앞선 세 가지 진술은 이 접근의 일반적 오류를 피할 수 있는 중요한 요소이다. 첫째로 변증학적 논증을 "기독교 유신론에 관한 전반적인 논쟁"으로 몰고 가는 것은 가능하지도 않고 바람직하지도 않다. 변증학자가 할 일은 논쟁과 직접적인 연관이 있는 기독교 유신론의 진리들을 드러내는 것이다. 둘째로 역사적 세부 내용에 대한 논의는 실제로 중요하다는 것이다. 우리는 논증이 필요 없는 사실들에 대한 논의가 아니라 창조된 사실들에 관해 논의하고 있다는 것을 기억해야 한다. 셋째로 우리는 언제나 기독교의 진리체계의 실재에 대해 유념해야 한다. 이 체계는 우리가 체계 전체를 도입하지 않아도 실제적 논쟁의 방식을 제공해줄 것이다.

그대로 표현하지 않는다면 그는 그것의 실상을 있는 그대로 이야기하는 것이 아니다.

이러한 기독교 유신론적 입장에 반대하여 모든 비기독교적 철학은 실질적으로 진리의 통일성을 부정한다. 혹시 관념론적 철학자들이 그렇게 하는 것처럼 진리의 통일성에 관한 많은 이야기가 오가고 마치 그것을 주장하는 언성이 높은 것같이 보일지라도 비기독교 철학은 그 궁극에 있어서 원자론적이다. 이러한 현상은 아담과 하와가 하나님을 배반하여 타락했을 때에 세계에 들어온 진리와 실제 사이의 절대적 분리로 인한 결과이다. 사단이 하와를 유혹하여 금지된 과일을 취하도록 설득할 때, 사단은 하나님이 미리 말씀하신 그 행위의 결과가 실제로는 일어나지 않을 것이라는 거짓말로 하와를 설득하려 했었다. 그러한 사단의 말은 시간의 지배를 받는 실재가 움직이는 과정을 이성적인 체계에 맞게 전혀 이야기할 수 없다는 말과 같다. 사단은 실제적으로 인간에게 강권하여 실재가 이성적인 통제를 받는 것이 아닌 어떤 것으로 생각하도록 만들었던 것이다.[34] 모든 비기독교 철학은 아담과 하와가 가졌던 헛된 가정을 반복하며 따라서 이러한 의미에서 비합리적인 성격을 띤다. 이와 같은 비합리주의는 여러 가지 형태의 경험주의와 실증주의에서 가장 철저하게 나타난다. 이러한 철학들에 있어서 서술은 말할 나위도 없이 원자론적 형식으로 인식된다.

한편 사단은 하와로 하여금 합리주의자가 되게끔 유혹한 것이기도 하다. 사단은 하와로 하여금 그녀는 자기 생각 이외의 다른 어떤 정보의 원천으로부터도 사물이 움직여 사건이 발생하는 과정에 관한 아무런 정보도 받아들일 필요가 없다는 입장을 취하도록 유도했다.[35] 인류역사 속에서 발전되어 온바 어느 편으로 치우치기 쉬운 경향성이 없던 시절

---

[34] 즉 유일한 "절대적 합리성"이신 하나님의 통제를 받는 어떤 것으로 생각하게 했다는 것이다.
[35] 여기서 유의해야 할 것은 이 하나의 진술이 실재의 한 국면을 이해하거나 규명하려는 모든 비기독교적 시도를 요약하고 있다는 사실이다. 즉 그러한 시도는 궁극적으로 우리 자신의 마음이 아닌 다른 어떤 원천이 없어도 당연히 가능하다는 것이다.

이었건만, 하와는 사단의 유혹에 따라서 실재에 대한 보편적인 부정적 판단이라 할 수 있는 결정을 내렸다. 하와는 그녀가 금지된 나무의 과일을 먹는다 해도 그 결과로서 죽음이라는 징벌이 내려지지는 않을 것으로 굳게 믿었던 것이다. 이와 똑같은 이성적 합리주의가 파르메니데스와 같은 사람들에게서 철두철미한 형태로 나타나곤 했다. 그러나 심지어 조금은 덜 철저한 합리주의자라 할지라도 그들은 모두 실제로 **선험론자들**(a priorists)이다. 그들이 철두철미한 합리주의자가 아닌 것은 단지 그들이 자신들의 이상을 실현할 수 없었기 때문이다.

근대에 들어서 칸트는 합리주의와 경험주의를 종합하였다. "그는 지식에 있어서 이성의 역할은 정확하게 이러이러한 것이며 감각의 역할은 저러저러한 것이라고 엄격히 규정했다."[36] 이와 같은 칸트의 입장은 오늘날 우리가 직면하는 입장들 가운데서 극히 강력한 입장이다. 이러한 입장은 대개 현상론적으로 이야기를 전개한다.[37] 이 입장은 아담의 죄로 말미암아 이 세상에서 일어난 사실과 인간의 마음 사이의 메울 수 없는 간격을 해소시켜 보려는 노력으로 특징지을 수 있다. 그러나 이 입장은 이 세계의 사실과 인간의 마음 사이의 이원론을 해소하지 못한다. 현상론(phenomenalism)이 사실성 자체를 비합리적이라고 주장하는 한 본질적으로 원자론적이라는 비난을 피할 수 없다.[38]

동시에 현상론은 원자론적으로 파악되는 실재들 내에 어떤 통일성이 있다면 그것은 필히 인간의 마음에서 나온다고 생각하는 면에 있어서는 여전히 합리주의적이다. 어떻게 되던 간에 이 합리성은 하나님의 마음으로부터 나오는 것으로는 생각되지 않는다. 현상론에 내재하는 합리주

---

[36] Gordon H. *Clack in Christian Opinion*, January, 1945.
[37] 특히 Kant와 관련하여 현상론은 경험적 실재는 일종의 선험적 요소에 의존한다고 확신한다. 이러한 의미에서 현상론은 일부 합리론과 일부 경험주의를 취하여 둘 다 할 수 없었던 일—경험한 사실들과 마음속에 내재된 원리의 관계에 대한 적절한 설명을 제시하는 일—을 시도한다.
[38] 사실성이 비합리적 성격의 것이라면 그것 자체가 아닌 다른 어떤 상황에서 각각의 사실에 대해 생각할 방법은 없다. 즉 개별적 사실들을 하나로 결합할 "체계"나 합리적 원리가 없다는 것이다. Van Til은 이것을 "원자론"이라고 부른다.

의적 성향이 성공적으로 견지되는 경우에는 결국 모든 개체성이 말살되고 말 것이다. 현상론의 합리적 성향은 공공연히 단계적인 모습을 띤다. **이것이 사실이라는 것은 현상론의 합리화 과정들이 현저하게 비합리적 자료들을 합리화시키는 일이라는 점을 감안해 볼 때 분명해진다.** 마치 시카고 호수의 수면이 육지에서 물과 함께 흘러드는 모래로 인해서 점진적으로 넓어지듯이 현상론은 모래들을 그 중심으로부터 취하여 점차 자기 편에 모아서 그 나름대로의 합리성의 섬을 쌓아 간다. 현상론자들이 하는 일이 시카고 호수에서 벌어지는 일과 다른 점이 하나 있다면 그것은 자기들이 모래를 쏟아 붓는 호수에 바닥이 있으리라고 생각할 만한 근거가 그들에게 전혀 있을 수 없다는 사실이다.

그러므로 일반적으로 말해서 비기독교적 방법론과 특히 근대의 현상론이 봉착하는 난관은 그들이 사람의 전지성을 말하든가, 그것이 용이하지 못할 경우에는 사람의 철저한 무지를 말할 수밖에 없게 된다는 점이다. 이러한 입장에서 첫째로 취하는 가정은 만일 사람이 어떤 용어나 대상을 파악하고자 할 때에 그는 그 용어나 대상에 관계된 모든 것을 알아야만 이를 알 수 있으며 그렇지 못할 경우에는 아무것도 알 수 없다는 생각이다. 그리고 둘째로 취하는 가정은 그러한 전포괄적 관계 속에서 뭔가를 파악한다는 것은 그저 알 수 없는 일이 아니라 전혀 불가능하다는 생각이다. 그러므로 소위 과학적 지식이라고 불리는 것은 아무것도 아닌 것에 대하여 모든 것을 아는 것과 모든 것에 대하여 아무것도 모르는 것의 교차이다. "그것밖에 아무것도 존재하지 않거나 아니면 그것을 대체할 아무것도 없는 철두철미한 합리주의 체계는 순간적 획득을 전제하거나 그것을 초월한다."[39]

우리가 이제 강조하고자 하는 점은 비기독교적 방법론의 원자론적 성격이다. 체계에 대한 생각은 단순히 그것을 위한 한정 개념일 뿐이다. 즉 그것은 하나의 이상일 뿐이다. 더욱이 특이할 만한 것은 그것이 영원히 하나의 이상으로서만 존재해야 한다는 사실이다. 만약 이 이상을 실

---

39 Morris R. Cohen, *Reason and Nature* (New York: Harcourt, Brace, & Co., 1931), 158.

제화 하는 경우, 이 이상은 과학 그 자체를 파괴하고 만다. 그러할 경우 이 이상은 사실이 구체화되어 알려지는 대로 그 사실의 개체성을 말살시켜야만 한다. 그러므로 사물을 구별할 수 있는 개체성이 궤멸되기 때문에 사실을 구별하여 알 수 없게 된다. 결국 비기독교적 과학의 방법론에서는 사실이 사실로서 알려지려면 반드시 어떤 체계의 일부가 되어 그 체계 속에서 어떠한 사실로서 알려지게 될 것을 필연적으로 요구한다. 뿐만 아니라 하나님의 계획에 의거하는 기독교적 체계에 관한 생각은 말도 되지 않는 것으로 외면당하기 때문에, 불신자가 말하는 과학의 체계는 결국 인간의 지식에 속한다. 사람은 이 체계를 알되 본능적으로 알아야만 한다. 사람이 이 체계를 추론적으로 안다는 것은 불가능한데, 왜냐하면 추론적으로 얻어진 생각은 그것이 실재와 연관 지어질 것 같으면 그것 역시 필히 비합리적인 존재가 갖는 단편적 성질을 띠게 되기 때문이다. 시간의 제약을 받는 세계 속에 존재하는 사물에 관한 개별적 개념이란 이들 사실이 갖는 사실적(*de facto*) 성질을 띠게 마련이다. 결과적으로 추론적 사고를 통해서 나온 시간 내적 실재에 대한 어떤 판단이나 명제는 또한 시간 내적 존재들 그 자체에 내포된 사실적 성질을 띠게 된다. 그러면 실제적 목적에 관한 한, 각개 명제는 본질적이고 단독적으로 성립하여 단독적으로 알려질 수 있다. 따라서 추론적 사고에 의한 여러 가지 판단들 사이에는 아무런 논리적으로 필연적인 관계도 존재하지 않으며, 거기에는 오로지 브래들리(F. H. Bradley)가 말하는바, 현상 속에서는 발견되지 않지만 실재는 어떻든 조화를 이루고 있다는 직관만이 있을 수 있다.

만일 여기서 하나님에 대한 관념이 도입되고 인간은 필연성에 관해 추론적인 방법 이외에 다른 방법으로는 알 수 없으며, 따라서 하나님이 직관적으로 모든 것을 아시므로 자연히 그 하나님은 모든 것을 아신다는 것 이외에는 아무것도 알 수 없다고 한다면, 유일한 대답은 이 경우에 그 하나님은 우주와 더불어 비이성적 관계를 맺을 수밖에 없을 뿐더러 인간의 지식에 대해서도 이성적인 관계를 가질 수 없음이 불가피하다는 것이다. 언제나 원자론적으로 생각할 수밖에 없는 인간은 직관적으로 대상을 파악하는 하나님에 대해서는 전혀 알 수 없으며 단지 개별적인 일과 구체적인 역사적 사실만을 이해할 수 있을 뿐이다. 아리스토텔레스가 말한 하나님은 바로 그런 하나님이다. 그러한 신은 직관으로 사물을 파악하는 한 개별적인 존재에 대해서는 아무것도 알 수 없다.[40] 또한 그러한 신은 자기 자신과 인간을 철두철미하게 분류함을 통하여 이해할 수밖에 없으며, 정작 그들을 그렇게 분류하여서 이해하였다 할 경우에 실상 그는 그것을 전혀 알 수 없게 되고 만다. 그리하여 아리스토텔레스의 철학에 나타난 인간은 그의 철학에서 말하는 신에 대해서 전혀 알 수 없으며, 아리스토텔레스의 신은 마찬가지로 그의 철학에서 말하는 인간에 대해서 아무것도 알 수 없다.

그러므로 기독교적 입장이 이러한 사상적 접근을 공격하여 진리에 관한 바른 지식을 옹호해야만 할 것이라는 점은 별로 이해하기 어렵지 않다. 만일 인간에게 필연적인 추론적 사고방식이 현대의 방법론이 안고 있는 궁극적 비합리주의와 회의주의에 빠지지 않으려면 우리는 성경에서 알게 되는 하나님에 대한 생각을 전제해야만 한다. 성경만이 개별자에 관한 지식을 가짐과 동시에 직관도 하실 수 있는, 즉 개별자에 대한 지식을 소유하는 것이 직관적인 지식체계를 갖는 것에 아무런 장애도 되지 않는 그러한 하나님을 우리에게 알려 주고 있다.[41] 실로 그와 같은 하나님이 전제되어야만 한다. 그러한 하나님이 인간이 소유한 무수한 개념들과 지식의 명제들 사이의 관계를 가능케 하며 또한 실제로 그

---

40 왜냐하면 Aristotle에게 신은 "자신을 사유하는 사유"일 뿐이기 때문이다. 신이라는 존재가 자신 외에 다른 것을 생각한다는 것은 그가 생각하는 대상에 의존하는 것이며 따라서 상대적이 되는 것이다. 그렇게 되면 더 이상 신이라고 부를 수 없을 것이다. 예를 들어 *The Basic Works of Aristotle*, ed. Richard McKeon (New York: Random House, 1968)에 제시된 Aristotle의 *Metaphysics*를 참조하라.

41 즉 하나님은 자신을 직관적으로 아시며(그는 두서없이 아시거나 명제적 방식으로 아시는 것이 아니다) 자신이 창조하신 모든 것에 대해 포괄적으로 아신다(즉 하나님은 각각의 개체에 대해 아신다). 후자의 경우 하나님은 창조를 통해 자신의 본질적 속성(자신에 대한 포괄적 지식을 포함하여)에 전혀 손상됨 없이 자신을 낮추어 피조물에게 다가오셨기 때문에 아신다.

러한 관계들을 형성케 하는 필요불가결한 전제로 받아들여져야만 한다. 그러므로 인간의 지식체계는 하나님께 속한 지식체계의 **유비적 복제물**(an analogical replica)이어야만 한다.

여기서 이 문제를 더 이상 거론할 필요는 없을 것이다. 단지 이 문제와 관련하여 한 가지 분명히 해야 할 것은 로마 가톨릭과 알미니안주의는 중립적 출발점과 중립적 방법론을 채용하기 때문에 필연코 비기독교적 사상의 원자론에 함께 빠지고 만다는 점이다. 그들은 모든 사실을 기독교적 유신론에서 말하는 사실로 파악하고자 하지 않으며, 기독교적 유신론에서 말하는 사실만이 참 진리로 남는다는 것을 분명히 주장하기를 일언지하에 거부할 뿐만 아니라, 처음부터 이렇게 강력한 주장으로 비기독교적 방법론을 비판하지 않기 때문에 결국 비기독교적 결론으로 떠내려가고 말게끔 되어 있다. 로마 가톨릭과 알미니안주의자들이 비그리스도인들과 합의하여 사용하는 논증방법의 핵심은 실재의 여러 차원들에 관한 개별적 명제가 기독교의 진실성 여부와는 상관없이 진리라는 것이다. 로마 가톨릭은 물론 알미니안주의적 입장에 선 변증가 역시 자연인의 원자론적 사고방식에 참다운 도전을 가할 만한 입장에 서 있지 못하다. 그들의 신학은 그 자체가 원자론적이다. 그들의 신학은 일관성 있는 기독교적인 노선을 따라 형성되어 있지 않다. 그러므로 그들의 신학에 포함된 구체적인 여러 교리는 오직 기독교적 입장의 주요 원리와 바른 관계를 갖고 있을 때 보여줄 수 있는 충실한 내용을 담은 교리의 면모를 보이지 못한다.

개혁주의적 신앙은 세상의 만물을 생각함에 있어서 하나님의 섭리와 관련지어 이해하려고만 하는 면에 있어 잘못되었다는 그들의 주장은, 로마 가톨릭과 알미니안주의의 변증가로 하여금 비기독교적 원자론의 본질적 정확성을 인정하게 만들고 만다. 이것과 더불어 그들은 처음부터 비기독교적 방법론에 참다운 도전을 가할 힘을 모두 잃고 만다. 오히려 그들은 이 방법론의 제물이 되고 만다. 그들의 신학 원리들이 그들로 하여금 전제에 입각한 추론을 할 수 없게끔 만들기 때문에 기독교의 유신론을 항상 단편적으로 전파하고자 하는 그들의 노력은 언제나 비참한 종말을 고하게 될 뿐이다. 이것은 마치 막강한 적군의 집중적인 요새를 공략하면서 몇 명 안 되는 병사들을 뿔뿔이 흩어 내보내는 것과도 같다. 만일 전제에 입각한 방식을 쓰지 않는다면 오로지 내재주의적인 범주[42]에서 사용하는 해석과 자족적인 하나님에 입각한 해석과 같은 중심적 차이점이 걸린 문제들을 함께 논의할 방도는 전혀 존재하지 않는다. 개혁주의 변증가는 이런 일을 할 수 있도록 할 뿐만 아니라 그로 하여금 이런 일을 하도록 요구하는 신학을 가지고 있다.[43]

---

[42] 내재론적 범주란 어떤 초월적 준거-특히 삼위 하나님 안에서의 준거-에 대해서도 인정하지 않는 범주들을 말한다. 근본적으로 내재적론적인 서구 철학의 통찰력 있는 비평에 관해서는 Herman Dooyeweerd, *A New Critique of Theoretical Thought*, ed. William S. Young, trans. David H. Freeman (Nutley, N. J.: Presbyterian and Reformed, 1969), vol. 1을 참조하라.

[43] 한 사람의 변증학적 방법론을 결정하는 것은 그의 신학이라는 사실을 유념하라.

제7장

권위와 이성

앞장에서 논의했던 방법론에 관한 일반 원리들은 이제 권위의 문제에 보다 포괄적으로 적용되어야만 한다.[1] 만약 차이가 있다면, 로마 가톨릭교의 방법론과 개신교의 방법론 사이의 차이는 여기서 뚜렷하게 나타나게 된다. 로마 가톨릭교에 있어서 교회의 권위 특히 교황의 권위, 즉 엑스 카세드라(*ex cathedra*)[2]는 궁극적이다. 그러나 개신교에 있어서는 성경이 교회와 교회에 속한 교사들의 모든 결정에 우선한다.

이제 보다 구체적으로 논의해야 할 문제는 로마 가톨릭과 개신교가 불신자들과 더불어 어떻게 권위의 문제에 대하여 이야기를 하느냐 하는 문제이다.

1. 비기독교적 견해들

이 문제에 대한 해답으로써 우리는 불신자가 무엇을 그의 권위로 삼

---

[1] 본 장의 모든 자료는 필자의 강의안 ***Christian Apologetics***에서 발췌한 것이다.
[2] 즉 "교황으로서의 직무로부터"(from the chair)라는 의미이다.

는가를 물음으로 시작하는 것이 당연하다. 그런데 자연인이 권위를 부여하는 것을 발견하기 위해서는 먼저 그에게 있어 권위가 어떻게 이해되고 있는지를 아는 것이 필수적이다.

물론 어떤 형태의 권위도 인정하지 않는 사람이 있는데, 그 가운데는 매우 유명한 무신론자와 불가지론자가 있다. 그런 이들은 진리로 받아들일 모든 것은 "이성"에 의하여 입증되어야만 한다고 말한다. 그러나 비그리스도인들 가운데서도 위대한 사상가들은 그와 같은 입장을 견지한 일이 없다. 그들은 그들의 지식으로 실재의 모든 영역을 포괄할 수 없음을 알고 있다. 그러므로 그들은 자신이 알지 못하는 정보를 가진 사람들이 있을 수도 있다는 점을 기꺼이 받아들인다. 일상생활에 있어서 이런 일의 일례로서 소위 전문가에 대한 생각을 들 수 있다. 의사는 우리보다 인체에 대하여 훨씬 많이 알고 있다. 뿐만 아니라 의사들 가운데서도 천부적인 소질이나 근면성이나 기회가 좋았다든가 하는 이유로써 다른 의사들이 하지 못한 발견을 해내는 사람이 있다. 그러므로 모든 면에 있어 어디에서나 무식한 사람들은 유식한 지성의 권위에 청종하게 마련이다.

그러나 이 문제를 이런 식으로 보는 것 자체가 이미 자연인이 용납하는 권위의 성격을 잘 드러내 보여준다. 자연인은 이성의 사용에 있어서 만일 그것이 전문가의 권위일 경우에 국한하여 권위의 개념을 기꺼이 받아들인다. 권위에 대한 그와 같은 개념은 죄인의 자율성에 대한 가정과 매우 통하는 개념이다.

반면에 "이성 위에" 군림하는 어떤 무엇으로서의 권위에 대한 개념은 자연인에게 있어서 전혀 용납되지 않는다. 그러나 경우마다 어느 때 권위가 "이성 위에" 있게 되는 것인지를 구별하기란 용이하지 않다. 언뜻 보기에는 "이성 위에" 있는 권위같이 보이는 경우에도 사실은 그렇지 않을 경우가 많다. 그러므로 우리는 자연인을 향하여 기독교의 권위를 드러내어 설명함에 사용하는 로마 가톨릭과 개신교의 방법론 사이의 차이를 분석하기에 앞서 얼마간 이 문제를 다루어야만 하겠다.

그러면 이제 자연인의 생각에 그것이 자율성의 원리(the principle of

autonomy)를 거스르지 않는다고 느껴지기 때문에 기꺼이 받아들여지는 몇 가지 형태의 권위에 대하여 생각해 보기로 하자.

첫째, 사실적 대상이 무수히 존재하기 때문에 필요하게 되는 권위가 있다. 시간은 끝없이 흘러간다. 그리고 그 시간은 끝도 없는 사실을 우리에게 쏟아 낸다. 비그리스도인의 입장에 의거하면 시간에 의한 사실의 배출은 정말 끝이 없는 것이다. 역사 가운데 벌어지는 모든 일이 하나님의 계획에 의거하여 일어난다는 것을 믿지 않는 사람에게 있어서 시간의 움직임이란 우연의 움직임과 같은 것이거나 유사한 것이다. 그러므로 사실들이라는 망망한 대해는 끝도 없고 바닥도 없다. 이것이야말로 현대 철학이, 특히 칸트 이래 그토록 강조해 온 시간의 궁극성과 순수 사실성의 궁극성에 관한 개념이다. 데카르트[3]나 스피노자 그리고 라이프니츠로 대변되는 이성주의가 한 풀 꺾인 것은 이와 같은 우연의 궁극성이 일반적으로 인식되었기 때문이다.

그러므로 칸트 이후의 철학을 보편적으로 비이성주의적 철학이라 일컫는다. 칸트는 신앙의 여지를 남기기 위하여 이성을 제한하였다고 흔히들 이야기한다.[4] 따라서 많은 사람들이 이성으로 알 수 없는 실재의 어떤 양상들을 감정이나 의지를 통하여 알 수 있다는 사실을 기꺼이 인정하고 있다. 다시 말하면, 이성은 인간 경험에 있어서 인간이 궁극적으

---

[3] René Descartes(1596-1650)는 영향력 있는 근대 철학자이다. 그는 *Meditations on First Philosophy*에서 수학적 진리에 관한 특정 지식을 다른 지식의 영역으로 확장하는 시도를 한다. 그의 방법론은 적어도 하나의 확실한 진리를 확인하기 위해 보편적 회의를 수용하는 것이었다. 그가 찾아내었다고 주장한 확실한 진리는 자신의 존재였다. 그의 유명한 "*Cogito, ergo sum*"(나는 생각한다. 그러므로 나는 존재한다)은 근대 사상의 이정표가 되었다. Van Til은 종종 데카르트와 Calvin을 비교한다. 데카르트가 자신의 확실한 존재에 의해 보편적 진리를 얻었다고 생각한 반면 Calvin은 자기 지식과 하나님에 대한 지식의 불가피한 연계에 관한 내용으로 자신의 『기독교 강요』(*Institutes*)를 시작한다. 따라서 데카르트의 관점은 자율성을 드러내고 Calvin의 관점은 하나님에 대한 의존성을 담고 있다. 이것이 Van Til의 사상의 주제이다.

[4] 이 부분은 사실상 Kant, *Critique of Pure Reason*의 2판 서문에서 거의 축어적으로 발췌한 내용이다. 원문의 내용은 다음과 같다. "그러므로 나는 신앙의 여지를 위해 지식을 부인해야 할 필요가 있다고 생각한다." *Critique of Pure Reason*, trans. Norman Kemp Smith (New York: St. Martin's Press, 1958), 29.

로 사용할 수 있는 유일한 도구가 아니라고 생각되며, 더욱이 종교적인 문제에 있어서는 최우선적인 도구가 아닌 것으로 인식되고 있다. 도덕적 당위의 세계가 존재하며 미적 감상이 세계, 종교적 선험의 세계가 과학의 세계와 더불어 존재한다. 간단히 말해서, 선지자나 감정의 천재 또는 의지의 천재가, 우리를 인도할 수 있는 "신비"의 세계가 존재한다.

자연인이 비이성주의의 관념에 포함된 일종의 권위에 대하여 적어도 반대를 표명할 이유가 없다는 것은 매우 중요한 사실이다. 여기에는 다음과 같은 두 가지 중요한 이유가 있다. 먼저 이 시대의 비이성주의는 전 시대의 이성주의의 직계 자손이다. 순수 우연의 관념은 과거에 있었던 모든 형태의 비기독교적 사상에 내재하고 있었다. 그것은 하나님의 계획이 만물을 뒷받침한다는 기독교적 입장에 대한 유일한 논리적 대안이다. 플라톤과 아리스토텔레스는 그들의 사상이 성숙에 달하였을 때에 조차 이러한 여지를 남길 수밖에 없었다. 희랍의 가장 오래된 이성주의에 나타난 순수 "비존재"(non-being)는 플라톤의 철학 마지막 단계에 나타나는 억압된 "상이성"(otherness)에 불과하다.[5] 또 궁극적이라 여겨지는 순수 사실성이나 순수 우연에 대한 관념 역시 다름 아닌 명백히 표현된 "상이성"의 관념에 불과하다. 인간의 자율성에 관한 비기독교적 가정을 전제할 경우 우연의 관념은 논리의 관념만큼이나 당당한 권리를 가지게 된다.

둘째, 현대의 비이성주의는 자연인이 생각하는 것처럼 이성의 영역을 크게 점하고 있는 것이 아니다. 비이성주의는 이성이 전혀 통제할 수 없는 경우 이성의 허락하에 용납될 뿐이다. 비이성주의는 이성주의가 언제라도 그 지배력을 발휘할 영역을 찾으면 그것을 양도한다는 원칙의 비밀조약을 이성주의와 맺었다. 칸트가 말하는 본체계(realm of the noumenal)는 이성이 그 역량을 발휘할 최신의 무기를 갖추게 되면 그 영

---

[5] 초기 헬라철학과 비교하여 Plato가 "진보"한 것 가운데 한 가지는 존재/비존재의 변증으로부터 존재/상이성의 변증으로 옮긴 것이다. Van Til의 요점은 사람들이 그것을 무엇이라고 부르든 우연은 모든 비기독교 변증학적 사상의 필수적 요소일 수밖에 없다는 것이다.

토를 지속적으로 현상계(realm of the phenomenal)에 양도한다는 데 합의하고 있다. 더구나 비이성주의는 똑같은 협약에 의하여 자신의 영토를 자율적인 이성에 배치될 만한 모든 형태의 권위로부터 지킬 것을 단단히 약속한 바 있다. 순수 사실성에 대한 개념이나 우연에 대한 개념은 인간의 창조주이며 심판자이신 하나님의 권위와 같은 참된 권위가 사람에게 전혀 알려진 바 없었다는 사실을 가장 잘 보증해 준다. 만약 우리가 자율적인 이성에 의해 좌우되어 온 현상계를 거대한 밀림 가운데 있는 공터에 비유한다면, 우리는 본체계를 아직은 이성에 의해 개발되지 않은 똑같은 밀림의 한 부분에 비유할 수 있을 것이다.

따라서 이러한 견해에 의하면 신비의 영역이란 단지 아직은 알 수 없는 영역에 불과하다. 그리고 이성주의에 대한 비이성주의의 기여는 밀림 가운데 만들어 놓은 그 공터로부터 모든 사자와 호랑이들을 몰아내는 숲에 사는 어떤 용맹스러운 사냥꾼의 활약과도 같다고 할 수 있다. 이 용감한 사냥꾼은 무한하게 펼쳐진 밀림 전체를 돌면서 그 공터에 닥칠 수 있는 모든 위험을 제거한다. 이 비이성주의적 로빈 후드(Robin Hood)는 그가 사실상 미래에 생길 수 있는 모든 일에 대한 부정적 이론을 일반적으로 담대하게 펼 수 있을 정도의 이성주의자이기도 하다. 그는 비밀조약 가운데 자율적 인간의 이성에게 기독교의 하나님은 절대로 존재할 수 없으며 따라서 누구도 다가올 심판에 대하여 두려워할 필요가 없다고 분명히 확언한 바 있었다. 만일 역사의 과정 전체가 또는 적어도 그것의 일부가 우연에 의하여 좌우된다면 개신교가 믿는 권위와 같은 종류의 권위를 자율적인 인간은 결코 직면할 염려가 없게 된다. 왜냐하면 권위라는 개념은 실상 하나님이 역사상에 일어나는 모든 일을 그의 섭리로써 주장하신다는 생각을 구체적으로 표현한 것에 불과하기 때문이다.

자연인이 기꺼이 용납하는 두 번째 종류의 권위가 있다. 이 권위는 첫 번째 언급한 종류의 권위와 마찬가지로 이성이 실질적으로 우연의 모든 영역을 통제할 수 있다는 사실에서 유래하는 것은 아니다. 그것은 이성이 지식의 대상에 대해 주장하는 것조차 필연적으로 모순을 포함한다는 사실에 기인한다. 브래들리(F. H. Bradley)의 유명한 책인 『현상과 실재』(*Appearance and Reality*)는 이 점을 가장 상세하게 설명한 책이다. 요점은 실재의 본질에 대하여 사색해 온 여러 철학자의 생각이 사실상 서로 모순되며 때로는 충돌하기까지 한다는 것을 지적하는 데 있지 않다. 오히려 문제의 성질상 시간적 존재의 세계에 대한 모든 논리적인 언급은 본질적으로 자가당착적인 것이어야만 한다는 것이다.

자연인의 가정에 따르면 논리는 무시간적인 비인격적 원리이며 사실은 우연에 의하여 지배된다. 더 나아가서 자연인의 가정에 따르면 자연인이 실재나 우연의 세계에 대하여 무언가 납득될 만한 주장을 펴고자 애쓸 때, 그는 필히 시간에 국한되지 않는 원리들을 사용해야만 한다. 그러나 이런 일은 자가당착에 빠지는 것을 피할 수 없다. 왜냐하면 어느 누구도 우연에 대하여 확고한 주장을 펼 수 없기 때문이다. 그런 생각이야말로 정말 비이성적인 생각이다.

어떻게 비이성적인 것에 대하여 이성적인 이야기를 할 수 있겠는가. 꼭 그렇게 해야만 한다면 그것은 비이성적인 사실 자체가 결국 이성적인 것으로 국한되었기 때문임에 분명하다. 즉 만일 자연인이 자기가 보기에는 전혀 합리적인 이성으로 파악될 수 없는 "실재"나 "사실"세계에 대하여 어떤 납득할 만한 주장을 펴고자 한다면 그는 그 비이성적인 것을 사실상 합리적인 것으로 만들어야만 한다. 사실들을 분간하기 위해서 자연인은 시간 내의 모든 존재와 모든 사실성을 무시간적인 부동의 존재로 제한시켜야만 한다.

그러나 이렇게 해 놓았을 경우 그는 그의 전제에 입각하여 인식되는 모든 개체성과 사실성들을 말살시키고 만다. 그리하여 자연인은 한편으로 모든 실재가 자연 안에 있어서는 비구조적이라고 주장함과 동시에 다른 한편으로는 모든 실재가 자연 안에서 체계적으로 되어 있다고 주장할 수밖에 없다. 더 나아가서 자연인은 한편으로 모든 실재가 자연 안에서 체계적으로 정리될 수 없다고 주장함과 동시에 다른 한편으로는 그 자신이 자연 내의 모든 실재를 체계화하고 있다. 그러므로 본질상 그의 자연인의 모든 서술은 자가당착적이다.

이와 같은 딜레마를 깊이 인식한 많은 현대 철학자들은 모든 이성적 해석체계란 단지 하나의 관점(perspective)에 불과함을 주장하고 있다.[6] 이런 이들의 주장에 따르면 어떠한 체계도 "우리에게 있어서" 많은 체계들 가운데 하나일 뿐이며 그 이상의 것은 아니라고 한다. 우리는 실재를 그것들이 **마치** 과거에 그러했던 것처럼 지금도 언제나 그렇게 움직이리라는 가정하에 다루어야 한다. 이성의 활동에 의하여 형성되는 현상의 세계는 "여하간" 실재의 세계와 비슷한 것으로 받아들여져야만 한다. 그래서 우리는 또 다시 선지자나 예지자들이 밤에 본 환상을 우리에게 말해 주곤 할 신비의 개념과 "믿음"의 세계 그리고 "권위"의 세계로 되돌아온 듯하다.

오늘날의 상황이 바로 그런 것이 아니겠는가? 현대 철학의 모든 학파는 실질적으로 그들의 모든 사색이 신비 속에 싸이고 만다는 것을 인정한다. 일반적으로 말해서, 현대 철학(그리고 현대 과학)은 현상론적이다. 현대 철학은 사람이 궁극적 실재를 알 수 없음을 자인한다. 모든 해석체계는 필연적으로 인간의 마음에 달려 있는 것으로 주장된다. 따라서 겉보기에 현대 철학은 원칙상 그것이 미칠 수 없는 실재의 차원이 존재함을 인정해야 하며 결국 그러한 차원에 관해서는 권위에 의존해야 함을 또한 인정할 것처럼 보인다. 현대 철학은 결국 "종교"의 음성을 기꺼이 들을 것같이 보인다. 예를 들어, 도로시 에메트(Dorothy Emmet)[7]는 이 문제를 다음과 같이 이야기한다.

---

[6] Immanuel Kant가 실재에 대한 지식은 주관적 범주(즉 생각의 범주)라는 방식으로 얻는 다는 사실을 증명하려 한 후 Friedrich Nietzsche(1844-1900)나 Arthur Schopenhauer(1788-1860)과 같은 독일의 탁월한 철학자들은 "원근법주의"(perspectivism)로 돌아섰다. 원근법주의를 급진적 주관주의라는 관점에서 보면 모든 진리는 특정인을 위한 진리라는 것을 받아들일 때 모순은 사라진다. 이러한 관점은 대체로 오늘날의 포스트모더니즘—특히 포스트복음주의(postevangelicalism)—과 유사하다.

[7] Dorothy Mary Emmet(1904-2000)는 형이상학과 사회 이론에 관심을 가진 영국의 정치 철학가이다. 그녀는 University of Manchester에서 20년 이상 철학 교수를 역임하였다.

내가 보기에 종교의 핵심은 예배를 불러일으키는 어떤 대상에 대한 직관적 반응이라고 생각된다. 먼저 여기서 내가 무슨 뜻으로 "직관적"이란 말을 사용하는지 설명하고자 한다. 나는 그 말을 비판적인 사색의 방법 이외의 다른 방법을 통하여 얻어지는 일종의 이해를 가리키는 말로 사용한다. 그것은 사람의 성품을 파악하거나 어떤 상황에 필요한 요구들이 복잡한 판단의 단계를 거침없이 순간적으로 파악할 때 우리가 사용하는 종류의 이해이다.[8]

그러한 견해에 의하면 예수의 권위도 받아들여짐 직하다. 사실상 엠메트는 예수의 권위를 용납할 수도 있다. 그러나 그것은 여전히 전문가의 권위일 뿐이다. 엠메트와 같이 생각하는 사람은 예수를 단지 그들 나름의 이상에 따라 살아 나가기만 하면 그와 비슷하게 될 수도 있는 평범한 사람에 불과하다고 본다.

결국 자연인은 자기가 자신의 내부에 진리에 관한 최종적 기준을 갖고 있는 것으로 생각하고 산다. 그에게 제시된 모든 형태의 권위는 자연인이 내재적으로 갖고 있어 외부적인 권위와는 독립적으로 움직이는 자연인 고유의 표준에 의해서 검증되어야만 한다.

그러나 이제까지는 현대 철학을 들어 이야기했을 뿐이다. 여기서 현대 신학에 대해서도 몇 가지 언급되어야만 하겠다. 현대 신학에 있어서는 권위의 필요성에 대한 보다 절실한 인식이 있음에 분명하다. 뿐만 아니라 권위를 주장하는 사람들이 있을 것으로 기대할 수도 있을 것이다. 그러나 우리는 이 점에 대해 크게 실망케 된다. 현대 신학은 분명히 권위의 필요성을 절실하게 옹호한다. 그러나 현대 신학은 현대의 철학과 과학이 받아들이지 않는 권위를 절대로 옹호하지 않으려 한다. 현대 신학도 전문가의 권위만을 강하게 주장할 뿐이다.

---

8 Dorothy M. Emmet, *Philosophy and Faith* (London: S.C.M. Press, 1936), 84.

2. 현대 신학의 견해들

이와 같은 주장이 현대 신학의 아버지라 불리우고 있는 슐라이어마허 (Schleiermacher)[9]에 있어 그대로 들어맞는다는 것을 입증하기는 별로 어렵지 않다. 그의 유명한 책인 『기독교 신앙』(*The Christian Faith*)은 주로 칸트의 『순수이성 비판의 원리』에 입각한 인식론을 받아들여 쓰인 것이다. 분명히 슐라이어마허는 종교적 인간과 인간이 하나님께 절대적으로 의존함에 관해 이야기하고 있다. 그는 인간 이성의 여러 주장을 제한하는 것처럼 보인다. 그는 이성을 통해서 하나님께 도달할 수 없다고 말한다. 우리가 하나님과 관계를 맺게 되는 것은 의존의 감정에 의한다고 말한다. 그러나 이 모든 것에 있어서 슐라이어마허는 단지 일종의 종교적 현상론을 주창할 뿐이다. 만일 어떤 이가 자율적 이성을 비난하는 대신에 자율적 감정을 내세운다면 그것은 별로 칭찬할 만한 일이 되지 못한다. 그런데 슐라이어마허가 한 일은 바로 이러한 것이다. 그의 신학에 있어서 진리의 최종적 기준은 역시 인간의 인격에 달려 있다.

한 유명한 교인과 또한 유명한 철학자가 최근에 벌였던 권위와 이성의 관계에 대한 논쟁으로는 테일러(A. E. Tayler)가 쓴 『도덕론자의 신앙』 (*The Faith of Moralist*)이라는 책을 예로 들 수 있다. 테일러는 인간의 사고 속에 권위를 위한 여지를 남겨야 한다고 했다. 그러나 그는 어떠한 권위도 절대적일 수 없다고 말했다. 절대적 권위는 역사 가운데 전달될 수 없었으며 혹시 전달되었다 하더라도 그것은 받아들여질 수 없었다. 인간의 마음은 그것이 받아들이는 모든 것에 무언가를 덧붙이게 마련이다. 칸트는 이것을 처음으로 분명하게 가르쳤으며 우리는 그것을 잊어서는 안 된다. 그러므로 권위에 관한 어떠한 정통적 교리도 결코 용납될 수 없다. 테일러의 이론에 담긴 의미는 바로 그러한 것이며 오늘날에도

---

[9] Friedrich D. E. Schleiermacher(1768-1834)는 종종 "현대 신학의 아버지"로 불린다. 이것은 부분적으로 Kant의 철학을 자신의 신학에 접목한 최초의 신학자이기 때문이다.

우리는 이러한 이야기를 여러 모양으로 들을 수 있다.[10]

이미 작고한 윌리엄 템플 대주교(archbishop William Temple)[11] 역시 그의 저서인 『자연과 인간 그리고 하나님』(*Nature, Man and God*)에서 전문가의 권위 이상의 어떠한 권위도 필요치 않다고 이야기했다. 그는 말하기를, 계시의 영적 권위는 "계시된 내용의 영적인 질에 전적으로 달려 있다"고 했다.[12] 여기서 템플이 주장하는 바는 계시된 내용이 정말 영적인지 아닌지를 인간 스스로가 최종적으로 판단해야 한다는 것이다.

그러면 칼 바르트(Karl Barth)와 에밀 브루너(Emil Brunner)는 어떠한가?[13] 그들은 용감하게 "절대적 타자"(absolutely other) 하나님을 주장하지 않았던가? 소위 "의식의 신학자들"(consciousness theologians)로 불리는 슐라이어마허와 리츨의 추종자들을 향해 그들이 자신의 목소리를 하나님의 이름 아래 숨겨 마치 하나님의 음성인 양 가장한다는 것을 이유로 해서 질타하는 바르트의 모습을 보라(*Dogmatik*, 1927). 또한 소위 "현대적 개신교"(modern Protestantism)의 신학에 대항하면서 자신의 신학을 정립해 온 바르트가 보여주고 있는 점증적 일관성을 주의 깊게 살펴보라. 바르트는 강력히 주장하기를, 아리스토텔레스와 칸트의 논리에서가 아니라 "내 앞에 다른 신을 네게 두지 말지니라"고 명하신 제1계명 속에서 참된 신학의 기준이 설정되어야만 한다고 말한다. 참된 신학은 모든 철학체계와 연관을 끊고, 인간 이성이 그 나름대로 지어낸 모든 인간적인 체계들로부터 완전히 탈피하여 하나님이 말씀하시는 그 말씀의 권위어린 목소리를 통해서 인간 존재의 가장 깊은 곳에 이르러야만 한다는 것이다. 그래서 이런 이야기들을 들을 때, 우리는 마치 모든 현대 철학과 과학을

---

10 A. E. Taylor, *The Faith of a Moralist* (London: Macmillan, 1931), 2:200 이하.
11 William Temple(1881-1944)은 캔터베리의 98대 주교이다. Van Til이 언급한 *Nature, Man and God* (London: Macmillan, 1935)은 1932-33년의 Gifford Lectures에 기초한 것이다.
12 Ibid., 347.
13 Van Til은 여기서 주로 Barth와 Brunner(1889-1966)와 관련된 신정통주의를 염두에 두고 있다. 자유주의에 대한 반발로 일어난 신정통주의는 역사적 신학(따라서 "정통")의 언어를 사용하지만 이러한 개념들과 Immanuel Kant 이후의(즉 새로운) 지배적인 개념들과의 종합을 시도한다.

대항하여 분연히 살아 계신 하나님의 목소리를 가지고 일어난 다니엘과 같은 용감한 인물을 그토록 수많은 "현대 신학의 군상들" 가운데서 만나게 된 것이 아닌가 하는 착각이 들게 될 정도이다.

그러나 유감스럽게도 바르트가 말하는 "절대적 타자" 하나님은 마치 어린아이의 마음에 비친 하늘로 치솟는 로케트가 "절대적 타자"인 것과 같은 그런 의미의 절대적 타자일 뿐이다. 행여나 현대의 비판철학의 공격을 피해 볼 기대를 가지고 우선 가상적인 자율적 이성의 투사력에 의해 끝없는 허공에 던져진 바르트의 신은 애석하게도 현대 비판철학의 손아귀를 여전히 벗어나지 못하고 만다. 이것은 결국 인간의 마음은 그것이 받아들이는 모든 정보에 언제나 뭔가를 필연코 첨가하고야 만다는 사실을 확실히 보여준다. 따라서 바르트가 말하는 "절대적 타자"의 신은 그가 전혀 인간에게 알려지지 않았을 경우에만 절대적인 존재로 남아 있게 된다.

그러할 경우, 그 절대적 타자 하나님은 자율적 인간이 아무리 생각해도 자신의 생각의 한계를 넘어 존재하는 것으로 인정할 수밖에 없는 신비의 영역과 동일한 신이다. 따라서 그러한 신은 극도로 불확실한 뭔가에 대한 정말 막연한 생각 이상의 어떠한 내용이나 중요성을 지니지 못한다. 결국 바르트가 주장하는 하나님에 관한 생각은 헬라철학자 아낙시만더(Anaximander)가 말했던 아페이론(*apeiron*), 즉 무한정자에 관한 막연한 생각보다 더 중요할 것이 없다. 반면에 바르트의 신은 그 자신을 일단 계시할 경우 자신의 모든 것을 열어 계시하는 신이다. 바르트에 의하면 만약 하나님이 우리에게 알려진다면 그는 하나도 숨김없이 알려진다는 것이다. 즉 이러한 신은 알려진 범위에 있어서만큼은 이 우주에서 운행되는 법칙과 하등 구별될 것이 없이 알려지는 신이다. 그러하다면 이 신은 인간과 인간의 세계와 완전히 동일한 존재이다.

그러므로 결국 바르트의 신이 절대적으로 신비에 싸여 오직 계시를 통해서만 나타날 경우 그 신은 전적으로 신비적이며 그 자신을 계시하지 않는 신이다. 반면에 이 신이 자신을 계시할 경우 그의 계시는 인간이 그 신의 계시 없이도 알 수 있는 것과 하등 다를 것이 없다. 따라서 아무것도 없다고 말하든가 아니면 뭔가가 있다고 할 경우에는 그것의 권위가 소실되고 마는 그 절대적 권위이다. 바르트가 계시를 변증법적으로 생각한다는 사실은 오직 이 점과 연관시켜 볼 때, 그의 신이 철저히 숨겨진 신인 동시에 철두철미하게 계시된 신임을 뜻한다. 그런데 이러한 생각은 오로지 정통적 기독교가 먼저 창조주와 피조물의 구분을 기반으로 해서 이해해 온 권위에 대한 개념을 저버려야만 받아들여질 수 있는 것이다.

만일 창조주와 피조물의 구분이 명백히 유지된다면 감추어진 하나님의 성품과 계시된 하나님의 성품 사이의 변증법적 관계란 전혀 존재할 수 없다. 이러할 경우에는 물론 하나님이 자신을 결코 완전하게 계시하실 수 없다. 인간의 마음은 유한하기 때문에 하나님을 따라 하나님의 생각을 더듬어 알 수 있을 뿐이다. 그러나 일단 알게 된 것은 참으로 알 수 있다. 그것은 실로 하나님의 계시로 말미암아 얻어진 결과이다. 이 계시는 하나님을 계시함과 동시에 그 뜻을 가리우는 것이 아니다. 비록 완전하게 하나님을 모두 계시해 주지는 않지만, 그 계시는 하나님을 바르게 보여준다.[14]

바르트가 주장하는 이야기에 대해서 이제껏 설명했던 내용들은 그 중에서 몇 가지 사소한 내용들을 바꾸기만 하면 바로 에밀 브루너

---

[14] Van Til의 Barth에 대한 비판을 이해하는 문제는 본서의 범위를 넘어선다. 그러나 두 가지 설명은 가능하다. Barth에게 계시는 역사적이지만 역사는 계시적이지 않다. Barth는 하나님의 절대적 자유를 강조하는 데 초점을 맞춘다. 그러므로 성육신은 역사적 사건이지만 하나님이 인간의 육신을 취하심으로 자신을 구속하신 것은 아니라는 점에서 계시적인 것은 아니다. Barth는 구속사 개념을 하나님이 어떻게 역사 속에 계시되면서 스스로는 계시적이 아닐 수 있는지를 설명하기 위해 도입한다. 역사 속에서 발생한 사건들은 구속사에서 발생한 사건들과 동일시될 수 없다는 것이다. 그러므로 Van Til은 "그리스도 안에 있는 하나님의 계시는 하나님의 계시로 남아 있다… 동시에 이 계시는 하나님을 전적으로 계시한다… 이 두 가지 요소는 구속사로서 예수 그리스도에 대한 사상에 나타난다" 고 주장한다. Cornelius Van Til, *Christianity and Barthianism* (Philadelphia: Presbyterian and Reformed, 1962), 15. 이 주제는 14장에서 다시 한 번 제시된다.

(Emil Brunner)나 라인홀드 니버(Reinhold Niebuhr),[15] 리차드 니버(Richard Niebuhr),[16] 넬스 페레(Nels F. S. Ferré),[17] 맥카이(John A. Mackay)[18] 및 엘머 홈리히하우젠(Elmer George Homrighausen)[19]와 같은 신학자들에게도 그대로 적용된다. 바르트의 신학에 있어서와 마찬가지로 이들의 신학에 있어서도 그들의 신학을 지킬 박사와 하이드의 스타일을 따라 두 가지 부분으로 갈라놓은 요인은 다름이 아니라 바로 자율적인 종교의식(the autonomous religious consciousness)이다. 상위 양상은 하위 양상에게 자신에 대한 이야기를 되뇌면서 그의 목소리를 따르라고 강조하고 있다. 이와 같이 인간들은 결국 스스로의 목소리에 순종하면서도 스스로에게 자기들은 예수님 또는 하나님의 음성을 듣고 또 그것을 따라 순종하노라고 말하는 것이다.

그러므로 오늘날 적어도 개신교의 테두리 안에서만큼은 권위의 성격이나 권위와 이성의 관계에 관한 일반적으로 일치된 의견이 있는 듯이 보인다. 실상 권위가 일반적으로 받아들여지고 있으나 그것은 전문가의 권위일 경우에 국한된다. 그리고 이 권위는 결국 인간이 어떤 궁극적으로 신비스러운 상황 속에서 살아 나가고 있다는 것을 전제로 받아들여지는 권위이다. 이러한 생각은 사람뿐만이 아니라 하나님조차도 신비에

---

[15] Reinhold Niebuhr(1892-1971)는 신정통주의(특히 언어)와 일치하여 발전시킨 사회적 행동 및 윤리 개념으로 잘 알려져 있다. *The Nature and Destiny of Man*이 대표적인 저서이다.
[16] H. Richard Niebuhr(1894-1962)는 1931년부터 죽을 때까지 Yale Divinity School에서 가르쳤다. 형인 Reinhold와 함께 신정통주의에 가까운 "기독교 실재론"을 발전시켰으며 잘 알려진 저서로는 *Christ and Culture*가 있다.
[17] Nels F. S. Ferré(1908-71)는 스웨덴계 미국인 신학자이다. 그는 Northern Baptist Andover-Newton Theological School 및 Vanderbilt에서 가르쳤다. 그는 신정통주의 신학에 호의적이었으며 이러한 사실은 그의 저서 *Pillars of Faith*, *The Christian Understanding of God* 및 *The Sun and the Umbrella*에서 발견된다.
[18] John A. Mackay(1889-1983)는 Princeton Theological Seminary(1936-59)의 교수이자 총장으로 그리고 1944년 *Theology Today*의 설립자로 잘 알려져 있다. 대표적 저서로는 *A Preface to Christian Theology* 및 *Protestantism*이 있다.
[19] Princeton Theological Seminary에서 있었던 모더니즘과의 갈등에는 Emil Brunner의 임명과 관련된 사건도 포함되지만 Homrighausen(1900-1982)을 1939년에 기독교 교육과장으로 임명한 사건도 포함된다. Cornelius Van Til, "Homrighausen Approved," *Presbyterian Guardian* 6 (July 1939): 136-37을 참조하라.

둘러싸여 있음을 당연한 것으로 생각한다. 이성의 자율성의 원리에 서서 움직이는 사람들이 이와 같은 권위의 개념을 조금도 주저 없이 받아들이는 것은 이상할 것이 하나도 없다. 현대에 있어서 자율적 이성의 추종자들은 그들 나름대로 궁극적 신비의 개념의 필요성을 역설하고 있다. **신비의 우주**, 즉 이성으로써 파악되지 않는 사실로 가득 찬 이 우주야말로 현대 과학과 현대 철학의 기본 전제이다. 그런데 현대 신학은 이러한 입장에 대해 아무런 도전도 가하지 못하고 있다.

3. 로마 가톨릭교의 입장

그러면 이성을 자율적인 것으로 생각하며, 권위를 지독한 흑암의 세계를 더듬어 아는 일에 있어서 남보다 조금 나은 사람들에게 부여된 전문가적 권위만으로 이해하는 현대 철학의 관념에 대한 참다운 비판과 도전을 찾아보기 위해 로마 가톨릭교에 기대를 걸 수 있겠는가? 언뜻 보기에는 이런 기대를 할 수 있을 것같이 보인다. 테일러는 이런 조짐을 보이는 듯한 다음과 같은 짧은 이야기를 들려준다. "한 로마 가톨릭 신학자가 로마 가톨릭의 입장과 잘 알려져 있을 뿐만 아니라 매우 중요시되는 한 영미계통의 가톨릭의 입장은 별로 다를 것이 없다고 말하는 문외한과 더불어 이야기하고 있었다. 그 신학자는 정중히 이렇게 말했다. '미안합니다만 우리는 X와 정반대의 입장에 서 있지요. X는 우리가 믿는 교리를 모조리 시인하기는 하지만 그는 그 교리를 우리가 그 교리를 믿는 이유와는 전혀 무관한 이유로 진리라 여기고 있을 뿐이지요.'"[20] 그러나 실상 이 이야기만으로는 권위의 의미나 권위와 이성의 관계에 관한 로마 가톨릭의 분명한 입장이 설명될 수 없다. 따라서 우리는 이 문제를 좀더 논해야만 한다.

로마 가톨릭의 이성에 관한 개념을 이해하기 위해서 우리는 로마 가

---

[20] Taylor, *The Faith of a Moralist*, 2:198.

톨릭의 신학자들이 "성 토마스(St. Thomas)를 최고의 신학자(the theologian)로 떠받드는 것과 아울러 아리스토텔레스를 최고의 철학자(philosopher parexcellence)"[21]로 여기고 있는 사실을 주지함으로써 그 첫걸음을 띠어 놓을 수 있을 것이다. 마리땡(Maritain)[22]은 말하기를 신학은 "자연질서"의 어떤 진리들을 전제한다고 했다. 이 진리들은 모든 사람이 잘 아는 진리로서 철학자들에 의해서 과학적으로 밝혀졌으며 특히 아리스토텔레스의 공헌은 지대하다. "철학의 전제는 스스로 존립하며 신학의 전제에서 유래되지 않는다."[23] 에티엔느 질송(Etienne Gilson)[24]은 똑같은 이야기를 다음과 같이 말했다.

> 헬라 사상의 유산은 아무리 축소시키고 아무리 비판적으로 판단한다 하더라도 여전히 존귀한 가치를 가진다. 그러므로 초대교회의 교부들 가운데 어떤 이는 이교도 사상가들이 성경을 받아들임 없이도 그 사상에 접했었다고 말한 것이 사실이다. 원초적 존재, 최고의 원리, 자연의 원인, 모든 합리성과 질서와 아름다움의 근원, 사상 그 자체이므로 영원히 그 자체를 사색함으로써 행복한 삶을 이끌어 내는 영원한 존재 등 이 모든 것은 이미 아리스토텔레스에 의해 사색된 바 있으며, 따라서 만일 우리가 그의 신학을 고대의 신화에 비교해 본다면, 우리는 특히 기독교 계시의 도움을 받지 않고도 크로노스(Chronos)와 주피터(Jupitur) 시대 이래 그에 의해서 성취된 심원한 인간 이성의 진보를 한 눈에 알 수 있을 것이다. 물론 무수한 허점과 많은 오류가 이 진리에 섞여 있음은 사실이다. 그러나 그것은 여전히 진리임에 틀림없다. 헬라인들의 자연적 이성에 의해 발견되었기에 이 진리는 신앙에 의한 것이 아니다. 그런데 이 진리는

---

[21] J. Maritain, *An Introduction to Philosophy* (London: Sheed and Ward, 1937), 91.
[22] Jacques Maritain(1882-1973)은 프랑스 철학자이자 신학자이다. Princeton 및 Columbia University에서 가르친 그는 미국에 영향을 미쳤다. 그는 1957년에 자신의 이름을 딴 center를 설립해 준 Notre Dame에서도 가르쳤다. 그의 저서들은 University of Notre Dame Press를 통해 출판되었다.
[23] Maritain, *An Introduction to Philosophy*, 126.
[24] Etienne Gilson(1884-1978)은 프랑스 철학자 및 신학자로 신 토마스 운동의 창설자 가운데 한 사람이다. 그는 1929년에 Pontifical Institute of Medieval Studies in Toronto, Canada 의 창설을 도왔다. 그의 저서로는 *The Philosophy of St. Thomas Aquinas*가 있다.

오늘날에 있어서도 마찬가지로 같은 자연적 이성에 의해서 보다 쉽게 발견될 수 있다. 그렇다면 우리의 이성이 아리스토텔레스의 이성보다 신앙에 더욱 의존해야 할 이유는 전혀 존재하지 않는다.[25]

그런데 신앙과는 관계없이 이성에 의하여 발견될 수 있는 이러한 "자연질서"와는 전혀 별개로 신앙 질서가 존재한다. 그러므로 자연질서에 관한 이성의 언급은 신앙에 의해 그 신빙성이 좌우되지 않으며 마찬가지로 신앙 질서에 관한 신앙의 언급의 확실성은 이성에 의해 좌우되지 않는다. "가톨릭 신앙이 확실히 서거나 아니면 쓰러지는 문제는 이성적 추론에 달려 있지 않으며 오로지 궁극적으로 하나님의 말씀에 달려 있다. 아무리 이성이 자신이 가진 인식능력을 사용하여 완전한 지식으로 하나님에 대해 정확히 알 수 있다고 해도 본질상 신앙의 질서에는 속할 수 없음이 분명하다."[26]

자율적 이성에 의해서 전개되는 자연의 질서와 오직 권위에 의거하여 받아들인 신앙의 질서는 모두 다 하나님에 대하여 그리고 하나님과 인간의 관계에 대하여 뭔가를 다루고 있다. 그럴 경우 즉시 떠오르는 질문은 이성의 하나님과 신앙의 하나님이 어찌 동일한 하나님으로 생각될 수 있느냐 하는 것이다.[27] 여기에다 자연질서의 진리는 그것을 발견하는 이성이 "손상된" 이성이라는 점을 감안하게 되면 문제는 더욱 커지게 마련이다. 참된 가톨릭적 입장은 자연은 선하게 창조되었으며, 비록 손상되었으나 이제 하나님이 원하시는 뜻대로 은총을 통하여 적어도 부분적으로는 회복되었다는 것이다.[28] 그러므로 이성이 정상적으로 기능을 발휘하기에 앞서 은총이 이성의 손상된 부위를 치료함으로써 이성의 능력을 어느 정도 회복시켜야만 한다. 질송은 실제로 은총에 의하여

---

25 Etienne Gilson, *Christianity and Philosophy* (London: Sheed and Ward, 1939), 35, 36.
26 Ibid., 56.
27 여기서 주의할 것은 중세신앙의 변증학적 근거에 대한 Herman Dooyeweerd의 진술(자연/은혜)이다. Van Til은 기독교(개혁주의)와 일치하지 않은 모든 사상은 본질적으로 변증적이라고 주장한다. 두 영역을 상호 유익한 관계로 유도해 나갈 수 있는 방법은 없다.
28 Gilson, *Christianity and Philosophy*, 21.

회복된 이성의 산물인 기독교 철학에 관해서 언급하고 있다. 그는 이러한 철학이야말로 최고의 철학이라고 주장하였다. 그것이 최상의 철학인 까닭은 이러한 철학이야말로 이성이 제 스스로 만들어 낼 수 있는 가장 고상한 철학이기 때문이다. 그러나 문제는 여전히 남아 있다. 여기서 앞서 언급한 자연질서의 진리를 그의 손상된 이성으로써 궁구해 낸 이는 다름이 아니라 바로 아리스토텔레스인 것이다. 그렇다면 기독교 신학이 말하는 하나님과 아리스토텔레스가 발견해 낸 하나님이 같은 하나님이겠는가?

질송 자신은 이성이나 철학은 본질들(essences)만 다룰 뿐 존재는 다루지 않는다고 말함으로써 이 문제의 심각성을 부각시키고 있다. 그러나 그것이 짐짓 이야기하는 내용은 하나님의 존재에 관한 것이다.

> 예를 들어 아리스토텔레스가 "자신을 사유하는 사유"(self-thinking Thought)를 절대적 존재로 생각했을 때 그는 그것을 하나의 순수 행위와 무한히 강력한 힘으로 인식하였음이 분명하다. 그가 생각한 신은 사유의 순수 행위에 불과했던 것이다. 이처럼 자신을 사유하는 원리의 무한히 강력한 실재성은 순수 행위라고 불리는 것이 당연하다. 그러나 그것은 지식적 순수 행위이지 실존과 관련된 순수 행위는 아니다. 그것은 자신이 갖고 있지 않은 어떤 것도 줄 수 없다. 아리스토텔레스가 말하는 최고의 사유는 "[스스로] 존재하시는 분"(He who is)이 아니므로 존재를 가능하게 할 수는 없다. 따라서 아리스토텔레스의 세계는 피조세계가 아니다. 왜냐하면 아리스토텔레스가 말하는 최고의 사유는 실존과 관련된 순수 행위가 아니기 때문에 그것이 사유하는 자신에 대한 지식에는 모든 존재에 대한 실제적이고 가능한 지식이 포함되지 않는다. 아리스토텔레스의 신은 섭리의 신이 아니다. 그는 사유로부터 나온 생각에 지나지 않으므로, 자신이 창조하지도 않았고 창조할 수도 없는 세상에 대해 알 수 없으며 "존재하시는 분"의 자기 인식에 대해서도 모른다.[29]

---

29 Etienne Gilson, *God and Philosophy* (London: Oxford University Press, 1941), 66. 앞서 언급했듯이 Aristotle에게 가장 고귀한 것은 "자신을 사유하는 사유"이다. 이러한 사유는 다른

성 토마스 아퀴나스는 이러한 아리스토텔레스 철학을 이어받았기 때문에 결과적으로 "존재에 관한 모든 문제들을 본질들의 언어에서 존재의 언어로 번역해야만 했다." 그러나 그가 이런 일을 이성을 억압함 없이 할 수 있었을까? 그 유명한 신학자 성 토마스는 과연 믿음으로 말미암아 추상적인 본질의 영역에서 존재의 영역으로 건너갈 수 있었단 말인가? 만일 그러했다면 권위와 이성의 관계에 얽힌 문제를 해결함에 아무런 진보도 없었을 것이다. 사실상 문제는 이전보다 훨씬 더 어려워 보인다.

아리스토텔레스의 신은 기독교 신앙에서 말하는 하나님과는 완연히 다른 신으로 보이기 시작하기 때문이다. 이미 인정된 바와 같이 아리스토텔레스의 신은 세상을 창조하지도 않았고 따라서 그것을 알지도 못한다. 만일 그러한 신이 믿음에 의해서 조명되지 않을 때의 이성의 활동의 자연적 결과라면 믿음은 하나님에 관한 이성의 결정을 뒤집어 놓을 것임에 틀림이 없지 않겠는가? 본질들만을 다루는 철학은 실재를 겉돌며 껑충껑충 뛸 뿐 결코 그것을 다루지 못함과 같다.[30] 그러나 로마 가톨릭교에 의하면 기독교 신학자로서의 성 토마스는 자신의 또 다른 모습인 자율적 철학자인 성 토마스로 하여금 하나님의 존재에 걸친 근본적 질문에 관한 그의 입장들을 전적으로 바꾸라고 요구할 필요가 전혀 없다는 것이다.

그러면 신학자 성 토마스는 그 자신을 철학자 성 토마스가 용납할 만한 존재로 부각시키기 위하여 "스스로 계시는 하나님", 즉 모세의 하나님과 함께 등장해야 할 것처럼 보인다. 만일 모세의 하나님, 즉 세계의

어떤 것도 생각할 수 없다. 왜냐하면 다른 것을 생각한다는 것은 가장 고상한 생각이 그것이 아닌 다른 존재에 의존한다는 것이며 따라서 가장 고귀한 것이 될 수 없기 때문이다. Gilson과 그의 토마스주의에 있어서 존재(being)와 본질(존재의 속성)은 반드시 구별되어야 한다. Aristotle은 가장 고귀한 것은 사유라고 했기 때문에 그는 존재 자체가 아닌 사유에 대해 설명할 수밖에 없었다. 따라서 존재의 실재성은 없으며 따라서 그것에 대한 설명도 없다.

30 본질들은 실존을 위해(for being and real) 존재하고 있음이 틀림없기 때문에 "실재를 겉돌고는 있지만 결코 건드리지는 못하는" 것이다.

창조주이시며 섭리주이신 하나님이 철학자인 성 토마스에게 용납될 수 있으려면, 그는 먼저 존재하시는 하나님으로부터 순수 본질로 강등되어야만 하며, "스스로 존재하시는 분"에서 "존재하지 않는 것"으로 축소되어야만 한다. 철학자 성 토마스는 자신의 이성의 원리에 따라 신학자 성 토마스가 제공한 정보를 실재 일반에 관하여 그가 믿고 있는 생각들과 체계적으로 연관시키게끔 되어 있다. 그러나 하나님의 존재와 하나님의 지식은 이런 식으로 연관될 수 없으며 따라서 이러한 본성을 가지신 하나님의 존재는 거부당할 수밖에 없는 것이다.[31] 만일 우리가 자율적 이성에서 출발하여 그 자율적 이성의 본질만을 다룬다고 주장할 경우에 이 본질들을 통하여 알 수 있게 되는 존재는 결국 인간의 마음에 매달린 상관적 존재를 가진 것에 불과하다는 결론을 피할 길이 없는 것처럼 보인다. 칸트와 그의 추종자들이 이러한 결론을 내렸던 것은 결코 불법적인 일이 아니었다. 우리가 아리스토텔레스의 원리를 따라 시작하게 되면 결국 칸트의 먹이가 될 수밖에 없다.

질송은 이러한 결론을 피하고자 부단히 노력했다. 다른 모든 로마 가톨릭 변증학자들과 마찬가지로 그는 이따금 모세에게 나타나셨던 "스스로 계시는 분"과 아리스토텔레스의 "존재하지 않는 것"이 어떻게 연관되는 것인지를 생각하지 않을 수 없었다. 그래서 그는 그 문제를 다음과 같이 설명했다.

> "존재"(to be)가 온 사방에 퍼졌고 각각의 성질이 다른 성질들이 어떤 것인지는 설명하지만 그들의 공통적인 존재성(existence)을 설명하지 못하는 세계를 넘어서서 그 어디엔가 본질 자체가 "존재"인 어떤 원인이 존재함에 틀림없다. 본질이 순수한 존재 행위(a pure Act of existing)인, 즉 그의 본질이 이런 또는 저런 구체적 존재가 아니라 그저 순수한 "존재"인 어떤 존재를 가정하는 것은 기독교의 하나님을 우주의 최종적 원인으로 가정하는 것과 같다.[32]

---

[31] 다시 말하면 기독교와 헬라철학을 종합하려는 시도는 무위로 끝날 것이라는 말이다.
[32] Gilson, *God and Philosophy*, 71, 72.

그러나 이러한 논법은 방금 언급한 딜레마를 피할 수 없다. 아리스토텔레스의 방법론이 안고 있는 논리적 함축은 그의 "신"이 "존재하지 않는 것"이다. 질송 자신이 이것을 주장했으며 또한 이것은 정확한 사실이다. 아리스토텔레스의 신은 오직 이성으로써만 접할 수 있는 신이다. 그러나 질송은 부단히 "이 우주의 창조주 되신 한 분 하나님의 존재" 역시 이성을 통해서 접할 수 있는 것인 양 이야기하고 있는 것이다.[33] 그리고 이 하나님은 이제 위에서 인용한 내용의 방법에 따라 이성으로써 접할 수 있는 것으로 생각된다. 그렇다면 어떻게 존재하지 않는 신과 세계의 창조주 되신 하나님이 함께 하나의 참된 철학적 방법론에 포함된 논리적 함축이 될 수 있겠는가?

그러나 우리는 적어도 삶의 한 차원에 관해서 만큼은 절대적 권위의 개념을 가진 어떤 입장에 미치는 데는 성공한 것처럼 보일 수도 있다. 신앙의 질서나 그것에 포함된 모든 것은 순전히 권위에 입각하여 받아들여진다. 그럴 경우 우리는 전문가의 권위가 아닌 절대적 권위의 개념에 도달한 것처럼 보일 수 있다는 말이다. 그러나 이제 우리가 권위와 이성의 관계에 대한 로마 가톨릭의 입장에 대한 검토를 마치기에 앞서 몇 가지 문제들을 더 생각해야만 한다.

첫째, 질송이 얼마나 영웅적으로 이성의 자율성의 개념을 옹호하려 애쓰고 있는지를 인식해야 한다. 그래서 이성과 신앙의 차원이 결국 모여 하나가 될 경우에는 어떤 절충이 필히 되어지기 마련이다. 만일 로마 가톨릭이 주장하는 것이 하나 있다면 그것은 오로지 자신들의 입장에 의해서만 모든 사람이 하나님에 대하여 뭔가를 자연적으로 알고 있다고 한 사도 바울의 말을 기독교의 신앙이 갖는 특이성을 손상시킴 없이 제대로 주장할 수 있다는 것이다. 다른 말로 하자면, 그들은 그들의 전체적 입장에서 자연과 초자연이 제대로 연합을 이룬다고 주장한다. 그러나 만일 이성의 자율성이 주장됨과 동시에 신앙의 절대적 권위 또한 확고히 견지되려 한다면 이 둘 사이의 어떠한 연합도 결국은 일종의 타협

---

[33] Gilson, *Christianity and Philosophy*, 60.

적 연합일 뿐임을 간파하기란 그다지 어려운 일이 아니다.

둘째, 만일 로마 가톨릭이 주장하는 인간관, 특히 하나님과 연관시켜 그들이 말하는 인간의 자유에 대해 이야기하는 내용을 다시금 생각해 보게 되면, 그들이 행하는 타협이 어떤 성격의 것인지를 우리는 알 수 있게 될 것이다. 로마 가톨릭의 신학에 따르면 인간은 하나님의 계획조차도 거스를 수 있는 자율성을 어느 정도 가지고 있다. 하나님은 여러 면에 있어서 인간의 결정을 기다려야만 한다. 그러므로 하나님은 세상에서 일어나는 만사를 실제로 주관하시는 것이 아니다.[34] 그리고 이것은 인간의 궁극적 환경의 오직 일부분만이 하나님의 인도 아래 있다는 말이다. 로마 가톨릭의 신학에 의하면 사실상 이 모든 것이 뜻하는 바는 사람에게 뿐만 아니라 하나님에게도 신비가 있다는 것이다.

그러므로 이 견해를 따르자면 하나님 자신조차도 부분적으로는 엄연한 사실(brute fact)에 둘러싸여 있다는 것이다. 결국 신학에서 인간의 마음과 의지의 궁극성을 교리화하여 주장하는 로마 가톨릭의 신학이 철학의 영역에서 자율성에 대한 사상의 타당성을 용인하는 것이 별로 놀랄 만한 일이 아니다. 질송이 그러했듯이 로마 가톨릭의 신학은 기독교 철학을 이야기할 때조차 반드시 자율성에 대한 사상을 바탕으로 해야만 한다. 로마 가톨릭은 심지어 인간의 마음과 의지가 가진 자율성에 대한 사상을 적지 않게 주장할 정도이다. 실상 로마 가톨릭은 모든 시대에 있어서 그들의 사고방식의 모든 국면 속에서 이 자율성에 대한 사상을 받아들이고 있다. 그러므로 그들은 인간의 궁극적 환경의 일부로서 존재하는 해석되지 않은 맹목적인 사실에 관한 사상을 모든 시대에 그들의 사고방식의 모든 국면에서 받아들이고 있다.

따라서 이러한 사실은 다음과 같은 것을 뜻한다. 로마 가톨릭은 이제 하나님의 섭리와는 전혀 관계없이 벌어지는 사건들에 관한 생각, 즉 해석되지 않은 사실 자체의 사상을 그들이 갖는 권위와 이성 간의 관계에

---

[34] 이것은 인간의 자유의지와 관련하여 하나님은 사람이 어떻게 할 것을 알고 계시지만 그의 결정에 대하여 어떤 식으로든 관여하실 수는 없다는 자유주의적 개념으로부터 나온다.

대한 모든 질문에 답하는 유권해석의 근거로서 언제 어디서나 받아들이고 있다. 실상 로마 가톨릭은 권위를 진실로 기독교적으로 생각할 수 있는 기틀을 마련할 기초 자료를 전혀 가지고 있지 않다. 권위에 대한 참으로 기독교적인 생각은, 인간은 그가 하는 모든 일에 있어서 하나님의 요구에 직면한다는 생각을 전제로 한다는 것이다.[35] 그러나 하나님이 만물을 모두 통제하시지 않는다면 인간이 어떻게 하나님의 요구에 직면할 수 있겠는가? 만일 하나님이 다스리지 못하는 부분이 있다면, 그러한 하나님이 어떻게 인간으로 하여금 당신의 요구에 직면시킬 수 있겠는가? 권위의 참된 개념이 바탕으로 삼아 설 수 있는 것은 오로지 하나님의 계획이 전포괄적인 것이라는 사상뿐이다. 다시 말하자면 사실상 권위의 개념이 발을 딛고 설 수 있는 유일한 기반은 인생의 모든 국면들을 완전하게 포괄하는 언약의 개념뿐이라는 것이다.[36]

그러므로 우리는 권위에 대한 로마 가톨릭의 사상이 첫 눈에 보기에는 심지어 개신교의 그것보다 훨씬 더 강하게 매우 절대적인 것처럼 보이지만 실상 전혀 절대적인 것이 아니라는 결론을 내리게 된다. 로마 가톨릭의 권위 개념에 담긴 자율성이 실상 모든 경우를 좌우한다. 분명히 자연인은 타락한다고 주장되지만 그의 타락은 극히 부분적인 것이었다고 주장된다. 그리고 자연인은 죄를 짓지 않았던 본래의 의로운 상태에서도 자율성을 당연히 구가했었노라고도 주장된다. 그렇다면 인간의 타락성이 이 자율성을 지혜롭게 사용하지 못하는 데 있었단 말인가? 또 그리스도인은 은총으로 말미암아 나음을 입는다고 주장된다. 그러나 그가 나음을 입었을 때조차도 그는 얼마간 하나님의 계획에 대항하여 자기의 자율적 의지를 여전히 행사할 수 있노라고 부추김을 받게 된다. 언약적 순종(covenant obedience)의 개념은 로마 가톨릭 신학이나 철학의 어떤 부분에도 전혀 부합되지 않는다. 그러므로 우리는 자연인조차도 기

---

[35] 로마서 1:18-2:16, 특히 1:32을 다시 한 번 살펴보라.
[36] 여기서 Van Til이 말하는 "언약"은 온 인류에게 나타난 것과 일치하는 하나님의 완전한 임재와 요구로서, Van Til의 접근방식에 있어서 핵심적 개념이다.

꺼이 용인하는 전문가의 권위에 대한 생각과 명백히 다른 권위의 개념을 전혀 제시하지 않는다고 결론지을 수밖에 없다.

전통에 관한 로마 가톨릭의 개념은 이제껏 우리가 이야기해 왔던 것들을 보다 분명하게 알 수 있게 해준다. 트렌트 회의(the Council of Trent)는 "정경에 관한 칙령"(Decree concerning the canonical Scriptures)에서 기록되지 않은 전통을 마치 손에서 손으로 전해져 내려온 것인 양 말하고 있다. 이들 기록되지 않은 전통에도 성경과 똑같은 권위가 부여된다. 이들에 의하면 기독교의 진리는 두 가지의 다른 방도를 통하여 우리에게 전해 내려오는데, 그중 하나는 성경에서 발견되며 또 다른 하나는 전통 속에서 발견된다고 한다. 이 전통이 어느 정도 기록될 수도 있음은 사실이다. 그러나 교회가 전통으로 받아들인 내용을 기록한 것으로 교회가 공식적으로 채택한 문집은 존재하지 않는다. 이 전통의 최종적 권위의 인도자는 다름이 아니라 가톨릭교의 성직자들과 특히 교황을 통해 소리를 발하는 교회의 살아 있는 목소리이다. 그러므로 전통은 결국 때때로 교회가 반포하는 것일 뿐이다.

권위의 문제와 관련하여 전통에 대한 이와 같은 개념이 갖는 의의와 그것이 이성과 같은 관계에 대해 이제는 분명한 선을 그을 수 있음에 틀림없다. 일반적으로는 교회의 성직자 계급과 특히 교황권이 그들 자신들을 최종적이며 전포괄적인 하나님의 계시 아래 굴복해야 한다는 생각은 로마 가톨릭의 전반적 사상체계 속 어디에서건 찾아볼 수 없다. 오히려 그와 반대로 로마 가톨릭의 입장은 하나님의 계획이 모든 것을 전적으로 결정한다는 사상을 거부하도록 요청한다. 따라서 교황은 그의 위치가 시시때때로 그렇게 하도록 요청하며 그러한 권리를 허락해 주고 있는 정확무오한 선언을 하기 위해 결정을 내릴 때에, 해석되지 않은 사실 그 자체와 더 나아가서는 존재의 의미를 해석해 줄 전문가를 찾아 나서야만 한다. 그는 성경이 그에게 가르치는 것들에 관해서 그의 자율적인 이성이 존재 일반에 대해서 그에게 가르쳐 주는 것과 연관시켜 다시금 생각해 보아야만 한다. 결국 인간과 우주를 통제하시며 다스리시는 하나님의 음성은 결코 교황의 목소리를 통해서 울려 퍼지지 않는다. 교황의 목소리를 청종하는 사람들은 결국 지극히 불합리한 이유로써 다른 사람들보다 존재의 영역을 보다 깊숙이 들여다 볼 수 있는 사람이라고 여겨지는 전문가의 목소리를 듣는 것일 뿐이다.

그러면 로마 가톨릭은 권위와 이성에 대한 진정한 기독교적 개념을 옹호하기는커녕 오히려 이 두 개념을 적당히 절충하고 있을 뿐이며 따라서 이 둘 사이의 관계를 적당히 타협시키고 있을 뿐임이 드러난다. 이성 그 자체로 자족적이신 하나님에 대한 교리의 빛 아래서 해석해야 할 것으로 여기지 않는 이성의 개념을 주장하는 로마 가톨릭은 진정한 의미에서 이성 위에 설 수 있는 권위의 개념을 제시할 수 없다. 그러므로 로마 가톨릭이 말하는 권위는 "존재 일반"(being in general)을 다루면서 그것에 대해 추측을 일삼는 어떤 한 사람이 똑같이 "존재 일반"을 놓고 또 다른 추측을 일삼는 다른 사람을 상대로 내세우는 성가시기 그지없는 권위일 따름이다. 실상 이러한 권위는 사람들을 속박하는 권위이다.

그러므로 권위에 대한 로마 가톨릭의 전반적 입장이나, 권위와 이성의 관계에 대한 그들의 전반적인 입장은 일반적으로 로마 가톨릭의 변증학이 갖는 약점을 구체적으로 예시해 준다. 로마 가톨릭의 변증학은 자연인의 입장과 분명히 대조적인 입장을 갖고 있지 않으므로 자연인의 입장을 어느 부분에 있어서건 효과적으로 공격할 수 없다. 로마 가톨릭의 변증학은 자연의 영역에서 자연인이 구사하는 출발점과 그들의 방법론이 옳다고 간주하기 때문에 그것은 영적인 영역에서조차 자연인들로 하여금 하나님의 권위를 인정할 것을 논리적으로 요청할 수 없다.

4. 알미니안주의 입장

알미니안주의 신학이 권위의 문제에 대하여 로마 가톨릭과 유사한 입장을 취한다고 말하면 많은 사람들이 이를 이상하게 여길 것이다. 그러나 이는 사실이다. 물론 복음주의적 알미니안주의자들이 로마 가톨릭의 의식주의(ritualism)나 성직자 제도를 반대하고 있는 것은 사실이다. 그리고 알미니안주의자 개개인들은 그들이 실제적으로 성경을 대함에 있어 그들의 신학체계가 허용하는 것 이상으로 훨씬 건전한 것도 사실이다. 우리가 여기서 이야기하는 것은 그들의 신학체계에 관한 것뿐이다.[37] 그렇지만 불가피하게 주장해야 할 것 하나는 이성에 대한 그들의 개념이 로마 가톨릭의 그것과 흡사하다는 사실이며, 따라서 권위에 대한 그들의 생각도 로마 가톨릭의 그것과 크게 다를 수 없다는 점이다.

알미니안주의 신학의 가장 두드러진 특징은 개혁주의의 선택 교리가 인간의 책임을 제대로 다루고 있지 않다고 공격하는 점이다. 그러나 개혁주의의 선택 교리야말로 이 세상 역사의 모든 것이 하나님의 섭리에 따라 일어난다는 성경의 일반적 가르침에 근거하여 하나님과 인간 사이의 관계를 가장 일관성 있게 표현하고 있다. 그런데 알미니안주의가 말하는 인간의 책임 교리는 하나님의 섭리가 모든 것을 포괄한다는 생각을 배격한다. 이것은 해석되지 않은 사실 그 자체에 대한 생각이 알미니안주의적 입장의 기본 요소 중 하나임을 뜻한다. 그러므로 인간은 오로지 부분적으로만 하나님과 연관되어 있고 부분적으로는 "존재 일반"의 어떤 형태와 연관되어 있다. 결국 이 말은 하나님 자신도 그의 능력과 행위를 결정지어 주는 무엇인가와 맞닥뜨리고 있다는 뜻이다. 하나님은 그를 둘러싸고 있는 실제의 여러 사실들에 의하여 제한될 뿐만 아니라 결국 그의 지식 역시 신비로 둘러싸이게 된다.

우리는 이렇게 해서 인간의 궁극성 또는 자율성의 개념이라는 기독교의 최대의 원수를 다시금 만나게 된다. 이러한 자율성의 개념은 현대에 들어와서 인간은 그에게 다가오는 모든 것들을 그저 수용할 뿐만 아니라 그것들을 산출하기도 한다는 주장 가운데 표현되고 있다. 특히 칸트

---

37 이 진술의 중요성은 아무리 과장해도 지나치지 않다. 우리는 Van Til이 신학의 잘못된 체계와 그러한 체계가 지향하는 바에 대해 비판하고 있으며 잘못된 체계에 속한 자들이 반드시 그러한 방향으로 간다고 주장하는 것은 아니라는 사실을 명심해야 한다.

(Kant) 시대 이래, 현대 철학은 담대하게 적어도 자신이 부분적으로나마 관여하여 자기 자신을 위해 만든 것만이 인간을 위해 실재한다는 주장을 펴 왔다.

그러나 이와 같은 자칭 자율적 인간의 현대적 표현이 비논리적인 것만도 아니다. 모든 비기독교적 실재론에 있어서, 해석되지 않고 있는 그대로의 사실이나 우연은 기본적인 역할을 담당하고 있다. 이것은 하나님의 섭리가 인간의 궁극적인 환경을 이룸을 확실히 믿지 않는 이들에게는 어느 누구를 막론하고 우연이 궁극적임을 가정하는 것 이외에 별다른 선택의 여지가 없기 때문이다. 우연은 단지 자율적 인간이란 개념을 형이상학적으로 해석한 대응 개념에 불과하다. 자율적 인간은 실재가 하나님의 영원한 계획에 입각한 건설적 활동에 의하여 이미 구조적이라는 사실을 용인하려 하지 않는다.

하지만 만일 실재가 그 본성상 구조적인 것이 아니라면, 인간이야말로 처음으로 절대적이며 창조적인 형태의 구조를 실재에 부여할 존재로 여겨지게 된다. 그러나 그러한 구조는 결국 "만든 그 자신"만을 위한 구조이다. 왜냐하면 문제의 성격상 유한한 존재이며 결국 시간에 얽매인 존재인 인간이 모든 실재를 통제할 수 없기 때문이다. 그러나 이러한 모든 이야기들은 단지 현대 철학이 인간은 그가 알게 되는 모든 것들에 있어서 수동적으로 받아들일 뿐만 아니라 능동적으로 뭔가를 첨가하기도 한다는 주장을 폄에 있어 그 자신의 원리에 철저히 집착한다는 것을 보여줄 따름이다. 그에게 주어진 실재는 오로지 비논리적인 것일 뿐이다. 그가 처음으로 그 비논리적인 것들을 논리적인 것으로 만들어야만 한다. 그러므로 실재가 자율적인 인간의 눈에 이성적으로 연관된 듯한 모습으로 비치는 이유는 오직 그 자신이 그것을 그렇게 연관시켰기 때문이다.

현대에 들어 자율성은 긍정적인 형태와 부정적인 형태로 모두 표현된다. 그것은 부정적인 형태로써 이렇게 표현된다. 아직도 인간의 마음에 접하지 못한 것들은 전혀 비구조적이거나 아니면 비이성적인 것이다.

우리가 여기서 의도하는 것은 이러한 가정 그 자체가 인간은 그의 경험을 통해서 제어할 수 있는 것들만을 확실한 것으로 생각해야 한다는 사람들의 입장을 결코 합리화시켜 줄 수 없다는 것을 주로 지적하고자 함이 아니다. 인간의 경험은 실재 전체에 대한 보편적인 부정적 주장을 설정할 수 없다. 따라서 인간의 경험은 보통 현대 철학자들이나 과학자들이 펼치는 이러한 가정에 내포된 미래의 모든 우발적 사건들에 대해 보편적인 부정적 주장을 세울 수 없음이 사실이다. 그러나 여기서 우리의 주된 관심사는 알미니안주의를 견지하는 신학자가 성경의 권위에 대한 현대인의 자세를 도전함에 있어서 결코 좋은 위치에 놓여 있지 못하다는 것을 지적함에 있다.

그러면 현대인이 성경에 대하여 취함직한 자세는 어떤 것인가? 현대인은 성경이 거룩한 책이라는 개념을 선선히 받아들이겠는가? 현대인이라면 창조, 섭리, 이적 등의 교리를 말하는 성경의 가르침에 관한 "증거"를 열린 마음으로 대하겠는가? 미래에 생길 일에 대한 계시를 현대인이 열린 마음으로 대할 것인가? 즉 현대인이 인간의 경험을 완전히 초월한 영역에서 벌어진 일이나 인간의 경험의 영역 속에서 벌어지긴 하되 그것이 인간의 경험을 완전히 초월하는 영역에서 오는 힘에 의하여 이미 벌어졌었고 또 벌어지고 있으며 앞으로 벌어질 모든 일들에 관한 내용들을 선선히 받아들이겠느냐 하는 것이다.

이에 대한 대답은 명백하다. 성경에 기록된 초자연적 계시를 말하는 이 모든 사상은 현대인이 그 위에 자신의 사상을 건설해 놓은 자율성의 사상에 단지 어울리지 않는 정도가 아니라 그것을 뿌리째 흔들어 놓는 파괴적인 것이다. 만일 자신의 자율성을 주장하는 현대인의 가정이 옳다면, 현대인은 잠시 동안조차 인간에게 나타나는 어떤 형태의 초자연적 사실에 관한 증거를 논리적으로 고려할 수 없다. 현대인의 원리에 의하면 자족적인 하나님에 관한 생각도 하나의 제한적 개념으로서는 무방한 것이라고 말한다. 제한적 개념으로서 채용된 하나님에 관한 생각은 전혀 해롭지 않을 뿐만 아니라 심지어 매우 유용하다는 것이다.[38] 이런 경우, 자족적인 하나님은 단지 모든 것을 철저히 파악하는 이성적 이상(the ideal of exhaustive rationality)으로 여겨질 뿐이다. 그리고 과학은 그와 같은 이상을 요구한다. 그러나 정통주의 그리스도인이 주장하는 하나님에 관한 생각은 어떤 제한적인 개념이라기보다는 하나의 본질 설정적(constitutive concept) 개념이므로 무의미한 것이다. 왜냐하면 그러한 하나님에 대한 생각은 순수 이성과 깊은 연관을 이루는 순수 사실이란 개념을 파괴할 것이기 때문이다. 그리고 하나의 제한적 개념으로서의 순수 사실에 관한 생각은 현대 과학뿐만 아니라 순수 이성의 개념을 위해서도 절대적으로 요구된다.

그러므로 자연인은 그가 자율에 대한 이러한 생각을 고집 하는 한, 성경을 기독교의 하나님이 보이신 최종적이며 절대적 권위의 계시라고 주장하는 "증거"를 전혀 고려할 수조차 없게 됨은 논리적으로 당연한 일이다. 그에게 있어서 기독교의 하나님은 인간의 경험에 논리적으로 부합되지 않는 존재일 뿐이다. 따라서 자연인에게는 하나님이 그 자신을 자연과 성경 속에서 나타내 보이셨다는 말보다는 차라리 인근에서 벌어진 살인사건의 범인이 달에 살고 있다는 말이 더 쉽게 수긍될 것이다.

문제를 이런 식으로 말하는 것이 어떤 이들에게는 지나치게 극단적인 것으로 보일는지 모른다. 그러나 우리는 이것이 조금도 어김없는 사실이라는 것을 믿는다. 물론 현대 철학자들 가운데, 특히 유신론적이거나 인격론적 학파에 속한 이들로서 그들이 긍정적인 종교라고 부르는 것에 대해 적지않은 호감을 표하는 것처럼 보이는 사람들이 있는 것도 사실이다. 그리고 그들이 꼽는 소위 긍정적인 종교들 가운데 기독교가 가장 바람직한 종교로 손꼽힐 것임에도 틀림없다. 여기서 테일러(A. E. Taylor)의 말을 다시금 언급하게 된다. 테일러는 근간인『하나님은 존재하시는가?』라는 책에서 "하나님의 존재"를 증명하고자 애쓰고 있다. 그러나

---

[38] 여기서 제한적 개념이란 이해를 위해 다른 개념이 필요한 개념을 말한다. 본문의 경우 하나님에 대한 제한적인 개념은 자유로운 인간이라고 하는 개념을 필요로 한다.

그는 인간의 자율성을 가정으로 하여 이론을 전개하기 때문에 결국 그가 믿는 신이란 어떤 유한한 신적 존재에 불과하다. 테일러는 역사적 기독교의 교리에 대해 언급하는 가운데 그의 원칙에 의거하면 그 교리를 성경에 나타나는 대로 받아들이는 일이란 있을 수 없는 일이라고 매우 분명히 말하고 있다. 예수의 부활에 대해 그는 이렇게 말한다.

> 사도 바울과 다른 사도들이 이것을 믿었다는 것은 과거 역사에 있었던 어떤 사실보다 더욱 분명하다. 그러나 그 믿음이 그들의 경험에 대한 하나의 잘못된 해석이 아니었는가를 묻는 것은 전혀 다른 문제이다. 사람들이 그들의 경험을 잘못 해석하는 일은 종종 보는 흔한 일이기 때문에 사도 바울과 다른 사도들이 그렇게 했으리라고 생각하는 일에는 원칙상 아무런 비논리적 요소가 없으며 더욱이 어느 누구도 그들이 그렇게 하지 않았음을 "모든 의심의 그늘을 넘어" 증명할 수 없다.[39]

여기서 테일러는 모든 인간의 마음이, 즉 다른 사람들과 마찬가지로 사도들의 마음도 역시 그것이 받아들이는 것에 뭔가 독창적인 의미를 부여한다는 것을 당연한 것으로 가정하고 있다. 그 결과 테일러는 만일 그가 자족적인 하나님을 믿을 수 있다 하더라도(물론 그의 전제에 의하면 이것은 불가능한 일이지만), 그는 어떤 사람도 하나님으로부터 오는 그러한 계시를 받는 행위에 있어서 그 하나님과는 전혀 별개로 움직이는 자신의 경험들과 어느 정도 그것을 혼동시킴 없이 받아들일 수 있으리라는 것은 믿을 수 없다는 것이다.

그러므로 성경 속에 주어진 권위 있는 계시의 사상에 대한 현대인의 전반적인 태도는 다음의 몇 가지로 요약될 수 있다. 첫째로 성경이 말하는 하나님은 전혀 존재하지 않는다. 그리고 하나님의 존재를 부인하는 생각에는 이미 앞에서 생각했던 대로 해석되지 않은, 있는 그대로의 사실에 대한 가정이 포함되게 마련이다. 둘째로 만일 그러한 하나님이 존

---

[39] A. E. Taylor, *Does God Exist?* (London: Macmillan, 1947), 127.

재한다 하더라도 그 하나님은 우리가 아는 세상 가운데서 그 자신을 나타내실 수 없다. 왜냐하면 이 세상은 하나님의 계시 아닌 다른 것으로 이해되기 때문이다. 즉 이 세상은 해석되지 않은 있는 그대로의 사실과 그 사실들에 대한 자율적 이성의 이성적 활동의 결합으로서 이해된다. 셋째로 설령 그러한 하나님이 자기 자신을 드러내 보여주신 것이 아닌 다른 무엇으로 이해되는 그러한 세계 가운데서 자기 자신을 계시하셨다 하더라도, 아무도 그 계시를 왜곡시킴 없이 받아들일 수 없다. 넷째로 만일 이러한 세 가지 사실들에도 불구하고 과거에 어떤 계시가 받아들여진 일이 있었다 하더라도, 그것은 다시금 왜곡되지 않고서는 현대인들에게 전달될 수 없다. 다섯째로 만일 이 모든 것에도 불구하고 성경이 말하는 그러한 하나님의 계시가 오늘날 사람에게 임한다 하더라도 인간은 또 다시 그것을 왜곡시킴 없이 받아들일 수 없다.

알미니안주의는 현대인들의 이런 입장에 도전을 가할 만한 성경의 권위에 대한 생각을 힘 있게 주장할 수 없다. 인간이 어느 정도는 하나님의 계획과는 상관없이 독자적으로 행동할 수 있다는 그들의 인간관과 그러하기에 인간의 마음이 어느 정도 궁극성을 지닌다고 믿는 그들의 견해는 알미니안주의의 변증학적 노력을 마비시키고 만다. 로마 가톨릭과 마찬가지로 알미니안주의 변증가는 그의 논적과 더불어 하나의 가정적으로 설정된 공동의 기반에서 함께 출발하게 마련이다. 알미니안주의자는 그의 논적이 인간의 마음의 자율성과 우연의 궁극성을 바탕으로 삼으면서도 인간의 경험을 상당히 올바르게 해석할 수 있음을 인정해야만 한다. 그러나 만일 자율성의 사상을 바탕으로 삼는 자연인이 하나님 없이도 현상세계를 바로 이해할 수 있었다면, 그가 영적 세계를 이해하고자 할 때라고 해서 하던 방식을 돌연 중단하고 하나님을 바탕으로 해서 그것을 이해하려고 기꺼이 방향을 전환하겠는가? 만일 그가 일관성 있는 사람이라면 결코 그렇게 하지 않을 것이다.

첫째, 앞서 살펴본 것과 마찬가지로 알미니안주의자는 기독교의 입장을 원자론적으로 제시하게 마련이다. 그러므로 그는 먼저 마치 **가능성**

(possibility)이란 말이 자연인에게 있어서나 신자들에게 있어서 같은 의미로 사용되고 있기나 하는 것처럼 초자연계시의 **가능성**에 대하여 불신자에게 이야기하려고 할 것이다. 그러나 가능성이란 말이 신자와 불신자 사이에서 같은 의미로 사용되는 것은 결코 아니다. 자연인에게 있어서 가능성 개념은 한편으로 우연 개념과 같으며, 다른 한편으로는 자연인 자신이 합리화시킬 수 있는 것과도 일치한다. 그에게 있어서 실제적으로 가능한 것이란 인간 자신이 그의 논리적 기능을 통하여 조정할 수 있는 것을 말한다. 그러나 그리스도인에게 있어서 가능성이란 말은 하나님의 계획에 따라 일어날 수 있는 무엇을 지칭한다.

둘째, 알미니안주의자는 마치 개연성이라는 말이 신자들과 자연인들 사이에서 같은 의미로 사용되고 있기나 한 것처럼 초자연계시의 **개연성** (probability)에 대해 이야기하려고 할 것이다. 그러나 사실상 개연성이란 말이 신자와 불신자 사이에서 같은 의미로 쓰이고 있는 것은 아니다. 불신자에게 있어서 개연성이란 말은 이제 방금 말했던 가능성의 개념에 대한 그의 생각과 깊게 연관되어 있다. 그러므로 마치 흄(Hume)[40]이 기독교를 경험주의적 개연성에 의존하여 증명하려는 노력을 비판하면서 매우 분명하게 보여주었던 것처럼 일단 우연의 개념이 한 사상체계 속에 허용되기만 하면, 어떤 일들이 벌어지고 다른 어떤 일들은 벌어지지 않는다는 식의 가정은 전혀 있을 수 없게 된다. 하나님의 초자연계시가 전제되지 않을 때, 인간적 경험은 심지어 자연의 영역에서조차 의미를 잃고 만다는 사실이 분명해지지 않는다면, 하나님이 그 자신을 인간에게 초자연적으로 계시하실 개연성은 전혀 존재할 수 없게 된다.

셋째, 알미니안주의자는 성경에 기록된 계시의 역사적 **사실**(fact)들에 대하여 자연인에게 말하고자 할 것이다. 그는 기독교가 하나의 역사적 종교라는 사실을 강조할 것이다. 그러므로 그는 나아가 그리스도의 부

---

[40] David Hume(1711-76)은 가장 급진적인 경험주의자다. 그는 인과관계라는 개념을 위한 경험적 기초는 존재하지 않는다고 주장한다. 이러한 Hume의 주장은 Kant를 초월적 비판의 영역으로 이끌었다.

활이 사실이냐 아니냐 하는 문제란 단순히 증거로써 좌우될 문제라고 말할 것이다. 그는 이 문제에 대하여 역사 연구의 기준들을 잘 사용할 수 있는 사람이면 누구나 다른 사람 못지않게 바른 판단을 내릴 것이라고 주장할 것이다. 결국 부활의 증거는 사람들이 역사의 문제를 다룰 때 늘 요구하는 것과 똑같은 종류의 증거라는 말이다.

그러나 초자연계시에 관한 여러 가지 사실들에 대하여 위에서 말한 식으로 주장한다는 것은, 자연인에게 제시한 그 여러 가지 사실들을 다루는 자연인의 전체적인 자세가 이미 논의한 바 있는 가능성과 개연성에 관한 자연인의 생각에 의해 자연적으로 좌우된다는 것을 망각하고 있다. 그러므로 자연인은 나사렛 예수라 이름하는 한 사람이 죽은 자들 가운데서 다시 살아나셨음을 인정할는지도 모른다.

원칙상 자연인은 부활의 사실을 인정함에 있어 주저할 필요가 전혀 없다. 그러나 그에게 있어서 사실이란 그리스도인들이 생각하는 사실과는 전혀 종류가 다른 것이다. 그것은 실로 전혀 같은 사실이 아니다. 그러나 사실의 의미를 거론함 없이 사실에 대해 이야기한다는 것은 정말 헛된 일이다. 왜냐하면 사상의 사실성은 그것을 다루는 사람의 마음에 그 사실이 의미한다고 생각되어지는 것 자체이기 때문이다. 어떤 사람이 사실로 받아들인 것의 실상은 사실상 그가 만들어 낸 그 사실의 의미일 뿐이다.

그러므로 만일 역사의 사실들을 이해하는 자연인의 생각 저변에 깔린 가능성과 개연성에 대한 자연인의 사고방식을 비판하여 도전하지 않으면 성경의 해석에 따라 사실을 있는 그대로 보여준다는 일은 완전히 불가능하다. 그 사건의 의미를 설명함 없이 부활의 사실을 자연인에게 이야기하는 것은 결국 하나의 추사적인 이야기에 그치고 만다. 부활은 그리스도인들이 이야기하는 그대로의 것이든지 아니면 아무것도 아니든지 둘 중에 하나이다. 그러나 만일 그것이 그리스도인들의 이야기와 같은 것이라면 그것은 실제로 역사 속에 나타난 사건 그대로였다.

그러나 알미니안주의적 입장은 자신이 그리스도인으로서 알고 있는 바 기독교의 사실들을 제시하는 것이 아니라 뭔가 다른 것으로 그것들을 제시해야 할 필요성을 끝내 고집하고 있다. 알미니안주의자 역시 인간의 성품을 입고 죽임을 당하신 후 죽은 자들 가운데서 다시 살아나신 분이 하나님의 아들임을 알고 있다. 그러나 그가 불신자들에게 말해 주고자 하는 부활의 사실은 신자들과 불신자들이 모두 동의할 것으로 여겨지는 뭔가 어떻게 표현할 수 없는 사건이다.

넷째, 알미니안주의자는 불신자들에게 성경은 영감된 정확무오한 하나님의 계시라고 이야기할 것이다. 그는 성경이야말로 가장 놀라운 책이요, 베스트셀러 중 베스트셀러요, 다른 모든 책들은 그 빛을 잃지만 성경만은 그렇지 않노라고 역설할 것이다. 그러나 불신자는 이러한 이야기를 들을 때 과연 그것에 굴해 순종해야 되겠다는 도전을 받는다거나 그러한 이야기가 자신의 입장에 배치된다거나 하는 것을 느끼지 못한 채 이 모든 것들을 기꺼이 용인할 것이다. 이런 일은 불신자에게 있어서 단지 어떤 종교적 전문가들이 자신들이 경험했던 실재와의 깊은 동류의식을 그렇게 표현하고 있는 것으로 여겨질 따름이다.

불신자의 입장도 성스러운 경전들을 선정하며 심지어는 그들 중에 어떤 책이 보다 훌륭한 것인지도 인정한다. 그러나 불신자의 입장에서 한 가지 허용되지 않는 것이 있으니 그것은 절대적으로 권위 있는 책이다. 그러한 책은 기독교의 자족적이신 하나님의 존재와 그 하나님에 관한 지식을 전제한다. 그러나 그러한 하나님과 우주 속에서 인간에게 보여지는 그러한 하나님의 계시는 우리가 앞서 살펴본 바와 같이 자연인들이 필히 배척해야만 하는 개념이다.

따라서 자연인은 자연히 그와 같은 하나님에 대한 생각이나 그러한 하나님의 계시와 관계된 생각의 논리적 함축 또한 단연코 배척할 것이다. 인간 외부로부터 선포된 은혜의 초자연계시의 개념이 절대 불가결하게 된 원인이 바로 죄의 개념 때문인데 그에게 있어서 죄의 개념 자체가 의미 없는 것이다. 그에게 있어서는 죄 또는 악이란 우연의 개념 속에 내재하는 일개의 형이상학적 활동일 뿐이다.

5. 개혁주의 입장

이제까지 우리는 이미 알려졌다고 가정된 경험의 영역에 관한 자연인의 방법론과 출발점을 받아들임으로써 그들의 논리를 전개하는 로마 가톨릭과 알미니안주의의 방법론이 성경과 성경의 권위에 관련된 가장 중요한 문제들에 있어서 스스로의 주장을 스스로 반박하는 방법론들에 지나지 않음을 명백하게 밝힌 바 있다. 그러나 많은 알미니안주의자들이 실제에 있어서는 그들의 이론보다 훨씬 낫다는 것을 다시 말하고자 한다. 또한 세밀하게 들어가 그들이 말한 것들 가운데는 정말 훌륭한 것들이 많다는 점도 강조하고자 한다. 다른 말로 하자면, 우리의 목적이 알미니안주의자의 진영에 속한 학자들의 업적을 비난하자는 데 있는 것이 아니다. 오히려 우리의 목적은 알미니안주의자들이 만든 자료를 쓰되, 그것을 불신자와의 토론에 있어 실질적인 결실이 있게 만드는 어떤 인식론과 형이상학 아래 귀속시킴으로써 막상 알미니안주의자들이 그 자료를 사용했던 것 이상으로 잘 사용해 보자는 데 있다.

개혁주의적 입장이야말로 그러한 기초를 잘 갖추고 있다. 그러나 개혁주의적 입장이 그러한 기초를 갖추고 있는 이유는 다름이 아니라 이 입장이 그것의 출발점과 방법론에 있어서 일관성 있게 기독교적이길 모색하기 때문이다. 그리고 이러한 입장을 견지하는 우리 역시 실제로는 우리가 표명하는 입장만도 못할 경우가 자주 있음을 고백해야만 하겠다. 개혁주의적 입장을 견지하는 자들이라 해서 교만할 이유는 없다. 그들이 받아 가진 것도 모두 은혜로 주어진 것이기 때문이다.

개혁주의적 입장은 로마 가톨릭과 알미니안주의적 입장이 갖는 약점을 피하고자 노력한다. 이제껏 그들의 입장이 어떠한지를 길게 논술해 왔으므로, 이제 그들의 입장은 명백하게 드러났다. 자연인이 형이상학적으로는 해석되지 않은 있는 그대로의 사실의 사상을 그리고 인식론적으로는 인간 마음의 자율성의 사상을 전개하기 때문에 개혁주의 변증가는 그가 먼저 이러한 생각들에 도전해야만 한다는 사실을 깨닫는다. 개혁주의 변증가는 무엇에 대해서 어떤 이야기를 하건 간에 이러한 생각에 도전해야만 한다. 이러한 생각이야말로 자연인이 그에게 제시되는 모든 것을 쌓아올리는 구조를 결정하는 열쇠이다. 이러한 생각은 자연인이 그것을 통하여 모든 사실을 바라보는 색안경이다. 로마 가톨릭과 알미니안주의도 역시 기독교의 사실을 불신자들에게 전하려 애쓰고 있다. 그런데 우리는 여태껏 그들이 기독교의 사실을 잘못 해석함으로 말미암아, 사실상 그 사실을 있는 그대로 전하지 못한다는 것을 살펴보았다. 더욱이 그들은 사실을 있는 그대로 전하는 부분에 있어서 조차도 자연인으로 하여금 그들의 색안경을 벗어버리도록 도전하지 못한다. 개혁주의 변증가가 시도하는 일은 바로 이것이다. 개혁주의 변증가는 먼저 사실을 있는 그대로 제시한 후에도 자연인에게 그 사실이 기독교적으로 해석된 대로 이해되지 않는다면 아무런 사실도 의미를 갖지 못함을 논거함으로써 자연인에게 도전을 가할 것이다.

이럴 경우 개혁주의 변증가가 자연인에게 제시하는 사실 또는 몇 가지 주요 사실들은 다음과 같은 것이다. 첫째, 하나님은 자족적 존재(God's self-contained existence)라는 사실이다. 둘째, 만물의 창조와 특별히 인간을 하나님의 형상으로 만드신 일이다. 셋째, 이 우주 안에서 일어나는 모든 일들에 관한 하나님의 섭리와 전포괄적 계획의 사실이다. 그리고 인간의 타락과 그로 말미암는 죄의 사실이다. 그리스도의 구속 사역에 관한 여하의 사실들이 제대로 된 의미를 드러내는 것은 그것이 오로지 위에서 말한 여러 사실들과 연관될 때뿐이다. 앞서 말한 것들이 만일 있는 그대로가 아니라면 그것들은 사실이 아닐 것이다. 이렇듯 모든 존재하는 것은 그 일부를 이루는 하나의 실재체계가 존재한다. 그리고 이 체계에 속한 모든 개별적 사실들은 이 체계 안에 속한 것들로서의 사실이다. 그러므로 만일 사실이 이 체계의 일부로서 제시되지 않은 채 사람들에게 어떤 사실에 대해서 이야기했노라고 말한다면 그것은 하나의 언어도단적 모순이다. 역사상의 모든 개별적 사실의 사실 됨 자체는 정확하게 하나님이 하나님이시기에 그러할 수 있는 것이다. 그리스도인들에

게 있어서 개별성의 원리는 바로 하나님의 섭리이다. 하나님이 사실들로 하여금 사실이 되게 하신다.[41]

　인간의 활동이 이 체제 내에서 그 나름의 위치를 가지고 있음은 분명하다. 그러나 인간의 활동이 사실을 궁극적으로 결정하지는 않는다. 즉 그들은 종속적이며 파생적 중요성을 가진다. 따라서 우연의 개념이 참된 기독교적 체제 속에서 발견될 수 없는 것 이상으로 인간의 자율성의 사상 역시 그러하다. 인간의 존재는 그것이 하는 일 모두에 있어서 독창적이라기보다는 유비적이다. 그러나 인간의 활동은 그 자체로서 진정한 의미를 갖는다.

　하나님의 초자연적 계시만이 위에서 말한 것과 같은 체계를 인간에게 알려줄 수 있음은 자연스러운 일이다. 왜냐하면 이 체계는 자연인이 이야기하는 체계와는 근본적으로 다른 성질의 것이기 때문이다. 자연인이 말하는 체계란 궁극적인 존재로 간주되는 인간이 그의 독창적인 조직력을 발휘해서 짜 놓은 것을 말한다. 사실상 자연인은 참된 기독교 신학이 자족적이신 하나님께 돌리는 것을 자신에게 돌리고 있다. 그러므로 싸움은 기독교의 절대적으로 자족적이신 하나님과 자칭 전적으로 자족적인 자연인의 마음 사이에서 벌어진다. 이 둘 사이에는 어떠한 타협도 있을 수 없다.

　초자연적 계시의 사상은 우리가 자연인에게 제시하고자 노력하는바 기독교의 이 체계에 대한 바로 이 개념 속에 내재한다. 그러나 이것이 사실이라면 초자연적, 즉 정확무오하게 성경으로 쓰인 계시의 개념도 역시 이 체계 속에 내재한다. 하나님의 피조물인 인간은 초자연적 계시를 필요로 하며, 죄인이 되어버린 인간은 이제 초자연적 구속의 계시를 필요로 하며, 죄인이 되어 버린 그가 그 계시를 파괴해 버리지 못하도록 이 계시는 정확무오하게 성경으로 기록되어야만 할 필요가 있었다. 하

---

[41] 여기서 제시된 내용은 깊이나 풍성함에 있어서 하나의 신학이라고 할 수 있다. Van Til은 하나님은 누구시며 우리는 누구인가에 관한 내용으로부터 시작함으로써 그리스도가 누구시며 그가 무슨 일을 행하셨는지에 대해 설명한다.

나님을 미워하는 그가 하나님에 관한 이야기들 듣기 싫어할 것은 뻔한 노릇이다. 자연인은 자기를 둘러싸고 있는 자연 속에 나타난 하나님의 계시의 압력을 억누르고자 애쓴다. 그는 그 자신 내부의 양심의 압력도 억누르고자 애쓴다. 모든 경우에 있어서 그에게 귀 기울여 듣고 순종하라고 간청하는 분은 그의 창조주이시며 또한 그의 심판자 되시는 하나님이시다. 자율적인 인간이 자기 자신의 가정에서 있는 한 어찌 그의 말씀에 순종하겠는가? 그가 그의 입장을 전적으로 돌이키지 않는다면, 그는 순종할 수 없는데 이것은 그에게 있어 불가능한 일이다. 오직 성령의 중생케 하시는 능력만이 그것을 가능케 한다.

이야기가 이쯤에 이르면 로마 가톨릭과 알미니안주의자들은 그들이 자연인과 더불어 중립적 기반 위에 서서 그들 나름의 접촉점을 만들고자 애썼던 것은 바로 이러한 난국을 피해 보고자 함이었다고 목소리를 한껏 높일 것이다. 개혁주의 변증가가 이에 대답할 말은 다음과 같다. 진정한 의미의 좋은 전도는 인간이 죄로 말미암아 눈멀었다는 것과 인간의 의지가 하나님 대신에 자신을 추구하도록 전도되어 있다는 성경의 진리를 인정할 것이다. 귀머거리가 어떻게 들겠으며 어떻게 장님이 볼 수 있으랴? 이 말은 전도 변증적 논증이 부딪히게 되는 똑같은 난제에 부딪치게 된다는 말이다.[42] 전도에 있어서나 변증적 논증에 있어서 모두 로마 가톨릭과 알미니안주의는 자연인 편에서 자신들을 받아 주길 바라는 목적에서 복음의 사실들을 누그러뜨려 제시한다. 그러나 개혁주의 변증가는 어떤 경우에 있어서도 그렇게 하지 않는다. 두 경우 모두에 있어서 그는 처음부터 자연인에게 도전을 가할 것이다. 개혁주의 변증가는 전도를 함에 있어서나 논증을 행함에 있어서—자연인에게 접근하자면 모든 경우에 있어 이 두 가지가 모두 행해져야만 하기는 한다—

---

[42] 이 요지는 Van Til에게 중요하다. 우리는 변증학을 설교와 같은 차원에서 생각해야 한다. 이는 하나님에 관한 복음을 인간의 죄악과 대치시키는 것이다. Van Til의 접근에 있어서 설교의 중요성에 대한 탁월한 해설에 관해서는 Edmund P. Clowney, "Preaching the Word of the Lord: Cornelius Van Til, V. D. M," *Westminster Theological Journal* 46, no. 2 (1984): 233-53을 참조하라.

죄인 자신이 할 수 없는 일임을 분명히 아는 어떤 일을 죄인에게 하도록 요청할 것이다. 개혁주의적 그리스도인은 때때로 전도에 있어서는 개혁주의자이지만 논증을 함에 있어서는 알미니안주의자일 경우가 많다. 그러나 그가 정신을 똑바로 차리고 논증을 할 경우라면 그는 이제 자기가 전도한 내용을 변증적으로 논증하고자 노력할 것이다.

개혁주의적 그리스도인은 인간이 자율적이 아니라 피조 되었음에도 불구하고 책임이 있는 것이 아니요 오히려 피조물인 까닭에 책임 있다는 사실을 알고 있다. 그는 유비적 또는 언약적 인격성의 개념이 인간의 사고와 행위의 진정한 의미를 유일하게 보장해 주는 것임을 알고 있다. 그러므로 그는 또한 죄와 허물로 죽은 자가 그럼에도 불구하고 자신의 죽음에 책임을 져야 함도 알고 있다. 그는 죄인이 그의 마음속 깊은 데서 지금 그의 앞에 제시되고 있는 것이 사실임을 알고 있다는 것도 알고 있다. 죄인은 자신이 하나님의 한 피조물임을 알고 있다. 그는 단지 그 사실을 자신에게조차 은폐하려고 무진 애를 쓰고 있을 따름이다. 그는 자기가 하나님의 율법을 깨뜨렸음을 잘 알고 있다. 그러나 그는 역시 그 사실을 자신에게까지 감추려고 애쓰는 것이다. 그는 자신이 죄를 범하여 유죄임과 따라서 영원한 심판을 받게 된다는 것을 알고 있다. 그러나 그는 이 사실도 애써 외면하려고 노력한다.

이러한 죄인의 얼굴에서 철가면을 쪼개어 벗겨내며 그로 하여금 자신을 바라보게 하고, 세계를 있는 그대로 바라보게 강제하는 것이 바로 개혁주의적 전도요, 개혁주의 변증학이다. 자연인은 마치 두더지처럼 사실들이 있는 그대로 드러나 그들의 주의를 환기시킬 때마다 마냥 두더지처럼 땅 속으로 파고들려고 애쓴다. 그는 빛보다 어두움을 더 사랑한다.[43] 빛은 있는 그대로의 모습을 그에게 보여준다. 그러나 로마 가톨릭과 알미니안주의적 전도나 논증은 바로 이러한 일을 할 수 없다.

죄인이 기독교의 입장을 받아들일 가능성에 관해서는 그것이 오로지

---

[43] "그 정죄는 이것이니 곧 빛이 세상에 왔으되 사람들이 자기 행위가 악하므로 빛보다 어둠을 더 사랑한 것이니라"(요 3:19).

하나님의 은혜의 문제라고 말할 수밖에 없다. 그는 하나님의 피조물이며 하나님의 형상으로 창조되었기 때문에 항상 하나님을 접할 수 있다. 그는 이성적 피조물이기에 사람은 진리의 어떤 한 체계 전체를 받아들이든가 아니면 그것 전체를 배격해야만 함은 이해할 수 있다. 그는 어째서 로마 가톨릭의 입장이나 알미니안주의의 입장이 자신에게 도전해 오는지를 이해할 수 없다. 그는 이성적 존재이기 때문에 기독교에 대한 개혁주의적 선포만이 그 자체와 부합되며, 따라서 비기독교적 입장을 모든 면에서 도전하고 있다는 사실을 매우 잘 알고 있다. 그러므로 그는 왜 개혁주의 신학자가 성경이 정확무오한 하나님의 말씀이라고 주장하는 성경관을 받아들여야 하는지 이해할 수 있다. 그는 성경의 필연성, 성경의 명료성, 성경의 충분성 그리고 성경의 권위[44] 등의 개념이 기독교 입장 전체에 깊이 관여되어 있음을 이해할 수 있다.

그러나 그러한 개념들이 기독교의 입장 전체에 깊이 관여되어 있음을 이해하기는 하지만 막상 그가 자율성과 우연에 대한 그의 가정을 기꺼이 포기하지 않는 한, 바로 이 전체로서의 기독교적 입장에 따라서 기독교의 부분들을 이루는 모든 교리들 하나하나가 그에게 있어서는 전혀 무의미한 것일 따름이다.

그리하여 다른 모든 것에 관한 문제에서처럼 성경에 관한 문제에 있어서 그리스도인이 비그리스도인과 더불어 논쟁할 수 있는 유일한 방법은 전제에 입각한 방법뿐이라는 사실이 따라 나온다. 그리스도인은 불신자에게 만일 그가 전제들을 받아들이고 그 전제들과 함께 기독교에 대한 해석들을 받아들이지 않는다면 인간의 경험은 어떠한 일관성도 지니지 못한다는 것을 분명히 말해야만 한다. 이것은 그가 논증을 통하여 만일 사람이, 개신교가 성경에 대해 증거하듯이 성경을 인간의 삶과 경험 전체를 권위를 가지고 해석하는 것으로 받아들이지 않으면, 절대로 어디에서든 아무런 의미도 발견할 수 없을 것이란 점을 밝히 보여주어

---

[44] 필연성, 명료성, 충분성 및 권위는 성경의 네 가지 기본적 속성이라고 할 수 있다. 웨스트민스터 신앙고백서 1장을 참조하라.

야만 한다는 뜻이다. 성경의 전반적 특성이나 성경이 인간과 관계를 맺고 계시는 하나님에 대하여 가르쳐 주는 내용 등에 얽힌 문제들을 의미 있고 결실 있게 의논할 수 있는 것은 오직 이러한 전제가 항상 마음속에는 떠나지 않고 확고히 서 있을 때뿐이다.

제8장

일반은총과 스콜라주의

본서의 제2부 마지막 장에서는 다이너의 책에 제시된 비판에 대해 보다 직접적으로 다룰 것이다. 본장에서는 이 비평의 배경에 대해서만 간략히 제시하고자 한다. 본장의 내용은 대부분 『기독교의 지식에 관한 이론』(*a Christian Theory of Knowledge*)에 대한 강의안에서 축자적으로 인용한 것이다. 이 강의안은 1953년에 작성되었으나 다이너는 이 자료에 대해 알지 못하였다. 그는 일반은총에 관한 책에 대해서만 다룬다. 『특정설과 일반은총』(*Particularism and Common Grace*) 및 『일반은총 소고』(*A Letter on Common Grace*)에 대해서 단 한 번만 인용한 그는 두 자료의 내용은 『일반은총』에 제시된 신학에 고스란히 담겨 있다고 말한다.[1]

본장의 목적은 일반은총에 관한 교리는 로마 가톨릭과 철저하게 구별되지 않는 일련의 교리들과는 인위적으로 연계시킬 수 없다는 것을 보여주는 데 있다.

마셀링크(Masselink)와 드 보어(De Boer) 및 다이너(Daane)와 같은 학자들의 비판에서 우리가 당면한 문제점은 신학을 단계적으로(piece-meal)

---

[1] James Daane, *A Theology of Grace: An Inquiry into and Evaluation of Dr. C. Van Til's Doctrine of Common Grace* (Grand Rapids: Eerdmans, 1954), preface.

정립할 수 있느냐의 여부이다.

앞서 지적한 대로 로마 가톨릭 신학은 조각난 부분들을 조립한 신학이다. 일층은 이성에 의해 세워진다. 먼저 그리스도인과 비그리스도인이 함께 자연신학을 세운다. 그리고 이들은 신이 존재할 가능성이 매우 높다는 결론에 이른다.

이층은 복음주의 개신교에 의해 세워진다. 그들은 성경을 고수하지만 이성의 자율성(autonomy of reason) 사상이 아직 어느 정도 남아 있다.

삼층은 칼빈주의자들이 세운다. 그들은 로마 가톨릭과 공유하는 교리(유신론) 및 성직 제도를 반대하는 복음주의자와 공유하는 교리에 "5개 조항"을 덧붙인다.[2]

"구 프린스턴"의 변증학[3]에는 이러한 절차가 포함되어 있다. 그들에 의하면 맨 먼저 자연신학이 로마 가톨릭과 연계하여 세워지고, 로마 가톨릭에 반대하는 복음주의와 함께 복음주의 교리들이 정립된다. 그리고 복음주의 및 로마 가톨릭에 맞서 5개 조항이 최종적으로 입증된다.

마셀링크는 이러한 변증학적 방법을 노골적으로 받아들인다. 그가 이 방법에 대해 가벼운 비판적 입장을 보인 것은 사실이나, 그에 따르면 이 방법과 카이퍼의 방법의 차이는 강조점의 차이일 뿐이다. 그가 신자와 불신자는 어떤 본질적인 차이점도 없다는 헵(Hepp)의 "핵심 진리들"(central truths)에 관한 사상을 옹호한 것은 사실상 자연신학을 뒷받침한 것이다. 지식의 정도에 대한 스콜라적 개념을 공개적으로 지지한 세실 드 보어(Cecil De Boer)도—만일 자신의 변증학적 방법을 제시할 수 있었다면—구 프린스턴과 같은 방법을 제시했을 것이다. 마찬가지로 "고전적 실재론"(classic realism)을 지지한 제시 드 보어(Jesse De Boer) 역시—자신의 변증학을 제시할 수만 있었더라면—이성의 자율성에 도전하는 변증

---

[2] 5장에서 언급한 대로 대체로 사제주의는 성직자를 하나님과 인간 사이의 중재자로 보는 종교적 체제이다. 여기서 Van Til은 구체적으로 로마 가톨릭의 성직자관에 대해 언급한다.
[3] 여기서 Van Til이 염두에 두고 있는 "구 프린스턴"의 변증학은 특히 Charles Hodge 및 B. B. Warfield에게서 볼 수 있는 약점, 즉 이성의 중립적 기능의 가능성에 대해 지나치게 신뢰하는 경향을 지칭한다. 이 주제에 대해서는 잠시 후 자세히 다룬다.

학을 정립하기 어려웠을 것이다.

이제 문제는 우리가 스콜라적 유형의 자연신학이나 구 프린스턴이 추구하는 유형의 변증학과 일치하는 일반은총 이론을 가질 것인가 아니면 개혁주의 신앙의 진리체계과 합치하는 일반은총 이론을 가질 것인가 하는 점이다.

우리의 한 편에는 일반은총을 부인하는 자들이 있다. 그들은 어느 정도 비기독교적 해석 원리를 사용한다. 우리의 다른 한 편에는 스콜라적 일반은총 이론을 확신하는 자들이 있다. 우리는 이들 가운데 어느 쪽에도 서고 싶지 않다. 우리가 좌편에 있는 일반은총을 부인하는 자들의 길로 들어서기를 거부한다면 알미니안주의적 경향이 있다는 비난을 받을 것이다. 우리가 반대편에 선 스콜라적 일반은총을 확신하는 자들의 길로 들어서기를 거부한다면 재세례파라는 비난을 받을는지도 모른다. 예를 들면 1924년에 일반은총에 대한 3개 조항을 작성한 루이스 벌코프(Louis Berkhof)와 같은 학자들은 오포프 목사(Rev. George M. Ophof)[4] 등으로부터 사실상 알미니안주의자라는 비난을 받는 동시에 한편으로는 랄프 얀센 박사(Dr. Ralph Janssen)[5] 등으로부터는 재세례파로 불렸다.

얀센의 일반은총관은 구 프린스턴에서 주장하는 자연신학과 같다. 얀센에 의하면 그리스도인과 비그리스도인이 공유하는 일반적인 원리들—

---

[4] Jeorge M. Ophof(1891-1962)는 1921년부터 기독교 개혁교회(Christian Reformed Church)의 목사로 있었으나 C. R. C.를 떠나 일반은총을 부인하는 개신교 개혁교회(Protestant Reformed Church)로 옮겼다. 그는 1924년부터 1959년 퇴직할 때까지 개신교 개혁교회에서 목회하며 미시간주 Grandville에 있는 Protestant Reformed Seminary에서 교수로 섬겼다.

[5] Ralph Janssen(1874-1945)은 1908년 Free University of Amsterdam에서 Th. D. 학위를 취득하였다. Knox College에서 헬라어를 가르치던 그는 1914년 Calvin Seminary의 구약학 교수가 되었다. 1920대 무렵 기독교 개혁교회의 일반은총 교리에 대한 논쟁에 뛰어들었던 얀센은 1922년 교수직을 박탈당했다. 얀센의 해고는 부분적으로 그가 성경의 영감을 출발점으로 삼지 않는다는 학생들의 불평에 기인한다. De Boer에 의하면 "기독교 개혁교회 역사 전체에서 1922년 종교회의가 다루었던 얀센 사건 만큼 교회가 나서서 진정시킨 중요한 사건은 없으며 어떤 사건도 그처럼 오랜 기간 동안 그림자를 드리웠던 경우도 없다." Harry R. Boer, "The Janssen Case: Aftermath," *The Reformed Journal* 23 (November 1973): 21. Calvin Seminary에서 있었던 이 사건 후, Janssen은 증권 중개인이 된다. Harry R. Boer, "Ralph Janssen After Fifty Years.," *The Reformed Journal* 22 (December 1972): 17-22도 참조하라.

가령 정의 등—이 존재한다. 말하자면 그리스도인의 원리와 비그리스도인의 원리를 구별할 필요가 없는 도덕적 영역이 있다는 것이다.

헵의 관점은 얀센과 비슷하며 얀센의 자연법칙 및 자연신학에 대한 관점은 대체로 구 프린스턴의 변증학과 일치한다.

반스콜라적 이론을 주창하는 자들은 자신의 관점이 "전통적 관점"이며 따라서 1924년의 "3개 조항"과 같다고 말한다. 그들의 이러한 주장은 입증되어야 하지만, 입증될 수 없다. 하나님은 타락한 자들을 비롯하여 모든 사람에게 호의적인 태도를 가지고 계신다는 진술은 무조건적 동일성은 존재하지 않는다는 사실에 대한 주의를 환기시키고 있는 것이다. 하나님은 인간의 죄를 억제하신다는 진술도 전적 타락을 전제하는 것으로 중립적 영역의 해석 개념을 배제한다. 중생하지 못한 자가 사회적 의를 행할 수 있다는 진술 역시 중생한 자와 중생하지 못한 자의 행위는 언제든 동일한 원리로부터 시작된다는 사상을 거부한다.

그러므로 일반은총에 대한 반스콜라적 관점과 "3개 조항"에 제시된 표현을 구별하는 것은 대단히 중요한 일이다.

필자의 관점에 대한 리델보스(Dr. S. J. Ridderbos)의 비판은 이 작업을 할 수 있는 계기를 만들어 주었다. 리델보스는 필자의 관점과 함께 여러 가지 객관적인 사실들을 제공한 후 필자의 관점이 헵의 관점과 유사하다는 주장의 근거를 제시한다.[6]

> 자연신학에 대한 개혁주의 신학자들의 관점이 서로 다르듯이 일반은총 문제에 대해서도 이와 유사한 차이점이 나타나는 것을 볼 수 있다.
> 자연신학과 일반은총 모두에 포함된 광범위한 문제는 불신자의 지식에 관한 문제이다. 불신자가 성경이 하나님의 말씀이라는 사실에 대해 자율적 원리에 의해 바로 판단할 수 있는가? 그리스도인은 불신자에게 접근할 때 본질적으로 자연인의 인식론적 원리들은 적어도 일반계시에 대한 해석에 있어서 올바르다는 사실을 인정하는 중립적 토대 위에서

---

6 본장의 나머지 자료는 필자의 강의안 *A Christian Theory of Knowledge*에서 발췌한 것이다.

접근해야 하는가?

이 질문에 대한 구 프린스턴 변증학의 대답은 긍정적이다. 그러나 동일한 질문에 대한 아브라함 카이퍼와 그를 따르는 자들의 대답은 부정적이다.

1. 모든 사람은 피할 도리 없이 하나님을 알고 있다

그러나 카이퍼가 이 문제에 대하여 단호하게 부정적인 입장을 내세울 때, 카이퍼는 그러한 견해를 가지고 불신자들은 어떤 의미에 있어서건 참된 지식을 소유하지 못한다고 주장하려 했던 것은 아니다. 카이퍼는 모든 사람이 하나님을 알고 있다는 사실을 주장함에 있어서 자신의 독창성을 부인하고 자신은 그저 이 점에 있어서 칼빈을 긴밀하게 추종할 따름이라고 했다. 바울 사도도 이 점을 그의 로마서에서 명백하게 가르치지 않았던가?[7] 사람은 누구나 그들 내부에 하나님에 관한 생각, 즉 신의식(a sense of deity)[8]을 갖고 있다고 칼빈은 말했다. 사람은 "그들의 인격 속에 무수한 하나님의 활동이 전개되는 어떤 작업장을 가지고 있다…."[9] 이것은 사람들 속에 존재하는 계시를 말함이다. 이 계시는 그것이 인간 자신의 구성조직을 매개로 하여 전달된다는 의미에서 볼 때에 주관적인 것이라고 말할 수도 있을 것이다. 그러나 이 계시는 하나님에 대하여 윤리적 책임을 몸에 지닌 피조물인 인간에게 더없이 객관적

---

[7] Van Til은 여기서 구체적으로 로마서 1:18로부터 시작해서 2장에 이르는 사도 바울의 주장에 대해 언급한다. 본문에서 바울은 모든 사람은 하나님을 알며 이러한 지식은 하나님이 일반적으로 무엇을 요구하시는지 그리고 이러한 요구를 거스르는 것은 중대한 범죄임을 아는 것을 포함한다고 말한다(롬 1:32 참조). 하나님에 대한 지식은 인간이 하나님의 형상으로 창조되었다는 사실이 의미하는 바의 본질적 요소이다. 하나님의 창조를 통해 오는 이 지식은 구원 얻기에 충분한 것은 아니나 (1) 정죄의 근거로 충분하며(1:20), (2) 회개로 이끌기에 충분하다(2:40).

[8] Calvin이 주장하는 신의식(*sensus divinitatis*)은 바울이 로마서 1장과 2장에서 말하는 내용과 직결된다. Calvin의 주장에 관한 자세한 내용은 K. Scott Oliphint, "A Primal and Simple Knowledge," in *Theological Guide to Calvin's Institutes*, ed. David W. Hall and Peter A. Lillback, 16–43 (Phillipsburg, N. J.: P & R, 2008)을 참조하라.

[9] Van Til은 여기서 Calvin, *Institutes*, trans. Henry Beveridge, 1.5.3을 인용한다.

이다. 하나님의 계시에 응답하는 존재인 인간은 그가 하나님께로서 말미암았다는 사실을 알도록 하나님에 의하여 창조된 자기 자신을 돌이켜보고 모든 영광을 하나님께 돌려야만 한다.

또한 인간은 그 자신 둘레에 하나님의 신성과 능력에 대한 가장 명백한 증거들을 가지고 있다.[10]

> 하나님의 경이로운 지혜를 증거함에 있어서, 하늘과 땅은 모두 우리에게 무수한 증거를 제시하고 있다. 이 증거는 천문학과 의학 그리고 모든 종류의 자연과학이 설명하게끔 되어 있는 한층 심오한 증거뿐만 아니라 가장 무식한 농부라 할지라도 그것을 알아볼 수밖에 없는 분명한 증거로서 그는 그의 눈을 뜨기만 하면 이 증거를 바로 보게 된다.[11]

이와 같이 하나님을 아는 지식(the knowledge of God)이 사람에게 내재하고 있다. 그 지식은 인간이 하나님의 형상으로 창조되었기 때문에 인간 내부에 존재하게 되었다. 따라서 이 지식을 생득적 지식(innate knowledge)이라 부를 수 있을 것이다. 그러나 그것은 본질상 관념철학의 생득적 개념들(innate ideas)과는 구별되어야만 한다. 왜냐하면 칼빈이 생각한 이 생득적 지식은 사람이 하나님의 형상으로 창조되었다는 생각에 근거를 둔 것이기 때문이다. 그리고 본질적으로 이것은 역시 하나님에 의하여 창조된 인간의 환경에 포함된 여러 가지 사실을 통하여 사람에게 전달되는 계시에 대한 생각과 그 맥을 같이 한다. 그러나 이와는 대조적으로 데카르트와 관념철학에서 말하는 생득적 지식은 자율적 인간의 개념을 그 기반으로 한다.[12]

---

[10] Van Til은 이곳과 앞선 문단에서 하나님에 대한 내적 지식, 즉 우리 안의 지식과 하나님에 대한 외적 지식, 즉 우리 밖의 피조세계를 통한 지식을 구별한다. 이러한 구분에 대한 자세한 내용은 주석 12를 참조하라.

[11] Calvin, *Institutes*, 1.5.2.

[12] 이곳에 언급된 모든 사람들이 가지고 있는 하나님에 대한 지식에 관한 짧은 논의(이 언급은 본서와 Van Til의 모든 저서에서 발견된다)는 보다 상세한 설명이 요구된다. 그러나 우리가 염두에 두어야 할 일반적 형식은 다음과 같이 요약될 수 있다. (1) 모든 사람들이

여기서 카이퍼는 칼빈을 추종하는 가운데 인간을 향한 하나님의 계시가 갖는 명료성을 약화시키지 않는다. 이 면에 있어서 그는 워필드와 일치하고 있다. 칼빈 자신이 하나님은 인간에게 자신에 대한 아무런 증거도 남기지 않은 것이 결코 아니라는 사상에 있어 단순히 바울을 따랐던 것과 같이, 카이퍼나 워필드는 모두 이 면에 있어 칼빈을 애써 따르려고 한다.[13] 하나님은 역사의 시작으로부터 우주의 모든 사실을 통하여 인간에게 증거하셨다. 이성적 피조물이라면 어느 누구를 막론하고 이 증거를 피할 수 없다. 이 증거는 언제 어디서고 사람들을 직접 대면하시는 삼위일체 하나님의 증거이다. 심지어는 죄 가운데 버려진 죄인들조차도 저 세상에서는 하나님의 계시를 피할 수 없다. 하나님은 인간을 이성적이며 윤리적인 피조물(a rational-moral creature)로 만드셨다. 인간은 항상

가지고 있는 하나님에 대한 지식은 하나님에 의해 주어지며 따라서 바울의 말처럼 "분명하고" "인식할 수 있는" 것이다 (롬 1:18 이하). 이런 의미에서 주어진 지식은 "직접적"이다. "직접적"이라는 것은 마치 아무 수단도 없이 주어지는 것처럼 어떤 것을 통해 중개되지 않는다는 뜻이 아니다. 오히려 여기서 말하는 "직접적"이라는 표현은 이러한 지식을 갖기 위해 어떤 추론도 필요치 않다는 의미이다. (2) 위 주석 10에서 언급한 구별은 전형적으로 우리 안의 내적 지식 및 계시-종종 "이식된 지식"(*cognitio insita*)으로 불린다-와 우리 밖의 지식-종종 "습득된 지식"(*cognitio acquisita*)으로 불린다-사이의 구별을 의미한다. 여기서 Van Til은 Bavinck, *Reformed Dogmatics*, vol. 2., *God and Creation*, ed. John Bolt, trans. John Vriend (Grand Rapids: Baker, 2004), 53 이하에 제시된 Bavinck의 구별을 따르고 있다. 이러한 구별은 개혁주의 사상의 기초가 되며, 개혁주의 신학을 중세 계시신학에 관한 대부분의 논쟁들과 구별하는 요소가 된다. 중생하지 못한 자들은 하나님에 대한 이러한 본유적 지식에 기초하여 거짓 신학(*theologia falsa*)을 만들어낼 뿐이며 개혁주의적 관점에서 볼 때 이처럼 불신자가 만든 신학에는 진정한 자연신학이 들어설 여지가 없다. 상세한 내용에 대해서는 Richard A. Muller, *Post-Reformation Reformed Dogmatics: The Rise and Development of Reformed Orthodoxy, Ca. 1520 to Ca. 1725*; vol. 1, Prolegomena to Theology, 2nd ed. (Grand Rapids: Baker, 2003), 272 이하를 참조하라. (3) 끝으로 Van Til은 Bavinck와 개혁주의를 따라 하나님에 대한 본유적 지식(하나님의 형상으로 창조함을 받았을 때 모든 사람에게 주어진다)과 내재적 지식을 구별한다. 내재적 지식-데카르트적이든지 Plato적이든지-은 이러한 지식을 자신의 것으로 생각하며, 따라서 주어진 지식은 결코 자율적이지 않다고 생각한다(주어졌다는 것은 "주는 자"의 존재를 가정하기 때문이다).

13 "그러나 자기를 증언하지 아니하신 것이 아니니 곧 여러분에게 하늘로부터 비를 내리시며 결실기를 주시는 선한 일을 하사 음식과 기쁨으로 여러분의 마음에 만족하게 하셨느니라 하고"(행 14:17).

이러한 존재로 남아 있게 될 것이다. 따라서 그는 하나님을 직면하고 있다. 인간은 하나님의 목소리를 듣고 있다. 그는 언약의 상호 작용 관계 속에 존재하고 있다. 즉 그는 언약적 존재(a covenant being)이다. 인간은 하나님을 모르는 것으로 자기 자신을 파괴하려 하지만, 그렇게 할 수 없다. 하나님의 음성과 그의 얼굴을 피하기 위해 도주할 비존재란 있을 수 없다. 산들도 그를 덮어 주지 않을 것이다. 지옥의 깊음조차도 그를 숨겨 주지 못할 것이다. "우리를 상관하시는 자"와의 직면으로부터 벗어나게 할 수 있는 것은 아무것도 없다.¹⁴ 인간이 그 자신을 돌아볼 때면 언제나 그 자신이 하나님과 직면하고 있음을 알게 된다.

어떤 일이 벌어졌든지, 죄가 무슨 결과를 초래하였든지, 죄가 어떤 심각한 파괴를 가져왔든지 그것은 인간이 가진바 하나님을 아는 지식과 하나님에 대한 그의 책임의식을 파괴할 수는 없다. 이 지워질 수 없는 하나님을 아는 지식이 아니었더라면 죄가 죄일 수 없을 것이다. 심지어는 하나님으로부터 끝없이 멀어져만 가는 과정인 죄조차도 그것의 배경으로 이 하나님을 아는 지식을 전제한다.¹⁵

이 지식은 모든 사람이 **공통적**으로 가진 지식이다. 인간은 한 혈통으로 만들어졌기 때문이다. 인간은 아담 안에서 하나님 앞에 한 통일체로서 서 있다. 초자연적 계시에 의해 아담 안에서 모든 인간이 하나님과 더불어 대면하고 있다는 사실을 전제하며 또 그러한 사실과 연관을 이룬다. 그러므로 만일 신자가 불신자에게 성경과 하나님이 인간에게 말씀하신바 그 진리체계를 제시할 경우, 그는 그와 같이 말씀하시는 이에게 모든 사람의 마음속에 어떤 응답이 필연코 있게끔 되어 있다는 사실을 확신할 수 있다. 그러나 이 반응이 부정적일 수도 있으며 실제로 많은 경우에 있어서 그러하다. 인간은 하나님의 권리를 묵살할 것이지만 그럼에도 불구하고 그들은 하나님의 주장을 합법적인 것으로 인정한다.

---

14 "지으신 것이 하나도 그 앞에 나타나지 않음이 없고 우리의 결산을 받으실 이의 눈 앞에 만물이 벌거벗은 것 같이 드러나느니라"(히 4:13).
15 즉 죄가 죄가 되기 위해서는 반드시 누군가를 대상으로 해야 한다. 죄의 대상이 없다면 죄도 없는 것이다.

즉 인간이 하나님의 그와 같은 권리를 묵살할 수 없을 때에, 인간은 그 권리를 인정하는 것이다. 무신론자란 존재하지 않으며 적어도 저 세상에서는 더욱 그러하다. 그러므로 형이상학적인 면에서 볼 때[16] 양편 모두, 즉 신자와 불신자 모두가 모든 사물을 공통적으로 소유하고 있다. 그들은 하나님을 공통적으로 모시고 있으며, 그들은 모든 면에 있어서 우주를 공통적으로 소유한다. 더욱이 그들은 이 모든 것을 공통적으로 소유함을 알고 있다. 사람이면 누구나 참된 하나님, 한 분뿐이신 그 유일한 하나님을 알고 있다. 그들은 단지 하나님을 알 어떤 능력을 가진 것이 아니라 실제로 그분을 알고 있다.

이와 같이 하나님과 인간 사이의 절대적인 단절은 결코 있지도 또 가능하지도 않다. 사람은 언제나 하나님과 대면할 수 있다. 따라서 이런 의미에서 절대적 대립(*absolute antithesis*)이란 있을 수 없다. 이 점에 있어서 개신교 신학, 특히 개혁주의 신학은 로마교 신학의 존재의 유비(*analogia entis*)[17] 개념에 반대한다. 로마 가톨릭에 따르면 인간은 마치 하나님의 면전을 피할 수 있는 것처럼 되어 있다. 인간은 비존재의 영역 속으로 완전히 빠져 버릴 수 있다는 것이다. 인간은 언제나 시작에 있어서 비존재의 영역에 아주 가깝게 있기 때문에 언제나 그 속에 빠져들 염려가 있다. 그의 존재의 시발로부터 그를 비존재의 영역에 빠지지 않게 하기 위해서 초자연적 은총이 필요하다.[18] 그러므로 로마 가톨릭에 의하면 사

---

[16] 여기서 "형이상학적"이라는 표현은 사물의 본질적인 성격—우리가 알든 모르든—에 대한 언급이다.
[17] "Analogy of being"
[18] 여기서 Van Til의 추론은 다소 복잡하기는 하지만 적어도 다음과 같은 내용을 담고 있다. 로마 가톨릭 사상에 의하면 인간은 창조 시 "완전하고 완성된" 존재가 아니었기 때문에 선한 일을 하기 위해서는 *donum superadditum*(덧붙여진 은혜)가 필요했다는 것이다. 로마 가톨릭에 따르면 (초기 Augustine을 좇아) 악은 실재하지 않는 것이다. 이는 결핍된 상태일 뿐이다. 사람이 악을 소원하는 만큼 그는 아무것도 아닌 것, 다시 말해 비존재에 가까워지며, 그리하여 초자연적인 것, 즉 덧붙여진 은혜를 거부하였다. 따라서 사람은 "처음부터" 비존재에 "가까웠"고 그리하여 따라서 초자연적 은혜가 필요했다. 그리고 "인간의 구조 속에는 피할 수 없는 하나님의 계시란 없다." 즉 사람은 계시를 피할 수 있으며 악을 선택하기만 하면 언제나 비존재 속으로 들어갈 수 있다는 것이다. 이러한 악의 개념과 결합한 개념이 바로 내재적 저항 또는 불완전에 대한 헬라적 개념이다.

람의 구성조직 내에 하나님의 피할 수 없는 계시란 존재하지 않는다.

그리고 사람을 통해 주어진 하나님의 계시에 관한 진리가 그를 둘러싸고 있는 우주의 여러 사실을 통하여 사람에게 주어진 계시에 관해서도 진리이다. 로마 가톨릭에 의하면 사람을 둘러싸고 있는 계시 역시 사람에게 하나님을 분명하거나 피할 수 없게 보여주지 않는다. 우주의 사실 역시 하나님을 분명히 보여주기에는 너무도 비존재의 영역에 근접해 있다. 이와 같이 로마 가톨릭의 불연속 원리는 모든 사람이 하나님에 대하여 알고 있는바, 피할 수 없는 지식에 관한 사도 바울의 가르침과 일치하지 않는다. 이러한 관점에 의하면 사람들 사이에는 지식에 관한 참된 공통성이 존재하지 않는다. 왜냐하면 개개인이 각기 비존재 속으로 빠져 들어갈 수 있기 때문이다. 따라서 신자 중 어느 누구도 불신자가 신자와 불신자 모두 하나님에 대해 견지하고 있는 공통적 관계에 의하여 반드시 그에게 반응해 올 것이라는 점을 알고 불신자에게 접근할 수 없게 된다.

마찬가지로 공통적 지식을 위한 아무런 참된 기반이 없다면, 과학을 위한 어떠한 참된 기반도 존재하지 않는다. 하나님이 세상에서 일어나는 모든 일을 관장하시며, 모든 사람은 하나의 사람으로서 하나님의 음성을 듣는 자들이라는 것을 주장하는 개신교적 사상, 특히 개혁주의적 사상에 있어서만 과학의 통일성이 존재한다. 이러한 기반 위에서만이 과학의 통일성은 보장된다. 그리하여 모든 사람이 과학의 진보에 기여할 수 있게 된다. 또 모든 사람이 마땅히 그것에 기여해야만 한다. 그것은 인간이 마땅히 해야만 할 일이기 때문이다. 더욱이 인간은 심지어 그의 의지에 거슬려 그렇게 할지언정 그의 사명을 성취할 도리밖에 없는 것이 사실이다.[19]

---

[19] 이 주장은 Van Til이 앞서 언급한 바 있는 "실재는 언약적"이라는 내용을 전제한다. 따라서 언약적이기 때문에 모든 백성은 그것에 반응하지 않을 수 없는 것이다. 우리는 피조 된 사물을 통한 하나님의 부르심에 대한 응답으로-비록 시종여일하거나 배타적이지는 않더라도-하나님이 만드신 세상의 (또는 세상 안에 있는) 지식의 발전에 기여한다. 이러한 원리에 대한 보다 구체적인 설명에 대해서는 Hendrik G. Stoker, "Reconnoitering

카이퍼와 워필드(Warfield)가 공히 과학의 기본적 통일성을 주장한 것은 이러한 기반 위에서였다. 하나님은 인간에 관한 그의 목적을 틀림없이 달성하신다. 하나님은 사단의 면전에서 인간들로 하여금 당신께서 이 우주 안에 놓아 두신 잠재성들을 발전시켜 열매 맺게 하신다. 모든 인간들과 심지어는 사단까지도 의지적이든 아니든 간에 그리고 눈에 띄든 그렇지 않든 간에 인간과 인간의 우주를 향하신 하나님의 목적을 실현시킴에 기여하고 있다. 구속받은 자들의 최상이자 최종적 찬양은 창조의 노래이며 창조의 영광스러운 완성의 노래이다(계 4:11).

그러나 이미 앞서 말한 내용들로부터 과학의 통일성은 바로 그리스도를 통해서 얻어진다는 것이 명백해졌다. 만일 아담이 범죄하지 않았더라면 무슨 일이 어떻게 되었을까에 대해 사색하는 것은 전혀 무익한 일이다. 반면에 어떤 일이 벌어졌을까 하는 생각 자체를 기독교적 의미로서의 일종의 제한적 개념(limiting concept)으로 사용하는 것은 타당한 일임에 분명하다. 아담이 순종과 불순종의 선택에 부딪혔을 때 그것은 그에게 주어진 진짜 선택이었다. 하지만 이와 같은 이야기로 하나님이 이 세상 창조에 앞서 이 세상에서 일어날 모든 일을 미리 정하신 것이 아니라고 주장하는 것은 아니다. 궁극적으로 볼 때 일어날 일은 하나님의 궁극적인 뜻에 따라서만 일어날 수 있다. 즉 하나님이 정하신 것만이 궁극적인 의미에서 가능하다는 것이다. 그리고 하나님은 구속자이신 그리스도를 통하여 인류가 그들에게 맡겨진 할 일을 성취하도록 정하셨다. 그러므로 오직 그리스도의 하신 일과 근거 위에서만 과학의 통일성이 실제적으로 가능하며 또한 그 위에서만 실제적으로 완전하게 될 것이다. 물론 그리스도께서 하신 일이 즉각적이며 직접적으로는 인간의 구속에 영향을 끼친 것으로 생각되어야만 한다. 그러나 그리스도께서는 인간과 인류를 구원하심으로써 과학 또한 구하셨다. 그러므로 과학의 통일성은

the Theory of Knowledge of Professor Dr. Cornelius Van Til," in *Jerusalem and Athens: Critical Discussions on the Philosophy and Apologetics of Cornelius Van Til*, ed. E. R. Geehan (Nutley, N. J.: Presbyterian and Reformed, 1971), 26-44를 참조하라.

이차적 의미에서 기독론적이라 말할 수 있다.[20]

2. 자연신학

로마 가톨릭의 체제에 의해서는 과학의 통일성을 뒷받침해 줄 기독론적 기초가 있을 수도, 옹호될 수도 없다. 그들의 체제에 의하면 그리스도께서 세상의 구원을 일시에 완성하신 행위를 하실 수도 없었고 또 그렇게 하시지도 않았다. 하나님의 계획에 의하여 통일된 세계 내에서만 인류 전체에 영향을 미치는 모든 시대를 위한 단 한 번에 완성된 구속 행위가 있을 수 있다. 모든 사실이 하나님에 대하여 증거하는 그러한 세계의 기초 위에서만 모든 다른 사실들을 해석하는 것으로서 스스로 증거하는 하나님의 말씀이 존재할 수 있다.

로마 가톨릭이 생각하는 과학의 통일성은 모든 사물을 포괄하는 하나님의 계획과 그리스도가 하신 만물을 구원하는 일에 기반을 둔 통일성이 아니다.[21] 로마 가톨릭의 불연속성에 관한 원리는 인간이 어찌할 도리 없이 하나님을 대면할 수밖에 없다는 사실을 허용하지 않는데, 이는 그들의 체계에 의하면 어떠한 죄도 하나님을 대항하는 그리고 전적으로 자의식적인 반항으로 인식되지 않을 뿐만 아니라 구속 역시 원리적으로나마 하나님께 완전히 되돌아와서 그를 섬기는 것으로 생각되지 않기 때문이다.

긍정적으로 생각할 때, 과학의 통일성에 관한 로마 가톨릭의 생각은 창조주와 피조물 사이의 구별을 실질적으로 완전히 부정하는 내용을 포함한 연속성의 원리에 기초하고 있다고 할 수 있다. 로마 가톨릭은 비기

---

[20] 그리스도의 사역이 택함을 받지 못한 자의 유익에까지 이르는 이러한 원리에 대한 신학적 설명에 대해서는 John Murray, "The Atonement and the Free Offer of the Gospel," in *Collected Writings of John Murray*, Vol. 1, *The Claims of Truth* (Carlisle, Pa: Banner of Truth, 1976), 59-85를 참조하라.
[21] Van Til은 여기서 재림과 함께 절정에 이를 만물의 종말론적 회복에 대해 언급한다.

독교적, 특히 아리스토텔레스적인 과학의 통일성 개념을 받아들이고 있다. 이러한 개념에 의하면 모든 지식은 보편적인 것에 관한 것이다. 모든 지식은 그것이 공히 하나님과 사람 속에 그 자체의 정체를 어느 정도 나타내 보이고 있다는 가정 위에 근거를 둔다.[22] 만일 그리스도를 이러한 생각에 적용시켜 이해한다면, 그는 하나의 보편적 이상(a universal ideal)으로 생각되어야만 한다. 그는 반드시 실재들 가운데 존재하는 하나의 통일 원리로 축소되어야만 한다. 또 이 경우 기독교는 "본질이 아닌 부수적인"(accidental) 것이거나 카이퍼가 말하는 회복적인(restorative) 것이 아닌 자연적인(natural) 것에 단지 부여되는 보충적인(supplementary) 것이 되고 만다. 그리고 자연적인 것과 초자연적인 것 사이의 구분이나 자연적으로 피조 된 것과 구원론적으로 구원된 것 사이는 오직 계층적인 것으로 구분될 뿐이다.

그러나 로마 가톨릭이 가진 과학의 통일성에 관한 생각을 이해하려면, 이들의 불연속성의 원리와 연속성의 원리를 함께 생각해야만 한다. 이 원리들은 서로 연관된 것으로 생각되어야만 한다. 그리고 이 두 원리가 서로 연관된 것으로 생각될 때 과학의 통일성의 개념은 실재 전체와 더불어 그것이 신적인 것이건 아니면 인간의 것이건 간에 모두가 항상 축소되어 내려가는 사고의 동일성에 관한 생각을 포함하게 된다. 그런데 이런 생각은 실재가 전적으로 불연속적이기 때문에 계속적으로 축소를 지향하게 된다. 그러나 이런 생각이 실제로 나타난다면 그것은 과학의 통일성을 파괴하고 말 것이다. 왜냐하면 그러할 경우, 조사 대상의 모든 사실들은 하나의 존재의 추상적 공백 속에서 그것들이 가진 개체성을 상실하고 말 것이기 때문이다. 그러나 이러한 생각은 결코 실천될

---

[22] 지식은 마음이 사물에 대해 알기 위해 그 사물에서 추출한 것이기 때문에 보편적이다. 로마 가톨릭에서는 하나님이 창조 시에 많은 존재들(*plura entia*)을 창조했으나 존재 이상의 것(*plus entis*)을 창조하지는 않으셨기 때문에 "존재의 동일성"이 존재한다. 사물의 차이를 구별하는 것은 존재가 아니라 본질이다. 따라서 *analogia entis*(존재 유비)는 존재는 동일하며 본질에 의해 개별화된다는 사실을 포함한다. 따라서 어떤 것이 존재한다는 것은 본질적으로는 다르지만 존재로서는 동일하다는 것이다.

수 없다. 그 이유는 여기서 채용된 불연속의 원리 또는 개체성의 원리는 전적으로 하나의 비이성적인 원리이기 때문이다. 다른 말로 해서 조사 대상의 사실들이 실제로 전혀 어떠한 체계의 일부분도 아니기 때문이다. 본질이 무엇인지는 아무도 알 수 없으므로 그 사실들의 본질에 대해 이야기하는 것은 무의미한 일이다.[23] 어느 누구도 어떤 사실을 발견할 수 없으며, 그 사실이 다른 사실들과 어떤 면에 있어서 다른 것인지를 알 수도 없다.

물론 로마 가톨릭 입장의 아리스토텔레스적 성격은 하나님이 인간을 창조하셨다고 가르치는 교회의 교리들에 의하여 완화되고 있기는 하다. 즉 로마 가톨릭의 입장은 오로지 자연계시의 영역들과 철학에서 개요되는 원리들을 고수한다. 로마 가톨릭은 이 영역들 안에서의 "이성의 정당한 자율성"을 인정한다. 뿐만 아니라 오히려 로마 가톨릭의 신학은 그 자체를 자연계시의 영역 안에서의 이성의 자율성이란 사상에 뜯어 맞추고 있다. 이러한 모든 것의 종합적 결과는 과학의 통일성에 관해서 아무런 설득력이나 논쟁에서 이겨낼 만한 견고한 철학은 제시하지 못한다는 것으로 나타난다.

따라서 로마 가톨릭이 현대 사상과 그것이 지닌 과학의 통일성에 관한 생각에 아무런 적당한 도전도 가하지 못한다는 것은 당연하다. 이 현대 사상이 어떤 것인지를 알아보는 것은 매우 중요하다. 간단히 말해서 그것은 희랍 사상의 연장에 불과하다고 할 수 있다. 그러나 그것은 보다 철저하고도 일관성 있게 희랍 사상을 발전시켰다. 분명히 현대 철학의

---

[23] 지식이 질료(matter)로부터 보편(또는 형식)을 추상함으로써 얻어지는 것이라면 본질이 개별화할 경우, 우리는 사실상 본질에 대해 아무런 지식도 가질 수 없다. Thomas Aquinas는 다음과 같이 말한다. "그럼에도 불구하고 보편적 특성은 그러한 의미에서의 본성(nature)에 속한다고 볼 수 없다. 왜냐하면 공통성과 통일성은 보편적 특성에 속하기 때문이다… 공통성이 인간의 개념에 포함된다면 인간이 있는 어디에서나 이러한 공통성이 발견되어야 할 것이다. 그러나 이것은 잘못된 것이다. 왜냐하면 Socrates에게는 어떤 공통성도 발견되지 않았기 때문이다. 오히려 그에게 있는 것은 무엇이든 개별화되었다." Thomas Aquinas, "On Being and Essence," in *Selected Writings of St. Thomas Aquinas*, trans. Robert P. Goodwin (New York: Bobbs, 1965), 48.

"주관적" 접근과 고대 철학의 "객관적" 접근 사이에는 커다란 차이가 있는 것이 사실이다. 그러나 기독교의 입장에서 볼 때 이 둘은 모두 주관적이다. 현대 사상은 고대 사상보다 좀더 치밀하게 주관적이란 점에서 차이가 날 뿐이다. 칸트주의의 경우 명백하게 인간의 주관이 인간 경험 내의 통일의 원천으로 설정되어 자연히 과학에 있어 통일성의 근원으로 설정된다. 그런데 이런 면은 이미 인간의 타락에 포함되어 있었다. 그것은 이미 희랍 철학에 내재하고 있었다. 이 점에 있어서는 궤변론자들(the Sophists)의 철학과 플라톤이나 아리스토텔레스의 철학이 매 한가지였다. 그러나 현대에 와서 인간은 대담하게 그가 하나님에 대해 이야기하기에 앞서 그 자신을 먼저 정의할 수 있다고 주장하기 시작했던 것이다. 인간은 먼저 자신을 정의한 후에 하나님을 정의하고자 한다. 이것은 인간이 심리적으로 하나님을 생각하기에 앞서 자기 자신에 대해 생각해야만 한다는 사실에 비춰 볼 때 결코 단순히 방법론적인 문제만이 아니다. 이는 궁극적으로 형이상학적인 문제이다. 또한 인간이 궁극적이라는 사상이다. 궁극적인 인간은 그 자신의 용어로써 자신을 정의할 수 있으며 마땅히 그렇게 해야만 한다. 그러므로 그는 또한 그것을 사용하여 실재에 있어 무엇이 가능하고 무엇이 가능하지 않은지를 결정할 수단이 되는 모순율을 실질적으로 사용해야만 한다.

이러한 것들을 이다지 길게 이야기해야만 했던 것은 그렇게 하는 것이 일반은총의 문제에 관한 개혁주의자들 사이의 상이한 견해들을 소개함에 필요하기 때문이었다. 개혁주의자들에 의해 주장될 어떠한 일반은총에 관한 교리라도 그것이 반드시 개혁주의의 주요 교리체계와 조화를 이루며 그 교리의 일부분이 되어야만 한다는 사실은 분명하다. 특별히 우리가 칼빈의 일반은총론을 전체 칼빈 신학과 연관시켜 살피고, 더욱이 그 교리를 인간 자신을 통하여 인간에게 주어진 하나님의 계시의 명료성에 관한 칼빈의 교리에 연관시켜 살피지 않는다면 아무도 칼빈의 그 교리를 납득할 만하게 주장할 수 없을 것이다. 한층 특별히 하나님의 형상을 따라 이루어진 인간의 창조에 관한 칼빈의 입장과 인간을 하나님과 동일한 존재에 참여한 것으로 보고 로마 가톨릭의 인간관 사이의 차이는 일반은총에 관계된 문제를 다룸에 있어서 근본적인 중요성을 가진다.

  이 차이가 자연적(natural)이라 불리워 합당한 것과 구속적(redemptive)이라 불리워 합당할 개념들 모두와 직접적인 연관이 있다는 것은 이미 지적된 바 있다. 칼빈에게 있어서는 창조 그 자체가 하나님의 창조와 그 창조를 보존하시는 활동을 직접적이고도 분명하게 보여주는 것으로 받아들여진다. 그러므로 인간은 자연히 그렇게 표현되어 있는 하나님의 의지를 접하게 된다. 왜냐하면 하나님의 초자연적 계시가 아담에게 주어졌을 때 그것은 그에게 있어 자연적인 것이었기 때문이다. 이 초자연적 계시는 인간에게 있어서 극히 정상적이며 자연적인 상태의 일부였다. 반면에 로마 가톨릭에 있어서 사람에게 자연적인 것이란 하나님과 동일한 존재에 참여하는 것을 뜻한다. 동시에 하나님과 동일한 존재에 참여하는 것은 비존재에 근접해 있어 늘 비존재 속으로 빠져들려는 성향을 가지고 있다.

  그렇다면 칼빈에게 있어서 구속적인 것이란 어떤 것인가? 그리고 로마 가톨릭에 있어서 그것은 어떤 것인가? 이 질문에 답하기 위해서는 먼저 앞서 고려했던 문제를 재고해야만 한다. 무엇을 자연적인 것이라 하느냐에 대해 구구한 의견들이 있듯이 죄나 악에 대해서도 여러 가지 견해들이 있다. 칼빈에게 있어서 죄는 그의 창조주이시며 은총을 베푸시는 주에 대한 피조물 편에서의 자의식적 반역(self-conscious rebellion)으로 여겨진다. 아담을 본받아 죄를 범하지 않았다 하더라도 아담 안에서 (in Adam) 범죄한 자들도 본래의 자연계시에 덧붙여진 구속사 이전 초자연적 계시에 대한 책임을 갖는다. 반면에 로마 가톨릭에 있어서 죄는 단지 부분적으로만 하나님께 대한 불순종으로 여겨지고 동시에 죄는 비존재에 다시금 빠져드는 것으로도 여겨진다. 칼빈에게 있어서 죄의 개념은 전적으로 윤리적(ethical)이다. 이와는 달리 로마 가톨릭에 있어서는 윤리적인 죄가 대부분 일종의 형이상학적 결핍(a metaphysical lack)으로 축소되고 만다. 로마 가톨릭의 신학에 대항하여 종교개혁 신학의 윤리적 성격에 강한 강조를 두어야 할 것은 매우 중요한 사항이다. 개혁주의 신학이 복음주의와 다른 점은 역시 그것이 기독교의 이와 같은 윤리적 성격을 철저하게 주장하는 면이다. 반면 복음주의는 죄의 개념을 형이상학적 결점으로 곡해하려는 경향을 띤다. 복음주의는 인간 의지를 부분적으로 자율적인 것으로 여기는 입장을 가지기 때문에 자연히 로마 가톨릭의 입장으로 기울어진다.[24]

칼빈에게 있어서 구속은 전적으로 윤리적인 것이다. 죄는 인간의 존재를 강등시킨 것이 아니었다. 죄는 인간에게서 하나님이 그에게 주신 자연적 능력 중 어느 하나도 빼앗아 가지 않았다. 죄는 형이상학적 상태를 파괴하려는 성향을 가진 것이 아니었다. 물론 죄가 물질적(physical) 영향력을 가진 것은 사실이다. 그것은 이 세상에 질병과 죽음을 가져왔다. 그러나 피조세계가 죄로 말미암아 파괴되었다는 생각은 하나의 공론에 불과하다. 세계가 죄로 말미암아 파괴되어야만 한다는 것은 전혀 불가능이었다. 피조세계는 비존재로 도로 떨어지려는 성향을 지니고 있지 않다. 그것이 매순간 하나님의 보존하심을 필요로 한다는 사실도 세계가 비존재로 다시 떨어지려는 성향을 갖고 있다는 증거는 되지 않는다. 이것은 단지 세계가 실제로 의존적 성격(dependent character)을 갖고 있음을 보여줄 따름이다. 하나님은 처음부터 이 세계를 자신에게 의존적 존재로 유지하시기로 작정하셨다.

특별히 죄는 하나님이 인간에게 당신의 형상을 부여하실 때에 처음부터 그에게 주셨던 능력들 중 어느 하나도 파괴하지 않았다. 물론 마찬가지로 여기에 있어서도 죄의 약화시키는 힘의 결과가 있는 것은 사실이다. 그러나 인간은 여전히 사물을 관찰할 눈을 가지고 있으며 그가 보는 것들을 정리하고 조정할 수 있는 논리적 능력을 가지고 있다. 죄가 형이

---

[24] 비존재로서 악의 개념과 연결된 것은 자유의지 개념이다. Augustine(*On Free Will*)에 따르면 사람은 존재와 비존재 양자에 모두 참예하며 따라서 죄의 결핍을 선택할 수 있다. 자유로운 선택은 무(nothing)로서 악의 개념에 포함된다.

상학적 상태를 본래적으로 파괴하기는커녕, 이러한 상태의 계속됨이 오히려 윤리적 성격을 가진 죄의 전제를 이루고 있음에 분명하다.

로마 가톨릭에 있어서 구속은 자연히 적어도 부분적으로는 형이상학적인 것으로 이해된다. 로마 가톨릭에 있어서 자연적인 것은 아예 처음부터, 즉 타락 전부터도 비존재를 향하는 경향이 있었다. 따라서 그것은 자체를 비존재로부터 위로 끌어올릴 초자연적인 것을 필요로 했다. 초자연적인 것이 처음부터 자연적인 것의 본래적인 결함을 보완했어야만 되었다. 따라서 초자연적인 것은 인간의 존재를 한 단계 높이는 어떤 것으로 생각되었다.[25] 로마 가톨릭의 입장에 의하면 비존재로 빠져드는 성향은 실제로 가능한 일이다. 그것은 궁극적으로 가능한 일이다. 로마 가톨릭은 그들의 존재로의 한 국면으로서 추상적 가능성의 개념을 활용하고 있다. 그러므로 구속적인 것 역시 대개는 본래 초자연적인 것, 즉 유한한 존재가 비존재로 떨어지는 성향을 막는 반작용적 작인(counteracting agent)으로 생각된다. 따라서 구속은 "덧붙여진 본질 외의 무엇"(accidental)이 아니며 주로 윤리적인 것도 아니다. 로마 가톨릭의 사고방식에서 사용된 자연과 은총(nature and grace)의 구분은 종교개혁의 사고방식에서 사용하는 자연과 은총의 구분과 그 의미상에 있어서 전혀 상이한 것은 당연한 일이다.

그러므로 바른 시각에서 일반은총론을 바라보려면 개혁주의 신학 전체를 로마 가톨릭의 신학과 복음주의적 사고방식으로부터 따로 떼어놓는 것이 필요하다. 로마 가톨릭의 이론에 의하면 심지어 특별은총조차도 주로 인간의 존재를 한 단계 높이는 것으로 생각된다. 따라서 이러한 바탕에서 일반은총은 특별은총 또는 구원하는 은총과 단지 단계적 차이밖에 없는 것으로 생각된다. 인간의 의지를 어느 정도라도 자율적인 것으로 간주하고 인간이 하나님과 동일한 존재에 참여한 것으로 생각하게 되면 거기에는 단계적 차이 이외에 어떠한 차이도 있을 수 없게 된다.

---

25 이것 역시 덧붙여진 은혜(*donum superadditum*)에 관한 언급이다.

이 경우에 있어 구원하는 은총은 모든 인간들 또는 적어도 무수한 사람들에게 멸망의 궁극적 가능성과 균등하게 주어진 구원의 실질적 또는 궁극적 가능성으로 생각된다. 하나님은 어떠한 경우에 있어서도 유한한 존재가 비존재로 떨어지려는 성향을 완전하게 방지할 수 없다.[26]

로마 가톨릭에 관한 이 문제점들은 얼마간 복음주의에도 마찬가지로 적용된다. 여기에서도 구원하는 은총은 추상적 가능성으로 제한되어 결국 하나님의 성령의 뜻이나 간절한 호소에 저항할 수 있는 인간의 궁극적 능력에 의해 제한된다. 은총의 개념도 부분적으로는 본래 고도의 윤리적 개념이 형이상학적 순서의 한 단계로 축소되고 만다.

그러나 개혁주의의 입장에 서면, 구원하는 은총은 전적으로 윤리적인 경향으로 인식된다. 이와 같이 전적으로 윤리적인 성향에 따라 은총의 개념을 인식하기 위한 형이상학적 전제는 하나님이 세상에 일어나는 모든 일을 통제하신다는 사실이다. 이것은 모든 추상적 가능성들을 배제한다. 또한 이것은 인간이 언제나 하나님의 뜻을 드러내 보이는 계시를 직면하고 있다는 것을 포함한다. 그것은 인간이 범죄하였을 때, 그는 하나님이 보이신 이 계시에 대적하여 죄를 범했다는 것을 뜻한다. 그러므로 인간이 죄를 범하였을 때 그는 전적으로 타락하였다. 그의 유한한 존재가 본래적으로 결함이 있었다든가 아니면 하나님의 계시가 그에게 명백하지 않았었다든가 하는 등은 그의 범죄 사실에 대한 하등의 핑계가 되지 않는다. 반면에 죄가 이 세상에 들어와야 했다는 것은 하나님의 뜻이기도 하다. 하나님은 죄를 벌하시며 또 그것을 없이 하심을 통하여 자신의 영광을 승대시키기 원하셨다.

그러나 죄에 대한 인간의 궁극적 책임을 철저하게 주장함과 동시에 한 죄가 인간을 통하여 세상에 들어왔어야 했다는 사실이 하나님의 궁극적인 뜻이었노라고 주장하려면 누구든지 간에 유비적(analogically)으로 생각하는 것이 필요하다. 유비적으로 생각하는 것은 곧 구체적

---

[26] 왜냐하면 하나님은 의지의 자유에 대해 침해할 수 없기 때문이다.

(concretely)으로 생각하는 것이다. 그것은 성경 속에 계시된 진리의 유비적 체계로부터 생각을 전개하는 것을 말한다. 유비적 사고는 비록 실질에 있어서는 그렇지 않으나 꼭 모순된 것같이 보이는 것을 받아들임도 포함한다. 그러므로 성경이 제시하는 모든 개념들은 상호 보완적이다. 결국 처음 출발점으로 삼은 교리와 명백하게 상충하는 것같이 보이는 다른 여러 가지 교리들이 필히 존재한다는 것을 염두에 두지 않고 어떤 한 교리를 출발점으로 삼고 "그 교리로부터 논리적으로 유출"되어야만 할 다른 어떤 교리들을 한 교리로부터 연역해 내려고 하는 것은 가능한 일이 아니다.

3. 개혁주의 신학자들 간의 차이점들

이제 일반은총의 문제에 관한 개혁주의 신학자들 사이의 차이에 주의를 돌려보도록 하자. 개중에는 일반은총에 관한 바른 개념을 갖기 위해서 그리고 그러한 일반은총에 대한 바른 개념이 과학의 통일성에 관련된 문제에 연관되어 사용될 수 있기 위해서 사물에 관한 로마 가톨릭과 개혁주의의 개념을 그토록 면밀하게 구분하는 것이 과연 필요한 일인가 하고 생각하는 사람들이 있다. 특히 S. J. 리델보스 박사(Dr. S. J. Ridderbos)는 이 장(章)에서 줄곧 다루고 있는 것과 같은 작업의 필요성을 부정한다.

『일반은총론의 문제점에 대하여』(Rondom het gemene-gratie-probleem [Kampen, 1949])라는 소책자에서 그는 일반은총에 관한 아브라함 카이퍼 박사의 개념에 대한 각종 비판을 다룬다.[27] 리델보스는 이 소책자에서 저자가 같은 제목으로 펴낸 간략한 소책자에서 제시한 바 있는 일반은총에 대한 나의 견해를 비판하였다. 그의 비판은 리델보스 이외의 여러 개혁주

---

[27] *About the Problem of Common Grace*.

의 신학자들에 의해 주장되어 온 한 견해를 대표하는 것으로서 여기서 간략하게 언급하고자 한다.

나는 앞서 언급한 소책자에서 현대 로마 가톨릭의 위대한 변증가인 에티엔느 질송(Etienne Gilson)이 신의식(sensus deitatis)[28]에 관한 칼빈주의의 개념에 반박한 도전에 응답하고자 했었다. 그리고 그 작업은 우리 속에 심기워진 하나님에 관한 지식(cognitio dei insita)[29]에 대한 바빙크(Bavinck)의 개념과 연관되어 행해졌다.

> 여기서 고려될 문제는 공통적 관념(κοιναὶ ἔννοια),[30] 각인된 개념(notiones impressae)[31] 그리고 타고난 지식(cognitationes insitae)[32] 등에 관한 것이다. 자연적 이성이 하나님에 관한 어떤 진리들을 발견할 수 있다고 주장하는 로마 가톨릭의 신학이 신자와 불신자가 완전하게 공통적으로 아는 하나님에 관한 생각들이 존재한다고 주장하는 것은 극히 당연하다. 질송은 그가 우리도 초자연계시의 도움을 입지 않은 동일한 이성을 통하여 아리스토텔레스가 발견한 것과 같은 진리를 발견할 수 있다고 주장함으로써 이와 같은 견해를 표명하였다. 질송은 더 나아가서 칼빈이 사람 속에 있는 "신성의 각인", "공통적 관념", "본유적 관념" 또는 "종교적 재능" 따위를 주장함과 "경험"은 하나님이 모든 인간들에게 본유적인 종교의 씨앗을 심어 두셨다는 사실을 입증한다고 말함에 있어서 로마 가톨릭이 취하는 것과 실질적으로 같은 입장을 취하고 있다고 주장했다. 그는 칼빈주의자가 이 점에 있어 그의 견해와 관련하여 일종의 모순에 직면하고 있다고 생각한다.
>
> 일견 그것보다 나은 해결은 존재할 수 없는 듯이 보인다. 그러니 이와 같은 지식 역시 토마스 아퀴나스 식의 하나님 존재에 관한 증명 방식들이 성취했노라 공언하는 이성적 확실성이 분명 문제에 봉착하는 것과 똑같이 바로 그 문제에 부딪친다. 이 지식은 그 속에서는 로마 가톨릭의

---

[28] "sense of deity."
[29] "하나님에 대한 주입된 (또는 이식된)" 지식이다. Bavinck, *Reformed Dogmatics*, 2:53 이하.
[30] "Common concepts."
[31] "Ideas impressed on the soul."
[32] "Implanted knowledge."

입장을 비판하거나 순수철학을 억제할 권리가 전혀 상실된 일종의 자연적 확실성(a natural certitude)이거나 아니면 그 속에서는 사람이 보존하고 있는 듯이 생각하는 바로 그 하나님에 관한 자연적 지식이 존재할 가능성이 전혀 존재하지 않는 초자연적 확실성(a supernatural certitude)이다.[33]

이제 문제는 바빙크가 말하고 있는바 그 본유적 지식이 여기서 질송이 칼빈주의적 입장에 던진 이 딜레마를 벗어날 수 있는 성질의 것이냐 그렇지 못하냐에 걸려 있다. 개혁주의 신학이 일반적으로 자연신학에 관한 그 자체의 개념을 자의식적으로 방어하는 데 이르러야만 한다는 질송의 주장은 지극히 타당한 것이라고 생각한다. 개혁주의 신학이 로마 가톨릭 신학의 자연신학이 말하는 **영역 감축**이라든가 또는 **약간의 가치 축소** 따위에 대해 그 자체를 정당하게 한정시킬 수는 없다. 그러나 바빙크의 자연신학이 로마 가톨릭의 토마스 아퀴나스가 세운 자연신학과 같은 종류라면 바빙크는 질송이 던진 딜레마에서 벗어나기가 극히 어렵게 될 것이다.[34]

따라서 칼빈의 견해에 대한 현대의 위대한 해설자인 바빙크와 카이퍼가 그들이 생각하는 **본유적 지식**과 **공통적 관념들**에 대한 개념을 로마 가톨릭이 생각하는 개념과 구별하는 데 성공했느냐는 질문이 제기될 수밖에 없다. 이 질문의 답은 그들이 그렇지 못했다는 것이다. 비록 그들이 바른 자연신학은 성경의 빛 아래 자연을 해석하는 것이라고 주장하기는 했으나, 그들은 때때로 엄연한 사실(brute facts, 서문 주석 78 참조-역자주)의 개념 및 추상적 보편들(abstract universals)의 개념을 끌어들였던 것이다(p. 52). 그런데 이러한 것이 본유적 지식의 문제와 무슨 관계를 가지는가? 그것은 칼빈이 생각한 본유적 지식의 개념이 하나님의 창조의 맥락에서 본 인간관에 기초하고 있다는 사실과 관련된다. 이 지식은 마찬가지로 하나님에 의해 창조된 것으로 여겨지는 사실들을 모은 "획득된 신지식"(cognition dei acquisita)[35] 개념과 연관된다. 물론 카이퍼나 바빙크

---

[33] Etienne Gilson, *Christianity and Philosophy* (London: Sheed and Ward, 1939), 41.
[34] Cornelius Van Til, *Common Grace* (Philadelphia: Presbyterian and Reformed, 1947), 51, 52.
[35] "Acquired knowledge of God."

는 모두 이러한 칼빈의 관점에 동의한다. 그들은 이러한 (본유적 지식) 개념을 인간을 궁극적 존재로 생각하는 사상에 근거한 내재적 지식 개념이나 우연성 사상에 근거한 "획득한 지식" 개념과 명백히 구분하기까지 한다. 그러나 문제는 그럼에도 불구하고 그들이 비그리스도인의 연속성 원리와 불연속성의 원리를 사용할 때도 있다는 것이다.

그들은 이 과정에서 신의식에 전적인 기초를 두지 않고 불신자와 신자 사이에서 통할 수 있는 공통 관념들(common notions)에 호소한다. 따라서 그들은 자율적 인간 사상에 기초한 사실과 논리에 대한 개념과 존재론적 삼위일체 개념에 기초한 입장이 주장하는 사실과 논리에 대한 개념 사이의 엄연한 차이를 무시한다.

그러나 자율적 인간의 관념에 기초한바 사실의 개념은 지극히 비이성적인 구분의 개념이다. 또 인간을 자율적인 존재로 보는 견해에 기초한 논리적 개념 역시 하나님과 인간의 구별보다 상위에 위치하며 그것을 포괄하는 체계로 생각된다.[36] 그러나 개혁주의 신학자라면 이 점에 있어서 칼빈의 주장을 우리에게 상기시켜 주는 카이퍼와 바빙크를 따를 필요가 있다. 로마 가톨릭의 입장에 기초한 공통 관념들에 관한 개념은 대개 인간의 자율성 개념에 근거를 두고 있다. 로마 가톨릭이 말하는 공통 관념의 개념이 받아들여짐과 아울러 기독교는 그 독특성을 상실하고 말았다. 왜냐하면 이 경우에 있어서 자연인은 완벽하게 간파될 수 있는 하나의 체계로서 성경의 말씀을 해석한 권리를 부여받게 되기 때문이다. 한편 자연인들은 사실이 하나님의 계시를 인간에게 전혀 전하고 있지 않다는 것을 당연시함에 있어서 자신들이 옳은 것으로 여기고 있다. 왜냐하면 그들에게 있어서 사실이란 그 성격상 비이성적이기 때문이다. 간단히 말해서 이런 경우 카이퍼가 말한 바대로 그가 성경과 성경의 진리체계를 마주칠 경우 자신이 단연코 행할 일, 즉 성경과 성경의 진리체계를 자연주의적 명제로 축소시킬 권리를 이양받게 된다.

---

[36] 만일 체계의 범주가 하나님과 인간 모두에 적용되고 또 하나님과 인간 모두를 다룬다면 이러한 체계는 "하나님과 인간의 구별보다 상위에 위치하며 그것을 포괄"한다.

리델보스는 이와 같은 논리에 반대하면서 애초에 질송의 도전을 받아들인 것이 실책이었다고 주장한다.37 로마 가톨릭과 개혁주의 신앙의 차이점은 전자가 일반은총 교리를 가르치지 않는 반면, 후자는 그것을 가르치고 있다는 점에서 발견되어야만 한다. 죄악 된 인간이 가진 지식에 개혁주의적 견해는 같은 문제에 관한 로마 가톨릭의 가르침과 바로 일반은총 교리 때문에 질적, 양적으로 모두 확연하게 구별된다.

리델보스는 먼저 질적 차이가 있다고 주장한다. 로마 가톨릭이 생각하는 자연적 지식이란 무조건적으로 자연적인 지식이다. 로마 가톨릭은 전적 타락 교리를 믿지 않는다. 따라서 로마 가톨릭은 죄인이 비록 상처를 받기는 했으나 여전히 자연적으로 하나님을 알 수 있다고 생각한다.

반면에 개혁주의 신학은 전적 타락을 믿는다. 따라서 개혁주의 신학은 인간은 본래(by nature) 하나님에 관한 지식을 전혀 갖지 않으며 도덕성도 소유하지 않는다고 가르친다.38 로마 가톨릭이 말하는 하나님에 관한 자연적 지식이란 죄로 인해서 완전히 망쳐지지 않은 가공의 인간 상황을 근거로 생각된 지식일 뿐이다. "만약 이것에도 불구하고 성경과 신앙고백의 가르침대로 인간 속에 하나님에 관한 어떤 참된 지식이 남아 있다면, 그것은 하나님이 그것을 통하여 인간의 타락된 성품을 억제하시는 바 일반은총의 견지에서 설명되어야만 할 것이다."39

그는 이에 덧붙여 정확히 하자면 우리는 "하나님에 관한 자연적 지식"(natural knowledge of God)이란 어구에 의문을 제기해야만 한다고 주장한다. 그것은 아마도 "일반은총의 지식"(common grace knowledge)이라고 불리우는 편이 보다 합당할 것이다.

리델보스는 개혁주의적 입장과 로마 가톨릭의 입장 사이에는 이러한 질적 차이 이외에도 양적 차이도 있다고 주장한다. 개혁주의 신앙고백서

---

37 S. J. Ridderbos, *Rondom het gemene-gratie-probleem* (Kampen: Kok, 1949), 42.
38 여기서 말하는 "본래"(by nature)는 창조된 속성에 대한 언급이 아니다. 창조된 속성이라면 모든 사람은 하나님을 안다(롬 1:18 이하). 그것보다는 오히려 "본래"는 "본성으로부터의 자율적 추론에 의해서"라는 뜻으로 보아야 한다.
39 Ridderbos, *Rondom het gemene-gratie-probleem*, 40.

들은 자연인이 소유하고 있는 **소량의** 하나님에 관한 지식과 도덕의 잔존에 대해 언급한다. 그리고 이러한 소량의 잔존은 일반은총에 의해 확인되어야 한다. 분명히 일반은총을 주장하지도 않는 로마 가톨릭은 대규모의 자연신학을 발전시켜 왔다.

리델보스에게 있어서 이 두 가지 점, 즉 개혁주의 신앙과 로마 가톨릭 사이에 존재하는 질적, 양적 차이점 중 전자가 단연코 훨씬 중요한 것으로 여겨지고 있다. 양적 차이는 오로지 질적 차이에서 유래될 뿐이다.

그러나 여기서 문제가 되는 것은 과연 리델보스는 전적 타락과 일반은총의 두 교리를 로마 가톨릭과 개혁주의 신앙이 본질적으로는 양편 모두가 같이 믿고 있는 것으로 생각하는 여러 가지 교리들의 합성체 속에 집어넣음으로써, 그 둘 사이의 질적인 차이를 성공리에 밝혀내고 있느냐 하는 데 있다. 도대체 로마 가톨릭의 신학과 철학이 단지 그와 같이 여기저기에 벽돌을 한두 장씩 끼워 넣음으로써 수리될 수 있는 별다른 문제가 없는 구조물이란 말인가? 대체 전적 타락과 일반은총의 교리들이 로마 가톨릭의 주제, 즉 존재의 유비(analogia entis)의 요소에 섞여질 수 있다는 말인가? 이것이야말로 만일 위에서 언급된바 질송의 도전을 받아들여 응답하기를 거부하는 사람이 필연코 하게끔 되는 일이다. 개신교도는 물론이고 특히 칼빈의 추종자라면 유한한 존재가 비존재로 떨어지려는 경향을 가지고 있다는 사상의 정당성을 전혀 허용할 수 없다. 그러나 리델보스는 만일 일반은총이 아니었더라면 하나님에 관한 자연적 지식과 도덕성이 한 점도 남김없이 사라져 버렸을 것이라고 주장함으로써 사실상 이와 같은 일을 하고 있다. 그는 일반은총의 억제하는 힘이 아니라면 심지어는 일반계시 가운데 울리는 하나님의 음성조차 완전히 침묵케 되었을 것이라고 주장한다.

그러나 만일 인간 자신이 완전히 파괴되지 않는다면 어떻게 인간 속에 담긴 하나님의 계시의 음성이 완전히 침묵할 수 있겠는가? 죄인의 자리에 있는 인간은 하나님에 관한 지식도 도덕성도 전혀 가질 수 없겠는가? 그들이 하나님의 면전에서 괴로움을 느끼는 것 자체도 정확히 그들이 하나님에 관한 어떤 분명한 지식과 도덕성을 분명히 가지고 있기 때문이 아니겠는가? 이렇게 주장하는 것이야말로 칼빈의 견해와 노선을 같이 하는 것이다. 좀더 강하게 말하자면 인간이 본래적으로 하나님을 아는 존재라는 점이 인간으로 하여금 인간 되게 하는 것이라는 주장이 칼빈의 입장의 핵심이다. 그러나 악한 영들과 상실된 채 버려진 자들은 아무런 일반은총도 받지 않는다. 일반은총이란 그의 형상을 따라 하나님에 의하여 창조된 피조물로서의 인간, 즉 그러한 피조물인 인간을 향하신 하나님의 자애로우신 태도일 뿐이다. 일반은총은 비록 그들이 하나님을 대적하여 범죄했을지언정 이제 그들로 하여금 자신들의 죄악 된 길들을 수정하여 회개하고 돌이킬 수 있도록 하기 위하여 인간들에게 베푸신 하나님의 선물이다. 일반은총은 죄인들이 그들 속에 가지고 있는 전적 타락의 원리를 있는 그대로 완전히 표출시켜 그렇게 살아가는 것을 막음으로써 그들로 하여금 비교적인 선행이나마 행할 수 있도록 하는 것이다. 이와 같이 일반은총은 하나님이 인간을 통하여 이 세계 안에서 그의 영광을 나타내시려는 그의 뜻을 이 세계가 끝나는 심판의 날 이전까지, 즉 이 역사 속에서 성취하시는 수단 가운데 하나이다. 그러므로 지옥에는 일반은총이 존재하지 않는다.

물론 리델보스도 이 모든 것을 매우 잘 터득하고 있다. 그는 이러한 사실을 분명하게 주장하고 있다. 그러나 그는 일반은총이 아니라면 일반계시가 모두 사라져 버릴 것이라고 주장한다. 그리고 나서 그는 사단과 상실된 채 버려진 죄인은 일반은총을 받는 이들로 생각할 수 없다는 문제에 봉착했을 때, 이들의 경우에도 그들로 하여금 하나님의 일반계시에 직면케 하는 하나님의 어떤 억제하는 능력이 존재한다고 확언하고 있는 것이다.

바로 이 마지막 주장이야말로 리델보스가 유한적인 이성적 피조물이 비존재의 영역으로 떨어져 버릴 수 있다는 사실을 아주 그럴 듯한 가능성이 있는 것으로 생각하고 있음을 결정적으로 보여준다고 하겠다. 인간이 비존재로 떨어지는 것을 막기 위해서는 보통 섭리 이외에도 또 다른 억제하는 능력이 요구된다. 그런데 이 억제력은 문제의 성격상 윤리적인 것이 아니다. 이는 인간 속에 있는 죄악 된 원리가 작용하는 것을 억제하기 위한 것이 아니다. 이로 인하여 창조에 잠재되어 있는 것들이 나타나기 위한 수단으로 생각되지 않는다. 이 억제력은 단지 그리고 순수하게 그 성격에 있어서 형이상학적이다. 이 억제력이 아니라면 사단과 버림받은 죄인들이 하나님의 심판을 피해버릴 수 있다. 그들이 이러한 형벌을 피할 수 있는 그들이 더 이상 존재하지 않을 것이기 때문이다. 그러므로 죄란 그것이 억제되지 않는다면 유한적인 이성적 존재들 자체를 완전한 파괴로 이끌고 갈 막강한 세력이다. 죄는 여기서 더 이상 전적으로 하나님의 피조물 편에서 하나님의 의지에 거역해 일으킨 윤리적인 반발로 생각되지 않는다. 왜냐하면 죄는 그것으로 인하여 인간이 자기 자신의 존재를 파괴하고 그와 더불어 하나님의 계시도 파괴할 수 있는바, 인간 내부의 어떤 자율성을 전제하기 때문이다. 만약 그렇지 않다면 왜 하나님이 죄가 이 세상에 들어온 후 이 피조 된 실재를 계속 유지하시기 위한 어떤 힘을 꼭 주입하실 필요가 있었겠는가?

이제 리델보스에게 있어서 일반은총은 이 형이상학적인 억제력이 지옥에서 하는 일을 인류 역사 가운데서 하는 것으로 이해된다. 물론 일반은총이 하는 일이 이것보다 많은 것은 틀림없다. 일반은총은 사람들에게 선한 선물들을 주고 그들로 하여금 어떤 의미에 있어서 진리를 사랑하게도 하며 공적 정의를 산출해 내도록 만들기도 한다. 그러나 여기서 중요한 요점은 리델보스에게 있어 역사 안에서의 일반은총과 지옥에 있어서의 억제력이 모두 다 인간에게 하나님의 일반계시를 유지시키는 것으로 이해되고 있다는 점이다. 이 유지하는 능력이 역사 속에서는 그 성격에 있어 은혜로운 것이다. 그러나 일단 역사가 종료되고 난 이후에는 더 이상 그렇게 계속되지 않는다.

이와 같이 리델보스에게 있어서 전적 타락의 교리와 일반은총 교리가 모두 뜻하지 않게 어느 정도는 존재의 유비에 관한 로마 가톨릭의 사상과 근접하고 있다. 누구든 개신교, 특히 개혁주의 신앙을 부분적으로는 로마교의 노선을 따라서 지어진 건축물에 벽돌이나 몇 장 더 끼워 넣은 것으로 생각하는 한 이런 일을 피할 도리가 없다. 이런 경우 종교개혁 신학의 전적인 윤리적 성격을 유지할 길이 없다. 이러한 윤리적 성격을 유지하기 위해서는 누구라도 칼빈과 마찬가지로 인간은 이 역사 속에 있어서와 역사가 궁극에 이른 후에도 그리고 축복으로 선택된 자들과 저주받아 버림받은 바 된 자들의 세계에 있어서 모두 본래적으로 그리고 회피할 수 없게 그 존재 자체가 하나님의 뜻을 나타내는 계시라는 점을 확고히 해야 할 필요가 있다. 그리고 이 경우에 있어서만 죄도 그 윤리적인 성격을 유지하게 된다. 이 경우에 있어서만 죄가 범위와 심도에 있어 모두 전적 타락일 수 있다. 그리고 이러한 경우에만이 죄의 결과가 버림받은 죄인들의 세계에서 아프게 체험될 수 있다. 왜냐하면 오직 이 경우에만 죄가 인류를 향한 하나님의 은혜로운 본래적 계시에 대적한 죄로 생각될 수 있기 때문이다.

이와 같은 인간 자신의 전격적인 계시적 성격이 전제되어야만 구원하는 은총 또는 일반은총의 전적인 윤리적 성격이 유지될 수 있다. 그리스도께서는 인간들을 죄에서 구하시러 오시었다. 그가 과연 적으나마 부분적으로는 형이상학적 현상태(*status quo*)를 유지하러 오셨는가? 절대로 그렇지는 않다. 죄는 오로지 하나님에 대한 윤리적인 적개심이다. 그리스도께서 제거하러 오신 것은 바로 이 윤리적 적개심이다. 분명히 죄는 그 의도에 있어서 하나님의 하신 일들을 파괴하려 하는 것으로 생각되어야 함이 사실이다. 그리고 그리스도의 하신 일이 그것을 인하여 인간을 통해 하나님의 사업이 이 역사 속에서 성취될 수 있는 유일한 방법으로서 없어서는 안 될 것임에 틀림없기 때문에, 그리스도의 이러한 사역은 그 자체가 하나님의 섭리의 일부이다. 이런 까닭에 그리스도의 사역은 하나님의 계획에 "필요불가결"하다고 말할 수 있다. 동시에 이 사역은 카이퍼의 용어를 빌리자면 "본질에 속하지 않은 부차적인" 것이기도 하다. 왜냐하면 그리스도의 사역이 "필요불가결"하게 "되는 것"은 오로지 죄가 하나님에 대한 윤리적 적개심일 경우일 뿐이다. 이러한 두 개념은 상호 보완적이다. 즉 이 두 개념은 서로를 제한한다.

다시 말해서, 칼빈이 바울을 따르며 아퀴나스를 반대하였던 것과 같은 방식으로 인간의 궁극적인 계시적 성격을 전제함으로써만 일반은총 교리에 철저하게 윤리적 성격을 유지할 수 있게 된다. 그리고 일반은총은 전적인 윤리적 성격이 유지될 때에만 구원하는 은총과 바로 연결될 수 있다. 일반은총과 특별은총이 모두 철저하게 윤리적인 것으로 해석될 때, 이 둘 모두가 한편으로는 "부차적"인 것으로 또 다른 한편으로는 "본질적"인 것으로 이해된다. 이 경우 이 둘은 모두 초자연적 은혜가 유한한 존재인 인간에게 있어서 "본질적"인 것이며 따라서 필수불가결한 것이라는 로마 가톨릭의 개념에 반대되는 "부차적"인 것으로 생각된다. 그러나 또 한편 이 둘은 유한한 존재가 비존재로 떨어질 수도 있다는 로마 가톨릭의 개념에 반대하여 "본질적"인 것으로 이해된다. 다른 말로 하자면, 인간다운 인간이 가진 철저히 계시적인 성격에 관한 생각을 내포한 칼빈의 신의식(sense of deity) 교리를 유지하는 것만이 로마 가톨릭의 불연속의 원리와 연속의 원리에 대항하는 구별이 뚜렷한 개신교의 원리들, 특히 뚜렷이 개혁주의적인 불연속, 연속의 원리를 유지할 수 있는 길이다.

이제 앞에서 인용한 글 가운데 등장했던 "일반적 개념들"에 관해 간단하게나마 언급하겠다. 본 저자는 모든 인간들에게 있어 공통적인, 즉 계시적이고 심리적이며[40] 형이상학적인 개념들을 윤리적이며 인식론적으로 공통되는 공통적 개념들과 뚜렷이 구별한다. 이 두 가지 개념들을 뚜렷이 구별하는 이유는 인간을 하나님의 형상으로 창조된 존재로서 그의 내부에 하나님에 관한 지워질 수 없는 지식을 가지고 있는 존재로 보는 사상에 기초한 견해와 인간을 하나의 일반적인 존재 가운데 하나님과 동참하는 존재로 보는 사상에 입각한 견해 사이의 구분 때문이다. 모든

---

[40] "심리적"이라는 말을 일반적 의미로 받아들여서는 안 된다. 여기서 Van Til이 말하는 "심리적"이라는 표현은 부분적으로 하나님의 형상으로서의 인간을 염두에 둔 것이다. 그가 "형이상학적으로"라는 표현을 함께 사용한 것은 이러한 이유에서이다. "심리적"인 것은 문자적으로 인간의 "영혼에 관한" 것이다. 그것은 그의 존재 속에 내포되어 있다.

인간은 하나님에 관한 공통적 개념들을 가진다. 즉 모든 인간은 자연적으로 하나님에 관한 지식을 가지고 있다. 이런 의미에 있어서 칼빈이 바울의 로마서에 기초해서 주장했던 것과 같이 하나님에 관한 일종의 자연적 지식이 존재하며 그것과 더불어 진리와 도덕성이 또한 존재한다.

인간이 이와 같이 하나님에 관한 지식을 실질적으로 소유하고 있다는 사실이야말로 인간이 하나님에 대하여 저지른 윤리적 반역의 필수불가결한 전제이다. 만약 사단이나 인간이 그들 속에 단단히 정비되어 있는 공통적 관념들에 대항하여 죄악의 우둔함으로부터 도래한 그들 나름대로의 공통적 관념들을 의식적으로 내세우지 않았다면, 사단과 타락한 인간들 편에서 말미암은 하나님에 대한 절대적인 윤리적 안티테제(absolute ethical antithesis)는 존재할 수 없었을 것이다.

바울은 죄악 된 인간에 대하여 말하기를, 그는 그가 가지고 있는 그들 내부의 하나님에 관한 지식을 억누르고 있다고 했다. 그러면 죄인은 어떻게 이러한 일을 자행하는가? 죄인은 그 스스로의 궁극성을 가정함으로써 이와 같은 일을 행한다. 왜냐하면 자기 자신의 궁극성에 관한 이와 같은 개념과 아울러 하나님과 인간은 동일한 실재의 다른 양상들일 뿐이라는 사상이 나오기 때문이다. 하나님과 인간은 한편으로는 그 자체 내에 있어서 지극히 불연속적인 존재, 즉 그들 속에 있어서는 우연히 전횡적인 왕으로 군림하는 하나의 실재인 동시에 또 다른 한편으로는 원칙적으로 하나님께 있어서나 인간에게 동일하게 완벽히 알려진 존재의 부분들로 생각된다. 죄악 된 또는 배역한 인류의 **공통적 관념들**이란 바로 이와 같은 인간의 자율성에 관한 관념들, 즉 비이성적 불연속성의 관념과 이성적 연속성의 관념들이다.

그렇다면 전적 타락의 교리가 뜻하는 바는 무엇인가? 만약 이러한 공통적 관념들이 실제로 실현된다면 역사의 시초에 하나님이 인간에게 주신 명령은 성취될 수 없고 또 그렇게 될 리도 없을 것이다. 심지어 세계 속에서는 단 한 가지 사실도 우연히 발견할 수 있는 가능성이 없을 것이다. 개개인은 타인들과 더불어 아무런 공통적 관념들도 가질 수 없을 것이며 더 나아가서는 그들 간에 조차 구분할 수 없게 될 것이다. 이러한 기초 위에서는 사실이 이해 불가능의 것이므로 사실에 대한 관찰 역시 불가능하게 될 것이다. 설혹 사실들이 발견된다 할지라도 그 사실들을 어떤 규정된 형태로 묶는 것은 불가능할 것이다. 우연의 세계 속에서 논리가 실제에 대해 도대체 어떤 의미를 지닐 수 있겠는가?[41] 그러나 더 나아가서 이런 모든 것들이 가능했다고 한다면, 결국 이와 같은 논리는 실재의 사실들과 그것들이 가진 개체성을 내재적으로 파괴할 것이다. 왜냐하면 그 사실들의 정체는 마치 파르메니데스가 말한 것과 같은 방식으로 하나의 추상적인 공백 속에서 상실되고 말 것이기 때문이다. 거기에는 인간과 구별되는 신이 존재하지 않는다. 거기에는 무로부터의 창조가 있을 수 없다. 거기에는 하나의 흐리멍덩한 공통적 혼돈만이 존재할 따름이다.

카이퍼는 스스로 채용한 자기 나름의 원리에 입각하여 움직이는 자연인은 논리적이 되기 위하여 기독교가 주장하는 모든 것을 단연코 부정해야만 한다는 사실을 매우 분명하게 강조한 바 있다.

이 점, 즉 자연인은 그 자신의 원리들을 사용하면서 그의 가정들에 입각하여 기독교가 주장하는 생활 철학의 모든 면들을 원리적으로는[42] 적대하게 마련이라는 것이 저자가 『일반은총』(*Common Grace*)이라는 소책자에서 강조했던 내용이다. 모든 인간이 형이상학적이며 심리적으로는 모든 것이 공유한다는 사실이 분명하게 주장되었으나, 다른 한편 자연인은 그리스도인들과 인식론적으로는 아무것도 공유하지 않는다는 사실이 아울러 수장되었다. 그리고 이 뒷부분의 주장에는 오직 **원리적으로**(in principle)만 그렇다는 한정이 덧붙여졌다. 왜냐하면 인간은 역사가 완

---

[41] 왜냐하면 정적(static)이라고 간주되는 논리는 우연에 의해 끊임없이 변화하기 쉬운 어떤 것에도 적용될 수 없기 때문이다. 따라서 Van Til이 다른 곳에서 말하였듯이 논리는 "공중에 떠 있는 고속도로"가 되고 말 것이다. 즉 그것은 우연에 의해 만들어지고 결정되는 이 세상의 사실들에게 "내려올 수" 없는 것이다.

[42] 모든 면에서 적대적이라는 것은 "원리적인 면"에서 그렇다는 것을 명심해야 한다. Van Til은 하나님에 대한 인간의 윤리적 적대성이 언제 어느 곳에서나 실제적이라고 말하는 것은 아니다. 실제적이든 그렇지 않든 원리적인 면에서 그렇다는 것이다.

성에 이르기까지 그들 나름대로 홀로 내버려둔 채 있는 것이 아니기 때문이다. 그때까지는 하나님의 영이 죄인들로 하여금 그들의 죄악 된 것을 떨쳐 버리도록 하기 위하여 부단히 분투하고 계신다. 그때까지는 하나님이 그의 일반은총, 그의 오래 참으심 가운데서 인간들에게 햇빛과 비를 주시며 그들로 하여금 회개하도록 인생의 모든 선한 것들을 허락하신다. 있는 모습 그대로의 인간에 대한 하나님의 기본적 태도는 선하신 자세이다. 인간이 죄를 범하는 것은 바로 그토록 풍성하게 주어지는 선한 선물들 가운데 그 자체가 표현되는 이 하나님의 선하심을 대항하여서이다. 그러나 하나님은 심지어 이와 같은 경우에 있어서조차 죄의 원리가 완전히 표출되는 것을 방지하신다. 하나님은 인간에 대한 분노를 억제하신다. 하나님은 이와 같은 억제력을 사용하시어 인간으로 하여금 그가 인류 전체에게 주셨던 일을 발전시킴에 있어 하나님의 구속함을 입은 자들에게 협력할 수 있도록 만드신다.

그러나 결코 자연인의 원리가 하나님을 향하여 부분적으로가 아니라 **절대적**으로 또는 완전하게 적대적이라는 사실을 축소시키는 것은 아니다.[43] 자연인의 원리는 사단적이다. 자연인의 원리는 온전히 하나님께 적대적이다. 할 수만 있다면 이는 하나님의 계획과 사역을 파괴할 것이다. 인간들이 이 원리에 의거하여 자의식적으로 움직이는 한, 그들은 신자들과 아무런 공통적 관념을 갖지 못한다. 이 경우 그들의 인식론은 하나님을 향한 그들의 윤리적 적개심에 의하여 교사된다.

그러나 역사가 아직 진행되는 동안 자연인은 자기 자신의 입장을 철저하게 자의식화하지 못한다. 탕자는 그의 아버지의 음성을 완전히 떨쳐 버릴 수 없었다. 그의 내부에서는 여러 가지 생각이 엇갈리며 갈등이 일어나고 있었다. 그러나 정작 탕자 자신은 바로 자신 안에서 벌어지고 있는 이 갈등을 완전하게 자의식적으로 인식하지 못했다. 그는 하나님의 형상으로 지음 받았기 때문에 그 자신 속에 하나님에 관한 지식을 갖고 있었다. 그러나 하나님에 관한 이 지식은 그의 잘못된 원리, 즉 자율

---

[43] 예를 들어 요한복음 8:42-45를 참조하라.

의 원리에 의해 억압되었다. 한편 이 자율의 원리는 하나님이 주시는 일반은총의 억제하는 힘에 의해 억압되고 있었다. 그리하여 사실상 그가 의지하여 매일을 살아가던 생각은 어느 한 원리에서만 일관성 있게 나온 것이 아니었다.[44]

리델보스는 하나님에 관한 자연인의 생각이나 자연인의 도덕성이 매우 애매모호한 것이라는 주장도 펼치고 있다. 그러나 리델보스에 의하면 이러한 애매모호함이 이제 방금 이야기한 내적 갈등 때문에 기인하는 것은 아니다. 리델보스는 인간으로 창조 받은 것에서 기인되어 자연인이 가지고 있는 지식과 자율성의 사상에서 암시하고 있는바, 자연인이 가진 지식을 분명하게 구분하는 데 관심을 기울이지 않는다. 그는 인간 안에 있는 하나님의 형상에서 나오는 공통적 관념들과 자율의 사상에서 유래된 공통적 관념들을 구분하는 것이 하나의 잘못된 문제점이라고 생각한다. 이와 같이 그는 자율성의 원리가 진리에 적대하는 그 모든 심각성을 있는 그대로 인정하지 못하고 있다. 그런 까닭에 그는 오직 분명히 기독교적 원리에만 입각해서 과학의 통일성을 설명하지 못한다.

이상과 같은 것이 리델보스가 직접 언급한 두 가지 문제점들을 간략하게나마 지적하고 있는 것이 사실이라 할 수 있을 것이다.

첫째로 과학 발전에 관한 불신자들의 기여에 관련된 문제가 그것이다. 둘째로 유신론 증명의 문제가 있다. 불신 과학자들이 과학 발전에 엄청난 기여를 해 온 것은 명백한 사실이 아닌가? 그들이 측량을 할 수 없단 말인가? 그들이 계수할 수 없단 말인가? 그들이 관측할 수 없단 말인가? 그들이 신사들이 가진 것과 같은 논리적 능력을 갖고 있지 못

---

[44] 인간의 윤리적 적대감이 정확히 어떤 모습인지 규명하는 것이 쉽지 않은 것은 바로 이 때문이다. 죄가 세상에 들어왔으나 하나님은 우리가 할 수 있는 만큼, 혹은 우리가 원하는 만큼 악화되지 않도록 죄를 억제하셨기 때문에 신자의 상황과 불신자의 상황을 정확히 구별하는 명확하고 보편적인 경계선이 사라진 것이다. 일부 불신자들은 윤리적으로 일부 신자들보다 더 순수한 삶을 살고 있다. 그러나 이것이 원리 자체를 바꾸지는 않는다. 다만 그러한 삶이 "윤리적"인 것을 "언약적"인 것과 동의어로 생각하게 할 수도 있다. 모든 사람은 아담 안에(즉 하나님의 진노 아래) 있거나 그리스도 안에(즉 하나님의 은혜 아래) 있다.

하단 말인가? 과학을 두 종류로, 즉 중생한 자의 과학과 중생치 못한 자의 과학으로 분류해 이야기한 최초의 사상가인 위대한 아브라함 카이퍼 자신도 외형적 영역들에서와 형식 논리의 분야에 있어서는 중생의 주관적 요소가 고려될 필요가 없으며 또 고려될 수도 없다고 이야기하지 않았던가? 그렇다면 우리는 어떻게 신자와 불신자가 지식의 문제에 있어서 아무런 공통점을 갖고 있지 않다고 말할 수 있겠는가?

이러한 문제점들에 대하여 우리는 다음과 같이 답할 수 있을 것이다. 만일 죄와 구속이 오히려 윤리적인 방향에서라기보다 형이상학적인 방향으로 생각되어질 경우에는 그와 같은 문제점들이 일어날 수 있는 것이다. 만일 죄가 오직 윤리적 소외(ethical alienation)로 간주된다면 구속 역시 윤리적 회복(ethical restoration)으로 간주될 것이고 따라서 측량 및 측정 또는 논리적 추론 등의 문제는 신자와 불신자 모두에게 있어서 동일한 것임에 분명하다. 그들이 하나님과 가진 윤리적 관계가 어떠하든지 간에 모든 사람은 그들이 하나님께 받은 자연적 재능들을 똑같이 사용할 수 있다. 만일 인간들이 하나님의 선물을 어떻게 사용할 수 없다면, 어떻게 그것을 남용할 수 있겠는가? 그리고 만약 그들의 어리석음의 결과가 그들이 가진바 자연적 능력들을 상실하는 것이며 동시에 책임을 면하고 빠져나갈 길 중에서 이보다 쉬운 길이 어디 있겠는가? 현대 전쟁의 전제는 그 전쟁에 개입된 당사자들 모두가 전쟁에서 사용되는 무기들을 똑같이 사용할 수 있다는 점이다.

더구나 만일 양편, 즉 신자와 불신자 모두가 하나님의 선물들을 동일하게 사용할 수 있는 자연적 능력을 가지고 있다면 이 둘 사이에는 하나의 전면적 대립(all-inclusive antithesis)이 성립하게 된다. 신자와 불신자 사이의 논쟁은 우주의 모든 사리들을 포함케 된다. 만일 그것이 모든 사실들을 포함하지 않는다면 그것은 사실상 아무것도 갖지 못한 빈껍데기에 불과하다. 만일 어떤 한 가지 사실이 인간의 자율성의 가정에 근거하여 바르게 해석될 수 있다면 모든 사실들이 역시 그렇게 될 수 있다. 만일 그리스도인이 불신자에게 객관적으로 기독교가 진리임을 입증할 수 있으며, 나아가서 기독교가 진리임을 배격하는 자는 그들이 잘못된 것을 주장하고 있기 때문이라는 것을 입증할 수 있다면, 이러한 일은 모든 분야에서 되어져야만 한다. 만일 그렇지 못한 경우에는 아무데서도 이런 일이 진정하게 되어지지 못한다고 할 수 있다.

여기서 한 걸음 더 나아가서 우리가 칼빈과 더불어 불신자들이 신자들과 함께 과학체계를 건설함에 협력할 수 있게끔 하는 하나님의 일반은총에 대하여 이야기할 수 있게 되는 것은 다름이 아니라, 우리가 칼빈과 함께 모든 인간들은 그들을 둘러싸고 있는 우주와 더불어 하나님에 의해 창조되었기 때문에 인간은 어느 누구나 본래적으로 진리를 알고 있다는 사실을 전제하고 또한 역시 칼빈과 더불어 모든 인간이 하나님과 영적으로 적대 관계에 놓여져 있기 때문에 그들은 언제나 그들이 알고 있는 그 진리를 언제 어디에서나 억누르기에 부심(腐心)하고 있다는 것을 주장할 때뿐이다. 그러나 자연적 능력에 관한 한 그들은 그것을 알기에 이젠 너무 늦었다는 것을 제외한 진리를 알 수 있으며 또 실제로 알고 있어 과학체계에 기여도 할 수 있다.

이 세상 역사가 종말에 이르는 그때에 버림받은 죄인들은 우연과 결정론 또는 비이성주의와 이성주의 등의 인간적 자율성에 입각하여 과학체계를 세우려 했던 그들의 노력이 윤리적으로 정직한 노력이 아니었다는 것을 인정하도록 강제된 것이다. 그러나 그들이 건설하고 있는 동안만큼은 그들 고유의 윤리적 적개심으로 철저하게 자의식화되어 있지 않다. 그들은 일반은총에 의하여 철저하게 자의식화 하는 것을 억제당하고 있다. 그들은 그들 위에 부가된 인간을 향한 하나님의 계시 안에서 하나님의 임재가 주는 위압을 수반하는 일반은총에 의해 억제를 받고 있다. 탕자와도 같이 그들은 윤리적으로 그들이 택한 길을 그 길이 이끄는 쓰디쓴 결국을 향해 걸어갈 뿐, 다른 어떠한 일도 행하지 못하나 그들의 길이 뭔가 잘못되었다는 점은 인식하고 있다.

이와 같이 위에서 언급한 여러 가지 요소들로 인해 혼합된 상황이 벌어지는데 그 상황에서는 다음의 몇 가지 사실이 두드러진다. (1) 모든 인간은 자연적으로 하나님을 알고 있다. (2) 모든 죄인은 원리적으로는 이 세상에서 여전히 하나님을 아는 지식을 말살시키고자 부심하고 있다. (3) 그러나 이 세상에 있는 모든 죄인은 여전히 그를 하나님께로 돌리고자 애쓰시는 성령의 역사의 대상이다. 따라서 이 혼합된 상황 속에서는 신자와 불신자 간의 협조도 가능케 된다. 신자와 불신자 모두 그들이 누리고 있는바 하나님의 선물로 인하여 과학에 기여하고 있다. 윤리적 적개심의 문제는 아직까지 이 점에 개입하지는 않는다. 단순히 측량 및 측정뿐만 아니라 하나님의 존재와 기독교의 진리에 대한 논증까지도 그리스도인뿐만 아니라 불신자들에게조차 진리인 것으로 관측될 수 있다. 사단도 하나님이 존재하시며 그리스도께서 자기를 갈보리에서 패퇴시키신 승리자이심을 너무도 잘 알고 있다. 그러나 역사 속의 실제 상황은 위에서 언급한 또 다른 요소들이 포함되어 있다.

이와 같이 두 번째 요소인 하나님에 대한 인간의 윤리적 적개심이 또한 개입되지 않는 국면은 전혀 존재하지 않는다. 이 윤리적인 국면은 인간이 어떤 외적인 사물을 다룰 때에는 그다지 뚜렷하게 증거되지 않는다. 이는 인간이 기독교의 진리에 관한 직접적으로 종교적인 질문을 다룰 때 더욱 분명하게 증거된다. 그럼에도 불구하고 하나님을 향한 이 윤리적 적개심은 도처에서 나타난다. 이는 보다 직접적으로 종교적 요점의 분야에서와 마찬가지로 측량하고 측정하는 외적 분야에 있어서도 나타난다. 또한 자연인이 그가 측량하고 측정하는 사물에 그의 잘못된 사물에 대한 철학을 부가하려는 시도 속에서 두드러지게 나타난다. 자연인이 이러한 사실을 과학적이지 않은 다른 목적을 위하여 사용하려 하는 한 이론적인 문제는 아니다. 그러나 그러할 경우 이것은 실제적인 문제가 된다. 이 경우에 있어서 자연인은 물론 먹든지 마시든지 모든 일을 함에 있어 하나님의 영광을 위하여 해야 한다는 사람을 향한 바울의 권고를 따르려고 생각조차 하지 않는다. 그러나 그가 과학적인 작업을 할 때 이것은 이론적인 문제가 된다. 이 경우에 있어서 불신자는 개체화의 비이성적 원리를 사용한다.

불신자는 측량하고 측정하는 사실들이 하나님에 의해서 창조되지도 않았고 또 그에 의해 통제되는 것도 아니라고 가정한다. 그는 모든 사실에 있어 이런 가정을 굳히고 있다. 그렇게 하여 불신자는 하나님이 이 사실을 통하여 인간에게 뭔가를 말씀하고 계신다는 일은 있을 수 없는 것으로 가정한다. 그리고 반면에 창조주가 그들에게 부여해 주신 논리의 힘도 그들에게 주어진 것이 아니라고 가정한다. 실제로 불신자는 이러한 논리적 능력을 가지고 무엇이 가능하고 가능하지 않은지를 결정할 수 있다고 가정하고 있다.

과학 철학에 관한 여러 저자의 글 속에서 갖가지 변형된 모습으로 나타나는 이론은 바로 사실에 대한 이와 같은 비이성주의 및 이성주의 개념이다. 일반적으로 말하자면, 그들은 사실과 논리에 관한 칸트주의의 선도를 추종하고 있다. 첫째로 그들에게는 존재하는 **모든** 사실의 추상적 가능성이 있다. 이런 의미에서 사실들은 아무런 결정론적 성질을 갖지 않는다. 사실들은 칸트가 말하는 소위 본체계(칸트의 noumenal realm)에 속한다. 또한 알려지지 않은 것이며 알려질 수도 없는 것들이다. 그런데 이러한 생각은 창조와 섭리의 교리를 직접적으로 완벽하게 파괴할 성질의 것이다. 둘째로 어떤 경로로든지 인간의 마음에 접촉되어 알려진 사실은 인간의 마음이 경험한 아직 처리되지 않은 원천적 자료 위에 부가하는 최초의 분류 효과에 의하여 알려지게 된다. 바로 이러한 것들이 과학의 사실들이다.

그들은 주어진(given) 것 이상으로 취해진(taken) 사실들이다. 그것이 무엇이냐 하는 것은 하나님이 가지신 궁극적인 결정적 성격에 달린 것이 아니라 사실상 하나님의 위치를 차지해 버린 인간의 궁극적인 결정적 성격에 달려 있다.[45] 이와 같이 과학적 기초를 가진 모든 사실은 하나님을 계시하지 않는다면 결국은 궁극적인 것으로 간주되는 인간을 드

---

[45] 사실들에 관한 Kant의 철학에 대한 분석은 Plantinga, "On Christian Scholarship," in *The Challenge and Promise of a Catholic University*, ed. Theodore Hesburgh (Notre Dame and London: University of Notre Dame Press, 1994)에 제시된 Alvin Plantinga의 창조적인 반(反)실제주의에 대한 논의를 참조하라.

러내는 그런 것이다. 하나님을 철저하게 배제시킨 체계 속으로 일반화될 수 없는 처리되지 않는 본래적 자료들은 그 어떠한 것도 사실로조차 여겨지지 않는다. 과학적 사실이란 "실존적 변화를 조직적으로 표준화시킨 집합"이다. 본래 모습 그대로의 실존적 변화는 그 자체가 비이성적이다. 그러나 그 사실은 자율적인 인간의 파생이 아닌 독창적 분류, 배열 행위에 의해서 표준화된다. 그러므로 이 사실은 오직 과학적 기초 위에서만 사실이다. 결국 불신자들이 자신의 원리에 입각하여 움직이는 한, 그들이 행하는 사실에 대한 관찰 행위 자체가 바로 카이퍼가 말한 대로 자연인이 항상 저지르는 행위, 즉 하나님의 진리를 자연주의적 범주 속에 잡아넣고 억누르는 행위에 불과하다.

그러나 여기에 세 번째 요소가 또한 개입되어 작용되게 마련이다. 이 세 번째 요소 때문에 자연인은 그의 원리로부터 출발하되 완전히 그것을 자의식화하여 움직이지는 못한다. 그의 내부에는 하나님에 대한 신 의식이 작용한다. 이것은 그가 자신을 소멸시키지 않고서는 결코 소멸시킬 수 없다. 그리고 이러한 형이상학적 상황의 중요한 의미가 일반은총을 통하여 하나님의 성령의 활발한 노력에 의하여 재삼재사 자연인의 마음속을 두드린다. 결과적으로 그는 하나님이 선하시다는 사실을 직시할 수밖에 없다. 그리고 그는 하나님이 그와 더불어 그의 죄를 오래 참고 계시며 고통해 오셨음을 발견케 되고, 아버지께서 그를 계속해서 돌아오라고 부르고 계심을 직시할 수밖에 없다.

하나님은 실로 모든 인간에게 선하시다. 하나님은 모든 인간을 차별 없이 대하신다. 그러므로 인간은 있는 모습 그대로 그들에게 주어지는 하나님의 **선한** 선물을 받을 주인공들이다. 뿐만 아니라 하나님은 인간들로 하여금 그의 선하심을 느낄 수 있도록 하시며 죄인들이 그에게 돌아와야만 한다는 그의 열망을 인간들로 느낄 수 있게 하신다. 그러나 그들의 구원과 회심만이 궁극적인 가능성은 아니다. 그것은 아담이 죄에 빠지지 않는다는 생각이 하나님의 계획 속에서 궁극적 가능성이었던 것 이상으로 궁극적 가능성인 것은 아니다. 비록 이 두 가지 중 어느 것도 하나님에 의하여 궁극적 가능성으로 의도된 것은 아니더라도 이 둘은 모두가 그 모습 그대로의 인간에게 의미 있는 도전을 가하며 특히 두 번째 것은 죄인 된 인간에게 매우 의미 깊은 도전을 던진다.

더구나 성령의 분투적 노력으로 말미암아 인간은 결코 하나님의 이와 같은 선하심에 대하여 전적으로 무감각할 수 없다. 그들의 적개심은 어느 정도 제어된다. 인간들은 정직하고 고상하고 진실된 것을 사랑할 수밖에 없다. 그들은 간혹 그리스도인들 자신들의 보다 월등히 뛰어난 이웃이 되게 만드는 여러 가지 덕을 갖추고 있기도 하다. 그리고 그들은 과학에 있어서 진리를 발견하고자 노력함에 신자들과 더불어 협력할 수도 있다. 또 그들이 지닌 형이상학적 조건을 인하여 기여할 수 있다. 그들은 일반은총의 윤리적 억제 덕택으로 협조할 수 있다.

이렇듯 과학의 통일성 개념을 기독론적 테두리 속에서 생각할 수 있게 된다. 왜냐하면 이 경우에 있어서 일반은총 그 자체가 기독론의 테두리 안에서 생각되기 때문이다.

첫째, 인간은 누구나 진리를 알 수 있는 가능성만을 지닌 것이 아니라 실제로 그 진리를 알고 있다. 더욱이 이것은 그들이 구원받기 위해 알 필요가 있는 진리 전체를 알지 못하는 사람들의 경우에 있어서 역시 마찬가지다. 인간은 누구나 하나님이 존재하신다는 것과 그가 그들의 심판자이심을 알고 있다.

둘째, 인간은 모두가 아담의 타락으로 인하여 죄인이 되었다. 그러므로 인간은 모두가 알고 있는 진리를 억압한다. 이러한 억압은 원칙적으로만 완전하다. 그 억압은 하나님에 대한 혐오에서 기인한다. 또한 그것은 죄 가운데서 죽음에 기인한다. 죄인들은 우연의 원리가 모든 것들을 뒷받침하고 있는 것으로 보며 철저한 이성적 합리화를 과학의 바른 목표로 삼는다. 만일 우주가 실제로 그들의 원리에 따라 가정하는 그러한 우주라면 과학은 전혀 존재하지 못할 것이다. 과학이 실제로 가능한 것은 오로지 불신자들의 원리가 사실이 아니며 신자들의 원리가 사실이기 때문이다. 행여 과학이 존재할 수 있게 되는 것은 오로지 하나님이 이 세계를 창조하시고 그 세계를 그의 섭리로써 다스리고 계시기 때문이다. 이와 같이 과학의 통일성이 신자와 불신자 사이에 공통적이라는 소위 "공통적 관념"에 입각하여 세워질 수는 없다. 왜냐하면 원리상 그들의 차이점이 아직 고려된 바 없기 때문이다. 일반은총은 그것으로 인해서 하나님을 대적하여 범죄한 인간들을 회개하도록 촉구하기 위하여 하나님 자신이 던지신 도전이 잠시 흐릿하게 되는 것과 같은 류의 하나님의 선물은 아니다.

오히려 일반은총은 인간에게 회개를 촉구하시는 하나님의 도전 역할을 담당함에 틀림없다. 그것은 그리스도의 종 된 신자가 그것으로 불신자에게 회개를 촉구하는 도전을 가한 수단이 되어야만 한다. 그리스도인들은 불신자들에게 과학의 통일성은 오로지 기독교적 유신론의 바탕에서만 얻어질 수 있는 것이라는 점을 객관적으로 입증할 수 있다. 과학 위의 기초를 형성하는 것은 바로 이와 같이 이 세상에서 일어나는 일은 모두가 하나님이 섭리하고 계신다는 사상이다. 그러나 어느 누구도 그리스도를 통한 하나님의 주권적 은혜로써 그의 죄로부터 회개하지 않으면 이러한 생각을 믿지 못하며 또 믿을 수도 없다. 이와 같이 과학체계의 근거를 마련해 주는 것은 바로 기독교이다.

인간들은 회개하려 하지 않고 기독교를 받아들이려 하지 않음에도 불구하고 여전히 과학체계에 기여할 것이다. 그러나 이러한 경우 그들의 기여는 윤리적으로 책임 있는 죄인임에도 불구하고 끼치는 기여일 것이다. 그러한 기여는 그들이 하나님의 피조물인 까닭에 나오는 것으로서, 하나님과 소원해진 그들의 태도에도 불구하고 나오는 것이다. 만일 그들이 노력의 결실들을 향유하고 있다면 그러한 노력의 결실은 하나님의 은총에 의하여 하나님의 울타리 속으로 들어가야만 한다.

이제 여기서 유신론 증명에 대하여 몇 마디하고 지나가야 하겠다. 유신론증의 증거들에 관해 개혁주의자들이 보이는 의견 차이는 그 성격상 "공통적 관념"과 "사실"의 개념에 대하여 각기 상이하게 생각하는 것과 같은 차이이다. 개중에는 리델보스와 같이 형이상학적이고 공통적이고 따라서 심리적으로도 공통되는 공통적 관념과 그것이 자율 사상의 뿌리에서 나온 것이건 아니면 중생의 개념에서 말미암은 공통적 관념이건 구별하지 않고 그 차이를 무시하려는 사람도 있다. 그리고 개중에는 리델보스처럼 어떤 제한된 범위 내의 해석에 있어서는 사실에 관한 기독교적인 철학과 비기독교적 철학 간의 구별을 무시하려는 이도 있다. 그들은 일반은총의 개념을 사소한 차이거나 아니면 전혀 차이가 없는 일종의 공통성의 영역을 확보하려는 의도로 사용하고자 한다.

이미 앞서 지적된 바와 같이 이러한 입장은 칼빈을 떠나 토마스 아퀴나스에게로 돌아가게 된다. 그러므로 리델보스와 그와 같은 생각을 하고 있는 사람이 유신론증적 증거를 생각하는 방식에 로마 가톨릭이 제창하는 것과 같은 종류의 자연신학으로 돌아가려는 움직임이 내포되어 있는 것은 별로 놀랄 만한 것이 아니다. 그리고 그는 이러한 일 역시 일반은총의 개념을 통하여 이룩하려고 애쓰고 있다. 사실상 그는 유신론적 증거들에 관한 문제를 그저 스쳐 지나가는 정도 이상으로는 다루지 않았다. 그러나 결과적으로 그는 심리적으로 느껴진 공통적 관념들과 인식론적으로 받아들여진 공통적 관념들 사이의 구분을 무시한 결과로서 이러한 유신론적 증거들이 하나님에 대한 증거로서의 가치를 가지는 것이 가능하다고 말하였다. 물론 이 증거들이 수학적 설득력을 지닌 것으로 여겨지는 것은 아니다. 그러나 이 증거들은 다른 어떠한 입장을 앞에서 뿐 아니라 "자연 이성"(natural reason) 앞에서도 기독교의 입장을 변호할 수 있는 수단이 될 것으로 생각한다.

> 반틸은 신자와 불신자가 인식론적으로 아무것도 공유할 수 없다고 부정하기 때문에 그는 유신론적 "증거들"에 대한 증거로서의 가치를 인정할 수 없게 되었다. 그러나 바빙크처럼 어떤 인식론적 공통성을 인정하게 되면 우리는 이 영역에서 하나님의 존재에 대한 증거들을 가지고 어떠한 것을 성취할 수 있는가라는 질문을 던질 수 있게 된다. 그리고 결국 우리는 이 영역에 있어서 아무것도 수학적으로 입증될 수 없으나 단지 기독교의 입장이 다른 여러 가지 입장들 앞에서뿐만 아니라 "자연

이성" 앞에서도 변호될 수 있다는 결론에 이르게 될 것이다.[46]

이 점에 관해서는 몇 가지 점만을 지적해도 족할 것이다. 그 유신론의 증거들은 때로 기독교적 기초 위에 구성되기도 하고 때로는 비기독교적 기초 위에 구성되기도 한다. 만일 칼빈의 주장처럼 그 증거들이 창조의 개념과 섭리의 개념 위에 분명히 정착된 것이라면 그것은 분명히 기독교의 기초 위에 형성된 것이다. 이러한 증거들은 자연인에게 그는 하나님의 피조물이기 때문에 무엇이 진리인지 사실상 알고 있다는 주장을 펼 것이다. 이러한 증거들은 자연인 속에서 내적 공감(inward assent)의 즉각적 반응을 필히 발견하게 마련이다. 자연인은 자신에게 하나님이 존재하신다는 것을 고백할 도리밖에 없다.[47]

그 증거들이 이와 같이 구성되었을 경우 그것은 절대적인 입증 능력을 가진다. 물론 그것들은 우리가 보통 일상에서 쓰는 의미로 입증이 가능한 것은 아니다. 보통 이야기하는 증명이란 어떤 대상을 인간의 마음이 철저하게 꿰뚫어 보는 것을 말한다. 즉 자명한 하나의 근원적 명제로부터 결론을 하나씩 귀납적으로 순수하게 정리해 가는 것을 말한다. 그러나 이와 같은 증명의 개념은 기독교의 체계와 조화되지 않는다. 기독교의 체계는 유비론적이다. 인간은 결코 피조물에 대한 창조주의 관계를 밑바닥까지 꿰뚫어 알 수 없다. 그러나 이러한 제약이 그 증거들의 입증 능력을 조금도 손상시키지 않는다. 인간은 오로지 그가 가진 하나님에 대한 신의식이 그를 둘러싸고 있는 하나님의 계시와 협력하기 때문에 내적으로 하나님의 존재를 확신하게 된다. 그리고 하나님에 대한 그 모든 계시는 분명하다.

만일 이 증거들이 하나님의 존재를 증거하는 입증 자료로 사용되었다

---

46 Ridderbos, *Rondom het gemene-gratie-probleem*, 47.
47 이러한 사실은 간과해서는 안 될 중요한 내용이다. 유신론적 증거들은 기독교적 방식으로 형성될 수 있으며 따라서 이 경우 그 증거들은 자연인이 그가 하나님의 형상으로 창조되었다는 사실에 의해 이미 알고 있는 것들에 호소하려 할 것이다. Van Til이 "내적 공감"(inward assent)이라는 표현을 사용한 것은 이런 의미에서이다. 자연인은 하나님을 알고 하나님이 창조주이시며 통치자이심을 알기 때문에 이러한 증거들은 사실상 진실을 말하고 있다는 것이다.

면 그것은 그 증거들이 절대적인 입증 능력을 가졌기 때문이다. 만일 그것이 아무런 입증 능력을 갖지 못하였다면 그것은 증거로 사용될 수 없다. 만일 그것이 참되시고 유일하게 생존하시는 하나님에 대하여 증거하지 않는다면 어떤 하나님에 대하여 증거할 것인가? 그리고 만일 그것이 참되신 하나님에 대하여 증거한다면 그것은 필히 있는 그대로의 하나님을 증거해야만 한다. 그는 필연코 존재하실 수밖에 없는 분이시다. 그리고 일단 하나님을 이렇게 생각하게 되면 마찬가지로 이 세계도 하나님의 창조물로서 필히 존재하는 것으로 여겨진다.

이와 같이 기독교 유신론적 입장은 단지 다른 어떤 입장과 **마찬가지 방법으로 변증될 수 있는 것처럼** 생각되어서는 안 된다. 오히려 그것은 **오로지 그것만이 이성적 인간 경험을 소멸시키지 않을 입장임이 입증되어야만 한다.**

다른 말로 하자면 리델보스는 하나님의 존재에 대한 증거들은 아무런 절대적 입증 능력을 가지지 않는다고 말함으로써 인간에 대한 하나님의 객관적 권리를 무너뜨린다. 이러한 자세는 신자와 불신자 사이의 반중립적인(semi-neutrality) 중간 지역에서 공통적 관념들을 찾아내려는 사상과 노선을 같이 한다. 또 이러한 자세는 자율성과 중생의 차이가 전혀 고려될 필요가 없는 사실해석의 영역이 존재한다는 사상과도 노선을 같이 한다. 간단히 말해서 이런 입장은 만일 인간이 하나님은 존재**하실 수도 있다**(God probably exists)는 결론을 내린다면 그는 이 증거들을 바로 다루는 것이라고 주장하는 로마 가톨릭의 자연신학 개념과 노선을 같이 한다. 그러나 이와 같은 입장은 모두 인간을 향한 하나님의 계시가 너무도 분명하여 그 계시는 객관적으로 절대적인 강압적 힘을 갖는다는 것을 혼신의 힘을 다해 강조하고 있는 칼빈의 『기독교 강요』와는 전혀 다른 노선을 걷는 것이다. 반면에 사실상 리델보스의 입장은 유신론적 증거들이 기독교적 입장에 분명하게 서 있는 것이 아닌 때에도 그 증거들이 어떤 입증 능력을 가지고 있는 것처럼 간주하고 만다. 그는 기독교의 입장도 다른 어떤 입장과 마찬가지로 변증될 수 있다고 말했다. 그러나 기독교가 비기독교적 입장보다 훨씬 진리일 가능성이 높다고 말하는 것은 여전히 비기독교적 입장의 진리 됨을 두둔하여 무언가를 객관적으로 말할 여지를 허용하는 것이나 다름없다. 즉 참되신 하나님을 섬기는 것뿐만 아니라 우상숭배에 대해서도 무언가 객관적으로 타당한 이야기를 할 수 있다고 말하는 것과도 같다. 다른 말로 해서 그의 일반적인 접근에 의하여 리델보스는 어느 누군가가 인간적 자율성을 가정으로 삼아 인생을 해석하면 인간 경험에는 어떠한 의미도 존재하지 않는다는 것을 부정적으로 증명할 수 없다.

이와 같이 이러한 죄인의 원리가 그들 안에 어느 정도의 객관적 타당성을 지닌다는 것을 용납함으로써 복음의 객관적 주장을 약화시키고 따라서 죄인에 대한 하나님과 하나님의 종의 도전을 축소시키는 것이 리델보스에 의하여 제창되고 있는 일반은총 교리의 당연한 결과이다. 여기서 우리는 그 스스로를 하나님의 말씀으로 밝히고 있는 성경의 문제와 인생의 모든 영역에서 되어지는 인간 경험 오로지 그 속에서만 의미를 갖게 되는바, 성경이 제시하는 진리체계의 문제로 되돌아오게 된다. 앞장에서 논의한바 대로 자연신학에 대한 여러 가지 개념들과 바로 이 장에서 이야기한 일반은총 개념은 둘 다 자증적 성경(self-attesting Scripture)에 의하여 해석되어야만 한다. 만약 이러한 개념들이 하나님을 믿는 사람들과 믿지 않는 사람들의 유사적 또는 완벽한 중립성의 어떤 공통 영역을 만들어 내는 수단으로 쓰여지기 위해 성경과 동떨어져 독립적으로 사용된다면, 이는 변증학적으로 쓸모없는 정도가 아니라 오히려 해가 된다. 왜냐하면 이 경우에 그 개념들은 기독교의 입장과 비기독교의 입장을 분명하게 구분하는 것을 불가능하게 만들기 때문이다.

뿐만 아니라 이렇게 하는 것은 불신자에게 그가 왜 자기의 입장을 버려야 하는 것인지를 분명하게 제시하지 못한다. 만일 불신자가 자신의 원리를 따라 경험의 어떤 양상을 이해의 가능성 개념 그 자체를 파괴함 없이 해석할 수 있다면, 왜 경험 전체를 그 자신의 원리에 따라 해석할 수 없는지에 대한 아무런 반대의 이유도 찾을 수 없다고 주장할 완전한 권리를 갖게 된다. "너희는 나의 증인들이라." 이것이 언약의 하나님이 구속하신 자들을 향해 하신 말씀이다. 그들은 오직 하나님 자신을 통하여서 하나님을 증거하는 것 외에는 다른 증거의 방도가 없는 하나님을 바로 증거할 때에만 그의 참된 증인이 될 수 있으며 또한 그의 증인이 된다. 그리스도인은 단지 그들이 이와 같은 하나님이 존재하신다는 전제와 우주의 모든 양상이 이러한 하나님의 계시로 가득 차 있다는 전제 위에서만 인간이 행하는 모든 해석적 노력을 위한 발판과 축이 성립된다는 것을 겸손하나 과감하게 펼 때에만 이런 하나님의 참된 증인이 될 수 있다.

The Defense
of the Faith

Cornelius
Van Til

제2부

반론

The Defense
of the Faith

Cornelius
Van Til

제9장

신학적 문제

이제 독자는 필자가 무엇을 믿고 그것을 어떻게 변증하려 하는지에 대한 훌륭한 본보기를 눈앞에 두고 있다. 이는 독자로 하여금 비평가들이 제기한 개별적 요소들에 대한 판단을 가능하게 할 것이다. 이러한 요소들을 다루는 방식은 제1부의 패턴을 따를 것이다. 먼저 신학적 본질에 대한 반론들에 대해 살펴본 후, 이어서 존재와 지식 및 윤리 문제에 해당하는 것들에 대해 살펴볼 것이다. 끝으로 필자의 변증학적 방법과 관련된 의문이나 반론에 대해 살펴볼 것이다.

1. 성경

제1부에서는 독자로 하여금 필자의 모든 사상이 정확무오한 하나님의 말씀인 성경에 기초하였다는 것을 확신시키려 했다. 나는 성경이 스스로에 대해 증언하는 것(self-attesting)을 철저하게 견지했다.[1]

---

[1] 필자의 성경관에 대한 자세한 논의는 강의안 *A Christian Theory of Knowledge*에 잘 나타난다. 이 강의안은 *The Calvin Forum*의 기사들이 쏟아져 나오기 전인 1953년 여름에 작성되었다.

1) 그러므로 나는 로마 가톨릭이 전통과 성경을 동일 선상에서 취급하는 것을 반대했다.
2) 나는 사람의 마음을 성경의 가르침에 순종하도록 요구하지 않는 복음주의(알미니안 및 루터)적 성경관을 비판했다.[2]
3) 나는 성경을 "전문가적 권위"(expert authority)로 취급하는 현대주의적 성경관을 반대했다.[3]
4) 나는 성경본문을 직접적인 하나님의 말씀과 동일시하지 않는 바르트(neo-modern)의 성경관을 반대했다.[4]
5) 나는 경험주의자, 합리주의자, 관념론자, 실존주의자, 실용주의자 등의 관점을 거부했다. 그들의 사상은 성경에 의존하지 않고 인간적 경험에 의지하기 때문이다.

따라서 필자의 사상적 구조는 다아너의 주장처럼 "헤겔의 합리주의와 현대 실존주의"로부터 온 것이 아니다. 그가 유일한 분석의 대상으로 삼은 필자의 소책자 『일반은총』은 필자의 어떤 저서 못지않게 성경에 기반을 둔 책이다. 본서는 그리스도인이 믿는 하나님에 대해 "우리는 성경적 권위를 배경으로 하나님을 받아들인다. 이 하나님의 음성은 오직 성경에서만 들을 수 있다. 이 하나님은 다른 어떤 방식으로도 알려지지 않으며 오직 그분의 자발적 계시로만 알려진다. 그러므로 하나님이 누구신지는 오직 그의 주권을 통해 알려지며 우리는 그가 우리에게 알려주신 만큼만 알 수 있다(p. 8).

필자에 대한 비판은 느슨한 성경관 때문이 아니라 극단적인 관점 때

---

[2] Cf. the magazine *Torch and Trumpet* 1, nos. 4 and 6.
[3] Cf. Cornelius Van Til, "Nature and Scripture," in *The Infallible Word: A Symposium by the Members of the Faculty of Westminster Theological Seminary*, ed. N. B. Stonehouse and Paul Woolley, 263-301 (Philadelphia: Presbyterian and Reformed, 1946).
[4] Cf. Cornelius Van Til, *The New Modernism: An Appraisal of the Theology of Barth and Brunner* (Philadelphia: Presbyterian and Reformed, 1947), and "Has Karl Barth Become Orthodox?" *Westminster Theological Journal* 16, no. 2 (1954), 136-81.

문일 가능성이 높다. 나는 모든 정통 개신교가 동일한 성경관을 고수한다고는 생각하지 않는다. 나는 개혁주의 신앙은 개혁주의적 성경 교리를 함축한다고 주장해 왔다. 개혁주의 신앙과 복음주의가 다른 것은 후자가 전자보다 교리면에서 덜 성경적이라는 점이다. 이것은 복음주의가 사람에게 어느 정도 자율성을 허락한다는 사실에 기인한다. 여기에는 성경이 스스로 그것을 하나님의 말씀으로 받아들일 것을 요구하지만 복음주의는 성경 밖에서 "신뢰성의 동인"(motives of credibility)을 찾으려 한다는 사실이 함축되어 있다.

필자는 개혁주의 신학자들이 복음주의자와 함께 성경 밖에서 이러한 "신뢰성의 동인"을 찾으려 한다면 그만큼 자증적 성경관에서 멀어질 수밖에 없다고 확신한다. "성경적 역사철학 또는 개혁주의적 역사철학은 둘 다 성경은 자증적이며 스스로가 정체성에 대한 원천이 된다는 사상을 전제하며 또한 그것에 의해 전제된다."[5] "그의 계시가 본질상 자증적일 수밖에 없는 것은 하나님은 스스로 계시는 분이기 때문이다."[6]

이러한 필자의 "극단적" 성경관은 "성경지상주의"(biblicism)로 흐를 수 있다는 비판을 받을 수 있다.[7] 성경지상주의는 하나님의 일반계시의 가치를 평가절하한다.

그러나 왜 자증적 성경 사상이 만물에 나타난 하나님의 계시를 부당하게 여기거나 평가절하한다는 것인가? 하나님의 계시는 모두 자증적이다. 만물에 드러난 모든 사실은 하나님을 명확하게 계시한다. 심지어 우주 안에 존재하는 "악"조차 죄에 대한 하나님의 진노를 보여준다. "특히 이처럼 성경에서 말하는 하나님은 무소부재하시며 어디에서나 자증적이라는 사실에 유의해야 한다."[8]

더구나 에덴동산에서 초자연적 계시—즉 하나님 편에서의 사상적 전

---

5 Van Til, *A Christian Theory of Knowledge*, 15.
6 Ibid., 17.
7 Masselink는 개혁주의에는 재건주의자들의 사상적 흐름이 존재한다고 비판한다. 이러한 흐름은 성경지상주의이며 필자는 이러한 흐름의 한 부분이라는 것이다.
8 Van Til, *A Christian Theory of Knowledge*, 17.

달—는 피조세계 안에서의 계시를 수반했다. 그러므로 자연계시는 인간의 범죄와 관계없이 초자연적 계시를 보충적 요소로 요구했던 것이다. 에덴동산에서도 아담은 자신을 둘러싼 모든 자연적 환경의 사실들(facts)에 대해 하나님이 초자연적인 계시를 통해 인간에게 제공하신 목적이라는 관점에서 바라보았던 것이다.

죄가 들어온 후 은혜로우신 하나님은 인류와 만물을 위한 구속 계획을 계시하셨다. 우리는 성경 안에 바로 이러한 초자연적 구속계시가 기록되어 있는 것을 발견한다. 따라서 자연계시는 반드시 성경에 나타난 진리체계에 비추어 바르게 이해해야 한다는 말은 결코 자연계시를 무시하는 말이 아니다.

그리고 역으로 성경은 사람으로 하여금 자연계시는 물론 성경을 이해할 수 있도록 바르게 조명하시는 성령의 증거가 없이는 결코 본모습 그대로 보여질 수 없다.

또 하나의 비판은 필자가 성경을 연역적인 진리체계로 주어졌다고 생각한다는 것이다. 다아너는 "반틸 신학의 특징인 추상주의"에 대해 언급한다.[9] 훅세마(Herman Hoeksema)는 필자가 "일반은총을 부인함에 있어서 추상적 방식을 사용"하였으나 "나머지 신학에 있어서 그는 추상적 신학자가 아니었다"(p. 27)라고 말한다. 그러나 필자는 처음부터 끝까지 "실존적 변증학"(p. 60)을 고수했다.

세실 드 보어(Cecil De Boer)도 이와 유사한 반론을 제시한다. "새로운 변증학은 마치 하나님이 궁극적인 전제(presupposition) 또는 연역적 체계의 중요한 전제(premise)라도 되는 것처럼 말하는 경향이 있다."[10] 제시 드 보어(Jesse De Boer)는 "반틸은 마치 하나님이 특정 '진리체계'의 한 '부분'인 것처럼 주장하면서도 자신은 고전적 기독교의 사고방식을 가진

---

9 James Daane, *A Theory of Grace: An Inquiry into and Evaluation of Dr. C. Van Til's Doctrine of Common Grace* (Grand Rapids: Eerdmans, 1954), 60.

10 Cecil De Boer, "The New Apologetic," *The Calvin Forum* 19, nos. 1-2 (August–September 1953): 5.

것처럼 말한다"[11]고 주장한다.

그러나 사실은 전혀 그렇지 않다. 필자의 강의안『개혁주의 신학 서론』(An Introduction to Systematic Theology, 이승구 역, 서울: CLC, 1999)에서 필자는 하나님이 자기 의존적(self-dependent)이고 자기 충족적(self-contained)이시기 때문에 인간에게 불가해한 분이라고 말했다. 사람은 본질상 이 불가해한 하나님의 계시가 없는 세계에서는 아무것도 발견할 수 없다. 세상 만물은 하나님의 뜻에 의한 창조에 의해 존재한다. 사람은 초자연적 계시에 의하지 않고는 만물에 대한 하나님의 목적을 알 수 없다. 사람은 하나님이 자발적인 계시에 의해 자신에 대해 알려주신 것 외에는 하나님의 본성에 대해 아무것도 연역해내지 못하고 알지도 못한다. 유한한 피조물인 인간은 하나님의 계시에 대한 유비적 재생(analogical reproduction)만 할 수 있을 뿐이다.

교회의 신조들은 하나님에 대한 핵심 개념으로부터 나온 연역적 체계를 구성하지 않는다. 신조는 하나님과 세상의 관계 및 하나님 자신에 대한 진리의 다양한 사실들을 가능한 한 모두 포함한 진술이다. 이러한 신조에는 일관성이 있지만 연역적 일관성은 아니다. 칼케돈 신조에 제시된 그리스도의 두 가지 본성에 대한 유명한 교리는 교회가 연역적 체계의 요구와 명백히 모순되는 성경 자료는 제시하기를 꺼려 했다는 사실을 보여준다.

필자의『개혁주의 신학 서론』(An Introduction to Systematic Theology)은 이 주제에 대해 보다 상세히 다룬다.

그러나 필자가 성경이 가르치는 내용은 진리체계로서 적절히 진술될 수 있다고 생각하는 것은 물론이다. 하나님은 성경을 자신의 말씀이라고 규명하신다. 또한 그가 우리에게 알려주시는 대로 하나님 자신은 내적으로 자기 정합적(self-coherent)인 존재로 존재하신다. 인간에 대한 하나님의 자기 계시는 내적인 일관성을 갖추고 있다. 따라서 하나님은 발

---

11 Jesse De Boer, "Professor Van Til's Apologetic: Part I: A Linguistic Bramble Patch,," *The Calvin Forum* 19, nos. 1-2 (August-September 1953): 12.

생하는 모든 일을 자신의 뜻에 따라 주관하신다고 가르친 성경이 하나님은 발생하는 모든 일을 주관하지 않으신다고 가르치는 경우는 없다는 것이다. 만일 그렇게 된다면 하나님의 약속과 경고는 아무런 의미가 없을 것이다.

프란시스 피퍼(Francis Pieper)의 『기독교 교의학』(Christian Dogmatics)에서 주장하는 대로 칼빈주의와 루터주의는 바로 이 부분에서 의견을 달리한다. 피퍼는 성경이 인도하는 대로 어디든 따르겠다는 분명한 바람을 가지고 사실상 성경은 그를 어디로든 인도할 수 있다고 주장한다. 성경은 "하나님은 한 번도 일어나지 않은 일을 의도하신다"라고 가르칠 수도 있다. 하나님은 "그리스도를 통해 온 세상을 구원하실 것을 의도하셨다." 그럼에도 불구하고 "하나님의 목적은 인류 가운데 한 부분에는 성취되지 않았다"는 것이다.[12]

이러한 접근은 특성상 비합리적이다. 하나님의 작정하신 뜻이 거부될 수 있다면 루터가 말하는 것처럼 그는 "우스운 하나님"(a ridiculous God)이 되고 말 것이다. 그의 능력의 본질은 인간의 본성과 뚜렷이 구별되지 않는 결과를 초래한다. 또한 원래적이고 궁극적인 하나님과 파생적이고 의존적인 인간의 구별은 무용지물이 되고 말 것이다. 따라서 "그러나 만일 내가 하나님의 능력과 인간이 하는 일 사이의 차이를 깨닫지 못한다면, 나는 하나님 자신에 대해 모르고 있는 것이다"라는 루터의 주장이 적용될 수 있다.

하나님은 발생하는 모든 일을 자신의 뜻대로 주관하신다는 개혁주의 신관과 성경은 절대적 진리체계를 포함하고 있다는 개혁주의 성경관은 둘 다 옳든지 둘 다 그를 수 밖에 없다. 루터주의자와 알미니안주의자들은 하나님이 궁극적으로 모든 인류의 운명을 주관하신다는 사상을 반대한다. 그들에게는 이러한 사상이 인간의 자유의지와 배치되는 결정론(determinism)에 불과하다. 복음주의에 따르면 인간의 자유의지는 하나님

---

12 Francis Pieper, Christian Dogmatics, 4 vols. (St. Louis: Concordia, 1950), 2:27.

의 계획을 좌절시킬 수 있는 능력을 포함한다. 복음주의자들에 의하면 아담이 자유롭게 창조되었다는 말은 그가 궁극적인 의미에 있어서 죄를 범할 수도 있고 범하지 않을 수도 있다는 의미인 것이다. 두 가지 가능성 사이에는 동일한 궁극성(ultimacy)이 존재한다.

개혁주의 기독교는 다시 한 번 이러한 복음주의에 맞서 이 두 가능성 사이에는 동일한 궁극성이 존재하지 않는다고 주장한다. 아담은 진정한 선택 앞에 섰다. 그와 그의 뒤를 이을 모든 인류의 운명은 이 선택에 달려 있다. 그는 잘못된 선택을 함으로써 낙원에서 쫓겨났다. 그의 잘못된 선택으로 말미암아 인간을 다가올 진노로부터 구원하기 위한 그리스도의 구속 사역이 필요하게 되었다. 그럼에도 불구하고 인간의 타락은 하나님의 계획 밖에서 일어난 일이 아니다. 불가사의한 일이지만 아담의 타락은 그의 기쁘신 뜻이었던 것이다.

복음주의자들은 이러한 칼빈주의자의 입장을 결정론으로 설명한다. 그들은 자신이 칼빈주의에 맞서 인간의 책임을 변호하고 있다고 생각한다. 인간의 선택은 하나님의 계획안에서 일어난다는 칼빈주의 사상은 선택이라는 말의 의미를 무용지물로 만든다는 것이 그들의 생각이다. 그러나 복음주의자들은 그들이 제시할 수 있는 유일한 대안이 인간의 선택을 진공상태에서 우연히 일어나도록 만드는 것밖에 없다는 사실을 망각하고 있다. 우리는 하나님과 그의 계획을 우리를 위한 가능성의 원천 및 범주로 만들거나 아니면 기회(즉 순수한 가능성)를 하나님과 인간의 원천 및 범주로 만들게 되는 것이다.

1) 다아너의 반론

다아너는 이 문제에 있어서 역사적 개혁주의의 입장과 대립한다. 필자는 『일반은총』에서 피기우스(Phihius)[13]를 반박하는 칼빈의 주장에 대

---

[13] Albert Pighius(1490-1542)는 화란 로마 가톨릭 신학자이자 수학자이며 천문학자였다. 그가 Luther와 Calvin에 대해 반박한 주요 저서는 *De Libero hominis arbitrio et divina gratia libri*

해 언급한 바 있다. (이 문제는 제2원인의 실재에 관해 다룰 때 다시 살펴볼 것이다) 나는 제2원인이 하나님의 계획이나 궁극적 원인에 따라 행동한다는 사실에도 "불구하고" 의미가 있는 것이 아니라 바로 그러한 사실 "때문에" 진정한 의미가 있다라고 하는 칼빈의 관점을 지지한다.[14] 피기우스는 궁극적이지 않은 인간의 의지는 자유의지라고 할 수 없으며 따라서 책임도 없다고 생각한다. 그러나 칼빈은 인간의 선택은 하나님의 궁극적인 뜻 안에 있으며 그것에 따르기 때문에 자유로우며 책임이 있다고 주장한다.

다아너는 이것을 결정론이라고 부른다. 그러나 필자는 하나님의 계획을 벗어난 궁극적 가능성의 존재에 대해 부인한다. 그렇기 때문에 다아너는 필자가 "역사적 실재가 되지 못한 진정한 가능성"을 부인한다는 결론을 내린다.[15] 피기우스와 마찬가지로 다아너도 진정한 가능성은 하나님의 계획 밖에도 존재할 수 있으며 또한 존재하고 있음이 틀림없다고 생각한다. 피기우스가 칼빈의 입장을 결정론이라고 불렀듯이, 다아너도 필자의 입장을 칼빈의 결정론을 재진술한 것일 뿐이라고 말한다.

따라서 필자의 사상은 그에게 얼마든지 합리론적으로 비칠 수 있다. 칼빈주의자는 일어나는 모든 일을 하나님이 주관하신다고 생각한다. 칼빈주의자는 궁극적으로 가능한 것은 오직 하나님이 하시려고 계획하신 것뿐이라고 생각한다. 앞서 언급한 개혁주의 성경관은 이러한 사상을 전제하며 또한 그것에 의해 전제된다. 그러나 복음주의자는 이러한 주장을 결정론과 합리주의라고 몰아붙인다. 다아너도 마찬가지이다.

그러나 다아너는 인간의 선택 문제에 대해 알미니안주의와 함께 칼빈주의의 입장을 공격하는 것에서 멈추지 않는다. 그는 『키에르케고르

X (*The Free Will of Man and Divine Grace*, 1542)이다.

[14] 웨스트민스터 신앙고백서 3장 1조는 다음과 같이 진술한다. "하나님께서는 영원 전부터 가장 지혜롭고 거룩하신 뜻에 따라 앞으로 일어날 모든 일들을 주권적으로 그리고 영원히 작정하셨다. 그러나 그로 인해 죄를 조성하시거나 피조물들의 의지를 침해하신 것은 아니며, 제2원인들의 자유나 우발성을 제거하지도 않으시고 오히려 확립하신다."

[15] Daane, *A Theology of Grace*, 68.

의 순간 개념』(Kierkegaard's Concept of the Moment)이라는 논문에서 이 실존주의 철학자의 역사 개념을 찬양한다. 키에르케고르[16]는 성경의 하나님을 믿지 않는다. 그는 하나님이 비공유적 속성을 가지신 자기 충족적 존재라고 생각하지 않는다. 그는 유한한 피조세계나 역사적 타락을 믿지 않는다. 사실 키에르케고르는 이러한 진리들을 극렬히 반대한다. 그에게 이러한 것들은 진리 체계의 일부일 뿐이다. 키에르케고르에 의하면 진리는 체계가 아니다. 그는 하나님을 감추려 하는 헤겔적인 비기독교 체계관과 내재적이며 자기모순이 없는 존재로서의 하나님에 대한 기독교적 사상을 구별하지 않는다. 그는 체계—기독교적 체계이든 비기독교적 체계이든—를 혐오한다. 한 마디로 키에르케고르는 헤겔의 비기독교적 "합리주의"를 역시 비기독교적인 자신의 "비합리주의"(irrationalism)로 대치한 것이다.[17]

그는 자신의 『결론적인 비학문적 후기』(Concluding Unscientific Postscript)에서 어떤 역사에도 적용할 수 있는 절대적 진리와 같은 것은 존재하지 않는다는 사실을 주장하는 데 많은 시간을 할애한다. 그의 사상은 인간이 알고 있는 모든 지식은 인간의 지성과 관련된다는 임마누엘 칸트의 기본적 원리의 지배를 받은 것이 분명하다. 키에르케고르의 사상은 헤겔과 마찬가지로 역사적 기독교와 명백히 배치된다.

그러나 다이너는 이러한 키에르케고르의 존재론적 비합리주의에 깊은 공감을 나타낸다. "헤겔의 체계를 무너뜨리고 기독교계(Christendom)에 기독신앙(Christianity)을 재도입함으로써 존재의 의미가 무엇인지를 가르치는 것이 바로 병약하지만 통찰력 있는 지성과 날카로운 풍자와

---

[16] SØren Kierkegaard(1813-55)는 종종 현대 실존주의의 아버지로 불리는 철학자이자 신학자이다. 그의 저서들 가운데 Either/Or (1843[이것이냐 저것이냐])는 Hegel의 진리 개념을 공격한다. Philosophical Fragments(1844)와 Concluding Unscientific Postscript에서 그는 체계를 구축하려는 모든 시도를 비난한다. 그의 영향력 있는 다른 저서들은 *Fear and Trembling*(1843), *The Concept of Anxiety*(1844) 그리고 *Stages on Life's Way*(1845) 등이다.
[17] 필자가 여기서 인용부호를 사용한 것은 "헤겔의 합리주의"는 비합리주의를 포함하며 Kierkegaard의 "비합리주의"는 합리주의를 포함한다고 생각하기 때문이다. 두 사상의 대조는 모든 비기독교적 사상의 특징이 되는 합리주의/비합리주의의 구도 안에 나타난다.

화려한 유머감각을 갖춘 키에르케고르가 시도했던 작업이다."[18] 다아너가 키에르케고르를 비판한 것은 사실이다. 그러나 다아너는 "순간"(the Moment) 개념에 대해 "기독교 신앙을 지향하는" 것으로 언급한다.[19]

다음은 이 주제에 관한 다아너의 진술이다.

> 헤겔에게 생성(becoming)은 **개념적** 생성이었다. 그러나 키에르케고르에게 있어서 생성(실존)은 하나의 역설이며 이러한 역설로서 모든 합리적 이해를 무시한다는 사실을 발견할 수 있다.[20] 헤겔주의는 윤리와 기독교뿐만 아니라 실존 자체를 파괴한다고 여기고 실존이란 일시적인 것(시간자)과 영원한 것(영원자)의 결합이라고 규정한 키에르케고르는 자신의 핵심적인 저서 『결론적인 비학문적 후기』에서 유한자와 영원자(the Finite and the Eternal)라는 관점에서 합리주의에 접근하며 헤겔의 시간 개념에 대해 반박한다.[21] 직접적인 계시에 대한 신앙적 반응이란 불가능하다는 것이다. "익명"(incognito)의 형식을 취한 신적 모티브에 대한 키에르케고르의 분석이 정당하냐의 여부에 대해서는 시시비비를 가릴 필요가 없다. 그것은 이 논쟁의 초점과 직접적인 관계가 없기 때문이다. 그러나 하나님은 자신에 대한 직접적인 계시로 우리를 압도하시기보다는 신자로 하여금 오직 믿음으로만 (더 정확히 말하면 믿는 자로서) 하나님과 관계를 맺도록 요구하는 관계성의 유형만을 제시하신다는 그의 주장은 확실히 옳다. 종의 형태를 입은 이 분이 하나님이시라는 사실은 어떤 인간적인 기능으로도 직접적으로 이해할 수 없는 것이다. 우리의 지각은 단지 이것은 "내 살 중의 살이요 뼈 중의 뼈로다"라고 말할 수 있을 뿐이다. 그러나 이 문제를 더 잘 이해하기 위해서는 "이를 네게 알게 한 이는 혈육이 아니요" 다시 말해 그리스도의 혈육이나 베드로의 혈육이 아니라, "하늘에 계신 내 아버지"시니라는 진술의 타당성을 인정해야만 한다. 예수께서 행하신 기적조차 하나님의 직접적인 계시라고 할 수는

---

[18] James Daane, "Kierkegaard's Concept of the Moment" (diss., Princeton Theological Seminary, 1947), 13.
[19] Ibid., 14.
[20] Ibid., 47.
[21] Ibid., 63.

없다. 왜냐하면 기적에 대한 인식은 이 분이 하나님이시라는 선행적 믿음이 전제되어야 하기 때문이다. 더구나 이 기적의 계시적 목적은 그것을 초월하여 존재한다. 이러한 이유로 신약성경은 "표적"의 의미가 아니고서는 결코 기적에 대해서 언급하지 않으며, 표적은 언제나 기적 너머의 곳을 지향하기 때문에 기적의 계시적 의미조차 직접적인 것이 될 수 없다. 뿐만 아니라 예수님의 기적들은 자신의 신성을 분명히 입증하려는 의도에서 나온 것이 아니다. 이러한 방식은 기적을 특별한 일로 여기지 않던 시대에는 적합한 입증방식이 될 수 없다. 마태복음 12:27에 의하면 당시의 사람들은 바리새파의 후예들도 기적을 행한다고 생각하는 것이 보통이었다.

자연에도 하나님을 "직접적으로 인식"할 수 있는 계시는 없다. 자연은 하나님의 작품임이 사실이지만 직접적으로 드러난것은 하나님의 손길뿐이고, 하나님 자신이 드러난 것은 아니다. 이것은 신적 은폐이며 그는 자신에 대한 어떤 명확한 것도 제시하지 않으신다. 하나님의 존재는 누구에게도 직접적으로 나타나지 않지만 이처럼 눈에 보이지 않는 속성은 그의 편재성과 일치한다…. 하나님이 자연에 직접적으로 제시되었다면 그와의 직접적이고 외적인 관계가 가능했을 것이다. 이러한 직접성은 유미주의(aestheticism)와 일치하며 하나님과의 직접적인 관계는 이교도주의의 특징이다. 그러나 자연계의 하나님은 이러한 "익명성"을 통해 직접성을 제거하며 따라서 우리의 신앙은 부단한 내적 성찰을 포함한 자구 행위를 통해 하나님을 찾아가는 수고를 하지 않을 수 없는 것이다.[22] 가장 중요한 역설은 하나님이 인간이 되셨다는 것이다. 즉 영원한 존재가 본성과 반대되는 일시적 존재가 되신 것이다. 이것은 역설이며 이러한 역설 안에 상심(offence)의 가능성이 존재하는 것이다.[23]

이러한 관점에서 볼 때 우리는 변증학의 가치를 강력히 부인하고 역설과의 동시성에 대한 필요성을 강조한 키에르케고르의 동기를 이해할 수 있다. 사변적인 증거이든 역사적인 증거이든 개인과 그리스도 사이에서 개인으로 하여금 비하와 역설과 상실의 그리스도만을 바라보는 것을 금한 채 영광스러운 그리스도의 형상만 드러나게 할 수 있는 증거란

---

[22] Ibid., 73, 74.
[23] Ibid., 88.

없다. 우리는 이 비하의 그리스도만을 믿을 수 있다. 왜냐하면 그리스도를 심미적이거나 이론적으로 영화롭게 하는 것은 그리스도를 지식적 대상이나 존경의 대상이 되게 하겠지만 믿음의 대상이 되게 할 수는 없기 때문이다.[24] 필자가 주장하는 것은 앞서 언급한 실재의 세 가지 해석에 대한 키에르케고르의 심오한 비판은 그 해석들의 순간(moment)에 대한 비판이라는 것과 키에르케고르의 가장 근본적이고 결정적인 범주는 그의 사상과 저술의 구체적인 특징과 모티브를 결정하는 순간 개념이라는 것이다. 키에르케고르가 비기독교적 사상에 대해 가장 효과적인 비판을 한 것과 기독교 사상에 가장 위대한 기여를 한 것은 바로 이 부분이다. 우리는 다음 장에서 키에르케고르의 순간 개념에 대해 보다 상세하게 고찰할 것이다.[25]

이상에서 살펴보았듯이 다이너는 (1) 하나님의 계획과는 별개로 진정한 역사적 가능성이 존재한다는 사상을 지지한다. (2) 역사의 배경이 되는 하나님의 계획은 없으며 하나님의 뜻이 역사에 직접적으로나 명료하게 나타나지도 않았다는 키에르케고르의 순간 개념에 상당부분—전적으로 동의하는 것은 아니지만—공감한다. 이러한 주장에 동의하는 다아너는 하나님은 역사에 대한 계획을 가지고 계시며 이러한 계획을 성경을 통해 사람에게 직접적이고 분명하게 알려주신다는 필자의 사상을 이성주의적이라고 비판한다.

필자는『새로운 모더니즘』(*The New Modernism*)에서 기독교는 확실히 연역적 체계가 아니며 관념론자들이 말하는 일관성 있는 실재의 한 국면도 아니지만 직접적으로 규명하고 지적으로 변호할 수 있다는 사상을 옹호한 바 있다. 필자는 우리가 성경의 하나님을 전제하지 않으면 인간 경험에는 어떤 합리성도 존재하지 않는다는 사실을 일관되게 주장해왔다. 자연과 성경에서의 하나님의 계시는 본질적으로 명백하다.[26] 사람

---

[24] Ibid., 95.
[25] Ibid., 116.
[26] "하나님의 진노가 불의로 진리를 막는 사람들의 모든 경건하지 않음과 불의에 대하여 하늘로부터 나타나나니"(롬 1:18).

들은 하나님을 경배하지 않은 것에 대해 어떤 핑계도 댈 수 없다.[27]

필자의 관점은 키에르케고르의 관점과 정면으로 배치된다. 키에르케고르에 의하면 자연이나 성경에는 어떤 명백한—심지어 직접적인—하나님의 계시도 없다. 따라서 기독교에 대한 지적인 변호도 있을 수 없다. 다이너는 이 두 가지 주장 모두에서 키에르케고르와 의견을 같이한다.

첫째, 다이너는 칼빈이 그토록 강조하는 사상, 즉 하나님은 자연과 역사를 통해 사람에게 명백히 말씀하신다는 관점을 거부한다. 칼빈은 죄에 대한 처벌이 이루어지지 않는 것을 볼 때 우리는 궁극적인 심판이 다가오고 있다는 결론을 내리지 않을 수 없다고 말한다.[28] 아담은 처음부터 모든 인류를 대변한다. 하나님은 아담에게 역사에 대한 자신의 목적에 관해 초자연적인 계시를 주셨다. 모든 인류는 에덴동산에서 자연계시와 결합한 이 계시에 대한 책임이 있다. 그들은 결코 변명할 수 없다.

그러나 다이너는 역사에 나타난 계시는 "불완전하고 언제나 비결정적이기 때문에" 변명의 여지가 있는 것처럼 주장한다. 다이너는 키에르케고르의 그리스도관 및 그의 그리스도관과 역사와의 관계에 대해 다음과 같이 주장한다.

> 키에르케고르의 그리스도관은 역사가 그리스도에 대한 계시를 포함한다는 사실을 반드시 부정하는 것은 아니다. 그러나 키에르케고르에 반하여 필자는 그것을 부정해야 한다고 믿는다. 하지만 이 부정은 역사의 어느 한 부분이 그리스도 안에서 하나님을 결정적으로 드러낸다는 점에 대한 부정이다. 역사가 하나님을 계시하는 것은 사실이지만 역사는 항상 불완전하며 계시도 불완전하고 언제나 비결정적이다. 계시가 결정적이 될 수 있는 것은 역사의 과정이 완성될 때뿐이다. 그러나 역사의 완성은 곧 역사의 "궁극적 목적"(*telos*)에 해당하기 때문에 이 순간은 또한 역사의 "종말"이 된다. 그때까지 의인은 믿음으로 살아야 한다.

---

[27] "창세로부터 그의 보이지 아니하는 것들 곧 그의 영원하신 능력과 신성이 그가 만드신 만물에 분명히 보여 알려졌나니 그러므로 그들이 핑계하지 못할지니라 또는 이는 그들로 핑계하지 못하게 하심이니라"(롬 1:20).

[28] 가령 *Institutes*, 1.5.10.

따라서 키에르케고르의 순간(moment)은 동시성에 대한 주장을 통해, 그리스도인의 신앙이 지식화―지적이든 역사적이든―되는 것을 막는다. 순간은 "믿기 위해서 아는"(*intelligam ut credo*) 신앙을 부인한다.[29]

둘째, 다아너는 키에르케고르의 순간 개념이 소위 지적 변호자들로부터 기독교 신앙을 지켜준다고 주장한다. 그는 "키에르케고르의 순간 개념은 기독교 신학에 상존하는 유혹, 즉 '알기 위해서 믿는'(*credo ut intelligam*)[30] 신앙에 빠지지 않도록 지켜준다"고 말한다. 순간 개념은 그리스도가 믿음으로만 알려질 뿐 아니라, 이 믿음은 언제나 유지되며 지식화되지 않는다고 주장한다.[31]

필자는 『새로운 모더니즘』(*The New Modernism*)에서 하나님의 직접적이고 명백한 계시는 어디에서도 발견할 수 없다는 키에르케고르와 같은 입장을 반이성주의라고 지적한 바 있다. 한 걸음 더 나아가 필자는 성경의 하나님을 모든 사상의 전제로 삼는 것은 하나님의 존재에 대한 (유일하게) 정당한 방법이라고 주장했다. 그 이유는 성경의 하나님을 전제할 때만이 인간의 경험으로 하나님을 알 수 있는 근거가 존재하기 때문이며 그렇지 않을 경우 그러한 근거는 존재할 수 없기 때문이다. 그러나 다아너는 키에르케고르와 마찬가지로 헤겔주의와 역사적 기독교를 하나로 묶어 "합리주의"로 몰아붙인다. 그의 주장에 나타나는 유일한 체계의 개념은 비기독교적인 개념이며 그 안에서 "이성은 특수성(독특하고 구체적인 사실[개별자])을 이해하기 위해 추상을 통해 보편성(보편자)에 도달하는 방식을 사용하는데 그 과정에서 정작 특수성은 뒤로 빠지고 결국 추상적 보편성에 도달하게 되는 것이다."[32]

이것이 이성의 기능에 대한 키에르케고르의 관점이다. 그러나 다아너는 다른 관점에 대해서는 알지 못하고 있음이 분명하다. 그는 필자가 하

---

29 Daane, "Kierkegaard's Concept of the Moment," 150.
30 "나는 이해하기 위해서 믿는다."
31 Daane, "Kierkegaard's Concept of the Moment," 150.
32 Ibid., 151.

나님은 자신의 계획에 의해 역사를 주관하신다는 관점에 입각하여 키에르케고르를 비판한 것에 대해 필자의 비판이 "실존의 바깥에 서 있는 자로부터 시작되었다."**33**고 말한다.

> 여기서 키에르케고르는 신학에 있어서 추상주의(abstractionism)의 위험에 대해 강력히 경고한다. 화란 신학은 이러한 위험을 자초했으며 그 결과 실존과 역사의 가치를 부인하는 경향으로 기울어질 때가 종종 있었다…. 하나님의 계획에 대해 하나님의 세상에 대한 관계와 세상의 하나님에 대한 관계를 합리화하고 고정시키는 방식으로 접근함으로써 하나님의 계획을 실존에 우선하는 사상과 삶의 규범으로 삼을 경우 삶은 의미가 없어지고 하나님의 세상에 대한 관계는 시간적이고 동적인(temporal-dynamic) 관계가 아니라 영원하고 정적인(eternal-static) 관계가 되고 마는 것이다. 이러한 유형의 신학적 방법을 사용하는 자들에 대해 키에르케고르는 "사변에서 떠나라"고 외친다.**34**

이 경고에 주의를 기울이기 전에 우리는 키에르케고르가 말하는 "사변"에는 역사에 나타난 직접적이고 완전한 계시에 대한 개념이 포함되어 있다는 사실을 상기해야 한다. 키에르케고르가 "사변에서 떠나라"고 했을 때의 사변에는 역사적 기독교가 "성경과 함께 출발하라"고 했을 때의 성경이 포함되어 있다는 것이다. 개혁주의 신학자들이 제시하는 신학적 주제들은 그리스도를 인격으로 대면하지 못하게 한다는 사상을 고수하는 것은 키에르케고르의 경고에 귀를 기울이는 것이다. 키에르케고르가 말하는 그리스도는 어디에서도 발견할 수 없다. 그리고 그런 그리스도에 대한 믿음이야말로 헛된 믿음인 것이다.

개혁주의 신학자들이 말하는 것은 결코 그런 것이 아니다. 다이너가 키에르케고르의 관점을 광범위하게 옹호하는 것을 보면서 우리는 그의 사상이 성경에서 나온 것인지 아니면 1929년에 재조직된 프린스턴신학

---

33 Ibid., 154.
34 Ibid., 156.

교에서 배운 실존주의로부터 나온 것인지 궁금하지 않을 수 없다.

필자의 사상적 구조는 정통적 의미에서 성경적이다. 다아너는 이러한 주장을 반박하는 어떤 증거도 제시하지 않았으며 그렇게 할 수도 없다. 그러나 필자의 관점이 합리주의자와 결정론자의 사상이라고 비판한 그의 반론이 키에르케고르의 비합리주의에 대한 공감으로부터 나왔다는 증거는 수 없이 많다.

필자의 사상이 성경적이 아니라 사변적이라는 다아너의 비판의 배후에는 필자의 성경관이 개혁주의 신학이 역사적으로 주장해온 것과 다르다는 생각이 바탕에 깔려 있다. 개혁주의 신학은 성경에는 인간에 대한 하나님의 뜻이 직접적으로 구별할 수 있도록 나타나 있다고 생각한다. 그러나 오늘날 실존주의는 인간의 경험은 활동을 통해 규범과 이상을 만들어낸다는 사상에 근거한다. 그들에게 "존재"는 절대적 진리에 있어서는 아무것도 알지 못한다는 사실이 포함되어 있다. 다아너는 이러한 현대적 형태의 비기독교적 사상으로부터 깊은 영향을 받았음이 분명하다.

2) 제시 드 보어의 관점

제시 드 보어에 대해서도 유사한 주장을 할 수 있다. 그 역시 개혁주의 신학이 역사적으로 고수해온 성경과 역사에 나타난 계시와는 다른 관점을 가지고 있다. 다아너의 사상의 기본적 구조가 변증적 실존주의로부터 영향을 받은 것처럼 제시 드 보어의 사상의 기본적 구조는 "고전적 실재론"의 영향을 받았다.[35] 이러한 사실은 여러 측면에서 드러난다.

---

[35] 여기서 말하는 고전적 실재론은 Jesse De Boer가 인용한 Wild의 논문과 관련된다. 이 논문에서 Wild는 "필자의 판단으로는 세계 성공회(Anglican Communion)가 지키는 가톨릭 신앙의 기본적인 원리들은 무엇보다도 헬라철학-이 철학은 중세 기독교와의 접촉을 통해 심오하고 광범위하며 세련된 모습을 갖춘 후 오늘날까지 더욱 연마되고 발전되어 왔다-에 바탕을 둔 실재적 철학에 가장 분명하고 정확하며 충분하게 나타나있다고 생각한다. 다음으로는 중세의 유명한 요약 신학, 특히 로마와 영국의 설명과 적용 및 주석을 통해 더욱 깊어지고 완전해진 『신학대전』(*Summa Theologica*)에 바탕을 둔다." John Wild, "The Present Relevance of Catholic Theology," in *Christianity and Reason*, ed. Edward D. Myers (New

그는 "신학과 철학의 관계에 관한 주석"(Notes on the Relation of Theology and Philosophy)이라는 글에서 『기독교와 이성』(Christianity and Reason)이라는 소책자에 대해 논한다. 본서는 믿음과 이성의 관계에 대해 다룬 평론집이다. 이 평론집의 기고자 가운데 정통적 성경관 및 성경에 포함된 진리 체계와 어느 정도 유사한 내용을 다루는 사람은 없다. 하워드 D. 로엘롭스(Howard Dykema Roelofs)[36]는 엠마오로 가는 두 사람에 대해 다룬다. 그들은 무엇을 보았으며 무엇을 인식했는가?

> 그들이 인식한 것은 인간 예수가 아니었다. 그들이 인식한 것이 인간 예수라면 그들은 새로운 의심을 가졌을 것이다. "예수님은 실제로 죽었는가? 그는 얼마 후 다시 '정말로' 죽을 것인가?" 그리고 그의 사라짐은 새로운 문제를 야기하지 않았겠는가? 그러나 두 사람은 급히 예루살렘으로 돌아와 그리스도를 보았다고 보고했다. 즉 그들은 예수가 아닌 그리스도를 인식했다는 것이다. 그렇기 때문에 이러한 보고가 가능했으며 그가 사라진 것도 아무런 문제가 되지 않았던 것이다. 따라서 비상식이 무엇인가 새로운 것을 제시하고 있으며, 자연이 초자연을 계시한 것이다. 이러한 패턴은 부활 후의 모든 현현 장면에서 계속되며 불붙은 떨기나무나 사무엘이 들은 음성에서도 나타난다. 때로는 감각할 수 있는 대상이 놀라움이나 기적이 되기도 하는 반면에 예견된 것은 대상의 종류의 관점에서 볼 때 자연스러운 것이 된다.[37]

로엘롭스에 따르면 예수님은 그리스도가 아니다. 그는 그리스도를 가리킬 뿐이다. 예수님이 도마에게 자신을 보이시며 손을 내밀어 옆구리의 상처를 만져보라고 하실 때 이 "상식적" 대상은 그리스도가 아니라

York: Oxford University Press, 1951), 27. 이 실재론에 대해서는 아래에서 더욱 상세하게 설명한다.

[36] Howard D. Roelofs(1894-1974)는 Harvard에서 Ph. D. 학위를 취득하였으며 이 기사를 쓸 당시 Obed J. Wilson Professor of Ethics 및 University of Cincinnati의 철학과장으로 있었다.

[37] Jesse De Boer에 의해 인용되었다. "**Notes on the Relation of Theology, and Philosophy,**" *The Calvin Forum* 17, no. 10 (May 1952): 201.

그리스도를 가리킬 뿐이라는 것이다. 로엘롭스는 예수님이 정확무오한 하나님의 계시인 구약성경에 비추어 자신의 삶을 오실 메시아와 연계하여 해석하신 것에 대해 종교적 자료의 모호성을 제거하기 어렵다고 말한다. "따라서 신학은 자료를 거슬러 올라가 결론에 대해 진술하거나 검증한 과정에 대해 확인해 주지 못한다."[38] 제시 드 보어는 이러한 로엘롭스의 관점에 대해 다음과 같이 진술한다.

> 신학은 자료 및 해석상의 모호함 때문에 결론을 제시할 수 없으며, 어리석은 자가 되지 않으면서 신학 전체를 거부하는 것도 가능하다. 신학의 확증은 행위나 기도의 삶 또는 순종을 통해서만 가능하다. 하나님은 왜 이 문제를 이런 식으로 놔두셨는가? 아마도 우리의 자유를 지켜주시기 위함일 것이다. 하나님의 자기 계시가 강제적이었다면 우리는 자의대로 그를 믿거나 또는 무시할 수 없었을 것이다.[39]

제시 드 보어의 입장이 로엘롭스와 일치하지 않는다는 것은 분명하다. "로엘롭스의 결론은 나를 전적으로 만족시키지 못하였으며 다른 사람들에게도 마찬가지일 것이다. 나는 쿤(Kuhn)의 에세이에 함축된 내용을 다시 살펴보고 로엘롭스 자신의 특정 언급에 유의하면서 하몬드(Hammond)와 와일드(Wild)의 논문을 숙고하는 작업이 비평가에게 필요하다고 생각한다."[40] 제시 드 보어는 다음과 같이 진술한다.

> 로엘롭스는 일반적 회의론에 근거하여 신학을 의심하는 것은 혼란을 초래한다고 여겼다. 이러한 의심은 혼란을 야기할 뿐만 아니라 다음과 같은 교훈을 준다. 즉 신학적 혹은 종교적 경험(계시에 대한 수납을 포함하여)이 어떤 유형의 대상을 아는 이성의 능력을 변호하거나 받아들이지 않는 한 하나님에 대한 논쟁은 더 이상 수행될 수 없다는 것이다. 로엘롭스는 우리의 이성은 물과 같은 대상을 알 수 있다고

---

38 Ibid., 202.
39 Ibid.
40 Ibid.

확신한다. 그렇다면 그는 이미 하나님에 대한 지식에 도달하는 것과 전혀 양립할 수 없는 성격의 철학을 검증하는 작업에 착수한 것이 아닌가? 쿤이 의심할 수 있는 철학적 논제들이 포함된 신학의 약점을 제시한 것은 오직 부정변증법(negative dialectic)을 통해서만 수행이 보장되는 일종의 비평적 작업의 필요성 및 가능성을 제시한다. 쿤은 신학이 긍정적 존재론의 도움을 필요로 한다고 말한다. 와일드의 논문은 만일 형이상학이나 신학과 같은 것이 존재한다면 반드시 만들어졌을 것이라고 생각되는 전제를 뒷받침하는 강력하고 솔직한 주장이다…

끝으로 필자는 신학의 구성 및 종교적 경험에 대한 해석을 다룬 (본질상 유비적인) 사상에 대해 명확하게 제시한 논문으로 하몬드(Hammond)의 논문을 추천하고 싶다. 로엘롭스가 우리에게 해석을 인식하는 준비를 하게 했다면 하몬드는 그 속에 제시된 사상의 구조에 대해 논한다.[41]

이 인용문은 물론 변증학에 관한 문제와 관련된다. 필자는 우선 제시드 보어가 공감하는 저자들의 성경관에 대해서만 초점을 맞출 것이다.

로엘롭스의 입장은 성경에 대한 정통 사상과 양립할 수 없다. 정통적 관점은 성경은 구원에 관해 기록한 사건에 대해 정확한 해석을 제시한다고 주장한다. 그러나 로엘롭스에게 이러한 성경관은 불필요할 뿐만 아니라 불가능하다. 하나님은 우리에게 자신을 명확히 계시하실 수 없다는 것이다.

모든 방법에는 우리의 수용력이 발단이 된 출발점이 존재한다. 우리는 번개를 보면서 그것이 어떻게 생성되는지를 배우며 필요에 따라 그것을 생산함으로써 우리가 알고 있는 것이 지식임을 입증한다. 하늘에서는 무엇으로 하나님의 존재를 확인하는가? 표적에 의해서인가? 모든 표적은 해석을 요구하며 모든 해석은 모호하다. 하나님 자신의 현현을 통해서인가? 인간의 모습을 가진 성육신과 같은 방식은 문제가 있다. 이 방법은 이미 시도되었으나 아무런 증거도 주지 못했다. 현현은 하나님이 자신의 본성을 그대로 보여주는 방식이어야 한다. 그래야만 사람이 보고

---

41 Ibid.

알 수 있다. 그것에는 어떤 두려움도 야기하지 않아야 하며 우리의 현재적 독립성과 자유를 압도하지 않아야 한다. 그것은 하나님일지 모른다는 추측 이상의 확신이어야 한다. 왜냐하면 우리는 그를 대면하여 볼 것이며 다시 한 번 자세히 살펴봄으로써 우리가 본 것을 확인해야 하기 때문이다. 우리는 이러한 확인 후에도 생존할 수 있어야 한다. 더구나 우리는 그를 무시할 수 있는 현재의 능력을 견지해야 한다. 그러나 우리는 그럴 수가 없다. 설사 우리가 살아 있더라도 우리는 더 이상 자유롭지 못하다. 문제는 "지식이냐 인간의 자유냐"라는 것이다. 둘 다 가지면서 사람이 될 수는 없다. 그러나 자유와 믿음은 가능하다.[42]

로엘롭스에게 성육신과 같은 사건들에 대한 해석인 성경은 본질적으로 모호할 수밖에 없다. 그는 이 모호함이 당연하다고 말한다. 왜냐하면 우리는 사람이기 때문에 자유로운 존재인데 이러한 자유는 성경을 인간의 삶에 대한 절대적 해석으로 보는 정통적 성경관과 일치하지 않기 때문이다. 성경이 자신의 절대적 권위로 제시하는, 사람이 받아들여야만 하는 지식의 종합(a body of knowledge)과 같은 것이 있다면, 그것은 아마도 우리에게 자유를 포기하라는 요구일 것이다. 그러나 인간의 자유는 신구약 정경에서 발견되는 해석을 포함하여 모든 해석 위에 설 수 있는 권리와 이 모든 해석들과 독립된 독자적인 준거에 의해 그것들을 판단하는 권리로 이루어진다. 이 준거는 이성이며, 이성은 인간을 자유롭다고 규명한다.

그러나 이 땅에서는 자유로운 인간이 하나님에 대한 지식을 가질 수 없다. 왜냐하면 모든 지식은 해석의 문제이며 모든 해석은 본질적으로 모호하기 때문이다. 자유로운 인간이 하나님과 접촉하는 것은 지식과 반대되는 믿음을 통해서만이 가능하다. 하나님에 대한 지식이 가능하지 않는 한 "어떤 유형의 대상"을 아는 이성의 능력이 가능한지는 불분명하다. 어쨌든 이와 같은 로엘롭스의 주장에 의하면 하나님에 대한 지식은

---

42 Howard Dykema Roelofs, "Theology in Theory and Practice," in *Christianity and Reason*, ed. E. D. Myers (New York: Oxford University Press, 1951), 143-144.

명백히 불가능하다. 왜냐하면 하나님에 대한 지식은 본질적으로 모호한 —즉 해석가 자신도 알지는 못하고 기껏해야 믿을 수밖에 없는 해석을 통해 우리에게 전달된—자료에 대한 해석을 요구하기 때문이다. 그리고 "어떤 유형의 대상"—가령 물—에 관한 지식은 하나님의 존재와 별도로 그리고 그것에 대한 창조 및 주권적 섭리와는 별도로 이해되어야 한다. 따라서 성경은 자연이나 역사 및 현상계(phenomenal world)에 관한 어떤 것도 계시할 수 없다. 그리고 이 현상계는 하나님을 계시하거나 드러낼 수 없다. 말하자면 로엘롭스의 주장은 초자연적인 구속사적 계시가 없 듯이 자연계시도 없다는 것이다.

사람은 "종교적 현상"으로부터 하나님을 알 수 없듯이 자연현상으로부터도 하나님에 대해 아무것도 알 수 없다는 것이다. 두 경우 모두 하나님은 우리의 이해 너머에 계신 존재로서 알 수 있을 뿐이다. 이러한 지식은 지식이 아니다. 그것은 믿음이다. 그리고 어떤 경우에도 모든 "종교적 현상"은 자연현상이거나 혹은 자연현상을 포함한다. 나사렛 예수는 현상계 안에 존재하는 현상계의 한 부분이다. 로엘롭스에 따르면 그는 역사 안에서 하나님의 아들이 될 수 없다. 그러나 이것은 종교적 현상이나 자연을 하나님의 계시로 보는 것을 부인하기 위한 것이다. 사람은 자연계시 및 초자연적 구속계시의 명확성을 포함하여 정통 기독교의 모든 체계를 받아들이든지 아니면 모든 체계를 거부해야 한다. 로엘롭스는 이 모든 체계를 부인한 것이다. 그리고 드 보어 역시 이러한 그의 사상에 반대하지 않는다.

제시 드 보어는 쿤[43]의 입장에 대해서도 매우 만족해한다. "그러나 쿤의 업적은 아무리 높이 평가해도 지나치지 않다. 나는 쿤으로부터 나의

---

[43] 앞서 언급한 기사를 기록할 당시 Helmut Kuhn(1899-1991)은 Erlangen의 철학교수였다. 그는 1923년 University of Breslau에서 Ph. D. 학위를 받았다. 그는 University of Berlin, the University of North Carloina 및 Emory University에서 가르쳤다. 특별히 그는 1953년에 Hans-George Gadamer와 함께 *Philosophische Rudschau*(철학 비평)을 공동 설립한 인물로 잘 알려져 있다.

논의를 시작할 것이다."⁴⁴ 드 보어는 쿤이 오늘날의 일부 철학적 왜곡에 대해 밝힌다고 말한다. 쿤은 파스칼이 어떻게 데카르트의 입장을 거부하고, 키에르케고르가 철학과 헤겔주의를 혼동하였으며, 바르트가 이성을 니체나 칸트의 후손에게서 배운 오늘날의 실용주의자나 실증주의자의 주장과 어떻게 동일시하는지를 보여준다. "바르트는 이성이 그 대상을 제한하고 그것을 주관하며 앎의 주체인 인식자(knower)와 그 대상인 피인식자(known)를 동일한 것으로 여긴다고 말한다. 이것은 물론 특징(caricature)적으로만 그렇다는 말이며, 엄격하게 실재적이고 사물의 본성에 주체가 순응할 것을 요구하는 플라톤-아리스토텔레스 철학의 설명과는 무관하다."⁴⁵

쿤은 신학자들이 철학과 신학의 관계에 대한 균형 잡힌 관점을 원한다면 이러한 현대적 철학 개념이 철학에 대한 최상의 표현이라는 생각부터 버려야 한다고 말한다.

> 이러한 철학적 사조는 전반적으로 관념론으로부터 자연주의적 실용주의로 흐르며, 일반적 경향은 고전적 전통, 즉 플라톤-아리스토텔레스 철학으로부터 벗어나는 경향을 보인다.⁴⁶ 플라톤과 아리스토텔레스의 사상은 "괴테가 말한 '실재에 대한 경외감'⁴⁷으로 가득하다. 그들은 실재에 대해 인간의 구경거리 이상의 놀라운 것을 경외감을 가지고 바라보는 자처럼 실재에 접근한다…." 지식이 해석되거나 잘못 해석되는 것은 비교적 최근에 일어난 일이다. 바르트가 배격하는 이교적 우상에는 헬라 신의 특징이 남아 있지 않다. 그는 벽난로의 선반으로부터 현대의 겉만 번드르한 장식물들을 털어냈을 뿐이다.⁴⁸

드 보어의 말처럼 쿤의 주장은 긍정적이면서 부정적이다. 오늘날

---

44 J. De Boer, "Notes on the Relation of Theology and Philosophy," 200.
45 Ibid., 201.
46 Helmut Kuhn, "The Wisdom of the Greeks," in *Christianity and Reason*, 152.
47 "*Seinsfrömmigkeit*."
48 Kuhn, "The Wisdom of the Greeks," 155.

실용주의적 이상주의자들의 철학적 관점을 거부한다는 점에서는 부정적이며 플라톤-아리스토텔레스 철학 전통의 "실재에 대한 경외감"(Seinsfrömmigkeit)에 호소한다는 점에서는 긍정적이다. 신학자들이 최상의 상태에 있는 철학의 모습을 본다면 철학에 대해 부정적으로 말하지 않을 것이다. 오히려 그들은 이러한 전통적 "실재에 대한 경외감"이 기독교에 공급하는 긍정적인 존재론적 기반에 대해 기뻐할 것이다. "신학은 긍정적 존재론의 도움을 필요로 한다고 쿤은 말한다."[49]

이 긍정적 존재론의 본질은 무엇인가? 앞서 언급한 대로 그것은 플라톤이나 아리스토텔레스가 들여다보듯이 실재를 보는 것이다. 개혁주의자들은 이러한 사실을 인정하지 않았다. "인간의 전적 부패 및 '노예 의지'[50]에 관한 교리를 절제하고서 하나님에 대한 지식에 철학적으로 접근한다는 것은 거의 희망 없는 모험이다."[51] 쿤은 "하나님이 선민을 다루시는 내용 및 우리 주 예수 그리스도의 이 땅에서의 삶, 가르침, 고난, 부활에 관한 문서인 성경은 우리 신앙의 기초"라고 확실히 말한다. 그러나 성경은 무엇을 제공하는가? 성경은 우리에게 진리체계, 즉 하나님이 인간을 다루심에 대한 최종적 해석을 제공하는가? 쿤은 다음과 같이 말한다.

> 우리는 계시된 진리를 활용하는 과정에서 진리의 체계에 대해 생각하려고 시도하며 그렇게 함으로써 신학을 세워나간다. 그러나 분명한 것은 성경이 제공하는 자료는 신학을 구성하기에 충분하지 않다는 것이다. 신학이 본질적으로 체계적이라면 성경은 본질적으로 역사적이다. 교리적 체계를 가르치기 위해 신학은 조직적으로 구성된 비성경적 개념을 필요로 한다. 이러한 개념들을 얻기 위해 신학은 철학에 호소하고 그렇게 함으로써 헬라인들에게 빚을 지는 것이다.[52]

---

49 J. De Boer, "Notes on the Relation of Theology and Philosophy," 202.
50 "*servum arbitrium*."
51 Kuhn, "The Wisdom of the Greeks," 146.
52 Ibid., 160.

헬라인들은 우리에게 이론(theory)이라는 개념을 제공했다.

이 헬라적 이론(*theoria*) 덕분에 오늘날의 천문학과 물리학과 항공기와 원자탄이 가능할 수 있는 것이다. 이 이론을 제한된 한 요소가 아닌 실재 전체에 적용할 때 철학이 생성된다. "그리스도는 죄인을 구원하시기 위해 세상에 오셨다"라는 진술의 의미를 우리는 헬라철학을 활용하지 않고서도 이해하고 사실로 받아들일 수 있다. 그러나 기본적인 이해로 만족하지 않을 때 우리는 다음과 같은 질문을 하게 된다. "죄는 무엇인가?" "인간은 무엇인가?" "구원은 무엇인가?" 다시 말하면 우리는 신학자가 되자마자 복음서 기자와 사도들이 전혀 몰랐던 그러나 헬라인들에게서 배운 바로 그 일을 하게 되는 것이다.[53]

쿤은 기독교가 플라톤과 아리스토텔레스를 벗어나 자유로워야 한다고 생각한다.

신학은 본질적으로 사변적이기 때문에 역사적으로 헬라철학 전반에 뿐만아니라, 특히 아리스토텔레스가 "제1철학" 혹은 때때로 신학이라고 부르기도 했던 보다 헬라적인 모험과도 연속성을 갖는다. 그리고 이것은 최소한 기독교 신학이 자신을 파괴하지 않고서는 이미 자신의 것이 되어버린 옛 유전으로부터 벗어나기는 어렵다는 것을 말해준다.

신학이 헬라인으로부터 물려받은 이론의 함축으로서의 단순한 형식적 방법론을 넘어서는 잉여물을 가리켜 우리는 긍정적 존재론이라고 부를 수 있다. 여기에는 다음과 같은 원리들이 포함된다. (1) 고전적 실재론의 원리: 실재는 그것에 대한 지식과 관계없이 존재하는 의미 있는 통일체이다. (2) 고전적 합리주의의 원리: 사람은 희미하게나마 실재의 의미를 파악할 수 있는 기능을 부여받았다. (3) 고전적 실용주의의 원리: 존재와 선(가치)은 하나로 결합되어 있으며 사람은 그것을 구별함으로써 자신이 해야 할 일을 알게 된다. 이 세 가지 원리는 플라톤의 철학에 기초하며 "사람은

---

53 Ibid., 161.

우주 안에 살고 있는 자신을 발견한다"는 주장으로 요약된다.[54]

이것이 쿤이 기고한 글의 요지이다. 부정적인 면에서 기독교 신학은 근대 관념론이나 실용주의와는 어울리지 않는다는 것이며, 긍정적인 면에서 기독교 신학은 플라톤-아리스토텔레스 철학의 "고전적 실재론"과 조화되며 밀접하게 연결되어 있다는 것이다. 그러나 쿤은 이처럼 "고전적 실재론"의 존재론에 근거한―그리고 그것과 결합된―신학은 확실히 정통 신학이 될 수 없다고 생각한다. 고전적 실재론은 피조 된 인간의 지성이 처음부터[55] 실재의 본 모습을 보기 위해 성령의 초자연적 계시 및 중생에 의지한다는 사상을 허락하지 않는다. 특히 인간에 대한 하나님의 완전한 계시인 성경이 있다는 사고를 용납하지 못한다.

정통 기독교적 관점에서 볼 때 쿤의 입장은 그가 거부하는 현대적 관점들과 다를 바 없다. 신학은 "본질적으로 체계적이며 성경은 본질적으로 역사적"이라고 할 때 쿤은 칼 바르트와 마찬가지로 고전적 기독교의 계시에 관한 교리를 부인한 것이다. 그가 사용하는 "역사적"이라는 표현은 이성적이라는 의미이며 하나님의 계획에 관한 언급이 아니다. 따라서 쿤에게 "체계적" 신학이란 "인간의 지성이 역사적 원자료를 독창적으로 체계화한 것"이며 성경에 계시된 진리에 대한 피조물의 재해석이 아니다. 제시 드 보어는 이러한 쿤의 전반적 입장에 대해 지지한다.

존 와일드(John Wild)[56]의 관점에 대해서도 언급해야 할 부분이 있다. 드 보어는 "와일드의 논문은 만일 형이상학이나 신학과 같은 것이 존재한다면 반드시 주어졌을 것이라고 생각되는 전제를 뒷받침하는 강력하고 솔직한 주장이다"[57]라고 말한다.

와일드도 쿤과 같이 "고적적 실재론"에 대해 언급한다. 그 역시 "긍정

---

[54] Ibid., 161, 162.
[55] *ab initio*.
[56] John D. Wild(1902-72)는 1926년부터 줄곧 Harvard University의 철학교수로 있었다. 그는 1926년 University of Chicago에서 Ph. D.를 받았다.
[57] J. De Boer, "Notes on the Relation of Theology and Philosophy," 202.

주의, 자연주의 및 관념적 범신론 등 오늘날 영향력 있는 대부분의 사상을 포함한 특정 유형의 철학에 대해 반대한다. [이러한 것들은] 기독교와 근본적으로 양립하지 못하고 조화를 이루지도 못하기 때문"[58]이라는 것이다.

와일드는 자신의 긍정적 관점에 대해 세 가지로 제시한다.[59]

1. 세상은 인간의 생각이나 의지와 무관하게 실제적인 관계들의 질서 속에 존재하는 우발적이고 실재적인 실체들로 구성된다. 이것은 다원주의적 실재론(pluralistic realism)의 주장이다….
2. 이 실제적인 실체들과 사건들 및 관계들은 인간의 지성을 통해 알려진다. 이러한 논제는 인식론적 실재론 또는 합리주의의 주장이다….
3. 이러한 지식, 특히 인간의 본성을 다루는 지식은 인간의 행위 —개인적이든 사회적이든—에 대한 자유로운 지침을 위한 불변의 원리들과 함께 제공된다.[60]

그는 얼마 후에 "물론 이러한 원리들을 믿는 근본적인 이유는 이러한 원리들이 사실임을 확인할 수 있는 데다 개별적 지성의 철저한 파헤침에도 불구하고 꿋꿋이 서 있을 것이기 때문"[61]이라고 말한다.

와일드는 이 세 가지 논지가 "신앙에 관한 교리와도 명확한 조화를 이룬다"[62]고 주장한다. 그는 자연신학에 대한 논의를 더욱 진행한다. "자연의 변화에 대한 실제적 분석의 배후를 감안하면 관찰된 경험적 사실들에 기초한 인과적 논증(causal arguments)은 받아들여야만 한다."

실재론적 철학은 하나님의 존재를 입증할 수 있을 뿐만 아니라 절대적 단순성, 초월성, 무한성, 완전한 행위, 불변성, 영원성, 비물질성, 인

---

[58] John D. Wild, "The Present Relevance of Catholic Theology," in *Christianity and Reason*, 25.
[59] 이것은 De Boer가 언급하고 Wild가 정확히 서술한 대로, 고전적 실재론의 세 가지 교리이다.
[60] Wild, "The Present Relevance of Catholic Theology," 26, 27.
[61] Ibid., 28.
[62] Ibid.

격성, 자유와 같은 다양한 속성들을 보여줄 수 있다.

> 결국 그분은 필연적 발산(necessary emanation)에 의해서가 아니라, 불확실한 변덕이나 도덕적 필요의 결과가 아닌 자유로운 선택 행위에 의해서 세상의 창조주가 되신다.[63] 물론 우리는 이전의 모든 교리를 고수하는 그리스도인이 될 필요는 없다. 사실 이러한 교리는 대부분 다양한 문명의 비기독교 철학자들—가령 플라톤이나 아리스토텔레스—에 의해 주장된 것이다. 우리가 진술한 것은 결코 종교가 아니다. 그것은 건전한 철학일 뿐이다. 그럼에도 불구하고 종교적 계시는 이러한 종류의 지식을 전제한다.[64]

와일드는 모든 인류가 이러한 하나님에 대한 막연한 개념을 가지고 있다고 말한다.

> 그러나 이 지식은—아무리 주의 깊게 형성되고 세련된 지식이라고 할지라도—우리에게 다양한 현상이나 결과를 통해 제1원인에 대한 공적인 지식밖에 줄 수 없다. 말하자면 그것은 우리에게 자신의 내적이고 은밀한 삶이나 우리에 대한 자신의 입장에 대해 아무것도 말해 주지 않는다. 신조에 요약된 교의 신학의 내용은 하나님 자신이 인간 역사의 물질과 육신 속으로 들어오심으로 말미암아 이루어진 계시이다.[65]

이러한 하나님의 개입은 성육신에 초점이 맞추어진다.

> 하나님은 언제 어느 곳에나 계시지만 우리가 직접적으로 이해하고 인식할 수 있는 방식으로는 아니다. 그는 영원하시며 우리는 한시적이다. 그는 비물질적이지만 우리는 물질적이다. 그 괴리는 너무 크다. 인간 본성의 한계는 이러한 존재와 따뜻하고 생생한 관계를 형성하는 것을 불가능하게

---

63 Ibid., 30.
64 Ibid., 31.
65 Ibid.

한다. 이러한 관계를 형성하기 위해서는 하나님이 물질계로 들어오셔서 인간의 모든 육신적 한계를 취하시고 종의 형체(*Forma servi*)를 입으신 채 제한된 인간의 삶을 사셔야만 한다. 이러한 방식을 통해 하나님은 우리에게 감각이며 신체적으로 나타나실 수 있으며 우리 가운데 사람으로 거하시고 행하심으로 인간의 자유를 침해함이 없이 인간 역사의 물질적 사건들에 영향을 미칠 수 있는 것이다.[66]

이러한 와일드의 입장은 로엘롭스나 쿤과 마찬가지로 고전적 개신교의 성경관과 일치하지 않는다. 와일드는 그리스도께서 세상에 임하심이 필요한 것은 사실이지만 그것은 죄 때문이 아니라 인간의 유한성 때문이라고 생각한다. 와일드의 생각은 인간의 기원 및 타락에 대한 성경적 설명에서 나온 것이 아니다.

성경에 의하면 하나님은 우리와 함께 걷고 대화하시며 친밀한 인격적 교제를 나누신다. 모든 사람이 "죄 가운데 잉태되고 태어나게" 된 것은 아담이 하나님과의 언약을 어겼기 때문이다. 그들은 이제 본성적으로 하나님을 싫어하고 이웃을 미워한다. 그리고 성경은 이러한 하나님의 구속적 은혜에 대해 정확한 해석을 제시한다.

칼빈은 철학자들이 자신들의 체계에 인간의 타락이 들어설 여지를 남겨두지 않음으로 모든 것을 혼란에 빠트리고 있다고 말한다. 그들은 타락을 인정하지 않으며 따라서 그들의 시스템에는 구원을 위한 어떤 것도 존재하지 않는다. 와일드는 인관되게 자신의 생철학 내에 하나님의 말씀으로서의 성경이 자리할 어떠한 여지도 허락하지 않는다.

그럼에도 불구하고 제시 드 보어는 와일드를 가장 높게 평가한다. "와일드의 논문은 만일 형이상학이나 신학과 같은 것이 존재한다면 반드시 주어졌을 것이라고 생각되는 전제를 뒷받침하는 강력하고 솔직한 주장이다. 그러나 성경 없이는 개혁주의 신학은 말할 것도 없고 전통신학이 존재할 수 없음이 분명하다."[67]

---

66 Ibid., 32.
67 J. De Boer, "Notes on the Relation of Theology and Philosophy," 202.

필자는 성경이라는 주제가 이어지는 모든 논의의 기초가 되기 때문에 오랫동안 이 주제에 매달려 왔다. 성경에 관한 정통 개신교의 교리는 다 아니나 그토록 호감을 보였던 현대 실존주의 철학과 일치하지 않는다. 그것은 "고전적 실재론"의 철학과도 일치하지 않는다. 근대 관념론이나 실용주의에서와 마찬가지로 "고전적 실재론" 안에도 하나님의 피조물이자 역사의 시초에 타락한 자로서의 인간이라고 하는 성경적 관점이 들어설 여지가 없다.

"고전적 실재론" 안에서 인간은 현대 철학에서 못지않게 "자유"를 누린다. 로엘롭스와 쿤과 와일드가 언급한 대로, 이 자유로운 존재는 성경이 제시하는 어떤 인간적 삶에 대한 해석보다 고상한 존재로 묘사된다. "고전적 실재론"은 성경의 사상에 대해 현대 실존주의만큼이나 적대적이다. "고전적 실재론"이 성경을 정통적 의미로 받아들이기 위해서는 자신의 토대가 되는 전제들을 무너뜨려야 할 것이다.

2. 하나님에 관한 교리

이제 하나님에 관한 교리에 대해 간략히 언급하고자 한다. 지금까지 필자는 하나님에 관한 교리를 성경으로부터 취하였음을 보여주었다. 존 브리엔드(John Vriend)는 필자의 관점에 대해 다음과 같이 요약한다.

> 그러나 이 하나님은 그분 자신이 스스로 선포하신바, 자존하시는 삼위일체 하나님이심이 틀림없다. "성부, 성자, 성령은 각각 인격이신 동시에 함께 포괄적이고 인격적인 하나님이 되신다. 삼위 간에는 영원하고 내적이며 자의식적인 상호 관계가 존재하며…각자는 다른 두 위격과 마찬가지로 하나님이시다…. 그러므로 삼위 하나님의 다양성과 단일성은 둘 다 궁극적이다. 그들은 상호 포괄적인 상관관계에 있으며 다른 어떤 존재와도 이러한 관계에 있지 않다." 이러한 삼위일체는 존재론적 삼위일체(ontological Trinity)로 불린다. 반틸은 여기서 "존재론적"이라는

형용사의 사용을 통해 개혁주의의 전통에 따라 외적(ad extra) 하나님, 혹은 그분 자신의 외부로 영향력을 행사하시는 하나님 개념으로부터 내적(ad intra) 하나님, 혹은 그분 자신으로서의 하나님 개념을 산출하려고 한다. 그러므로 존재론적 삼위일체에 대해 논할 때 우리는 그가 주관하시는 우주와 별도로 하나님을 바라보아야 하는 것이다.

반틸은 하나님의 존재를 그분의 본성으로부터 떼어내려는 시도에 대해 의도적으로 공격한다. 우리는 "무엇이냐"라는 문제와 상관없이 존재하는 "무엇인가"에 대해 논하기는 쉽지 않다. 즉 함의(connotation)가 빠진 명시적 의미(denotation)는 아무런 의미가 없다는 것이다. 우리가 "그는…"이라고 주장하는 순간, "누구?"라는 문제가 부상한다.[68]

첫째, 앞서 언급한 내용 및 브리엔드의 관찰이 보여주듯이 이러한 하나님 개념은 성경에서 직접 나온 것이다.

> 우리는 이러한 성경적 하나님을 받아들인다. 우리가 이러한 하나님에 대해 들을 수 있는 것은 오직 성경에서뿐이다…우리는 우리가 그것으로 실재를 해석할 수 있고, 또 그것을 가장 고상한 신적 개념이라고 부를 수 있는 최고의 철학적 개념을 찾기 위하여 하나님 없이 출발하지는 않을 것이다. 이것은 빈델반트(Windelband)[69]가 말한 대로 헬라인들의 방법이다.[70] 이것은 지금까지 모든 비기독교적 사상이 추구해온 방법이기도 하다. 우리는 이러한 추론의 방법으로부터 구출된 것이다. 이러한 논리적 방법으로는 유한한 신만 발견할 수 있을 뿐이다.[71]

둘째, 독자들은 필자가 한 가지 속성에만 근거하여 추론하는 일이 없도록 하나님의 모든 주요 속성들을 성경에 계시된 대로 세심하게 결합하고자 했다는 사실을 보았을 것이다.

---

68 John Vriend, "How Do We Know?" *The Calvin Forum* 18, no. 3 (October 1952): 34.
69 Wilhelm Windelband(1848-1915)는 독일의 신칸트주의 철학자이다.
70 Wilhelm Windelband, *A History of Philosophy*, 2nd ed., trans. James H. Tufts (New York: Macmillan, 1901), 34.
71 Cornelius Van Til, *Common Grace* (Philadelphia: Presbyterian and Reformed, 1947), 8.

셋째, 독자들은 필자가 지금까지 하나님은 자족적(self-contained)이시기 때문에 하나님 자신의 자발적인 계시가 아니면 그의 본성에 관한 어떤 지식도 유용하지 않다는 칼빈의 사상을 강조해 왔다는 사실을 알았을 것이다. 하나님의 뜻에 의해 계시가 주어진 경우가 아니라면 하나님의 본성을 이해할 수 있는 어떤 접근방법도 없다.

넷째, 독자들은 브리엔드가 옳게 지적한 대로 필자는 하나님의 존재와 내적(ad intra) 사역-가령 성자의 "성부로부터의 영원한 발출"(eternal generation) 및 성령의 "성부와 성자로부터의 영원한 발출"(eternal procession)-과 하나님의 외적(ad extra) 사역의 구별을 가장 중요하게 생각한다는 것을 알았을 것이다.

1) 다아너의 반론

다아너는 필자의 존재론적 삼위일체에 대해 언급하면서 필자가 존재론적 삼위일체를 하나의 추상적 관념(abstraction)으로 다룬다고 주장한다.

> 왜 반틸은 하나님의 미덕을 자신의 해석 원리의 핵심에 두지 않는가? 헤겔도 삼위일체를 최고의 구체화된 보편성으로 보았지만 이러한 보편성이 그의 사상에서는 하나님의 미덕과 속성이 빠진 형식적이고 비인격적이며 공허한 개념이 되고 말지 않는가? 삼위일체를 구체화된 보편성으로 인식하는 것만으로는 기독교적 해석 원리를 제시할 수 없다. 반틸은 하나님의 은혜나 하나님의 다른 미덕들 대신 또는 하나님의 모든 미덕들이나 그리스도 자신 대신에 하나와 여럿(one and many)이라는 원리를 역사의 모든 문제를 위한 최고의 해석 원리로 여김으로써 이 명백한 사실을 간과하고 만 것이다. 이것이야 말로 가장 극단적인 추상 행위(act of abstraction)가 아닌가? 성경이 하나와 여럿의 원리를 최고의 해석 원리로 제시하고 있는가? 하나와 여럿의 원리가 성경에서 죄 문제를 포함한 모든 문제를 해석하는 열쇠로 제시되고 있느냐는 것이다.[72]

---

[72] Daane, *A Theology of Grace*, 103.

그러나 모든 증거는 다이너가 도출한 것과 정반대의 결론을 분명히 보여준다는 것이 필자의 생각이다. 필자는 그리스도인에게 있어서 성경은 내적 하나님(God as he is in himself) 및 하나님과 세상과의 관계에 대한 모든 정보의 원천이라는 사실을 가장 많이 강조해 왔다. 그리스도인은 성경적 원리에 토대를 두지 않은 철학으로부터 자신의 문제를 정형화하거나 그것에 대한 대답을 찾으려 해서는 안 된다. 심지어 그리스도인은 성경으로부터 나온 하나님에 대한 사상으로부터 연역적 방식으로 추론하는 일도 삼가야 한다.

우리는 언제나 하나님과 세상의 관계에 대해 성경 자체는 무엇이라고 말하는지 물어야 한다. 우리는 모순된 주장을 한다는 비판을 받을 때에도 사람에게 모순되는 것처럼 보이는 것은 인간이 유한하기 때문이며 실제로 하나님에게는 모순이 되지 않는다는 일념으로 자신의 원리를 고수할 따름이다.

2) 관념론의 하나님

하나님에 대한 필자의 관점이 관념론자의 철학과 유사하다는 비판은 내가 존재론적 삼위일체를 하나와 여럿이라는 추상적 원리로 생각한다는 비판만큼 근거 없는 주장이다. 하나님의 내적 사역 및 외적 사역에 대해서는 필자가 기독교와 다른 모든 비기독교적 사상을 구별한 자료에 명백히 제시하였다. 필자의 관점에 대해 제시한 브리엔드의 설명에는 이러한 사실이 잘 드러난다.

> 기독교는 인식론적으로나 다른 면에서 시간 안에서의 창조(temporal creation) 교리와 생사를 함께 한다. 이 교리에 흠집을 내는 것은 기독교의 체계 전체를 흔드는 것이다. 따라서 범신론(Pantheism)이나 범우주론(Pancosmism)은 궁극적 이단이다.
> 이 교리는 간단히 말해 하나님이 모든 사물이 저마다의 스타일로 하나님의 위대하신 속성을 드러낼 수 있도록 사전 해석된(pre-interpreted)

양식에 따라 시간의 범주 내에 형상화(embodiment)하셨다는 것이다. "그분의 탁월한 자화상"인 인간은 이 피조세계를 다스리는 대리인으로 지명되었다. 그러나 그는 이러한 권위가 자신의 것이 아니라 파생적인 것임을 잊지 말아야 했다. 사고의 영역에서는 그가 자신의 지위에 걸맞도록 하나님이 제시하신 패턴에 대한 재해석자가 되어야 했고, 그는 이 일을 완벽히 수행할 수 있도록 무장되었다.[73]

브리엔드가 시간 안에서의 창조교리는 필자에게 하나님의 자족적 존재 교리만큼 중요하다고 말한 것은 그동안 필자가 반복해서 진술한 내용을 요약한 것에 불과하다.[74] 또한 필자가 시간 안에서의 창조의 당위성을 위해 반박해온 비기독교적 사상 가운데 관념론 철학보다 자주 언급한 사상은 없다.

방법론 문제에 관해 다루고 있는 필자의 강의안, 『조직신학 개론』(*An Introduction to Systematic Theology*) 제2장 서두 부분은 이러한 사실을 잘 보여주는 자료이다. 기독교의 신학 방법은 다른 방법들과 어떻게 다른가?

우리는 기독교 유신론의 방법론을 함축의 방법(method of implication)이라고 말한다. 이것은 기독교 유신론의 방법에는 선험적인 것(*a priori*)과 후험적인 것(*a posteriori*) 모두 존재한다는 사실을 보여준다. 우리는 성경의 사실들을 모으고 배열한다는 하지(Hodge)의 언급 속에서 이러한 후험적 요소를 찾아볼 수 있다. 선험적 요소는 우리가 모은 것은 성경의 사실들이며 일반적 사실들이 아니라는 언급에 나타난다. 또는 우리가 다루는 모든 사실들은 성경적 관점에서 해석해야 한다는 언급 속에는 선험적 요소가 들어있다고 말할 수 있다.[75]

그러나 이러한 주장은 동시에 기독교적 방법론을 브래들리(F. H.

---

[73] Vriend, "How Do We Know?" 35.
[74] 분명한 것은 여기서 Van Til은 창조는 하나님만큼 중요하다고 진술한 것이 아니라 창조는 일시적이라는 주장이 하나님의 자족적 존재에 대한 주장만큼 중요하다는 것이다.
[75] Cornelius Van Til, *An Introduction to Systematic Theology* (Syllabus), 8.

Bradley)나 보잔켓(B. Bosanquet)과 같은 관념론자들의 방법론과도 구별한다. 기독교와 관념론 사이의 이슈는 무엇인가? 그것은 기독교에서 주장하는—그러나 관념론은 부인하는—시간 안에서의 창조 개념에 초점이 맞추어진다. 관념론자들은 하나님과 인간을 모두 포함하는 개념으로서 실재에 대해 언급한다. 실재는 영원적 요소와 시간적 요소를 모두 가진다.

> 사실 관념론적 논리학자들에게 "영원"이라는 말은 일시적인 것들의 영원한 측면을 의미할 뿐이다. 보잔켓이 실재는 영원한 새로움이라고 말한 것은 이런 차원에서 이해되어야 한다. 그는 먼저 말하기를 그것은 **영원한** 새로움이라고 하였지만, 곧이어 다시 말하기를 그것은 영원한 **새로움**이라고 한 것이다.[76]

이러한 관념론의 입장에 대해 기독교는 다음과 같이 반박한다.

> 하나님은 창세 전부터 영원히 자의식적이고 자족적인 존재로 계셨다. 기독교적 관점에서 볼 때 하나님의 비존재라는 것은 생각할 수도 없다. 하지만 세상의 비존재에 대해서는 얼마든지 생각할 수 있다. 사실 우리는 한 때 세상이 존재하지 않았다고 믿는다. 하나님이 무로부터 창조하셨기 때문이다.[77]

따라서 우리는 기독교 유신론의 방법론은 관념론 철학의 방법론과 가장 철저하게 구별되어야 한다고 생각한다. 지식의 궁극적인 선험적 요소가 존재하는 것이 틀림없다는 사실을 강력히 주장하는 관념론은 동시에 지식에는 궁극적인 후험적 요소도 존재한다고 주장한다. 이것은 관념론의 논리가 다른 비기독교적 논리와 마찬가지로 처음부터 하나님에 대한 기독교적 개념을 포기했음을 보여준다. 우주는 당연히 하나님처럼 궁극적이다. 그들은 하나님은 마땅히 선험적 요소를 제공하시고 우주는

---

76 Ibid., 9.
77 Ibid., 10.

후험적 요소를 제공하는 것이 당연하다고 생각한다. 우주와는 별도로 하나님의 신성 안에 존재하는 하나와 여럿의 동일한 궁극성도 부정된다.[78]

요약하면 비기독교적 관점에서와 마찬가지로 관념론에서도 "하나님과 사람은 서로 상관성을 가진"[79]는 것이다. "이와 대조적으로 기독교는 하나님이 시간과 관련된 어떤 존재도 있기 전에 홀로 존재하셨다고 주장한다."

그러므로 하나님이 세상을 창조하셨기 때문에 피조세계가 그와 대등한 실재의 요소를 공급한다는 것은 불가능하다. 그리스도인이 생각하는 창조 개념은 관념론의 논리를 영원히 불가능하게 만든다. 기독교의 하나님 개념 안에는 창조 교리가 내포되어 있으며 창조 교리를 부정하는 것은 기독교의 하나님 개념을 부정하는 것이다. 피조 된 존재 또는 피조 된 실재는 창조주가 공급하는 영원한 요소와 대등한 새로운 요소를 공급할 수 없다. 창조 교리를 믿는다면 우주의 새로운 요소는 하나님의 영원하신 계획에 종속된다고 말해야 할 것이다.[80]

사람들은 시간 안에서의 창조 교리가 기독교의 하나님 교리 "속에 내포되어 있다"(implied in)고 말한다. 이것은 시간 안에서의 창조가 하나님에 관한 교리로부터 논리적으로 파생되었다는 말인가? 그렇지 않다. 오히려 그 반대이다. 성경은 자족하신 하나님에 관한 교리를 가르친다. 또한 성경은 유한한(시간) 창조 교리도 가르친다. 위 둘 중에 하나가 없는 다른 하나는 의미가 없다. 성경은 "교리의 체계"(system of doctrine)에 대해 가르친다. 한 교리는 다른 교리와 조화를 이룬다. 역사적 타락이 존재하

---

[78] Ibid., 11.
[79] 이것은 관념론에 대한 Van Til의 주장의 핵심적 내용이다. 관념론 철학에서 하나님의 주권은 세상과 관련된 상황 안에서만 절대적일 뿐이라는 것이다. 그러므로 양자는 자신의 존재를 위해 언제나 상대를 필요로 한다. Van Til은 *God and the Absolute, and in Christianity and Idealism* (Philadelphia: Presbyterian and Reformed, 1955)에서 이 주제에 대해 보다 철저하게 다룬다.
[80] Van Til, *An Introduction to Systematic Theology*, 12.

며 그리스도를 통한 역사적 구속이 존재한다. 그렇다면 그리스도인이 한 교리가 다른 교리 안에 내포되어 있다고 말하는 것이 부당한가? 그렇게 말하는 것이 관념론의 증거인가?

예를 들어 우리는 다음과 같이 주장할 수 있다. (1) 정확무오한 하나님의 말씀으로서의 성경은 우리가 믿는 바의 원천이다. (2) 하나님에 관한 교리는 존재와 지혜와 능력과 선하심에 있어서 무한하시고 영원하시며 변함없으신 자족적 존재에 관한 교리이다. (3) 이 하나님은 계획을 가지고 계시며 이 계획에 따라 시공적 존재로서의 세계를 창조하셨다. 그렇다면 이러한 교리들이 상호 포괄적이라고 말하는 것은 잘못인가? 세실 드 보어는 아무런 증거도 없이 필자가 "하나님과 피조세계의 관계를 단순한 논리적 관계로 전락시키는 방식"으로 기독교를 논증하고자 했으며 그렇게 함으로써 "신성을 피조물이 속한 체계의 한 부분으로 전락"시켰다고 주장한다.[81] 아마도 그가 증거를 찾아보았다면 자족하신 하나님에 대한 개념과 시간 안에서의 창조 개념이 필자가 말한 모든 것의 토대라는 사실을 발견했을 것이다.

3) 올레베케의 난제

필자가 한 말 가운데 관념론처럼 들릴 수도 있는 표현이 하나 있기는 하다. 나는 하나님의 해석과 그의 생각이 사실들(facts)에 앞서며 사실들에 대해 건설적(constructive)이거나 구성적(constitutive)이라는 말을 한 적이 있다. 올레베케는 이것에 의문을 제기한다.

> 문제는 이것이다. 즉, 하나님의 **지식**과 창조된 사실들의 **존재** 사이에서 어떤 관계를 도출할 수 있느냐는 것이다. 정통 기독교는 우주가 하나님의 창조 행위에 의해 존재하며 이 존재는 그의 능력에 의해 계속해서 유지된다고 말한다. 또한 하나님은 역사에 대한 포괄적 계획을 가지고

---

81 C. De Boer, "The New Apologetic," 5.

계시며 모든 사건은 이러한 계획과 일치하는 그의 뜻에 따라 일어난다. 더구나 하나님은 과거, 현재 미래의 모든 것을 필연적이고 포괄적이며 완전히 아신다. 반틸 교수는 이러한 진리들과 보조를 맞추어 다음과 같이 주장한다. "성경은 세계의 모든 사실이 하나님의 계획에 의해 존재하고 작용한다고 가르친다. 하나님에게 "엄연한 사실"(brute fact)이란 존재하지 않는다. 자신의 존재에 관한 한, 사실과 해석은 공존하며…세계에 관한 한, 하나님의 해석은 논리적인 면에서 모든 사실들의 외연(denotation)과 함의(connotation)에 앞선다.

그러나 뒤이어 나오는 그의 "기독교에 있어서 하나님의 생각은 구성적이다. 즉 하나님의 생각은 세계의 사실들을 존재케 한다"라는 주장은 보다 더 과격한 것이다. 여기에는 흥미로운 모순이 나타난다. 하나님의 생각이 논리적으로 사실들에 앞선다는 것과 하나님의 생각이 사실들의 존재 속으로 들어온다는 것은 별개의 이야기이다. 우리는 하나님의 지식이 그 지식의 대상들과 구별될 수 없다고 생각해야 하는가? 하나님의 생각이 사실들을 구성한다고 말할 수 있다면 사실들 역시 하나님의 지식을 구성하며 따라서 하나님 자신을 구성한다고 해야 하지 않겠는가?[82]

올레베케의 비판에 대한 필자의 주장은 다음과 같다. 먼저 시간 안에서의 창조 교리는 다른 강의안에서와 마찬가지로 올레베케가 인용한 필자의 강의안("Christian-Theistic Evidences")을 관통하는 주제라는 것이다. 창조는 하나님의 계획의 성취이다. 나는 지식과 존재를 동일시한 스피노자(Spinoza)[83]를 반대했다. 나는 모든 드러난 사실들의 존재는, 자율적이라고 생각하는 인간 지성의 건설적 혹은 구성적 행위에 의해 체계를 갖추게 된 존재에 의존한다는 칸트에 대해 수시로 반박해 왔다. 나는 하나

---

[82] Clifton J. Orlebeke, "On Brute Facts," *The Calvin Forum* 19, nos. 1-2 (August-September 1953): 15.
[83] Benedict De Spinoza(1632-77)는 Descartes 및 Leibniz와 함께 합리주의 분야에서 가장 유명한 3대 철학자 가운데 한 사람으로 알려져 있다. Spinoza의 방법론적 입장은 복잡하지만 Van Til은 여기서 Spinoza가 일원론자(monist)라는 사실에 대해 언급한다. 즉 그는 실재가 몇 가지 중요한 의미에서 하나의 기본적 실체로 구성된다고 주장했다는 것이다.

님과 만물의 상관관계를 주장하는 관념론자들을 반대했다. 나는 자존하시는 하나님과 시간 안에서의 창조를 부인함으로써 하나님이 세계를 구성하는 것처럼 세계도 하나님을 구성한다고 주장하는 철학 학파들—가령 "고전적 실재론"—을 반대했다.

올레베케가 인용한 문맥 역시 칸트의 제한적 개념에 영향을 받은 오늘날의 과학적 관념에 대해 다룬다.

> 이러한 칸트의 제한적 신개념과 세계의 사실들을 구성한 창조주이자 해설자로서 하나님에 대한 개념 사이의 괴리보다 더 큰 괴리를 생각하는 것은 불가능하다. 후자는 하나님을 자기결정적 존재이자 인간을 결정하는(man-determinative) 존재로 생각하며 전자는 인간을 자기결정적 존재이자 하나님을 결정하는(God-determinative) 존재로 생각한다. 후자는 실재를 하나님의 관점에서 해석하며 전자는 실재를 인간의 관점에서 해석한다.[84]

올레베케가 하나님의 생각은 구성적이라는 필자의 진술을 인용한 글에는 다음과 같은 내용이 있다.

> 우리는 하나님의 존재를 확신한다. 우리는 세계가 하나님에 의해 창조되었다는 사실을 확신한다. 우리는 인간이 금지된 나무의 열매를 먹음으로 말미암아 죄를 범했다는 사실을 확신한다.[85]

그러므로 필자가 "하나님의 생각에 의해 세계의 사실들은 존재한다"고 말한 것은 그들이 하나님의 계획에 의해 존재하게 되었다는 말과 동일한 의미인 것이다. 세계에 대한 하나님의 생각이나 계획은 창조와 섭리를 통해 시행된다. 사물들이 존재하는 것은 하나님의 계획에 의한 것이며 창조와 섭리를 통해 성취된다. 하나님의 생각은 바로 이러한

---

[84] Cornelius Van Til, *Evidences* (syllabus), 55.
[85] Ibid. 53.

의미에서 세계의 사실들을 구성하는 것이다. 필자의 모든 강의안의 주장은 모든 형태의 상관주의(correlativism)를 겨냥한 것이라는 점으로 볼 때,[86] 필자가 피조 된 사실들(created fact)과 관련하여 언급한 하나님의 생각의 구성적 특성은 창조와 섭리 사상에 대한 표현으로 해석되어야 할 것이다.

---

[86] 즉 하나님의 존재는 필연적으로 자신 밖의 무엇(즉 일시적인 피조물)과 상호 관련될 것이라는 생각을 말한다.

The Defense
of the Faith

Cornelius
Van Til

제10장
기독교 형이상학

누군가 "반틸에게 형이상학적 상황은 간접적 의미만 있을 뿐이다"라고 한 적이 있다.[1] 본서의 제1부 및 앞선 장은 그의 말이 사실과 전혀 다르다는 것을 보여준다. 필자는 성경으로부터 나온 형이상학에 대한 변증에 관심이 있다. 여기에는 (1) 존재론적 삼위일체 또는 자족적(self-contained) 하나님에 관한 교리, (2) 피조 된 실재와 관련된 하나님의 계획 또는 섭리, (3) 세계의 사실들에 대한 기원으로서의 시간 안에서의 창조에 관한 내용, (4) 초자연적인 것 및 (5) 그리스도를 통한 세상의 구원이라는 기적적 사역을 포함하여 모든 피조세계에 대한 하나님의 섭리적 주관하심에 관한 사실이 포함된다.

이러한 형이상학은 비기독교적 철학자들이 신학에 지나지 않는다고 할 만큼 단순 명료하고 전적으로 성경적이다.

---

1 Franklin Van Halsema, "Van Til in Review," *The Calvin Forum* 19, no. 5 (December 1953): 85, 각주. Van Halsema는 아무런 인용 없이 한 가지 사실만 언급한다. 이 언급은 필자가 영국 경험주의 형이상학을 받아들이지 않는다는 것이다.

필자는 볼렌호벤(Vollenhoven)², 도예베르트(Dooyeweerd)³ 및 스토커(Stoker)⁴와 같은 기독교 철학자들의 저서를 좋아한다. 나는 1926년부터 그들의 저서를 이해하고 유익을 얻으려 했다.⁵ 하지만 필자에게 처음 배우는 다양한 배경을 가진 학생들을 위해서 이들 책의 요점만을 알기 쉽게 강조해야만 했다.

따라서 나는 성경은 실재에 관한 이론을 포함하고 있다는 사실을 지적한다. 이러한 실재에 관한 이론은 두 가지 차원의 존재에 대한 이론이다. 하나는 무한하시고 영원하시며 변함없으신 하나님에 관한 것이며 또 하나는 파생적이고 유한하며 일시적이고 가변적인 세상에 관한 것이다. 우리의 입장은 양자 간에 근본적인 차이를 상정하는 것으로 가장 잘 드러난다. 존재에 관한 기독교의 이론에 제시된 모든 단어들의 의미는 자족하신 하나님과 피조 된 세계의 차이에 근거를 둔다.

비기독교 철학의 역사는 그것이 일원론적 가정 위에 세워졌음을 보여준다. 그들의 사상에는 진정한 기독교 형이상학에서 매우 중요한 근본적 차별화를 받아들일 여지가 없다.⁶ 헬라철학자들은 다른 사람들과

---

2 Dirk Hendrik Theodoor Vollenhoven(1892-1978)은 자신의 처남인 Herman Dooyeweerd와 함께 Kuyper가 설파한 일반적 교리에 따라 자신의 철학을 발전시킨 1세대 화란 개혁주의 철학자 가운데 한 사람이었다. 1918년 Free University of Amsterdam에서 박사학위를 취득한 그는 목회 사역을 하는 동 대학의 첫 번째 철학 교수로 임용되었다.

3 Herman Dooyeweerd(1894-1977)는 법률을 공부하였으나 철학자로 살았다. 화란 정부를 위해 일했던 그는 1926년 Free University of Amsterdam의 법철학 교수로 임용되었다. 그는 1965년 은퇴할 때까지 그곳에서 학생들을 가르쳤다. 도예베르트는 1935-36년 화란 개혁주의 철학을 발전시킨 법철학 저서 *De wijsbegeerte der wetsidee*(The Philosophy of the Law-Idea)를 발표하였다. 본서는 나중에 개정되어 영어로 번역되었다. (Herman Dooyeweerd, *A New Critique of Theoretical Thought*).

4 Hendrik Stoker(1899-1993)와 남아프리카의 관계는 Vollenhoven 및 Dooyeweerd와 화란의 관계와 같다. 그는 Potchefstroomse Universiteit vir Christelike Hoër Onderwys에서 철학을 가르쳤다. Stoker는 일반 철학 및 과학철학에 대한 개혁주의적 접근법을 보다 구체적으로 발전시켰다. 그의 저서는 대부분 아프리칸스어(Afrikaans)로 남아 있다.

5 필자는 Vollenhoven의 *De noodzakelykkeid eener Christelyke logica*(The Necessity of a Christian Logic)가 발표되자마자 *The Calvin Forum*에 그에 대한 비평을 기고한 바 있다.

6 강의안 *Apologetics*(1947)에 간략히 제시한 헬라철학과 강의안 *Metaphysics*(1932)에 제시한 고대 및 현대 철학자들에 관한 광범위한 논의를 비교하라.

마찬가지로 아담의 후손이다. 그들은 아담을 대표로 하는 자들이며 아담 안에서 범죄한 자들이다. 죄인인 그들은 다른 모든 죄인들과 마찬가지로 창조주와 피조물의 구별을 억누르기 위해 애쓰고 있는 것이다. 그들은 모든 실재가 결국 하나라고 생각한다. 즉 하나님은 우리가 교통할 수 없는 속성을 가지고 있지 않다는 것이다. 탈레스(Thales)[7]는 만물은 물이라고 주장하고 이러한 일원론적 가정에 대한 증거를 제시한다.

헬라철학에는 자족적이시며 만물 위에 계신 하나님을 받아들일 공간이 없다. 헬라철학자들이 하나님을 만물 위에 초월해 계신다고 주장하는 것은 분명하다. 그러나 그들이 말하는 만물을 초월해 계시는 하나님은 세상을 주관하시는 창조주가 아니다. 그는(아니 오히려 그것은) 비결정적(indeterminate) 존재이다.

헬라철학은 종종 하나님을 객관적으로 존재하는 것으로 제시한다. 필자는 "고전적 실재론"과 근대 관념론의 차이점을 최소화할 생각이 없다. 실제로 고대 철학에는 근대 철학보다 나은 부분들이 있다. 그들은 현대 사상가들과 마찬가지로 자신과 온 세계가 궁극적이며 지극히 정상적이라고 가정하지만 실재와 원리는 자신에게 의존하지 않는다는 사실을 어느 정도 인정한다. 그럴지라도 헬라철학자들 역시 현대 사상가들과 마찬가지로 언약을 파괴하는 자들이다. 그들이 채택한 해석 원리는 인간의 창조주이시며 심판자이신 하나님은 없다고 가정한다.

이것은 헬라인들이 이러한 하나님에 대해 아직 들어본 적이 없기 때문이 아니다. 그들은 아담 안에서 이 하나님이 그들에게 말씀하시는 것을 들었으며 사실상 아담 안에서 그의 존재를 부인하였다. 그들은 그들의 대표자인 아담 안에서 다른 모든 사람들과 함께 시공적 실재가 하나님께 의존하며 그에 의해 창조되고 통치된다는 사실을 부인하였다. 그들은 아담 안에서 모든 사람들과 함께 그러한 가능성은 하나님께 달린

---

[7] Thales(fl. 624-546 BC)는 최초의 헬라철학자로 알려진다. 그는 동료이자 같은 Socrates 이전 철학자인 Anaximander 및 Anaximenes와 함께 기본적인 가정에서 일원론적이었으며 실재는 결국 하나가 될 수밖에 없다고 믿었다. Thales에게 그 "하나"는 물이었다.

것이 아니라 하나님이 그러한 가능성에 의존한다고 생각했다. 아담이 모든 사람의 대표로서 불순종에 대한 하나님의 심판을 심각하게 받아들이지 않았을 때 그는 사실상 세계의 사실들과 법칙들은 하나님의 주관 하에 있지 않으며 우연히 작용한다고 말했던 것이다. 이것은 궁극적이고 전적인 비합리주의였다. 동시에 아담은 동일한 불순종의 행위로서 사실상 하나님이 경고하신 일들이 일어나지 않을 것이라고 생각했다. 그는 죽고 싶어 하지 않았을 것이라고 가정할 때 우리는 그가 금지된 열매를 먹은 결과로 신체적이고 영적인 죽음이 찾아왔다는 사실을 거부했다고 생각해야 한다. 이것은 궁극적이고 전적인 합리주의였다.[8]

이제 모든 사람은 아담으로 인해 전적으로 비합리주의적인 동시에 전적으로 합리적이 되었다. 필자는 이것이 아담의 타락이 모든 사람을 포함한다는 사상의 직접적인 함축이라고 생각한다. 물론 이러한 관점을 취하는 것은 개혁주의 신학뿐이다. 그러나 이 사상은 로마서 5:12 및 성경 다른 곳에서 분명히 드러나 있다. 결과적으로 철학의 역사는 로마 가톨릭이나 알미니안주의의 관점보다 개혁주의 사상의 관점과 더 많이 부딪쳐왔던 것이다. 로마 가톨릭이나 알미니안주의는 인간의 의지에 어느 정도의 자율권을 부여한다. 이와 함께 그들은 첫 번째 사람 아담의 대표적 지위를 부인한다. 그들은 모든 인류가 아담 안에서 타락한 결과로 죄 중에 잉태되고 출생했다는 사실을 인정하지 않으며 따라서 자신이 피조물이라는 사실을 인정해야 함에도 불구하고 그러한 사실을 억누르고 싶어 한다.

이러한 오류—그들의 신학에 나타난 비성경적 요소—의 결과, 로마 가톨릭이나 알미니안주의 또는 복음주의는 "고전적 실재론"에 대해 개혁주의자와 다른 생각을 한다. 로마 가톨릭과 복음주의는 헬라철학에 잠재된 진리를 억압하는 요소를 감지하지 못한다. 그들은 헬라인을 인간

---

8 합리적(이성적)/비합리적(비이성적) 변증학에 대한 평가에 유의하라. 후자는 순수한 우연에 근거하기 때문에 비이성적이며 전자는 결론에 도달하기 위해 추론의 과정을 사용하기 때문에 이성적인 것이다.

의 경험에서 통일성을 처음으로 발견하고 놀라워하는 순진무구한 아이들로 제시하는 비기독교적 책자를 액면 그대로 받아들이는 경향이 있다. 그들은 헬라철학의 밑바탕에 흐르는 일원론적 가정을 감지하지 못한다. 그들은 헬라의 신이 세상과 관련되거나 상호 연계되어 있으며 따라서 세상과 세상의 역사는 하나님의 계획의 지배를 받을 필요가 없다는 저들의 생각을 알지 못한다.

가장 중요한 것은 그들이 "헬라 유신론"은 기독교의 토대가 될 수 없다는 사실을 모른다는 것이다. 가령 아리스토텔레스의 하나님은 기껏해야 추상적이고 비인격적이며 비창조적인 하나의 구체적 통일성의 원리에 지나지 않는다. 이러한 우주의 원리나 비우주적 통일성을 성경의 유일신 하나님 사상과 동일시하는 것은 불가능하다. 와일드(Wild)가 삼위일체에 대한 기독교의 사상을 하나님의 통일성에 대한 헬라 사상에 덧붙일 수 있는 것처럼 말한 것은 큰 실수이다. 아리스토텔레스가 말하는 신은 세상으로부터 추론될 경우에 한해서만 단일성을 유지한다.[9] 그것의 상호 관계적 복수성은 순수한 비존재 또는 우연의 세계이다.

그러므로 아리스토텔레스의 신을 순수 행위(pure act)라고 부를 때 이러한 사상은 순수 가능성 또는 우연의 개념과 연관된다. 우리는 아담의 대표적 특성이라는 관점에서 헬라철학의 역사를 바라보아야만 이러한 유사한 언어들에 현혹되지 않을 수 있다.

필자가 여러 강의안에서 진술한 대로 세실 드 보어나 제시 드 보어와 같은 학자들이 제시하는 헬라의 형이상학(및 그것을 수정 발전시킨 내용)에 대한 열정에 공감할 수 없는 것은 바로 이러한 이유 때문이다.

제시 드 보어가 그처럼 칭송했던 "고전적 실재론"의 주창자들이 하나같이 이성과 믿음에 대한 로마 가톨릭 및 잉글랜드 국교회(Anglican)의 관점을 주장한다는 것은 의미가 있다고 생각하지 않는가? 그들 가운데 성경 이야기를 역사적 개신교가 받아들이는 의미처럼 사실이라고 믿는

---

[9] 여기서 Van Til이 염두에 두고 있는 것은 Aristotle의 "자신을 사유하는 사유"(thought thinking itself)이다.

사람은 아무도 없다. 그들이 자신들의 실재관과 일치한다고 생각하는 유일한 권위의 형태는 전문가의 권위뿐이다. 헬라철학자들, 특히 플라톤은 전문가의 권위를 두 번째로 평가한다. 그러나 절대적 권위를 가진 성경이 들려주는 인류에 관한 이야기는—강압적인 방법을 사용하지 않는 한—"고전적 실재론"과 부합되지 않는다.

그러나 "고전적 실재론"은 근대 철학의 역사적 어머니이다. 헬라적 관점에는 "자유"와 인간 자족성(self-sufficiency)의 "내향성"(inwardness)이라는 원리가 잠재되어 있다는 빈델반트(Windelband)의 말은 틀리지 않았다. 그러나 이 동일한 정신이 성 어거스틴의 기본적 관점의 특징이라는 그의 주장은 잘못된 것이다. 어거스틴은 그리스도인이기 때문이다. 그에게 삼위 하나님은 영원히 자존하신다. 또한 어거스틴은 시간 안에서의 창조(temporal creation)를 믿었으며 이것은 헬라철학과 일치하지 않을 뿐 아니라 전혀 양립할 수 없다.

따라서 기독교 변증학을 가르치고 그러한 과정을 통해 철학의 역사를 간략히 고찰함에 있어서 하나님의 은혜로 성경의 이야기를 믿는 자와 아예 믿지않는 자 사이에는 근본적인 쟁점이 존재한다.

1. 버스웰 박사의 반론

올리버 버스웰 박사(Dr. J. Oliver Buswell Jr.)[10]는 필자의 관점에 대해 비

---

[10] J. Oliver Buswell Jr.(1895-1977)는 목회 사역을 마친 후 1926년 Wheaton College의 3대 총장으로 선임되어 1940년까지 직무를 수행하였다. Faith Theological Seminary에서 잠시 일했던 그는 1941년에 National Bible Institute of New York City의 총장이 되었다. 1956년에는 Covenant Theological Seminary의 총장이 되었으며 1970년 은퇴할 때까지 그곳에서 있었다. Buswell은 J. Gresham Machen 및 다른 학자들과 함께 미국 장로교회(PCUSA) 반대 운동에 가담하였다. 그는 1936년 Orthodox Presbyterian Church(정통 장로교회) 설립에 이바지하였으며, 1937년에는 Bible Presbyterian Church의 설립을 주도하였고, 그를 포함한 많은 목회자들이 그 교단으로부터 탈퇴하며 Evangelical Presbyterian Church를 시작하였다. 이 교단은 1965년에 Reformed Presbyterian Church in North America와 연합하여 Reformed Presbyterian Church, Evangelical Synod를 이루었다. Buswell은 Allan A. MacRae

평한 바 있다. 다음은 그의 비평에 대한 필자의 답변 내용 가운데 일부로 버스웰의 잡지 「오늘의 성경」(*The Bible Today*)에 수록되어 있다.[11] 이것은 「칼빈 포럼」(*The Calvin Forum*)의 기사들과 여러 면에서 유사한 비평에 대한 답변으로, 필자의 실재에 관한 이론의 본질을 잘 보여준다. 이 기사들은 모두 우리의 현안과 관련된 아담의 위상에 관한 문제 및 제2의 (또는 피조 된) 원인과 우발성에 관한 문제와 함께 하나님에 관한 문제 및 그와 세상의 관계에 관한 문제를 다룬다.

전제주의(Presuppositionalism)

1) 성경은 무오하다

이제 필자의 주관심사는 지금까지 그래왔던 것처럼 하나님에 관한 진리 및 하나님의 인간과 세상에 대한 관계에 있어서 신앙과 행위의 정확무오한 법칙인 성경이 무엇을 말하고 있느냐라는 데 있다. 나는 결국 "우리의 마음속에서 하나님의 말씀을 가지고 증거하시는 성령의 내면적 역사"[12]로 말미암아 이 정확무오한 책을 믿는다. 독자들은 필자의 관점을 알기 쉽게 제시한 『나는 왜 하나님을 믿는가』(*Why I Believe in God*)라는 필자의 소책자를 루이스 그로텐후이스 목사(Rev. Lewis Grotenhuis, Rt. 2, Phillipsburg, New Jersey)를 통해서 손쉽게 구할 수 있을 것이다.

가 그에게 제안한 후 "전제주의"(presuppositionalism)라는 용어를 사용한 첫 번째 사람이다. J. Oliver Buswell, "Presuppositionalism-A Book Review," *The Bible Today* 41, no. 8 (May 1948): 235.

[11] 정확히 말하면 아래의 내용은 Cornelius Van Til, "Presuppositionalism," *The Bible Today* 42, no. 7 (April 1949): 218-28 및 Cornelius Van Til, "Presuppositionalism Concluded," The Bible Today 42, no. 9 (June-September 1949): 278-90에서 발췌한 자료로, 구체적으로는 Buswell이 Van Til, *Common Grace*에 대해 비평한 J. Oliver Bsuwell, "The Fountainhead of Presuppositionalism," *The Bible Today* 42, no. 2 (November 1948): 41-64에 대해 반박한 내용을 담고 있다.

[12] 웨스트민스터 신앙고백서 1장 5조.

2) 성경의 하나님은 다른 어떠한 신들과 비교될 수 없다

　나는 성경의 하나님에 대하여 이야기함에 있어서 먼저 창조하신 세계와 인간과 맺으신 관계 이전의 하나님 자신에 대해 이야기하는 것이 가장 중요하다고 믿는다. 그러므로 개혁주의 신학자들은 존재론적 삼위일체와 경세적 삼위일체(the ontological Trinity and economical Trinity)를 구별한다. 존재론적 삼위일체란 신성 내부에서 상호 간에 맺고 있는 관계 속의 삼위를 말함이다. 경세적 삼위일체란 피조 된 세계와 연관된 삼위 하나님의 활동을 지칭한다. 존재론적 삼위일체에 관하여, 나는 이 삼위 사이에는 본질에 있어서 어떠한 종속도 존재하지 않는다는 것을 강조한 칼빈을 추종하려 한다. 워필드는 삼위일체에 관한 칼빈의 교리에 대하여 이렇게 말했다. "성부와 성자, 성령은 각기 한 하나님이시며 그 각각의 존재가 완전한 신적 본질이시다"(*Calvin and Calvinism*, p. 232).

　여러분에게 이미 언급한 바 있으므로 여러분이 잘 알고 있을 여러 강의록들 속에서 나는 신성 가운데 존재하는 하나와 여럿 또는 통일성과 다양성이 지닌 균등한 궁극성에 대하여 이야기한 바 있다. 나는 삼위일체에 관한 성경적 개념을 궁극적인 것으로 생각하는 인간 경험에 근거를 둔 철학적 이론들과 보다 뚜렷하게 대조할 수 있기 위하여 이와 같은 철학적 용어들을 사용하였다. 철학자들은 하나와 여럿의 문제를 논함에 있어서 단지 인간 경험의 다양성 속에서 통일성을 찾고자 애쓴다. 사람들이 찾고 찾으나 발견할 수 없는 것이지만 오직 기독교만이 가지고 있는 것을 드러내기 위하여, 나는 항상 내가 뜻하는 바가 전적으로 하나님의 말씀인 성경으로부터 나온 것이라는 점을 분명히 하면서 철학 용어들을 사용하였다. "우리는 오직 성경으로부터 그러한 하나님의 음성을 듣는다. 모든 사람에게 알려질 그 하나님은 자신의 의지적 계시에 의해서가 아니면 달리 알려질 수 없다. 그러므로 그는 권위에 의해서만 있는 그대로 알려지게 됨이 마땅하고 그가 알게 하신 범위 안에서만 알려지게 됨이 또한 당연하다"(*Common Grace*, p. 8).

이제 이 두 가지 요점을 합쳐서 (1) 나는 하나님에 대하여 그가 창조하신 세계와 그 자신이 맺고 계신 관계 이전의 하나님 자신에 대해서 생각해 보아야 할 필요성을 일관성 있게 강조해 왔으며, (2) 나는 자족적이신 삼위일체의 하나님 내부의 어떠한 종속설도 있을 수 없는 것으로 반박하였다. 그리고 왜 내가 하나님과 이 세계 사이의 상호 연관성을 주장하는 상관성(correlativism)에 대해서 그리고 자연히 하나님과 인간 사이의 연관성을 주장하는 상관성에 대하여 끝내 반대하는지에 대해서는 이제 밝혀질 것이다. 내가 상관성이라 함은 남편과 아내 사이의 관계나 디스크의 오목면과 볼록면 사이의 관계같이 상호 의존적인 관계를 뜻한다. 나는 이렇게 말하는 것 이상으로 모든 형태의 본체 철학과 모든 종류의 변증법 철학 및 신학을 통렬하게 배격하는 길이 있다고 생각하지 않는다. 나는 또한 이 자족적 삼위일체를 "우리의 구체적 보편"(our concrete universal)이라 불렀다. 단지 이 용어만 듣고 판단하여 그대(버스웰-역자주)는 내가 헤겔주의를 가졌다고 공격한 바 있다. 내가 말하는 하나님은 결코 헤겔이 말하는 하나님과 같지 않음을 정확하게 밝혔건만 그대는 여전히 내가 헤겔의 추종자라고 주장하고 있다. 나아가서 나는 이 세상과 관련시키지 않고 생각한 하나님, 즉 홀로 존재하시는 하나님 자신 속에서는 생각과 존재가 동일연장적(coterminous)이라고 말한 바 있다. 과연 그 둘이 동일연장적이지 아니한가? 하나님의 의식이 그의 존재를 하나도 남김없이 의식하고 계시지 아니한가? 그대는 브라이트만(Brightman)처럼 하나님 안에도 일종의 외부에서 "주어진" 요소가 존재한다고 믿는다는 말인가? 하나님은 빛이시며 그에게는 조금도 어두움이 존재하지 않는다.

3) 하나님의 작정이 만물을 다스린다

한층 더 나아가서 나는 자족적이신 삼위일체 하나님이 "영원 전부터 세상에서 일어나는 모든 일들을 그 자신의 뜻에 따른 가장 현명하고 거룩하신 계획으로 자유롭고도 불변적으로 정하셨노라"[13]고 주장했었다. 앞서 하나님이 만물 뒤에 계신 궁극적 원인이라고 말했을 때 내가 뜻한 바는 바로 이것이다. 나는 이와 같은 말로써 『하나님의 영원한 예정』(*The Eternal Predestination of God*)에 나오는 피기우스(Pighius)에 대한 칼빈의 반론을 단지 반복했을 따름이다(Henry Cole의 *Calvin's Calvinism*을 참조하라). 여기서 칼빈은 **원격** 원인(remote cause)과 **근접** 원인(proximate cause)에 대해 이야기하고 있다. 나는 단지 그가 말하는 **원격**이란 말 대신에 **궁극**이란 말을 사용했을 뿐이다. 나는 칼빈이 썼던 **원격**이란 말과 내가 쓴 **궁극**이란 말 사이에 어떤 근본적 차이가 있다고는 생각하지 않는다.

칼빈은 그의 여러 글을 통해 하나님의 뜻의 전 포괄성(all-inclusiveness)에 대해 언급하고 있다. 그런데 피기우스는 이것이야말로 결과적으로 하나님을 죄의 원인자로 만드는 것이라고 주장했었다. 칼빈은 결코 자기는 하나님을 죄의 원인자로 만든 적이 없다고 강력하게 부인했다. "나는 사람이 그 자신을 던져 굴복하는바 영원한 죽음이 그들 자신의 잘못에서 나오는 것이기 때문에 어떠한 방법으로든 하나님을 그 죽음의 원인자로 생각할 수 없음을 늘 변함없이 주장해왔다"(*Calvin's Calvinism*, p. 127). 여기서 칼빈은 원격 원인과 근접 원인을 구분하고 있다. 인간은 죄의 **근접** 원인에 대해 하나님 앞에 책임을 져야 한다. "그러나 이제 나는 하나님으로부터 인간의 타락에 관련된 행위의 모든 근접 원인을 배제시킴으로써 인간만을 그 죄와 죄책 가운데 남기고 그 행위에 관한 모든 허물을 하나님으로부터 없이 하였다"(Ibid., 128).

그러나 피기우스는 만일 인간이 자신의 죄에 대한 책임 있는 원인이라면 하나님의 영원적 유기(reprobation)는 반드시 논리적으로 부정되어야만 한다고 주장했다. 그는 근접 원인에 대한 칼빈의 생각을 **참된 원인**, 즉 **그 유일한** 원인과 동일시하고 있다. 이것에 대하여 칼빈은 근접 원인과 원격 원인을 구분함으로써 반박하였다. 만일 전포괄적 원격 원

---

[13] 웨스트민스터 신앙고백서 3장 1조.

인이 존재하지 않는다면 아무런 책임 있는 근접 원인이 존재할 수 없다. 그는 값없이 주시는 은혜에 관한 교리에 만일 근접 원인을 뒷받침하는 원격 또는 궁극 원인의 전제에 기초하지 않는다면 성립될 수 없는 것이라고 말함으로써 자신의 요점을 매듭지었다. "만일 사람의 죄악성이 택자와 불택자를 차이나게 하는 **궁극적 원인**으로 여전히 강제되어진 채 "내가 원하는 자들에게 자비를 베풀리라" 하신 말씀의 엄숙한 진리가 그와 같은 강변의 진로를 막아서지 않는다면, 실로 이 죄악성이야말로 하나님이 택하신 자들에게 베푸시는 하나님의 은혜보다 훨씬 강력한 것처럼 보이게 될 것이다"(Ibid., 80). 칼빈은 사도행전 28:25-26에 언급된 죄인들의 맹목성을 다루면서 다음과 같이 말했다.

"여기서 어떤 사람들은 **궁극 원인**과 유대인의 완악성의 시작이 그들의 극악한 죄악성이었다고 무식하게 잘못 결론지을 것이다. 마치 거기에 보다 깊고 비밀스레 감추어진 **원인**, 즉 본성의 전적 부패가 그 배후에 존재하지 않는 것처럼 생각하면서 말이다! 그리고 그들이 태어나기 이전에 하나님의 비밀스러운 계획에 의하여 유기됨으로써 그들은 구속받지 못한 채 버려졌기 때문에 이러한 부패 속에 빠진 채 그것을 벗어나지 못한 것이 아니기나 한 것처럼 생각하면서 말이다!"(Ibid., 81).

죄인의 맹목성의 원인과 이 주제에 관한 유명한 이사야의 한 구절을 사도 요한이 해석한 것에 대해 언급하면서 칼빈은 이렇게 말했다. "이제 여기서 요한이 우리에게 밝히 가르쳐 주고자 하는 것이 유대인들이 그들의 죄악 됨으로 말미암아 믿는 것이 금지되었다는 것은 분명하게 아니다. 왜냐하면 비록 그것이 어떤 의미에 있어서 진정 사실이긴 하지만 그러나 그들이 믿지 않았던 궁극 원인은 그보다 훨씬 더 고등한 원천으로 더듬어 올라가야만 한다. 비밀스럽고도 영원한 하나님의 목적과 계획이 그들의 맹목성과 불신앙의 원천적 원인으로 이해되어야만 한다"(Ibid., 82).

그리고 그는 다음과 같이 덧붙이고 있다.

그러므로 가장 현명하고 가장 정확한 사람들조차 믿지 못한다면 우리는 이 세상이 보여주는 불신앙으로 인해 조금도 놀랄 필요가 없다. 만일 사도 요한이 여기서 분명하고도 고백적으로 말한바 극소수만이 복음을 받아들인다는 의미를 교묘하게 피하지 않는다면, 우리는 그 궁극 원인이 바로 하나님의 뜻이라고 확고히 결론을 내려야만 한다. 그러나 그와 같이 명백한 복음의 소리라 할지라도 하나님이 그들 속마음을 두드려 그들과 더불어 접하시기를 기뻐하시기까지는 그저 헛되이 그들의 귓전만을 울릴 뿐이다"(Ibid., 82).

그러므로 "하나님이 세상의 일어나는 모든 일의 궁극 원인이 되신다"는 나의 주장에 반론을 제기할 때, 그대는 원격 원인과 근접 원인을 구분한 칼빈의 분류를 또한 배격해야만 할 것이다. 왜냐하면 나는 피기우스에 대항한 칼빈의 논제를 재차 제시했을 뿐이기 때문이다. 그대도 피기우스처럼 인간의 죄악 된 행위들이 그의 영원한 운명과 처지를 결정하는 궁극 원인, 즉 유일 또는 최종 원인이라고 해야만 할 것이다. 그리고 그대는 그렇게 함으로써 칼빈이 지적한 바와 같이 선택받은 자들의 경우에 관해서는 하나님의 주권적 은총 교리를 실질적으로 부정하게 된다. 나는 그대가 알미니안주의에 떨어짐 없이 하나님은 "모든 일을 그 마음의 원대로 역사"하신다고 말하는 에베소서 1:11 말씀이 하나님이 모든 일의 궁극적 또는 원격 원인이 되신다고 말하는 것과 어떻게 해서 "전적으로 다른 내용"인지 입증할 수 있으리라고 생각하지 않는다.

나는 내가 칼빈의 논제를 단지 재차 제시했을 뿐임에도 불구하고 그것을 그대가 반박함에 매우 놀라움을 금할 수 없었다. 나는 칼빈주의자인 그대가 피기우스처럼 칼빈을 반박하리라고 생각조차 할 수 없었다. 그래서 나는 그대가 쓴 책인 『죄와 구속』(Sin and Atonement) 가운데 나오는 논제를 찾아 읽어보았다. 결정론을 반박하여 쓴 반론 가운데서 그대는 이렇게 주장하고 있었다. "우리는 하나님 자신이 그의 무한한 예지 가운데 인간을 절대적으로 책임 있는 존재로 간주하시기 때문에 유래되는 일종의 자유, 즉 인간 생활의 어떤 영역들에 있어서 진정하고도 절대적인 자유가 존재한다고 본다"(p. 49). 그리고 나서 바이올리니스트가 될 것이냐, 아니면 선교사가 될 것이냐에 대한 그대 자신의 선택에 대해 이야기하면서 이렇게 덧붙이고 있다. "비록 하나님이 예지하신 바이나 여전히 결정이 되지 않은 채 미결정적인 시기가 존재한다"(Ibid., 50). 그대는 결정론을 반박하면서 운명론과 칼빈주의를 주의 깊게 구별하지 않았다. 그대는 예정을 언급함 없이 단지 예지만을 이야기하고 있었다. 그대는 인간이 어떤 영역들에 있어서 "절대적 자유"를 가지고 있는 것으로 이야기하고 그대가 그토록 강압적으로 반박하고 있으니 이 문제가 어느 정도나 그대가 피기우스의 입장 대신 칼빈의 입장을 따르고 있는지를 반증할 수는 없을 것이다.

그대는 "완전한 확실성은 필연의 개념에 의존하지 않는다"는 것을 입증한 찰스 핫지(Charles Hodge)가 그의 책 가운데서 "필연과 확실성을 구별한 것"이 하나님을 만사의 원격 원인으로 보는 칼빈의 신론(神論)과 일치하지 않는다고 생각하는가? 만일 그대가 일치하지 않다고 입증한다면 내가 보기에 그것은 분명 사도 바울이 말한 "저주"를 받아 마땅한 것이다. 그러나 만일 그대가 입증할 수 없다면 그대는 어떠한 이유로 해서 하나님의 뜻이 비록 만사의 근접 원인은 아니라도 원격 원인임에 틀림없다고 한 나의 주장을 극구 반대했어야만 하는가? 핫지는 이렇게 말했다. "그러나 예정 교리는 예지 교리가 병행되지 않아도 그 교리를 유지함에는 아무런 문제도 없다는 점을 지적할 수 있을 것이다. 후자는 자유로운 행위들의 확실성을 가정하지만 전자는 그것들의 확실성을 보장한다"(*Systematic Theology*, 2:301). 다른 말로 해서, "만사의 원인이 되시는 하나님은 그 자신을 아심으로써 모든 것을 아신다. 그의 능력에 대한 지식으로 만사가 가능하며, 하나님 자신의 목적에 대한 지식으로 인하여 만사가 실제화된다"(Ibid., 1:398). 그리고 "성경에 의하면 미래에 되어질 모든 일에 관한 결정은 세상에서 일어나는 일 모두를 예정하시는 하나님의 예정에 달려 있다"(Ibid., 1:400).

그대의 책을 읽은 사람들은 내가 단호하게 하나님을 죄의 원인자라고 가르치고 있다는 이야기를 듣고 크게 놀랐을 것임에 분명하다. 그대는 이렇게 주장했다. "칼빈이 그의 논적이 '하나님은 죄의 원인임을 제대로 주장할' 수 있었음을 알고 있다고 말한 것은 '하나님은 결코 죄의 원인자가 아니시다'라고 말하는 여러 성경구절들의 강조점에 입각해 볼 때 명백하게 모순된 주장이다"(p. 76). 그러나 실상 내가 주장한 내용은 무엇이었는가? "만일 하나님이 이 세상에서 일어나는 모든 일 배후의 궁극 원인이시라면 피기우스는 그가 나름대로 만든 기초 위에서 하나님이 죄의 원인자시라고 바로 주장할 수 있을 것이다"(Common Grace, 66).

첫째, 그대는 나의 말을 잘못 인용하였다. 그대는 내가 그가 그 나름대로 만든 **자기 기초 위에서**라고 말하고 있음을 마치 **이와 같은 기초 위에서**라고 말한 양 인용하고 있다. 그래서 결국 나의 주장에 대한 그대의 진술에서 그대는 그가 만든 **자기 기초 위에서**라는 극히 중요한 이 어구를 생략하고 있다. 그 구절을 생략함으로써 그대는 내가 사실상 주장했던 것과는 정반대의 이야기를 한 것으로 만들고 말았다. 피기우스는 근접 원인과 원격 원인 사이의 구별의 타당성을 부정하였다.

따라서 그는 칼빈의 용어적 의미에 있어서의 근접 원인은 사실상 **실질적** 원인이 아니라고 주장하고, 결국 **칼빈의 기초**에 의하면 유일한 **실질적** 원인은 하나님이어야만 한다고 주장했던 것이다. 그가 이와 같은 논리를 폈다는 것이 과연 그 자신의 가정에 논리적으로 일치하지 않는 것이었을까? 그는 결코 그런 것이 아니었다. 칼빈도 결코 피기우스가 그런 것이었다고 말하지 않는다. 칼빈은 피기우스의 논리 속에서 아무도 예기치 못할 돌풍이 일어났다고 지적하지 않는다. 오히려 그는 원격 원인과 근접 원인 사이의 구분이 도입될 필요성을 강조할 뿐이었다. 칼빈은 이렇게 할 때에만 죄에 대한 인간의 전적 책임을 진정하게 설정함을 가능케 한다는 것을 강조하고, 이것만이 유일한 길임을 거듭 강조하였다. 그리고 이렇게 할 때에만 인간의 자유가 진정하게 보장되고 참된 기초를 가진 제2원인이 된다고 했다.[14]

---

[14] 이 점에 관한 Buswell 박사의 소견에 대해서는 *The Bible Today* 42, no. 7 (April 1949)를 참조하라.

그런데도 그대는 바로 이 점에 대하여 한층 더 나아가서 다음과 같이 주장했다. "하나님의 허용적 작정과 강압적 작정 사이를 구분하는 것은 결코 가능하지 않다고 주장하는 것이 반틸 박사(Dr. Van Til)가 속한 철학 학파의 특징인 것은 물론 사실이다"(p. 46). 그러나 내가 사실상 죄에 관한 하나님의 허용을 분명한 어조로 이야기하고 있음에도 불구하고, 내가 어떤 철학 학파의 일원으로서 이런저런 주장을 펴고 있음에 분명하다는 것을 강조하거나 또는 암시하면서 나를 이렇듯 어떤 "철학 학파"와 더불어 매도해야만 할 무슨 이유라도 있단 말인가?(*Introduction to Theology* 강의록 제2권 p. 217을 참조하라).

그러나 사실상 나는 하나님이 허용하시는 것과 하나님이 적극적으로 예정하신 것을 뚜렷이 구별지우지 않는 것을 매우 염려하고 있다. 만약 이들이 구별되지 않을 경우, 사람의 뜻이 또 다시 그 자신의 행위들의 최종적 또는 궁극적 원인으로 간주되며 결국 하나님의 은혜는 부정되고 만기 때문이다(독자들은 *Calvin's Calvinism*, p. 244에서 죄에 대한 하나님의 허용 개념을 칼빈이 어떻게 평가하고 있는지 알 수 있게 될 것이다). 그대가 말하는 "허용적 작정"은 어떤 의미에서라도 "강압적 작정"이 아니란 말인가? 그렇다면 그대는 죄의 진입을 위한 여지를 만들기 위하여 하나님의 궁극적 전능성을 부인하기라도 하려는가? 만일 그대가 허용적 작정과 강압적 작정에 대한 자신의 구분이 인간 의지의 자유에 관한 알미니안주의적 개념을 실질적으로 두둔하는 변론이 되기를 바라지 않았다면, 그대는 어찌하여 칼빈과 보조를 같이 하여 "인간들이 무엇을 하든 간에 그들은 **하나님의 영원한 뜻과 비밀스러운 목적**에 의하여 그렇게 행한다"라고 말함을 회피할 수 있겠는가?(Ibid., 205).

그대는 내가 소속되어 있는 것으로 되어 있는 바로 그 철학 학파가 언제나 왜 하나님이 바로를 존재케 하셨는지에 대하여 바울이 "그토록 단순하게 설명하고 있는" 22절까지 나가는 법이 없이 단지 "이 사람아 네가 뉘기에 감히 하나님을 힐문하느뇨"라고 부르짖는 20절의 위대하고도 심오한 진리와 더불어 로마서 9장에 머무르는 습관이 있노라고 말했다(p. 46). 그러나 나는 칼빈이 그러하지 않았던 것 이상으로 결코 20절에서 머무는 습관을 갖고 있지 않다. 나는 22절이 하나님이 바로를 다루시던 방법에 대한 월등하게 심오한 어떤 진리를 보여주는 반면에, 20절은 단지 어떤 독단적 진술을 하고 있다고도 생각하지 않는다.

칼빈의 접근과는 철저하게 다르게(*Calvin's Calvinism*의 p. 246을 참조하라) 그대는 로마서 9:20-21, 23-24 등에 대하여 이렇게 주장했다. "나는 사도 바울이 단지 독단적일 뿐인 처음 대답으로 끝맺지 않았음을 매우 강력하게 강조하고자 하는 바이다. 그는 계속해서 구속에 관한 하나님의 계획을 보다 광범위하고도 훨씬 심오하게 분석하고 있다"(*What is God*, 53). 나는 하나님의 뜻이 단지 전횡적인 도리라고 생각하지 않는다. 나는 칼빈과 마찬가지로 하나님의 뜻이 "절대 공평무사한 최고의 규칙이어야만 하며 또한 실제로 그렇다"(*Calvin's Calvinism*, 190)는 것을 믿는다. 나는 22절에서 주어진 설명이 20절에서 강조되고 있는 내용보다 훨씬 심오하거나 보다 궁극적인 것을 제시한다고 생각하지 않는다.

칼빈은 이렇게 말했다. "결국 이 높고도 신적인 문제 전체를 정직하게 그리고 온전한 정신으로 다시금 검토하게 되면 하나님의 뜻이 하늘과 땅에서 벌어지는 만사의 유일한 원리이며 가장 높은 원인이라는 것이 자명하고도 의심할래야 할 수 없는 결론이 된다"(Ibid., 246). 또 이에 덧붙여서 "그러나 하나님의 뜻은 절대적 공의의 가장 확실한 규율이므로 그 뜻이 언제나 우리의 기본 규율이어야만 하겠다. 과연 그것은—내가 이렇게 말해도 된다면—세상의 모든 도리들 가운데 으뜸 되는 도리이다!"(Ibid., 247). 그러나 칼빈은 근접 원인과 원격 원인에 관한 그의 구분이 언제나 지켜지기를 원했다. 이는 그의 논적들이 그에게 치명적인 잘못을 저지른 것에는 달리 원인이 있어서가 아니라 칼빈이 그토록 중요한 것으로 생각한 이 구분을 그의 논적들은 염두에조차 두지 않았기 때문이다. "우리의 대적들이 우리가 하나님의 뜻이 세상에서 일어난 만사의 원인이라고 주장함으로써 하나님을 죄의 원인자로 만든다고 비방할 때, 그들은 우리에게 편협하고도 수치스러운 중상을 덮어씌우고 있다"

(Ibid., 251). 칼빈은 근접 원인과 원격 원인을 구별함으로써 하나님의 뜻이 이 세상에서 일어나는 모든 일들의 기초가 된다는 사실을 포기하지 않고도 그와 동시에 하나님의 오래 참으심을 바로 이해할 수 있었다.[15]

4) 무(無)로부터의 창조

창조의 문제에 관해서 나는 하나님이 "영원하신 권능과 지혜와 선하신 영광을 나타내시기 위하여 태초에 무(無)로부터 모든 것, 즉 보이는 것이나 보이지 않는 것을 엿새 동안에 걸쳐 지으시기를 기뻐하셨으며 이 지은 바 된 모든 것들은 다 선하였다"[16]는 것을 믿는다. 이러한 창조 교리는 존재론적 삼위일체 교리와 부합된다. 하나님이 완전무결하게 자족적이시라면 그를 대적하는 어떤 힘을 가진 일종의 반존재(half existence)라든가 아니면 비존재(non-being)란 것이 존재했을 리 없다. 그러므로 하나님께 그대는 이런 것을 할 수 있고 저런 것은 할 수 없다고 명령할 어떠한 논리의 비인격적 법칙도 존재하지 않았으며 하나님이 세상을 창조하시기로 작정하셨을 때 거기에는 하나님의 그 뜻을 거스려 대항할 힘을 가진 어떤 부류의 물질도 존재하지 않았다.

나는 이러한 교리를 믿어 왔을 뿐만 아니라 매우 자주 이 교리를 변증하곤 했다. 나는 단지 무에서의 창조 교리를 공공연히 거부하는 이들이나 그것이 파르메니데스의 경우처럼 논리적인 기초에서 볼 때 불가능한 일이라고 주장하는 이들을 대항하여 변증해 왔던 것은 아니다. 나는 또 이 교리를 하나님 다음 가는 모종의 제한적 권능의 존재를 가정하는 사람들을 향해서도 변증하였다. 그리고 나는 이 교리를 특별히 헤겔주의나 바르트주의를 막론하고 모든 형태의 현대 변증법 철학에 대항하여

---
[15] 하나님을 원격 또는 궁극 원인으로 그리고 인간을 직접 또는 근접 원인으로 분류한 Calvin의 구분은 마치 그것이 Pighius와 Buswell 박사에 대한 좋은 답변이었던 것처럼 지금도 나에 대한 비판가들에게 좋은 답변이 된다.
[16] 웨스트민스터 신앙고백서 4장 1조.

변증해 왔다.

그대는 이 모든 것을 들어서 내가 일종의 플라톤적 실재론을 주장하고 있노라고 공격하고 있다. 먼저 그대는 내가 "자율적 인간"이라 한 것은 "실제적으로 존재하는 본체론적 실재로서의 인간을 뜻한다"고 주장했다(p. 56). 그리고 내가 인간이 그와 같은 실재로서 피조 된 것으로는 믿지 않는 것이 아닌가 염려된다고 덧붙였다. 사실상 나는 "자율적 인간"이란 말을 쓸 때 이는 실질적으로 그 자신의 피조성을 부인하는 인간을 뜻한다고 누누이 설명했었다. 에덴동산에서 창조된 인간은 하나님과 명백히 구분되는 하나의 존재론적 실재였다. 완전하게 지음 받은 인간은 그의 창조주이신 하나님이 또한 그에게 법을 주시는 분임을 인정하였다. 하나님이 그를 만드신바 바로 그 자신의 존재의 법에 따라 자신을 따름으로써 그는 언약을 성실히 지키는 자였다. 그러나 죄가 들어오자 인간은 그를 만드신 이의 법을 더 이상 순종하려 하지 않았다. 이로써 그는 언약을 파기한 자가 된 것이다. 그는 자기 스스로 법이 되려 했으며 바로 이것이 그가 자율적이 되길 모색한 것이었다.

내가 사용하는 자율적이란 말의 의미에 대하여 그대는 이렇게 이야기하고 있다. "나는 반틸이 영원적인 또는 피조 되지 않은 것을 뜻한다고는 생각지 않는다." 그러나 내가 분명히 그렇게 주장하고 있는데 어째서 내 말이 "피조 되지 않은 것"을 뜻할 수 없단 말인가? 나는 모든 인간들이 모두 공공연하게 자신들이 피조 된 것이 아니라고 말한다는 것은 아니다. 내가 늘상 말하는 것은 인간이 실제로 자신은 피조 된 존재가 아니라고 가정하거나 전제한다는 사실이다. 만일 그들이 피조 된 존재라고 가정하지 않거나 그렇게 전제하지 않는다면, 그들은 피조 된 존재가 아니며 따라서 그들의 창조주에게 어떠한 책임을 가지는 존재가 아니라고 가정하거나 전제하는 것 외에 무엇을 하겠는가? 이와 같은 이야기가 모든 죄인들에 관한 것이기에 너무나 광범위하고 포괄적인 단정이란 말인가? 다른 기초 위에서 일간신문은 이해될 수 없다. 인간들 가운데 어떤 이들은 피조물을 예배하며 섬기나, 어떤 이들은 창조주를 예배하며 그를 섬긴다. 이것이야말로 내가 관심을 기울이는 단순한 구분이다. 나는 그들의 피조성을 부정하고 자신들의 자율성 또는 궁극성을 잘못 가정함에 도전을 가함으로써 그들로 하여금 그들이 하나님의 피조물이라는 인식을 다시금 깨우치도록 하기 위해서 노력하고 있다.

여기서 존재론적 삼위일체와 시간 내적 피조물 사이의 관계에 대해 간단히 언급하고자 한다. 그대는 또 다음과 같이 주장한 바 있다. "그 패러독스적 교리가 '우리는 존재론적 삼위일체에 관한 우리의 교리와 시간 내적 창조에 관한 우리의 교리 속에서 우리 자신들을 하나님과 인간 사이에 관한 상호 의존적 연관성을 주장하는 사상과 영구히 단절시켰다'라는 말 가운데서 가장 극단적으로 표현되고 있다"(p. 47). 그리고 나서 그대는 마치 내가 하나님과 인간을 상호 의존적으로 연관된 것으로 생각하는 사상을 배격하는 중에, 인간이 하나님께 연결되어 있으며 그는 하나님을 의존하고 있다는 생각을 배격하고 있기나 한 것처럼 하나님과 인간 사이의 상호 의존적 연관성에 관한 나의 반론을 비판하고 있다. 과연 그와 같은 허구에 대해 한 마디라도 언급할 필요가 있는 것일까? 그대가 인용했던 문장의 바로 뒤따라오는 문장이 내가 하나님과 인간을 하나로 묶어서 일종의 포괄적 실재를 말하는 사람들을 반대하여 역사를 계획하시어 역사의 배후 되시는 성경의 하나님을 높여 역설하고 있다는 사실을 밝히 보여준다. 내가 하나님과 이 세계를 필연적으로 연관시키거나 하나님을 이 세계 내부의 한 원리로 만들어 버리는 가르침을 반대한다는 것에서부터 내가 성경과 성경이 말하는바, 하나님이 인간과 세계를 창조하셨다는 창조 교리를 반대하고 있다는 결론이 그리도 쉽게 나올 수 있는 것인가?

여기서 "반틸은 거룩과 진리가 하나님의 뜻에 의하여 창조되었다고 주장한다"(p. 53)고 말한 그대의 발언에 대해서도 몇 마디 간단하게 이야기해야 할 것 같다. 나는 그와 같은 것을 어디서고 말한 적도, 암시한 일도 없다. 그대는 『일반은총』(Common Grace)의 6-7쪽 그리고 65쪽을 지목했다. 그런데 나는 6쪽에서 플라톤적 실재론에 반론을 제기하고 있었다. 플라톤적 실재론에 반대한 것이 나를 유명론자로 만들기라도 한다는 말인가? 내가 한 오류를 반대하게 되면 반드시 그와 반대되는 잘못을 저지르게 된다는 말인가? 만일 "로마 가톨릭과 알미니안주의는 하나님의 계획이 언제 어디서고 개별화의 원리로서 여겨질 필요가 없음을 사실상 용인한다"는 문장을 염두에 둔 것이 아니라면 나는 7쪽에서는 그러한 주제에 관한 어떠한 내용도 발견하지 못했다. 아마도 그대는 스스로 인간은 "자기가 도덕적으로 책임져야 할 행위들의 **궁극적 원인**이 되도록 창조되었다"(*What is God*, p. 38)라고 주장한 바 있기 때문에 이것에 대해 반대했을지도 모르겠다.

그렇다 하더라도 그 쪽에서나 아니면 다른 곳에서라도 내가 하나님의 뜻이 그의 성품과 독립적으로 행한다고 주장했다는 그대의 억측을 정당화시켜 줄 무언가가 과연 있는가? 65쪽에서 나는 하나님의 뜻이 "공의의 가장 높은 규칙이라"는 취지의 칼빈을 인용했을 따름이다. 그렇다면 그대는 칼빈과 동의하지 않는다는 말인가? 그대는 그렇게 하여 하나님의 성품에 미치고자 하나님의 뜻은 그냥 건성으로 지나가길 원하는가? 그렇다면 칼빈도 역시 유명론자였다는 말인가?

5) 죄와 죄의 내용들

내가 기억하는 한 나는 신앙고백서와 요리문답들("웨스트민스터 신앙고백서"와 "대·소요리문답"을 가리킨다―역자주)이 죄를 정의하는 것과 마찬가지로 정의했다고 생각한다. 그런데 여기에는 창세기 기록의 역사성이 연관된다.

나는 여러 번에 걸쳐 특히 바르트, 브루너, 니이버 등에 대해 변증한 바 있었다. 나는 이것에 언약신학(covenant theology)도 연관된다고 생각한다. 하나님은 그들의 대표인 첫 사람 아담을 통하여 세상에 태어난 모든 사람들과 더불어 관계를 가지신다. 심지어는 그들이 아직 개개인으로서 역사 가운데 태어나지 않았을 때라도, 인간들은 하나님의 생각하신 바 되며 역사상 최초로 존재케 된 인간인 아담을 통하여 하나님의 면 대하신 바 된다. 그래서 그대가 인용한 내용 속에서처럼 나는 그들의 공통적 대표가 되는 아담 안에서 존재하는 모든 인간에 대해 언급한 바 있다. 그리고 그대도 역시 다음과 같이 이야기하고 있다. "나는 한 개인인 아담이 나를 대표하여 그가 저지른 최초의 원죄 행위 가운데서 모든 인류를 언약적이며 대표적 머리로 서 있기 때문에 꼭 집어 정확하게 아담 안에서 범죄하였다"(p. 57).

내가 주장한 것이 이것과 다른 것이었던가? 그대는 "내가 아담 안에서 범죄했다"고 말했다. 그렇다면 그대는 어떤 의미에 있어서 아담 안에 존재했다는 것이 아닌가? 내가 처음에 죄인들에 대하여 이야기하면서 에덴동산에서 "그들은 아직도 존재하지 않았다"라고 했을 때, 나는 분명히 "역사적 개개인들"을 가리켜 한 말이었다. 그리고 내가 그 다음 문장에서 "그러나 그들은 존재하고 있었다. 그들은 그들의 공통적 대표인 아담 안에 존재하고 있었다"라고 덧붙였을 때, 그대는 이것이 플라톤적 실재론이라고 비난했다. 그러나 나는 그대가 주장한 것과 동일한 입장을 단지 어떤 충분한 이유에서뿐만 아니라 그대가 내세우는 이유와 똑같은 이유로 주장할 수 있었다. 그대 자신도 창세기 2:15-17 말씀을 인용하고 이렇게 덧붙이고 있다. "이 구절 속에서 우리는 자유의지를 행사할 기회를 부여받은 지식과 공의 그리고 거룩 속에서 하나님의 형상 중에 있는 인간성을 보게 된다"(*Sin and Atonement*, p. 23). 그렇다면 이것 또한 플라톤적 실재론인가?

심지어 그대는 한층 더 나아가서 이렇게까지 말하고 있다. "반틸에게 있어서 아담은 단지 한 개인이 아니라 '인류'를 말한다는 사실을 독자들은 기억할 것이다"(p. 59). 그러나 그대는 그와 같은 비난을 결단코 조금이라도 정당화시킬 수 없다. 그대는 내가 성경의 무오성을 믿고 있음을 인정했다. 만일 내가 창세기 기사의 역사성을 믿지 않았더라면 어떻게 그러한 것을 믿을 수 있었겠는가? 그대는 내가 출판한 것들뿐만 아니라 나의 강의록의 내용도 잘 알고 있다고 주장했다. 『정확무오한 말씀』(*The*

Infallible Word) 가운데 있는 "자연과 성경"(*Nature and Scripture*)이란 논문은 에덴동산에 있던 한 사람인 아담의 이야기의 역사성을 가정하지 않으면 이해될 수 없다.

만일 내가 아담을 최초로 생존했던 개인으로 생각하지 않았다면, 아담이 에덴동산에서 인간을 대표하는 것으로 이야기 할 수 있겠는가? 나는 창세기 기사의 역사성을 바르트와 헤겔 그리고 니버를 대상으로 여러 번 변증한 적이 있었다. 심지어는 『나는 왜 하나님을 믿는가』(*Why I Believe in God*)란 소책자 속에서도 나는 어린 시절 세례식에서 "우리 부모도 다른 모든 사람들처럼 첫 사람이며 인류의 대표인 아담으로부터 죄를 이어받았다는 생각이 담긴 내가 죄 중에 잉태되어 죄 중에 출생하였다는 사실의 엄숙한 신조가 낭독되는 것"을 들은 적이 있노라고 기술했었다. 그리고 그것에 덧붙여서 후일 나는 진화와 고등비평 등의 이론들을 알게 되었으나 나는 결코 내가 어렸을 때 가졌던 신앙을 저버리는 데 이르지 않았다고 말했다.

『일반은총』으로 말할 것 같으면 그 글에 담긴 모든 이론 전개에는 성경의 내용 역사성에 관한 이야기로 꽉 차 있다고 할 정도이다.

심지어 그대가 인용하고 있는 내용과 인접해 있는 문맥 속에서 나는 **역사상 앞의 것**(earlier)과 **나중 것**(later) 사이의 관계에 대해 언급한 바 있다. "문제를 가능한 한 분명하게 전개시키기 위해서 우리는 그것을 에덴동산에 있던 아담과 연관시켜 생각해 봄이 좋다. 오직 하나님의 최종적 목적에 관해 나중에 보여진 계시에 의해서만 인간을 향한 하나님의 태도에 대해 뭔가가 알려질 수 있었다고 주장하는 것이 가능하겠는가? 그렇다면 아담은 자신에 대한 하나님의 태도에 대하여 처음에는 아무것도 몰랐었겠는가? 하나님의 최종적 목적에 관해서는 아무런 계시도 그때까지는 아직 보여진 바 없었다. 단지 아담이 알고 있었던 것은 미래 전반이 그의 순종 또는 불순종에 의해 좌우된다는 사실이었다"(p. 71). 나는 바로 이 점에 입각하여 인간에 대해서 이야기하기 시작했다. "인간은 본래 선하게 창조되었다." 그리고 나는 아담이 역사상의 한 개인이었음을 거듭해서 이야기하는 가운데 그의 "표적 순종 또는 불순종 행위"에 대하여 이야기하기까지 했다. 만일 내가 그를 전 인류와 동일시했다면, 내가 어떻게 아담을 에덴동산에서 **대표적** 행위를 담당하던 사람으로 이야기할 수 있었겠는가?

그리고 72쪽에서는 택자와 불택자에 대해 이야기를 계속하면서 그들이 어떤 점에 있어서 공통적인지에 대해 이야기를 전개시켰다. 내가 주장한 내용은, 역사의 시점에서 아담은 에덴동산에서 그들 모두를 대표하여 행동하고 있었다는 것이다. 택한 자의 택함을 받지 않은 자들은 그들의 공통적 대표가 그들을 대표하여 이미 행한 것들을 같이 갖고 있다. 여기서 나는 역사의 시점에 에덴동산에 있던 아담에 대해 이야기한 것으로 그때 그들 자신들은 역사적 개개인으로 존재하지 않았다. 73쪽으로 그 내용은 이어지고, 나는 거기서 창조 당시의 본래적 상황이었다고 주장했다. "아담(역사적으로 에덴동산에서 살던 그 아담)이 순종을 하건 아니면 불순종을 하던 간에 상황은 변하게 되어 있었다." 결국 이렇게 말하는 것은 잘못된 것일까? "그렇다면 역사의 시점에서 하나님은 인류 전체를 사랑하셨다고 말함에 주저할 필요가 없다. 그것은 인류가 하나님을 적대하여 죄를 범하기 이전이었다. 조금 후 하나님은 인류 전체를 미워하셨다. 그것은 인류가 하나님을 대적하여 죄를 범하고 난 후의 일이었다"(p. 74).

또 다음과 같이 말하는 것이 잘못된 일일까? "인간이 처음 범죄했을 때 그는 우리가 하나님을 알듯 그렇게 자세하고 충분히 하나님을 알지 못했다. 그러나 그가 조금이라도 하나님을 알고 있는 그 범위 내에서만큼은 분명히 하나님을 있는 그대로 정확하게 알고 있었다. 그리고 하나님께 대적하여 범죄한 것은 어떤 소수의 택함 받은 개인이나 버려 저주받은 개인만이 아니라 인류 전체였다." 아담 안에서 범죄한 채 아담 이후 역사적인 개개인들로 이미 나타났거나 아니면 나타나게 될 모든 인간이 에덴동산의 아담을 그들의 공통된 대표자로 가지고 있는 것이 아니겠는가?

6) 그리스도와 그의 사역

내가 이 문제를 이다지도 강조하는 까닭은 그대가 잘 알고 있는 것처럼 나는 다른 모든 정통적 신자들과 더불어 만일 구약성경의 역사성이 유지되지 않고 특히 창세기 내용의 역사성이 유지되지 않는다면, 기독교의 역사성이 유지될 수 없다는 사실을 빈번히 주장해 왔던 사실 때문이다. 그러나 그대는 내가 "헤겔의 관념론적 범신론에 깊이 빠진 데다가" 하나님을 "구체적 보편"으로 주장하므로 일관성이 있으려면 결국 그리스도의 유일성마저 부정해야만 할 것이라고 주장하고 있다. "그러면 성육신은 도대체 무엇인가?"(p. 49). 그러나 나는 내가 일관적이지 못해서가 아니라 성경이 그것을 가르치기 때문에 정통적 의미의 시간 내적 창조와 성육신을 고집한다. 그와 아울러 자족적 하나님에 관한 교리와 시간 내적 창조 교리 그리고 성육신의 교리는 서로 일관되지 못한 것이 아니다. 그 모든 교리는 성경이 보여주는 단일적 교리체계의 여러 부분들이다.

7) 그리스도께서는 누구를 위해 죽으셨는가?

그대 자신이 그가 말한 개혁주의 신앙 신조들의 거의 모든 점에 있어서 정말 기쁜 마음으로 동의하노라고 한 찰스 핫지는 이 문제에 어떤 것이 포함되지 않는지 지적하는 의미로서, 그의 조직신학 책의 한 장(章)을 위와 같은 제목으로 시작하고 있다. 그는 이렇게 말한다. (1) 그것은 첫째 "그리스도의 사역의 성격"에 관련된 것은 아니다. (2) 그것은 "어거스틴 파에서 무한한 것으로 생각하는 바, 그리스도의 속죄의 가치에 관한 것도 아니다." (3) 그것은 "대속의 적합성에 관한 것도 아니다. 한 사람에게 적합했던 것은 모두에게 적합했다." (4) 또 그것은 "그리스도에 의해서 사신 바 된 구속의 실제적 적용에 관한 것도 아니다. 이 논쟁에 참가한 당사자들은 모두가 전 인류가 아닌 약간의 사람들만이 실제로 구원받는다는 것에 동의한다"(Systematic Theology, 2:544, 545). 그는 그의 입문 부분을 이렇게 말함으로써 매듭짓고 있다. "간단히 말해서 그리스도의 죽음이 다른 사람들에게는 관계되지 않고 오직 선택받은 자들에게만 관계된 내용을 가지고 있느냐 하는 것이 바로 문제이다. 그는 단지 아버지께서 그에게 주신 바 된 자들의 구원을 확보하기 위하여 세상에 오셨으며, 따라서 그의 사역의 다른 결과는 단지 그 목적의 성취를 위해 되어진 일에 그저 수반된 것이었을 뿐이겠는가?"(Ibid., 546)

그는 계속해서 하나님은 영원부터 "인류의 일부를 구원하시기로 그리고 다른 일부는 구원하지 않으시기로 결정하셨다"고 주장한다. 그는 또 이렇게 말했다. "성부께서 그리스도를 이 세상에 보내심에 있어서 그가 구원의 후사로 만들기 위하여 택하신 자들에게와 똑같은 의미에서 그만큼 진실하게 구원하지 않으시기로 작정한 자들에게도 그의 아들을 보내셨다고 말하는 것은 모순된 것이다"(Ibid., 548). 그는 그리스도께서 그의 교회를 위하여 자신의 생명을 드리셨다고 말하는 에베소서 5:25을 가리키고 있다. 또 그는 그리스도께서 자기 친구들을 위하여 자신의 생명을 드리셨다는 것을 말하는 요한복음 15:13을 지적하였다. 그는 그리스도의 전 사역이 각처에 흩어져 있는 하나님의 자녀들을 하나로 모으는 일 가운데 집약되어 있다고 말하는 요한복음 11:52을 가리켰다. 그리고 난 후 그는 이렇게 덧붙였다. "인류가 두 가지 종류의 사람들, 즉 교회와 세상, 하나님의 친구들과 하나님의 원수들, 양과 염소로 나뉘어 있는 이와 같은 상황에서, 어떠한 것이든 간에 그것이 어느 한편에 특유한 것임이 밝히 밝혀지게 되면 이는 그와 동시에 그것이 다른 한편과는 전혀 무관한 것임을 암시하는 것이 된다"(Ibid., 549).

그대는 "그리스도께서 모든 사람을 위해 돌아가신 것이 아니라는 나의 무조건적 발언은 용납될 수 없는 것이다"라고 했다(p. 47). 그러나 나는 여기서도 역시 피기우스에 대한 칼빈의 논쟁을 단순히 재생시키고 있었을 뿐이다. 피기우스는 선택 교리를 믿는 사람은 그것과 동시에 일관성 있게 모든 사람들에 대한 구원에의 일반적 초대의 진실성을 믿을 수 있는 길이 없다고 부정했다. 이에 대하여 칼빈은 자기는 이 둘을 모두 믿고 있다고 대답했다. 더 나아가서 칼빈은 그가 이 둘을 아무런 모순 없이 다 믿을 수 있는 이유로서 근접 원인과 원격 원인의 구분을 내세웠다. 그리스도께서 실제로 모든 사람들을 전부 다 구하시기 원하셨다는 의지에서 모든 사람을 위해 죽으신 것은 아니다. 그러나 선택받은 자들에 관해 그리스도의 사역이 가지는 "특별한 의의"(찰스 핫지가 이렇게 불렀다)가 회개로의 일반적 부름을 공허한 것으로 만드는 것이 아니다. 그대가 반대를 제기하고 있는 말들이 담긴 인접 문맥들 속에서 내가 마치 칼빈이 피기우스를 반대하여 반론을 펼쳤듯이, 그리스도의 사역의 일반적 의의의 진실성을 위한 일반은총을 부인하는 사람들에게 반론을 펼치고 있음이 분명해진다.

그러므로 나의 발언은 (1) 무조건적인 것이 아니며, (2) 핫지가 그리스도의 사역의 "단지 부수적" 영향이라 불렀던 것의 중요성을 배격하기보다는 오히려 그것을 옹호하는 논제의 일부분이며, (3) 불신자들 눈에 마치 모순인 듯 보이는 기독교의 교리들은 사실상 모순이라는 생각에 반대하기 위해 고안된 것이었다. 만일 그대가 나의 입장을 용납할 수 없다면 그대는 분명히 핫지의 입장도 용납할 수 없을 것임에 틀림없다.

8) 변증학

이제 내가 믿는 것을 전하기 위하여 사용한 변증학 방법론에 대하여 간단히 서술하고 또 그것이 전통적 방법과 어떻게 다른지를 서술함에 있어서, 먼저 그대는 논문 전반에 걸쳐 나의 논제와 관련해 아무것도 다루고 있지 않았다는 것을 지적할 수 있을 것이다. 그러나 즉각적으로 그대는 나의 논제를 그대의 것과 비교하여 "부정적이며 일반론적"이라고 묘사하고 있다. 아무런 근거도 없이 내가 다음과 같은 것을 부정하는 것으로 그대는 말하고 있다. 즉 내가 "기독교적 전제들을 받아들여 복음 전파에 힘쓰고 있는 사람들과 기독교의 전제들을 받아들이지 않고 복음을 배척하는 사람들 사이에 이론적 추론의 공통적 바탕이 존재한다는 것"을 부정한다는 것이다. 그러나 이는 사실과 전혀 무관하다.

물론 나는 로마 가톨릭의 토마스 아퀴나스의 『대전』들(Summae, 『신학대전』과 『대이교도대전』)과 알미니안주의의 버틀러 감독(Bishop Butler)의 가장 근본적 표현인 전통적 변증학 방법론에 반대하고 있음에 분명하다. 나는 신학에 있어서 로마 가톨릭과 알미니안주의를 반대하고자 했던 것처럼 변증학에 있어서도 그 둘 다를 반대하고자 노력했다. 그것이 나의 중요한 주장을 모두 부정적인 것이 되게 하는가? 나는 불신자들과 논쟁하고 그들을 설득하는 데에 있어서 로마 가톨릭이나 알미니안주의의 방법 보다 훨씬 낫고 한층 더 진정으로 성경적인 방법이 존재한다고 생각한다.

그리하여, 우선 나는 성경이 하나님에 대하여 말하는 내용과 성경이 보여주는바 그 자체의 권위에 입각하여 의심할 나위 없는 사실인 우주와 맺고 계신 하나님의 관계를 택하였다. 성경은 사람들이 하나님이 이 세계를 초월하여 그 위에 계신다는 사실과 하나님이 그의 계획을 가지시사 이 세계에서 일어나는 모든 일을 관장하고 계신다는 사실을 믿으라고 강권한다. 그러므로 이 세계에서 되어진 모든 것은 하나님에 의하여 관장되었다는 사실, 즉 세계의 실재는 하나님의 계획에 의거하여 되었다는 사실을 드러내 보여준다. 그러므로 하나님이 존재하신다는 사실과 이 세계가 온전히 하나님에 의하여 다스려지고 있다는 사실에 대한 객관적 증거는 뛰어가는 자라도 능히 읽을 만큼 명백하다.

인간은 이 증거에서 결단코 벗어날 수 없다. 그들은 그들 주위 도처에서 이 증거들을 보게 된다. 뿐만 아니라 그들은 그들 자신 내부에서도 이 증거들을 본다. 그들 자신의 신체 구성 자체가 그들이 하나님의 피조물임과 하나님이 그들을 다스리고 계신다는 사실을 너무도 명백하게 증거하기 때문에 어느 누구를 막론하고 이 증거들을 피해 그것을 보지 않을 수 있는 자는 하나도 없다. 만일 인간이 자기를 조금이라도 의식하게 되면 그는 곧 하나님을 의식하고 있다는 말이다. 인간이 아무리 노력한다

할지라도 그들은 스스로에게 그들 자신이 피조 되었다는 사실을 숨길 수 없다. 인간이 그들 주변을 둘러싸고 있는 자연의 사실들에 관해 귀납적 연구에 몰두하든, 아니면 그들 자신의 자의식을 분석해 보든 간에 그들은 언제나 그들의 창조주이신 하나님과 대면케 된다. 칼빈은 이 사실을 로마서에 나오는 바울의 가르침들에 근거하여 매우 강력하게 강조했다.

하나님의 존재와 그의 계획을 계시하는 모든 피조세계의 본질적 명료성을 주장함에 있어서 칼빈은 죄와 그것의 결과의 사실에도 불구하고 조금도 굴하지 않는다. 만약 죄로 인하여 계시의 조건에 어떤 **분명치 못하게 되는 일**이 발생했더라면 이 죄는 여하한 경우에 있어서라도 인간의 잘못이다. 만일 내가 나를 대표하여 행동하였던 첫 사람 아담 속에서 내 주변과 내 속에 있는 하나님의 일반계시의 거울을 훼손시켰다면 나는 적어도 마음 깊숙이 그것을 훼손시킨 것이 바로 나라는 것을 알고 있음에 분명하다. 칼빈은 말하기를, 따라서 사람들은 어떤 특정한 죄악이 즉각적으로 처벌받지 않을 경우, 후일에 벌을 받게 될 것이라고 결론을 내리곤 한다고 했다. 인간의 양심은 이 기초 위에서 움직인다.

이 점에 관련하여 특히 한 가지 사실을 강조해야겠다. 즉 인간이 오늘날 죄 된 것은 역사의 시발점에서 벌어졌던 사건 때문이라는 점이다.

> 우리는 인간은 자연 가운데서 그 자체만으로 작용하여 인간에게 이르는 계시를 통하여 결코 하나님에 대한 어떤 것도 획득할 수 없다는 이야기를 듣게 된다. 자연 속에 나타난 하나님의 계시에 덧붙여 또 하나의 계시, 즉 초자연적으로 전달된 확실한 계시가 있다. 그러나 실상 우리는 자연계시가 애초부터 하나님과 인간 사이의 언약적 관계에 관한 생각 속에 통합되었다는 사실을 듣게 된다. 이와 같이 피조 된 존재의 모든 차원은 심지어 가장 낮은 차원까지라도 하나님과 인간 사이의 철저하게 인격적인 관계의 한 형태 속에 감싸인다. "목적론적인 것"뿐만 아니라 "무목적론적인 것"까지도 그리고 "영적인 것"뿐만 아니라 "기계적인 것"까지도 모두가 성격상 언약적이라는 것이다(*The Infallible Word*, p. 259).

그러므로 에덴동산에서도 초자연계시가 즉각적으로 자연계시와 합쳐졌었다. 그러므로 인간 내부와 주변의 계시는 결코 그 자체만으로 가능할 수 있게끔 되어 있는 것이 아니었다. "처음부터 자연계시는 초자연적 동반자가 없이는 불완전한 것이었다. 그것은 본래적으로 하나의 제한적 개념이었다"(Ibid., 267).

인간 내부와 그 주변에 주어진바 피조 된 세계 내의 계시와 초자연적으로 확실하게 전달된 계시 등 원래 인간에게 주어졌던 계시의 이러한 두 가지 양상들을 참작해 볼 때, 우리는 타락 이후에서조차 자연계시는 그 명료성을 본질로 한다는 사실을 알 수 있다. "자연에 주어진 하나님의 계시의 명료성은 그것이 자족적이신 하나님의 전적이며 완전히 자발적 계시의 한 양상이라는 사실에 그 의미가 전적으로 담겨 있다"(Ibid., 269). 하나님은 우주를 위한 전포괄적 계획을 가지고 계신다. "하나님이 피조물의 모든 양상들 간의 모든 관계들을 계획하셨다. 그는 처음부터 끝까지의 모든 것을 계획하셨다. 그러므로 피조 된 모든 실재들은 이 계획을 드러낸다. 그럼으로써 피조 된 모든 실재들은 본래적으로 이성적이다"(Ibid., 269).

우리는 여기서 성경계시에 관한 사실을 덧붙일 수 있다. 하나님은 성경계시 가운데 그 자신과 그의 계획을 죄인들에게 계시하시기까지 낮추셨다. 그런데 성경에서 말씀하시는 분이나 자연 속에서 말씀하시는 분은 같은 하나님이시다. 그러나 그 하나님은 성경 속에서 인간들에게 주셨던 그의 원래의 계시가 파기된, 즉 그의 언약이 파괴되어 버린 자들에게 그의 은혜에 대해 말씀하신다. 그런데 인간에게 주셨던 하나님의 본래적 계시가 명료했듯이 성경에서 주어지는 은혜의 계시 역시 명료하다. "인간을 향한 하나님의 초자연적이며 구원하시는 계시의 완성품인 성경은 그 자체 속에 이를 스스로 입증할 증거를 가진다"(Ibid., 271).

이 모든 것들 가운데 한 가지 뚜렷한 사실이 있다. 그것은 인간이 인간 자신과 그의 주변의 것을 포함한 자연 속에서나 성경 속에서 보여진 하나님의 계시를 받아들이지 않음에 대해서 어떤 변명도 할 수 없다는 점이다. 하나님의 계시는 항상 분명하다.

그러므로 나의 접근방식이 전통적 방식과 다른 첫째이자 가장 근본적인 차이점은 다음의 것이라고 생각한다.

(1) 나는 보다 진솔하게 인생 전체에 대한 해석을 이끌어 낼 원천이요, 절대적 권위를 가진 계시로 믿는 성경에서 출발하고자 한다. 로마 가톨릭도 성경에 호소하기는 하나 실제에 있어서는 그 권위를 부인한다. 로마 가톨릭의 최종적 호소는 교회에 주어지며 결국 그것은 인간의 경험에 호소한다는 말이다. 알미니안주의조차도 성경적 어떤 교리들(예를 들면, 선택 교리)을 배격하는데 그 이유는 그 교리들이 구원의 일반적 제시와 맞아떨어지지 않기 때문이다.

(2) 나는 계시가 어디서 나타나던지 간에 자신에 관한 하나님의 계시는 **객관적 명료성**(objective clarity)을 갖는다고 강조했다. 토마스 아퀴나스의 버틀러는 만일 인간들이 아마도 하나님은 존재하실 것이라고 결론짓는다면 그들은 증거를 바로 판단한 것이라고 주장한다(나는 The Infallible Word 에 나타난 아퀴나스의 견해에 대해서 논하였고, 버틀러의 견해에 대해서는 『험증학 강의록』[the Syllabus on Evidences] 가운데서 논한 바 있다). 나는 이러한 행위가 단순하고 근본적인 성경적 진리를 타협, 절충하는 것이라고 간주한다. 그 자신을 보여주신 하나님의 계시가 극히 불투명하기 때문에 그 자신이 바로 철두철미하게 하나님의 계시인 인간이 그 계시를 대하고 고작, 아마도 하나님이 존재하실지도 모른다는 정도의 결론을 내린 것이 매우 타당한 것이라 말하는 것은 살아 계신 하나님에 대한 모독이다.

> 하나님의 존재와 기독교의 진리에 대한 논증은 객관적으로 정확한 논쟁이다. 우리는 이 논증의 정확성을 개연성의 차원으로 무너뜨려서는 안 된다. 설혹 그 논쟁이 어설프게 되어지거나 전혀 자연스럽지 못하게 될지 몰라도, 이 논증 그 자체는 절대적으로 건전한 것이다. 기독교는 방어될 수 있는 유일한 합리적 입장이다. 그것은 단지 다른 입장들과 같이 합리적이거나 아니면 다른 입장들보다 약간 더 합리적인 것이

아니다. 그것만이 인간이 택할 자연스럽고도 합리적인 유일한 입장이다. 우리는 할 수 있는 한 가장 분명하게 이 논증을 제시함으로써 인간들에게 하나님의 권리를 억지로나마 알게 함에 있어서 성령의 도구들이 될 수 있을 것이다. 만약 우리가 기독교 유신론의 빈약한 개연적 진리의 수준으로 떨어지고 만다면 우리는 인간들에 대한 하나님의 권리를 그만큼 떨어뜨리게 된다"(*Common Grace*, p. 62).

따라서 나는 "유신론증적 증거들"을 배격하지 않지만 단지 그것들을 성경의 교리들을 절충하거나 타협하지 않는 방법으로 구성해야만 함을 주장할 따름이다. "즉 만일 유신론증의 증거가 올바르게 구성된 것이라면 그것은 그 증거를 대하는 사람의 태도에 관계없이 객관적으로 타당하다"(Ibid., 49).

(3) 나는 칼빈과 마찬가지로 불신자에게 복음을 제시하기 위한 접촉점을 그들이 하나님의 형상으로 지은 바 되었으며, 따라서 그들은 자신들 내부에 신성에 대한 지울 수 없는 감각을 지니고 있다는 사실에서 발견한다. 그들의 의식은 그들 자신을 향하여 본래적으로 배타적인 하나님의 계시이다. 인간은 그 자신을 앎에 있어서 하나님을 또한 알게 되기 때문에, 인간은 누구를 막론하고 하나님을 알 수밖에 없다.

칼빈이 그의 『기독교 강요』 서두에서 말한 것처럼 만일 사람이 그 자신이 하나님 앞에서의 한 피조물임을 알지 못한다면 그의 자의식은 완전히 내용이 텅빈 껍데기에 불과하다. "아무도 그 자신 안에 있는 참되신 하나님의 계시 활동을 부인할 수 없기 때문에 무신론적 인간은 존재하지 않는다"(*Common Grace*, 55). "인간 자신의 해석 활동은 그것이 얼마만큼이나 깊이 들어간 것이냐를 떠나서 또 그것이 논리적인 것이든 아니면 직관적인 것이든 간에 성령께서 그 활동을 사용하시어 인간에게 하나님의 권리를 강제하시는 가장 관통력이 강한 수단임은 의심할 나위 없다"(Ibid., 62). 심지어 인간 자신의 심리적 구성 속에 있는 하나님의 계시에 대한 인간의 부정적인 윤리적 반발조차 하나님이 계시로 보여주는 것이다. 인간의 양심은 그가 하나님을 불순종할 때 요동케 된다. 그는 그의 마음속 깊은 곳에서 자신이 그의 창조주를 거역하고 있음을 알고 있다. 어떠한 인간도 하나님으로부터 피해 도망갈 수 있는 자는 하나도 없다. 모든 인간은 그들이 하나님의 형상으로 만들어졌기 때문에 하나님을 늘 가까이 하고 있다. 그리고 그는 그에게 조금도 타협 없이 하나님의 권리를 강제하는 분을 늘 가까이 하고 있다. 모든 인간은 논리적으로 쟁론할 수 있는 능력을 갖추고 있다. 인간은 기독교의 입장이 주장하는 것이 무엇인지를 이성적으로 이해할 수 있다. 이것과 아울러 인간은 그가 인간의 경험을 그의 창조주를 고려에 넣음 없이 해석하는 것이 잘못된 일임을 알 수 있는 도덕적 감각을 또한 가지고 있다.

그러므로 나는 그대가 인용하고 있는 바와 같이 머레이 교수(Professor Murray)가 자연인은 신앙과 회개 **이전에 복음의 진리에 대한 일종의 이해**를 가지고 있다고 한 말에 전적으로 동의한다. 그러나 이와 같이 나는 만일 인간의 자의식(Self-consciousness)이 하나님의식(God-consciousness)을 고려함 없이도 뭔가를 알 수 있다는 전통적 변증학 방법론을 고수하고 있었다면, 자연인이 복음의 진리에 대한 어떤 이해를 가질 수 있다는 것을 확신 있게 말할 수 없었을 것이다. 만일 인간의 자의식이 그의 하나님의식에 실제로 의존하지 않았다면, 로마서 1:20은 아무런 의미도 없을 것이다. 그럴 경우 모든 인간은 각기 자기만의 세계 속에 홀로 살게 될 것이다. 그리고 어느 누구도 구원하는 믿음의 전제 조건인 복음에 대한 지적 인지를 알 수 없을 것이다. 간단히 말해서 이 세계가 바울의 가르침을 따라 칼빈이 말한 것이 아니라면, 그것은 결코 세계가 아닐 것이다. 거기엔 어떠한 진리체계도 존재하지 않을 것이다. 인간의 마음이 바울의 가르침을 따라 칼빈이 말한 것이 아니라면, 그것은 심지어 이 세계가 **세계**라는 사실에 대한 논증조차 이성적으로 이해할 수 없을 것이다. 인간에게 그와 같은 세상에 대한 모든 논쟁들이 이 세상 밖에 있는 것으로 생각될 것이다.

그러나 인간의 자의식이 하나님의식 없이도 이해될 수 있다는 것이 아퀴나스와 버틀러의 입장의 요체이다. 이 두 가지 입장 모두 우리는 적어도 자연적 사물의 영역에 있어서만큼은 불신자들과 더불어 중립적 기초(the ground of neutrality) 위에 서야만 한다는 것을 불신자들과의 논쟁의 출발점으로 삼아야 한다고 주장한다. 그리고 인간의 자의식이 하나님을 참고하지 않은 채 그 자체만으로도 이해될 수 있는 것으로 간주하는 것이야말로 바로 모든 불신 철학의 핵심이다. 더구나 우리가 이미 생각한 바와 같이 로마 가톨릭과 알미니안주의의 신학 자체가 인간의 자의식으로 하여금 어느 정도 그 피조물 된 위치에서 벗어나게끔 요청하고 있는 것이다.

(4) 이와 같이 앞서 말한 여러 가지 내용들은 내가 연역적 방법과 귀납적 방법을 분리시키지 않으며 자연의 사실들에 대한 추론과 인간 의식의 본성에 관해 연역적으로 분석하는 추론을 인위적으로 나누지 않고 있음을 암시한다. 나는 그것들을 인위적으로 추상화하거나 분리하지 않는다. 도리어 나는 연역적 추론과 귀납법을 모든 해석을 위한 하나의 추론 과정의 일부로 생각한다. 따라서 나는 역사적 변증학에 손대고 있는 셈이다(나는 사실상 개인적으로는 이러한 일을 많이 하지 않는다. 이유는 내가 가르치고 있는 신학교의 다른 분야를 담당한 동료들이 이 일을 함에 있어서 나보다 월등히 뛰어나기 때문이다). 모든 형태의 역사적 고찰은 그것이 직접적으로 성경의 분야에 관한 것이든지 아니면 고고학이나 다른 일반 역사에 관한 것이든지 간에 기독교의 입장이 주장하는 것들의 진리성을 확증하게끔 되어 있다. 그러니 나는 불신자들이 갖고 있는 사실에 관한 철학을 도전하지 않은 채 끝없이 사실들에 대해서만 계속해서 이야기하는 일은 결코 하지 않으려 한다. 진정으로 효과적인 역사적 변증학은 모든 사실이 기독교 유신론적 입장의 진리를 입증하는 사실들이며 또한 필히 그래야만 한다는 주장이다.

나의 접근방식에 대한 바른 설명은 반드시 다른 모든 것들 밑에 깔려 있는 이러한 기본적 요소들을 포함해야만 한다(필자의 강의안 *Apologetics* 및 *Introduction to Theology*, vol. I을 참조하라).

신자와 불신자가 인식론적으로 아무런 공통적 요소를 갖지 않는다는 나의 발언이 내가 뜻한 대로 이해될 수 있는 것은 오로지 그것을 이와 같이 적극적인 접근방식으로 생각했을 때뿐이다. 『일반은총』(Common Grace) 가운데서도 죄인들의 인식론적 반응이란 하나님이 만드신 윤리적으로 책임 있는 피조물인 그들이 보여주는 반응이라는 의미임이 분명히 드러난다. 죄인이 그의 주변을 둘러싸고 있는 그리고 그의 내부로부터나 성경에서부터 나오는 계시에 대해서 바로 반응하는가? 나는 하나님의 존재에 대한 증거가 풍성하고 분명하므로 인간이 하나님을 믿는 것은 마땅한 것이라고 강조함에 있어서 칼빈을 가깝게 따르고 있었던 것과 마찬가지로 어떤 죄인도 하나님의 계시에 옳게 응답하고 있지 않다는 사실을 말함에 있어서도 역시 칼빈을 밀접하게 추종하고 있었다.

그런데 이러한 것도 역시 너무나 포괄적인 이야기일까? 그것은 단지 전적 타락의 교리일 뿐이다. 모든 죄인은 언약을 파괴한 자이다. 그들의 도끼는 날을 갈아세워야만 한다. 그들은 하나님 기억하기를 원하지 않는다. 그들은 그들 속에 있는 하나님에 관한 지식을 묵살하고 있다. 그들이 두려움 가운데 최선을 다하여 이 지식을 묵살하려 하는 까닭은 그들이 그들을 심판하시는 분의 얼굴을 대하게 되기 때문이다. 그리고 하나님의 얼굴이 우주의 모든 사실들 가운데 나타나기 때문에, 그들은 결국 도처에서 하나님의 계시를 대적하게 된다. 그들은 자연의 사실을 있는 그대로 보려 하지 않는다. 또 그들은 자기 자신들도 있는 그대로 보려고 하지 않는다.

그러므로 모든 죄인은 자신들뿐만 아니라 자신을 둘러싸고 있는 자연의 사실과 법칙이 피조 된 것이 아니라고 가정한다. 그들은 하나님 섬기기를 강력하게 반항하고 버티지만, 피조물을 창조주 대신하여 섬기고 예배한다. 그들은 하나님과 인간이 한 우주와 다른 양상들이라는 사실을 스스로 믿게 만들려 애쓴다. 그들은 모든 사물들을 내재주의적으로(immanentistically) 해석한다. 우리는 접촉점을 확보하기 위해서 사람이 하나님을 배제하고도 사물을 바르게 해석할 수 있다고 인정해야 하겠는가? 하나님 없이는 아무것도 해석될 수 없다는 사실을 입증하고자 하는 우리가 먼저 그분 없이도 어떤 것들은 해석될 수 있다고 인정해야 할 것인가? 오히려 우리는 하나님 없이는 모든 설명들이 무위에 그치고 만다는 사실을 밝히 보여주어야만 한다. 그러나 우리가 막상 이 일을 할 때, 우리는 인간들이 억누르고자 끝없이 모색하는바 그들 속에 있는 하나님에 관한 지식에만 호소하게 된다. 이것이 바로 내가 이성적 서술의 가능성을 위해서는 하나님을 전제해야만 한다고 주장했던 내용이다.

그대는 "어느 누가 자신의 원리들의 일관성에 충실한가?"라고 물었다. 나는 아무도 그리고 적어도 비그리스도인들 가운데는 어느 누구도 그렇지 못하다고 늘 주장했다. 나는 그대가 논평한 그 소책자 가운데서도 만일 인간이 일관성이 있다면 그들은 끝장을 맞게 될 것이며 그렇게 되면 그들과는 그 이상 논쟁을 벌일 일도 없을 것이라고 주장했었다. 그러나 죄인들은 일관적이지 못하며, 그들의 관점에서 볼 때 그들 속에 있는 옛 사람[17]의 것을 가지고 있기 때문에, 그들은 과학에 종사할 수 있으며 피조세계를 일반적으로 해석할 수도 있어 진리에 적잖은 빛을 비출 수 있다. 그것은 아직도 탕자가 돼지가 된 것은 아니기 때문에, 따라서 그의 호주머니 속에 여전히 아버지의 본질을 가지고 있어서 이런 저런 일들을 할 수 있으며, 사실상 참되고 그리스도인들이 사용할 수 있는 것들을 발견할 수도 있다.

어째서 그대는 내가 가르친 것들 가운데 가장 중요한 이것을 빠뜨리고 있는가? 주로 신자와 불신자 사이의 "공통성"의 개념을 부정하는 사람들에 반대하여 그 개념을 옹호하여 쓴 소책자 속에서, 어찌하여 그대는 내가 말한 것과 정반대의 이야기밖에는 발견하지 못하는가? 만일 그대의 주장이 사실상 내가 말하고자 한 것과는 정반대의 이야기만 전개

---

[17] Van Til은 신자들에 대해서는 물론 불신자에 대해서도 종종 옛 사람/새 사람의 은유를 사용한다. 불신자에게 있어서 "옛 사람"이란 하나님에 대한 지식을 소유한 자이다. 그는 하나님의 형상으로 창조된 존재로 되돌아가기 때문에 "옛 사람"인 것이다. 불신자에게 있어서 "새 사람"은 죄에 빠진 자이다. 그는 아담의 범죄로 돌아가기 때문에 "새 사람"이다. 이것은 하나님의 형상을 전제로 한다.

했다는 것이라면, 그대는 적어도 지금까지 여기서 논의된 몇 가지 점을 공정하게 다루었어야만 했을 것이다.

그렇다면 특히 신자와 불신자가 인식론적으로 어떠한 공통점도 가지지 못했다는 내 주장의 의미는 무엇이었던가? 내가 뜻한 바는 모든 죄인들이 색안경을 쓰고 사물을 본다는 것이다. 그런데다가 이 색안경은 그들의 얼굴에 완전히 접착되어 있다. 죄인은 하나님을 의식함 없이도 자기의 자의식이 이해될 수 있다고 가정한다. 그는 하나님에 대해 의식함 없이도 사실들에 대한 의식이 이해될 수 있다고 가정한다. 그리고 그는 그에게 제시되는 모든 사실들과 모든 법칙들을 이러한 가정들에 입각하여 해석한다. 그의 속에 있는 옛 사람에 의거하여 그 역시 하나님이 존재하신다는 사실을 알고 있음을 잊어서는 안 된다. 그러나 그는 언약을 파괴한 자답게 그것을 억누르고자 애쓴다. 그리고 여기서 나는 그가 언약을 파괴한 자라고 말한다.

나는 또 어느 누구도 이러한 가정들에 따라 행동함에 있어서 실제로는 완전히 일관성을 갖지 못한다는 사실을 결코 잊지 않고 있다. 불신자는 결코 그 자신 속에 있는 새 사람의 표준을 완전하게 생활로 실현하지 못한다. 여기서 불신자의 경우 새 사람이라 함은 피조물을 어떤 다른 무엇보다 위에 두고 섬기는 자연인 내부의 새 사람을 말한다. 그러나 그리스도인도 그의 속에 있는 새 사람의 표준을 완전하게 생활로 옮기지는 못한다. 이 경우 새 사람이라 함은 어느 무엇보다도 창조주를 위에 두고 섬기는 새 사람을 말한다. 그러나 그리스도인으로서의 나의 임무가 내 자신에게 뿐 아니라 나의 동료 그리스도인들에게 그들 속에 있는 옛 사람을 억제하라고 강권하는 일인 것처럼, 불신자들에게는 옛 사람이 아니라 그들 속에 있는 새 사람을 억제하라고 강력히 권고하는 것이 또한 나의 임무이기도 하다.

이러한 임무수행의 필요불가결성은 우리 시대의 어떤 잡지든 간에 종교에 대해 대중적인 것들을 싣고 있다는 사실에서 관측될 수 있을 것이다. 최근에 한 잡지는 어떤 특정 사람들에게 그들이 하나님을 믿고 있는

지에 관한 설문지을 한 적이 있다. 설문에 참여한 사람들 중 압도적인 숫자가 그렇다고 대답했다. 그러나 이어지는 질문에서 오직 극소수의 사람들만이 성경이 말하는 하나님을 그들의 창조주요 심판자로 믿고 있는 것으로 나타났다. 이 설문에서 한 가지 분명하게 드러나는 것은 모든 죄인들이 신의식을 갖고 있으며 따라서 그들의 창조주요 심판자이신 하나님을 알고 있다는 사실이다. 그러나 그러한 기사에서 분명해지는 또 한 가지의 사실은 모든 죄인들이 이런 저런 방법으로 그들이 하나님을 알고 있다는 것을 부인하려 애쓰고 있다는 점이다. 그러므로 그들은 하나님 없이 세상 속에 살고 있다. 찰스 핫지가 매우 잘 지적한 것과 같이 그들은 의와 거룩에로 거듭나 새로워져야 할 뿐만 아니라(엡 4:24) 지식에로도 새로워져야만 한다(골 3:10).

그런데 아퀴나스나 버틀러는 나의 이러한 구분을 구별하지 않는다. 그리고 그 점에 있어서 그들은 일관적이다. 그들은 창조주와 피조물 사이의 구별을 그들의 생각 속에서 절대적으로 기본적인 것으로 취하지 않는다. 그렇다면 어떻게 그들이 이러한 일을 남에게 강권할 수 있겠는가? 하나님이 인간을 만드셨지만 인간이 하나님의 계획을 넘어서는 새로운 일에 착수할 수 있는 능력을 가진 존재로 만드셨다고 주장하는 것이 오히려 그들의 신학의 핵심이다. 그러므로 그들에게 있어서 인간 자신은 하나님과의 관계를 떠나서도 그 자체가 이해될 수 있는 것으로 가정한다. 또 그들은 세계의 사실들과 법칙들도 하나님과 그들 간의 관계와는 관계없이 조작될 수 있고 따라서 이해될 수 있는 것이라고 생각한다. 나는 이미 전통적 변증학의 입장이 이러한 이유 때문에 세계를 가질 수 없고 불신자들과의 어떠한 실질적인 접촉점도 가지지 못한다고 지적했다. 만일 로마 가톨릭이나 알미니안주의가 주장하는바가 인간의 자의식에 관한 그들의 견해가 옳은 것이라면, 기독교를 위한 변증학은 전혀 존재할 수 없다. 이것은 로마 가톨릭과 알미니안주의자가 그들의 신학에 일관성 있게 매달린다면 자연인이 갖고 있는 잘못된 가정들을 도전할 수 없을 것이라는 점에서 볼 때 더욱 분명해진다.

전통적 변증학자는 비그리스도인들의 생각이 잘못된 가정 위에서 전개되고 있음에도 불구하고 그 잘못된 사고 속에서 접촉점을 어떻게든 찾아보려고 애쓰기 마련이다. 그래서 전통적 변증학자는 비그리스도인 속에 있는 새 사람을 대적하여 그의 옛 사람을 일으켜 세울 수 없다. 그는 이러한 구분조차 하지 않는다. 그는 자연인들 가운데 정도의 차이가 있는 것을 인정할 것이다. 뿐만 아니라 그는 이 점을 매우 중시하여 다룰 것이다. 그러므로 전통적 변증학자에게 있어서 모든 사람이 하나님을 알고 있지 못하다고 말하는 전자의 가르침과 동등하게 중요한 성경의 다른 말씀이 올바로 해석되지 못하는 것과 꼭 마찬가지로 잘못 해석되어지는 것이다. 그래서 이런 신학은 모두 타협적이요 절충적 신학이다. 또한 로마 가톨릭과 알미니안주의자가 타협적이고 절충적 변증학을 따르는 것은 조금도 놀랄 만한 일이 못된다.

이러한 변증학의 근본적 오류는 자연인이 잘못된 가정을 내세우고 있다는 사실을 실제로 부정하든지 아니면 사실상 부정하고 있다는 사실에서 명백히 드러난다. 아퀴나스와 버틀러는 칼빈주의자가 언약 파괴자라고 생각하는 자연인, 즉 하나님 자신을 우주에 의하여 해석하는 자연인이 하나님에 관한 정확한 개념들을 가지고 있다고 주장한다. 여기서 내가 정확한 개념이라 함은 단지 형식에 관한 것뿐만 아니라 내용도 그렇다는 말이다. "나는 하나님을 믿는다"라고 말하는 사람은 누구나 그렇게 말함에 있어서 형식적으로는 정확한 것이다. 그러나 문제는 그가 하나님이라 했을 때 그것이 어떤 의미로 쓰여지고 있느냐 하는 것이다. 전통적 견해는 자연인이 하나님이란 단어를 사용할 때 그는 어느 정도 정확한 사고 내용을 지니고 있다고 가정한다. 그러나 사실상 자연인의 "하나님"은 언제나 유한한 하나님이다. 그것은 그가 그의 마음의 기질로부터 절대로 완벽하게 말살시킬 수 없는 참된 하나님에 관한 감각을 억누르는 가장 효과적인 수단이다.

자연인의 신은 **언제나** 그것보다 크고 또 자연인 자신보다 훨씬 더 큰 어떤 실재로 뒤덮여 싸이고 만다. 그는 항상 존재하는 **모든 것**을 포함하는 그 커다란 실재를 그가 말하고 있는 것들의 모든 최종적 실체로 만든다. 그는 탈레스(Thales)를 따라 "모든 것은 물이다"라고 말할 것이며, 아낙시메네스(Anaximenes)를 따라 "모든 것은 공기다"라고 말할 것이다. 그는 또 다른 이들을 따라 이원론자가 되든지, 아니면 다원론자가 되든지 원자론자가 되기도 하고, 실재론자 또는 실용주의자가 되기도 할 것이다. 기독교의 입장에서 볼 때, 그는 여전히 실재에 하나님과 자기 자신을 모두 포함시킨다는 점에 있어서 일종의 일원론적 가정을 고수한다고 볼 수 있다. 전통적 변증학자가 이런 류에 대해서 할 수 있는 일은 거의 없다. 전통적 변증학자는 신학에 있어서 오류에 사로잡혀 있는 것과 마찬가지로 변증학에 있어서도 혼란에서 벗어나지 못한다. 사실상 신자와 불신자가 각기 자기들의 원리에 관해 자의식적임에도 불구하고, 전통적 변증학자는 그들이 무조건적으로 공유하는 어떤 조그마한 사고의 영역에 매달려야만 한다. 이러한 이야기는 하나님께 의존하여 사실을 해석하는 사람과 하나님께 의존하지 않고 사실을 해석하지 않는 사람들이, 그 사실들에 대하여 똑같은 해석을 내린다고 말하는 것이나 다름없는 것이다.

그러나 이 모든 것은 전통적 변증가로 하여금 필히 자기 스스로 좌절에 빠지게 만들 뿐이다. 여기서 잠시 그의 모습을 살펴보자. 먼저 그를 귀납론자로 생각해 보자. 그는 틀림없이 "역사적 변증학"과 고고학 연구에 손을 댈 것이다. 일반적으로 그는 하나님의 존재를 입증하기 위하여 우주의 "사실들"을 다룰 것이다. 그러나 그의 입장에서 그가 설득하고자 하는 사람의 가정에는 도전을 가할 수 없다. 왜냐하면 그 사람은 이미 철저하게 그의 공격을 예비하고 있기 때문이다. 마치 공을 던지는 것처럼 불신자에게 사실들을 던져 대는 전통적 변증학자에 대해 잠시 생각해 보라. 불신자는 마치 볼을 받는 것처럼 그에게 던져지는 사실들을 받아서 뒤에 놓인 바닥없는 웅덩이 속에 계속 던져 넣을 것이다.

그러나 그 변증학자 또한 매우 부지런하다. 그는 불신자에게 유신론을 입증할 모든 증거들을 보여주고 있다. 그는 기독교를 입증할 모든 증거들, 예를 들면 그리스도의 동정녀 탄생과 부활의 증거들을 제시한다. 그가 상대하고 있는 불신자가 전혀 지치지도 않고 예의바른 사람이라 가정해 보자. 그는 이 모든 사실들을 받아서 그 뒤에 놓아둔 순수 우연의 바닥없는 웅덩이 속에 던져 넣고 말 것이다. 그러면서 그는 이렇게 말할 것이다. "이런 이상스런 일들이 실재 속에서 발생한다는 것이 놀라운 일이야. 당신은 마치 이상스러운 일들만을 모아 가지고 다니는 사람 같아요. 나는 보통 정상적으로 일어나는 일들에 대해 더 관심을 갖고 있답니다. 그러나 나는 당신이 내게 말해 준 그 내용들을 지금까지 내가 일하면서 발견해 낸 법칙들에 따라 최선을 다해 설명하고자 노력해 보지요. 아마도 법칙이란 단지 통계학적 평균치일 뿐이라 어떤 특정한 사건들에 관해서는 막상 그 일이 일어나기 전에는 아무것도 이야기될 수 없다고 말해야 할지도 몰라요. 아마도 실재 가운데서는 매우 이상스런 일들이 많은 모양입니다. 그러나 이러한 사실들이 당신의 입장이 진리됨에 대해 도대체 무엇을 입증하는가요?"

보다시피 창조와 섭리를 전제하지 않고 활동하는 불신자가 심지어는 그리스도의 부활과 사실 속에서조차 그의 불신앙을 도전하는 어떤 요소도 발견치 못하는 것은 그가 철저히 자기 자신의 입장으로 일관하기 때문이다. 그는 마치 자라나는 아이가 인생의 어떤 이상스러운 일을 만나 놀라다가 그가 장성해감에 따라 그런 것이 인생이라는 사실을 깨닫게 되는 것과 같이 잠시 동안 놀라워할지 모른다. 전통적 기독교 변증가가 자신이 만난 불신자에게 사실들을 있는 그대로 볼 것조차 요구하지 못한다는 것은 유감스러운 일이다. 전통적 변증가는 사실상 사실을 전혀 제시하지도 못한다. 즉 그는 사실을 제시함에 있어서 그것을 기독교적 견지에서 제시하지 못하며, 사실을 기독교적 견지에서 바라보는 것이 그것을 보는 바른 방법이라는 점도 제시하지 못한다. 우주 내의 모든 사실은 그것이 하나님의 계획안에 차지하고 있는 위치 때문에 우리가 아는 사실로 나타난다. 인간은 그 계획을 완전히 알 수 없다. 그러나 그는 그러한 계획이 있음을 알고 있다. 그러므로 그는 유신론과 기독교 그리고 기독교의 유신론에 관한 사실을 제시하되 그것이 기독교의 유신론을 입증하는 것으로 제시해야만 한다. 왜냐하면 그 사실은 기독교의 유신론 속에서만 사실로 이해될 수 있기 때문이다.

그리고 이런 것은 기독교 변증가가 결코 귀납론자이기만을 추구해서는 안 된다고 말하는 것과도 같다. 그는 사실과 더불어 사실을 보는 그의 철학을 제시해야만 한다. 그렇게 한다고 해서 그는 자신이 다루는 사실을 수적으로 제한시킬 필요는 없다. 그는 동일한 사실을 다룰 것이다. 단지 그는 그것을 당연히 다루어야 할 방법으로 다루게 될 따름이다.

이제 전통적 변증가를 귀납론자가 아닌 선험론자로 생각해 보자. 그는 먼저 그의 동역자인 귀납론자에게 그가 자신의 목적에 어긋난 일을 하고 있다는 사실을 보여줄 것이다. 그는 그가 상대하고 있는 비그리스도인의 가정들을 도전하지 않는 사람은 그 자신을 필연적으로 록크(Locke)에서 버클리(Berkeley)를 거쳐 최대의 회의론자인 흄(Hume)에 이르는 내리막에 올려놓는 것임을 보여줄 것이다. 그런 다음 그는 자신의 기초를 세우기 위하여 어떤 내부적인 지워질 수 없는 원리, 즉 플라톤(Plato)이나 데카르트(Descartes)의 선험적 원리와 같은 어떤 **선험적**인 것에 의존할 것이다. 그는 긍정적으로든 아니면 부정적으로든 간에 모순율에 호소하고 또 사실은 논리의 조건에 부합해야만 한다고 과감하게 도전할 것이다. 그리고 그는 기독교의 사실이 그 시험을 우등생으로 통과한다는 것을 덧붙여 이야기할 것이다.

기독교의 사실이 그렇게 우등생으로 통과하는 것은 사실이다. 그러나 기독교의 사실은 그 시험을 통과하면서 존재마저도 불가피하게 통과해 버린다. 선험론적 변증가는 플라톤과 같이 인간이 신성을 소유한 존재임을 기꺼이 인증해야만 영혼의 불멸성을 입증할 수 있다. 그는 또 스토아철학자들(the Stoics)과 같이 하나님은 오로지 우주의 질서 원리일 뿐임을 기꺼이 인증해야만 이 우주에 질서가 있는 것을 입증할 수 있다. 그는 브래들리(Bradley), 보잔켓(Bosanquet) 또는 로이스(Royce) 등과 같은 헤겔파 관념론자들과 같이 성경의 사실뿐 아니라 그것과 정반대되는 사실도 모두 포용하는 우주의 여러 양상들 속에 성경의 사실을 집어넣음으로써 성경의 모든 사실들이 사실임을 입증하려 할 것이다.

그러나 대개 전통적 변증가가 순수한 귀납론자이거나 순수한 선험론자는 아니다. 필연적으로 그는 귀납론자이자 선험론자이어야만 한다. 전통적 변증가는 사실들에 관한 귀납론적 논쟁을 할 경우 그 사실들을 하나님의 실재를 증명하는 것으로 말할 것이다. 만약 어떤 것도 존재하지 않는다면, 무언가 반드시 존재해야 한다고 말할 것이다. 그러나 무엇이 반드시 존재해야 하는지 그리고 반드시 존재해야 하는 것들에 대해 잘못된 가정을 가지고 있다는 사실을 받아들이려 하지 않을 때, 그는 사실상 사실과 인간의 논리 사이의 관계에 관한 불신자의 생각이 옳은 것이라고 인정하고 말 것이다. 기독교 유신론적 근거 위에서가 아니면 어떠한 근거 위에서도 사실을 논리와 연결시킬 가능성이 존재하지 않는다는 생각이 그에게는 전혀 떠오르지도 않을 것이다. 창조와 섭리의 기초 위에서 움직이고 있지 않은 불신자가 사실에 대하여 이것이 틀림없다고 말하는 것은 결국 허공을 치는 것이나 다름없다. 그의 논리는 허공 속으로 아무것도 움직이지 않은 채 빈 공간 속의 회전 도어를 무위로 여닫는 것이나 마찬가지다. 그러나 전통적 변증가는 불신자들에게 이러한 사실을 지적하는 대신에 불신자들이 그의 내재주의적 방법론에 의하여 여러 가지 사실을 바로 해석할 수 있기나 한 것처럼 불신자를 신뢰하며 그에게 호소하려고 한다.

나는 리차드슨 박사(Dr. Richardson)와 카넬 박사(Dr. Carnell)[18]의 변증학

---

[18] Van Til은 여기서 Alan Richardson, *Christian Apologetics*과 E. J. Carnell, *An Introduction to Christian Apologetics*, in the *Westminster Theological Journal* 11, no. 1 (1948): 45-53에 대해 언급하고 있다. Alan Richardson(1905-75)은 잉글랜드 국교회의 신학자이자 철학자이다. 당시의 긍정주의 및 실용주의에 맞섰던 그는 Wilhelm Dilthey 및 R. G. Collingwood의 사료학에 영향을 받았다. Van Til의 제자였던 E. J. Carnell(1919-67)은 1954-1959년까지 Fuller Seminary의 총장을 지냈다. 그는 제2차세계대전 이후 복음주의의 발전에 많은 영향을 미쳤다. Van Til도 다른 곳에서 인정했듯이 Carnell의 신학은 처음에는 복음적이었으나 점차 일관성이 떨어진 신학으로 바뀌었다. Van Til, *The Case for Calvinism*의 Carnell편을 참조하라.

저서에 대한 서평을 통해 이러한 전통적 변증학이 오늘날 특히 중요하다는 것을 말한 바 있다. 리차드슨 박사는 현대주의자이다. 그럼에도 불구하고 그는 기독교의 사실이 가진 특이성을 신봉한다고 말한다. 그러나 그는 그와 동시에 기독교와 기독교의 사실의 특이성을 신봉하는 것이 인간 경험을 토대로 세워진 일종의 통일성을 신봉하는 것과 불일치하지 않는다고 주장한다. 카넬 박사는 전통적 신자이다. 그는 심지어 어느 정도 전통적 변증학 방법론의 약점에서 탈피해 보려고 노력했다. 그러나 그는 단지 정통적 변증학 방법론의 귀납론적 방법을 배격했을 따름이다. 카넬은 대체로 전통적 방법론으로 다시금 떨어진다. 그리고 바로 이런 점에 있어서 그는 리차드슨에 대한 타당성 있는 반론을 제기하지 못한다. 그가 리차드슨이 타당하다고 여기는 종류의 통일성을 인정하는 한, 그 자신이 신봉하고 있는바 기독교의 사건의 특이성을 포기하고 있는 것이 된다. 반면에 리차드슨이 신봉하고 있는 사건들의 특이성을 카넬이 같이 신봉한다면, 그는 정통적 신자가 마땅히 신봉해야만 할 그 통일성을 포기하는 것이 된다(*The Westminster Theological Journal*, November, 1948을 참조하라).

그런데 하나님의 불변성에 관한 그대의 질문도 똑같은 문제성을 드러내고 있다. 그대는 하나님의 역동적 자기일관성이 하나님의 불변성을 역사의 과정 속에 나타나는 여러 가지 사실들의 진정한 의의와 아무런 모순 없이 쉽게 이해할 수 있도록 만드는 개념이라고 이야기한다. 그러나 하나님의 불변성이 역사적 변화의 실제성과 어떻게 모순 없이 일관성을 가지는가 하는 문제를 설명할 대목에서 그대는 그것을 교묘하게 회피하고 만다. 그대는 불변성 그 자체를 시간 내적 피조세계와의 관계에 나타난 하나님의 일관성의 견지에서 정의하는 데까지만 나갔을 뿐이다. "하나님의 불변성은 그가 창조하고 다스리시는 완전히 통일된 그의 계획으로 되어 있고 하나님의 절대성은 완전히 일관성 있는 그의 연관성으로 되어 있다"(*What is God?* p. 32).

이제 만일 하나님의 불변성이 먼저 그가 이 우주와 맺고 계신 관계와는 상관없이 하나님 자신만의 성품에 관계된 속성의 하나로 거론되지 않는다면, 문제 중 한 요소가 부인된 것이기 때문에 아무런 문제가 생기지 않는다. 그대는 설명해 나가는 가운데 설명해야 할 사실마저 파괴한 것이다. 일단 하나님 자신을 그가 맺고 계신 관계로 축소시키고 난 후, 하나님 자신의 일관성에 대해 이야기하는 것은 무의미한 일이다. 반면에 그대는 하나님과 이 세계 사이의 관계 속에서 하나님 자신이 유지하고 계시는 하나님의 하나님 되심을 또한 진정하게 신봉하지도 않는다. 이는 또한 하나님에 대한 그대의 전반적 논의에서 분명히 밝혀진다. 그러나 만일 그대가 어떤 불신자와 더불어 정말 자족적이신 하나님에 관하여 이야기를 나누는 가운데 그의 사고방식 밑에 깔린 가정들을 도전함 없이 단지 그의 사고방식에 따라서 이런 하나님에 대해 생각해 보라고 권한다면, 그 불신자는 간단히 그러한 하나님은 자신의 경험을 완전히 초월하기 때문에 하나님에 대하여 아무런 생각도 할 수 없으며 따라서 하나님은 그에게 있어서 무의미하다고 말해 버릴 것이다. 그대는 불신자의 이런 자세에 대하여 그대의 방법에 의거해서는 어떤 바른 해답도 제시하지 못할 것이다.

그렇다면 전통적 방법론에 의해서는 한 입장을 분명하게 다른 입장과 구별시켜 그 둘을 있는 그대로 비교한다는 것이 불가능하다는 일반적 결론을 내릴 수 있다. 만일 두 입장의 상충하는 바가 있는 그대로 지적될 수 없다면 두 상반되는 입장이 서로 맞닥뜨리는 일도 단연코 없을 것이다. 전통적 논쟁방법의 기초 위에서는 불신자가 자기에게 받아들이라고 권해지는 그 입장이 자기 자신의 입장과 어떻게 다른지를 정확하게 볼 수 있는 기회를 그다지 많이 제공하지 못한다.

그러나 이런 모든 결과는 로마 가톨릭의 토마스 아퀴나스와 알미니안주의자인 버틀러를 추종함으로써 기인된다. 칼빈을 따른다면 이런 문제는 전혀 없을 것이다. 그 경우 우리는 이 세계가 성경이 말하는 그러한 세계라고 믿음으로부터 시작한다. 그럴 때 우리는 비록 항상 **온건한 방**

식으로[19]—그러나 단호하게—인간에 대한 하나님의 권리를 주장하게 된다. 우리는 표면 아래 숨어 있는 모든 인간 속에 나타난 신의식이 있음을 안다. 그러므로 우리는 그 신의식이 언약 파괴자의 새 사람에 의해 늘 당하고 있는 억압을 박차고 대항하여 일어날 기회를 주어야 한다. 우리는 이 언약 파괴자의 새 사람과 결단코 타협하지 말아야 한다. 그의 가정들 위에서는 만물이 무의미함을 우리는 보여주어야만 한다. 과학은 불가능하게 될 것이며 이런 분야에 있어서도 무엇을 안다는 것은 불가능하게 될 것이다. 어떠한 사실도 상호 분간되지 않을 것이다. 사실에 관한 어떠한 법칙도 법칙이라 할 수 없게 되고 말 것이다. 사실적 경험에 대한 모든 조작 행위는 기어를 물려 놓지 않아서 헛돌고 있는 엔진의 공회전과도 같을 것이다. 이와 같이 어떤 일부의 사실이 아니라 모든 사실이 개연적이 아니라 명백하게 기독교 유신론의 진리 됨을 입증한다. 만일 기독교 유신론이 참이 아니라면 어떤 무엇도 참이 아니다(If Christian theism is not true then nothing is true). 만일 하나님의 종들이 다른 소리를 하면 성경의 하나님이 만족하시겠는가?

그러면 나는 그와 같은 방법을 따름에 있어서 카이퍼와 바빙크의 전통에서 전격적으로 벗어났는가? 그와는 정반대로 나는 이 모든 것을 주로 그들에게서 배웠다. 신자와 불신자의 접근방식상의 차이에 관한 사실을 현대의 어느 다른 책들보다 뚜렷하게 드러내 보인 것은 다름이 아니라 카이퍼의 『엔사이클로피디아』(*Encyclopedia*)였다. 자연 이성에 기초를 둔 로마 기톨릭의 지언신학에 정반대로 적극 대항하여 자연신학을 분명히 성경을 향하게끔 돌려놓은 것이 바로 바빙크의 기억할 만한 업적인 것이다. 대개 전통적 방법론에 의해서 형성된 하나님에 관한 증거들은 오직 유한한 신을 입증할 뿐임을 내게 가르쳐 준 이는 다름 아닌 바빙크였다. 나는 과연 이 위대한 개혁주의 신학자들이 어떤 점에 있어서는 그들 자신의 원리를 바로 지키지 못했다고 말할 정도의 무모한 용기를 갖고 있는 것이 사실이다. 그러나 내가 그만한 용기를 가지고 그런

---

[19] "*suaviter in modo.*"

이야기를 하는 것은 그들이 대개 어떤 점에서 칼빈을 어느 정도 떠났다는 점을 지적하려고 노력하는 것이다.[20]

2. 제2원인들

세실 드 보어는 필자가 "제2원인들"에 대해 정당하게 판단하지 않는다고 주장한다.

> 덧붙여 말하자면 이처럼 제2원인들의 실제성을 무시하는 행위는 소위 "극단적 초자연주의"(suffocating supernaturalism)—즉 자연적인 사건들과 인간의 행위들을 사실상 하나님의 행위와 동일시하는 방식으로 모든 것을 하나님에 대한 언급으로 보려는 마음의 습관—로 불릴 소지가 있다는 것이다…. 물론 내가 믿기 위해서는 하나님의 은혜가 필요하다. 그러나 실제로 믿는 것—또는 의심하거나 회개하거나 고통을 당하는 것—은 나이며 하나님이 아니다. 다시 말하면 믿든 안 믿든 인간이 제2원인들이라는 관점에서 나무나 쇠막대에 대한 참된 지식을 얻고자 한다면 하나님이 설정해 놓으신 그들의 객관적 존재 및 그들의 속성들을 인정해야만 한다.[21]

이러한 비판에 대한 필자의 대답은 다음과 같다. 즉 필자는 기독교의 입장을 창조와 섭리를 통해 실현된 하나님의 계획이라는 관점에서 일관되게 제시하는 가운데 "제2원인들"의 존재가 하나님에 의해 설정된 것으로 주장해왔다는 것이다. 필자는 "고전적 실재론"이나 근대 관념론처럼 하나님의 계획이나 창조와 섭리를 전혀 허용치 않는 비기독교적 사상에 맞서 이러한 주장을 거듭 제시해 왔다.

---

20 Van Til, "Presuppositionalism," 218-28 그리고 "Presuppositionalism Concluded," 278-90.
21 Cecil De Boer, "The New Apologetic," *The Calvin Forum* 19, nos. 1-2 (August-September 1953): 5.

그들의 관점에서는 "제2원인들"이 "제1" 혹은 궁극적 원인들이다. 따라서 이러한 원인들 배후에 더 이상의 궁극적 원인은 존재하지 않는다. 궁극적 요소로서 제2원인들은 우연에 의지할 수밖에 없다. 따라서 인간의 모든 경험은 무의미하다. "회심이 빌립보 감옥의 간수를 유클리드(Euclid)로 만들 수는 없다"[22]는 말은 분명한 사실이지만 이 문제는 여기서 다룰 문제가 아니다. 진정한 제2원인들이 있어야 한다면 그것은 반드시 궁극적 원인인 하나님을 상정해야 한다는 사실을 보여주려는 데에 필자는 관심이 있을 뿐이다. 바꾸어 말하면 모든 학문은 오직 기독교의 진리라는 전제 위에서만 설명될 수 있다는 것이다. 필자는 존 와일드(John Wild)나 그의 동료들이 성경적 의미의 창조 및 섭리 개념을 부여한 "고전적 실재론"의 "객관성"이나 어떤 형태의 근대적 실재론도 염두에 두고 있지 않다. 궁극적 제1원인인 창조주 하나님이 없는 제2원인들은 무의미하다고 주장하는 것은 결코 "극단적 초자연주의"가 아니다. 만일 "고전적 실재론"이나 근대 관념론이 사실이었다면 과학과 모든 인간의 경험은 질식되고 말았을 것이다. 그렇게 되면 어떤 원인도 존재할 수 없을 것이다. 모든 실재는 비이성적인 개별자들로 구성될 것이다. 또한 모든 것은 "혼돈과 태고의 밤"(chaos and old night)이 되고 말 것이다.[23]

3. 우발성

제시 드 보어는 우발성에 대해서도 제2원인들과 유사한 주장을 한다. 그는 필자가 모리스 R. 코헨(Morris R. Cohen)[24]의 "신학적 개요를 위한 자

---

[22] Ibid.
[23] 이것은 고대 헬라―아마도 Hesiod(BC 8세기경)―의 우주기원론에 대한 언급으로 보인다. 이 우주론은 혼돈이 모든 것을 존재케 하였으며 공허로부터 태고의 밤이 나왔다고 주장한다. 이러한 우주론에서는 우연이 최고의 지배자이며 따라서 그것으로부터 나오는 것은 무엇이든지 "공허로부터" 나오는 것이다.
[24] 여기서 Van Til은 De Boer가 Morris R. Cohen(1880-1947)에 대해 말한 것에 대해 언급하고 있다. Cohen은 러시아 태생의 철학자로 City College of New York(1912-38) 및

연과학에 대한 설명"을 잘못 이해했다고 말한다. 코헨은 단지 자연과학은 기원에 대해서는 관심이 없다는 말을 했을 뿐이라는 것이다. "이 문제에 관한 한 코헨의 주장은 옳다."

> 확실히 반틸과 코헨은 전혀 다른 문제에 대해 말하고 있으며 만일 반틸이 자신의 주장이 코헨과 상충된다고 생각한다면 반틸이 잘못하고 있는 것이다. 특정 기독교 교리에 대한 반틸의 설명과 웨스트민스터 신앙고백서의 진술을 비교해 보면 도움이 될 것이다. 다음은 웨스트민트터 신앙고백서 5장 2조이다. "만물은 제1원인이 되는 하나님의 예지와 작정대로 한 치의 오차나 변함없이 일어난다. 그러나 하나님은 동일한 섭리에 의해 제2원인의 성격에 따라(즉 필연적이거나 임의적으로 또는 우연히) 그렇게 되도록 정하셨다." 여기에는 "전제"에 관한 언급이나 제2원인들이 이해 가능한 그리고 경우에 따라서는 우발적으로 자신을 표현하는 자신만의 본성을 가질 수 없다라고 하는 암시는 없다.[25]

필자는 이 주제를 다룸에 있어서 우발성의 문제에 초점을 맞추고자 한다. 그리스도인은 우발성과 같은 것의 존재를 부인해야 하는가? 특히 개혁주의 신앙을 가진 그리스도인들은 우연의 여지를 남기고 있는 어떤 주장에 대해서도 거부해야 하는가? 이런 표현을 사용한다는 것은—이교도는 아니라 하더라도—로마 가톨릭이나 알미니안주의라는 표시인가?

이에 대한 대답은 드 보어가 인용한 웨스트민스터 신앙고백서 조항 속에 분명하게 나타나 있다. 그 신앙고백에는 우발성 개념이 명확히 제시된다.

따라서 우리는 이제 "이성의 형이상학과 과학적 방법"(The Metaphisics of

University of Chicago(1938-42)에서 가르쳤다. 자연주의를 신봉하는 그는 사실들에 대한 모든 지식은 개연성일 뿐이라고 가르쳤다. De Boer가 언급한 자료는 Cohen, *Reason and Nature*이다.

25 Jesse De Boer, "Professor Van Til's Apologetics: Part II: God and Human Knowledge," *The Calvin Forum* 19, no. 3 (October 1953): 33.

Reason and Scientific Method)²⁶에 제시된 코헨의 우발성에 대한 설명을 살펴볼 것이다. 우리는 그가 우발성이라는 개념을 사용한 것을 볼 수 있다. 그가 이 용어를 사용하였기 때문에 우리는 분명히 그가 말한 것을 부인할 수는 없다. 그러면 우리는 그가 어떤 의미로 우발성이라는 표현을 사용했는지 물어보아야 할 것이다. 그는 이 단어를 웨스트민스터 신조가 말하는 것과 동일한 의미로 사용하였는가? 웨스트민스터 신조가 말하는 우발성은 하나님의 변치 않는 작정에 따라 발생하는 무엇(something)이라고 하는 개념이다. 이 신조는 결정론에 맞서 개혁주의 신학을 변호한다. 불신자들과 로마 가톨릭 교도 및 복음주의를 추종하는 자들은 개혁주의 신학이 하나님의 섭리를 모든 사실의 궁극적 원인으로 삼는 과정에서 우발성의 진정한 의미와 함께 사실상 하나님을 죄의 창조자이자 인간의 의지를 침해하는 자로 만들고 있다고 비난할 준비를 갖추고 있다.

피기우스 역시 칼빈에 대해 이러한 반박을 제기한 바 있으며 웨스트민스터 신조는 칼빈의 언어를 사용한다. 웨스트민스터 신조는 하나님은 일어나는 모든 일을 자신의 뜻에 의해 주관하신다고 주장한다. 따라서 "그의 눈앞에는 모든 것이 가리우지 못하고 드러나며 그의 지식은 무한하시고 무오하시며 피조물에게 의존하심이 전혀 없으시다. 그에게는 우연하거나 불확실한 것이 전혀 없다."²⁷ 이것이 결정론인가? 웨스트민스터 신조는 "하나님은 영원 전부터 세상에서 일어나는 모든 일들을 그 자신의 뜻에 따른 가장 현명하고 거룩하신 계획으로 자유롭고도 불변적으로 정하셨다. 그러나 그는 죄를 조성하시거나 피조물의 의지를 억압하지 않으신다. 또한 자연법칙의 자유나 우연성을 빼앗지도 않으시며 도리어 성립시키신다"²⁸고 말한다.

여기에 "'전제'라는 언급이 없는" 것은 확실하다. 신조는 철학 논문이

---

26 Chapter 4 in Morris, R. Cohen, *Reason and Nature* (New York: Harcourt, Brace, & Co., 1931).
27 웨스트민스터 신앙고백서 2장 2조.
28 웨스트민스터 신앙고백서 3장 1조.

아니다. 그러나 웨스트민스터 신조는 인간의 의지나 제2원인들 또는 우발성이라는 표현을 통해 그것이 하나님의 궁극적이고 결정적인 계획 안에 있음을 보여준다.

한편으로 모든 비그리스도인들은 인간의 자유나 "제2원인들" 또는 "우발성"과 같은 것들을 하나님의 뜻이나 그의 창조 및 섭리와는 전혀 무관한 것으로 생각한다. 이는 그들의 사상이 궁극적 비결정론(indeterminism)임을 보여준다. 이러한 비결정론은 전형적인 비기독교 철학의 한 요소이다. 비그리스도인이 자신의 원리를 거슬러서 무언가를 우발적으로 할 수 있느냐라는 것은 여기서 지금 다룰 문제가 아니다. 그러나 비그리스도인 과학자가 스스로 자신의 방법에 대해 설명한다면 그 속에 존재에 관한 이론이 전제되어 있으며 이 존재 이론은 하나님의 지배를 받지 않는 열린 세계에 대한 개념을 포함한다는 사실을 발견할 것이다.

만일 여러분이 그의 방법론에 관해 물어본다면 그는 자신의 마음은 열려있으며 사실들이 어디까지 인도하든─설사 그리스도인의 입장으로 인도할지라도─그것을 따를 것이라고 주장할 것이다. 그러나 먼저 그는 자신이 원하는 가설을 세우고자 할 것이다. 그리고 그가 세운 가설과 이론적으로 연계된 가정에는 이미 기독교적 입장이 배제되어 있는 것이다. 그리스도인은 만물을 주관하시는 "하나님께 우연이란 있을 수 없다"는 성경의 권위를 믿는다. 그러므로 인간을 위한 과학적 가설과의 연계는 전적으로 하나님의 섭리 개념 안에서 이루어진다.

그러나 우리는 코헨의 관점으로부터 일관되게 과학이 가설을 자유롭게 세우기 위해서는 섭리 개념이 배제되어야 한다는 생각을 찾을 수 있다. 그는 우연의 형이상학을 과학적 방법의 기초로 제시한다. "일반적 시각과는 달리 실제로 과학적 방법에 의존하고 있는 '충분한 이성'(sufficient reason)의 원리는 우연이나 우발성 또는 비결정론의 영역과 양립할 뿐만 아니라 자신이 법칙의 보편성과 상관성이 있다는 사실을 적극

적으로 주장한다."²⁹

이제 우연의 세계에서는 어떤 것도 일어날 수 있는 것처럼 보인다. 그렇다면 기독교의 입장도 우연에 의해 사실이 될 수 있다는 것인가? 이에 대해 코헨은 우리는 비록 과학적 절차 안에서 우연이나 비결정론 개념이 필요하지만 그것과 상관된 개념으로서 결정론 개념도 필요하다고 대답한다. 그렇지 않으면 우리는 부조리에 빠질 수밖에 없다는 것이다.

> 흔히 과학적 방법의 원리는 어떤 사실—그것이 아무리 이상하고 기적적이라고 할지라도—의 가능성을 미리 배제할 수는 없다고 말한다. 그러나 실제로 특정 유형의 설명은 과학적 지식의 통합 안에서 용납될 수 없다. 가령 섭리나 무형의 영과 직결된 물리적 현상에 대한 설명을 시도하려는 것은 합리적 결정론의 원리와 양립할 수 없다. 이러한 실체의 본질은 그들로부터 결정적인 실험결과를 끌어낼 수 있을 만큼 충분히 결정적이지 않다. 가령 섭리의 의지(Will of Providence)는 모든 것—그것이 어떤 식으로 일어나든—을 설명하려 할 것이다. 따라서 어떤 실험도 그것을 뒤엎을 수 없다. 그러나 우리가 반박할 수 없는 가설은 실험으로도 입증될 수 없다.
> 따라서 영적인 것이나 주술적인 것이나 다른 초자연적 영향력을 배제하는 것은 과학적 방법이 우리의 세계관을 빈곤하게 했다고 볼 수 있다. 그러나 어떤 가능성도 배제되지 않은 세계는 혼돈으로 가득한 세계일뿐이며 이러한 세계에 대해서는 어떤 분명한 주장도 제시될 수 없다는 사실을 알아야 한다. 어느 정도 질서가 잡힌 세계라면 비정상적인 마음을 채워주는 추상적 사고나 근거 없는 가능성에 대한 제거를 요구할 것이다.³⁰

확실히 이 모든 것은 칸트 이전 시대의 용어로는 형이상학이 아니다. 다른 많은 현대 사상가들처럼 코헨은 궁극적 실재를 알 수 있는 인간의 능력을 무시한다. 이런 점에서 그들은 칸트를 좇아 인간의 지식을 현상적

---

29 Cohen, *Reason and Nature*, 151.
30 Ibid., 159.

영역에만 국한시켜버린다. 그러나 이러한 "옛 형이상학"[31]과 관계된 것들을 무시함에도 불구하고 오늘날 현상학은 사실상 가상적 형이상학에 의존한다. 달리 방도가 없었던 것이다. 코헨의 설명 자체는 현상학이 초자연적 사건이나 섭리와 같은 개념의 배제를 요구한다는 사실을 명백히 보여준다. 코헨은 자신의 실재의 섬은 초자연적인 것—즉 기독교가 생각하는 하나님—에 의한 어떤 공격으로부터도 안전하다고 확신한다. 그의 현상학에는 기독교의 하나님은 존재할 수 없다는 취지의 부정적인 보편적 판단이 포함된다. 사실들과 법칙들은 순수한 우연과 순수한 결정론이 제한적 개념으로서 상호 균형을 이루어 만들어낸 결과물이라는 것이다.

자신의 외부에서는 어떤 것도 가지지 않는 완전히 합리적인 체계나 그것에 대한 어떤 가능성 있는 대안도 둘 다 전제되어지며 어느 한 순간에 실제적으로 획득되는 것이 아니다. 그것은 부분적으로 브래들리의 절대자(Bradleyan Absolute)와 일치하지만 정확한 경험이라기보다 이상적인 한계(ideal limit)일 뿐이다. 실현되지 않은 가능성은 정확히 그것이 가진 영원한 시간에 해당하는 만큼 존재한다.[32] 비공유적 속성을 가진 하나님은 일종의 관념 또는 한계(limit) 개념으로 전락된다. 영원은 인간과 구별되는 하나님의 속성이 아니다. 그것은 하나님에 대한 모든 개념과 마찬가지로 하나의 이상에 지나지 않는다. "영원은 일련의 확장된 조망들(expanding vistas)의 배열 원리 또는 한계로 보아야 한다."[33]

오늘날 현상론은 다양한 형식으로 광범위하게 확산되어가고 있다. 필자는 강의안 『기독교 험증학』(*Christian Evidences*)에서 코헨과 유사한 입장을 견지하는 많은 학자들을 다루었다. 그리고 『기독교와 심리학』(*Christianity and Psychology*)에서는 과학의 중립적 방법이 어떻게 기독교에 대한 부정과 연관되는지를 보여주고자 했다. 이 주제는 중요하기 때문에

---

[31] "*alte metaphysik*"은 현상계 위 또는 그 너머에는 무엇인가 있다고 가정한다. Kant의 입장은 현상계 너머에는 무엇인가—가령 하나님, 자아, 자체 안에 있는 것들(things-in-themselves)—있지만 그들에 대해 알 수는 없다는 것이다.
[32] Cohen, *Reason and Nature*, 158.
[33] Ibid., 156.

후자와 관련하여 몇 가지 내용을 언급하고자 한다.

첫째, 저들은 과학적 방법을 종교 문제에 적용하기 위해서는 열린 마음이 필요하다고 주장한다. 종교 심리학자들은 종교가 객관적 준거를 가지든 가지지 않든 상관하지 않는다. 그들은 종교적 의식(consciousness)을 설명하는 것이 아니라 단지 묘사하려고만 한다. 그들은 사람들의 마음속에 있는 이러한 의식에 대한 증거를 찾기를 원한다. 따라서 그는 그리스도인, 모하멧교도, 불교도 및 그 외 여러 사람들에게 종교가 그들에게 어떤 의미를 지니는지 묻는다. 이 첫 번째 주장의 배후에는 아무도 거짓 종교에 대항하는 참된 종교가 존재한다는 사실에 대해 미리 속단할 수 없다는 가정이 존재한다. 기독교는 초자연적이고 정확무오한 계시 개념으로 다른 종교들과 비슷한 반열에 위치할 뿐이다. 추상 가능성은 하나님 보다 높은 위치에 자리할 것이다.

둘째, 그들은 기준이나 표준에 관한 문제를 도입한다. 즉 어느 종교가 다른 종교보다 **더 나으냐**라는 것이다. 따라서 기독교는 결코 유일한 참된 종교로 나타날 수 없다. 많은 종교 심리학자들에게 기독교는 다른 종교**보다 나을 수는** 있으며 실제로 그런 종교로 여겨진다.

셋째, 이처럼 단순한 "묘사" 과정으로부터 나오는 종교에 대한 정의는 종교의 객관적 준거에 대해 다양하게 언급한다. 일반적인 종교 심리학자들이 생각하는 하나님은 세계 속의 영향력 혹은 세계 너머에 있는 어떤 것이다. 그것은 결코 자족적이며 자기결정적인 기독교의 하나님은 아니다. 밀리킨(Robert A. Millikan)[34]은 "종교가 해야 할 일을 세 마디로 말하면 '인류의 양심과 이상과 열정을 발전시키는 것'이라고 생각한다"[35]고 했다. 커티스(Heber D. Curtis)[36]와 아인슈타인(Albert Einstein)[37] 및 다른 많은 학자들 역시 종교의 정의에 관해 이와 유사한 주장을 펼친다. 제임

---

[34] Robert A. Millikan(1886-1953)은 종교와 과학의 상호 관계에 관심을 가진 탁월한 과학자이자 철학자이다.
[35] Robert A. Millikan, "Christianity and Science," in *Has Science Discovered God?* ed. E. H. Cotton (New York: Thomas Y. Crowell, 1931), 24.
[36] Heber D. Curtis(1872-1942)는 주로 천문학자로 잘 알려져 있다.
[37] Albert Einstein(1859-1955).

스 진스 경(Sir James Jeans)[38]은 수백만 년 전에 몇 개의 별이 맹목적으로 창공을 떠다녔다고 말한다. "시간의 흐름 속에서 우리는 언제, 어떻게, 누가, 왜, 이 차가운 조각들 가운데 하나에게 생명을 주었는지 알 수 없다." 따라서 우리는 여기서 불가지론(agnosticism), 기독교에 대한 부인 및 "기회가 세계를 지배한다는 확신" 등 세 가지 사상을 동시에 만나게 되는 것이다.[39]

복음의 수종자들이 알아야 할 것은 바로 이러한 모습이다. 오늘날의 과학적 방법론은 중립적이고 비형이상학적인 묘사적 방법(descriptive procedure)인 양 행세한다. 오늘날의 후기 칸트주의 역시 이러한 사조를 벗어나지 못하고 점차 현상화되고 있다.

"전적인 초월"(wholly beyond)이니 "영원한 가치들"(eternal values)이니 하는 용어들을 막연히 사용하는 모더니스트 및 뉴 모더니스트 사역자는 현대 과학 및 현대 철학에 물들어 있는 자들이다. 오늘날 사역자들은 당당하다. 그는 "하나님"이나 "그리스도"나 "성령"과 같은 용어들―이러한 용어들이 자신을 창조하신 심판자를 만나기 싫어하는 자연인이 말하는 이상화(idealizations)나 객체화된 관념들(projections)에 해당하는 한―을 마음대로 사용할 수 있다.

만일 정통 그리스도인이 중립적 과학이 저급한 차원의 실재에 대해 기술하고 있는 오늘날의 "세대주의"(dimensionalsm)[40]를 용납한다면 그는 기만당하고 있는 것이다. 정통 그리스도인이 현상계에 대한 "중립적" 과학자의 "묘사"를 받아들인다면 그는 일관성을 위해 모더니스트 사역자의 공허한 비결정론적 신을 받아들이지 않을 수 없을 것이다. 우리는 앞서

---

[38] James H. Jeans(1877-1946). Jeans는 1904년 Cambridge의 수학 강사로 임용되었으며 1905년부터 1909년까지는 Princeton에서 응용 수학 교수로 가르쳤다. 1909년에 영국으로 돌아온 Jeans는 Cambridge의 Stokes Lecturer in Applied Mathematics로 임용되어 1912년까지 후학을 가르친 후 Guildford로 돌아와 수학 연구 및 저술에 전념하였다.

[39] James Jeans, *The Mysterious Universe* (New York: Macmillan, 1932), 3.

[40] Van Til이 말하는 dimensionalism은 실재의 구조를 분할하려는 철학이다. upper story/lower story(상층/하층), real/ideal(실제/이상[Plato]), phenomenal/noumenal(현상적/본체적[Kant])은 모두 이러한 dimensionalism의 한 사례이다.

정통 기독교는 제시 드 보어가 그처럼 칭송하는 "고전적 실재론"과 조화될 수 없다는 사실을 살펴보았다. 정통 기독교는 후기 칸트주의 과학 및 철학의 기술적(descriptive) 현상론과는 더더욱 맞지 않는다. 후자는 근본적으로 관념론과 유사하며 관념론은 결코 기독교에 우호적이지 않다.

그럼에도 불구하고 로마 가톨릭과 복음주의는 "고전적 실재론"을 기독교의 훌륭한 유신론적 기초로 생각하고 현상론은 저차원의 실재에 대한 순수하고 중립적인 묘사로 생각하는 듯하다. 로마 가톨릭과 복음주의는 일어나는 모든 일이 하나님의 뜻에 의한 것이라고 믿지 않기 때문이다.

그러므로 그들은 "엄연한 사실"(brute fact)의 "우발성" 개념에 대해 반대할 필요가 없으며 따라서 극단적 비결정론자나 비결정적인 개체화(individuation) 원리에 대해서도 반박할 필요성을 느끼지 않는다. 오늘날의 과학적 방법론이 그들로서는 전혀 지지할 이유가 없는 사실들(facts)에 대한 "열린 우주" 개념을 요구한다 해도 로마 가톨릭과 알미니안주의의 입장에서는 크게 반박하고 싶은 마음이 없는 것이다. 그들은 성경을 비결정론을 가르치는 책으로 만들고 있는 것이다.

또한 오늘날 과학적 방법론이 포괄적 묘사 개념을 "엄연한 사실"(brute fact)개념과 연계하는 것이 이상적이라고 떠들어도 로마 가톨릭과 복음주의는 침묵을 지킬 뿐이다. 그들이 이처럼 개혁주의 신앙 사상에 역행하는 것은 그들의 관점에서 볼 때 모든 것을 결정하시는 궁극적 제1원인 및 진성한 의미의 제2원인들이 존재한다는 것은 불가능하다고 생각하기 때문이다.

로마 가톨릭과 알미니안주의는 창조와 섭리 교리를 무력화시킴으로써 자신들을 자유의지라는 "경험"에 조율시키고 있다. 그러므로 그들의 사상은 어느 정도 비결정론/결정론, 합리주의/비합리주의라고 하는 비기독교적 사고방식에 의해 오염되어 있다. 따라서 그들은 자신들의 관점에서 볼 때 불신자들과 "세계에 대한 해석"의 개념을 합법적으로 공유할 수 있는 것이다.

특히 그들은 자연신학의 도식을 통해 "고전적 실재론"과 합류할 수 있다. 그들은 불신자도 자기 자신에 대해서 뿐만 아니라 하나님의 자연계시를 바로 해석할 수 있으며 실제로 그렇게 하고 있다고 생각한다. 이 부분에 대해서는 다음 장에서 보다 상세하게 다룰 것이다. 현재로서는 개혁주의 신앙을 가진 자들만이 기독교의 실재에 관한 교리를 가장 바르게 주장할 수 있다는 사실만 지적하고자 한다. 시공계의 사실들을 규명하고 정렬하는 순간에조차도 창조와 섭리 교리의 중요성을 주장하고 강조할 생각을 할 수 있는 자들은 그들뿐이다. 오직 그들만이 시공계의 실재성에 대한 규명이 가능하다고 인정되는 순간, 다시 말해 하나의 사실이 하나님의 창조적이고 섭리적인 행위와 무관관하게 다른 사실들과 차별화될 수 있는 결정적인 특질을 가졌다고 추정되는 순간, 비결정론이 도처에서 침투해 들어올 것이라는 사실을 인식하고 있다. 일단 수학과 같은 가장 낮은 차원에서 비결정론을 인정하면 원칙적으로 다른 모든 차원에서도 비결정론을 인정하지 않을 수 없다. 오직 하나님만이 궁극적인 자기결정적 사실(fact)이며, 따라서 세계의 모든 사실들을 창조하고 주권적으로 섭리하는 결정자일 때에만, 비로소 사실들은 각각의 개체로서 구별된 속성을 가질 수 있는 것이다. 신학에서와 마찬가지로 과학적 방법론이 "엄연한 사실"(brute fact)을 전제하였을 때 칼빈이 그것을 유독 반대했던 이유도 이 때문이다.

오직 칼빈주의자들만이 신론의 가장 낮은 단계에서의 비결정론은 반대했던 것처럼, 오직 그들만이 결정론을 반대하는 데 관심을 가진다. 또한 그들만이 결정론을 적극적으로 반대한다. 코헨을 비롯한 많은 학자들이 섭리나 기적을 반대하는 이유는 만일 그러한 것들을 허용하면 과학적 방법이 요구하는 "엄연한 사실"에 의한 가설 검증 작업이 훼손된다고 생각하기 때문이다. 이러한 주장을 반대하는 것도 칼빈주의자뿐이다. 칼빈주의자는 시공계의 사실들이 자신들의 결정적인 특질들을 마치 인간의 정신이 궁극적이기라도 한 것처럼 인간정신을 규정하는 행위를 통해서 추출하려는 시도를 용납하지 않는다. 창조와 섭리의 교리가 "알려져야 할 대상인 사실들"과 그것들을 "알기 위해 시도하는 인간정신" 양측 모두와 관련하여 우리에게 요구하는 것은, 인간이 스스로를 바라볼 때 궁극적으로 하나님의 결정적 행위를 통해 있는 그대로의 모습을 갖게된 실재에 대한 유한한 재해석자에 불과하다는 사실을 생각하라는 것이다. 만일 우리가 인간은 세계의 사실들을 결정하는 궁극적이고 유일한 원천이라고 하는 원리를 허용한다면 원칙적으로 모든 영역에서 주권적 하나님을 몰아내는 결과가 될 것이다. 제시 드 보어는 필자에 대해 다음과 같이 주장한다.

> 반틸은 자연과학의 확실성을 확립하는 문제에 지나친 관심을 보인다. 과학자들은 자신을 변호하는 일에 고무되거나 자신의 일에 대한 확신을 갖도록 스스로를 북돋울 필요가 없다. 자연의 통일성의 확실성에 대한 일반적 언급은 유력한 가설 혹은 그 가설들에 대한 검증방법을 찾는데 아무런 도움도 되지 않는다. 잘못된 길로 빠진 조카의 도박빚을 떠안은 관대한 삼촌의 경우처럼 기독교 신앙이 자연과학에 대해 일정한 역할을 했다고 해서 기독교 신앙을 장려할 수 있는 충분한 이유는 되지 않는다. 엄격히 말하면 기독교 신앙의 가장 중요하고 특징적인 요소는 지식이나 증거에 관한 것이 아니라 신앙에 관한 것이다.[41]

그는 이 글 바로 앞에서 자연의 통일성 개념에 대해 설명하면서 "어쨌든 자연의 통일성은 피조물과 하나님의 관계가 아니라 자연의 사건들 및 사물들 간에 존재하는 일종의 질서이다"[42]라고 했다. 또한 "당연한 말이지만 물리학은 자연의 사물에 대한 인간의 지식을 포괄할 수 없다. 인간은 물리학의 연구대상이 되는 사물의 특징들에 대한 관심 외에도 피조물의 피조성(creatureliness)에 관심을 가지고 그들의 존재 근원이 하나님 안에 있음을 이해한다"[43]라고도 했다. 그리고 그는 다시 한 번 다음

---

[41] J. De Boer, "Professor Van Til's Apologetics: Part II," 28, 29.
[42] Ibid., 28.
[43] Ibid., 30.

과 같이 주장한다. "그러나 중요한 문제는 그리스도인이 자신을 변호하기 위해 무엇을 할 수 있느냐는 것이다. 나는 그가 과학의 한계 및 과학 내의 위계질서에 대한 상세한 정의를 제시함으로써 그리고 철학적 이설에 빠지지 않고 학문을 함으로써 무엇인가 할 수 있다고 생각한다."[44]

이러한 인용문에 대해 아마도 독자들은 앞서 논의한 내용을 통해—특히 제시 드 보어의 기사를 읽었다면—그와 필자 사이에는 상당한 괴리가 있다는 사실을 알았을 것이다.

드 보어는 분명히 우리가 근대 관념론 대신 "고전적 실재론"을 고수하기만 해도 "철학적 이설에 빠지지" 않는다고 주장한다. 그러나 필자는 "고전적 실재론"이 근대 관념론 못지않게 개신교의 성경관과 다르며 삼위일체나 창조 또는 섭리에 관한 성경적 교리를 허락하지 않는다고 주장한다.

드 보어는 분명히 우리가 먼저 비그리스도인과 함께 자연을 과학적으로 해석한 후 피조물의 피조성에 대해 눈을 돌릴 수 있다고 말한다. 그러나 동시에 그는 "기독교 신앙의 특징적 요소는 신앙의 문제이며 지식이나 증거의 문제가 아니다"라고 주장한다.

필자는 우리가 사물의 피조성에 대해 처음부터 경청하지 않는 한 끝까지 그렇게 할 수 없다고 주장한다. 즉 우리는 물리학자와 같은 태도로 자신의 분야에 타당한 것을 연구할 때에 사물의 피조성을 의식하게 되는 것이다. 이것은 내가 연구실의 실험도구들을 예배에 사용한다는 말은 아니다. 나는 "왕을 위하여"라는 카이퍼의 유명한 슬로건만을 생각하고 있다.[45] 필자가 처음에 사실상 모든 사물은 피조물이 아니며 그것들 중에 창조된 것이 없다고 인정했다면 어떻게 나중에 사물의 피조성에 대해 의식할 수 있겠는가? 또한 그리스도인으로서 필자가 처음에는 창조와 섭리 사상이 사실들에 의해 검증될 수 없으므로 가설로서 불합리하다고 생각했다고 하자. 그랬다면 나는 지금 카이퍼나 칼빈이 생각지

---

[44] Ibid., 32.
[45] "Pro Rege."

도 못할 일, 즉 자연의 통일성은 "피조물과 하나님의 관계"를 보여주지 못한다는 생각을 가지고 있을 것이다. 말하자면 나는 사물의 피조성을 나의 연구분야에서 제외시켜버린 셈이 되는 것이다.

만일 내가 나중에 사물의 이러한 피조성에 눈을 돌려 창조주로서 하나님 사상을 의식하게 된다면 그것은 지식의 문제가 아니라 "믿음"의 문제가 되는 것이다. 그리고 나의 종교는 이론적 관념이 아니라 "믿음에 바탕을 둔" 실제적 사상이 되는 것이다.

우리는 프린스턴신학교의 존 맥카이(John A. Mackay) 총장의 신학 안에서 불신자의 현상학적 영역의 이론적 지식을 공유하며 성경의 그리스도를 투사(projection)로 전락시키는 세대주의의 비극적인 한 사례를 발견할 수 있다. 한때 개혁주의 신앙의 위대한 버팀목이었던 프린스턴신학교는 이제 기독교가 아니라 오늘날의 차원분할적(dimensional) 철학을 가르치고 있는 것이다.[46]

그렇다면 카이퍼, 바빙크, 핫지, 워필드, 메이천에 의해 뒷받침되고 개혁주의 신조에 의해 해석된 기독교가 오늘날 사람들에게 제시되어야 한다면, 목회자들은 그들의 사상의 풍성함을 이해하는 법을 배워야만 할 것이다. 기독교는 명료한 이해를 선결 요건으로 한다. 필자는 왜 과학적 기초에 관심을 가지는가? (1) 나는 카이퍼와 마찬가지로 하나님이 우리에게 존재의 모든 영역에서 그를 위해 선포할 것을 요구하신다고 믿기 때문이다. (2) 나는 카이퍼와 마찬가지로 우리가 모든 영역에서 우리의 왕에게 합당한 왕의 권리를 강조하지 않으면 어떤 영역에서도 그것을 유지할 수 없을 것이라고 믿기 때문이다.

---

[46] Cornelius Van Til, "Dimensionalism or Christianity," *The Presbyterian Guardian*, June 1954.

The Defense of the Faith

Cornelius Van Til

제11장

기독교 인식론

독자들은 본서의 1부를 통해 필자의 지식관을 개략적으로 이해했을 것이다. 필자는 1부에서 성경, 자족하신 하나님, 하나님에 의한 만물의 창조, 하나님의 형상을 따라 창조된 인간, 인간의 타락 등에 관한 역사적 개혁주의의 입장을 제시하였다. 죄인은 원칙적으로 이러한 진리를 억누르고 싶어 하지만 실제로는 하나님의 일반은총으로 말미암아 완전히 그렇게 하지는 못한다.

이것은 순수한(또는 총체적인) 칼빈주의이다. 역사적으로 이러한 입장은 로마 가톨릭의 입장과 맞서왔다. 또한 이 입장은 복음주의와도 구별되어야 함이 분명하다. 특히 이러한 구별은 인간에 대한 하나님의 계시의 본질에 관한 문제와 관련해서 가장 확연히 드러나는 것을 볼 수 있다. 그렇다면 계시에 대한 개혁주의적 관점은 무엇인가?

1. 계시의 전제

우리는 먼저 다음과 같이 진술한다.

절대적이고 자의식적인 존재로서 하나님에 대한 개념은 우리의 계시 개념에 명확한 의미를 부여한다.[1] 계시에 대한 또 하나의 주요 전제는 인간이 하나님의 형상으로 창조되었다는 것이다. 앞선 언급에서 보았듯이 인간이 하나님의 형상으로 창조되었다는 진술에는 (1) 인간의 지식이 도달할 수 있는 이상(ideal)은 하나님에 대한 완전한 이해가 아니라는 사실 및 (2) 그럼에도 불구하고 인간의 지식은 진실하다는 사실이 포함된다.[2]

우리가 계시의 전제로 제시한 내용들은 사실 참된 기독교 유신론의 지식 이론의 전제와 다르지 않다. 하나님은 영원부터 모든 지식을 가지고 계신다. 역사의 어떤 시점에서도 그의 지식의 보고에 무엇인가를 더한다는 것은 불가능하다. 모든 유한한 것들은 그의 계획에 따라 또는 (이런 표현을 사용할 수 있다면) 그의 해석에 따라 창조되었다. 그러므로 하나님의 유한한 피조물이 가질 수 있는 모든 지식—하나님과 직접적으로 연관된 것이든, 피조세계 자체의 사물에 관한 것이든—은 결국 하나님의 계시에 의존할 수밖에 없다.

우리는 하나님의 계시와 관련된 이러한 입장이 궁극적인 이원론이라는 혐의를 받을 소지가 있다는 사실을 알고 있다. 우리가 하나님은 영원부터 충만한 영광 가운데 계시면서 세상을 창조하여 자신에게 영광을 돌리게 하셨다고 말한다면 이원론이라는 혐의를 받을 수 있는 것처럼, 우리가 세계는 하나님에 대한 보충적인 존재가 아니라고 조심스럽게 말하더라도 이원론이라는 혐의를 받게 되어 있다.

우리는 하나님이 필요에 의해서 세상을 창조하셨던 것은 아니라고 믿는다. 하나님은 스스로를 계시하실 필요가 없었다. 그러나 그가 실제로 세상을 창조하시고 자신을 계시하였을 때 이러한 창조나 계시는 진정한 의미를 가지게 된 것이다.

---

1 Cornelius Van Til, *An Introduction to Systematic Theology* (syllabus, 1951), 63.
2 Ibid.

2. 계시의 영역

어떤 그리스도인은 숙련된 과학자로서 자연의 영역에 실현된 하나님의 계획에 따라 "운행 중인" 자연분야에 대해 연구한다. 그들에게 하나님의 계시는 자연을 통해 명확히 드러난다. "하나님은 물리적 존재의 사실들뿐만 아니라 법칙들도 창조하셨다. 따라서 양자 간에 이러한 상관성이 없다면 둘 다 아무런 의미가 없다."[3]

"궁극적 원인"이 되시는 하나님이 창조주이자 보존자로서 뒷받침하지 않는 한 자연의 법칙에 규칙성은 존재하지 않을 것이다.

> 더구나 하나님은 지식의 대상들로 하여금 주체들에게 순응하게 하셨다. 우리 마음의 법칙과 사실들의 법칙이 서로 간에 유효한 관계를 가질 수 있는 것은 만물을 유지하고 상호 작용을 가능하게 하는 하나님의 창조 사역 및 섭리 때문이다. 따라서 우리가 물리적 세계의 가장 단순한 대상에 대해 가지고 있는 지식조차 하나님의 계시 활동에 근거하고 있는 것이다.[4]

따라서 기독교의 진리는 자연에 대한 올바른 연구의 직접적이고 필수 불가결한 전제가 되는 것이다.

첫째, 이러한 전제가 없다면 물리학자들은 자신의 가설이 자신의 연구분야에서 다른 사실들과 어떤 연관이 있는지 확신할 수 없을 것이다. 그렇게 되면 우연이 절대적 존재가 될 것이며, 따라서 사실들 간의 구별도 불가능할 것이다. 하나님의 계획이 그의 해석이나 생각과 함께 모든 사실들 간의 관계를 뒷받침하지 않으면 인간의 마음이 사실들과 관련하여 세운 어떤 사상이나 가설도 그들에게 적용될 수 없을 것이다.

둘째, 기독교의 진리가 아니고서는 다른 여러 가설들 중에서 하나의 가설을 배제하게 할 수 없을 것이다. 따라서 "비정상적인"정신에 "참여"

---

3 Ibid., 66.
4 Ibid., 67.

하는 가설들을 배제하는 것이 불가능하다. 이 내용은 앞서 첫 번째 항목과 관련된다.

셋째, 기독교의 진리가 아니면 상반된 가설을 검증하는 것이 불가능하다. 코헨의 방식을 따라 "엄연한 사실"(brute fact)을 사용하여 가설들을 검증하려는 생각은 아무런 의미가 없다. 엄연한 사실(brute fact), 즉 하나님에 의해 창조되고 주관되지 않는 사실들은 "벙어리 사실들"에 지나지 않는다.[5] 이러한 사실들은 구별적 속성을 가지지 않는다. 그들은 규칙성을 드러내어 자연의 통일성을 형성할 수도 없다. 따라서 그들은 그리스도인과 비그리스도인이 알고 있는 하나님의 존재 또는 비존재에 대한 "가설들"을 검증하는 수단인 실재를 구성할 수도 없다. 우리의 가설에 대한 검증에 의미를 부여해 주는 것은 기독교의 진리뿐이다.

따라서 이것은 우리가 "하나님에 대한 진술을 포함하지 않고서 정교한 진술이라는 의미에서의 현상들에 대한 참된 지식을 가질 수 있느냐" 하는 문제가 아니다.[6] 인간의 마음이 실재의 한 요소에 집중되는 것은 당연하다. 자연에 대해 연구할 때 성경을 읽을 수는 없다. 그러나 자연을 효과적이고 지적으로 연구하기 위해서는 어떤 사실과 다른 사실을 구별해 주지 못하고, 사실과 가설과의 관계를 설명해 주지도 못하는 그런 존재와 지식에 대한 철학에 안주해서는 안 된다는 것이다.[7]

---

[5] 엄연한 사실(brute facts)은 아무것도 말해 주지 않는 "침묵하는 사실들"이다. 이러한 사실들은 근본적으로 해석되지 않았기 때문에 아무런 의미가 없다. 이러한 엄연한 사실은 실제로 존재하지 않는데 그 이유는 사실상 모든 창조물은 하나님의 영광을 선포하기 때문이다(시 19:1 이하).

[6] Cecil De Boer, "The New Apologetic," *The Calvin Forum* 19, nos. 1-2 (August-September 1953): 5.

[7] 여기서 Van Til이 말하려는 요지는 특별한 주의를 필요로 한다. 왜냐하면 Van Til이 진정한 지식은 기독교를 떠나서는 불가능하다고 주장한 것 때문에 Van Til이 De Boer처럼 불신자는 아무것도 모른다고 주장한 것으로 생각하는 사람들이 있기 때문이다. 우리는 여기서 Van Til의 입장을 상세히 설명하기보다 Van Til이 이 특정 진술에서 말하려는 요지가 근본적으로 변증학적 주장이라는 사실에 초점을 맞추어야 한다. 그가 사람은 "…존재와 지식의 철학을 품어서는 안 된다"고 한 것은 그러한 철학을 가진 자는 어떤 것도 알 수 없다거나 사실과 사실을 구별할 수 없다는 것이 아니다. 오히려 그러한 지식을 설명할 수 없다는 것이다. 사람들은 자신이 믿는 모든 것을 설명하는 일에 항상 관심을 갖는 것은 아니

이 주장은 신자가 믿음을 가지기만 하면 "식물학자나 물리학자"가 될 수 있다는 것이 아니다.[8] 식물학이나 물리학의 전문가가 되기 위해서는 식물학이나 물리학을 공부해야만 한다. 그러나 지적인 식물학자나 물리학자가 되기 위해서는 우선 납득 가능한 식물학이나 물리학이 있어야 한다. 그리고 이러한 납득 가능한 학문은 기독교적 토대가 아니면 존재할 수 없다.

또한 이 문제는 불신자가 식물학이나 물리학 또는 다른 학문을 알고 있느냐하는 문제가 아니다. 문제는 그리스도인과 비그리스도인의 원리가 서로 상반된다는 것이다.

궁극적 관점에서 볼 때 죄인은 하나님에 대한 해석뿐만 아니라 물리적 세계에 대한 해석에도 실패한 것이다.[9]

세실 드 보어는 필자가 "최근에 초기의 극단적 주장 일부를 포기한 것처럼" 보인다고 말한다. "그리고 그의 강의안에서는 피조물이 자신만의 속성과 활동을 가진다는 진술과 불신자도 '적어도 그 자체로는 진실한' 지식을 가진다는 진술을 발견할 수 있다."[10]

이에 대해 필자는 먼저 그리스도인과 비그리스도인의 해석 원리의 차이에 대한 입장이 예전과 달라진 것이 없다는 사실을 밝히고자 한다. 나는 비기독교적 원리에 토대를 둔 학문은 불가능하다고 생각한다. "비기독교적 원리 하에서 피조물은 자신만의 본성을 갖지 못하는데, 왜냐하면 아예 본성이라는 것을 가질 수 없기 때문이다. '피조된 정신'은 아예 정신이 될 수 없다."

한편으로 자연인의 지식에 대한 필자의 입장 역시 예전에 비해 타협적으로 바뀐 것이 아니다. 나는 자연인이 참된 지식을 가진다는 사실을 부인한 적이 없다.[11] 나는 항상 칼빈의 입장에 서 있었다. 칼빈은 모든

지만 확실히 이러한 설명은 변증학적 논의에서 정당하게 요구된다.
8 C. De Boer, "The New Apologetic," 5.
9 Van Til, *An Introduction to Systematic Theology*, 84.
10 C. De Boer, "The New Apologetic," 6.
11 독자들은 이 문제에 대한 Van Til의 입장과 관련하여 수많은 오해가 제기되었다는 사실을

사람은 하나님의 형상으로 창조되었기 때문에 하나님에 대한 지식을 가지고 있다고 말한다. 이 "본유적 지식"은 인간에 대한 하나님의 계시와 상관성이 있다. 죄인이 아무리 노력하여도 이 지식을 지워버릴 수는 없다. 죄인은 지식을 억압할 뿐이다. 먼저 하나님을 알지 않는 한 그는 결코 본유적 지식을 부인하려 할 수 없다다. 그는 처음부터 거짓을 좋아하고 거짓을 떠벌리기 위해 진리와 접촉하고 있음이 틀림없다.

반면에 하나님은 사람들에게 회심을 요구하신다. 하나님이 그들에게 자연이라는 선물을 주신 것은 그들로 하여금 하나님께 돌아오도록 하기 위함이었다.[12] 그들은 이처럼 하나님의 영으로 말미암아 억제를 당하고 있기 때문에 그들의 본래적 힘은 말하자면 건설적인 행위를 위해서 자유롭게 된 것이다.

칼빈은 다음과 같이 말한다.

> "그러나 그럼에도 불구하고 인간의 노력은 전적으로 무익한 것은 아니다. 특히 열등한 대상에 대한 관심에 있어서는 어느 정도 결실을 맺기도 한다. 우월한 대상에 대해서는 대체로 무관심하지만 약간의 진보는 가능하다. 그러나 그의 능력은 훨씬 제한적이며, 현세를 넘어서는 영역으로 진입할 때 자신의 연약성을 가장 절실하게 깨닫는다.[13]

다음은 이 문제에 대한 필자의 조직신학 강의안 내용이다.

> 우리가 이 인용문으로부터 알 수 있는 칼빈의 진정한 의도는 모든 자연인의 해석은 궁극적인 관점에서 볼 때 동일하게 만족스럽지 못하지만 그들은 모든 것에 대해—세상과 마찬가지로 하나님에 대해서도—어느 정도는 알고 있으며 하나님보다 세상에 관해 더 많이 안다는 것이다. **이러한 구별은 사실일 뿐만 아니라 중요하다.** 비그리스도인들 가운데는

염두에 두고 이 부분에 주목해야 한다.
12 로마서 2장.
13 John Calvin, *Institutes of the Christian Religion*, 2.2.13. Van Til은 MacNeill-Battles 이전 판에서 인용한다.

위대한 과학자들이 있으며 비그리스도인이 그리스도인보다 이 세상에 대해 보다 나은 지식을 가지기도 한다.

여기서 필자의 요지는 사람들이 상식적으로 가지고 있는 간단한 민간 지식이든, 과학자로서 가지고 있는 피조세계의 심오함에 대한 전문적 지식이든 비그리스도인이 가진 모든 지식은 기독교가 참이기 때문에 그러한 지식을 가질 수 있게 되었다는 점이다. 왜냐하면 이 세계는 비그리스도인이 생각하는 것과 같은 우연의 세계가 아니라 그리스도인이 생각하는 것과 같은 하나님의 뜻에 의해 존재하는 세계(비그리스도인도 이러한 지식을 가질 수 있다)이기 때문이다.[14]

마셀링크가 그의 강의안에서 나에게 그토록 중요한 구별, 다시 말해 원리적으로 참인 것과 그 원리가 결코 충분히 실현 되지 않기 때문에 참인 것 사이의 구별을 무시했기 때문에 필자는 이 문제를 『일반은총 소고』(*A Letter on Common Grace*)에서 보다 분명히 하고자 했다.[15] 따라서 여기서는 긴 내용을 다시 반복하지 않을 것이다. 「칼빈 포럼」의 기고가들은 이 자료를 입수하는 것이 어렵지 않을 것이다.

마셀링크는 필자의 견해가 "역사적 개혁주의" 변증학에 위협이 된다고 생각한다.

> 반틸은 공통 영역과 관련하여 그리스도인과 비그리스도인의 괴리는 중립 지대가 전혀 불가능할 만큼 크다고 거듭 진술한다. 심지어 그는 기사늘에 대한 평가(*Common Grace*, p. 42)나 들의 꽃에 대해 진정으로 아는 것(Junior Systematics, p. 23)과 관련해서도 양자 간에는 공통 영역이 존재하지 않는다고 주장한다. 그는 비그리스도인에게는 "신학에 관한 것이든 다른 문제에 관한 것이든 판단할 수 있는" 권리가 아예 없다고 말한다(Junior Systematics, p. 26). 또한 반틸은 중생하지 못한 자와 관련하여,

---

[14] 그럼에도 불구하고 "비그리스도인은 지식을 가진다"는 사실에 주목해야 한다.
[15] 후기의 저서에서 **Masselink**는 필자의 사상이 "절대 윤리적 안티테제"로 시작한다고 거듭 주장한다.

"중립 지대는 전혀 없다. 다른 모든 특정 분야에서와 마찬가지로 사회 공의적인 면에서도 인간은 인식론적으로 자의식을 가지지 못하며 어떤 의(righteousness)도 드러낼 수 없다"(*Common Grace*, p. 87)고 말한다.[16]

따라서 필자와 비평가들 사이에 존재하는 근본적인 문제는 이러한 구별의 당위성에 관한 것이 아니다. 마셀링크 역시 일정 관계에서 그러한 당위성을 주장하고 있음이 분명하다.

한편으로 그는 신자와 불신자는 하나님과 인간 및 세계에 관해 근본적으로 다르지 않은 일반적 진리들을 가지고 있다는 헵(Valentine Hepp)의 관점을 강력히 옹호한다. 헵의 관점은 앞서 지적했듯이 본질적으로 구 프린스턴의 변증학 및 로마 가톨릭의 자연신학과 다르지 않다. 마셀링크는 자신의 강의안 『일반은총과 기독교 교육』(*Common Grace and Christian Education*)에서 사실상 그들 사이에는 아무런 차이가 없다고 말한다. 그럼에도 불구하고 그는 자신의 저서 『일반계시와 일반은총』(*Revelation and Common Grace*)에서 카이퍼와 워필드의 관점을 담고 있다고 생각한 "역사적 개혁주의 변증학 방법"에 대해 "구 프린스턴신학과 암스테르담이 믿고 따랐던 이 역사적 개혁주의 변증학 방법은 하나님으로부터 인정을 받은 것이다"[17]고 말한다.

문제는 불신자가 측량이나 측정 그리고 그 외의 수많은 것들을 할 수 있느냐는 것이 아니다. 불신자가 이런 것들을 할 수 있다는 것을 부인하는 사람은 아무도 없다. 그러나 문제는 비그리스도인이 자신의 원리에 기초하여 자신에 관한 지식이나 혹은 어떤 다른 지식에 대해 설명할 수 있느냐는 것이다.[18] 필자는 그리스도인과 그리스도인이 아닌 두 사람이 대화를 나누면 그들은 모든 면에서 서로 다르게 보일 것이라고 주장한

---

16 William Masselink, *Common Grace and Christian Education* (n.p., 1951), 86.
17 William Masselink, *General Revelation and Common Grace* (Grand Rapids: Eerdmans, 1953), 182.
18 반복되는 말이지만 독자들은 다음 진술에 유의해야 한다. "…문제는 비그리스도인이 **자신의 원리에 따라 자신이나 어떤 지식에 대해 설명할 수 있느냐라는 것이다.**" 이것은 구체적으로 변증학적 주장이다.

바 있다. "해석학적 노력으로는 '주관적 상황'으로부터 '객관적 상황'이 도출될 수 없다."[19]

3. 카이퍼의 측량 및 측정

카이퍼의 "측량 및 측정"에 관한 관점으로 다시 돌아가보자. 카이퍼는 "어떤 물건의 무게가 2밀리그램인지 3밀리그램인지는 무게를 달 수 있는 사람에 의해서 절대적으로 결정된다"고 말한다.[20]

비평가들은 이 점에서 필자가 카이퍼와 다른 견해를 가지고 있음을 보이기 위해 필자의 『일반은총』에 나오는 한 구절을 인용한다.

> 측량, 측정 및 논리적 추론은 하나로 결합된 해석 행위의 제요소들일 뿐이다. 추상적이고 비인격적 원리라고 생각하는 것들의 도움을 받아 "엄연한 사실"(brute fact)을 측량하고 측정하는 자율적 인간이 있는가 하면, 하나님이 만드신 법칙이라고 생각하는 것을 통해 하나님이 창조하신 사실들이라고 생각하는 것들을 측량하고 측정하는, 자신을 하나님의 피조물로 알고 있는 신자들이 있다.[21]

이것은 제자가 스승보다 더 앞서 나간 경우라는 말인가? 혹은 제자가 대립의 개념 속에 "과장되고 입증하기 어려우며 불합리한 결과만 초래할 수 있는" 내용을 첨가하는 경향을 가진 순수주의적 해석을 통해 그의 스승을 반박한 경우인가?[22] 필자의 다음 주장에 귀를 기울이기 바란다.

기본적으로 위 인용문이 나오는 부분에서도 분명하게 드러나지만 필

---

19 Cornelius Van Til, *Common Grace* (Philadelphia: Presbyterian and Reformed, 1947), 43.
20 Abraham Kuyper, *Encyclopaedie der heilige godgeleerdheid* (Amsterdam, J. A. Wormser, 1894), 2:105.
21 Cornelius Van Til, *Common Grace*, 44.
22 C. De Boer, "The New Apologeitic," 4.

자는 우선 카이퍼의 구별된(이중적) 학문에 관한 교리에 충실하고 있다.

(1) 만일 마셀링크가 카이퍼의 기본적 관점에 충실하고자 한다면 구 프린스턴 변증학이 자연신학 개념을 추종하고 변증학에 있어서 중립적 근거에 호소한 것이 잘못되었음을 시인해야 할 것이다. 마셀링크는 카이퍼와 워필드 둘 중 하나를 선택해야 한다는 것이다.

(2) 또한 마셀링크가 카이퍼의 기본적 관점에 충실하고자 한다면 헵의 "일반적 진리들" 개념, 즉 신자와 불신자가 아무런 원리적인 차이가 없는 공통점을 가지고 있다는 사상을 부인해야만 할 것이다.

(3) 만일 세실 드 보어가 이러한 카이퍼의 기본적 관점에 충실하기를 원한다면 로마 가톨릭의 진리에 대한 관점을 뿌리쳐야 할 것이다.

이러한 관점은 "이성"은 중생한 자의 것이든 중생하지 못한 자의 것이든 관계없이 자신의 원리로 현상계를 바로 해석할 수 있다는 사상에 명백히 기초하고 있다. 이것은 그리스도인과 비그리스도인 사이에는 말하자면 자연과학에 있어서 어떤 원리적인 차이도 없다는 말이다. 이러한 관점은 카이퍼가 누구든지 측량하고 측정할 수 있다고 말했을 때 의도했던 것과 정면으로 배치된다. 카이퍼는 이 문맥에서 우리가 자연과학에서조차 신자와 불신자 간에 원리적 차이가 없다는 결론을 내려서는 안된다는 사실을 신중히 확인한다.

그러나 세실 드 보어는 카이퍼의 기본적 주장을 실제로 부인한다. 그는 필자가 카이퍼를 따라 원리적인 면에서 진리를 아는 중생한 자의 의식과 원리적인 면에서 진리를 알지 못하는 중생하지 못한 자의 의식을 구별한 것에 대해 일축한다. 스콜라적 관점을 가진 드 보어는 카이퍼의 사상에서 그처럼 자주 등장하는 상호 배타적인 두 원리 사이의 구별을 세대주의(dimensionalism)로 치부해버리고 만다.

> 신자와 불신자가 무엇을 알고 무엇을 모르며, 어떤 면에서 그리고 어느 정도로 "진실하게 알 수" 있는지에 대해 감지할 수 있는 유일한 방법은 지식의 정도 및 진리의 수준을 인식하는 방법인 것으로 보인다. 목수가

집과 관련하여 그의 도구들을 통하여 알고 있는 목재와 물리학자가 쇠붙이와 관련하여 어떤 원자 이론을 통하여 알고 있는 나무는 종류와 질에 있어서 다르다. 각자가 알고 있는 것은 분명히 "그것 자체로서"의 사실이다. 새로운 변증학을 주장하는 사람들도 마찬가지이다. 오래 전에 스콜라 철학자들은 진리가 초월적 개념이며 동일성은 유비(analogy)의 동일성일 뿐이어서 진리가 다른 영역에 적용될 때에는 서로 다르게 나타난다는 사실을 깨달았다. 진리의 종류는 많으며 각각의 진리는 저마다 다른 이론을 필요로 한다.[23]

세실 드 보어는 위에서 "진리가 초월적 개념이며 동일성은 유비의 동일성일 뿐이어서 진리가 다른 영역에 적용될 때에는 다르게 나타난다"고 언급한 것에 대하여 각주를 통해 "이것은 진리는 관계적이라는 말과는 전혀 다르다"고 했다. 세실 드 보어가 "유비의 동일성"으로서의 스콜라적 진리 개념이 진리가 관계적이라는 사상과 얼마나 "전혀 다른 것"인지를 보여주려 했다면 그것은 현재의 상황에서 하나의 도움이 될 수 있다.

스콜라주의는 아리스토텔레스가 주장하는 진리를 찾는 방법과 기독교가 주장하는 진리를 찾는 방법이 종합될 수 있다는 확신에 근거한다.[24] 그러나 아리스토텔레스의 방법은 인간을 포함한 세계가 하나님에 의해 창조되지 않았다는 가정에 기초한다. 이것은 인간이 하나님의 형상으로 창조되지 않았으며 따라서 하나님과 유비적인 관계를 가진 어떤 것이 아니라는 사상에 근거한다. 다시 말하면 제1부에서 제시한바, 인간의 지식이 하나님과 유비적인 관계를 가진다는 기독교적 개념은 인간이 궁극적이라는 아리스토텔레스의 개념과 결합될 수 없다.

아리스토텔레스와 그리스도의 종합은 칸트와 그리스도의 종합만큼이나 비정상적이다. 카이퍼 신학의 핵심은 바빙크 및 워필드의 신학의 핵

---

23 Ibid., 6.
24 여기서 유념할 것은 Van Til에게 "스콜라 학자들"은 헬라의 이성 개념과 기독교의 융합을 시도하는 자들이며, "스콜라주의"는 Aquinas의 변증학적 방법에서 가장 잘 나타난다는 사실이다. Van Til이 후기 종교개혁 시대(post-Reformation era)의 개신교 스콜라주의자들을 염두에 두고 있지 않다는 것이 거의 확실해 보인다.

심과 마찬가지로 이러한 스콜라적 종합과 상반된다. 개혁주의 신학에서 성경, 자족하시는 하나님, 시간 안에서의 창조, 하나님의 형상으로 창조된 인간 및 인간의 타락(피조물을 조물주의 자리에 두는 행위를 포함하여) 등에 관한 개념은 모두 스콜라주의가 주장하는 유비 개념과 상반되는 유비 개념을 표방한다.

스콜라적 개념은 모든 존재는 그 자체로 선하다는 것이다. 따라서 인간에게 절대적으로 악한 의지가 있다면 그는 더 이상 존재가 아니라는 것이다.

이것은 사실상 개혁주의의 전적 타락 교리를 부인하는 것이다. 이 교리에 의하면 하나님에 의해 존재하게 된 피조물은 윤리적으로 하나님과 맞서지만 그럴지라도 자신의 존재를 상실하거나 "비존재가 되지는" 않는다. 사단은 천사일 때와 마찬가지로 지금도 존재이다. 그러나 그는 절대적으로 악한 의지를 가지고 있다. 또한 죄인은 성자와 마찬가지로 존재이다. 그러나 원리적인 면에 있어서 자연인은 개혁주의 신조들이 일제히 고백하듯이 하나님과 이웃을 싫어한다. 그리고 이러한 자연인의 태도는 인류 역사의 과정에 완전히 자신을 드러내지는 않지만 원리적인 면에 있어서 완전한 증오라고 할 수 있다.

(4) 제시 드 보어가 카이퍼의 기본적 관점에 충실하고자 한다면 "고전적 실재론"과의 관계부터 단절해야 할 것이다.[25] 이것은 스콜라주의와 유사하다. 또한 그는 앞서 자신이 옹호했던 현대의 세대주의를 반박해야 할 것이다. 앞서 언급한 대로 스콜라주의가 주장하는 "존재의 단계들" 및 "지식의 단계들"과 근대 관념론자 및 현상론자들이 생각하는 세대주의 사이에는 기본적 차이가 없다. 둘 다 인간은 하나님을 배제하고도 실재를 사실대로 해석할 수 있다는 가정에 근거한다.

(5) 아울러 필자가 정확히 어느 부분에서 카이퍼와 다른 주장을 했는지 제시해야 할 것이다. 카이퍼는 측량 및 측정이 해석학적 모험의 한

---

[25] 제9장에서 Van Til이 고전적 실재론에 대한 De Boer의 주장을 요약한 부분을 참조하라.

부분이 된다고 언급하기도 하고 안 된다고 언급하기도 했다. 이러한 일들 매일 수천 번씩 일어난다고 말했다면 전혀 논쟁거리가 되지도 않았을 것이다. 왜 비그리스도인이 탁월한 인식능력이나 탁월한 추리력 등을 가지고 있지 않다는 주장을 위해 쓸데없는 시간을 허비하는가? 비그리스도인은 이 모든 것을 가지고 있다. 그것을 문제 삼고 싶다면 차라리 비그리스도인은 보지도 못하고 듣지도 못하며 전혀 논리적 추리력도 없다고 주장해야 할 것이다. 심지어 그들은 비존재에 지나지 않는다고 해야만 한다.

이러한 부조리로 이끄는 "절대적인 윤리적 안티테제" 이론이 "역사적 개혁주의" 관점의 이론이 아니라는 사실을 증명하는 것은 어려운 일이 아니다. 마셀링크는 필자의 변증학적 관점에 대해 "따라서 그의 변증학 작업은 비그리스도인에게 우리가 절대적으로 공통점이 없다는 것을 선포하는 것으로 끝나버린다"[26]고 말한다.

그러나 그렇게 되면 "절대적인 윤리적 안티테제"는 절대적인 형이상학적 안티테제로 전락하고 말 것이다.[27] 즉 존재한다는 것은 그리스도인이 되는 것이며 존재하지 않는다는 것은 그리스도인이 되지 않는 것이다. 따라서 그리스도인은 비그리스도인에게 "공통점이 없다"는 말조차 할 수도 없을 것이며 결국 비그리스도인은 존재하지 않게 될 것이다.

그러나 실제적 문제는 카이퍼의 주장이 측량과 측정이 해석학적 실체의 한 요소라는 사상을 포함한다는 사실에 있다. 카이퍼가 어떻게 이런 주장을 할 수 있으며, 이런 주장이 어떻게 그의 이중적 학문의 문제

---

[26] Masselink, *General Revelation and Common Grace*, 178.
[27] 이것은 Van Til의 안티테제 관점과 관련하여 가장 중요한 부분일 것이다. Warfield는 안티테제에 관해 Kuyper와 토론하는 동안 Kuyper가 그리스도인과 비그리스도인 사이에 존재론적 차이가 드러나는 절대적인 형이상학적 안티테제를 고수한다고 생각한 것으로 보인다. 그러나 Van Til은 Kuyper의 안티테제가 하나님과의 관계에 적용된다는 점에서 형이상학적인 것이 아니라 윤리적이라는 사실을 드러내고자 했다. 사람은 언약 준수자이거나 언약 파괴자이며 제3의 범주는 없다는 것이다. 그러나 보다 바람직한 표현은 안티테제를 본질적으로 언약적이라고 보는 방법이다. 왜냐하면 윤리적이라는 개념은 너무 일반적이어서 안티테제 개념에 적용할 수 없는 함의를 가질 수 있기 때문이다.

에 관한 모든 연구의 핵심이 될 수 있는가? 어떻게 중생한 자와 중생하지 못한 자 사이의 안티테제가 모든 영역의 전면에 나타난다고 주장하는 동시에, 단 한 군데도 다르지 않은 해석학적 공통점이 있다는 주장을 할 수 있는가?

필자의 주장은 카이퍼가 자신의 원리에 전적으로 충실하지는 않았다는 것이다. 카이퍼는 양자가 융합될 수 있다고 주장한다.

> 카이퍼는 해석학적으로 큰 문제가 없다는 이유로 그들의 영역의 공통성을 주장한다. 즉 측량과 측정의 외형 및 논리의 형식 때문에 세 가지 영역은 신자나 불신자에게 공통적이라고 한 것이다. 우리는 카이퍼의 주장대로 죄가 형이상학적 상황을 바꾸지 않은 곳에서 신자와 불신자의 차이를 전면에 부각시킬 필요는 없다고 해야 할 것이다.[28]

필자의 요점은 정확히 "해석학적 노력으로는 주관적 상황으로부터 객관적 상황이 도출될 수 없다는 것이다. 만일 우리가 도출할 수 있다면 우리는 스콜라적 입장에 빠지고 말 것이다."[29] 물론 "객관적 상황"으로부터 "주관적 상황"이 도출될 수 없다는 것도 사실이다.

두 개념은 상호 보충적으로, 따라서 상호 제한적 개념으로 받아들여야 한다. 우리가 형이상학적 또는 객관적 상황이 죄로 말미암아 바뀌지 않았다고 주장할 때 자칫 성경의 가르침과 상반된 추론을 도출할 위험에 빠질 수 있다.

이 부분의 설명을 위해 개혁주의의 인간의 자유의지 개념에 대해 살펴보자. 개혁주의 신조들은 아담이 죄를 범할 수도 있었고 범하지 않을 수도 있었으나 타락 후에는 죄를 범할 수밖에 없다고 말한다. 스콜라주의자나 알미니안주의자는 "죄가 인간의 본질을 변하게 할 수 있다고 생각하는가? 오늘날 인간은 형이상학적으로 낙원에 있을 때와 동일하지

---

[28] Van Til, *Common Grace*, 42.
[29] Ibid., 43.

않는가? 자유는 인간의 본질에 속한 한 부분이 아닌가? 그런데 어떻게 타락 후의 인간은 죄를 범할 수밖에 없다고 말하는가?"라고 반문할지도 모른다.

이에 대해 개혁주의자는 형이상학적 자유개념과 광의의 하나님의 형상 개념은 윤리적 자유개념과 협의의 하나님의 형상 개념으로 보완되어야 한다고 대답할 것이다. 인간의 본성이 타락했다는 사실을 도외시한 채 인간의 본질은 언제나 동일하다고 추론하는 것은 스콜라주의적 관점이다.

그것은 타락한 인간의 이성이 타락 후에도 정상적인 또는 정상에 가까운 기능을 할 수 있으며 실제로 그렇게 한다고 말하는 것과 같다. 개혁주의 신학은 이러한 스콜라적 방법론으로부터 벗어나기 위해 지속적으로 하나의 성경적 개념을 다른 성경적 개념들로 보완하는 것이다.

로마 가톨릭이 발전시킨 자연신학 사상 안에서 우리는 인간의 본질은 변하지 않는다는 개념이 인간의 본성이 윤리적으로 변화했다는 개념으로 보완되지 못하는 것을 보았다. 따라서 우리는 다음과 같이 말할 수 있을 것이다.

> 공통 영역을 줄이는 방법은 스콜라주의에 대한 합당한 해결책이 될 수 없다. 어떤 공통 영역, 즉 조건이 붙지 않는 공통 영역은 아무리 작을지라도 점차적인 영역의 확장을 정당화할 수밖에 없으며 결국 하나의 공통 영역밖에 남지 않게 된다. 로마 가톨릭에 대해 유일하게 해줄 수 있는 합당한 대답은 모든 해석학적 노력의 영역에서 주관적 차이는 뚜렷이 부각될 수밖에 없다는 것이다. 이러한 차원에서 측량과 측정 및 논리적 추론은 하나로 결합된 해석 행위의 제요소에 지나지 않는다.[30]

수학에서 가장 단순한 작업인 숫자를 세는 행위조차, 구별될 수 있는 실체(distinguishable entities) 개념에 기초한다. 그리고 창조와 섭리를 통해 나타난 하나님의 계획 또는 뜻에 의해 존재하지 않는 실체란 없다. 모든

---

30 Ibid., 44.

사람(신자든 불신자든)이 자신의 환경에 대해 측량하고 측정하며 지적인 작업을 할 수 있다는 사실을 **설명하는** 일은 기독교의 진리를 취하는 일이다.[31]

따라서 안티테제 개념은 조금도 극단적이거나 부조리하지 않다. 이 개념은 기독교가 사람을 그의 문화와 함께 전인적으로 구원한다고 주장할 뿐이다. 그것은 불신자의 문화도 함께 구원한다. 그것은 기독교 자체의 본질을 파괴함 없이 사물에 대한 기독교적 관점으로 흡수된다. 그것은 카이퍼의 "왕을 위하여"(*Pro Rege*)[32]라는 슬로건을 예배뿐만 아니라 모든 삶의 영역에 적용한다. 안티테제는 일반은총과 그리스도 안에서의 특별은총 간의 지적인 관계를 제공한다. 그러나 이중에 어떤 것도 우리가 고전적 실재주의와 스콜라주의, 근대의 차원분할주의와 자연신학 혹은 자연신학에 기반한 일반은총 사상에 매여있는 한 얻어질 수 없는 것들이다. 이 모든 경우들에서 우리는 기독교적 원칙과 비기독교적 원칙 사이에 어떤 영역에 있어서는 융합점이 있다는 것을 가정한다. 적어도 우리는 이 둘이 어디에서도 화합될 수 없다는 사실을 무시한 채 출발한다.

4. 카이퍼의 논리학

"사실들"에 관한 문제와 마찬가지로 "논리"의 경우에도 필자는 카이퍼와 다르다는 비평을 받는다. 카이퍼는 "이중적 논리는 없으며 논리는 오직 하나 뿐이다"[33]라고 했다. 이와 관련하여 반 할세마(Van Halsema)는

---

[31] "…사실을 설명하는 기독교의 진리를 취한다"라는 표현에서 변증학적으로 중요한 부분은 그러한 행위 자체가 아니라 "설명"이라는 사실에 유의하라.
[32] 1912년에 출판된 Abraham Kuyper의 저서 *Pro Rege, of, Het koningschap van Christus*(For the King or The Kingship of Christ)는 그리스도의 왕권이 어떻게 인간의 삶과 문화의 모든 영역을 주관하는지를 보여주는 책이다. *Pro Rege*라는 슬로건은 종종 Kuyper 및 그의 문화적 비전과 동일한 의미로 사용된다.
[33] Kuyper, *Encyclopaedie der heilige godgeleerdheid*, 2:107; cf. Van Til, *Common Grace*, 42.

필자의 관점에 대해 다음과 같이 말한다.

> 반틸은 카이퍼가 "이중적 논리는 없으며 논리는 오직 하나 뿐이다"[34]라고 주장한 것에 대해 이의를 제기한다. 반틸이 논리에 대한 공통적 철학은 없으며 신자와 불신자는 사유의 법칙도 다르다고 주장한 것은 논리 자체와 논리학을 구별했다는 점에서 카이퍼의 관점을 거부한 것이며, 신자와 불신자는 "존재"와 "비존재"의 의미를 다르게 보기 때문에 비모순율을 공유하지 않는다는 주장은 핫지에 대한 비판으로부터 온 것이다.[35]

사실 필자는 앞에서 이러한 비판에 대해 대답한 바 있다. 반 할세마는 필자가 하나의 논리(형식적 추론일지라도)만 존재한다는 카이퍼의 주장에 이의를 제기했다는 어떤 증거도 제시하지 않는다. 내가 이 부분에서 카이퍼와 의견을 달리한 것은 신자와 불신자는 형식적으로 동일한 논리적 법칙에 따라 사유하는가라는 문제와는 무관하다. 나는 그리스도인이 새로운 눈이나 코를 가진다고 주장하지 않는 것처럼 그리스도인이 새로운 사유법칙에 따라 움직인다고 주장하지 않는다.

카이퍼에 대한 필자의 유일한 비평은 이러한 형이상학적 동일성 개념에 윤리적 상이성 개념이 보완될 필요가 있다는 것이었다.[36] 비그리스도인은 불의로 진리를 막기 위해 논리적 추론의 재능을 사용한다.

그러나 만일 우리가 공식적 의미에서 논리는 하나뿐이라는 사실로부터 죄인이 하나님에 대한 바른 결론을 도출할 수도 있으며 실제로 도출하기도 한다는 결론을 추론한다면 우리는 스콜라적 입장으로 되돌아가는 것이다. 카이퍼는 우리가 이러한 스콜라적 관점에서 벗어날 것을 강력히 촉구한다. 다만 그는 지금 바로 이 한 부분에서만 일관성을 유지하

---

[34] "er is niet tweeërlei, er is slechts éene logica."
[35] Franklin Van Halsema, "Van Til in Review," *The Calvin Forum* 19, no. 5 (December 1953): 85.
[36] Van Til이 "윤리"라는 용어를 사용할 때 단순한 협의적 윤리 개념을 염두에 둔 것이 아니라는 사실에 유의해야 한다. 그가 말하는 윤리는 언약적 개념, 즉 성경에서 말하는 삼위 하나님과의 관계를 염두에 둔 것이다.

지 못했던 것이다. 나의 주장은 바로 그것이었다. 문제는 형식 논리가 아니라 논리 철학인 것이다.

반 할세마가 언급한 핫지의 관점에 대한 논의도 마찬가지이다. 문제는 형식적 원칙으로서의 모순율에 관한 문제가 아니다.

> 모든 사람은 형식적인 원리로서 모순율에 동의한다. 그러나 두 부류의 사람은 모순율의 근원 및 그것의 적용이라는 문제에 있어서 차이를 보인다.[37]
>
> 유신론은 모든 서술(predications)이 자의식적인 존재로서 하나님의 존재를 전제한다고 주장하지만 반(反)유신론은 하나님에 대한 언급이 없는 서술도 가능하다고 주장한다. 이것은 "존재"와 "비존재"라는 용어에 대해 전혀 다른 함의를 부여한다. 반유신론자에게 이 용어는 순수한 가능성을 배경으로 하기 때문에 "존재"와 "비존재" 간의 상호 치환이 가능하다. 그러나 모순율은 하나님에게 기초해야만 작동할 수 있다는 점에서 반유신론은 모순율을 사실상 부인한다.[38]

따라서 우리는 죄인도 동일한 형식적 추론능력을 가진다는 사실로부터 그들도 원리적인 면에서 하나님이 가능성의 원천이시라는 결론을 도출할 수 있을 것이라고 판단해서는 안된다. 그들은 항상 이와 반대되는 생각을 한다. 그들은 실재에 관해, 언제나 순수한 (또는 절대적) 가능성이 하나님을 감추고 있다는 철학을 견지해왔다.[39] 하나님을 체계 속의 한 부분으로 생각해 온 그들이 무슨 수로 하나님을 다른 방식으로 이 세계와 연결시킬 수 있겠는가? 하나님이 절대적인 자기결정적 속성을 가지고 계신다면 세계 역시 인간의 지성이 복종해야 하는 "객관성"을 가지고 있는 것이다. 따라서 인간은 자신의 논리적 능력으로 하나님의 본성에 대

---

[37] Van Til, *An Introduction to Systematic Theology* (Syllabus), 38.
[38] Ibid.
[39] Van Til이 말하려는 의미는 우리가 논리를 창조된 보편의 한 요소로 이해하지 않는 한 이 논리는 존재와 비존재의 영역이 하나님께도 가능하다는 가정을 할 수밖에 없다는 것이다.

해 판단할 수 없다. 그러나 그것이 죄인된 인간이 하고 싶어 하는 일인 것이다.

"객관성"의 원천이 되어 실재를 지배하려는 마음은 근대 관념론자들만의 이상은 아니다. 그것은 "고전적 실재론"의 이상이기도 하다. 사실 그것은 모든 비기독교적 사상의 이상이다. 파르메니데스(Parmenides)가 지성, 즉 인간의 지성이 일관성 있는 비모순적 사상에 의해 철저하게 관리할 수 있는 것만이 존재한다고 한 것은 이 개념을 가장 완벽히 표현한 것이다.[40]

따라서 비그리스도인이 기독교의 사실들에 대해 모순율을 적용할 경우 이러한 사실들은 "자연화"(naturalized)되어 버린다. 그들은 가장 먼저 기독교는 사실일 가능성이 있다고 인정하는 데서 출발할 것이 분명하다. 그러나 그들에게는 모든 것이 가능하다. 실존주의 철학자인 키에르케고르는 실존의 정확한 의미가 바로 이것이라고 말한다. 칼 바르트는 키에르케고르가 말하는 존재냐 비존재냐를 결정할 수 있는 절대적 자유를 하나님에 대한 개념에 적용하여 하나님은 자유하시며 자유롭기 때문에 자신과는 정반대의 존재로 완전히 변할 수도 있다고 말한다. 종합하면 하나님과 세계를 포함하는 실재는 우연에 의해 지배되는 우발성이라는 것이다.

다음 단계로 이러한 불합리론과 비결정론을 합리적 결정론으로 보완하려는 시도가 있을 것이다. 따라서 스스로 실재의 본질을 결정하는 자가 되려는 죄인은 정통 기독교가 사실일 수 없다고 주장할 것이다. 정통 기독교가 사실이 되기 위해서는 이러한 비결정론/결정론 체계(자율적 인간이 되려는 자들은 이 체계가 홀로 존재할 수 있다고 주장한다)의 한 부분이 되어야만 할 것이다.[41]

---

[40] 최초의 합리주의자 중 한 명인 Parmenides는 오직 존재만이 존재이며, 존재가 아닌 것은 비존재이기 때문에 존재하지도 않고 존재할 수도 없다는 것을 증명하려 했다. Zeno와 같이 Parmenides를 추종하는 자들은 Parmenides의 합리주의에 근거하여 역설을 발전시켰으나 똑같이 쓸모없는 것들로 판명났다.

[41] Van Til에게 있어서 모든 비기독교적 사상은 그 안에서 정, 반의 어느 한 극단도 참일 수

자연인이 하나님의 계시 위에 심판자로 설 경우 이러한 일이 일어날 수밖에 없다. 그리스도인, 특히 개혁주의 그리스도인은 결코 "이성"에게 "어떤 일이 가능한지 불가능한지를 결정하는 특권"을 허락해서는 안 될 것이다.[42] 핫지 자신이 우리에게 잘 가르쳐준 대로 개혁주의 그리스도인은 죄인들이 윤리적인 면에 있어서 자신은 하나님에 대해 책임이 있는 피조물이 아니라는 사실을 보여주고 싶어 한다는 사실을 알아야 한다. 또한 개혁주의 그리스도인은 비그리스도인이 탁월한 지성을 가질 수 있으며 실제로 가지고 있다는 사실을 알아야 한다. 그것은 날카로운 회전톱처럼 효율적으로 작동한다. 우리는 이러한 지성이 자신의 본성적 원리에도 불구하고 그리고 하나님의 억제하시는 은혜를 통해 재능을 발산하게 하심으로 말미암아, 이처럼 탁월한 업적을 이룰 수 있다는 사실에 대해 경탄하기도 한다. 그러나 이 모든 사실에도 불구하고 이러한 지성은 여전히―그가 아리스토텔레스라 할지라도―아담 안에서 언약 파괴자라는 사실을 결코 잊지 말아야 한다.

아리스토텔레스는 논리를 사용하는 방법을 알았다. 그는 하나님은 인간의 창조주가 아니며 아무것도 모르며 인격이 아니라는 결론에 이르렀다. 이러한 결론은 그의 전제와 일치한다. 그의 형이상학이 그의 논리 속에 포함된 것처럼 그의 논리는 그의 형이상학 속에 포함되어 있다.

구원 받지 못한 사람도 기독교와 일치하는 하나님의 존재와 본성에 관한 결론에 이를 수 있으며, 실제로 그런 결론에 이르기도 한다는 스콜라적 입장은 개혁주의 관점과 일치하지 않는다. 이러한 사실을 확신한 필자는 볼렌호벤 박사(Dr. D. H. Th. Vollenhoven)가 『기독교적 논리의 필요성』(*The Necessity of a Christian Logic* [Amsterdam, 1932])이라는 책을 내놓았을 때 기뻤다.

없고, 양극단이 결코 의미있는 방식으로 융합될 수도 없는 변증법적 긴장으로 환원되어 버린다. 이것은 비기독교적 사상 안에서 해소될 수 없는 긴장을 예상하도록 도움을 준다는 점에서 변증학적으로 중요한 내용이다.

42 Van til, *An Introduction to Systematic Theology*, 37.

일관성 있는 기독교적 개념은 실재에 대한 다른 모든 개념들과 전혀 다르다는 사실에 누구나 공감한다. 그러나 이처럼 독특한 기독교적 실재 개념이 과학적 방법론에 대한 독특한 기독교적 개념을 함축한다는 사실에 대해서는 공감대가 형성되어 있지 않다. 많은 기독교 학자들은 우리가 비그리스도인과 지적인 논증을 하기 위해서는 당연히 공통적 또는 중립적 방법론을 사용해야 한다고 생각하는 듯하다.

그러나 실재에 대한 개념과 방법론에 대한 개념은 상호 포괄적이 되어야 하지 않는가? 필자는 마땅히 그래야만 한다고 생각한다. 우리의 실재 개념은 논리법칙의 토대가 되는 개념이다. 방법론에 있어서 "중립적"인 사람은 사실상 그들의 연구에 포함된 가능성에 관한 한 하나님은 존재할 수도 있고 존재하지 않을 수도 있다고 말한다. 이 세계의 사실들과 법칙들은 하나님에 의해 유지될 수도 있고 유지되지 않을 수도 있다. 또한 모순율은 반드시 하나님에 기초할 필요가 없다. 오늘 A는 내일 A가 될 수도 있고 A가 안 될 수도 있다. 따라서 역사는 인간의 논리뿐만 아니라 하나님의 논리보다 우선한다. 하나님 자신도 진리를 찾아야 한다. 하와는 사단의 역사 해석을 하나님의 역사 해석과 동등한 자리에 놓았을 때 "중립적"이었다. 그것은 무고한 태도인 것처럼 보였다. 그러나 확실히 하나님은 그렇게 생각하지 않으셨다. 하나님은 하와의 방법론상의 "중립"에 대해 처벌하셨다. 하나님을 의심하는 것은 그를 부인하는 것이다. 모든 면에서 그렇지 아니한가? 중립은 사실상 하나님에 대한 부인인 것이다.[43]

여기서 볼 수 있는 사실들과 논리에 관한 카이퍼적 개념에 대한 논의 및 필자의 비평을 통해 문제점이 무엇인지는 명백히 드러났다. 필자의 비평의 요지는 우리가 카이퍼의 유산을 완전히 받아들이기 위해서 그리스도인과 비그리스도인은 어떤 면에서는 모든 것을 공유하지만 다른 한편으로는 아무것도 공유하지 않는다는 사실을 강조하지 않을 수 없다는 것이다. "따라서 우리가 죄인이 하나님으로부터 주관적으로 벗어난 사실과 관련하여 '죄로 말미암아 아무것도 파괴된 것이 없다'고 말할 수

---

[43] Van Til, "A Christian-Theistic Methodology," *The Calvin Forum* 1, no. 6 (January 1936): 142.

있는 것은 오직 제한된 개념 하에서만 가능한 것이다."⁴⁴

5. 초자연계시 및 자연계시

제시 드 보어의 말 가운데는 또 하나의 주장이 나타난다.

> 하나님과 그의 경륜을 전제하지 않는 한 우리는 매와 톱도 구별할 수 없다는 반틸의 급진적 진술과 관련하여 나는 주저 없이 반박하지 않을 수 없다. 사과와 토마토의 차이에 대한 하나님의 지식은 내가 그 차이를 알고 있다는 사실을 정당화하기 위해 호소해야 하는 전제가 될 수 없다…. "나는 하나님의 피조물"이라는 진술로부터 "나의 합리적 작업들이 하나님의 정신 안에 있는 복제본들에 비추어 진정성을 입증해야 한다"는 의무조항이 저절로 도출되는 것은 아니다.⁴⁵

앞서 언급한 대로 제시 드 보어의 주장에 따르면 하나님과 과학자의 관계에 대한 나의 입장은 잘못된 길로 빠진 조카를 위해 도박빚을 떠안은 부자 삼촌의 경우에 비유될 수 있다고 말한다. 그리고 세실 드 보어는 필자의 입장에 대해 "극단적 초자연주의"를 표방한 것으로 말한다.

그러나 세계와 그 안의 사실들이 궁극적으로 하나님의 뜻에 의한 것이 아니라면 매와 톱을 구별하는 것도 불가능하다는 주장은 결코 인위적인 창작물이 아니다. 앞서 언급했듯이 개인의 궁극적 원리로서 하나님의 뜻에 대한 유일한 대안은 우연의 원리뿐이다. 그러나 "혼돈과 태고의 밤" 안에는 모든 것이 공허하다.

나는 내가 제시한 입장이 초자연적 계시의 직접적이고 즉각적인 중요성을 강조하고 있음을 알고 있다. 그러나 반복해서 말하지만 이러한 주장은 결코 인위적인 것이 아니다. 반면에 개혁주의 신학은 초자연적인

---

44 Van Til, *Common Grace*, 43.
45 Jesse De Boer, "Professor Van Til's Apologetics: Part II: God and Human Knowledge."

계시와 일반계시의 관계의 "자연스러움"(naturalness)을 강조한다. 두 사상은 상호 포괄적임이 드러났다. 이것은 아담의 타락 이전에도 마찬가지였다. 하나님은 아담에게 지금 우리가 과학이나 철학이라고 부르는 것과 관련하여 어떻게 행하실 것에 대해 초자연적으로 말씀하셨다.[46]

죄가 인간의 마음에 들어온 후 초자연적 계시의 형식은 변해야 했다. 그것은 인간의 죄로 말미암아 구속적이 되었다. 그러나 하나님과 인간이 낙원에서 가졌던 직접적인 계시가 초자연적이지 않았던 것처럼 성경도 초자연적인 계시가 아니다.

물론 아담이 차지한 특별한 위치와 전 인류가 차지하고 있는 위치 사이에는 차이가 있는 것이 사실이다. 또한 선지자나 사도들과 그들을 통해 특별한 초자연적 계시의 수납자로서 하나님의 뜻을 받은 자들 사이에는 차이점이 있다. 뿐만 아니라 그리스도인으로서 우리의 삶에도 예배 행위와 일상적 행위 사이에는 차이가 있다.

사도들의 경우를 비롯한 어떤 곳에도 신적인 복제본[47]은 없다. 무엇보다도 학자로서 우리가 관계하는 어떤 곳에도 신적 복제본은 없다. 따라서 우리는 매와 톱과 그 외 모든 것을 다양한 수단으로 강화된 관찰력을 통해 연구한다. 우리는 하나님이 주신 상상력과 추리력을 동원하여 우리가 연구하는 사실들의 행동에 관한 가설들을 궁리한다. 우리는 이러한 가설들을 거듭해서 검증한다.

그러나 이 모든 것에서 우리는 만물의 창조주이시며 주관자이신 하나

---

46 즉 하나님은 아담에게(창 1:28) 주변 세계에 대한 관계(철학) 및 그의 할 일(과학)에 대해 말씀하셨다.

47 앞서 언급한 De Boer의 인용문에 유의하라. "하나님 안에 있는 복제본" 문제는 철학적 신학의 역사에서 매우 복잡하고 논쟁의 여지가 많은 문제에 해당한다. 여기서는 상세한 설명 대신 Van Til의 주장에만 초점을 맞추고자 한다. 즉 하나님의 전포괄적 계획으로 말미암아, 모든 사실은 존재하는 대로 존재하며 하고 있는 대로 행한다. 이런 의미에서 모든 사실은 창조를 통해 "존재"하기 전에 먼저 하나님의 마음에 있다. 신적인 복사판 개념에 대한 복잡한 분석에 대해서는 James F. Ross, "God, Creator of Kinds and Possibilities: Requiescant Universalia Ante Res," in *Rationality, Religious Belief, and Moral Commitment*, ed. Robert Audi, William J. Wainwright (Ithaca and London: Cornell University Press, 1986)을 참조하라.

님이 모든 가능성의 원천이라는 사실을 전제한다. 그러므로 우리는 우리가 알 수 있는 한 하나님의 계획에 합치할 수 있는 가설들만 생각해 낸다. 우리는 부활하신 예수 그리스도께서 하늘로 올라가셨다는 분명한 초자연적 정보를 가지고 있다. 따라서 그의 몸은 흙이 되었으며 따라서 땅에서 발견할 수 있을지 모른다는 취지의 가설은 그리스도인인 나와는 무관하다. 그것은 비그리스도인에게 전적으로 무관할 것이다. 나는 나의 주를 부인하지 않는 한 이 문제에 대해 중립적이 될 수 없는 것이다. 따라서 성경에 직접 계시된 모든 사실들과 가르침은 이와 같다.

그러나 우리는 가설들의 관계성에 대한 문제에 대해서는 이미 살펴보았다. 이제 기독교 진리는 부자 삼촌이 잘못한 조카에게 했던 것과는 전혀 달리 모든 인간사에 당연히 그리고 직접적으로 관련된다.

제12장

기독교 변증

이제까지 이야기해 온 내용은 모두 변증학에 관한 문제와 관련이 있었다. 우리 그리스도인이 어떻게 불신자로 하여금 기독교의 진리를 받아들이도록 해야 할까? 카이퍼는 세상에 죄가 들어왔기 때문에 오류에 대항하여 진리가 정립되어야 한다는 사실을 무척이나 강조하였다. 사단은 어두움의 왕자이다. 그는 아담에게 그와 동맹을 맺어 하나님을 대적하도록 부추겼다. 그러나 하나님은 은총 가운데 의와 진리의 나라를 세우기 위하여 그의 아들을 보내셨다.

그러므로 그리스도와 사단 사이에는 전 세계적 전쟁이 벌어지고 있다. 그리고 모든 인류가 이 전쟁에 참가하고 있다. 모두 군복을 입고 있고 하나님을 따르든지 아니면 하나님을 대적한다. 즉 두 개의 원리가 서로 대적하고 있다. 그러나 진리를 위하여 싸우는 자는 오직 영적 무기만을 사용하여 싸워야 한다. 사단을 대적하는 그들의 싸움은 사람을 그리스도 안에 있는 하나님의 사랑으로 회심시키기 위함이다.

제시 드 보어는 이러한 군사 용어를 좋아하지 않는다. "그러나 전투적 정신을 가진 자들은 자신의 목적을 달성하기 위해 아무 무기든 들고 공

격하려는 실제적 위험이 있다."¹

그러나 우리가 군사 용어를 피하면서 어떻게 성경에 충실할 수 있겠는가? 현대주의와 신현대주의는 진리와 거짓 사이의 궁극적 차이를 구별하지 않은 소위 사랑의 복음을 전파하고 있지 아니한가? 바울은 우리에게 마귀의 간계를 대적하여 서기 위해서 하나님의 전신갑주를 입어야 한다고 경고하고 있지 아니한가? 평화를 주려고 오신 것이 아니라 검을 주러 왔노라 하신 그리스도의 주장이 죄인을 위한 그의 사랑과 조화되지 않는 것이겠는가?

그리스도인은 창조주 하나님과 그의 피조물인 인간 그리고 하나님을 대항한 인간의 반역의 견지에서 진리를 제시해야만 한다. 로마 가톨릭과 복음주의는 인간의 타락이 그리스도인과 비그리스도인 사이의 논쟁에 어떤 직접적 의의를 가진 것으로 생각하지 않으려 한다. 오직 개혁주의 신학적 견해만이 아담의 대표적 역할에 관한 성경의 기사를 진지하게 받아들인다. 그러므로 개혁주의적 견해만이 인간의 타락이 변증학에 끼치는 의의를 완전하게 감지한다.

그러므로 개혁주의 변증학은 로마 가톨릭과 복음주의적 변증학이 그러하듯이 인간이 하나님의 형상으로 지음받음으로 인해 하나님에 대한 "공통 관념"을 가지고 있기 때문에, 죄인과 성도 모두 그들이 인식론적으로 스스로를 지각하고 있는 한 서로가 공통관념을 보유하고 있다는 생각을 당연한 것으로 여기지 않는다. 개혁주의 변증학은 칼빈을 따라서 아담의 참 모습과 죄인, 즉 자연인의 참 모습 그리고 성도, 즉 중생한 인간의 참 모습을 각자 나누어 구별한다.

---

1 Jesse De Boer, "Professor Van Til's Apologetic: Part I: A Linguistic Bramble Patch," *The Calvin Forum* 19, nos. 1–2 (August–September 1953): 7.

우리는 먼저 아담의 의식을 살펴보고 중생하지 못한 의식을 돌아본 후에 필히 **중생한 의식**을 생각해 보아야만 할 것이다. 중생한 의식은 **회복되고**(restored) 또한 **보완된**(supplemented) 아담의 의식이다. 그러나 이 의식은 오로지 원칙적으로만(in principle) 또는 신분적으로만 회복되고 보완된 의식이다.

첫째로 중생한 의식은 아담의 의식이 **회복된** 것이다. 중생한 의식은 이제 다시금 그 자체의 파생적(derivative) 성격을 인지한다. 중생한 의식이 그렇게 할 수 있는 까닭은 오로지 하나님이 그 의식을 중생시키시어 그 자체의 윤리적 타락성을 고백토록 했기 때문이다. 하나님이 자연인이었던 것을 되살아나게 하셨기에 이제 그가 살게 되었다. 중생한 인간은 그의 안에 계셔 소원을 두고 일하시는 분이 바로 하나님이시기 때문에 영적으로 선한 일을 구분할 수도 있고 또 행할 수도 있다.

둘째로 중생한 의식은 아담의 의식이 **보완된** 것이다. 아담은 **죄를 지을**(posse peccare)² 입장에 있었으나 회복된 인간은 **죄를 짓지 않을**(non posse peccare)³ 입장에 있다. "하나님이 난 자마다 죄를 짓지 아니하나니 이는 하나님의 씨가 그의 속에 거함이요 저도 범죄치 못하는 것은 하나님께로서 났음이라"(요일 3:9).

셋째로 중생한 의식은 정도에 있어서가 아니라 **원칙적**으로 회복되었다. 로마서 7장의 갈등은 모든 그리스도인들이 죽는 그날까지 겪는 갈등이다. "만일 우리가 죄 없다 하면 스스로 속이고 또 진리가 우리 속에 있지 아니할 것이요."(요일 1:8).

이제 우리는 아담의 의식과 중생치 못한 의식 그리고 중생한 의식 간의 구별을 우리 마음속에 간직하고 신학에 있어서 이성이 차지하는 위치에 관한 문제로 접근해 갈 수 있을 것이다.

---

2 "able to sin."
3 "not able to sin." 이것은 물론 우리의 회복이 완전히 이루어질 때까지 원칙적인 면에서 그렇다는 것이다.

1. 신학에서 이성의 위치

첫째, 우리는 아담이 소유했던 것과 같은 원죄 이전의 의식은 이제 더 이상 현세에 실제로 존재하지 않는 것으로 생각할 수 있다. 우리는 오직 중생치 못한 의식과 중생한 의식을 다룰 뿐이다. 그러나 타락한 의식과 중생한 의식의 참 의미는 아담과 그의 타락에 관한 역사를 돌이켜보지 않으면 파악될 수 없다. 이 말은 우리가 아담에 관한 창세기의 기록을 역사적인 것으로 보느냐 아니냐와 무관한 문제라는 의미가 아니다. 한 신학이 건전한 신학으로 유지될 수 있는 것은 오직 우리가 그 기록을 역사적인 것으로 인정할 때뿐이다. 아담의 죄는 이미 알려진 하나님의 계시에 대한 인간의 의지적 범과 행위이다. 만일 우리가 창세기 기록의 역사성을 부인한다면 우리는 죄에 대한 인간의 책임을 거의 그 속에는 아무것도 남아 있지 않을 만큼 극단적으로 축소시키도록 강제될 것이다. 그럴 경우 인간의 "죄악성"은 사실상 "운명"과 동일하게 되고 말 것이다. 이와 같이 오토 파이퍼(Otto Piper)[4]와 넬스 F. S. 페레(Nels F. S. Ferré)[5] 같이 창세기 기사를 사실상 신화의 수준으로 축소시키는 신학자들은 죄와 그리스도 그리고 구속에 대한 역사적 기독교의 견해를 또한 부인해야만 할 입장에 몰린 자신들의 모습을 발견케 되는 것이다.

둘째, 우리는 위에서 설명된 객관적 의미에 있어서가 아니라면 인간 이성 일반 또는 일반적인 인간 의식에 대해 이야기할 수 없다. 그리고 우리는 그와 같이 이를 기독교적 의미에서의 제한적 개념이라 부를 수 있을 것이다. 다른 말로 해서 그 자체만으로는 제 구실을 하기 위해 결코 채용될 수 없는 그런 개념이라는 것이다. 사람은 누구나 신의식을 가지고 있다. 그러나 그와 동시에 자신이 가진 신의식을 즉시 물들일 뭔가

---
[4] Otto A. Piper, *God in History* (New York: Macmillan, 1939), xx, 58. Otto Piper (1891-1982)는 1937년부터 1962년까지 Princeton Theological Seminary의 신학 교수를 역임하였다.

[5] Nels F. S. Ferré *The Christian Faith* (New York: Harper and Brothers, 1942) and *Evil and the Christian Faith* (New York: Harper and Brothers, 1947). Nels F. S. Ferré(1908-71)는 말년에 1956년부터 1962년까지 Andover Newton Theological Seminary에서 가르쳤다.

다른 것을 가지고 있지 않은 사람은 찾아볼 수 없다. 모든 사람은 사단과 언약을 맺고 있든가, 아니면 하나님과 언약을 맺고 있다. 전자는 그들 속에 있는 신성에 대한 일반적 감각을 억누르려고 애쓰기 때문에 결국 언제나 곡해하는 것을 피할 수 없다. 후자는 필연적으로 그리스도 안에서 신성에 대한 일반적 감각을 하나님의 계시와 연관시키려 애쓰기 마련이다.

그러므로 하나님이 주신 "공통적 의식"의 사실을 인간에 대한 하나님의 계시적 압력으로 인식하는 것이 최종적 결과이지만 인간이 그의 가장 근본적인 동맹 관계를 인식하고 있는 한, 그는 매 순간 인간에게 관심을 기울이고 계시는 하나님께 전적으로 순종하든가 아니면 전적으로 항거하든가 한다는 것을 인식하는 것도 이에 못지 않게 중요한 일이다.

셋째, 우리가 중생치 못한 의식을 다룰 때, 우리는 그것이 채용하고 있는 일원론적 가정에 따라서 있는 그대로 생각해야만 한다. 그러므로 우리는 중생치 못한 의식이 신학의 문제나 또는 이런저런 어떤 문제에 대해 판단할 어떤 권리를 가진 것으로 승인할 수 없다. 성경은 어디 한 군데서도 중생치 못한 이성을 자격 있는 심판자로 삼아 그것에 호소한 적이 한 번도 없다. 성경이 "오라 우리가 서로 변론하자"[6]라고 했을 때 그것은 흔히 하나님의 백성을 향한 말이었다. 또 만일 그것이 다른 자들에게 한 말이었다면, 그것은 결코 그들을 하나님과 대등하게 취급하거나 또는 그들이 실로 바른 판단을 할 수 있는 것으로 여기는 법이 없다. 중생치 못한 사람도 그가 억누르려고 애쓰는 신의식, 즉 그의 속에 있는 하나님의 계시인 하나님에 관한 지식을 가지고 있다. 성경은 인간 속에 있는 이 신의식에 호소하는 것이다. 그러나 성경은 인간이 자신이 채용한 일원론적 가정에 근거하여 움직일 때, 그는 진리와 허위, 옳음과 그름을 판별할 어떠한 능력이나 자격도 갖지 못했다는 것을 명백히 함으로써만 그에게 호소할 수 있으며 또 실상 그렇게 하고 있다.

---

[6] "여호와께서 말씀하시되 오라 우리가 서로 변론하자 너희의 죄가 주홍 같을지라도 눈과 같이 희어질 것이요 진홍 같이 붉을지라도 양털 같이 희게 되리라"(사 1:18).

넷째, 비록 성경이 자연인을 능력 있는 심판자로 생각하고 그에게 호소하지 않으며 또 자연인을 영적인 일에 대한 맹목으로 간주하고 있기는 하지만, 그럼에도 불구하고 성경은 인간이 그의 맹목성에 대한 책임을 져야 한다고 거듭 주장한다.

다섯째, 성경은 우리가 그의 이름 안에서 말하기도 하고 또 논쟁을 벌이기도 하는 하나님이 그 눈먼 자들로 하여금 보게 하실 수 있으므로, 우리는 그 눈먼 자들과 더불어 이야기하고 말씀을 전파하며 나아가서 논쟁도 하도록 가르치고 있다. 예수께서는 나사로가 죽어 있을 때 일어나 그 무덤 속에서 걸어나올 것을 명하셨다. 선지자는 골짜기의 마른 뼈들에게 그것들이 일어나 육체를 입기까지 전파하였다. 마찬가지로 그리스도 안에서 하나님이 우리를 통하여 논쟁하시며 전파하시기에 우리의 논쟁과 우리의 전파하는 것이 헛되지 않는다. 우리도 한때는 죽었던 자들이다. 아마도 어떤 인간을 수단으로 하시어 하나님이 우리와 더불어 변론하셨기에 이제 우리가 눈을 떠 보게 된 것이다.[7]

나는 여기서 내가 늘 사용해 온 변론방식을 요약하여 인용하고자 한다. 이는 1947년 9월 6일자 "Saturday Review of Literature"지에 실린 윌리엄 페퍼렐 몬테규 교수(Professor William Pepperell Montague)[8]의 논문, "우주는 지성을 가지고 있는가?"(Does the Universe Have a Mind?)에 대한 응답으로 Inter-Varsity Fellowship이 발간하는 「His」(1948년 4월호)지에 기고했던 것이다. 다음의 내용이 그것을 요약한 것이다.

"우주는 그 움직임 가운데 그것이 선하게 창조되었다는 사실을 증거하고 있는가?"(S. R. L., p. 31). "이 유서 깊은 신학적 질문에 대해 우리는 지극히 부정적인 대답을 해야만 할 것이다. 자연은 실로 처절하고 맹렬한 것이다.

---

7 Cornelius Van Til, *An Introduction to Systematic Theology* (Syllabus), 28-30.
8 William Pepperell Montague(1873-1953)는 1907-1947년, 자신이 은퇴할 때까지 Columbia University의 철학 교수로 있었다고 말한다. 실용주의의 철학적 사조를 가진 Montague의 "new realism"은 당시에 홍행하던 관념론에 맞서고자 했다.

삶이 그와 같이 형성되어 있기에 모든 피조물들은 오직 다른 피조물들을 집어삼킴으로써만 그들의 존재를 보존할 수 있다. 만일 어떤 하나님이 존재한다면 그는 전능하지 않으며 어떤 의미에서건 인간의 양심이 재가할 수 있는 범주의 '선하다'는 뜻에 부합되게 선하지도 않을 것이다."

몬테규가 취하고 있는 입장이 많은 현대 철학자와 과학자들이 매우 전형적으로 취하고 있는 입장이라는 점은 증거를 들어가며 증명할 필요가 없다. 심지어 사람들이 몬테규만큼 맹렬하게 그들의 입장을 밝히지는 않더라도 기독교와 기독교의 주장에 대한 그들의 태도는 흔히 몬테규의 입장과 동의할 때가 많다. 그러므로 그리스도인이 이와 같은 비난에 대한 그들의 자세를 세심하게 검토해 보는 것이 절대적으로 요구된다.

그리스도인은 악과 고통의 문제를 대할 때, 그들은 그것이 인간이 지은 죄의 결과라고 말한다(롬 5:12). 그러므로 그들은 죄의 본성이 하나님의 뜻에 부합되지 못함과 그것을 거역하는 것이라 덧붙여 규정한다. 더 나아가서 그들은 또한 하나님이 "정하신 사람으로 하여금 천하를 공의로 심판할 날을 작정하시고 이에 저를 죽은 자 가운데서 다시 살리신 것으로 모든 사람에게 믿을 만한 증거를 주셨음이니라"(행 17:31)고 확언한다. 따라서 그리스도인들은 악의 "사실"을 한 이야기의 빛 속에서 해석한다. 그런데 이 이야기는 그들이 하나님의 말씀인 것으로 주장하는 성경으로부터 나온다. 더구나 악의 사실에 관한 사실이 다른 모든 사실에 있어서도 마찬가지다. 그리스도인은 모든 사실을 그 동일한 이야기의 빛 속에서 해석한다. 그들에게 있어 이 세계의 모든 사실의 성격이 그 이야기 속에서 규정하는 바에 의해 결정되어진다. 그리스도인은 초자연계시 이외의 어떤 다른 원천으로부터도 그 이야기를 획득하지 않는다.

그리스도인이 양심은 그 이야기가 말하는 진리에 공명됨을 느낀다. 또 그는 그 이야기의 진리를 부인하는 자는 엉뚱한 생각을 하는 자라고 강력히 말한다. 그러한 자들은 그 이야기가 진리이길 바라지 않는 자들이며 그 이야기가 자신들이 어떤 존재들이라고 말하는 것이 사실이길 원하지 않는다. 그들은 "너무나도 심하게 반항한다." 그리고 그들은 그와 같이 심하게 반항함으로써 그들의 양심이 그들 자신과는 반대로 오히려 그 이야기가 사실이 아니라고 이야기하는 것이 아님을 밝히 증거하고 있다. 그들의 양심은 그들이 "이것이다"라고 말하는 것과는 정반대의 이야기를 그들에게 하고 있다.

더 나아가서 그리스도인은 논리가 그 이야기와 부합됨을 발견한다. 인간의 논리는 그 이야기와 부합되는데 이는 인간의 논리가 그 이야기로부터 의미를 부여받기 때문이다. 이 세계의 사실은 그 이야기에서 그것은 이러이러한 것이다라고 말하는 바로 그런 사실이다. 만약 논리가 사실을 다룰 뿐 그것을 가공적으로 공상하지 않는다면, 논리 그 자체가 사실과 더불어 성경의 그 이야기의 일부이어야만 한다. 사람은 논리를 통하여 성경의 이야기에 대한 그의 경험 가운데 통일성을 찾고자 애써야만 한다. 그 이야기는 인간에게 "심음과 거둠과 추위와 더위와 여름과 겨울과 낮과 밤이 쉬지 아니하리라"[9]고 말한다. 따라서 과학적 서술이 가능할 수 있게 된다. 그러나 그 이야기는 하나님이 정하신 때에 최후의 심판이 올 것 또한 인간에게 말해 준다. 결국 이런 과학적 서술은 하나님에 의한 자연의 구조와 그 과정의 보호에 전적으로 의존하고 있다.

이제 몬테규의 주장에 대해 생각해 보기로 하자. 그는 자연의 "사실들"을 관찰하고 그 사실들은 그리스도인이 말하는 것과 같은 사실이 아니라고 말했다. 이와 같이 단지 사실을 이렇게 보는 것에 함축된 내용은 그 사실이 결코 그리스도인이 말하는 것과 같은 사실일 수 없다는 주장이다. 몬테규는 단지 사실을 관찰함으로써 어떤 일이 과거에 발생하지 않았으며 또 어떤 일이 미래에 발생할 수 없는지를 알 수 있음을 사실상 주장하고 있다. 그는 단지 사실을 관찰함을 통해서만 창조나 타락이 일어난 일이 없었으며, 심판도 없을 것을 안다는 것이다. 몬테규가 보는 바에 의하면 자연의 사실에 관한 어떠한 사소한 언급이라 할지라도 그것은 모든 가능성에 관한 선험적으로 보편적인 부정적 판단을 포함하여 실질적으로는 그것과 동일하다는 것이다.[10]

따라서 몬테규의 입장에 의하면 사실에 관한 관찰이란 사실상 그 성격을 완전히 꿰뚫어 보는 통찰과도 같은 것이다. 우리가 어떤 사실을 생각함에 있어서 그것이 가능할 것이다, 아니다를 결정지을 수 있는 것은 오로지 그 사실들의 성격을 완전히 꿰뚫어 보는 이 통찰력을 근거로 할 때뿐이다. 그리고 완전히 사물을 꿰뚫어 보는 통찰력은 절대적인 통제력을 전제한다.

---

[9] "땅이 있을 동안에는 심음과 거둠과 추위와 더위와 여름과 겨울과 낮과 밤이 쉬지 아니하리라"(창 8:22).
[10] Van Til이 여기서 말하는 "모든 가능성에 관한 선험적으로 보편적인 부정적 판단"은 기독교가 사실이 될 수 없다는 판단이다.

다른 말로 하면, 몬테규가 사물을 생각하는 바에 따르면 인간의 마음이 모든 실제적인 목적을 위하여 그리스도인이 사물을 생각할 때 하나님이 차지하는 위치를 차지해야만 한다는 것이다. 논리에 따라서 무엇이 존재할 수 있고 무엇은 존재할 수 없노라 말하는 것은 먼저 어떤 점에서 그 논리가 실재와 접하는지 결정되지 않으면 결국 허공에 칼을 휘두르는 것이나 진배없다. 그리스도인들의 이야기에 의하면, 논리와 실재가 최초로 접하게 된 것은 하나님의 존재와 그의 마음속이었다. 하나님의 존재는 철저히 이성적이다(God's being is exhaustively rational). 그리고 하나님은 이 우주를 그의 계획에 따라 창조하시고 그것을 또 계획에 따라 다스리신다. 심지어는 이 세상에서 벌어지는 죄악조차도 이 계획에 따라 발생한다. 그런데 그리스도인들이 사물을 생각하는 이러한 세계를 대치할 유일한 길은 논리와 실재가 사람의 마음속에서 처음으로 접한다고 주장하거나 가정하는 길뿐이다. 모든 설명의 궁극적 준거(the final point of reference)는 궁극적으로 어떤 마음, 즉 하나님의 마음이나 인간의 마음에 위치한다. 인간이 발하는 모든 말의 궁극적 준거가 되어야만 하고 또 그렇게 전제되어야만 하는 것이 다름 아닌 기독교의 자족적이신 하나님이시든가, 아니면 자율적이라 가정된 인간이라는 것이다.

그러므로 우리는 몬테규에게 어떻게 하나의 평범한 인간일 뿐인 그가 모든 가능성에 대한 절대적으로 선험적 또는 분석적 지식에 해당하는 것을 가지고 있노라 주장할 수 있는지에 대해 물어 볼 수 있을 것이다. 그러나 만일 우리가 그에게 어떤 질문을 던지게 되면 그는 물론 결단코 그런 것을 부인할 것이다. 그는 모든 것을 인간이 모순 없이 말할 수 있는 그 무엇과 같다고 하려던 파르메니데스의 시도를 포기할 것이다. 그러나 그는 어떠한 제1원인도 또한 인정하려 하지 않는다. "우리가 발견하는바 자연의 근원으로 여겨지는 사물 또는 원리는 어떤 생식력, 즉 자기복제나 증식의 능력인 듯 싶으며, 그것을 설명할 수 있는 유일한 길은 마음 또는 인생이 이러한 여러 가지 범주에 앞서 말한 것과 같이 발전 그 자체의 원리가 나타내고 있는, '의외적'이긴 하지만 불가피한 발전임을 보이는 것에 달려 있다."[11]

---

[11] William P. Montague, 『종교적 실재론』(*Religious Realism*), ed. Douglas Clyde Macintosh and Arthur Kenyon Rogers (New York: Macmillan, 1931) 중에 "삼위일체"(The Trinity)에 관한 논문

그렇다면 우리는 몬테규에게 다음과 같은 질문을 던질 수 있다. 만일 그대가 주장하는 것처럼 그대가 가능성뿐 아니라 실제로 어떤 류의 마음이나 또 마음이 실재 또는 가능성에 대해 언급하는 어떤 논리적 주장에 앞서 이미 존재하는 그 무엇으로 생각하고 있다면, 그대는 어떻게 모든 가능성에 대하여 보편적인 부정적 명제를 산출해 낼 수 있는가? 만일 우리가 신형 뷰익(Buick) 승용차의 엔진이 붕붕거리며 돌아가지만 그 차가 조금도 움직이지 않는 것을 보게 된다면, 우리는 단지 그 기사가 차를 움직이려고 생각하고 있지 않다고 가정하게 될 뿐일 것이다. 운전사는 언제고 기어를 엔진에 걸 수 있으며 그렇게만 하면 차는 움직여 떠날 것이다. 그러나 만일 차를 움직여 보겠다는 철석 같은 의지를 가진 운전사가 그 차의 엔진을 떼어 내어 그것을 태평양 한 가운데 던져 버리는 것을 보게 된다면 우리는 결코 운전사의 행동에 대해 찬사를 보내지 못할 것이다.

그렇다면 그리스도인과 비그리스도인은 상호 간에 다음과 같이 비교될 수 있을 것이다.

1) 실재의 성격에 대하여 양자가 모두 명제들을 산출한다.
   (1) 그리스도인은 자족적이신 하나님과 우주에 대한 그 하나님의 계획을 전제한다.
   (2) 비그리스도인은 "혼돈과 태고의 밤"을 전제한다.
2) 그리스도인과 비그리스도인은 모두가 유한한 존재로서 어느 누구도 논리를 수단으로 하여 실재가 어떠해야 함을 규정할 수 없다.
   (1) 그리스도인은 이것을 알기 때문에 사실을 성경에 계시된 하나님의 계획에 자의식적으로 순종하는 가운데 사실을 관찰하고 그것을 논리적으로 배열한다.
   (2) 비그리스도인도 이것을 앎에도 불구하고 다음과 같은 불가능을 끊임없이 시도하고 있다.
      a) 첫째, 부정적으로 그는 실재가 전혀 이성적으로 구성된 것이 아니며 따라서 기독교의 이야기는 참일 수 없다고

p. 497을 참조하라.

주장한다. 여기에는 "혼돈과 태고의 밤"에서 우연히 솟아난 "사실"에 관한 그의 생각이 포함된다.
b) 둘째, 긍정적으로 그는 실재가 결국 이성적으로 구성되어 있어서 그의 논리적 조작에 완전히 부응한다고 가정한다. 여기에는 소위 어떤 "우주적 마음" 또는 그저 용인된 신이라는 존재가 그런 신 또는 그런 우주적 마음과는 전혀 상관없이 인간이 고안해 낸 범주에 의하여 조작되어야만 한다는 그의 생각이 포함된다.

3) 양자 모두가 자기들의 주장이 "경험적 사실과 일치한다"고 주장한다.
 (1) 그리스도인이 이렇게 주장하는 것은 사실과 사실에 대한 그의 경험을 그의 전제에 입각하여 해석하기 때문이다. 그에게 있어서 "자연의 통일성"과 그 통일성에 대한 그의 지식은 모두가 하나님의 계획에 기초한다. 그는 경험의 통일성이 하나님의 절대적 통일성에 유비적인 것으로 간주한다.
 (2) 비그리스도인 역시 사실들을 그의 전제에 입각하여 해석한다. 그런데 이 전제 가운데 하나로 궁극적 비합리성의 전제가 있다. 그와 같은 배경 위에서는 어떤 사실도 모든 면에 있어서 다른 것과 전혀 다른 성격을 지닌 것이 되고 만다. 여기서 "혼돈과 태고의 밤"이 한판의 복수를 벌이는 것이다. 이 전제 가운데 두 번째 것으로 인간에 의해 조작되는 논리의 영역에 있는 모든 실재의 합리성의 전제가 있다. 그러한 기초 위에서는 어떠한 사실의 성격도 다른 모든 사실의 성격과 같은 것이 되고 말 것이다. 실제에 있어 비그리스도인이 행하는 일은 그의 첫 번째 전제에 내포된 극한적 불확실주의(equivocism)와 그의 두 번째 전제에 내포된 극단적 확실주의(univocism) 사이에서 조심스레 균형을 잡아 보려는 작업이다. 어느 경우에 있어서나 비그리스도인은 결코 어떠한 사실도 알 수 없다. 그는 그의 원리들에 입각해서 그 성격에 대해 아무것도 알 수 없다. 그러나 그가 발견할 수 없는 것을 발견했을 때, 그는 그것에 대해 모든 것을 이야기할 수 있다.

즉 그의 원리들에 의하면 만일 그가 뭔가를 안다면 그는 모든 것을 아는 것이다.

4) 양자 모두가 자기의 입장이 "논리의 요구에 부합된다"고 주장한다.

(1) 그리스도인이 이것을 주장하는 것은 그가 인간이 조작하는 논리 영역을 그가 배운 성경의 이야기에 입각하여 해석함으로써 그는 그것을 하나님에 대한 그의 전제에 입각하여 해석하기 때문이다. 그 이야기는 자연은 인간에게 복종하게끔 창조되었으며 또한 자연과 인간은 모두가 하나님께와 그의 계획에 복종하게끔 창조되었다는 것을 인간에게 일러준다. 이와 같이 그의 논리는 기능을 통제할 수 있다고 주장하지 않지만 실재와는 연결되어 있다.

(2) 비그리스도인 역시 이것을 주장하지만 그는 그 주장에 납득될 만한 어떤 의미도 부여할 수 없다. 만일 그가 사실의 궁극적 비합리성에 대한 그의 전제에 따라 움직인다면 논리의 타당성이란 존재하지 않을 것이다. 그렇게 되면 모든 논리는 사실상 즉각 공허한 것이 되고 만다. 또한 만일 그가 인간이 조작하는 논리의 궁극적인 입법적 성격에 대한 그의 전제에 따라 움직인다면 논리에 의하여 상호 간에 연결될 수 있는 사실은 전혀 존재하지 않는다. 따라서 모든 사실이 논리로 축소되고 만다. 여기서 논리는 타당성을 지니지만 그 타당성은 오로지 순수하게 형식적인 타당성일 뿐이다.

5) 양자 모두가 악의 문제에 관해 언급하면서 각기 자기들의 입장이 양심과 일치한다고 주장한다.

(1) 그리스도인이 이것을 주장하는 까닭은 자신이 겪는 경험의 일부인 그의 도덕의식을 그의 전제에 입각하여 해석하기 때문이다. 그는 전체 세상의 심판자가 틀림없이 옳으시다는 것을 알고 있다. 모든 사실들과 악과 죄의 문제는 성경의 이야기에 입각해서 그들의 의미를 취하고 또 그 해결을 발견케 된다. 그의 양심의 승인 또는 부인은 오로지 성경의 이야기에서만 그 의미를 취하게 된다.

(2) 비그리스도인도 역시 이런 주장을 펴게 되는데 그 이유는 그가 자신의 양심을 그 자체의 궁극적 참조점으로 택했기 때문이다. 악이 세상에 들어온 것은 인간의 불순종 때문이 아니다. 그러므로 악은 형이상학적으로 궁극적인 것이다. 악은 선, 즉 마땅히 그래야만 할 무엇과 구별될 수 없다. 선이 악으로부터 구별될 수 있다고 가정하더라도 한 사람이 다른 사람들보다 조금이라도 덕스러우리라 기대할 권리가 조금도 없다. 만일 자신이 선하다고 생각하는 자가 그들의 "선"하다고 생각하는 것을 온 세상에 널리 퍼지게 하는 데 성공한다면, 그것은 오직 각기 자기 나름대로 "선"하다고 생각하는 다른 사람의 "선"을 억압하는 것에 불과할 것이다. 그리하여 힘의 정치학이 모든 윤리적 구분의 자리를 언제나 대체하게 될 것이다.

이와 같이 위에서 개관한 종류의 논제는 전통적인 변증학 방법론, 즉 "구 프린스턴"(old Princeton)의 변증학과는 아주 다르다. 전통적 변증학은 스콜라주의적 입장에서 버틀러(Butler)의 유명한 『유비론』(Analogy)을 거쳐 나온 것이다. 그렇다면 이 두 입장이 어떻게 다른가? 나는 이 차이점을 일반적인 방법으로 지적해 보이고자 한다. 그 목적을 위해 나는 「햇불과 나팔」(Torch and Trumpet)이란 정기 간행물에 실렸던 "신앙을 옹호함"(Defending the Faith)이란 일련의 논문의 한 부분을 인용하고자 한다.[12]

2. 신앙을 옹호함

이 일련의 논문에서 우리가 추구하는 주된 관심은 기독교 변증학에서 개혁주의적 접근의 주요 특성 가운데 몇몇을 발견하고자 하는 데 있다.

---

12 1, no. 1, pp. 16 이하; 1, no. 2, pp. 17 이하; 1, no. 3, pp. 16 이하; 1, no. 4, pp. 16 이하; 2, no. 5, pp. 18 이하.

이 질문을 밝혀줄 빛을 찾고자 애쓰는 노력의 일환으로 우리는 먼저 암스테르담(Amsterdam) 소재 자유대학(Free University)의 고(故) 발렌타인 헵 박사(the late Dr. Valentine Hepp)의 취임 연설문을 생각해 보기로 하자. 이 연설문의 제목은 "개혁주의 변증학"(Reformed Apologetic)[13]이었다. 헵은 여기서 개혁주의 그리스도인은 변증학의 문제에 대한 접근에 있어서도 당연히 개혁주의 적이어야만 한다고 말한다. 남자와 여자는 먼저 사람이 되고 난 후에야 남자와 여자가 되는 것이 아니다. 마찬가지로 개혁주의 그리스도인도 먼저 그리스도인이 된 연후에 개혁주의 그리스도인이 되는 것이 아니다. 개혁주의 그리스도인은 처음부터 개혁주의 그리스도인이라는 것이다. 이러한 헵의 주장이 옳다면 그러한 개혁주의 그리스도인은 그가 "블랙씨"(Mr. Black, 반틸은 불신자를 블랙씨라고 부른다—역자주)를 그리스도인으로 만들려고 애쓸 때, 개혁주의 특유의 방식으로 접근할 것이다. 그는 "블랙씨"가 먼저 그리스도인이 되고 그 후에 개혁주의적 그리스도인이 되기를 원치 않고 처음부터 즉시 개혁주의적 그리스도인이 되길 원할 것이다. 즉 "블랙씨"는 두 번의 절차를 밟고서가 아니라 단 한 번의 절차로 개혁주의 그리스도인이 되어야만 한다.

고(故) 벤자민 브레킨리지 워필드 박사(the late Dr. Benjamin Breckinridge Warfield)는 칼빈주의 또는 개혁주의 신앙이 바로 기독교의 본연이라고 말한 적이 있다. 워필드는 칼빈주의를 소위 "칼빈주의 5대 교리"라 불리우는 전적 타락, 무조건적 선택, 제한 속죄, 불가항력적 은혜 그리고 성도의 견인 등과 동일시하지 않았다. 워필드는 이러한 5대 교리가 적어도 역사적으로는 "알미니안주의의 5대 교리"의 "신학적 환질명제" 반론에 불과하다고 주장한다. "칼빈주의의 5대 교리"는 칼빈주의 나무의 수많은 가지 중 몇 개일 뿐이다.

칼빈주의를 하나의 통일체로 볼 때, 그것은 "영광스러운 하나님의 비전"으로 대변할 수 있다. 조금 더 구체적으로 살펴보면 칼빈주의는 다음

---

13 Valentine Hepp, *Gereformeerde Apologetiek* (Kampen, Kok, 1922).

과 같은 세 가지 것들을 포함한다. "객관적으로 말해서 유신론은 칼빈주의 속에서 본연의 모습으로 나타난다. 주관적 견지에서 볼 때는 종교적 관계가 칼빈주의 속에서 그 순수성에 달하며, 구원론적으로 볼 때 복음적 종교가 드디어 칼빈주의 속에서 그 온전한 표현과 확보된 안정성을 찾는다."[14] 또 워필드는 이 말을 확대하여 이렇게 이야기하고 있다.

> "나는 칼빈주의가 개별적 유신론 사상이나 종교적 경험 또는 복음적 신앙의 총합이 아니라 이 모든 것들의 완전한 표현이라는 점을 강조하는 것이 중요하다고 생각한다. 오로지 한 종류의 유신론, 한 종류의 종교, 한 종류의 복음주의만이 있을 뿐이다. 만일 그런 주장을 펼 수 있는 체계들이 여럿이라면 그들은 보다 포괄적인 범주에 포함된 유사한 종류들로서가 아니라, 동일한 종의 좋고 나쁜 질적인 차이에 의해 구별되는 것이다."[15]

만일 워필드가 옳다면, 우리의 결론은 마땅히 헵의 주장에 기초한 것과 같은 것이 되어야만 한다. 즉 개혁주의 신앙이야말로 본연을 찾은 유신론이다. 만일 다른 유신론이 있다면, 그것들은 참된 유신론이 아니다. 어떻게 그것이 참된 유신론일 수 있겠는가? 그렇다면 세상에 참되신 하나님이 여러 분 계시다는 말인가? 오직 단 한 분의 참되신 하나님이 계실 뿐이다. 그러므로 오직 단 하나의 참된 유신론, 즉 기독교의 유신론이요 성경의 유신론이 존재할 뿐이다. 그리고 오직 한 분 하나님, 성경이 말하는 삼위일체의 하나님이 계실 뿐이다. 개혁주의 신앙의 핵심을 구성하는 것이 바로 "영광스러운 하나님의 비전"이다. 개혁주의 그리스도인이 "블랙씨"를 이끌어 오는 목표도 따로 이와 같이 전적으로 주권적이신 하나님을 인정하는 신앙이다.

결국 헵과 워필드의 주장으로부터 두 가지의 부정적 결론이 내려질 수

---

14 B. B. Warfield, 『신학자 칼빈과 현대의 칼빈주의』(*Calvin as a Theologian and Calvinism Today, pamphlet* [Philadelphia, 1909], p. 23).
15 Ibid, 24.

있다. 첫째, 개혁주의 변증가는 하나님의 존재를 확고히 정립하는 일을 로마 가톨릭과 상호 협력하에 할 수 없다. 로마 가톨릭의 유신론은 "본연의 유신론"이 아니라 단지 모호한 일반적 유신론이기 때문이다. 로마 가톨릭의 유신론은 기독교의 하나님과 헬라철학의 신, 특히 아리스토텔레스의 부동의 동자(the Unmoved Mover of Aristotle)가 혼합된 형태의 유신론이다. 로마 가톨릭 신학의 유신론은 이교 사상의 여러 요소를 가득 지닌 유신론이다. 만일 그러한 유신론이 사실로 밝혀진다면, 개혁주의 그리스도인의 유신론이 허위로 밝혀질 것이다. 만일 우리가 로마 가톨릭과 마찬가지로 어떤 신의 존재를 "입증"한다면, 우리는 기독교의 하나님의 존재는 부정하고 말게끔 된다.[16] 로마 가톨릭 신학자들이 "입증"했다는 그 유신론은 오로지 곡해된 유신론일 따름이다.

둘째, 헵과 워필드의 주장으로부터 인출된 부정적 결론은, 개혁주의 변증가는 복음주의의 진리를 전제로 하여 "복음주의자"와 상호 협력할 수 없다는 것이다. 여기서 복음주의라 함은 워필드가 그것에 대해 말한 것처럼 개혁주의가 아닌 일반적 개신교를 말한다(그의 『구원의 계획』[*The Plan of Salvation*]을 참조하라).[17]

---

16 Van Til이 로마 가톨릭의 하나님에 대한 입증은 진정한 하나님을 부인하는 것이라고 주장한 이유는 부분적으로 전자의 속성들이 후자의 속성들과 모순되기 때문이다. 하나님은 자연을 통해 자신을 명백히 드러내시지 않았다는 로마 가톨릭의 변증학은 모든 인간사에 대한 주권이 아니라 중립적 원리에 대한 상호 책임에 근거하여 제시된다. 이러한 것들은 성경의 삼위일체 하나님과 조화되지 않는다.

17 잠시 후 드러나겠지만 Van Til이 여기서 말하려는 요지는 중요하기 때문에 잘 이해해야 한다. 인용된 저서에서 Warfield는 특정 신학적 체계들의 구원관을 규명하는데 도움이 되는 다양한 범주들에 대해 제시한다. 그는 가령 자력구원설(autosoterism), 사제주의(sacerdotalism), 만인구원설(universalism), 및 칼빈주의와 같은 체계들의 차이점에 대해 언급한다. 여기서 Warfield는 사실상 복음주의를 개신교와 동일시한다(둘 다 초자연적이고 하나님을 구원의 기원으로 생각한다).

Warfield의 주장에 의하면 복음주의와 개혁주의 신학의 관계는 적어도 두 가지 다른 관점에서 볼 수 있다. 하나는 기독교를 "일반 대중"(lowest common denominator[최소공분모])적 관점에서 보면 개혁주의 신학은 일종의 보다 일반적인 복음주의적 종교라는 것이다. 그러나 Warfield는 기독교를 칼빈주의적 관점에서 보기를 원한다. 그에 따르면 칼빈주의는 가장 일관성 있는 표현이며 따라서 이런 의미에서 복음주의를 비롯한 일관성 없는 다른 신학들과 비교해 볼 때 "가장 고상한" 신학적 표현이라고 할 수 있다. 후자의 관점에 이 두 번째 부정적 결론은 첫 번째 것에서 직접적으로 뒤따라 나온다. 복음주의자들은 유신론의 진리를 입증함에 있어서 로마 가톨릭과 협력하기를 진심으로 바란다. 그들은 개신교도들이 로마 가톨릭과 많은 공통적 교리들을 가지고 있으며, 그 공통적 교리들 가운데 가장 기본적인 것이 하나님의 존재에 관한 교리라고 주장한다. 또 그들은 만약 이것이 사실이라면 왜 개신교도들이 유신론의 진리를 입증함에 있어서 로마 가톨릭과 협력할 수 없겠느냐고 깜짝 놀라 반문하는 것이다. 왜 로마 가톨릭으로 하여금 기독교 유신론이란 건물의 일층을 짓는 일에 협력하도록 하지 않는가? 우리는 그들이 건축하는 일을 돕도록 한 다음, 그들의 수고에 대해 감사를 표하고 그들을 제외시킨 후 우리만 남아서 개신교의 층인 윗층을 계속 건축하면 되지 않겠는가?

이러한 질문에 대한 대답은 다음과 같다. 만일 로마 가톨릭이 우리가 짓는 집과 아래층을 도와 함께 짓는다면, 집 전체가 무너져 내려 돌무더기가 되고 말 것이다. 로마 가톨릭이 그들 자신의 집을 지을 때 기독교의 무쇠 속에 이교 사상의 진흙을 잔뜩 섞어 넣었다는 것은 이미 앞서 지적된 바 있다. 아마도 콘크리트 벽돌들은 기독교의 것들일 수 있을지 모르나 그들의 시멘트는 이교 사상의 모래에 불과할 뿐이다. 유신론적 기초로 짐작되는 어떤 것, 로마 가톨릭에 의해서 단독으로 지어졌거나 아니면 개신교도들이 로마 가톨릭의 협력하에 지어 놓은 아래층을 토대로 개신교를 이층으로 지으려 모색하는 개신교도들에게 화가 있을 지어다. 로마 가톨릭 식의 곡해된 유신론 위에서는 오로지 크게 결함 있는 개신교가 세워질 뿐이다. 왜냐하면 워필드가 말한 것처럼 복음주의에 대한 가장 정확한 묘사는 결함투성이의 개신교이기 때문이다. 워필드의

서 신학을 볼 때 그리스도인을 교리적으로 통일시키는 것보다 (적어도 신학적으로) 그들을 순결하게 하는 것에 초점을 맞추게 된다. Van Til은 Warfield의 범주들을 선호한다.
우리는 Warfield의 관점을 오만한 것으로 생각해서는 안 된다. 그리스도인은 하나님 주관 하에 모든 생각과 삶에서 성경적이 되어야 할 책임이 있다. 우리가 우리의 신학이 성경적이며 또한 성경적으로 가장 일관성 있는 신학이라고 믿는다면 우리의 신학은 성경적 진리의 가장 고상한 표현이 되어야 할 것이다. 만일 우리가 우리의 신학을 가장 일관성 있는 성경적 신학으로 믿지 않는다면 우리는 그것을 어리석게 붙들고 있는 것이다.

핵심은 복음주의가 일관성이 결여된 개신교라는 것이다. 복음주의는 그 체계 속에 분명히 이질적 요소들, 즉 궁극적으로 로마 가톨릭을 거쳐 결국 이교 사상에서 유래된 이질적 요소들을 받아들였다.

어떤 이들은 이렇게 소리칠 것이다. "그러나 당신이 우리를 어디까지 끌고 왔는지 한 번 돌아보시오! 당신이 얼마나 극단까지 왔는지 돌아보란 말입니다! 로마 가톨릭에 대해서도 말할 것도 없고 심지어는 복음주의자들과도 협력하지 않아야 한다는 겁니까? 나는 여러 칼빈주의자들보다 월등히 뛰어난 그리스도인들인 여러 복음주의자들을 알고 있습니다." 그러나 여기서 문제가 된 것은 이 점이 아니다. 문제는 누가 그리스도인들이냐라든가, 누가 천국에 갈 것이냐 하는 등의 것이 아니다. 우리는 사람들의 마음을 판단하지 않는다. 많은 복음주의자들이 실제에 있어서 공적으로 칼빈주의자들이라고 알려져 있는 다른 사람들보다 훨씬 훌륭한 칼빈주의자임에 의심할 여지가 없다.

문제는 우리가 여기서 신학체계들에 대해 이야기하고 있는 중이란 점이다. 워필드가 칼빈주의는 "이 세상의 유일무이한 소망"이라고 높이 평가하여 주장했을 때, 그는 개혁주의 신학체계와 개혁주의적 입장을 일반적으로 이야기한 것이다. 다른 형태의 신학들은 모두 단편적으로만 초자연론적이다. 그들은 얼마간 인간이 자기 자신의 노력으로 어느 정도 구원받는다는 사상, 즉 자아구원론(autosoterism)의 사상에 굴복하고 있다. 따라서 워필드는 "칼빈주의야말로 정확한 기독교이다"라고 주장한다. 그리고 이와 똑같은 논리로서 **개혁주의 변증학이야말로 세상의 소망인 것이다.**[18]

또 한 걸음 더 나아가 다음과 같은 반론도 제기된다. 즉 일부 개혁주의 신학자들은 궁극적으로 칼빈주의의 특징적 교리를 옹호하기 위하여 유신론을 옹호함에 있어서는 로마 가톨릭과 복음주의를 옹호함에 있어서는 복음주의자와 기꺼이 협력하지 않았느냐는 것이다. 그렇다면 그들

---

[18] 이 주장은 계속해서 반복된다. 개혁주의 신학이 세상의 희망이라면 개혁주의 변증학도 세상의 희망인 것이다. 개혁주의 변증학은 개혁주의 신학을 토대로 존재하며 생존한다.

은 모두 틀렸고 당신만이 옳단 말인가?

　이러한 반론에 대답하기란 용이한 일이 아니다. 그것을 공정하게 다루기 위해서도 별도의 심도 있는 논의가 요구된다. 물론 적어도 몇몇 개혁주의 신학자가 기꺼이 먼저 협력의 방법을 취한 후에 나중에 구별된 방식을 취하려 했다는 주장이 어느 정도 맞는 말인 것은 사실이다. 그러나 이러한 타협적 방식의 결과를 목도한 다른 개혁주의 신학자는 변증학을 인위적 신학의 한 분야는 생각하는 사고 자체가 개혁주의 신앙과 어울리지 않는다고 주장하였다는 사실을 알아야 한다. 그리고 또 다른 이들은 변증학은 그저 적의 공격을 받아넘기는 최소한의 임무만을 담당해야 한다고 주장한다. 워필드와 카이퍼 사이의 변증학에 관한 의견 차이는 널리 알려진 바이다. 우리가 카이퍼와 동의하지 않음을 인해 미리 질타당해야 할 것인가? 또는 워필드와 동참하지 않음을 인해 비난당해야 할 것인가? 이제 우리는 오히려 워필드와 카이퍼 양자의 이야기와 더 나아가서 칼빈의 이야기까지 모두 들은 후에 과연 우리가 어떤 종류의 개혁주의 신앙을 가져야 할 것인지에 대해서 최선을 다하여 생각해 보기로 하자. 오늘날 이 방법 외에 다른 어떤 방법이 있겠는가?

　이제 세 번째 또 다른 부류의 사람들이 다음과 같은 질문을 던지지 못해 조바심내고 있다. 그렇다면 우리는 복음주의 변증가의 모든 수고를 전혀 이용할 수 없다는 말인가? 성경 역사와 고고학 분야 등에서 그들이 성취한 업적을 전혀 활용할 수도 없고 언급도 할 수 없다는 말인가?

　이러한 질문에 대해서 우리는 다른 질문을 던짐으로써 답할 수 있다. 개혁주의 신학사는 복음을 전파함에 있어서 알미니안 신학자와 협력하지 않는다. 그렇다면 개혁주의 신학자가 모든 알미니안주의식의 전도를 무용지물로 여기는가? 하나님은 심지어 문제투성이의 전도라 할지라도 그의 목적을 위하여 이를 사용하신다. 마찬가지로 하나님은 결점투성이의 논증이라 할지라도 그것을 이용하여 사람들을 그에게로 이끄심에 사용하신다. 개혁주의 변증가는 복음주의 학문이 이루어 놓은 결과를 대할 때 그 속에 있는 모든 참되고 선한 것들을 기쁨으로 수용해야만 한다. 그 참되고 선한 것은 어떤 형태의 기독교에든 약간씩은 내포되어 있는 칼빈주의적 요소에서 나온다. 그러나 문제가 모든 절차의 전체적 계획의 차원에 이르면, 개혁주의 변증가는 반드시 자기 나름대로의 길을 걸어야만 한다. 그리고 우리가 변증학의 문제를 일반적으로 다룰 때 문제가 되는 것은 바로 이 전체적 계획이다. 주님의 성전을 짓던 솔로몬이 시돈 사람까지도 불러들여 일하도록 한 것은 사실이나 그렇다고 해서 그가 그 시돈 사람을 성전 건축 위원회의 일원으로 받아들인 것은 아니었다.

이제 네 번째 부류의 사람이 이렇게 질문할 것이다. "문제를 숙의하기 위하여 이 모든 것을 용인해 드릴 터이니, 당신이 생각하는바 개혁주의 변증학과 로마 가톨릭 변증학 또는 그것과 복음주의 변증학 사이의 중요한 차이점들에 대해 간단히 우리에게 이야기해 주실 수 있는지요?"

실로 여기에 문제의 핵심이 있다고 할 것이다. 그러나 이것은 쉽게 대답될 성격의 것이 아니다. 하지만 이제 우리가 좀더 구체적인 점으로 나아가기에 앞서 최선을 다해 그것을 일반적으로 다루도록 노력해 보기로 하자.

우리가 믿기에 두 종류의 변증학 사이의 기본적인 차이는 양자가 취하는 근본적 가정에서 발견된다고 하겠다. 로마 가톨릭과 복음주의적 변증학 유형은 먼저 인간이 자기 자신과 우주에 대해 많은 것을 알 수 있으며 **그 다음으로** 하나님이 존재하시는지와 기독교가 사실인지에 대해 물을 수 있다고 가정한다. 그러나 개혁주의 변증학자는 만일 하나님이 존재하시지 않거나 기독교가 사실이 아니라면 인간은 자기 자신과 우주에 대하여 아무것도 알 수 없다고 가정한다.[19]

---

19 여기서 Van Til은 인간은 먼저 **믿지 않으면** 자신과 우주에 대하여 아무것도 알 수 없다고 말하지 않는다. **기독교가 사실이 아니라면** 아무것도 알 수 없다는 것이다. 모든 진정한 그리스도인은 이를 믿는다. 왜냐하면 그들은 세계가 하나님에 의해 창조되고 유지된다는 것을 믿기 때문이다. 그것이 사실이라면 불신자는 성경이 말하는 것처럼, 즉 하나님이 그들을 창조했으며 유지하고 계시기 때문에 그들이 아는 것을 알고 그들이 행하는 것을 행한다. 그러나 그들은 그리스도를 믿고 이를 깨닫지 않는 한 자신이 알고 행하는 것을 설명하지 못한다.

이것이 바로 로마 가톨릭 및 복음주의적 신학(Romanist-evangelical)과 개혁주의 신학이라는 두 가지 유형의 신학 사이에 존재하는 차이이다. 전자의 신학 유형은 먼저 인간의 자유가 무엇인지를 "경험"으로부터 알게 된다고 가정한다. 그렇게 한 다음에 하나님과 기독교에 관한 성경의 교리를 경험으로부터 추출한 자유의 개념에 알맞게 조정한다. 그러나 개혁주의 신학 유형은 성경과 함께 **시작하고** 오직 성경의 원리만을 토대로 하여 인간의 자유를 정의한다.

두 가지 유형의 신학이 보여주는 이러한 기본적인 차이점이 두 유형의 변증학 간의 기본적 차이가 되는 것은 지극히 자연스러운 일일 것이다. 그 유명한 로마 가톨릭 학자인 토마스 아퀴나스와 알미니안주의자인 버틀러 감독은 모두가 하나님의 존재와 기독교의 진리에 접근하기에 앞서 인간과 실재의 본질 전반에 대해 대단히 많은 이야기를 하고 있다. 그들은 적어도 인간과 실재의 본질 전반에 대해 많은 것을 가정하고 있으나 **그 반면에** 하나님의 존재와 기독교의 진리에 대해서는 한낱 가능성을 이야기할 뿐이다. 칼빈은 이런 사람들과 정반대이다. 그는 성경 안에 주어진 하나님의 계시의 빛에서가 아니면 인간이나 우주에 대하여 한 마디도 하려고 하지 않는다. 『기독교 강요』의 바로 첫 페이지가 이것을 웅변적으로 증거한다.

다르게 표현한다면 개혁주의 변증가는 창조주와 피조물 사이의 구별(the Creator-creature distinction)을 단연코 그가 말하는 모든 것의 기본으로 삼지만 로마 가톨릭과 복음주의 변증가는 그렇게 **하지 않는다**고 할 수 있다. 개혁주의 변증가의 주상은 만일 이러한 구별이 인간이 어떤 것에 대해 이야기하는 모든 것의 기본이 되지 않는다면, 그가 말하는 것은 무엇이든 근본적으로 사실이 아니라는 것이다. 그러므로 자기 자신과 그 자신 주변의 사실들이 창조되지 않았다고 가정하는 자연인은 결국 근본적으로 허위인 것들을 사실로 가정하는 셈이다. 그가 자신에 대해서 이야기하는 것이나 우주에 대해 이야기하는 것은 모두 이러한 가정에 의해 채색될 것이다. 그러므로 그가 어떤 사실에 대해 이야기하는 그가 옳다든가 근본적으로 바르다고 인정하는 것은 불가능하다. 만일 그가 어떤 사실에 대하여 얼마간의 옳은 이야기를 했다면, 그것은 근본적으로 잘못된 그의 가정 **때문**(because of)이 아니라 그러한 가정에도 **불구하고**(in spite of) 그렇게 한 것이다.

로마 가톨릭과 복음주의 변증가는 이렇듯 창조주와 피조물 사이의 구분을 그가 인간과 우주에 대해 말하는 맨 처음의 기초로 **삼지 않기 때문에**, 그는 자연인과 더불어 기꺼이 손을 잡고 그와 더불어 인간과 우주에 대한 많은 "진리들"을 함께 "발견"하려고 하는 것이다. 그는 과학에 있어서나 철학에 있어서 불신자와 더불어 실재의 본질 전반에 대해 조사하면서 불신자와 공통적 기반을 가지려 할 것이다. 그는 일단 "존재 일반"에 대해서는 자연인과 공감대를 형성한 후에 비로소 창조주와 피조물의 구별의 필요성에 대하여 불신자와 논쟁을 벌이게 될 것이다. 버틀러는 이런 식으로 먼저 자연의 "행로와 구성"에 대해 자연신론자들과 견해를 같이하고 난 연후에 그들이 또한 그리스도도 믿어야만 한다고 설득하려 애쓴다.

어떤 유형의 변증학은 모든 서술의 초두에 창조주와 피조물 사이의 구분을 기반으로 하려 하고, 다른 유형의 변증학은 그렇게 하지 않으려고 하는 이유는 죄에 대한 상이한 개념 때문이라는 것은 물론이다. 자연인은 창조주와 피조물 사이의 구분을 자신의 사고의 기반으로 삼으려 하지 않는다. 죄인은 그가 하나님의 피조물이며 따라서 하나님에 대한 책임이 있으며, 죄로 인하여 하나님의 심판 아래 놓여 있는 존재임을 인정하지 않으려 한다. 이 모든 것은 능히 예상할 수 있는 일이다. 그러나 자신의 죄를 하나님께 고백하고 따라서 하나님을 그의 창조주요 주님으로 인정한 그리스도인들과 특별히 성경을 그들의 유일하고 정확무오한 규칙으로 삼는다고 고백하는 복음주의자들은 왜 자신의 모든 생각을 그리스도께 사로잡아 순종하려 하지 않는가? 다른 말로 하면, 복음주의자들이 그토록 많은 이질적 요소를 그들의 신학과 변증학 속에 집어넣고 있는 사실에 대해 어떻게 책임지겠느냐는 것이다. 물론 이것은 그들의 죄관에 오류가 있기 때문이다. 사실상 그들의 결점투성이의 죄관은 그 자체가 이질적 근원을 가지고 있다. 이 주제에 대해서는 후에 보다 구체적으로 논의되어야 할 것이다.

3. 신자와 불신자의 대화[20]

위에서 한 이야기의 의미가 무엇인지를 분명히 알기 위해 이제 치과의사의 예를 들기로 하자. 이가 아파서 치과에 갔다고 하자. 의사가 당신의 이를 치료하기 위해서 두 차례에 걸쳐 수술을 한다면, 당신은 치료가 끝날 때까지 계속해서 의사에게 가야 할 것이다. 그러나 의사가 하는 일은 단 한 가지이다. 그는 충치를 메우기에 앞서 모든 썩은 부분을 제거하게 된다. 블랙씨(Mr. Black)가 충치염을 앓고 있는 환자라 하고, 개혁주의 그리스도인인 당신이 치과의사라고 생각해 보자. 당신은 그를 먼저 복음주의에로 돌린 다음 그 후에 개혁주의 신앙에로 이끌 것인가? 그렇다면 당신은 오늘 충치의 썩은 부분을 반만 제거하고 그 부분을 메우는 치과의사와도 같다. 아니면 오히려 당신은 우선 썩은 것의 일부분을 제거한 다음 그 충치를 메우고 난 후, 환자가 다시 치통을 호소하며 되돌아올 때까지 그냥 집에 있도록 내버려두는 치과의사와도 같다고 할 수 있다.

사실상 당신의 치아 깊숙이 송곳질하는 치과의사가 반가울 리 만무하다. 그리고 대개 가장 아픈 것은 최종적으로 가장 깊은 곳을 파헤칠 때이다. 따라서 블랙씨는 "개혁주의" 치과의사의 진료실에서보다는 "복음주의" 치과의사의 진료실에서 보다 더 안락한 기분을 느낄 것이다. 도대체 누가 개혁주의 치과의사를 찾아오겠는가? 그도 이런 걱정을 할지 모

---

[20] Van Til이 Mr. Black, Mr. Grey 및 Mr. White 사이의 가설적 대화를 도입한 것과 관련하여 이 논의가 그들의 행위에 기초한 것이 아니라 원리적인 면에 기초하여 진행되고 있다는 사실을 상기해야 한다.

른다. 그러므로 개혁주의 치과의사는 자신이 모든 좋은 치과 의술에 있어서 다른 우수한 "보수주의 치과의사들"과 협력하고 있지만 단지 그를 찾아오는 환자에게 아주 적합한 특별한 치료법을 가지고 있노라 선전하고 싶은 유혹을 항상 받게 될 것이다.

이제 우리가 블랙씨를 진단한다는 것이 무엇을 뜻하는지 생각해 보기로 하자. 우리는 그를 검진하기 위하여 엑스레이 기계를 사용하게 된다. 그런데 당신은 당신의 육체적 고통이 어디서 시작되는지 알고나 있는가? 개혁주의 그리스도인은 법, 즉 계시된 하나님의 뜻에 따라 대답해 준다. 우리는 여기서 개혁주의 그리스도인을 화이트씨(Mr. White)라 부르기로 하자. 그가 자기 자신에게 뿐만 아니라 블랙씨에게 밝은 빛을 비추는 것은 그의 개인적 경험에 의해서가 아니라 성경에 의해서이다. 그는 성경 외의 다른 정보의 원천, 즉 "경험"이나 "이성" 또는 "역사"에 대해서는 성경에 호소하는 것처럼 호소하지 않는다.[21] 혹 그가 경험에 호소하는 수가 있기는 하지만 그것도 오직 성경의 빛 속에서 이해한 후에만 그렇게 호소할 뿐이다. 마찬가지로 혹 그가 이성이나 역사에 호소할 때가 있기는 하나 그것 역시 그것들을 성경의 빛 속에서 이해한 후에만 그렇게 호소할 뿐이다. 그는 경험과 이성 그리고 역사 등이 먼저 성경의 빛 속에서 이해되어진 경우가 아니라면, 그것들로부터 심지어 성경의 가르침들을 **확증하는 요소**를 찾는 일마저 마다한다. 그에게 있어서 성경 그리고 성경이 말하는 하나님은 등잔불과 가스등 그리고 전깃불에서 나온 모든 빛들의 궁극적 근원인 태양과 같다.

"복음주의자"나 "보수주의자"의 태도는 이와 크게 다르다. 우리는 그를 가리켜 그레이씨(Mr. Grey)라고 부르기로 하자. 그레이씨는 성경과 경험, 이성 또는 논리 등을 자기 자신과 블랙씨의 곤경에 대한 정보를

---

[21] "그는 성경 외의 다른 정보의 원천, 즉 '경험'이나 '이성' 또는 '역사'에 대해서는 성경에 호소하는 것처럼 호소하지 않는다"라는 표현에 주목하라. Van Til은 이러한 것들이 변증학에 사용될 수 없다고 말하는 것이 아니라 그러한 것들이 성경에만 허락된 권위 있는 자리를 차지하지 못한다고 말하고 있는 것이다.

제공하는 **똑같이** 독립적인 원천으로 사용한다. 그러나 이 말이 그레이씨에게 있어서 성경과 경험 그리고 이성이 똑같이 중요하다는 말은 아니다. 그것들이 결코 똑같이 중요한 것은 아니다. 그는 성경이 다른 것들보다 훨씬 더 중요하다는 것을 알고 있다. 그러나 그는 그럼에도 불구하고 먼저 사실이란 개념 자체와 논리라는 개념 자체를 성경에 입각해서 생각해 보는 것 없이 "경험의 사실들"과 "논리"에 끊임없이 호소하는 것이다.

따라서 차이는 근본적인 것이다. 화이트씨가 블랙씨의 증세를 진단할 때, 그는 성경의 엑스레이 기계만을 사용한다. 그러나 그레이씨가 블랙씨의 증세를 진단할 때는 먼저 경험의 엑스레이 기계를 사용하고, 이어서 논리의 엑스레이 기계를 사용한다. 그리고 최종적으로 성경이란 가장 큰 엑스레이 기계를 사용한다. 사실상 그는 이 세 가지를 순서대로 사용한다. 그리고 각각은 독립적인 정보의 원천이 된다.

먼저 보수주의자 또는 복음주의자 진영에서 오늘날 일반적으로 따르고 있는 전형적인 표본적 절차를 간단히 생각해 보기로 하자. 다른 말로 해서 그레이씨가 블랙씨를 어떻게 분석해 나가는지 보기로 하자는 것이다. 그리고 그와 동시에 그레이씨가 블랙씨를 어떻게 기독교를 받아들이도록 이끌어 갈지도 같이 살펴보기로 하자. 우리는 이러한 목적을 위해 시카고의 무디 성경학원(the Moody Bible Institute in Chicago)이 발행하는 월간 「무디」(Moody Monthly)의 1950년 1, 2, 3월호에 연속으로 실린 일련의 글들을 살펴보고자 한다. 이 글을 쓴 사람은 『기독교 변증학 입문』(Air Introduction to Christian Apologetics)의 저자이자 캘리포니아 주 패사디나 소재의 풀러신학교(Fuller Theological Seminary)의 변증학 교수인 에드워드 존 카넬 박사(Edward John Carnell, Ph. D.)이다. 카넬의 글은 복음주의 진영에서 쓴 글 가운데 최상급에 속한다. 사실상 카넬은 그의 책에서 우리가 개혁주의 변증가가 주장할 것으로 기대하는 것을 종종 주장하고 있다. 그러나 대체적으로 그는 변증학에 있어서 개혁주의적인 방법론을 대표한다기보다는 복음주의적 방법론을 대표하고 있다.

카넬이 그의 독자에게 어떻게 해야 모든 그리스도인이 그들의 신앙을 변증할 수 있는가에 대해 교훈할 때, 그는 사실들과 논리를 기독교의 진리에 관한 정보를 독립적으로 제공하는 원천으로 간주하고 먼저 그것에 호소한다. 물론 그가 이 점에 있어서조차 성경을 끌어들이고 있는 것은 분명한 사실이다. 그러나 이 경우 성경은 단지 역사적으로 기독교라 불려 온 것에 대한 정보를 제공하는 책으로 끌어들여졌을 뿐이지, 결코 처음부터 하나님의 말씀으로 들어가는 것이 아니다. 성경은 반드시 블랙씨에 "사실"과 "논리"를 통하여 하나님의 말씀임이 입증되어야만 한다. 카넬은 이와 같이 어떠한 대가를 지불하고서라도 그의 논증이 순환적이라는 비난을 피하려고 애쓸 것이다. 그는 블랙씨가 그에게 손가락질하면서 "당신은 결국 성경이 진리라는 사실을 성경 자체에 호소하여 입증하고 있습니다. 그것은 순환논법(circular reasoning)이지요. 어떻게 논리를 조금이라도 중시하는 사람이 그와 같은 증거를 수락할 수 있겠습니까?"라고 비난하는 것을 원하지 않는다.

카넬은 모든 사람이 인정하는 경험의 사실과 모든 사람이 반드시 사용해야만 하는 논리가 성경의 진리를 지적하고 있다는 것을 보임으로써 그와 같은 비난을 벗어나고자 할 것이다. 그는 이렇게 말한다.

> 만일 당신이 철학적 능력을 소유하고 있다면, 당신은 기독교가 모든 인간이 본래적으로 가지고 있는 도덕의식에 얼마나 잘 부합되는지 지적해 낼 수 있으며, 더 나아가서 우리의 윤리, 관습, 문학, 예술, 음악 등에 미친 그리스도의 영향을 잘 파악해 낼 수 있을 것이다. 결국 당신은 응답된 기도의 실체에 대해 이야기함에 있어서나 당신의 마음속에서 역사하시는 성령의 증거에 대해 이야기함에 있어서 자신의 경험에 의지할 수 있다…. 만일 당신이 말하고 있는 그 상대가 이런 증거들에 압도되기만 한다면, 그는 즉시 복음으로 돌아설 것이다. 그에게 결정적인 성경구절들을 읽어 주고 성령께서 그의 마음속 가장 깊은 곳에서 역사하시도록 하라. 그리고 변증학은 단순히 하나의 준비일 뿐임을 명심하라. 단단한 땅껍질이 터지고 나면 곧 씨를 뿌리고 물을 주도록 하라.[22]

---

22 E. J. Carnell, "How Every Christian Can Defend His Faith," *Moody Monthly*, January 1950,

이러한 논조 가운데는 블랙씨가 "복음주의자"인 그레이씨와 인간의 "도덕성"의 성격과 일치하는 것으로 가정된다. 물론 사실일 수도 있다. 그러나 그것이 사실인 까닭은 그레이씨가 인간의 도덕성에 관한 그의 자료를 전적으로 성경에서만 취하지 않았기 때문이다. 만일 화이트씨처럼 그가 인간의 도덕적 성품에 대한 개념을 성경에서 취했더라면, 그는 전적으로 타락한 의지를 가진 블랙씨가 그 자신의 도덕성을 잘못 해석하고 있다고 주장했을 것임에 틀림없다. 물론 기독교가 인간의 도덕적 성품과 일치하는 것은 사실이다. 그러나 그것이 일치하는 까닭은 먼저 인간의 도덕적 성품이 원래는 완전하게 창조되었으나, 인간의 타락으로 인하여 그 소원하는 바 모든 것이 전적으로 부패했다는 성경의 말씀과 일치하기 때문이다.

카넬은 그의 독자에게 이렇게 권한다. "만일 당신이 자연주의자와 토론하게 된다면 이렇게 물어 보십시오. '한 아이가 유리창에 돌을 던질 때, 당신은 왜 돌을 쫓아가지 않고 도리어 그 아이를 쫓아갑니까?' 아무리 자연주의자라 할지라도 돌이 아닌 아이가 자유로운 존재이며 따라서 책임을 져야 한다는 것을 알고 있을 것입니다. 병에 담긴 물에게 왜 거기 있어야만 하느냐고 물을 수는 없습니다. 그냥 거기 있어야 할 수밖에 없기 때문입니다. 만약 인간이 자유로운 영혼을 가지고 있는 것으로 입증된다면, 도덕적 의무를 인간에게 부과하시는 하나님의 존재를 입증함으로 하나님의 존재를 입증하려는 도덕 논증이 성립되고 인간에게서 출발하여 하나님께로 이어질 가교를 건설하게 될 것입니다."[23]

여기서 화이트씨와 그레이씨가 블랙씨에게 접근하는 방법상의 근본적 차이가 나타난다. 그 차이는 인간의 자유의지에 대한 각기 다른 개념들에 있다. 그렇지 않다면 이는 인간의 성격 그 자체에 대한 견해 차이에 있다고 할 수도 있다. 화이트씨는 오직 성경에 입각해서 인간과 그의 자유를 정의하려 할 것이다. 그러므로 그는 인간이 하나님의 피조물이

313.
23 Ibid., 343.

라는 사실에서 출발할 것이다. 그리고 이는 인간의 자유가 하나의 파생적 자유(a derivative freedom)임을 내포한다. 그 자유는 전적으로 궁극적인, 즉 자립적 자유가 아니며 또 그럴 수도 없다.

화이트씨는 블랙씨가 인간과 인간의 자유에 관한 이와 같은 분석에 동의하지 않으리라는 것을 알고 있다. 그는 블랙씨가 전적 타락에 대한 성경적 개념에 동의하지 않는 것 이상으로 이러한 분석에 동의하지 않을 것을 잘 알고 있다. 반면에 그레이씨는 전형적 자연인인 블랙씨의 사고체계 내에서 "어떤 접촉점"이든 찾아내려고 온갖 노력을 경주해 마지 않을 수 없다. 또 그레이씨가 순환논법을 쓰고 있다는 비난을 두려워하는 것만큼이나 그는 "경험 외부의" 것에 대한 비난을 몹시 두려워하고 있다. 따라서 그레이씨는 "인간의 자유로운 영혼"에 대하여 일반적으로 이야기할 도리밖에 없다. 그런데 이는 설령 그가 자연주의라 할지라도 똑같은 주장의 기초에 불과하다. 그의 전반적 입장은 인간을 자유로운 영혼으로, 즉 그의 창조주 하나님의 법에 얽매이지 않는 영혼으로 생각하는 입장을 기초로 하고 있다. 그리고 카넬은 인간이 창조된 존재라는 사실에 내포되있는 생각에 근거를 둔 성경적 자유의 개념과 인간을 자신의 법으로 만드는 자율 사상에 기초를 둔 자유의 개념을 구별하지 않는다.

물론 블랙씨는 그레이씨가 그에게 기독교의 진리를 제시하기 위해 사용한 논리에 분명히 크게 감명할 것이다. 그러나 사실상 기독교가 블랙씨 자신이 인간의 성경적 성품을 이해하는 것과 마찬가지로 인간의 도덕적 성품을 이해하는 것으로 밝혀진다면, 블랙씨가 기독교를 받아들이기 위해서 개종을 단행해야 할 필요는 전혀 없는 것이다. 그는 단지 그가 늘 믿어 오던 것에 몇 가지 사실만을 더 받아들이면 되는 것이다. 그에게 권유된 일은 이미 그가 나름대로 자신의 계획에 입각하여 세워 놓은 집 위에 이층을 새로 올리면 얼마나 멋지겠느냐는 것이었다.

물론 복음주의자가 이런 일을 의도한 것은 아니다. 카넬에게도 이러한 의도는 전혀 없다. 그렇다면 왜 "복음주의자"는 자신이 불신자에게 개혁주의 신앙을 전하는 대신 복음주의를 전하게 될 때, 기독교를 놓고 불신자와 필히 타협하여 절충해야만 한다는 사실을 깨닫지 못하는 것인가? 그리고 복음주의자는 어째서 자신이 하고 있는 일을 통해서 불신자가 사실로나 논리로도 전혀 아무런 도전을 받지 못한다는 사실을 깨닫지 못하는 것인가? 사실이나 논리는 그 자체가 먼저 기독교의 빛에서 해석되어야만 유용하며 그렇지 못할 경우, 그 성격상 불신자들로 하여금 그들의 입장을 바꾸게 할 만한 도전을 가할 힘을 가지지 않는다. 또한 창조 교리에 근거하지도 않고, 모든 것을 포괄하시는 하나님의 전적인 섭리 교리에 기초하지도 않은 사실들과 논리는 아무런 상호 관련성이 없으며 따라서 전적으로 무의미하다.[24]

바로 이 점이 블랙씨에게 지적되고 깨달을 수있게 되어야만 한다. 인간을 위해 주어진 절대적 권위인 성경에 입각한 그대로를 드러내는 인생관 이외의 어떤 것이든 그와 다른 인생관을 내세우는 것이 얼마나 어리석은 일인지 필히 블랙씨에게 지적되어야만 한다. 이렇게 할 때에 우리는 바울이 말하며 했던 일을 행하는 것이다. 바울은 이렇게 외쳤다. "지혜 있는 자가 어디 있느냐 선비가 어디 있느냐 이 세대에 변론가가 어디 있느냐 하나님께서 이 세상의 지혜를 미련하게 하신 것이 아니냐" (고전 1:20).

그러므로 개혁주의 그리스도인인 화이트씨는 블랙씨를 분석하는 일에 있어서 그레이씨와 협력할 수 없다. 이러한 사실은 만일 화이트씨가 오로지 성경에만 입각하여 블랙씨를 분석했을 때 그가 어떤 모습으로 나타나는지를 보게 되면 더욱 분명하게 드러날 것이다. 화이트씨의 분석에 의하면 블랙씨가 살인범은 아니다. 그가 꼭 술주정뱅이거나 마약 중독자일 필요도 없다. 블랙씨는 교외 어느 한적한 곳에 사는 사람이다. 그는 모든 면에 있어서 신사이다. 그는 적십자사를 비롯한 여러 곳에 기

---

24 Van Til이 사실과 논리 간에는 창조와 섭리 교리를 떠나서는 "아무런 상호 관련성이 없다"고 말한 주된 이유 가운데 하나는 비기독교적 의미에서 사실들은 우연히 발생하며 따라서 해석이 있을 수 없고 바르게 알 수도 없기 때문이라는 것이다.

부금도 내는 사람이다. 그는 한 때 보이스카우트였으며 지금은 지방 지부의 회원이다. 그는 시민정신이 투철한 사람이며 때때로 신문에서는 그가 지역의 자랑거리라고 보도하기도 한다. 그러나 우리는 블랙씨가 영적으로 죽은 사람임을 알고 있다. 그는 오류의 영으로 가득 차 있다. 혹 그가 지역사회 내의 한 "멋진 교회"의 신자일지라도 그는 "마음이 미혹된 백성"(시 95:10) 가운데 하나이다. 그는 혼미한 심령 가운데 살고 있다(롬 11:8). 그는 하나님의 지혜를 어리석음으로 치부한다. 그는 하나님에 관한 진리나 하나님과 자기 자신 사이의 관계에 대한 진리를 불쾌한 것으로 여긴다. 그는 그 진리를 들으려 하지 않는다. 그는 진리를 증거하는 자를 향해 눈과 귀를 닫아 버리려 갖은 노력을 다한다. 간단히 말해서 그는 지극히 자기 기만적인 존재이다.[25]

그러나 실제로 블랙씨는 자기가 인생을 과연 바르게 바라보고 산다고 확신한다. 물론 그가 믿는 진리들에 대해 의심하지 않는 바는 아니지만 그는 그렇다고 해서 상식적이고 이성적인 인간이 그 외에 달리 무엇을 믿거나 행할 수 있다고는 생각하지 않는다. 만일 그에게 어떤 의심이 있다면 그것은 아무도 자기 자신에 대해 완전히 자신할 수 없기 때문이라고 말할 것이다. 만일 그에게 불안과 두려움이 있다면 그것은 현대인이 사는 이 위험한 상황 속에서 당연히 예기되는 것이기 때문이라고 할 것이다. 만일 그가 상심한 사람을 본다면 스트레스와 긴장이 가득한 현재 상황에서 당연히 예견되는 것이라고 생각할 것이다. 만일 그가 장성한 어른이 어린아이와 같이 행동하는 것을 본다면 그는 그들이 한때는 짐승이었노라고 이야기할 것이다. 그에게 있어서는 "비정상"인 것을 포함한 모든 것이 "정상"으로 받아들여진다.

블랙씨는 이런 모든 일을 하는 가운데 분명히 성경이 이 세상과 그 자신에 대해서 이야기하는 것은 으레 사실이 아닐 것으로 간주한다. 그는 실로 이것이 당연히 사실이 아닐 것으로 간주해 버린다. 그는 아마도 이

---

[25] Van Til이 잠시 후 다시 언급하겠지만 이것은 로마서 1:18 이하에 제시된 바울의 주장의 핵심이라는 사실을 알아야 한다.

점에 관해서는 한 번도 논의해 본 일이 없을 것이다. 그의 눈에는 노란색 안경이 단단히 달라붙어 있는 것과 같다. 그는 그 안경을 결코 벗어버릴 수 없는데, 그 까닭은 그가 결코 그것을 벗어버리려 하지 않기 때문이다. 그는 눈이 먼 상태이며 또 그 눈먼 것을 기뻐한다.

그러나 블랙씨가 편안하게 가운데 있다고 생각지는 말아야 한다. 그는 언제나 "가시 채에 발길질하는" 사람일 뿐이다. 그의 양심이 늘 그를 괴롭힌다. 그는 마음속 깊은 곳에서 성경이 자기 자신에 대해 이야기하는 것과 세상에 대해 말하는 것이 모두 사실임을 알고 있다. 설혹 그가 단 한 번도 성경에 대해 들어보지 못했다 할지라도 그는 자신이 하나님의 피조물임과 그가 하나님의 법을 파괴한 범법자임을 알고 있다(롬 1:19, 20; 2:14, 15). 탕자가 비록 아버지의 집을 떠났으나 즉각적으로 아버지의 모습과 음성을 그의 기억에서 지워 버릴 수는 없었다. 그가 돼지 우리 속에서 신음할 때 아버지의 모습과 그 음성이 기억 속에 생생했음에야 무슨 말을 더하랴! 그렇다면 늘 그러한 기억을 가진 채 소위 그의 "친구들"과 더불어 방탕을 즐기고 있었을 때 그러한 기억이 아버지에게서 오는 것이 아닌 양 부인하며 살아가기가 얼마나 힘들었겠는가? 그가 어디서 왔느냐 하는 질문이 떠올랐을 때, 그는 "전혀 반대쪽 어딘가에서" 왔노라고 대답하려 애썼을 것이다. 뿐만 아니라 그는 과거를 회상하는 것조차 꺼려했을 것이다. 그러나 그는 과거를 망각할 수 없었다. 과거를 잊기 위해서는 그 기억을 끝없이 억누르는 수밖에 없었다. 하지만 과거를 끝없이 억누르는 그 행위 자체가 과거의 기억을 늘 새롭게 만드는 것이었다.

이는 블랙씨에게서도 마찬가지다. 그는 날마다 하나님의 진리를 거짓말로 바꾼다. 그는 매일 창조주가 아닌 피조물을 예배하며 섬긴다. 그는 날마다 불의로써 진리를 막는다(롬 1:18). 그러나 그가 문득 자기 자신을 직시하게 되는 순간, 곤혹의 순간이 된다. 그는 마치 닳아 오른 쇠로 양심을 지지듯 그 진실을 마비시키려 무던히 애쓴다. 그는 또 그에게 진실을 증거하려는 모든 사람들의 영향으로부터 피하게 위해서 몸부림칠 것이다. 그러나 진실을 그 몸에 담고 있는 증거자인 자기 자신만큼은 결코 피할 수 없다.

그의 양심은 그에게 끝없이 이렇게 이야기한다. "블랙씨, 당신은 공의를 피해 달아나는 도망자요, 당신은 집과 당신의 아버지가 베푸는 자애로운 사랑에서 뛰쳐나온 자입니다. 당신은 배은망덕한 자요, 비겁자이며 악당입니다. 당신은 결국에 공의를 피할 수 없게 될 것이지만 그럼에도 불구하고 아버지는 여전히 당신을 양육하고 계십니다. 그러나 당신은 "하나님의 인자하심이 너를 인도하여 회개케 하심을 알지 못하여 그의 인자하심과 용납하심과 길이 참으심의 풍성함을 멸시"(롬 2:4)하고 있습니다. 당신은 어째서 가시채를 계속 걷어차고 있습니까? 어째서 당신은 계속해서 당신 양심의 소리를 질식시키고 있습니까? 당신은 어째서 하나님이 주신 놀라운 지성을 하나님이 당신 자신과 주변의 모든 것을 통하여 말씀하시는 목소리를 억누르는 도구로 사용하고 있습니까? 당신은 어째서 당신의 집을 반석 위가 아닌 모래 위에 짓고 있습니까? 당신은 결코 폭풍우가 오지 않을 것이라고 확신하십니까? 당신은 전지한 존재입니까? 당신은 전능한 존재입니까?"

"당신은 아무도 하나님이 존재하시는지 아닌지 그리고 그리스도가 사실인지 아닌지 모른다고 합니다. 당신은 모두 유한한 존재이기 때문에 아무도 이것에 대해 알 수 없다고 말합니다. 당신은 하나님이 존재할 수 없으며 기독교가 진리일 수 없다고 가정합니다. 그리고 다가오는 심판이란 있을 수 없는 일이라고 전제합니다. 당신이 이런 것들을 알려면 당신이 스스로가 전지한 존재이어야만 합니다. 그럼에도 불구하고 당신은 지금 인간이 '저 세계'에 대해 선언하는 모든 것들이 시간과 공간의 제약 속의 이 세상에서의 짤막한 존재에 기초를 두어야만 한다고 주장합니다. 만약 당신이 의례 우연을 인간의 모든 경험의 기본적 요소 가운데 하나인 것으로 여기고 있다면, 그와 동시에 당신은 앞으로 언제고 이러이러한 일은 있을 수 있고 저러저러한 있을 수 없다고 말할 수 있습니까? 블랙씨, 당신은 당신 자신을 바보로 만들고 말았습니다"하고 블랙씨가 자기 자신에게 말하고 있다. "당신은 당신 자신이 진리임을 아는 그 진리의 주장을 거부하였을 뿐만 아니라 그 거부하는 수단 또한 당신이 실상은 거짓임을 안다는 것으로 진리를 거부하는 졸렬한 것입니다."

그러나 블랙씨가 이와 같이 그가 마치 돼지가 먹는 것을 먹게 되었으나 스스로 인간임을 알기 때문에 그것을 정말 먹을 수 없다는 것을 아는 딜레마에 빠진 탕자와 같이 살고 있다는 사실을 언제나 인식하고 있는 것은 아니다. 그가 탕자와 같이 자신의 어리석음을 늘 깨닫지 못하는 이유는 부분적으로 복음주의자의 실패에 기인하며 특히 그로 하여금 그의 어리석음을 통감하도록 흔들어 일깨워야만 할 개혁주의 그리스도인의 실패 때문이다. 복음주의자는 그를 그렇게 흔들어서 일깨워 놓기를 즐겨하지 않는다. 그를 그와 같이 흔들어 일깨워서 그 어리석음의 가장 밑바닥을 통감케 만드는 일을 즐거워하지 않는 것 자체가 복음주의 신학의 한 특징이다. 그러나 그의 기초 위에 선 개혁주의 그리스도인은 블랙씨를 흔들어 깨워서 그의 행하는 일들의 어리석음을 몸소 절감케 만들기를 간절히 소원한다.

그러나 개혁주의 그리스도인인 화이트씨가 그 자신의 입장의 풍성함을 어느 만큼이라도 인식하고 성경이라 불리우는 엑스레이 기계를 통해 찍은 블랙씨의 모습을 그에게 직접 보여주면서 블랙씨에게 도전할 용기를 갖추고 있을 때, 그는 "순환논법"을 쓰고 있다는 비난과 아울러 그렇게 하면 경험 속에서 아무런 "접촉점"도 찾을 수 없을 것이라는 공격을 직면케 된다. 뿐만 아니라 그는 복음주의자로부터 기독교가 마치 불합리한 것이거나 길거리를 지나는 사람에게 미칠 수 없는 것인 양 이야기하고 있다는 비난을 면치 못하게 된다.

이와 같이 우리는 지독한 곤경에 빠져 있는 것처럼 보인다. 화이트씨와 그레이씨는 블랙씨를 어떻게 다루어야 할지에 대해 근본적인 차이를 보이고 있다. 그레이씨는 블랙씨를 아주 못된 친구라고 생각하지 않는다. 그는 블랙씨와 함께 같은 세계에서 살 수 있을 것이라 생각한다. 그리고 그레이씨는 매우 강경하다. 그래서 블랙씨와 타협적인 평화를 만들어 내는 것이 고작이다. 그것이 현명하고 지혜로운 실제적 정치가의 도리인 양 보이기도 한다. 그러나 이와는 정반대로 화이트씨는 블랙씨와 더불어 같은 세상을 영구히 같이 사는 것은 불가능하다고 생각한다. 그러므로 무엇보다도 먼저 블랙씨에게는 절대적이며 무조건적 항복이란 조건이 제시되어야만 한다. 물론 화이트씨가 먼저 블랙씨와 더불어 타협적 평화를 성취한 다음에 결국에 가서 무조건적 항복을 요청한다는 것은 생각할 수조차 없는 일이다! 그렇다면 순환논법을 쓰고 있다는 비난이나 그렇게 해서는 불신자와 더불어 어떤 접촉점도 가질 수 없다는 공격에 대해서는 어떻게 할 것인가?

4. 일관성 있는 증언

이 일련의 글 속에서 우리가 자신에게 제기하는 주요 질문 가운데 하나는 개혁주의 신앙을 고수하는 그리스도인들이 그 신앙을 옹호함에 있어서도 특별히 개혁주의적인 방법론을 고수해야만 하느냐 하는 것이다.

이 광범위한 질문은 단지 "칼빈주의 5대 교리"에만 관계된 것이 아니다. 루터교도들이나 알미니안주의자들이 이 위대한 교리(전적 타락, 무조건적 선택, 제한 속죄, 불가항력적 은혜, 성도의 견인)를 공격해 올 때, 우리 칼빈주의자들은 즉각적으로 그 교리를 옹호해야 한다. 우리는 이 교리들이 성경에 직접적으로 기초하고 있음을 믿는다. 그러나 지금 우리가 다루고 있는 문제는 모든 기독교 교리를 옹호함에 있어서 개혁주의 그리스도인이 전적으로 그들 나름대로의 방법을 사용해야만 하느냐 하는 것이다.

사람들은 이러한 문제에 대해 쉽게 부정적으로 답하게 된다. 우리는 모든 복음주의자와 많은 교리를 공유하고 있지 아니한가? 모든 정통적 개신교도들이 그리스도의 대속적 속죄를 고수하고 있지 아니한가? 좀 더 구체적으로 성경에 기록된 사실의 간단한 기록들에 대해서는 어떻게 보는가? 만일 누가 그 기록을 믿는다면, 그는 사실에 대한 그러한 간단한 기록을 어떻게 달리 해석할 수 있겠는가? 예를 들어서, 그리스도의 부활 같은 사실에 대해 어떻게 특별히 개혁주의적 교리가 따로 있을 수 있겠는가? 만일 우리가 복음주의자들과 함께 성경에 나오는 어떤 간단한 진리와 사실들을 액면 그대로 받아들인다면, 우리가 그러한 교리에 대한 독특한 변증 방법론을 가지고 있다는 말을 들을 수 있겠는가?

그러나 이와 같은 부정적 대답은 유지될 수 없는 것임이 쉽게 입증된다. 예를 들어, 구속의 교리를 생각해 보자. 알미니안주의가 말하는 구속 교리는 개혁주의 구속 교리와 같지 않다. 물론 알미니안주의자나 칼빈주의자 모두 다 대속적 구속 교리를 믿노라 주장하는 것이 사실이다. 그러나 알미니안주의자의 대속적 구속의 개념은 "자유의지"에 관한 견해로 인해 채색되어 있는 반면에, 칼빈주의자들인 우리의 개념은 그렇지 않다. 알미니안주의의 견해에 따르면 인간은 그에게 제공된 구원을 받아들이거나 거절할 절대적 또는 궁극적 능력을 가지고 있다. 이러한 이야기는 결국 인간에게 주어진 구원이 단지 구원의 **가능성**일 뿐이라는 것을 암시한다.[26]

예를 들어 보기로 하자. 내가 당신의 은행계좌에 백만 불을 예금해 주었다고 가정해 보자. 그러나 그 돈이 당신 것이라 믿고 그 돈으로 거실에 깔린 너덜너덜한 낡은 카펫을 페르시아산 새 카펫을 바꾸는 것에 쓰고 안 쓰고는 오로지 당신에게 달린 일이다.[27] 이와 같이 알미니안주의의 견지에 따르면, 이 모든 것들의 가능성 자체가 이제는 하나님께 전적으로 달려 있는 것이 아니라 적어도 어떤 영역에 있어서만큼은 인간에게 달려 있는 것으로 간주된다. 그리스도께서 우리를 **위하여** 하신 일의 효력이 지금 우리가 무엇을 하느냐에 **의하여** 좌우되게끔 만들어진다.

---

[26] 즉 그리스도의 죽음은 이러한 가능성을 제공하기 때문에 "구원의 가능성"이라는 것이다. 이 관점에서는 누군가를 실제로 구원한 것이 아니다.
[27] 이 예화는 혼란을 가져올 수도 있다. 오히려 "내가 계좌를 개설하고 백만 달러를 입금하겠다고 약속했으나 다만 당신이 그 사실을 믿을 때에만 당신의 것이 될 수 있다"고 말하는 편이 나을 것이다.

이제는 하나님과 더불어 모든 일이 가능하다는 말이 더 이상 옳은 말일 수 없게 된다.

결국 알미니안주의자들이 상당량의 로마 가톨릭 신학의 누룩을 그들이 믿는 개신교 속에 반입했음이 분명해진다. 알미니안주의는 당연히 그래야만할 수준보다 훨씬 본격적이지 못하고, 훨씬 일관성이 결여된 개신교 신앙이다. 그리고 그 정도는 아니지만 이와 똑같은 결론이 정통 루터교에도 마찬가지로 적용된다.

이제 복음주의자인 그레이씨가 불신자인 블랙씨에게 "대속적 속죄"를 받아들이도록 만들려 할 때 그것이 상대적으로 훨씬 용이하게 된 듯 보인다. 그는 무엇이 가능하고 무엇이 가능하지 않은가에 관한 문제에 있어서 블랙씨와 "공동적 기반" 위에 설 수 있게 되었다. 그레이씨가 블랙씨에게 하는 이야기를 들어보도록 하자.

"블랙씨, 당신은 그리스도를 당신의 구주로 받아들이십니까? 당신은 그가 십자가 위에서 당신을 대신하여 죽으셨음을 믿습니까? 그걸 믿지 않는다면 당신은 영원히 버림받을 것임에 분명합니다."

"그래요?" 이제는 블랙씨가 응대한다. "방금 화이트씨가 똑같은 일로 다녀갔습니다. 당신 둘 다 이 문제에 관해 '공통적 증언'을 하고 있는 듯 싶습니다. 당신 둘 다 하나님이 존재하심과 그가 세상을 창조하셨다는 것 그리고 첫 사람 아담이 죄를 지었다는 것 또 그 첫 사람이 범한 일 때문에 우리 모두가 지옥에 떨어지게 되었다는 것 등을 믿고 있습니다. 그러나 이 모든 것들이 내게는 너무도 운명론적으로 보입니다. 만일 당신이 이야기하는 대로 내가 피조물이라면 나는 내 자신에 대해 아무런 극적 힘도 가지지 못하며 따라서 나는 자유롭지 못하게 됩니다. 그리고 만일 내가 자유롭지 못하다면 결국 나는 책임도 질 수 없게 됩니다. 그러므로 만일 내가 지옥에 떨어질 것이라면 그것은 단지 당신의 '신'이 나를 그렇게 결정지어 놓았기 때문입니다. 당신네들 정통 그리스도인들은 도덕과 모든 인본주의적 발전을 망가뜨려 못쓰게 만들고 있습니다. 난 결코 그런 것에 동참하지 않을 것입니다. 잘 가십시오!"

그레이씨는 지극히 황망하게 "잠깐만 기다려 주십시오"라고 외친다. "나는 칼빈주의자와 공통적 증언을 하고 있는 것이 아닙니다. 오히려 나는 당신이 말한 것과 같이 문제가 되는 모든 결정론을 가지고 당신과 마찬가지로 칼빈주의자들에게 같이 반론을 제기하려 합니다. 당신은 물론 자유롭습니다. 당신은 제공된 구속을 받아들이거나 아니면 거절할 절대적인 자유를 가지고 있습니다. 나는 그리스도를 통한 구속을 단지 하나의 가능성으로 제공하는 것입니다. 당신이 스스로 그 구속을 실제적인 것으로 만들어야만 합니다. 나는 칼빈주의에 대항하여 '가능성'이 하나님의 뜻보다 훨씬 넓다는 것을 주장함에 있어서 당신과 동의합니다. 나는 결코 언제든지 칼빈주의자처럼 하나님의 계획이 '이 세상에서 일어나는 모든 일을' 결정한다고 주장하지는 않을 것입니다."

"그 외에도 올리버 버스웰 2세(J. Oliver Buswell, Jr.) 같은 보다 덜 극단적인 칼빈주의자는 사실상 우리와 의견을 같이 합니다. 버스웰의 이야기를 들어보십시오. '그럼에도 불구하고 우리의 도덕적 선택은 우리 자신이 궁극적 원인이 되는 선택이다.' 버스웰 자신은 토기장이와 질그릇에 대해 이야기하고 있는 로마서 9:20-21의 '그저 전횡적인 대답'을 넘어서 바울이 그 속에서 바로를 '하나님의 예지에 따라 하나님을 대적할 자'로 그리고 있는 로마서 9:22-24이 보여주는 '구원에 대한 하나님의 계획을 훨씬 더 심오하게 분석'하는 것으로 나아가고자 합니다."[28]

이에 대해 블랙씨는 이렇게 응대한다. "그렇다면 나는 이제 당신네 복음주의자와 보다 온건한 칼빈주의자까지도 역사적 개혁주의 신앙고백서를 고수하는 보통의 그리고 구식의 칼빈주의자들이 말하는 결정론에 대해 반대하고 있다고 이해해도 되겠군요. 그것 참 듣던 중 반가운 이야기입니다. 모든 것이 영원 전부터 하나님에 의해 확정되어졌었다고 말하는 것은 정말 끔찍한 일이지요! 몸서리가 쳐질 지경입니다. 만약 모든 사람이 그러한 가르침을 믿는다면 모든 도덕과 범절은 뭐가 되겠습

---

[28] J. Oliver Buswell Jr., *What is God?* (Grand Rapids: Zondervan, 1937), 50, 53, 54.

니까? 그런데 이제 당신네 복음주의자들이 '가능성'이 하나님의 뜻에 독립을 유지한다는 것을 우리와 같이 주장하게 되었습니다. 당신들은 따라서 모든 선량한 사람들과 현대 신학자들, 바르트(Barth)와 같은 신(新) 현대 신학자들과 같이 모든 사람의 구원을 가능케 만들었습니다."

"물론 이것은 나사렛 예수에 대해 전혀 들어보지 못한 사람들도 역시 구원받을 수 있다는 것을 의미합니다. 그러므로 구원은 이제 당신이 말하는 바 이 예수로 말미암은 대속적 구속을 받아들이지 않더라도 가능하게 됩니다. 당신은 결코 칼빈주의자처럼 하나님이 모든 민족들과 개개인의 경계를 정해 놓으심으로써 결국 수백만이나 되는 많은 사람들이 전혀 복음을 들을 수 없게끔 작정하셨다고 이야기하지는 않으시겠지요?"

"이외에도 만일 당신들 복음주의자와 온건한 칼빈주의자가 가르치는 대로 가능성이 하나님으로부터 독립성을 유지하는 것이라면 나는 지옥을 두려워 할 필요가 없겠습니다. 그럴 경우 지옥이 존재하지 않을 가능성이 상당히 높으니까 말입니다.[29] 지옥이란 인간이 자기 자신의 도덕적 이상대로 사는 데 실패했을 때 느끼고 경험하는 인간 양심의 고통일 뿐이라는 데에 당신은 동의하게 되실 겁니다. 그래서 나는 그리스도를 나의 구주로 받아들이라는 것에 대해 깊이 생각해 보아야겠다는 마음은 아직까지 생기지 않습니다. 시간은 충분하지 않습니까?"

이 얼마나 비참한 그레이씨의 모습인가! 그는 결국 자기가 칼빈주의자와 공통적인 증언을 갖고 있음에 대해 뭔가를 이야기해야겠다는 생각이 간절해질 것이다. 그의 마음 저변에서 그는 불신자인 블랙씨가 자기의 친구가 아니라, 칼빈주의자인 화이트씨가 자기의 진짜 친구임을 알고 있었다. 그러나 그는 칼빈주의자가 주장하는 결정론처럼 보이는 그

---

[29] Van Til이 말하려는 요지는 가령 사람의 결정이 자신이 하는 일의 궁극적인 결정자가 되는 경우에서 상정할 수 있듯이 만일 하나님이 가능성에 종속된다면, 하나님이 지옥에 관해-혹은 다른 것에 대해-하신 말씀은 사실이 아닐 가능성이 있다는 것이다. 그것이 사실이 아니라고 해도 하나님의 잘못은 아니다. 왜냐하면 그는 그러한(가능성과 같은) 것들을 다스리는 누군가의 지배를 받는 것이 아니라 가능성의 지배를 받기 때문이다.

무엇에 대하여 블랙씨와 함께 공통적 반론을 형성하고 말았다. 그러므로 이제 그가 얼굴을 바꿔 화이트씨가 동조하여 블랙씨에 대항하는 공통적 증언을 형성하기란 극히 힘든 일이었다. 그는 어떤 납득될 만한 이야기도 할 수 없었다. 자신의 신앙을 옹호하던 그의 방법론이 그로 하여금 블랙씨가 근본적으로 옳음을 인정하게끔 강제하고 말았던 것이다. 그는 블랙씨에게 그가 마땅히 받아들여야 할 것이 무엇임을 알 기회를 제공하지 못했을 뿐 아니라, 오히려 그의 증언은 기독교를 전혀 받아들일 필요가 없다는 블랙씨의 확신을 더욱 공고하게 해 주었을 뿐이다.

물론 그레이씨가 실제에 있어서는 신학이나 복음을 전하는 방법에 있어서 여기서 묘사된 것보다는 훨씬 나은 것이 사실이다. 그러나 이는 주님을 진정으로 사랑하는 모든 복음주의자들이 실제로는 마음속으로 칼빈주의자이기 때문에 그렇다. 만일 그가 하나님도 어쩔 수 없는 어떤 가능성이란 것이 존재한다고 믿는다면, 하나님께 도움을 간구할 수 있겠는가? 모든 진실한 그리스도인들은 그 마음속으로부터 하나님이 "이 세상에서 일어나는 모든 일들을 주관하신다"는 것을 믿는다. 그러나 칼빈주의자는 먼저 하나님이 이 세상에 일어나는 모든 일들을 주관하시는지 아닌지에 관한 결정적 문제에 대해 자신을 대적하여 불신자와 더불어 공통적 증언을 형성한 "복음주의자"와는 대속적 속죄를 함께 증거할 수 없다.

효과적 증거의 첫째 요건은 증거를 하는 그 입장이 납득될 수 있는 것이어야만 한다는 점을 항상 명심해야 한다. 일관성 있게 주장된 복음주의는 바로 이 납득될 가능성 자체를 파괴한다.

효과적 증거의 둘째 요건은 증거를 받는 사람에게 그가 왜 자신의 입장을 저버려야 하며 이제 그에게 제시된 이 입장을 받아드려야만 하는지를 보여주어야 한다는 것이다. 일관성 있게 주장된 복음주의는 왜 불신자가 복음을 받아들여야만 하는지 그 이유 역시 파괴해 버린다. 만일 그의 입장이 잘못된 것으로 입증되지 않는다면 왜 불신자가 자기의 입장을 버려야만 하겠는가? 그리고 특히 입장을 바꾸라고 설득해야 할 사람이 자신이 설득하는 대상에게 그의 생각이 옳다고 격려해 줄 때 어떻게 생각을 바꿀 수 있겠는가? 따라서 개혁주의자들은 구속 교리를 옹호함에 있어서, 예를 들면 복음주의자의 방법보다는 훨씬 나은 방법을 필요로 한다.

우리는 이제까지 구속 교리를 다루어 왔다. 그런데 이 교리는 우리로 하여금 이것에 관련된바 하나님이 가능성의 근원이 되시는지 아니면 가능성이 하나님의 근원이 되는지의 문제를 다루게 만든다. "복음주의자들"이나 알미니안주의적 근본주의자는 그들로 하여금 서로 상충되는 이 두 가지를 동시에 주장하게끔 만드는 입장을 고수한다는 것이 이미 밝혀진 바 있다. 그러나 사실의 영역에 대해서는 또 어떠한가? 내가 질문했던 바대로 당신은 기독교의 사실을 옹호함에 특별히 구별된 개혁주의적 방법을 모색할 필요가 있다고 주장하지 않겠는가? 예로서, 그리스도의 부활을 생각해 보면, 그와 같은 사실에 대해 복음주의자와 칼빈주의자가 공통적 증언을 할 수 있는 바가 왜 없겠는가?

복음주의자인 그레이씨가 다시 한 번 블랙씨 집의 초인종을 누르게 되었다. 블랙씨는 나와서 그를 집안으로 들이는 것이었다. 그레이씨는 이렇게 말문을 연다. "블랙씨, 내가 다시 여기에 온 이유는 아직도 당신이 그리스도를 당신의 개인적 구주로 받아들이기를 간절히 소원하기 때문입니다. 지난 번 내가 구속에 대해 말씀드렸을 때 당신은 나를 큰 곤궁 속에 빠뜨리셨습니다. 우리는 '가능성'의 문제에 완전히 얽매여 헤어나지 못했었지요."

"그러나 오늘 나는 보다 훨씬 단순한 것을 가지고 왔습니다. 나는 그저 단순한 사실들을 가지고 이야기하고 싶습니다. 나는 그리스도께서 죽은 자들 가운데서 살아나셨다는 사실은 당신이 이야기할 수 있는 다른 어떤 사실들만큼이나 틀림없는 사실이라는 점을 보여드리고자 합니다. 그 자신이 칼빈주의자이긴 하지만 신앙을 옹호함에 있어서 특별히 구별되는 개혁주의적 방법의 필요성을 배격한 윌버 스미스(Wilbur Smith)의 말을 인용해 보았습니다. '부활의 **의미**는 신학적인 문제이다. 하지만 부활의 사실은 역사적인 문제이다. 예수의 육체적 부활의 성격은 하나의 신비일 수 있으나 그 육체가 무덤에서 사라졌다는 사실은 역사적 증거에 의해 결정되어야만 하는 문제이다.'[30] 그리고 부활에 대한 역사적 증거는 당신이 과학자로서 보기를 원하는 그런 종류의 증거입니다. 스미스는 같은 책에서 또 이렇게 쓰고 있습니다."

> 한 1년 전쯤 우리 주님의 부활에 관한 모든 문제를 장기간에 걸쳐 연구한 후, 여러 번에 걸쳐 수백 매의 원고를 쓴 때의 일이었다. 어느 날 나는 주 예수의 부활에 관해서 복음서들이 우리에게 보여주는 증거들이 현대의 과학자들, 특히 심리학자들이 어떤 사실을 고려하여 결정짓는 일에 있어서 필요하다고 그토록 주장한 증거들, 즉 인간의 눈으로 본 바요, 인간의 손으로 만진 바요, 인간의 귀로 들은 바 된 그런 증거들이라는 생각에 사로잡히게 되었다. 이런 증거들을 우리는 경험적 증거라고 부른다. 그것은 마치 부활에 관한 복음서의 기록들이 경험주의가 우리의 사고를 이토록 강하게 지배하고 있는 우리 시대를 위해서 쓰여 진 것이기나 한 것처럼 생각될 정도이다.[31]

"여기서 나는 스미스가 부활의 **사실**과 **의미**를 분명하게 구별한 것은 옳은 것이었다고 생각합니다. 그리고 나는 여기서 당신이 단지 부활의 사실만은 받아들이시길 바라는 바입니다. 이 사실에 대해서는 가능한 가장 분명한 경험적 증거가 있습니다. 예수는 십자가에 못 박히시고 죽어 무덤 속에 묻힌 후에 살아나시어 감각 있는 인간의 손으로 만진 바 되있으며 눈으로 본 바 되었습니다. 그리스도의 부활을 역사적인 사실로 믿어야 할 것은 너무도 당연한 일입니다. 그리고 부활하신 그리스도를 믿는 것이 바로 구원받는 것입니다."

그러나 블랙씨는 이렇게 대답한다. "잠깐, 당신 친구인 칼빈주의자 화이트씨가 다시 당신보다 먼저 여기를 다녀갔거든요. 그는 어제 저녁에

---

30 Wilbur M. Smith, *Therefore Stand* (Boston: W. A. Wilde, 1945), 386.
31 Ibid., pp. 389, 390.

도 여기 와서 같은 이야기를 하고 갔습니다. 그러나 그는 부활의 사실과 의미를 그렇게 구별하지는 않았습니다. 화이트씨는 결단코 한 순간이라도 부활의 사실을 이에 연관시킴으로써만 그 의미를 이끌어 낼 수 있는 기독교 체계로부터 분리시키려 하지 않더군요. 그는 하나님의 아들이신 예수 그리스도가 죽은 자들 가운데서 다시 살아났노라고 말하더군요. 그는 그를 통하여 이 세계가 창조되었으며, 그를 통하여 이 체계가 유지되고 있다고 그리고 그 하나님의 아들이 죽은 자들 가운데서 다시 살아났다고 말하더군요. 그래서 내가 어떻게 이 하나님이 죽고 또 다시 죽은 자들 가운데서 살아날 수 있었느냐고 물었더니 그는 하나님이 죽고 또 죽은 자들 가운데서 살아나신 것이 아니라 삼위일체 가운데 제2위께서 인간의 성품을 취하셨으며, 그가 이 인간의 성품 가운데서 죽으시고 또 다시 살아나셨다고 답하였습니다. 간단히 말하자면, 그는 부활의 사실을 받아들임으로써 이 모든 영문 모를 헛소리들을 도매급으로 받아들이라는 것이었습니다. 한데 나는 행여라도 당신도 마찬가지로 은밀하게 똑같은 일을 하려고 하지나 않을까 자못 의심이 갑니다."

"천만에요. 절대로 그렇지 않습니다." 그레이씨는 강한 어조로 이렇게 응답한다. "나는 칼빈주의자들을 대적함에 있어서 당신과 완전히 동의합니다. 나는 칼빈주의자에 대적하여 당신과 공통적 증언을 할 것입니다. 나 역시 사실과 체계를 분리할 것입니다. 내가 가능성이 하나님과는 독립적이라는 사실을 주장함에 있어서 칼빈주의자들을 적대하여 당신과 일치하지 않았든가요? 그렇다면 나도 모든 종류의 사실이 하나님의 계획과는 별도로 일어난다고 주장합니다. 이와 같이 우리 복음주의자는 칼빈주의자와는 달리 중립적 기초 위에 서서 당신과 이야기하는 자세를 취합니다. 당신처럼 우리도 기독교의 사실들을 그 사실들의 의미나 의의 등을 고려함 없이 단지 사실만을 가지고 이야기할 것입니다."

그레이씨는 계속해서 또 이렇게 이야기한다. "화이트씨가 이곳에 와서 당신을 개종시키려 했다는 걸 생각하면 웃음이 절로 나오는군요. 그 불쌍한 친구는 언제나 순환논법에 사로잡혀 있지요. 그와 같은 순환논법이 그의 결정론과 보조를 같이 하는 게 아닌가 추측해 봅니다. 그는 언제나 자기가 믿는 자족적이신 하나님에 대하여 이야기하지요. 그는 존재하는 모든 사실은 바로 이 하나님의 계획에 따라 그렇게 있는 것이라고 주장합니다. 그렇게 되면 모든 사실 하나하나가 그것들이 사실인 이상, 기독교가 사물들에 대하여 말하는 진리체계를 입증하는 것이며 사물들은 바로 기독교가 사물들에 대하여 말하는 이 진리체계로 인하여 존재함이 증명된다는 것이지요. 나는 현대 과학자이자 철학자인 당신이 그와 같이 터무니없는 순환논법을 한 치라도 허용할 수 없으리라는 것을 아주 잘 알고 있습니다."

"여기서 우리 복음주의자들이 역사적 사실로서의 부활과 그 부활의 의미를 분명하게 분리하는 이유를 찾아볼 수 있습니다. 나는 단지 당신이 부활의 사실을 받아들이기를 바라고 권할 뿐입니다. 나는 당신이 당신의 자유와 '과학적 방법'을 거스려가며 해야 할 일은 하나도 요구하지 않습니다."

"그것 참 반가운 일이로군요." 블랙씨는 기꺼이 대답한다. "나는 항상 칼빈주의자가 우리의 진짜 원수라고 느끼고 있습니다. 그러나 며칠 전 나는 신문에서 몇몇 칼빈주의자들과 교회들이 복음에 대하여 복음주의자와 공통적 증언을 하려고 제안 중이라는 것을 읽었습니다. 나는 복음이 지옥에서 벗어나 구원받아 천국에 가는 것에 관계된 것이라는 인상을 늘 받고 있었습니다. 또 나는 현대주의자와 바르트 같은 '신현대주의자'가 역사적 사실에 그토록 엄청난 추상적 사색을 함께 묶는 일을 해서는 안 될 일로 믿고 있다는 것도 알고 있습니다. 내 생각에는 '근본주의자들'이 예수의 죽음과 부활 같은 역사적 사실에 천국에 가거나 지옥에 가는 것과 같은 일을 함께 묶어 믿고 있다고 봅니다. 그래서 나는 당신이 비록 근본주의자이긴 하지만 역사적인 사실을 내가 알던 기독교와 같은 이론적 체계로부터 분리시킴에 있어 현대주의자나 신현대주의자와 동조한다 함을 들을 때 마음이 심히 기쁩니다."

블랙씨는 계속해서 이렇게 이야기한다. "이제 전통적인 신학체계에서 적절하게도 분리된 예수의 부활을 받아들임에 대해서는 조금도 반대할 생각이 없습니다. 사실상 나는 부활을 하나의 사실로 오래 전부터 믿고 있었답니다. 부활을 증명하는 증거는 실로 압도적이지요. 그것은 우주에서 벌어지는 많은 이상한 일 가운데 하나지요. 우주에서는 온갖 종류의 '기적'이 벌어지곤 합니다. 이 우주는 '열려 있습니다'(매사가 가능적이요 개연적이라는 뜻—역자주). 그러니 여기저기에서 어떤 부활이 있을 수도 있는 것이 아니겠습니까? 예수의 부활이야말로 리플리(Ripley)가 쓴 『믿거나 말거나』(*Believe It or Not*)에 실릴 가장 적당한 자료이지요. 왜 거기에 보내지 않는지 난 알 수 없습니다…"

그레이씨는 여기서 뭔가 더 이야기하고 싶어진다. 그는 결국 그가 복음에 대해 칼빈주의자와 공통적으로 증언할 뭔가에 대해 이야기하고 싶어졌다. 그러나 이미 때는 늦었다. 그는 이미 어떤 종류의 "공통적" 증언도 가지고 있지 못했다. 그는 여기서도 동시에 두 가지 다른 방향으로 나아가려고 질주했던 것이다. 그는 여기서도 다시금 자기가 내세우려 했던 증언으로부터 납득될 만한 모든 타당성을 제거해 버렸던 것이다. 그는 다시금 블랙씨가 불신적 사고방식에 있어서 옳았다는 것을 확고히 해 주고 만 것이다. 그 까닭은 기독교 체계에서 분리된 부활의 사실에 대한 믿음은 결국 기독교 체계가 진리가 아니며 기독교 체계가 우연에 의해 운행되는 우주를 믿는 신앙이며 죽은 자들 가운데서 다시 살아난 것이 하나님의 아들이신 예수 그리스도가 아니었다는 믿음과 하나도 다를 것이 없다는 사실이 그레이씨에게 뿐만 아니라 블랙씨에게도 명약관화한 사실로 드러났기 때문이다.

물론 "복음주의자"가 실제로는 그리스도의 부활을 증거함에 있어서 여기서 묘사된 것보다 훨씬 나은 것이 사실이다. 그러나 그것은 진지한 그리스도인인 모든 복음주의자들이 마음속에 있어서는 칼빈주의자이기 때문이다.[32] 그러나 증거하는 것은 마음의 문제일 뿐만 아니라 머리의

---

[32] 즉 모든 복음주의자는 부활의 사실을 그것의 의미와 분리할 수 없다고 믿는다는 것이다. 모든 복음주의자는 창조와 구원에 있어서 하나님의 주권을 믿는다.

문제이기도 하다. 이 세상에 일관성 있게 기독교 신앙이 전파되려면, 반드시 칼빈주의자가 그것을 전파해야만 한다. 만일 기독교 신앙의 모든 항목을 옹호하기 위해 특별히 구별되는 개혁주의적 방법이 존재하지 않는다면, 불신자들에게 기독교가 어떻게 그의 입장과 다르다는 것과 왜 그가 주 예수 그리스도를 그의 구주로 맞아 들여야만 하는지를 분명하게 말해 줄 방도가 없게 된다. 물론 우리는 복음주의자들이 이룩한 증거의 역사들에 기뻐하고 또 감사드린다. 그러나 우리가 기뻐하는 까닭은 기독교를 증거함에 있어서 나타나는 그들의 비일관성에도 불구하고 복음 진리의 어떤 부분 그리고 흔히 많은 부분의 복음 진리가 사람들에게 비춰지고 또 그로 인해 구원을 받고 있다는 사실 때문이다.

5. 성경의 권위

블랙씨가 이런 질문을 던진다. "그러나 이 세상 '저 너머'에 있는 것에 대하여 누가 알 수 있겠는가?"

이에 그레이씨는 다음과 같이 대답한다. "물론 당신이 기하학에서 얻을 수 있는 것 같은 절대적 확실성을 원한다면, 기독교는 그 대답을 줄 수 없습니다. 우리는 당신에게 오직 '이성적 개연성'을 제공할 뿐입니다. 내가 그리스도의 죽음에 대해서 조금 전에 말했던 것과 같이 기독교는 그 성격상 기하학적 확실성을 수반하여 증명될 수는 없는 역사적 사실들 위에 기초하고 있습니다. 역사적 개체들에 대한 모든 판단은 시공의 우주가 가지고 있는 복합성에 의해 좌우됩니다…. 만일 과학자가 경험주의적 관찰 속에서 이성적 개연성 이상으로 올라갈 수 없다면, 기독교가 그 이상의 무엇을 주장하겠습니까?" 그레이씨는 이렇게 덧붙인다. "물론 그리스도의 죽음에 관한 사실이 그의 부활에도 마찬가지로 적용됩니다. 그러나 이것은 단지 '그리스도인이 실제적인 역사를 파악하려고 진지한 노력을 경주하는 것과 같은 세계관을 가지고 있음을' 보여줄

뿐입니다"³³

그레이씨는 이렇게 이야기함으로써 블랙씨와 접촉점을 모색하고 있다. 블랙씨에게 있어서 역사란 무한하게 펼쳐진 바닥 없는 우연의 대양 위에 떠다니는 무언가로 생각된다. 그러므로 그는 무슨 일이든지 일어날 수 있노라 말할 수 있는 것이다. 하나님의 아들인 예수의 죽음과 부활이 이러한 우연의 태중에서 잉태될 수 있었는지 그 누가 알 수 있는가? 알지 못할 주문을 외울 때 어떤 일이 우연히도 벌어지는 것처럼 그런 일도 우연히 벌어질 수 있는 것이다. 하나님 자신도 이와 같은 우연의 영역 속에 살고 계실지 모른다. 그렇다면 그는 우리와는 구별되는 "전적인 타자(他者)"이다. 그리고 역사 속에서 보이신 그의 계시는 철저하게 독특할 것이다.

여기서 복음주의자는 불신자의 역사관을 지배하는바 불신자들 밑에 깊숙이 깔린 우연의 철학을 도전하지 못한다. 그는 불신자가 하나님의 존재 가능성과 그리스도의 부활 사실을 받아들이길 너무나도 원하는 나머지 사실에 관한 그 자신의 철학을 자연인의 철학과 기꺼이 바꾸려 한다. 그는 불신자처럼 정말로 "경험주의적"이길 원하기 때문에 기독교의 모든 사실들을 우연의 바다 없는 심연 속에 기꺼이 내던진다. 만약 그렇지 않다면 그는 이 모든 사실을 불신자에게 내던지고 불신자는 이것을 받아 다시 그의 등 뒤에 있는 우연의 끝없는 심연 속에 던져 넣는다.

월버 스미스나 에드워드 J. 카넬 그리고 J. 올리버 버스웰 2세 등이 하려고 하는 일의 결국이 바로 이러한 일임은 말할 것도 없다. 그들은 불신자들이 가진 "사실"의 개념 아래 깔린 우연의 철학을 도전하지 못함으로써 결국은 이를 받아들이고 만다.

만일 누가 알미니안주의의 신학을 고집한다면 그레이씨와 같은 접근법은 불가피한 것이다. 인간의 자유의지에 관한 알미니안주의의 견해는 하나님 위에 군림하는 "가능성"을 포함한다. 그러나 하나님 위에 군림

---

33 E. J. Carnell, *An Introduction to Christian Apologetics* (Grand Rapids: Eerdmans, 1952), 113.

하는 "가능성"이란 우연과도 같은 것이다. 우연으로 둘러싸인 신은 결코 권위를 가지고 음성을 발할 수 없다. 그는 오직 허공에 대고 이야기할 뿐이다. 그의 목소리는 아무에게도 청종되지 않는다. 만일 하나님이 우연으로 둘러싸여 계시다면 인간 역시 그러할 것이다. 그들은 허공 속에서 자기 자신들의 목소리나 타인의 목소리도 들을 수 없는 채 그냥 살고 있는 것이다. 따라서 모든 역사와 거기에 포함된 모든 사실들이 무의미한 것이 되고 만다.

개혁주의 그리스도인인 화이트씨가 블랙씨에게 이야기할 내용이 바로 이런 것들이다. 화이트씨는 그리스도의 부활의 사실을 제시하는 점에 있어서나 역사적 기독교의 다른 사실을 제시하는 행위 그 자체에 있어서 그 사실들을 성경에서 권위적으로 해석된 바 대로 제시할 것이다. 그는 만일 블랙씨가 성경 속에서 그것들에 권위적으로 부가된 의미체계 속에 역사의 사실들을 놓으려 하지 않으면 역사의 횡설수설을 만들어 낼 뿐이라고 주장할 것이다.

만일 역사가 블랙씨의 가정대로라면 **무슨** 일이든 일어날 수 있으며 따라서 **아무도** 무슨 일이 일어날지 알지 못할 것이다. 무슨 일이든 일어날 가능성이 다른 일과 마찬가지인 것이다. 회의주의자로 유명한 데이비드 흄(David Hume)은 만일 당신이 당신 생각 속에 우연의 여지를 조금이라도 허용하게 된다면 당신은 그 이상 개연성에 대해 이야기조차 할 수 없게 된다는 강력한 이론을 전개한 바 있다. 그렇다면 혼란의 소용돌이가 왕이 되어 버릴 것이다. 어떠한 가정도 다른 어떤 가정들보다 사실에 좀더 가깝다고 할 수 없게 될 것이다. 하나님이 그리스도를 죽은 자들 가운데서 일으키셨는가? 아마도 그가 그렇게 했을지도 모른다. 그럼 쥬피터가 그렇게 했는가? 그가 그렇게 했을지도 모른다. 그럼 어떤 것이 사실인가? 그건 아무도 모른다. 만일 블랙씨가 옳다면 이 세계의 모습은 바로 이럴 것이다.

기독교가 이성적 개연성 이상의 주장을 내세울 수 없기 때문에 결국 "기독교는 오직 개연성에 의해서만 반박될 수 있다. 아마도 우리의 손해가 오히려 득이 될 것이다"라는 식의 보수주의자의 확신은 아무런 위안도 주지 못한다. 만일 개연성이란 말의 의미 자체가 우연의 사상에 근거하고 있다면, 어떻게 기독교의 진리들이 그와 반대되는 다른 것보다 개연성에 있어서 월등하다고 주장할 수 있겠는가? 이러한 기초 위에서 자연과 역사를 읽는다는 것은 아무것도 적혀 있지 않은 공허를 가리키고 있는 나침반을 읽는 것에 불과할 것이다.

블랙씨는 우연에 관한 그의 철학을 가정으로 삼고, 사실상 **어느 누구도** 일상적 관찰의 일반적 대상들의 배후를 **알 수 없다**는 주장을 내세움으로써 결국에는 사물에 관한 기독교의 견해가 틀린 것이라고 말하는 것이나 다름없다.

만일 내가 옷장 속에 검은 고양이가 있다고 할 때 당신이 말하기를 어느 누구도 그 옷장 안에 무엇이 들어 있는지 모른다고 우긴다면, 결국 당신은 내가 그런 가정을 내세우는 일에 있어서 잘못되었다고 말하는 것과 마찬가지이다. 이와 같이 내가 블랙씨에게 하나님이 존재하신다고 말했을 때, 그가 매우 정중하게 어느 누구도 "이 세상 너머 저편"에 무엇이 있는지 모르기 때문에 아마도 당신이 옳을지도 모른다고 응답했다면, 그는 결국 내가 그 가정을 내세우는 것에 있어서 잘못했다고 지적하는 것이나 조금도 다를 바 없다. 블랙씨는 그와 같은 하나님이 우연의 영역 속에서도 안락하게 사실 수 있는 것으로 생각하고 있음에 분명하다. 그러나 성경이 말하는 하나님은 결코 우연의 영역 속에서 사실 수 없다. 하나님에 대한 주장이나 하나님의 그리스도에 관한 주장에 부딪쳤을 때, 블랙씨가 나타내는 반응은 본질적으로 이런 것이다. "아무도 알지는 못한다. 그러나 그럼에도 불구하고 당신의 가정은 분명히 틀렸고 나의 가정은 분명히 옳다. 아무도 하나님이 존재하는지 아닌지에 대해 알지 못한다. 그러나 하나님은 분명히 존재하지 않으며 오히려 우연은 분명히 존재한다."

이와 같이 블랙씨가 아마도 하나님은 존재하실 수 없을 것이며 기독교도 진리일 수 없을 것이라는 보편적인 부정적 주장을 펼치고 있을 때 그는 필히 뭔가 매우 견고한 기초 위에 서 있음에 분명하다. 그렇다면 그가 서 있는 것이 과연 단단한 반석 위일까? 천만에, 그는 물 위에 서 있다! 그는 자기 자신의 "경험" 위에 서 있다. 그러나 그의 가정에 따르면 이 경험은 또다시 우연에 기초하고 있다. 이와 같이 그는 우연에 기초하고 서서 "논리학자의 명제"를 휘두르며 그가 앞에서는 그것에 대해 아무런 말도 할 수 없다고 우겼던 "이 세상 너머 저편"에 아무것도 존재할 수 없다고 점잖게 잘라 말하는 것이다.

블랙씨 자신이 볼 때는 자기가 하는 일이 매우 이성적으로 보일 것임이 분명하다. 만약 이 문제에 관해 질문이라도 받게 된다면 그는 즉시 이렇게 대답할 것이다. "물론 지성인은 자신이 경험하는 것의 조직적 통일성을 가져야만 합니다. 그러므로 그는 비모순율과 일치하지 않는 것은 그것이 어떤 것이든 진리로 받아들일 수 없습니다. 당신이 당신의 하나님을 '이 세상 너머 저편' 세계, 즉 무한정의 세계에 그냥 놔두고 있는 한 당신은 그 하나님을 홀로 섬길 수 있습니다. 그러나 당신이 당신의 하나님이 창조 가운데 자신을 계시하셨으며 그의 섭리와 성경 등을 통하여 계시하셨다고 주장하게 된다면 나는 그 즉시 그 계시를 이성적 통일성의 원리로 시험할 수밖에 없습니다."

"그리고 그 시험에 의하면 당신의 교리들은 어느 하나도 용납될 수 없는 것들입니다. 그 모든 교리가 모순된 것들입니다. 이성이 있는 사람이라면 그 교리들 중 어느 하나도 받아들일 수 없습니다. 만일 당신의 하나님이 영원하다면 그는 나의 경험 밖에 있어서 아무도 알 수 없는 '이 세상 너머 저편'에 살고 있는 것이 됩니다. 그러나 만일 그가 이 세상 속에서 뭔가를 하려고 했다면 그는 이 세상에서 절대 타자적인 존재일 것입니다. 만일 내가 그 하나님이 나의 세계 및 내 자신에 대해 유지하고 있는 어떤 관계에 대해서 조금이라도 납득될 수 있는 이야기를 하려 한다면 나는 당신의 하나님을 철저하게 이해해야만 합니다. 하나님은 영원하시며 불변적이시나 동시에 당신의 창조와 섭리의 교리들에 내포된 것과 같이 이 세상과 관계를 또한 유지하고 계신다는 당신의 생각은 한

마디로 모순된 것입니다."

또 블랙씨는 이렇게 말을 잇는다. "내가 당신의 하나님을 받아들이려면 당신은 칼 바르트가 그에게 했던 일과 같은 일을 해 주어야만 합니다. 즉 정통적 신학이 그에게 돌렸던 모든 속성들을 벗겨 내 그로 하여금 정반대의 존재가 되게끔 하는 일입니다. 나는 그런 종류의 하나님과 함께 할 때만 나의 경험 모두를 조화시킬 통일 원리를 가지게 됩니다. 그리고 그 하나님은 전적으로 우주 안에 있는 하나님입니다. 만일 당신이 그러한 하나님을 내게 제공하고, 그 하나님은 내가 우연의 모태로부터 얻은 나의 경험들을 정리하려는 나의 목적에 가장 단순한 가정이 되어 준다면 비모순율은 만족될 것입니다. 이성적인 인간인 나는 그 이하의 어떤 것에도 정착할 수 없습니다."

이와 같은 모든 이야기는 우연의 철학을 애호하는 비결정론자(indeterminist)인 블랙씨가 또 한편으로는 철저한 결정론자(determinist) 또는 운명론자(fatalist)임을 보여준다 하겠다. 그것은 "이 세상 너머 저편"에 무엇이 있는지 아무도 알 수 없다고 말하던 비이성론자인 블랙씨가 한편으로는 불붙는 듯한 열렬한 이성론자임을 말하는 것이다.[34] 그에게 있어서는 그가 논리로 완벽하게 결정지을 수 있는—그래서 그가 생각할 수 있는—것만이 존재할 수 있다. 그가 처음에는 무엇이든지 존재할 수 있다고 할지 모르나 결국 그가 이러한 이야기를 할 즈음에는 오직 인간 자신이 완벽하게 알 수 있는 것만이 존재할 뿐 그 외의 어떤 것도 존재하거나 인간에게 의미 있는 것일 수 없다고 말하는 것이나 다름없다. 그러므로 블랙씨에게 있어서는 기독교의 하나님이 존재할 수 없다. 그에게 있어서는 창조 교리가 사실일 수 없다. 자연과 역사를 통해 인간에게 전달되는 하나님의 계시도 있을 수 없다. 그리스도의 부활 같은 일은 결코 있을 수 없는 일이다.

블랙씨는 처음에 하나님이 존재할 수 없으며 그리스도의 부활도 사실

---

[34] 여기서 우리는 다시 한 번 불신 사상은 근본적으로 변증학적이라는 Van Til의 분석에 유념해야 한다. 이는 합리주의/비합리주의 변증법에 의해 도출된 것이다.

일 수 없다고 말하는 동시에 또 다른 한편으로는 어쩌면 하나님이 존재할 수 있으며 그리스도의 부활 역시 사실일지 모른다고 말하고 있는 것이 조금도 그 자신의 일관성을 상실한 행위가 아니라는 점은 매우 이상한 일이다. 왜냐하면 그가 자신의 방법론에 충실하려면 그는 무슨 일에 대해서건 그가 언급하는 모든 내용에 있어서 그 자신이 모순을 갖게 될 것임에 틀림없기 때문이다. 만일 그가 모순된 일을 하지 않으려면 그는 자신이 견지해 온 우연의 철학이나 운명의 철학 중 하나를 부인해야만 할 것이다. 그에 의하면 그가 접하는 모든 사실은 그 가운데 우연의 요소와 운명의 요소, 즉 완전히 알 수 없는 요소와 완전히 알 수 있는 요소의 두 가지 요소를 가지고 있다고 한다. 이와 같이 인간은 창조주께 인간으로 하여금 이를 사용하여 피조물 차원에서 하나님을 따라 그의 사고를 모방하여 생각하도록 할 목적으로 주신 사고의 도구를 이용하여 오히려 하나님은 결코 존재하실 수 없으며 따라서 결코 그 자신을 계시하실 수 없다는 것을 스스로 확신시키는 수단으로 만들어 버린다.

화이트씨가 블랙씨를 만날 때 그는 이 점을 분명히 할 것이다. 그는 블랙씨에게 그의 방법론으로는 어떤 사실도 또 어떤 집단의 사실도 납득할 수 없게 할 것이라는 점을 이야기할 것이다. 이제 화이트씨가 불신자에게 하는 말을 들어보자.

"블랙씨, 당신의 기초 위에서는 어떠한 사실도 다른 사실과 구별하여 따로 정립시킬 수 없습니다. 왜냐하면 모든 사실이 언제나 그것과는 정반대의 것으로 끝없이 변화하기 때문입니다.[35] 매사가 엉망으로 유동적인 양 보이기도 합니다. 그와 동시에 아무것도 변할 수 없어서 모든 것이 한 조각의 얼음 같기도 합니다.[36] 하나님이 이 세상의 지혜를 어리석

---

[35] 궁극적 우연이라는 개념이 참이라면 어떤 사실에 대한 확인은 그것이 언제 이루어지든지 확인하는 순간 자체를 본질적으로 바꾸어버릴 수 있다. 왜냐하면 세계는 근원적으로 혼돈 가운데 있기 때문이다. 이러한 가설에 의하면 사실들은 결코 어떤 의미 있는 방식으로도 확인될 수 없다. 실제로 사실들이 확인된다면 궁극적 우연 개념은 부조리가 될 수밖에 없으며 기독교의 입장만이 변증될 수 있다.

[36] 이것은 합리주의자들의 변증학적 버팀목이다. 사물을 확인하는데 사용되는 "법칙들"은 보편적이며 보편적인 가치가 있기 때문에 "아무것도 변할 수 없다"는 것이다.

은 것으로 만들지 않으셨던가?[37] 그는 분명히 그렇게 하셨습니다. 나는 이것이 그렇게도 분명하지만 당신이 이것을 결코 이해하지 못할 것이라는 점을 잘 알고 있습니다. 결국 당신이 이해할 수 없다 함은 이해하지 않으려는 당신의 의지인 것입니다. 하나님께 죄를 용서해 주시길 기도하고 회개하십시오."

그러나 논리에 관한 이 문제를 보수주의자인 그레이씨는 어떤 식으로 접근하고자 할까? 그는 여기서도 그가 사실에 관한 문제를 다루던 방식을 그대로 적용하여 똑같은 일을 하려고 할 것이다. 그레이씨는 또다시 물론 자기가 성경에 호소하는 것을 그와 같은 호소의 개념 자체뿐만 아니라 성경의 내용까지도 논리의 요구에 완전히 부합됨을 입증함으로써 정당화시킬 수 있을 것이라고 말하여 블랙씨의 마음을 즐겁게 만들려고 노력할 것이다.

그레이씨는 이렇게 말한다. "비모순율의 타당성을 전제함 없이 어떤 의미 있는 진술도 할 수 없다는 당신의 주장은 지극히 옳은 것입니다.[38] '보수주의자는 권위체계를 열렬하게 옹호합니다.'[39] 그러나 '주어진 권위의 증거를 정밀하게 조사할 이성이 없다면 어떻게 바른 권위와 잘못된 권위를 분간해 낼 수 있겠습니까?…우리를 도울 조직적 일관성이 결여된다면 권위를 선택하기 위해서 우리가 할 수 있는 일이란 고작 제비를 뽑거나 숫자를 세거나 아니면 동전을 던져 어느 쪽으로 떨어지는지를 보는 일들뿐일 것입니다. 일단 우리가 모순율을 정말로 적용하게 된다면 우리는 독단적인(*ipse dixit*) 권위[40]에 더 이상 의존치 않게 되고 오히려 진실에 일관적으로 의지하게 됩니다.'[41] '성경이 우리에게 영들을 시험하라고 말합니다(요일 4:1). 이것은 오로지 진리의 법칙을 적용함으로

---

37 "지혜 있는 자가 어디 있느냐 선비가 어디 있느냐 이 세대에 변론가가 어디 있느냐 하나님께서 이 세상의 지혜를 미련하게 하신 것이 아니냐"(고전 1:20).
38 Carnell, *An Introduction to Christian Apologetics*, 114.
39 Ibid., 57.
40 *Ipse dixit* authority는 확신 자체에 기초를 둔 권위이다. 그것은 자기 입증이다.
41 Carnell, *An Introduction to Christian Apologetics*, 71.

써만 이행될 수 있는 일입니다. 하나님은 거짓말할 수 없으십니다. 그러므로 그의 권위와 일관성 있는 진리는 모든 면에 있어서 부합됩니다. 맹목적인 권위가 아니라 진리가 우리로 하여금 소경을 따라가는 소경이 되는 것으로부터 구하여 줄 것입니다.'"[42]

이어서 그레이씨는 이렇게 말한다. "계시를 생각해 봅시다. 그 계시를 모순율과 역사의 사실로 더불어 화합케 만들어 보십시오. 그러면 이성 있는 사람이라면 동의할 것임에 틀림없습니다.[43] '아리스토텔레스의 『형이상학』(Metaphysics) 4권[44]을 반박하는 신학이 있다면 그것은 그 자체를 파괴하는 큰 자멸의 요소를 지닌 것에 불과할 것입니다.'[45] '만일 바울이 자기는 십자가에 못박히신 그리스도를 이성적으로 분류할 수 없다는 의미에서 못박히신 그리스도가 객관적으로 어리석은 것이라고 가르친 것이었다면, 그는 정신착란자와 정신병자를 진리의 화신들이라고 추켜세운 것이 되고 말 것입니다.'"[46]

블랙씨는 이에 이렇게 응대한다. "그것 참 대단하신 말씀입니다. 나는 현대주의자들이 기꺼이 우리처럼 모든 연구에 있어서 인간 경험을 최종적 참조점으로 삼아 출발하려고 한다는 사실을 알고 있습니다. 나는 그들이 우리처럼 역사와 자연의 사실을 우연에 근거를 둔 비모순율이 허용할 그러한 사실로 조작해내기 위하여 우연을 사실의 근원으로 삼아 시작하려는 용의가 있음을 알고 있습니다. 나는 또 신현대주의자인 칼 바르트가 그의 하나님을 마음대로 고쳐서 그가 본래의 하나님과는 정반대의 하나님으로 바꿔놓고, 또 그렇게 함으로써 우리의 우연의 비이성적 철학과 논리의 이성적 철학을 모두 만족시키려 하고 있다는 점도 알고 있습니다. 그러나 나는 정통적 신자 중 어느 누가 그런 일을 기꺼이 하려 한다고 생각하지는 못했습니다. 그러나 앞서 당신은 나를 놀라게 했

---

[42] Ibid., 72.
[43] Ibid., 73.
[44] Aristotle의 형이상학 제4권은 그의 논리학에 대한 이해를 담고 있는 책이다.
[45] Carnell, *An Introduction to Christian Apologetics*, 178.
[46] Ibid., 77, 78.

습니다. 당신은 내가 그것을 받아들이게끔 하기 위해서 당신이 믿는 부활을 우연의 영역 속에 던져넣었습니다. 그러므로 나는 당신이 역시 비모순율도 하나님께 의존하기보다는 오히려 인간 자신에 의존하는 것으로 여길 용의가 있을 것으로 믿어마지 않습니다."

"여기서 나는 단지 알미니안주의적 근본주의자들뿐만 아니라 버스웰이나 카넬 같이 보다 덜 극단적이고 온건한 당신네들 칼빈주의자들도 당신들의 계시를 그 계시와는 완전히 독립적 원리에 의하여 검사하려는 용의가 있다는 것을 알게 되어 대단히 기쁩니다. 이제 당신이 완전히 우리 편으로 넘어왔다는 것을 알게 되는 것은 오로지 시간문제일 뿐입니다."

"나는 보통의 칼빈주의자를 좋아하지 않습니다. 그러나 그들은 자신의 입장에서 보면 틀림없이 옳습니다. 화이트씨는 내가 하나님의 피조물이라고 주장했습니다. 그는 모든 사실이 하나님에 의하여 창조되었고 또 하나님의 섭리에 의하여 주관되고 있다고 말합니다. 그는 모든 인간이 그들의 대표자인 아담 안에서 하나님을 대적하여 범죄하였다고 합니다. 그러므로 그는 내가 영적으로 죽었고 도덕적으로는 비뚤어졌다고 주장합니다. 그는 이 모든 것을 성경의 절대적인 권위를 기초하여 이야기합니다. 그는 나 자신과 나의 사실들 그리고 나의 논리를 성경의 권위에 비춰 해석할 것입니다. 그는 내가 그러한 권위를 필요로 한다고 합니다. 그는 나에게 필요한 것은 오로지 그러한 권위뿐이라고 합니다. 그는 그의 성경이 충분하며 최종적이라고 말합니다. 그리고 그는 자신이 주장하는 모든 것이 분명하다고 말합니다."

"이제 한 가지 분명한 것은 이 모든 것이 내게는 평범한 역사적 개신교같이 보인다는 점입니다. 나는 권위의 문제에 관하여 칼빈주의자의 주장을 이성적으로는 이해할 수 있습니다. 나는 오히려 당신을 이해할 수 없군요. 겉보기에 당신은 내게 당신의 과자를 먹으라고 권하는 것처럼 보입니다. 만일 당신이 성경의 권위를 믿는다면 어째서 당신은 모든 사물들, 인간, 사실 그리고 논리를 그 성경의 권위에 입각하여 설명하지 않는지요? 만일 우리가 당신의 권위, 즉 인간의 경험에 의하여 살기를 원한다면, 당신은 어째서 절대적 권위나 당신이 믿는 성경을 저버리지 않는가요? 그렇다면 그 성경의 권위는 잘해 보아야 당신에게 전문가의 권위를 줄 뿐입니다."

"당신은 모든 사물을 역사의 사실들과 비모순율에 의하여 검증하는 이성적 인간에 대한 당신의 개념 속에서 우리와의 접촉점을 분명히 형성하였습니다. 만일 당신이 이를 계속 유지해 나간다면 당신은 실로 당신의 개념들과 우리의 개념들 사이의 완전한 일치를 달성함에 성공하게 될 것입니다. 그리고 당신은 우리처럼 하나님의 개념을 인간의 개념과 완전하게 일치시키는 일을 이루게 될 것입니다. 그러나 당신의 개념들이 우리의 개념들과 일치하게 되는 이유나 인간의 개념들과 하나님의 개념들이 일치하게 되는 이유는 당신이 이미 인간과 똑같은 하나님과 그리스도를 갖게 되기 때문입니다."

"그레이씨, 당신은 이러한 대가가 너무 비싼 것이라고 생각하지 않으십니까? 나는 당신이 당신의 하나님을 그렇게 우주 속으로 끌어 내리려고는 하지 않을 것이라고 확신하는 바입니다. 나는 당신이 그렇게 하여 당신의 그리스도를 다시금 십자가에 못 박으려 하지 않을 것이라고 확신합니다. 그렇다면 왜 두 가지 이견(異見) 속에서 주저하고 계십니까? 나는 기독교를 믿지 않습니다. 그러나 만일 내가 기독교를 믿는다면 나는 화이트씨의 편이 될 것이라고 생각합니다."[47]

6. 하나님 존재의 증거들

블랙씨가 화이트씨에게 반발하면서 성경의 권위에 무조건적으로 굴복하는 것은 비이성적이라고 말할 때, 그레이씨는 고개를 끄덕이면서

---

[47] Van Til의 요지는 의사소통을 위해 불신앙과 타협한다는 것은 결국 기독교에서 능력과 일관성을 앗아가는 것으로 끝나고 만다는 것이다. 그 경우 아마도 불신자는 자신에게 제시된 것들이 자신의 불신앙과 근본적으로 다르지 않다고 생각할 것이다.

"이성적인 인간"은 논리로써 성경의 신빙성을 검증할 완전한 권리를 갖고 있음에 틀림없다고 말한다. 하나님의 주권적 선택에 의하여 인류 중 어떤 이들이 구원받도록 선택되었다고 성경이 말하는 것도 그의 "이성적 본성"에 맞는 다른 의미로 해석되어야만 한다는 것이다. 블랙씨가 화이트씨에게 반발하면서 이번에는 성경에 무조건적으로 굴복하는 것이 이성주의적이라고 말할 때 역시 그레이씨는 또 다시 고개를 끄덕이면서 진정한 인격은 성경의 내용을 경험에 의하여 검증할 철저한 권리를 가진다고 말한다. 성경이 하나님은 그의 지배하시는 뜻을 따라서 이 세상에서 일어나는 모든 일들을 주관하신다고 이야기할 때 이것도 인간의 자유와 상충하지 않는 어떤 의미로 이해되어야만 한다는 것이다. 하나님은 인간을 창조하시고 그에게 그 나름대로의 자유를 한 몫 떼어 주셨다. 그러므로 인간은 하나님의 존재에 참여하게 된다는 것이다.

그러나 자연계시나 일반계시에 대해서는 어떠한가? 여기에 있어서만큼은 화이트씨와 그레이씨의 조건 사이에 어떠한 차이도 있을 수 없을 것으로 확신할지 모른다. 여기에는 법칙도 약속도 존재하지 않는다. 단지 사실이 있을 뿐이다. 그렇다면 조건에 대해서는 도대체 무엇이라고 이야기할 것인가? 여기서 만큼은 화이트씨가 그의 "칼빈주의 5대 교리"를 잠시 망각하고 그레이씨와 합세하여 블랙씨를 이 세상이 펼치는 장엄한 미술관 속으로 끌어들여, 그 모든 아름다운 모습을 낱낱이 보여주어 블랙씨로 하여금 그들과 더불어 자발적으로 "자연의 모든 찬양대가 한 목소리로 창조주께 찬양에 찬양을 드리도다"라고 외치게 만들 것이라 분명히 확신할 것이다.

화이트씨가 그의 "칼빈주의 5대 교리"를 잊어버리려고 애써 노력하고 있다고 생각해 보자. 그는 자신에게 이렇게 말할 것이다. "그레이씨와 더불어 블랙씨에게 하나님의 창조가 가진 경이로움을 보이는 것에는 아무런 잘못도 없는 것이 사실이다. 어쨌든 우리는 같은 하나님을 모시고 있는 것이다. 그렇지 아니한가? 우리 둘 다 모두 블랙씨에게 창조의 사실을 보여줌으로써 그가 하나님을 믿기를 원하고 있다. 블랙씨가 '나는 내가 이때껏 보아 온 것들과 지내온 것들로부터 혼란과 어지러움에 이르렀을 뿐 아무런 의미도 발견할 수 없었습니다'라고 말할 때 그레이씨와 나는 함께 그를 윌슨 산(山)의 천문대로 데리고 가서 그로 하여금 별이 가득 찬 하늘을 올려다보도록 할 수 있을 것이다. 자연과학의 지식의 근원이 모든 이들에게 주어진 자연의 교과서인 것은 사실이다. 성경 자체가 자연 속에는 문자 그대로 말씀의 안경을 통해서 전해지지도 또 그렇게 전해질 수도 없는 빛이 있다고 하지 않는가? 만약 이것이 사실이 아니라면 어떻게 성경이 자연의 빛만을 가진 사람들에게 그들이 핑계할 수 없다고 말할 수 있단 말인가?"

그렇기 때문에 화이트씨, 그레이씨, 블랙씨 이 세 사람은 여기저기 모든 곳을 돌아다녔다. 화이트씨와 그레이씨가 비용을 분담키로 동의했던 것이다. 블랙씨는 그들의 손님으로 참석하였다.

그들은 먼저 윌슨 산에 있는 천문대로 별이 총총한 하늘을 올려다보기 위하여 갔다. "이 얼마나 아름다우며 장엄한 광경인가!" 그레이씨가 감탄을 연발했다. 그들은 망원경의 경이에다 현미경의 경이를 더하였다. 그들은 "이 세계의 경이로운 광경"을 보기 위하여 지구를 일주했다. 그러나 "뭔가를 보여주는 일"에는 끝이 있을 수 없었고 블랙씨는 때때로 싫증난 모습을 보이곤 하는 것이었다. 그래서 그들은 이제 한 벤치에 앉게 되었다. 이제 블랙씨는 자기가 서명 날인할 공란에 싸인을 하게 되지 않을까? 그들이 대답을 기다리는 동안 그레이씨는 누군가가 잃어버린 시계를 줍게 되었다. 그는 그 시계를 손에 쥔 채로 블랙씨에게 이렇게 말한다.

"이 세상을 잘 둘러보십시오. 이 세계의 부분들 모두와 전체를 잘 살펴 숙고해 보십시오. 당신은 그것이 다름 아니라 하나의 커다란 기계임을 알게 될 것입니다. 그것은 쪼개고 또 쪼개서 인간의 감각이나 기관들이 추적하거나 설명할 수 없을 만큼 작은 단위로 또 쪼개어지는 무수한 작은 기계들로 구성된 커다란 기계일 뿐입니다. 이 모든 다양한 기계들과 그것들의 모든 작은 부분들은 정확하게 서로 맞물려 적응하고 있으므로 이에 대해 한 번이라도 깊이 생각해 본 사람이라면 누구라도 경탄하지 않고는 견딜 수 없게 만듭니다. 모든 자연을 통하여 수단들이 목적에 기이하게 적응되어 가는 것은 비록 그 질에 있어서 월등히 뛰어나기는 하지만 인간이 고안하고 사고하고 지혜와 지성을 다해서 고안해낸 제품과 아주 흡사합니다. 그러므로 그 결과가 서로 흡사하다는 사실은 우리로 하여금 유비론의 모든 원리들을 따라서 결국 그 원인도 서로 비슷하다는 결론을 내리게 합니다. 즉 자연의 조성자는 물론 그가 행하는 일들의 위대함의 정도에 있어서는 훨씬 더 엄청나게 큰 기능들을 소유한 것에 틀림없기는 하나, 결국 어떤 면에 있어서는 인간의 지성과 매우 흡사하다고 하는 것입니다."

"블랙씨, 나는 당신에게 부당한 압력을 가할 생각은 조금도 없습니다. 당신은 당신이 해야 할 일에 필요한 것이 무엇인지를 잘 알고 계십니다. 그러나 내가 생각하기에 당신은 하나의 이성적인 존재로서, 당신 자신이 유신론자의 진영에 가담해야만 한다고 봅니다. 어떤 하나님이 존재할 가능성이 매우 높다고 보시지 않나요?"

"나는 당신더러 그리스도인이 되라고 권유하는 것이 아닙니다. 우리 단지 한 번에 한 계단씩 오르도록 해 봅시다. 나는 단지 자연의 교과서에 대해서만 이야기하고자 합니다. 물론 만일 어떤 하나님이 존재하시며 그 하나님이 아들을 가지고 계셨으며 그 아들이 또한 자신을 계시하셨다면, 아마도 당신이 그런 아들을 믿는 것이 이제 아버지를 믿는 것보다 어렵지 않을 것입니다. 그러나 이 모든 것을 접어 두고라도 나는 여기서 모든 과학자들이나 철학자들이 이를 통하여 이 세상의 배후와 이 세상 저 너머에 하나님이 존재하신다는 것을 확실한 것으로 받아들이게 될 증거들이 무수히 쌓여 있다는 사실만은 인정하시길 바랄 뿐입니다. 이 시계를 보십시오. 이 시계 자체보다 더 큰 어떤 힘이 그것을 만들었을 가능성이 지극히 높지 않습니까? 당신은 이 시계의 목적이 무엇인지 알고 있습니다. 자연의 경이로운 계획들이 어떤 하나님의 목적에 이바지하고 있을 가능성이 지극히 높지 않습니까?[48] 뒤를 돌아보면 자연히 이 세계의 원인이 되는 어떤 하나님에 대해서 생각하게 되며 앞을 바라본다면 우리는 또한 이 세계에 대한 목적을 가지신 어떤 하나님을 생각하게 됩니다. 우리가 우주의 진행 과정과 구성을 관찰할 수 있는 한, 어떤 하나님을 믿음에 있어 당신 자신이 채용한 원리들에 부딪칠 어떤 어려움도 없을 것이라고 생각합니다. 유신론자가 되지 않으시렵니까? 당신은 승자의 편에 서기를 원하시지요. 그렇지 않습니까? 사실은 우주에 관한 갤럽 조사(Gallup poll)에서도 유신론의 최종적 승리로 기울어지는 경향을 보이고 있답니다."

그레이씨가 진지하고 웅변적인 권고를 마치자 블랙씨의 표정은 심각해 보인다. 그는 분명히 신사임에 틀림없다. 그는 이미 두 친구가 그에게 베풀어 준 모든 친절을 받아들이고서 그들을 실망시키고 싶지 않다. 그러나 그는 솔직히 자신의 입장과 그들의 입장 사이에는 아무런 근본적인 차이를 볼 수 없다. 그래서 그는 겸양을 다하지만 그러나 단호하게 그 공란에 서명하지 않기로 결정한다. 그는 유신론으로 "개종하기"를 거절한 것이다. 사실상 그는 이렇게 말한 것이나 다름없었다.

"당신들은 이 우주의 합리성과 목적에 대하여 이야기하고 있습니다. 당신들은 이 합리성과 목적을 당신들이 생각하기에 이 우주 후면에 존재하면서 이 우주에 대한 목적을 가지고 있는 듯한 어떤 이성적 존재에로 더듬어 올라가려고 합니다. 그러나 당신들의 하나님에 대하여 설명하려면 누구에게로 거슬러 올라가야 합니까? 당신들의 정의에 의할 것 같으면 당신들의 하나님은 절대적이거나 자족적인 존재가 아닙니다. 당신들은 그가 존재할 개연성에 대하여 말하는데 이는 결국 당신들이 그가 존재하지 않을 개연성이 있다는 것을 인정하는 것을 뜻합니다.[49] 그

---

[48] 시계가 시계를 만든 사람을 함의한다는 개념은 William Paley에 의해 제시되었으며 하나님의 존재에 대한 예정론적 또는 목적론적 주장에 흔히 사용되는 접근방식이다.
[49] 즉 하나님의 존재에 대해서는 개연성만 있다는 것은 곧 그가 존재하지 않을 개연성도 있다는 것이다. 하나님이 존재하실 개연성이 9라면 그가 존재하지 않을 개연성은 1이라는 말이다. 따라서 이 경우 하나님이 존재하실 개연성이 높다고 해도 그가 존재하지 않을

러나 개연성은 가능성에 기초합니다. 나는 과학적 사고의 인간이라면 누구나 열린 마음으로 우주의 사실을 관찰해야 한다고 생각합니다. 그는 어떤 종류의 사실이든 존재할 수 있다고 가정함으로써 시작해야만 합니다. 나는 가장 중요한 이 점에 있어서 당신들이 나와 동의한다는 것을 보고 매우 기뻤습니다. 그러므로 우리 모두가 믿을 수 있는 한 가지 종류의 하나님은 존재하지 않을 수도 있는 그런 하나님입니다. 즉 다른 말로 하면, 우리 가운데 어느 누구도 존재하지 않을 가능성이 없는 하나님을 믿을 수도 없고 믿지도 않을 것이라는 점입니다.50 그러나 나는 당신들 기독교 유신론자가 믿는 하나님은 바로 이러한 종류의 하나님, 즉 자족적이며 결국은 필연적으로 존재하시는 하나님이라고 생각합니다."

이때서야 화이트씨는 어색하게 멈칫거리기 시작한다. 그는 비로소 자기가 그레이씨의 주장에 대하여 침묵의 동조를 보냄으로써 그의 신학이 견지하는 하나님, 즉 성경의 주권적인 하나님을 팔아 넘겼다는 사실을 깨닫기 시작한 것이다. 그는 즉시 블랙씨가 옳다고 느꼈다. 사람은 하나님을 가능성 개념의 배후로 전제하거나 아니면 가능성 개념을 하나님의 배경으로 전제하게 된다. 즉 사람은 성경에 기초를 둔 역사적 개혁주의 신학과 더불어 하나님이 결정하신 것만이 유일하게 가능하다고 말하거나51 아니면 모든 종류의 비기독교적 사상 형태를 따라 가능성이 하나님을 둘러싸고 있다고 말하게 된다. 그런데 화이트씨는 잠시 지각을 잃고 있었다. 그는 아무 말도 할 수 없었다. 그러자 블랙씨는 간단히 다음과 같은 말로써 이제껏 자기가 주장해 온 것들의 결론을 내린다.

개연성 역시 존재한다는 것이다.

50 이러한 하나님이 존재한다면 그는 가능한 것과 불가능한 것을 결정하시는 분이 될 것이다. 따라서 사물은 존재할 수도 있고 존재하지 않을 수도 있다고 주장하고 싶어 하는 사람들에게는 이러한 논리가 받아들여지기 어렵다.

51 "하나님이 결정하신 것만이 유일하게 가능하다"고 말하기보다 "하나님만이 가능한 것을 결정하신다"고 말하는 것이 나을 것이다(편집자[Oliphint]는 바로 앞의 진술에서 볼 수 있는 것처럼 이것이 Van Til이 의도했던 의미라고 생각한다). 즉 하나님은 특정한 것들을 사실로 결정하셨으나 다른 것들도 사실이 될 수 있다는 것이다. 따라서 "하나님이 결정하신 것만이 유일하게 가능하다"고 말하기보다 "하나님만이 가능한 것을 결정하신다"고 말하는 것이 낫다.

"당신들이 나를 기쁘게 하고자 하는 노력 가운데 가능성과 개연성에 관한 나의 기본적 가정을 용납하였으므로 당신들이 말하는 하나님은 설혹 그가 존재한다고 인정된다 하더라도 우주를 설명하는 데에는 아무런 소용이 없을 것입니다. 오히려 그 하나님 자신이 설명되어야만 할 필요가 있습니다. 자, 여기서 인도 철학자와 그의 코끼리 이야기를 다시금 생각해 보기로 합시다.[52] 그 이야기야말로 우리가 지금 다루고 있는 이 주제에 딱 들어맞는 이야기입니다. 만일 물질세계가 하나의 유사한 이상의 세계에 의존하고 있다면 이 이상의 세계는 또 다른 무엇에 의존해야만 합니다. 그리고 이러한 의존 관계는 끝없이 계속될 것입니다. 그러므로 오히려 이 현존하는 물질세계 너머를 살피려고 하지 않는 편이 훨씬 나을 것입니다. 화이트씨 그리고 그레이씨, 나는 정말 당신들을 기쁘게 하지 못함을 유감으로 여기고 있지만, 간단히 말해서 당신들은 내가 이미 가지고 있는 것보다 나은 아무런 것도 제공하지 못했다는 것을 말씀드릴 수밖에 없습니다. 당신들의 하나님은 그 순수한 가능성 또는 우연으로 둘러싸여 있는데 그가 어떻게 나를 도울 수 있겠습니까? 그리고 나는 어떻게 그 하나님에게 책임을 질 수 있단 말입니까? 내가 보기엔 당신들의 입장에 의하면 모든 것들이 궁극에는 비이성적인 것으로 끝나고 말 것같이 보입니다."

일이 이쯤 되자 그레이씨는 안색이 창백해지고 만다. 그는 황망히 그의 무기고를 뒤져 블랙씨를 설득할 수 있을 어떤 또 다른 논증법을 찾고자 분주해 한다. 그 무기고 속에는 그가 한동안 사용하지 않았던 한 가지 무기가 남아 있었다. 그가 지금까지 사용해 왔던 논증법은 모두가 **귀납적**(*a potseriori*) 논증법이란 표찰이 붙은 것들이었다.[53] 그레이씨는 그것

---

[52] Van Til은 여기서 세상을 떠받치고 있는 것이 무엇인가에 대해 묵상했던 한 인도 철학자에 대해 언급한다. 그의 가설은 그것은 거대한 코끼리가 틀림없다는 것이다. 그러나 그렇다면 그 코끼리를 떠받치고 있는 것은 무엇이냐는 것이다. 사람들은 또 다른 코끼리라고도 하고 거대한 거북이라고도 말한다. 그러나 이러한 대답은 계속해서 같은 질문을 낳는 것이다. 이 이야기는 David Hume's *Dialogues Concerning Natural Religion*과 Thomas Reid's *An Inquiry into the Human Mind*에 언급되어 있다.

[53] *a posteriori* 논법은 경험-가령 세계의 목적 또는 인과관계에 대한 경험-으로부터 시작한

이 이 시대의 "경험주의적" 기질에 상당한 호소력이 있을 것으로 생각했다. 그는 원인과 목적을 포함하는 인간의 경험에서 시작하여 세계 전체의 원인과 목적의 개념에 이르기까지 유비적으로 논의해 보았다. 그러나 블랙씨는 만일 당신이 원인과 목적의 개념을 이 우주 내부의 관계에 적용시켰을 때, 하나님과는 상관없이 인간이 별도로 납득할 수 있는 원인과 목적의 개념으로부터 시작하게 되면 당신은 결국 이러한 개념들이 우주 전체에 적용될 경우, 원인이라든가 목적의 개념을 정립하기 위해서 하나님이 필요하게 된다는 주장을 일관성 있게 내세울 수 없게 된다는 점을 지적해 냈던 것이다.

그래서 그레이씨는 이제 선험적(*a priori*) 논증법[54]이라고 쓰인 서랍을 열고 있다. 그는 공식적으로 이 논증법을 유한으로부터 절대적 존재에 이르는 논증법이라 부른다. 그리고 블랙씨에게 이렇게 말한다. "우리는 유한한 피조물이지만 절대적인 존재에 대한 개념을 가지고 있습니다. 유한한 존재의 개념은 절대적인 존재의 개념을 필연적으로 내포하게 마련입니다. 우리는 절대적인 존재에 대한 관념을 가지고 있습니다. 그와 같은 존재에 대한 우리의 개념에 상응하는 실재가 존재하는 것은 틀림없는 사실입니다. 만일 그렇지 않다면 우리의 개념 모두가 거짓일 수 있을 것입니다. 우리는 실재가 궁극적으로 이성적이며 일관성 있는 것이라는 점과 우리의 개념이 이와 같은 합리성에 참여하고 있다는 점을 주장해야만 합니다. 만일 그렇지 않다면 어떻게 과학이 가능할 수 있겠습니까?"

그레이씨가 이와 같이 사실에 호소하기보다 오히려 논리에 호소하기 시작하자 화이트씨는 일시에 용기를 되찾는 것같이 보인다. 이와 같은 주장이 적어도 하나님이 혹시 존재할지도 모른다는 식의 사고방식에서부터 탈피할 수 있게 해 주지 않을까? 그가 요리문답 교실에서 배워 왔던 "하나님의 비공유적 속성들"은 분명히 하나님이 필히 존재하신다는

다.
54 *a priori* 논법은 경험에 호소함 없이 오직 이성적(합리적) 원리에만 근거한다.

생각을 기초로 하고, 그 필연적 존재를 잘 나타내 보여주고 있었다. 그러나 블랙씨는 오래지 않아서 다시 한 번 그를 실망시키는 것이었다. 그는 그레이씨와 논쟁하는 가운데 이렇게 말한다. "나는 여기서도 당신과 내 입장 사이의 아무런 근본적 차이를 발견할 수 없군요. 우리가 실재가 궁극적으로 이성적이라는 것을 믿어야만 한다는 것은 틀림없는 사실입니다. 그리고 우리의 지성이 이러한 합리성에 동참하고 있다는 것도 사실입니다. 그러나 당신이 이와 같은 주장을 펼 때, 당신은 결국 우리가 인간적 경험과는 별도로 독립적으로 존재하는 하나님을 믿어서는 안 된다고 주장하는 것이나 다름없습니다. 우리가 알아야 할 하나님은 우리와 같이 양자가 모두 상호 간에 접할 수 있고 또 표현할 수 있는 어떤 이성적 체계의 일부이어야만 합니다. 만일 하나님이 당신에게 있어서 필연적이라면 당신도 역시 하나님께 필연적입니다. 당신의 논리 속에 나타난 하나님은 바로 이러한 종류의 하나님일 뿐입니다."[55]

"그러나 블랙씨, 그건 정말 견딜 수 없는 지독한 일이군요! 우리는 당신이 하나님을 믿기를 진정으로 원합니다. 나는 그가 존재하심에 대해 증거했습니다. 나는 당신께 성경을 한 권 드리려 합니다. 부디 그 성경을 읽어 보십시오! 성경은 당신에게 예수 그리스도에 대해 말해 주고 또 당신이 어떻게 하여야 그의 피로 구원받을 수 있을지에 대하여 말해 줄 것입니다. 나는 거듭난 사람입니다. 그리고 당신도 오직 믿기만 하면 마찬가지로 거듭날 수 있습니다. 부디 하나님을 믿고 거듭나 구원받기 바랍니다."

그 순간 화이트씨는 새로운 용기를 되찾게 된다. 그는 그레이씨가 그렇게 논리를 전개하는 동안 침묵을 지킨 것이 큰 실수였다는 사실을 깨달았다. 그레이씨가 전개한 것처럼 원인과 목적의 개념으로부터 하나님의 존재에 대한 논쟁을 전개하는 것은 결국 순수한 비이성주의와 우연

---

[55] Van Til의 요점은 유한자는 무한자를 반드시 필요로 한다는 논리의 역도 성립한다는 것으로 무한자 역시 유한자를 필요로 한다는 것이다. 이 경우 하나님은 유한자가 그에게 의존하듯 유한자에게 의존한다는 것이다.

으로 떨어지고 만다. 그리고 그레이씨가 전개했던 절대적 존재에 관한 논쟁은 순수 이성주의와 결정론에 빠지고 만다. 이 두 가지 경우 모두에 있어서 블랙씨가 그건 하나님이란 존재 자체가 문젯거리라고 말하거나 우주가 필연적으로 존재하듯 그렇게 필히 존재하는 하나님은 결국 우주의 일부분이거나 아니면 그것의 전체라고 말함이 사실상 극히 옳다고 생각했다. 그러나 화이트씨는 다시금 그레이씨가 단순히 하나님의 존재에 대해서 증거하는 것은 옳을지도 모른다는 생각을 했다. 그는 설혹 그 논증법이 논리적으로 강제성을 가진 것이 아니라 하더라도 이는 적어도 불신자들에게 증거하는 수단으로는 쓰일 수 있을 것이라고 생각했다. 하나님의 존재를 증거하는 일도 언제나 절차를 제대로 밟아야 할 것이 아니겠는가? 그러나 불쌍한 화이트씨는 여기서도 다시금 크게 실망하게 된다. 그레이씨의 신앙 증거는 하나님을 믿는다는 것이 철저히 비이성적이거나 비합리적인 일이라는 가정을 기초로 한 것이었다.

그레이씨에 하는 블랙씨의 대답들이 이러한 사실을 너무나도 분명하게 보여준다. 블랙씨는 그레이씨에게 이렇게 말한다. "나는 당신이 실로 나의 영원한 복락을 위해 걱정하고 계신다는 사실에 대해 진정 감사드립니다. 그러나 두세 가지 질문에 답을 해 주셨으면 합니다. 첫째로 당신은 이제껏 당신이 하나님의 존재를 입증하기 위해 전개한 논증이 아무런 신빙성도 갖지 못한다는 것을 인정하십니까? 만약 그렇지 않다면 당신의 논증은 오로지 유한하며 인간과 상관적 관계를 가지는 하나님만을 입증할 따름이므로 결국 당신의 입장이 나의 입장과 조금도 다르지 않다는 것을 인정하십니까?"

그레이씨는 자기가 오직 블랙씨와 동의하는 것 이외에는 아무런 다른 방도가 없음을 알게 되자 일언반구도 대답할 수 없다.

블랙씨는 계속해서 이렇게 말한다. "둘째로 당신은 여기서 그리스도뿐 아니라 하나님에 대해서도 또 기독교에 대해서 뿐만 아니라 유신론에 대해서도 증거하고 있습니다. 내가 보기에 기독교에 대한 당신의 논증은 유신론에 관한 당신의 논증과 유사할 것이라고 짐작됩니다. 그렇지 않은가요? 당신은 신약성경에 나오는 그 예수가 하나님의 아들일 수 있을 것이며 그가 인간의 죄를 위하여 죽었을 가능성은 아주 높다고 주장하실 것입니다. 그러나 지금 당신은 당신의 그리스도에 대하여 증거하고 있습니다. 당신은 이론적으로 주장하는 대신에 증거함으로써 그리스도에 대하여 당신이 믿고 있는 바 진리들에 대해서 아무런 객관적 확증이 결여되어 있다는 것을 인정하고 있는 듯 싶습니다. 이 점에 있어서 내가 옳지 않습니까?"

여기에 대해서도 그레이씨는 한 마디도 대답하지 못한다. 그가 일관성을 견지한 채 줄 수 있는 유일한 대답은 블랙씨와 동의하는 것뿐이기 때문이었다.

블랙씨는 계속해서 공격해 온다. "셋째로 당신은 성부 하나님에 대해서 뿐만 아니라 예수 그리스도와 심지어는 성령에 대해서까지 증거하고 있습니다. 당신은 당신 자신이 중생했으며 구원받았고, 나는 지금 현재로는 버림받은 바 되었다고 말합니다. 이제 만일 당신이 어떤 종류의 체험을 했다고 할 때 내가 그 경험을 부정한다면 그것은 비과학적인 일일 것입니다. 만일 당신이 당신의 경험을 내게 증거하기 원한다면, 당신은 내게 그 경험의 성격을 분명히 해 주어야만 합니다. 또 그렇게 하기 위해서는 당신이 그 일을 내가 이해할 수 있는 원리에 따라 움직여야만 합니다. 그리고 그러한 원리들은 어느 누구에게나 납득될 수 있는 것이어야만 합니다. 만일 이제 당신이 중생하지 못한 내게 분명히 납득될 수 있는 원리에 따라서 당신의 경험을 분명히 해 준다면, 도대체 당신의 중생이 어떤 의미에 있어 독특하다는 것입니까? 또 다른 한편으로 만일 당신이 여전히 당신의 중생의 경험이 독특하다고 주장한다면, 당신은 과연 그것에 대하여 어떻게든 내가 이해할 수 있게 설명할 수 있을까요? 또 만일 그렇게 할 수 없다면 당신의 증거가 결국은 전혀 납득될 수 없고 의미 없는 것이 되고 말지 않겠습니까? 당신은 여기서도 당신의 입장의 객관적 진리에 대해서 아무런 주장을 세울 수 없게 되고 말 것입니다."

"이 모든 문제를 정리하자면, 첫째로 나는 하나님의 존재에 관한 당신의 논증들이 결국 나의 불신앙이 정당하게 입증됨을 보여줄 뿐이라고 보겠습니다. 그 논쟁들은 실제로 창조주이며 세상을 주관하시는 하나님의 존재에 대해서는 한 마디도 할 수 없다는 것을 입증하고 있습니다. 이제 둘째로 나는 당신이 이미 하나님의 존재를 입증하기 위하여 사용했던 것 같은 논증을 사용한다면, 기독교의 진리를 옹호함에 있어서도 그와 흡사한 방법을 사용하게 되고 결국 당신의 입장에 치명적인 결과를 가져올 것임을 말씀드리고 싶습니다. 이 두 가지 경우에 있어서 모두 당신은 먼저 나의 불신앙적 입장의 타당성을 전제한 원리들 위에 세워진 지성적 논증을 전개했습니다. 그런데 당신의 이런 논증을 지적하자, 당신은 태도를 바꿔서 이제는 증거하기 시작했습니다. 그러나 당신의 증거는 그 성격상, 당신 스스로가 전적으로 비이성적이며 납득될 수 없는 것임을 사실상 인정하는 그런 활동에 불과한 것입니다."

블랙씨가 이렇게 말을 마치자 화이트씨는 크나큰 고민에 빠지게 된다. 그러나 그는 적어도 바로 이러한 고민을 통해서 그 자신이 가진 신앙의 부요함을 깨닫게 되었다. 그는 그레이씨보다 자기가 훨씬 나은 지적 능력을 가진 체 하지 않았다. 그는 그레이씨의 참된 믿음과 용기에 대해 깊이 존경해 마지 않았다. 그러나 그는 더 이상 침묵을 지키려 하지 않았다. 그는 자신이 침묵을 지키고 있던 것이 죄라는 것을 알고 있었다. 블랙씨는 그레이씨로 하여금 한마디도 더 할 수 없게끔 완전히 패배시키고 만 것이다. 블랙씨는 그의 불신앙을 도전받기는커녕 오히려 더욱더 공고하게 세운 채 그들을 떠나려고 하고 있다. 블랙씨의 자신의 선의와 온갖 노력에도 불구하고 그레이씨는 그들 둘의 대표로서 이 모든 말을 해 왔던 것이다. 주권적 하나님이 가지신 권리들에 대해서 알도록 해야만 한다는 긴급한 의무감이 그를 내리 덮쳤다. 화이트씨는 여기서 비로소 처음으로 그레이씨가 이제껏 추구해 온 하나님 존재에 대한 논증이 불신자가 만사를 설명하는 원리들이 옳다는 가정에 근거한 것임을 분명히 깨닫게 되었다. 그 원리들이란 이런 것이었다.

(1) 인간은 하나님의 피조물이 아니며 오히려 궁극적인 존재이다. 따라서 인간은 하나님이 아니라 바로 그 자신이 만물을 해석함에 있어서 최종적 참조점이라 생각함이 옳다. (2) 인간을 제외한 모든 다른 사물들도 피조 된 것은 아니며 우연에 의해 지배되고 있다. (3) 인간이 소유한 논리의 힘은 그것으로써 인간이 이 우연의 세계 속에서 어떤 일이 가능하며 어떤 일이 가능하지 않은지를 결정해야만 할 수단이다.

결국 화이트씨는 다음과 같은 결론에 도달하였다. 첫째, 먼저 불신자인 블랙씨의 원리가 옳다고 인정하고 나서, 창조주이시며 만물의 심판자이신 하나님의 존재를 받아들이도록 모색하는 것은 마치 미국이 역사적으로 소련의 영토였음을 인정하고 난 다음, 그와 동시에 미국을 독립국이며 모든 정치적 주권을 가진 나라로 인정해야만 한다고 우기는 것과 마찬가지다.

둘째, 화이트씨는 여기서 하나님의 존재에 관한 진리와 기독교의 진리에 관한 잘못된 논증방식이 하나님의 존재와 기독교 진리에 관한 잘못된 증거를 포함하게 된다는 점을 분명히 보게 되었다. 만일 블랙씨의 설명의 원리가 옳다는 가정하에 하나님의 존재와 기독교 진리를 논증하게 된다면 결국 같은 가정을 증거하게 마련이다. 그런 경우에는 결국 블랙씨가 받아들이는 원리에 따라서 블랙씨에게 거듭난다는 것이 무엇인지를 쉽게 설명해야만 한다. 그러면 블랙씨는 그레이씨의 중생에 관한 "간증"을 현대 종교 심리학의 원리로 분석하여 그의 중생이 사춘기에 자연히 찾아오는 현상에 불과하다고 풀이해 보여주게 될 것이다.

셋째, 화이트씨는 여기서 그레이씨가 반기독교적이고 반유신론적 가정의 진리 위에 근거한 논증방식과 증거방식을 사용한 것은 극히 당연한 것이었음을 깨닫게 되었다. 그레이씨의 신학은 알미니안주의적이거나 루터교적인 것이었다. 따라서 하나님이 전적으로 모든 인류 위에 주권을 가지시는 것이 아니라는 사상 위에 근거한다. 또한 인간의 책임이 블랙씨의 사상 전체의 핵심이며 기반을 이루는 그런 종류의 자율을 어느 정도 내포한다고 가정한다. 그러므로 그레이씨가 우리는 블랙씨 스스로가 당연한 것으로 여기는 궁극성 또는 자율성에 관한 그의 근본적 가정에 대하여 블랙씨를 도전할 필요가 없다고 가정할 것이라고 예상할 수 있다.

이제 화이트씨는 이렇게 결심한다. 즉 그가 그레이씨와의 동료 됨을 매우 기뻐함도 사실이고 그레이씨의 분명한 진실성과 하나님의 진리에 관한 그의 기본적 헌신을 신뢰하는 것도 사실이지만, 화이트씨는 종교 개혁 이래의 신학에 있어서 그 자신만의 길을 따로 걸어온 것처럼, 이제 변증학에서도 그 자신만의 길을 따로 걸어야만 하겠다고 결심하게 된다. 그는 조속한 시일 내에 블랙씨와 만나기로 약속한다. 그리고 화이트씨는 그레이씨에게 동료 신자에 대한 그의 깊은 사랑과 사람들을 예수 안에 있는 진리에로 이끌어 그들로 하여금 예수를 받아들이도록 만들려는 그의 두려움 없는 끈질긴 노력에 대하여 경의를 표한다. 화이트씨는 그레이씨에게 그들이 블랙씨와 함께 여행하는 동안 내내 그의 양심이 그를 괴롭혔노라고 고백한다. 그는 그레이씨의 논증과 증거의 모든 노력이 블랙씨를 사로잡을 수 있을 것이라고 생각하면서 선의에서 출발했던 것이다. 그러므로 그는 특히 그레이씨가 이러한 일에 있어서는 그의 끊임없는 노력을 통하여 자신보다 훨씬 더 정통해 있기 때문에 그레이씨가 자기를 대표함에 기꺼운 마음으로 같이 임했다.

그러나 이제 화이트씨는 그러한 노력이 결국에는 전혀 소득 없고 스스로 좌절할 수밖에 없는 것이라는 점을 깨달았다. 뿐만 아니라 이는 하나님을 지극히 모독하는 것이었음을 실감하게 된 것이다. 어떻게 영원히 스스로 존재하시는 그분(the eternal I AM)께서 하나의 신에 불과한 것으로, 그저 존재할 수도 있는 존재로, 그가 지으신 피조물들의 궁극성을 인정하기 즐기는 존재로 묘사되는 것을 기뻐하실 수 있겠는가? 에덴동산에서 인간에게 절대적인 순종을 요구하셨던 하나님이 이제는 그의 피조물과 더불어 피차 간에 요구 조건을 내걸어 타협하는 것에 만족하시겠는가?

이제 독자 여러분은 위에 게재한 기나긴 인용을 통하여 왜 내가 전통적 변증학 방법론을 대항하여 개혁주의적 방법론이라고 생각하는 것을 강하게 주장해 왔는지를 헤아릴 수 있게 되었을 것이다. 그 전통적 방법론은 로마 가톨릭과 알미니안주의자들에 의하여 구성되었다. 다시 말해서 로마 가톨릭 신학이나 복음주의 신학에 부합되게 만들어진 것이다. 그리고 로마 가톨릭과 복음주의 신학은 개신교의 성경론, 신론, 인간론, 죄론 그리고 구속론을 타협하고 절충하기 때문에 전통적인 변증학 방법론도 역시 사람들을 기독교로 이끌기 위하여 바로 그 기독교를 타협하고 절충한다.

전통적 방법론은 하나님의 자존성을 그가 이 세상과 맺고 계신 관계와 명확하게 구분하지 않는 점에서 성경적 신론을 절충하고 타협한다. 전통적 방법론은 인간이 하나님의 계시에 의존하지 않고서는 어떤 다른 방법으로도 하나님의 성품을 규정하려 하지 말아야 한다는 것을 분명하게 주장하지 않음으로써 성경적 신론과 인간을 향해 보이신 그의 계시와 더불어 그가 맺고 계신 관계에 대한 성경적 가르침을 타협하고 절충한다.

그러므로 전통적인 방법론은 인간에게 주신 하나님의 계시를 그것이 일반적으로 주어진 계시이거나 특별히 주어진 계시이거나를 불문하고 그 계시의 **명료성**을 절충시켜 약화시킨다. 피조 된 사실들이 하나님을 분명히 계시하는 것이라고 여겨지지 않는다. 자연과 인간에 관한 모든 사실들이 어떤 신이 혹시 존재할 수 있다는 것 이상은 결코 나타내지 않는다는 것이다.

전통적 방법론은 특별계시가 자연계시와의 관계에 있어서 갖는 **필연성**을 타협하고 절충한다. 전통적 방법론은 인간이 심지어 에덴동산에서조차 자연계시를 하나님이 초자연적으로 교통하심을 통하여 그에게 주신 언약적 의무의 빛 아래서 해석했어야만 했다는 사실을 바로 이해하지 못함으로써 그와 같은 일을 범한다. 전통적 방법론은 결과적으로 인간이 타락한 이후 자연계시에 구속적인 초자연계시가 언제나 부속적으로 필요하다는 사실을 인정하지 못하게 된다.

전통적 방법론은 인간에게 뿐만 아니라 하나님께도 전혀 새로운 사실들이 실재 속에 나타날 수 있다고 함으로써 성경 안에 주어진 구속적인 초자연계시의 **충족성**을 타협하고 절충한다.

전통적 방법론은 성경을 완전한 의미에서 자증적인 것으로 여기지 않기 때문에 성경의 **권위**를 절충하고 타협한다.

전통적 방법론은 인간을 유비적인 존재로 여기지 않고 오히려 "자유로운" 존재 또는 궁극적 존재로 여김으로써 인간이 하나님의 형상으로 창조되었다고 가르치는 성경의 교리를 타협하고 절충한다.

전통적 방법론은 아담의 대표적 행위가 미래를 결정하는 것이 아니었던 것으로 만들어 버림으로써 성경이 언약에 대해 가르치는 교리를 타협하고 절충해 버린다.

전통적 방법론은 죄를 하나님과의 윤리적 단절—실제로는 그렇지 않더라도 적어도 원리적으로는 완전한 단절—로 보지 않음으로써 성경적인 죄의 교리를 타협하고 절충해버린다.

그럼에도 불구하고 이 전통적 방법론은 개혁주의 신학자들에 의해 채택되어 왔고, 이러한 사실이 개혁주의 변증학의 발전을 저해해 왔다. 만일 비평가들이 개혁주의 신앙에서 벗어나지 않고 정확히 일치하는 변증학을 정립하고자 했던 필자의 노력을 정당히 진술하고 비판했다면 그들의 비판에 대해 발전적 의미를 부여할 수 있을 것이다. 그러나 올레베케를 제외한 모두가 전통적 관점이 옳다는 것을 당연시해 왔다.

그들의 구체적인 비판 내용은 변증학이 불신자와 신자가 공통적으로 가지고 있는 해석 영역을 요구한다는 가정에 근거한다. 필자가 이러한 관점은 불가피하게 개혁주의 신앙의 훼손을 가져올 수밖에 없다는 사실을 지적할 때에도 그들은 전혀 주의를 기울이지 않았다. 만일 자연인이 인간의 자율성, 사실들의 비창조성 및 인간뿐만 아니라 하나님 마저도 은닉해버리는 논리적 체계 등에 관한 가정에 근거하여 현상학적 영역을 정확히 해석할 수 있다고 해도 그에게 기독교를 받아들이라고 요구하기에는 너무 늦은 것이다.

또한 필자가 기독교와 비기독교적 원리 간의 차이를 무시한 "공통 개념"이라는 차원에서 비그리스도인에게 왜 그가 그리스도인이 되어야 하는지 보여주는 것은 불가능하다는 사실을 지적했을 때에도 비평가들은 전혀 주의를 기울이지 않았다.

그 대신 그들은 로마 가톨릭이나 알미니안주의자들이 개혁주의 신앙에 맞서 항상 제기해 왔던 자연에 관한 주제에 대해 반론을 제기한다.

나는 나를 비평하는 자들이 내가 아퀴나스보다는 칼빈을 더 따르기를 바란다고 생각한다. 이러한 가정하에 나는 그들에게 다음과 같이 질문하고자 한다.

1. 왜 당신들은 내가 아퀴나스에 맞선 칼빈처럼 인간을 피조성이나 죄 개념이 없는 지적인 존재로 생각하지 않고, 피조물로서 죄인된 존재라고 생각하는 것에 대해 반대하는가?
2. 왜 당신들은 내가 칼빈처럼 하나님과 인간을 공통적인 실재로 보는 아리스토텔레스의 공허한 존재의 유비 개념 대신 하나님, 창조, 죄 및 역사적 구속에 대한 성경적 개념으로부터 나온 "유비"의 의미를 받아들이는 것을 반대하는가?
3. 왜 당신들은 내가 처음부터 모든 사람은 우리가 하나님의 형상으로 창조된 사실 및 하나님의 자연계시를 통해 하나님을 알며 따라서 진리와 접촉한다고 말한 것에 대해 반대하는가?[56]

암스테르담과 ╂ 프린스턴 사람들의 사상적 기초는 둘 다 칼빈을 통해 바울에게서 도출한 사상, 즉 하나님이 자신을 일반계시와 특별계시를 통해 명백히 계시하셨다는 사실이다. 온전하신 삼위 하나님은 이 계시

---

[56] "하나님의 진노가 불의로 진리를 막는 사람들의 모든 경건하지 않음과 불의에 대하여 하늘로부터 나타나나니 이는 하나님을 알 만한 것이 그들 속에 보임이라 하나님께서 이를 그들에게 보이셨느니라 창세로부터 그의 보이지 아니하는 것들 곧 그의 영원하신 능력과 신성이 그가 만드신 만물에 분명히 보여 알려졌나니 그러므로 그들이 핑계하지 못할지니라 또는 이는 그들로 핑계하지 못하게 하심이니라"(롬 1:18-20).

안에 참여하신다. 온전하신 삼위 하나님은 이 계시를 통해 인간에게 증거하신다. 이 계시는 성부와 성자와 성령의 총체적 증언이다. 이것이 개혁주의 역사철학이다. 하나님은 "일어나는 모든 것"을 주관하시며 따라서 그 속에서 자신의 계획을 드러내신다. 그의 작정하신 뜻은 자연과 역사 속에 어느 정도 표현된다. 이러한 작정에는 "과학"의 기초와 통일성 및 보장이 달려 있다.[57]

4. 왜 당신들은 내가 비기독교적 역사철학이 인간은 피조물이 아니며 세계는 하나님에 의해 창조되고 유지되지 않는다는 가정에 근거한다고 주장한 것에 대해 반대하는가? 이러한 주장은 오늘날 관념론자나 실용주의자 못지않게 플라톤이나 아리스토텔레스에게도 해당되지 않는가?

5. 왜 당신들은 내가 비기독교적 철학은 인간 경험의 이해가능성(intelligibility)에 대해 결코 설명할 수 없다는 사실을 지적한 것에 대해 반대하는가? 우연에 의해 굴러가는 세계에서 계산하고 무게를 재고 측정하는 것이 가능한가? 하나님이 세계를 주관하는 것이 아니라면 과학도 존재할 수 없다는 주장은 사실이 아닌가?

6. 왜 당신들은 내가 비그리스도인이 우연의 원리에도 불구하고 학문적 성취를 이루는 것은 그들이 비록 이해하지는 못하지만 기독교의 창조와 섭리 사상을 차용한 덕분이라고 설명한 것에 대해 반대하는가?[58]

7. 당신들은 존재의 유비 및 지식의 단계에 대한 스콜라적 개념이 하나님, 창조, 섭리 및 타락에 대한 성경적 교리와 타협할 수 있다는 것을 보여줄 수 있는가?

8. 요약하면 당신들은 개혁주의 역사철학이 어떻게 전통적 방법과 관점 위에 존재할 수 있는지 보여줄 수 있는가? 당신들의 반론은 모두 신자와 불신자 간에 원칙적인 차이가 없는 공통의 해석 영역이 있다는 가정에 근거한다. 이러한 사실은 헵(Hepp)의 "핵심 진리"(central truths)

---

[57] Cornelius Van Til, *A Letter on Common Grace* (n. p., 1952), 54.
[58] 이것은 Van Til의 "차입 자본" 개념이다. 비기독교인 과학자는 자신의 연구를 위해선 세계가 어떤 의미에서는 ㄴ 알려질 수 있고 설명될 수도 있다고 가정하지 않을 수 없다. 그러나 이러한 가정은 비기독교적 사상에는 생소하다. 따라서 그는 자신의 이론과 가설을 이해하기 위해 (무의식적일지라도) 이러한 가정을 기독교로부터 차용해야만 한다.

개념에 대한 마셀링크(Masselink)의 변론에 들어 있다.

필자는 『조직신학 개론』(An Introduction to Systematic Theology)에서 이 주제에 관해 상세하게 다루었다. 그 주제는 세실 드 보어가 지식의 단계에 대한 스콜라적 입장을 지지하는 것과 관련된다. 그는 심지어 로마 가톨릭을 이 스콜라적 지식의 단계 개념과 일치하는 것으로 해석한다. 또한 이 내용은 "고전적 실재론" 및 현대 현상학에 대한 제시 드 보어의 변론에도 나타난다. 그렇다면 사실이나 논리, 다시 말해 학문에 대해 스콜라적 관점과 다른 개혁주의 철학이라는 것이 존재하기는 하는 것인가? 당신들은 어떻게 자신의 관점에서 칼빈대학교나 다른 개혁주의 기관에서 확립된 학문이 옳다는 것을 정당화하겠는가?

9. 그리고 당신들은 여러분의 관점에 대한 성령의 일반적인 증거에 대해 뭐라고 말할 것인가? 성령께서는 확실히 진리만 증거하신다. 그는 피조세계의 모든 사실들 안에서 하나님의 계시에 대해 증거하신다. 필자는 그리스도인이 이러한 성령의 증거에 부응하여 불신세상을 향해 증거해야 한다고 생각한다. 그러므로 그리스도인은 성령의 종이 되어 죄와 의와 심판에 대해 세상을 정죄해야 한다. 그들은 사람들에게 피조물을 창조주보다 더 섬기고 예배하는 것은 죄라는 사실을 지적해줄 때에만 그렇게 할 수 있다. 인간이 궁극적인 준거라는 관점에서 실재를 해석한 과학자와 철학자는 피조물을 경배한 것이 아닌가? 신은 인간의 창조주가 아니라는 사실을 "입증"한 아리스토텔레스는 죄인으로서 자신 안에 있는 신의식—자신의 죄인 됨과 피조물이라는 사실에 대한 자각—을 억누르려 하지 않았는가?

당신들은 당신들의 토대를 가지고서 성령께서 진리와 거짓의 차이를 말살해버리는 것을 어떻게 막을 수 있겠는가? 만일 당신들이 전통적 방법을 옹호한다면 공통적(또는 중립적) 해석의 영역을 고수하는 것이며 따라서 진리에 대한 성령의 증거를 말살하는 것이 될 것이다.

이 영역(공통적 영역)에서 성령은 신자를 통해 불신자에게 우상으로부터 돌아서서 살아계신 하나님을 섬겨야 한다고 증거하지 않으신다. 오히려 이 영역에서 성령은 신자와 불신자 모두에게 당신들은 하나님을 바로 믿는다고 증거한다. 말하자면 성령은 칼빈에게는 하나님을 창조주와 심판자로 생각한 것이 옳다고 증거하며 스피노자에게 하나님을 모든 실재와 동일한 존재로 믿은 것이 옳다고 증거한다는 것이다. 그렇지 않다 하더라도 성령은 내용없는 공허한 형태뿐인 하나님을 증거해야만 하며, 하나님의 본성이 무엇이냐에 대한 어떤 설명도 없이 하나님이 존재하신다는 사실을 증거해야만 할 것이다.[59]

---

59 Van Til, *A Letter on Common Grace*, 63-64.

제13장

암스테르담과 구 프린스턴[1]

우리는 앞 장에서 구체적으로 개혁주의적인 변증학 방법론에 대해 살펴보았다. 우리는 개혁주의 변증학의 본질과 가치에 대해 개혁주의자들 간에 이견이 있음을 보았다.

이제 이 주제와 관련하여 조금 더—특히 "암스테르담"과 "구 프린스턴"의 관계에 대해—알아보고자 한다.

마셀링크는 필자의 관점이 워필드와 카이퍼로부터 출발했다고 말한다.

> 스킬더(Schilder)와 반틸의 새로운 변증학을 채택하기에 앞서 우리는 왜 우리의 행동방침을 바꾸어야 하는지에 대해 상세히 고찰해보는 것이 좋을 것이다. 변증학의 강조섬에 있어서의 이견에도 불구하고 "암스테르담"과 "구 프린스턴"은 변증학의 접촉점을 일반계시—구체적으로 말하면 성령의 이중적 증거—로 생각한다는 점에서 근본적으로 동일하다. 그러나 새로운 운동은 이 부분에서 완전히 불일치한다.[2]

---

[1] 본 장의 자료는 대부분 필자의 강의안 *A Christian Theory of Knowledge*에서 발췌한 것이다.
[2] William Masselink, *General Revelation and Common Grace* (Grand Rapids: Eerdmans, 1953), 182.

그러나 마셀링크가 말하는 통일성 있는 역사적 개혁주의 변증학과 같은 것은 없다. 구 프린스턴의 변증학 방법론은 대부분 버틀러의 『유비론』(Analogy)에서 나왔으며, 버틀러의 변증학 방법론은 주로 토마스 아퀴나스에게서 나왔다. 이 방법론에 의하면 자연인은 다음과 같은 것을 할 수 있는 것으로 가정된다.

- 유신론이 실재에 대한 다른 어떤 이론보다 사실일 가능성이 높은 것임을 보여줄 수 있는 자연신학을 만들어 낼 수 있는 능력
- 기독교가 죄와 구속에 관하여 다른 어떤 이론보다 개연적이라는 것을 입증할 수 있는 능력

1. 워필드와 카이퍼[3]

워필드와 카이퍼 사이의 차이는 자연신학에 대한 각기 다른 평가에서 날카롭게 대립되어 나타난다.

> 자율의 원리에 따라 움직이는 자연인이 내적인 그리고 외적인 자연계시에 대해 내린 해석을 어떻게 평가해야만 할 것인가? 모든 사람이 다 같이 하나의 공변된 절차로서 자연계시를 해석하고자 노력할 수 있도록 자율의 원리와 기독교 유신론의 원리 사이의 차이가 무시될 수 있겠는가?[4]

이에 대해 카이퍼는 부정적인 대답을 제기한다. 그는 두 개의 궁극적 원리가 공존한다는 그 개념 자체가 용어상으로 모순된다고 주장한다.

> 자연적 원리가 그 자체 내에 자기 스스로를 해석하는 합법적 힘을 가지고 있는 것으로 용인되고 또 특별한 원리가 그것에 의해 파괴될 것으로

---

[3] 두 사람에 대한 Van Til의 입장을 이해하는 것은 그의 변증학의 핵심을 아는 것이다.
[4] Van Til, *A Christian Theory of Knowledge*, 156.

예상하든지, 아니면 자연적 원리는 어떤 경우에 있어서든 유한한 것이며 보다 세밀하게 말하면 죄악 된 것이라고 주장하고 특별한 원리에 복종해야 한다고 생각하든지, 이 둘 중에 하나이다. 카이퍼는 이렇게 말했다.

특별계시(*revelatio specialis*)는 자연적 원리의 기능이 죄로 말미암아 정상적으로 가동될 수 없게끔 되어 버렸다는 사실을 전제하기 때문에, 사실상 이 자연적 원리가 판단력을 상실했다는 결론이 뒤따르게 된다. 어느 누구든 그것에 판단력을 부여하는 사람은 **사실상** 그것이 정상적임을 인정하는 것이며 따라서 특별계시의 **충족성**을 저버리는 것이 된다.[5]

그리고 사고력은 날카로운 칼날에 비유될 수 있다. 만일 이 칼날이 풀 베는 기계에 장착될 때 너무 높게 끼워지면 풀에 닿지 않아서 아무런 옳은 결과를 가져올 수 없다.[6]
카이퍼는 그 결과가 이보다 훨씬 더 심각하다고 말한다. 죄악 된 인간의 사고 행위는 그저 무익한 정도가 아니다. 그것은 진리를 파괴한다. 죄악 된 인간은 특별한 원리가 그를 도전하려고 그에게 다가올 때 그것을 파괴하러 마주 달려 나간다. 자연적 원리는 특별한 원리를 대항하여 대립적(antithetical) 입장을 취하며 논리적인 조작을 통하여 그것을 파괴하려고 꾀한다.[7] 자연적 원리는 **불신앙**(*apistia*)[8]으로부터 살아 움직인다. 그것의 믿음은 창조주가 아니라 피조물에 뿌리를 박고 있다.[9] 그러므로 자연적 원리는 그것 자체에 주어지는 성경의 증거를 파괴하려고 자신의 연속 원리와 불연속 원리를 모두 이용한다. 자연인은 자기 자신에게 철저하게 일관적으로 움직이며, 그 일을 수행함에 있어서 지적으로 무척이나 솔직하다. 그는 단지 자신의 원리에 충실한 것이다.

---

5 Abraham Kuyper, *Encyclopaedie der heilige godgeleerdheid* (Amsterdam, J. A. Wormser, 1894), 2:335. Kuyper의 요점은 만일 "자연적 원리"(말하자면 자연인)가 바른 판단을 할 수 있다면 특별계시의 충족성을 저해하게 된다는 것이다. 일부 영역에서라도 자연적인 원리만으로도 충분하다면 그 영역에서 특별 원리는 필요 없는 것이다. 여기서 Kuyper는 특히 타락 후 구속적 상황을 염두에 두고 있다.
6 Kuyper, *Encyclopaedie der heilige godgeleerdheid*, 241.
7 Ibid., 242.
8 "faithlessness."
9 Kuyper, *Encyclopaedie der heilige godgeleerdheid*, 254.

원리, 즉 제일 되는 명제는 증명될 수 없는 것이다. 그것은 논증의 기반이 된다. 만일 어떤 원리가 증명을 요구한다면 그것은 더이상 원리일 수 없다.[10] 그리스도인은 비그리스도인이 자기 자신에 관한 진리와 자기가 가진 이성의 힘에 관한 진리를 알지 못한다는 것을 인식하고 있다. 그러므로 그리스도인은 비그리스도인이 그의 원리로부터 특별 원리를 파괴하고자 모색할 것이라는 점을 예상할 수 있다. 그는 초자연적 요소가 "비이성적"인 요소임을 들어, 특별 원리는 결국 다른 데서 발견되는 비이성적 요소들이나 다름없는 것이라고 말함으로써 이를 파괴하고자 할 것이다. 그렇지 않으면 그는 그의 연속성의 원리로써 성경의 모든 주장을 논리적 점층체계 속에 빨아들이고 말 것이다.[11] 그리스도인인 당신이 일어난 기적의 사실을 불신자에게 제시하였을 때, 그러한 도전은 자신의 원리에 따르면 기적의 가능성조차 용납할 수 없는 불신자에겐 아무런 강제력을 갖지 못한다.[12]

카이퍼는 성경 자체가 단지 계시의 기록이 아니라 계시 그 자체임을 주장해야 할 필요성에 대하여 특별히 강조했다. 우리는 얼음에서 나오는 차가운 냉기를 얼음으로부터 분리할 수 없다. 계시 자체인 성경이 없다면 계시는 존재하지 않는다. 만일 우리가 성경 자체를 계시로 보지 않는다면 우리는 오리겐[13]을 경유하여 플라톤이나 아리스토텔레스 철학이 말하는

---

[10] Ibid., 338. 이 주장은 중요한데 Kuyper가 고안한 것은 아니다. 이 사상은 적어도 Aristotle 까지 거슬러 올라간다. Kuyper는 여기서 *principium*(원리) 개념(Abraham Kuyper에 있어서 "원리"가 뜻하는 바는 어떤 이론이기보다 오히려 우주 전체의 기본을 이루는 기반을 뜻한다—역자주)을 염두에 두고 있다. 그는 이러한 원리는 입증될 수 없지만 다른 모든 논증의 기반으로 필요하다고 말한다. 이것은 변증학에 대한 초월적 접근의 핵심적 내용이다.

[11] Kuyper, *Encyclopaedie der heilige godgeleerdheid*, 339. "그러나 여러분의 입장에서 볼 때 '빛'의 바깥에 서 있는 불신자는 자신의 존재의 실체에 대해 인식하지도 않고 인식할 수도 없으며 따라서 자신의 이성에 대해서도 마찬가지라는 사실을 여러분은 알게 될 것이다." 이 인용문은 자연적 원리가 특별 원리를 판단할 수 있는가?("Kan het principium naturale het principium speciale voor zijn veirschaar dagen?")라는 제목으로 Kuyper의 *Encyclopedia* 안에 들어 있다. Abraham Kuyper, *Principles of Sacred Theology* (Grand Rapids: Baker, 1980), 384-85도 참조하라.

[12] Kuyper, *Encyclopaedie der heilige godgeleerdheid*, 341.

[13] Origen(185-254)은 동방의 신학자로 그의 저서, *On First Principles*(*De Principiis*)는 삼위일체나 다른 핵심적 기독교 진리들에 대한 주석에 있어서 Plato에게 의존한다.

근원의 방법에 귀착하고 말 것이다.**14**

마찬가지로 성령의 증거에 관한 개념 역시 특별 원리의 일부로서 사람들은 이것 전체를 자신의 사고의 기초로 삼든지 아니면 그것 전체를 자연적 원리의 이름으로 배격한다.**15** 사람은 성경의 빛으로 자연을 올바로 해석할 수 있게 된다. 이 빛이 없다면 우리는 심지어 아레오바고(Areopagus)에서라 할지라도 알지 못하는 신에게 도달하는 것 이상은 나아갈 수 없다.**16**

이와 같이 하나님의 백성의 비추심을 받은 의식은 이 세상의 자연적 의식을 대적하여 대립한다. 신자에게 있어서 성경은 신학의 원리이다.**17** 성경은 그 자체로서 다른 명제의 결론이 될 수 없으나 그것은 오히려 다른 모든 결론이 거기서부터 인출되는 제일의 명제이다.**18**

그러나 앞서 말한 내용으로부터 카이퍼가 자연에서부터 얻어질 수 있는 하나님에 관한 지식을 그다지 탐탁히 여기고 있지 않다는 결론을 내려서는 안 된다. 오히려 사실은 그것과 정반대이다. 그는 성경이 하늘로부터 떨어진 책이 아니라는 생각을 극히 강조한다. 그는 성경을 위한 자연적 기초가 있다고 말한다. 이 자연적 기초는 자연 자체가 인간들을 구원하시기 위하여 특별 원리 가운데서 임하신 하나님, 바로 그분의 동일한 피조물이라는 사실에서 발견된다. 그러므로 아퀴나스가 초자연적인 것 또는 영적인 것이 자연을 파괴하는 것이 아니라 오히려 완성시킨다고 말했을 때 카이퍼는 적어도 형식적으로는 그 말에 동의한 것이었다. 그러나 자연적인 것과 초자연적인 것에 대한 카이퍼의 개념은 아퀴나스의 개념과 완전히 다르다. 아퀴나스에게 있어서 자연적인 것은 본래적으로 결함이 있는 것이다. 즉 그것은 비존재(nonbeing)의 본성에 참여하고 있다. 그러므로 죄가 적어도 부분적으로는 유한성에 돌려진다. 그러나 카이퍼에게 있어서 자연적인 것은 하나님의 손으로부터 나왔기 때문에 완전하다. 물론 그 속에 발전이 있는 것은 사실이다.

---

14 Kuyper, *Encyclopaedie der heilige godgeleerdheid*, 316.
15 Ibid., 320.
16 Ibid., 332.
17 Kuyper나 그의 신학적 선구자들과 마찬가지로 Van Til은 여기서 원리에 대한 개념을 전문적 의미로 사용한다. 개혁주의 사상에서 *principia*는 존재와 지식이 설 수 있는(그리고 그것을 이해할 수 있는) 기반이 된다. 하나님은 *principium essendi*(모든 존재의 원천 또는 원리)이며 성경은 *principium cognoscendi*(지식의 원천 또는 원리)이다.
18 Kuyper, *Encyclopaedie der heilige godgeleerdheid*, 517.

그리고 역사적으로 이 발전은 은혜를 통하여 이루어진다. 그러나 이 모든 것들은 자연의 완성에 부수되는 일종의 "부수적인" 것이다. 그리스도께서 이 세상을 구원하러 오셨으며 그는 구원하심을 통하여 자연의 능력들을 완성에로 발전시키셨다. 따라서 은혜는 자연이 발전하는 가운데 자연스럽게 기대될 수 있는 어떤 것으로 축소되어서는 안 된다. 아퀴나스가 말하는 바 초자연과 자연의 단계적 구성에 관한 등급 모티브 개념이, 자연적인 것의 진정한 모습을 드러내기 위해 전적으로 비자연적인(또는 자연적인 것에 상반되거나 그것을 파괴하는) 죄를 제거한 "부수적인" 은혜 개념으로 대체된 것이다.[19]

자기 자신의 원리, 즉 그의 두 번째 성품의 원리에 따라 행동하는 자연인에게 구속의 "부수적인" 성격을 파괴할 기회를 주어서는 결코 안된다. 만일 그가 가진 자율성의 원리가 도전되지 않는다면 이러한 기회가 그에게 주어질 것이다. 그가 자기 자신의 원리에 따라 행동하게 되면 그는 단연코 은혜의 "부수적인" 성격을 완전히 파괴해 버릴 것이다. 그는 로마 가톨릭이 주로 했던 것과 같은 일을 하려고 할 것이다. 즉 그는 인간에게 구속이 자연히 기대될 수 있는 것임을 입증하려고 노력할 것이다. 반면에 그는 구속이 역사 속에서는 어떤 분명한 성격을 갖지 않은 것으로 만들어 어느 누구나 자기가 좋아하는 대로 그것을 생각할 수 있음을 또한 입증하려 할 것이다.

이제 본서에서 지금까지 주장해 온 내용이 대부분 카이퍼의 영향

---

19 이 부분은 약간의 설명이 필요하다. Van Til은 여기서 Aquinas의 개념, 즉 본질이 참여하는 존재의 등급 개념에 대해 다시 한 번 언급한다. 이 등급에서 참여의 정도가 낮은 것들은 비존재의 경향이 있다. Van Til은 이것을 등급 모티브(gradation motif)라고 부른다. 그러나 Kuyper는 이와 달리 "자연적인 것"은 하나님의 손으로부터 오며 따라서 전적으로 선하지만 죄가 들어와 이 선을 방해하고 본성과 맞서고 있다고 말한다. 따라서 죄는 비본성적(비자연적)이며 Kuyper에 의하면 비정상적인 것이다. 본문에서 은혜를 "부수적"이라고 한 것은 죄의 결과로 말미암아(즉 죄로 말미암아 선한 본성에서 부패한 본성으로 급격히 바뀌었기 때문에) 본성 안에 일반적 은혜(일반은총)가 부수적으로 주어졌다는 점에서 부수적이라고 한 것이다. 이 일반은총은 특별한 구속적 은혜를 전제로 하며 구속적 은혜는 본래적(자연적) 원리를-원리적인 면에서-회복시킴으로써 다시 선한 본성을 갖게 한다. 은혜는 비자연적이고 비정상적인 것에 대해 주어지며, 그것의 목적은 "원래 본성(자연적인 것)의 참 모습을 드러내는 것"-즉 본래의 "정상적인" 모습을 회복하게 하는 것-이다. 따라서 Kuyper에 의하면 불연속성의 요소는 Aquinas가 주장하는 본질과 관련된(따라서 존재에 관한) 것이 아니다. 그것은 죄가 세상에 들어와 세상을 부패시킨 것과 관련되며 따라서 이러한 부패를 극복하기 위한 하나님의 은혜의 반응을 촉발한다.

하에 준비되어 온 것이거나 아니면 적어도 대부분 그의 사상에 의하여 창출된 것들이었음을 알 수 있게 되었다. 카이퍼가 특별 원리라고 적절히 이야기한 것의 여러 가지 양상들 사이의 상호 의존성은 건전한 성경적 교리의 핵심이라 할 수 있는 것이다. 이런 방도가 아니고서는 성경을 자증적(self-attesting)인 것으로 내세우기가 지극히 곤란하다. 신성의 표적들과 성령의 증거 그리고 그리스도의 말씀과 같은 특별 원리의 요소가 대부분 상호 독립적인 것으로 병렬 전개될 경우에 그것은 즉시 자연인으로 하여금 파괴 공작을 할 수 있는 기회를 주는 것이다. 이런 경우, 자연인은 적어도 이 요소들 가운데 하나 또는 그 이상을 판단할 수 있는 기회를 부여받게 된다.

그리고 만일 그가 이 요소들 가운데 어느 하나의 정당성이나 의미를 판단할 기회를 부여받게 된다면, 그는 결국 모든 요소를 판단할 기회를 부여받게 될 수 있는 것이다. 만일 자연인이 복음서를 단지 그리스도와 그의 사역에 관한 역사적 증거자료로서만 믿을 수 있는 권리를 부여받게 되면, 그는 그리스도마저 판단할 권리를 일관성 있게 주장할 수 있으며 실제로 주장할 것이다. 그리스도께서 그 자신에 대해 정당하게 증거하셨다고 할 수 있는 것은 오로지 그가 하나님의 아들이신 것으로 받아들여졌을 때뿐이다. 만일 그리스도께서 그런 분으로 받아들여지지 않는다면 그의 말씀도 아무런 힘을 가질 수 없다. 이런 경우 이 역시 소망 없는 역사의 상대성이라 불리우는 것 속으로 빨려 들어가고 만다.[20]

나를 비판하는 사람들은 또한 카이퍼의 이와 같은 절대주의적 입장에 대해서도 우려를 표할 것이다. 자연인의 원리와 중생한 사람의 원리 사이의 이와 같은 정면충돌은 결국 과학을 송두리째 파괴하는 것 이외에 무엇을 할 수 있겠는가? 워필드는 과연 그러할 것이라고 생각했다. 그러므로 그는 두 가지 종류의 과학에 대한 카이퍼의 구분을 정도 차이의 문제로 일축하고 말았다. 그렇지 않다면 "과학이 성취될 가능성은 전혀 존재하지 않게 될 것이다."[21]

---

20 Van Til, *A Christian Theory of Knowledge*, 156-58.
21 Beattie가 쓴 『변증학』(*Apologetics*, *Richmond*, *Va.*: Presbyterian Committee of Publication, 1903)의 서두에 나오는 Warfield의 Introduction을 참조하라.

따라서 워필드는 소위 "바른 이성"에게 자연계시를 본질적으로 정확히 해석할 수 있는 능력을 부여했다. 이 "바른 이성"은 그리스도인의 이성이 아니다. 그것은 기독교를 대하게 된 이성인데 이 이성은 기독교와는 별개인 어떤 기준으로 기독교의 진리를 판단할 그런 이성이다.[22]

워필드는 이런 의미로 정의된 "바른 이성"에 호소하면서 그것이 그 나름대로 기독교를 진리로 판단하기를 요청하고 있다.

> 천사적 존재에 관한 교리가 기독교 체계 전반에 대해서 언급하는 내용은 극히 사소한 것이듯, 완전 영감(plenary inspiration)에 관한 교리가 기독교 체계 전반에 대하여 이야기하는 것도 지극히 사소한 것일 뿐이다. 영감과 같은 일이 없었다 하더라도 기독교는 진리일 것이다. 기독교의 모든 기본적 교리는 우리 주님의 가르침에 대한 일반적으로 믿음직스러운 보고로 인해서 우리가 믿을 수 있게끔 증거될 것이기 때문이다…. 영감 교리가 기독교 교리 중 가장 근본적인 것이거나 우리가 성경에 대하여 증명해야 할 첫 번째 교리는 아니다. 그것은 오히려 성경에 관한 최종적이요 최고의 사실이다. 우리는 성경이 영감되었다는 것을 입증하기에 앞서 먼저 성경이 진정한 것이요 역사적으로 믿을 수 있는 것이며, 일반적으로 믿음직스러운 것임을 입증해야만 한다.[23]

그러나 "바른 이성"에 호소하는 이와 같은 방법론의 결과는 유신론과 기독교가 **아마도** 진리일 수 있을지 모른다는 점을 보여주는 것에 불과하다.[24]

물론 워필드 자신은 성경의 완전 영감에 대해 전혀 의심을 품지 않았다. 오히려 그는 성경의 완전 영감을 누구보다 강하게 주장하던 사람 가운데 하나였다. 뿐만 아니라 그가 자연계시의 명료성을 주장함에 있어

---

22 B. B. Warfield, "Apologeitcs," in *The New Schaff Herzog Encyclopedia of Religions Knowledge* (New York: Funk and Wagnall, 1908).
23 B. B. Warfield, "The Real Problem of Inspiration," in *The Inspiration and Authority of the Bible* (Philadelphia: Presbyterian and Reformed, 1948), 210.
24 Ibid., 218.

서나 모든 사람이 신의식을 지니고 있다는 것을 내세움에 있어 칼빈과 대립된 이견을 제시하는 것도 아니었다. 워필드는 단지 변증학에 있어서만큼은 불신자와 더불어 중립적 영역에 서서 움직여 보려고 했던 것이다. 그는 이러한 방법이야말로 불신자에게 유신론과 기독교가 객관적으로 진리임을 보여줄 수 있는 유일한 길이라고 생각했다. 그는 카이퍼가 말한 "자연적" 원리와 특별 원리를 갈라놓고 있는 그 격차를 이어줄 객관성을 찾아보려고 애썼던 것이다.

마셀링크는 카이퍼와 워필드의 차이를 한 가지 문제로 축소하는 과정에서 사실상 워필드를 선택한다. 그리스도인과 비그리스도인의 원리는 상호 파괴적이라는 카이퍼의 주장과 양자의 원리가 정도에 있어서만 차이가 난다는 워필드의 주장을 함께 받아들이는 것은 불가능하다.

세실 드 보어 및 제시 드 보어 역시 "고전적 실재론"과 스콜라주의 입장이 본질적인 면에서 실재에 대한 바른 해석이라고 주장함으로써 카이퍼를 반대하고 워필드의 손을 들어준다.

반면에 나는 아브라함 카이퍼의 입장을 받아들였다. 그러나 나는 카이퍼가 이 두 개의 다른 원리가 상호 간에 파괴적임을 들어서 자연인과의 논쟁이 아무런 소용이 없다고 결론지은 것에 있어서는 그를 추종하지 않는다.

알미니안주의자는 개혁주의적 인간관에 의하면 전도하는 것이 무의미한 일이라고 주장한다. 알미니안주의자는 전도자와 그가 전도대상으로 삼는 "죄와 허물로 죽은" 인간 사이에는 의미를 접근시킬 방도가 전혀 없게 될 것이라고 주장한다. 죽은 인간은 심지어 계수도, 계량도 그리고 측정도 할 수 없다. 죄와 허물로 죽은 인간과 산 사람 사이에는 오로지 모든 연결이 완전히 절대적으로 단절되어 있을 뿐이다.

알미니안주의자는 자연인의 이와 같은 절대적인 죽음을 죽은 정도의 차이들에 관한 개념으로 대체시킨다. 그리고 그들이 이렇게 하는 이유는 진리와 접할 수 있는 정도를 설정하기 위해서이다. 절대적으로 악한 행위가 존재한다면, 의지 자체가 파괴되고 말 것이므로 그러한 절대적

악행은 있을 수 없다. 또 알미니안주의자들은 자연인이 하나님을 안다고 하거나, 알지만 정말 진정한 의미에 있어서는 알지 못한다는 이야기는 애매모호한 것이거나 무의미한 것이라고 말한다.[25] 안다면 아는 것이지 그 이외의 어떤 것도 아니라는 것이다. 알든지 모르든지 둘 중 하나이지 그 외에는 어떤 것도 있을 수 없다. 인간은 많이 알 수도 있고 적게 알 수도 있다. 그러나 만일 그가 "정말" 알지 못한다면 그는 아무것도 모르는 것이다. 알미니안주의자는 이렇게 말하면서 칼빈주의자들은 명약관화한 일을 파괴하는 절대주의자라고 비난한다.

이에 대하여 칼빈주의자는 죽은 것에 정도 차이가 있을 수 없다고 응대한다. 자연인은 하나님을 알지 못한다. 그러나 하나님을 알지 못하려면, 즉 하나님에 관한 살아 있는 사랑으로 가득 찬 참된 지식을 갖지 않으려면, 그는 신의식을 소유했다는 의미에 있어서 하나님을 알고 있는 자이어야 한다(롬 1장). 왜냐하면 자연인의 영적 죽음의 상태는 그가 하나님의 형상으로 창조됨으로써 인간에게 주어진 하나님에 관한 지식을 억누르는 것에 기인하기 때문이다.[26]

그러므로 워필드는 기독교가 객관적으로 변증될 수 있다고 주장한 점에 있어서 과연 옳았던 것이다.[27] 그리고 자연인은 그에게 제기되는 도전을 영적으로는 이해하지 못하나 지적으로는 이해할 수 있는 능력을 가지고 있다. 만일 그가 그의 원리를 고집하게 되면 모든 진리와 의미가 파괴되고 말 것이라는 점이 제시되지 않으면, 그에게 아무런 도전도 가해지지 않는다. 그러나 성령께서 그를 영적으로 밝히 비춰주실 때, 그는 "지식에로"(unto knowledge) 거듭나게 될 것이며 그가 이전에 그토록 파괴

---

[25] 하나님 자신은 이런 식으로 말씀하신다는 사실을 유의하라. 로마서 1:19와 데살로니가전서 4:5을 비교하라.
[26] 다시 말하면 영적인 죽음은 하나님에 대해 꼼짝하지 않고 있는 것이 아니다. 그것은 하나님을 대적한다.
[27] 이것은 가장 중요한 부분이다. 요약하면 Van Til이 Warfield보다 Kuyper를 택했다는 것은 사실이 아니라는 것이다. 오히려 Van Til은 Kuyper의 안티테제 개념을 많이 사용하였지만 모든 사람에게 있는 신의식 때문에 "변증학은 핵심적이고 필연적인 신학적 과목"이라는 Warfield의 개념을 지니고 있었다.

하고자 애쓰던 원리를 뜨거운 사랑으로 받아들이게 될 것이다.

2. 윌리엄 브렌톤 그린 2세[28]

워필드가 프린스턴신학교의 조직신학 분야에서 전성기를 구가하고 있었을 때, 오랫동안 변증학 교수의 자리를 지키고 있던 이가 바로 윌리엄 브렌톤 그린 2세(William Brenton Green, Jr.)였다. 그는 저자가 존경하는 스승이었다.[29]

그린은 그가 쓴 글 가운데서 워필드와 같은 노선에 서서 성경에 관한 역사적 개혁주의 입장을 서술하고 또 변증했다. 그는 성경에 대하여 이렇게 말하고 있다. "성경이 이성적으로 합당하기 때문에 우리가 성경에 복종하는 것은 아니다. 성경이 궁극적으로 이성에 합당한 것으로 믿는 것은 성경이 모든 이성의 근원이 되시는 그분의 '말씀'이기 때문이다" (『기독교 교리』[필라델피아, 1905], p. 12). 그러나 이것과는 달리 그린은 워필드와 마찬가지로 성경을 하나님의 말씀으로 생각하는 개념이 반드시 기독교적 입장에 의하여 특별히 해석되지 않는다 하더라도 이성이 옳은 것으로 인정하는 원리에 의하여 "이성"이 납득할 만하게 보일 수 있어야 한다는 생각을 옹호하고 있다. 간단히 말해서 그린은 버틀러 감독과 또 다른 여러 사람들에 의하여 발전되어 온 전통적 변증학 방법론을 따르고 있다(그는 조지 P. 피셔[George P. Fisher][30]가 쓴 "유신론적 신앙과 기독교 신

---

[28] 이 장(章)의 나머지 부분의 자료들은 『기독교 인식론』(*A Christian Theory of Knowledge*)이라는 강의록에서 발췌한 것이다.

[29] William Brenton Greene Jr.(1892-1928)는 1877-1880년까지 Princeton Theological Seminary를 다녔다. 졸업 후 First Church in Boston의 목사로 3년간(1880-1883) 사역한 후 Tenth Presbyterian Church in Philadelphia에서 9년간(1883-92) 섬겼다. 그는 1892년부터 1928년에 죽을 때까지 Princeton Theological Seminary에서 가르쳤다.

[30] 교회 역사가인 George Park Fisher(1827-1909)는 Yale Divinity School 및 Andover in Massachusetts에서 신학을 공부하였다. 그는 1852년 Yale Divinity School 신학 교수로 임용되었으며 1854년 10월 4일 대학교회 목사가 되었다. 그는 1861년 Yale Divinity School의 교회사 교수로 임용되었다. 그는 "Essays on the Supernatural Origin of Christianity, with

앙의 근거"[*The Ground of Theistic and Christian Belief*]라는 논문을 뛰어난 변증학 교과서로 추천했다. 그는 1895년판 *Presbyterian and Reformed Review*의 481쪽 이하에 개재된 "기독교에 있어서 이성의 기능"[The Function of Reason in Christianity]이라는 제목의 논문에서 그 논문을 추천하고 있다).

그린이 "이성"이라고 말할 때 그것은 "지각(知覺)하고 비교하며 판단하고 추리하는 인식 기능"을 뜻한다. 이성에 대한 이와 같은 정의는 찰스 핫지에게서 취한 것이다. 그렇다면 이 이성의 하는 일은 어떠한 것인가? 그는 다음과 같이 대답한다. "이성은 그 자체의 영역 내에 있어서 종교적 진리의 근원과 기초 그리고 척도가 될 수도 있다"(p. 481).

그리고 이성이 종교 일반에 있어서 이와 같은 기능을 가진 것같이 그것은 기독교에 있어서도 그와 유사한 기능을 가진다. 인간이 필요로 하는 가장 중요한 지식은 이성을 초월한다. 이성이 죄와 유한성에 기인하는 한계들 속에서 기능해야만 함은 물론이다. 그러나 그럼에도 불구하고 이성은 기독교에 있어서도 그 나름대로의 독립적인 기능을 가진다.

그렇다면 이성의 기능과 "성경 또는 영감된 말씀" 사이의 관계는 무엇인가?(p. 498). 그 대답은 다음과 같다.

> 이 모든 것은 하나님의 본질과 성품을 드러낸 성경, 즉 기록된 계시의 필요성 등을 논리적으로 선행한다. 우리는 철학으로 되돌아가서 순수하고도 단순하게 논의해야만 한다. 이 점에 대해서는 로마 가톨릭도 동의하고 있다…. 이것은 명백한 사실이다. 비록 이성이 무오한 것은 아니지만 계시를 선행하는 것으로서 그것은 이미 우리가 생각해 본 것과 같이 탐구의 유일한 도구이며 유일한 검증 도구이다. 헨리 스미스(Henry

special reference to Theories of Renan, Strauss, and the Tubingen School"을 비롯하여 많은 비평 및 논문을 발표하였다. 1871년 그는 Lowell Institute in Boston에서 일련의 강좌를 맡았고, 그 강의록이 훗날 History of the Reformation(1873)이 되었다. 그의 다른 저서로는 *The Beginnings of Christianity, with a View of the State of the Roman World at the Birth of Christ*(1877); *Faith and Rationalism*(1879); *Discussions in History and Theology*(1880); *The Christian Religion*(1882); *The Grounds of Theistic and Christian Belief*(1883); and *Outlines of Universal History*(1885) 등이 있다.

B. Smith)가 다음과 같이 말한 것은 매우 정확한 것이다. "만일 우리가 이적과 계시의 가능성을 입증할 수 없다면 또 만일 우리가 지혜로우시고 이성적이시며 인격적이신 만물을 섭리하시는 주재자를 입증하되 절대적으로 입증할 수 없다면…우리는 신실치 못함 가운데 빠져들고 말거나 근거 없는 믿음에 그치고 말 것이다. 만일 우리가 이러한 문제점을 공개적 토론장에서 확정지을 수 없다면 우리는 이를 결코 확정지을 수 없다." 또 이성이 계시의 진리를 발견할 수 없으며 그 필연성을 입증할 수 없기 때문에 이성이 산출해 낸 결과들은 확실한 것이 아니라고는 말할 수 없을 것이다. 사람이 너무 아프거나 또는 너무 무식하여 자기가 필요로 하는 치유법을 발견하지 못할 정도일 수도 있겠으나 그가 필요로 하는 것이 무엇인지 통고받지 못할 정도로 아프거나 무식할 수는 없을 것이다. 이성은 하나님의 말씀이며 따라서 하나님의 권위에 의해 받아들여져야만 한다는 것의 증거를 필히 검증해야만 한다. 만약 증거가 없다면 성경을 믿음 그 자체만은 비이성적이고 불가능한 것이다. 왜냐하면 신앙은 동의를 포함하며 그와 같은 동의는 증거에 의하여 생성된 확신이다.

그리고 또한 이성은 여러 가지 성경 해석들 가운데 진정한 의미에 있어서 이성을 초월하기 때문에 이성 위에 있는 것과 이성과는 관련이 없거나 이성과 상충된다는 잘못된 의미에 있어서 이성 위에 있는 것을 구별해야만 한다(p. 499). 그 외 언급된 다른 문제에 대해서는 그다지 관심을 둘 필요가 없다.

『기독교 변증학의 형이상학』(*Metaphysics of Christian Apologetics*, in the Presbyterian and Reformed Review, 1898)에 관한 연속적인 네 편의 논문 가운데서도 우리가 이제까지 논의되어 온 것과 흡사한 입장이 채택되고 있다. 이 연속 논문 가운데 첫째 편은 실재에 관한 문제를 다루고 있다. 여기서 그린은 이렇게 말하고 있다.

기독교 변증학은 기독교가 우리뿐 아니라 모든 사람들에게까지도 초자연적이며 권위적인 최종적 종교, 즉 한마디로 해서 절대적인 종교인 이유에 관한 증거를 제시하는 신학적 과학이다(p. 60).

그리고 형이상학은 "첫째 되고 가장 근본적인 진리들에 관한 과학"이다. 따라서 변증학의 형이상학은 단지 일반적 진리의 기본적 원리를 논의하기 위하여 세워질 것이 아니라 특별히 기독교와 독특한 관계를 유지하는 원리를 확립해야만 한다. 변증학의 형이상학이 관계하는 진리는 비록 그것이 "기독교의 계시의 조건이며 따라서 기독교 계시를 절대적으로 옹호하는" 것이긴 하지만 그럼에도 불구하고 "기독교 계시와는 독립적인" 진리이다(p. 62). 이 진리에는 네 가지가 있다.

(1) **실재**(Reality) 또는 본질을 포함하는 실재적 존재라고 불리우는 것으로서 단지 외관상으로 드러난 어떤 것들이 아닌 진리, (2) **이원성**(Duality) 또는 본질이 정신과 물질같이 근본적으로 다른 두 가지 종류로 이루어진 진리, (3) **인격성**(Personality) 또는 지적이며 의지적인 자의식적 실재인 정신의 실재적 존재의 진리, (4) **불멸성**(Immortality) 또는 자의식적 정신이나 인격이 육체와는 독립적인 실재적 존재와 결합하여 사망 이후의 생명과 결합하는 것의 진리 이상의 진리들은 명백해야만 하고, 이들 모두가 기독교의 계시에 앞서 알려질 수 있어야 할 것이며, 더 나아가서 기독교 진리를 옹호하는 일에 있어서나 그것을 이해하는 일에 있어서까지라도 없어서는 안 될 것들로 보인다(p. 62).

위에서 개관한 것과 같은 실재를 확립하기 위해서는 "의식의 확실성"에 의존해야만 한다. 그리고 "실재에 대해 외식이 증거하는 바가 확실하지 못하다고 부인하는 것은 자살 행위이다"(p. 81).

그린은 **이원성**이란 제목하에 무엇보다도 물질주의[31]의 주장을 논박하려 하였다. 그는 물질주의란 "물질주의가 소멸하고자 하는 정신을 전제한다"라고 주장했다(p. 268). 그리고 그는 관념론을 논박하고자 했다. "논리는 이론으로 존재를 없이 할 수 없다." 오히려 "논리는 이론을 펴는 인간을 포함한다"(p. 271). 심리학적 관념론은 "의식을 갈갈이 찢어 놓는다"(p. 275). 셋째로 그는 관념론적 물질주의를 논파하고자 했다. "영혼의 실재야말로 과학의 조건이다"(p. 282). 그리고 나서 그린은 이제 이원

---

[31] 여기에서는 "마음"을 포함하여 모든 것은 물질이라는 모든 철학적 입장을 의미한다.

론을 적극적인 의미에서 입증하고자 하였다. "감각이 이원론을 내포하는 것 같다"(p. 284). 그것은 "인류의 공변된 가정이었으며 지금도 계속 활동을 멈추지 않는 가정이다"(p. 285). 상식의 판단은 그것이 아마도 옳을 것임을 인정하고 있다(p. 285). 그것은 "본래적으로 타당하다.""이원성은 생명을 줄 뿐만 아니라 존재에 모든 참된 의미까지 부여하는 실재에 대한 유일한 이론이다"(Ibid.).

인격성에 관하여는 논리가 그것을 전제하고 "인격성이 없다면 비이성적인 것이다"(p. 473). "인격성을 부인하고자 하는 사람은 그것을 입증해야 하는 부담을 갖게 된다"(p. 493). 그것은 자명하다(p. 497).

그린은 **도덕성**(Morality)에 관하여 언급하면서 "객관적 의무의 이상"을 부인하려 하는 것은 부조리에 빠지고 만다는 것을 밝히고 있다(p. 680). 그와 같은 이상을 부인하고자 하는 사람은 그것을 입증해야 할 부담을 안게 된다(p. 681). 그와 같은 이상의 개념은 "문제가 요구하는 바를 만족시킨다"(p. 681). 인간은 분명하고도 두드러진 "정의감"을 갖고 있다.

이제 우리는 그린 교수가 "초자연적인 것"(the Supernatural)에 관하여 쓴 아주 중요한 논문을 생각해 보기로 하자. 이 논문은 프린스턴신학교의 100주년 기념식에 즈음하여 발표된 것을 『성경과 신학의 연구』(*Biblical and Theological Studies* [New York, 1912]) 가운데 출판한 것이다.

> "초자연적 존재"란 무엇인가? 그것은 물질적이든 영적이든 간에 자연의 모든 연쇄를 넘어서는 어떤 것이다. 즉 그 존재는 어떤 무엇으로 말미암은 것이 아니며, 영적인 성격의 경우에 있어서는 이성적이거나 자유롭게 결정되지도 않는 그런 존재이다. 한마디로 존재는 독특한 실재로서 그의 특이한 본질이 그 무엇으로 말미암지 않는 자존적이며 자율적인 실재이다. 우리는 그 존재가 아무런 제약도 받지 않는다는 것을 뜻하기 위하여 그를 **초자연적인 무한적 존재**라고 부른다. 또 우리는 그 존재가 존재와 행위에 있어서 모두 완전히 독립적임을 표현하기 위하여 절대적 존재라 부른다. 그리고 우리는 그 존재가 필연적 관계로부터 자유로움을 강조하기 위하여 그 존재를 무조건적 존재라 부른다(p. 141).

"그 존재가 존재하는가? 그 존재가 자신을 드러내 보이는가? 그 존재는 어떤 성격의 것인가? 만일 그 존재가 하나의 인격이라면 그는 자신을 있는 그대로 즉시 계시할 수 있는가? 우리는 이러한 질문을 계속 제기할 것이다"(p. 141).

1) 초자연적 존재의 실재성

실증주의와 일원론 그리고 다원론은 각각 지지될 수 없는 것 같이 보인다. 그렇다면 우리는 이제 유일하게 남아 있는 이 초자연적 존재을 취하되 "적어도 그것이 옳다는 것을 전제하는 가운데" 그것을 취해야만 하지 않겠는가? 우주를 진정으로 옳게 설명하는 어떤 세계관이 필히 존재한다는 것이 틀림없다면, 이 초자연적 존재에 대한 가정이 그 유일한 가능성이다(p. 167). "이러한 가정은 만일 초자연적 존재에 관한 기독교 교리가 사실이기만 하면 모든 필요 조건을 만족시킨다는 사실에 의하여 더욱 강화된다"(p. 167). "더욱이 초자연적 존재에 관한 기독교 교리는 사실에 있어서 뿐만 아니라 논리에 있어서도 매우 만족스러운 가정이다"(p. 168). 그 존재는 "지지될 수 없는 것으로 밝혀진 일이" 유일한 가정이다(p. 169). 뿐만 아니라 "대부분의 철학 학파들은 초자연적 존재를 긍정적으로 언급하고 있다"(p. 169).

> "철학 전체가 비록 기독교 교리에서처럼 정확한 형태로는 아니라 할지라도 그와 근접하고 그것에 가까운 형태로서 초자연적 존재의 실재를 긍정적으로 언명한다고 해도 과언은 아니다. 우리가 가지고 있는 제약들이 플라톤이나 아리스토텔레스, 키케로(Cicero), 베이컨(Bacon), 데카르트, 버클리(Berkeley), 칸트, 해밀톤(Hamilton), 로체(Lotze) 등과 같은 여러 철학의 대가들로부터 이와 같은 언급을 설명하고 확립하는 것 이상 쉬운 일이 없다는 것을 금하고 있지 않은가?"(p. 170).

뿐만 아니라 종교도 초자연적 존재에 관한 개념을 요구한다. 그리고 이제 마지막으로 사유에 있어서 초자연적 존재는 필수적이다(p. 173). 사유는 원인의 개념을 요구한다. 사유는 우리가 어떤 행위들에 대해 생각할 때에 그와 동시에 행위의 작인에 대해서도 생각할 것을 요구한다. 유한한 대상에 관한 모든 사유는 초자연적 존재를 전제한다(p. 174).

우리가 설정한 사유에 관한 원리가 유한의 영역에 있어서 믿을 수 있는 것임이 밝혀진 것은 주지의 사실이다. "그렇다면 만일 이 원리가 자연 또는 유한의 영역 속에서 믿을 수 있는 것으로 밝혀졌다면, 우리가 이것을 초자연 또는 무한의 영역 속에서 신뢰하지 말아야만 할 이유가 무엇인가?"(p. 176).

초자연적 존재는 가장 심층적인 실재이어야만 한다. "만일 우리가 그것을 보다 깊은 어떤 것 속에 기초를 두고 세워 그것의 존재를 엄격하게 입증할 수 있다면, 우리는 단지 그것이 우리가 그것의 존재를 입증하고자 하는 초자연적 존재가 아니라는 사실을 입증했을 뿐이다. 초자연적 존재는 그 본래의 성질상 형식적으로 증명될 수 없어야만 한다"(p. 180).[32]

2) 초자연적 존재의 현현

초자연적 존재는 자체를 드러내 보임으로써 우리로 하여금 "부분적이나마 그것을 알 수 있게 하며 또 우리가 실제로 알고 있는 것일까?"(p. 182). "초자연적 존재는 그 자체를 드러내 보임으로써 그 나타낸 바대로 알려지지 못할 선험적 불가능성을 없앤다. 단지 그것의 존재가 확실해졌다는 것만을 감안하더라도 그 이상은 확실시 될 수 없다는 결론이 나올 수 없다"(p. 186). "초자연적 존재의 실재는 알려질 수 없으며 또한 그 존재의 본성도 그와 동시에 어느 정도까지는 알려지지 않는다"(Ibid). "우리는 초자연적 존재를 앎으로써 그 자신을 드러내 보여주는 존재의 성격도 알게 된다"(p. 187).

---

32 Greene 교수는 여기서도 다른 곳에서와 마찬가지로 사실상 전제로부터 출발하는 논증법을 사용하고 있다.

그러나 이러한 내용들이 일원론적으로 이해되어서는 안 된다. "무한한 존재가 그래도 유한한 존재 쪽으로 자신을 기울이고 있어서 그렇게 그 속에서 자신을 드러내 보여주는 경향을 지니고 있으며 결국 자신을 드러내 보임으로써 자신이 유한한 존재의 근거이자 조건이 될 수 있음을 보여준다"(p. 187).

3) 초자연적 존재의 인격성

(1) "초자연적 존재는 인격적일 수 있다"(p. 190). "초자연적 존재는 인격성을 향한 어떤 지향성을 띠지 않는다면 존재할 수 없다"(p. 192).
(2) "진실로 초자연적 존재가 분명히 존재한다면 그는 적어도 인격적인 존재이어야만 할 것임에 틀림없다"(p. 192).
   a. 초자연적 존재는 "제일 원인의 성격을 가져야"만 하기 때문이다 (p. 192).
   b. 그것은 "원인 유사성"의 법칙의 결과이다(p. 193).
   c. 그것은 또한 "보편적 발전의 법칙"의 결과이기도 하다(Ibid). "만일 그것이 세계의 법칙이 아니라면 살아 있는 모든 것이 인격성을 지향하는 이러한 보편적 경향이 어디로부터 말미암았겠는가? 그리고 만일 이 세계의 원리가 비인격적인 것이라면 어디로부터 이와 같은 법칙이 도래했겠는가? 또 만일 인격성이 인간으로 하여금 그보다 열등한 다른 모든 피조물 위에 탁월하게 만드는 것이라면, 만유 위에 가장 높으신 존재가 이와 같은 탁월성을 갖추지 못할 수 있겠는가?"(p. 193).
(3) "초자연적 존재는 비록 그가 적어도 인격적이긴 해야 하지만 인격적인 것 그 이상의 어떤 것일 수는 없다"(p. 194). "인격성은 최고의 존재가 취할 수 있는 양상들 가운데 가장 가능성이 높은 양상이다"(p. 194).

4) 초자연적 존재의 인격적 현현 또는 직접적 현현

위의 제목에서 우리가 말하고자 하는 것은 비록 그와 같은 현현이 십계명이 그토록 직접적인 현현이었던 것만큼은 아니라 할지라도 그것 역시 초자연적 존재로부터의 직접적 의사소통임에는 분명하다는 점이다. 이적들과 같은 초자연적인 일들이 과연 실제적인 사실이 되려면 무엇보다도 그러한 일들이 정말 일어났던 것이어야만 한다. 중생과 같은 초자연적 사건이 과연 실제적인 사건이 되려면 무엇보다도 그것이 명백하게 존재하는 사건이어야만 한다. 그리스도와 같은 초자연적인 인격이 과연 알려진 바와 같은 분이시려면 무엇보다 먼저 그가 "하나님의 아들"이시며 그와 동시에 "인자"이셔야만 한다(p. 196).

위에서 언급된 이러한 경우들에 있어서는 "아무런 수단들도 채용되지 않으며 어떠한 매개물도 개입되지 않는다"(p. 196). "그렇다면 그와 같은 일들이 정말 일어날 수 있는가? 이 질문이야말로 그리스도인들에게 던질 수 있는 가장 큰 질문이다. 만일 그와 같은 일들이 일어날 수 없다면 기독교는 하나의 거짓말에 불과하다"(p. 196). "이러한 경우 기독교뿐만 아니라 다른 모든 고등 종교들이 모두 위기에 봉착하게 된다"(p. 197). 죄인인 "우리는 하나님이 몸소 우리 가운데 계신다는 것을 느껴야만 한다"(p. 198). "심지어 창조 당시 주어진 초자연의 각인도 그 속에 내내 머물기 위해서는 역사 내에서의 초자연적 간섭에 의하여 그 깊이를 더해야만 한다"(p. 198).

이성은 어떤 특수한 원인이 늘 같은 결과를 반복해서 일으킬 때에만 그 결과를 그 특별한 원인에 귀속시킬 수 있다고 단언한다. 그러므로 만일 초자연적 인격이 그 자신을 계시하셨다면 그 계시는 어느 때, 어떤 정도였던지 간에 자연과 반대되지 않는다면 자연을 초월하며 자연과 상충한다는 필연적 결론이 나온다. 따라서 이미 우리가 앞서 본 것과 같이 그와 같은 계시가 비록 초자연적인 것을 견제함으로써 결국 그 초자연적인 것을 간접적으로 계시하기는 하지만, 그러한 계시가 자연적인 것을 통하여 주어지는 경우에 이성은 그것이 참으로 초자연적인 것임을 쉽게 인정하지 않으려고 주저할 것이다. 비록 이성이 그렇다 하더라도 계시는 분명하게 그렇게 분류 되어질 수 없다(p. 198).

"이와 같이 자연 속에서의 그리고 자연을 초월하거나 자연에 상충하는 초자연적 인격의 인격적 개입에 대한 믿음은 그의 자기 계시의 실재를 가장 확실하게 확신함에 없어서는 안 될 요소이다. 그와 같은 개입 행위가 없다면 계시는 결코 무오한 것으로 인정될 수 없다"(p. 199).

이리하여 우리는 이제 이적(miracles)에 대해 보다 구체적으로 생각할 차례가 되었다. 과연 이적이 가능한 것일까? 그 이적은 과연 인정될 수 있는가? 우리는 이와 같은 질문에 대해 선험적 이유를 들어서 대답할 수는 없다. "우리는 오로지 이미 자연과 초자연에 대해 알려진 내용으로부터만 자연의 일률성을 반대하든가 반대하는 주장을 펼 수 있다. 먼저 자연이 필히 일률적이어야 하는 것만큼 일률적이지 않은 것이 분명하다고 추론할 충분한 이유가 있으나 전혀 이유가 되지 않는다. 이 문제에 있어서 절대란 존재하지 않는다"(p. 200). "만일 우리가 자연의 일률성이 한 번도 방해를 받은 적이 없었다고 양보를 한다 하더라도 우리의 반대자는 아무런 이득을 얻지 못한다. 만일 사실이 그렇다면 우리는 자연의 일률성이 결코 방해받을 수 없다는 추측을 하지 않아도 된다. 개개의 사실로부터의 귀납적 추리는 그것이 아무리 많고 또 잘 증거된 사실에 기초했다 하더라도 필연적 진리를 산출할 수 없다"(p. 201).

자연의 일률성은 "하나의 원리가 아니라 일개의 행위 양식의 이름일 뿐이다"(p. 201). 그것은 "동일한 조건하에 움직이는 동일한 원인들이 똑같은 결과를 산출한다는 것"을 이야기할 따름이다. "이 문제에 있어서는 이것이 유일한 원리이며, 유일한 궁극적 진리이고, 유일한 불변의 법칙이다. 초자연적 존재가 언제든지 인격적으로 개입하는 것을 막을 것이 있단 말인가?"(p. 201). 결과적으로 다음과 같은 내용이 제시될 수 있을 것이다.

(1) 자연의 흐름 속에 초자연적인 개입이 있을 가능성이 이론적으로 의문시될 수 없다(p. 202).
(2) 이러한 가능성은 우리가 이미 생각해 보았던 초자연적 존재가 하나의 인격이며 자연 속에서 자연을 통하여 끊임없이 활동하고 있다는 사실을 감안할 때 그 신빙성이 훨씬 더 높아진다(p. 202). 도구들을 사용할 수 있는 존재가 그 자신의 손을 사용하여 일할 수 있는 것은 자명한 일이다(p. 203).
(3) 초자연적 존재가 이렇게 하려고 할 것은 매우 있음직한 일인데 이러한 결론은 그가 하나의 인격이라는 사실에 근거한다(p. 203).
(4) 이와 같은 결론은 자연이 초자연적인 인격체계에 의해서 그와 같은 행동을 하시리라 예상하는 가운데 형성되었던 것으로 보인다는 사실로부터 더욱 확고해진다(p. 203).
(5) 그러나 이러한 것들이 믿을 수 있는 것으로 입증될 수 있음에도 불구하고, 우리는 마음대로 위와 같은 추론들을 행할 수 없다. 우리는 초자연적 존재가 순수하게 인격적인 방식으로 행동했다는 것을 알고 있다(p. 204).
(6) 만일 초자연적 존재가 계속해서 그 자신을 드러내 보이지 않는다면 종교의 점진적 발전은 전혀 설명될 수 없다. 종교, 즉 적어도 모든 고등 종교에 있어서만큼은 초자연적 존재가 자신을 그와 같이 인격적으로 드러내 보였을 가능성과 심지어는 개연성을 전제할 뿐만 아니라 그것이 사실임도 전제한다(p. 204). 종교가 단지 모든 환각들 가운데 가장 엄숙한 환각일 가능성이 있겠는가? 만일 그렇다면 종교가 그처럼 끈질기게 계속되는 것보다 큰 신비는 없을 것이다. 종교 그 자체는 아무런 근거도 없지만 어느 무엇도 그것을 뒤엎을 수 없다(p. 204).
(7) 이러한 결론은 인류의 발전 과정이 죄에 의하여 간섭을 받았고 또 그 방향이 비뚤어졌다는 사실에 의해 훨씬 확고해진다(Ibid).

(8) 그렇다면 우리가 이적을 가르쳤던 것과 같은 직접적이며 철저하게 초자연적인 일들은 하나님의 은혜의 좋은 소식들을 가져오는 전달자들에게 관심을 집중하도록 만들어 주며 나아가서는 그들이 초자연적 존재의 사자임을 확증하여 그들이 전파하는 진리를 또한 증명하는 것으로 기대되어야만 하지 않겠는가?(p. 205).

(9) 또 만일 초자연적 존재가 이와 같이 자연에 직접적으로 개입한다면 그와 같은 현현들은 우리에 의하여 있는 그대로 인식될 수 없다고 대답하지는 못할 것이다. 이는 한 인격이 그 자신을 다른 인격들에게로 나타내 보여준 것임을 간과하는 것이다. 여기서 인격성은 인격성에 의하여 즉시 파악되며 만약 그 인격들 사이에 도덕적 유사성마저 존재한다면 이는 특별히 더욱더 그러하다(p. 206).

그렇다면 이러한 논의의 진짜 결과는 무엇인가? 기독교가 초자연적 종교로 확립되는 것은 이 논의의 결과에 따른 것이 아니다. 그것은 적절한 증거에 의해 결정되어야만 한다. 그러나 이 증거들을 옳게 고려할 방도, 즉 유일한 방도가 열려졌다. 그리고 이것은 우리가 그 초자연적 존재의 실재와 자연을 통한 그의 나타내 보이심의 실재 그리고 그의 인격성의 실재와 그가 자연 속에서 인격적 개입을 행할 수 있는 가능성과 개연성의 실재를 확립시키는 가운데 이룩되었다. 물론 이것들 중 어느 하나도 엄격한 의미에 있어서 증명된 것은 아니다. 그러나 문제의 성격상 그것은 불가능하다. 초자연적 존재는 그 자신이 만유의 근거이며 또 증거이기 때문에 아무것도 그 큰 자연적 존재의 근거이거나 증거가 될 수 없는 것이다. 그러나 어떤 건물 자체가 필연적으로 그 건물의 기초를 증거하듯이, 모든 자연 그리고 특히 자연 속에서 가장 고등하고 가장 분명한 것, 즉 이성이 초자연적 존재에 대하여 위에서 말한 내용의 실재를 요구한다. 이 사실은 인정되어야만 하며, 그렇지 않으면 이성이 무의미하게 되고 만다. 이와 같이 이를 입증하는 것이 입증될 수 있는 것 중 최상의 것이며 그것은 그것 자체로 충분하다(p. 207).

여기에 제시된 것은 단지 그린의 입장을 아주 간략하게 개관한 것에 불과하다. 그의 방법론은 워필드의 그 입장과 아주 흡사하다. 이성을, 그것이 중생했는가의 문제와는 상관없이 일반계시를 근본적으로는 정확하게 해석할 수 있는 이성으로 보는 개념이 여기에서 또한 발견된다. 그리고 여기서도 역시 이 이성에게 특별계시의 사실성을 결정할 능력과 기능을 돌리고 있음을 알 수 있다. 그린이 초자연적인 것의 존재에 대한 이론적 가능성에서 출발하여 개연성으로 진일보하여 나간 다음 그러한 존재의 실제성으로 나아갈 때, 그는 자연인의 범주를 조금도 도전함 없이 그냥 채용하였다. 그는 사람들에게 복음이 자연인의 연속성의 원리와 불연속성의 원리에 입각하여 가능하며 개연적이며 더 나아가서 실제적임을 보임으로써 그들로 하여금 그 복음을 받아들일 준비를 하도록 만들려고 노력했다.

구 프린스턴 변증학을 특징짓는 것이 바로 이러한 완강한 주장, 즉 변증학은 하나님의 존재나 기독교의 사실들 같은 문제를 중립적으로 다루어야만 한다는 주장이다. 그리고 카이퍼의 『신학백과』에서 개혁주의 원리들과 부합되지 않는 것으로 그토록 분명하게 배격되고 있는 것은 바로 이러한 종류의 변증학이다. "프린스턴"과 "암스테르담" 사이의 차이를 강조점의 차이로 일축하고 그 둘 모두가 동일한 역사적 변증학 방법론을 함께 사용하고 있다고 말하는 것은 참으로 이해하기 어려운 일이다.

3. 플로이드 해밀톤[33]

구 프린스턴의 변증학적 접근은 플로이드 해밀톤(Floyd E. Hamilton) 목사가 펴낸 『기독교 신앙의 기초』(*The Basis of the Christian Faith* [New York,

---

[33] Floyd Hamilton(1890-1969)은 신학자이자 선교사이다. 그는 "진화론"을 비판한 학자였으나 프린스턴 전통에서 일종의 유신론적 진화론인 "점진적 창조"(progressive creation) 개념을 처음으로 주창한 자로 보인다.

1927])의 초판 속에서 쉽게 개관될 수 있을 것이다. 해밀톤은 서문 중에서 이렇게 말하고 있다. "본서 전체를 검토하여 교정하고 또 비판해 주심으로써 크게 협조해 주신 데에 대하여 전(前) 프린스턴신학교 변증학 교수 윌리엄 브렌톤 그린 2세 박사께 특별한 감사를 돌려야만 하겠다"(p. ix).

해밀톤은 제1장에서 인간의 이성에 대하여 다루고 있다.

> 우리가 하나님의 존재를 증명하려고 하거나 기독교의 진리를 논의하려고 하기에 앞서, 우리는 영혼이 육체와는 확연하게 구별되는 것임을 입증해야만 한다. 우리는 추론 과정이 믿을 수 있는 것임을 입증해야만 하며 또 우리가 감각으로부터 그 감각 배후의 세계로 이론을 전개하며 추론해 갈 정당한 권리를 가지고 있음을 밝히 보여야만 한다. 그리고 우리가 하나님의 존재와 그가 한 권의 책 가운데 인간에게 계시를 주셨을 가능성 같은 문제들을 다루려고 할 때, 우리는 인간 이성의 범위 내에서 적절하게 취급될 수 있는 문제들을 다루고 있다는 것을 역시 입증해야만 한다. 이러한 경우 우리는 무엇보다도 영혼의 존재에 관한 문제를 먼저 논의해야만 한다(op. cit., p. 15).

인간의 지성이 단지 의식의 흐름이 아니라는 것은 입증된 바이다(p. 18). "그것은 적극적 작인(作因)이지 수동적 물질이 아니다"(p. 19).

우리는 여기에서 출발하게 되고 우리 자신을 알게 되고 또 자세히 파악하게 된다. "우리는 어쨌든 간에 여기서 실재를 가지게 된다"(Ibid).

자신의 참 모습을 파악하고 난 뒤 우리는 우리가 추론하는 과정을 또한 검증하게 된다. 우리는 여러 가지 감각들을 부여받았다. 더 나아가서 그 감각들을 받아들이는 우리의 마음이 텅빈 백지는 아니다.

지성이 생각하는 과정에서 사용하는 공간과 시간의 여러 형식들 외에도 지성이 감각들을 받아들이는 것을 계기로 하여 만들어 내는 어떤 다른 "생각" 또는 "본래적 관념들" 또한 존재한다. 우리는 여기서 이러한 것들 가운데 우리가 논의하는 것과 직접적으로 연관된 두 가지 관념에 대해서만 언급하고자 한다. 그 두 가지 관념이란 "존재"의 관념과 "원인"의 관념이다. 우리는 무엇인가의 존재를 무의식적으로 가정하게 마련이다. 우리가 무엇인가를 느끼게 될 때, 우리의 지성은 그 감각의 실재와 우리가 느끼는 그 사실의 실재를 가정한다. 우리가 생각하고 있을 때, 우리는 적어도 그 생각을 하고 있는 지성의 실재를 가정하게 된다. 이와 같이 존재에 대한 이러한 관념이 모든 생각의 기초를 이루는 것으로 보이며, 사고의 전제로 생각된다. 우리는 그 관념을 "존재"라고 부른다. 그것은 감각들을 통하여 받아들여지는 관념이 아니라 감각에 느껴지는 것을 계기로 하여 지성 그 자체가 만들어 내는 관념이다.

두뇌가 어떤 감각을 받아들였을 때, 그것은 그 감각의 원인이 있을 것으로 가정한다. 그 원인이 무엇인지를 말할 수 없을지라도 어떤 원인이 존재한다는 그 사실 자체는 결코 의심하지 않는다. 원인의 관념은 감각들을 통하여 지성에 들어오는 어떤 것이 아니라 오히려 감각을 계기로 지성이 만들어 내는 것이다(p. 21, 22).

이와 같이 우리는 우리 자신을 진정한 출발점으로 삼으며 원인에 관한 관념을 우리 자신과 외부세계 사이를 잇는 교량으로 삼는다. 이제 우리는 외부세계에 대하여 여러 가지 판단을 내릴 만반의 준비를 갖추게 되었다. "그러나 하나의 판단이 믿음직스럽게 되는 때는 과연 어느 때일까?"(p. 25). 그것은 판단이 이성의 법칙들과 일치하게 되는 때이다. 이성의 법칙이 다루는 우리의 지성과 사실이 정상이어야만 한다. 우리의 지성은 필연적인 사실을 소유해야만 한다. 또 우리의 지성은 논리적 오류 속에 빠지지 말아야만 한다(p. 25). 만일 "논리적 추론 과정을 세심하게 검토하기만 한다면, 모든 정상적 여건 속에서의 논리적 추론 과정은 신뢰될 수 있을 것이다"(p. 26).

논리적 추론이 사실을 무시한 채 전개되어서는 안 된다. 뿐만 아니라 "이성의 영역을 초월하는 여러 가지 일 또한 존재한다"(p. 27). 그런 다음에는 우리의 감정도 항상 제어될 수 있어야만 한다.

그러나 조심해야 할 이와 같은 제한성들과 여러 가지 불완전성에도 불구하고 여전히 지성이 활동할 수 있는 범위는 매우 넓다. 지성은 감각을 통해서 얻은 모든 증거를 받아들여 그것을 논의하면서 논리적 진리의 찬란한 구조를 건설해 낼 수 있다. 지성은 감각을 통해 얻어지는 모든 사실을 취하여 그 배후에 놓여 있는 원인의 영역으로 넘어가는 디딤돌로 사용할 권리를 가지고 있다. 지성은 초자연계시를 보이시는 하나님이 인간에게 베푸시는 도움을 힘입어서 그것에게 주어지는 증거를 판단하는 심판자가 된다. 그러나 만일 지성이 그것에게 주어진 이 증거를 검토한 다음 과연 그와 같은 계시가 인간에게 주어졌었다고 판단을 내릴 경우에는, 지성이 그 자체를 이러한 계시의 구성 요소가 과연 합리적인지 아닌지를 판정할 심판자로 세울 권리를 갖지 못하게 된다. 그 이유는 문제의 성격상 만일 하나님으로부터 주어진 계시가 있었다면, 그 계시는 인간의 이성이 그 자체만으로는 발견할 수 없는 그런 것일 수 있기 때문이다. 지성이 감각을 통해서 얻어지지 않는 것에 대해서는 아무런 실제적 경험도 없기 때문에, 그것은 감각적 인식이 불가능한 영역에서부터 계시를 통하여 오는 진리를 부인할 권리를 가질 수 없다. 인간의 이성이 계시에 대하여 가질 수 있는 합당한 영역은 그러한 계시의 도움하에 증거를 검토하고 그 계시의 의미에 관하여 판정하는 일이다(p. 28).

해밀톤은 두 번째 장에서 우리가 자신들로부터 외부세계로 건립했던 원인의 다리를 그와 함께 건너 앞으로 나아가기를 청하고 있다. 세 번째 장에서는 그 똑같은 원인의 다리를 통하여 이 세상을 넘어 하나님께까지도 인도하고 있다. 우리는 "우리 자신이 아닌 어떤 분, 즉 명백한 결과인 우리의 영혼을 만들어 내실 수 있는 충분한 능력을 가지신 것이 분명한 어떤 분으로 말미암은 것이 틀림없다"는 것을 알고 있다(p. 46). 이렇게 다른 교리들이 하나씩 그 첫 번째 것과 규합되고 결합된다. 우주에는 질서가 있다(p. 47). 그리고 설계가 있다(p. 48). 인간 자신 속에는 의지가 있다. 그렇다면 우주의 배후에 어떤 의지가 존재하지 않겠는가?(p. 50). 인간은 양심을 가지고 있다. 양심은 "생각할 수 있는 능력을 가진 나이에 도달한 인간으로 하여금 그의 지성에 주어지는 행위의 어떤 과

정의 옳고 그름을 판단할 수 있도록 만드는 지성에 속한 어떤 본유적 특성이다"(p. 53) "그렇다면 우리는 보던 P. 보운(Borden P. Bowne)[34]처럼 인간이 도덕적 창조주에 의해 창조되었다고 결론지어야 하지 않겠는가?" (p. 54).

> 앞서 전개한 논증이 너무나도 명백한 것이기 때문에 그런 결론은 불가피하다. 그와 같이 명백한 증거에 직면해서 인간을 생각할 즈음 인간은 그를 창조한 그 놀라우신 존재 앞에 엎드려 그를 경배할 수밖에 없다. 따라서 앞서 인용한 논증들이 하나 뒤에 또 다른 하나가 축적된 것임을 명심하도록 하자. 그 논증들은 각기 새로운 증거를 다른 것에 더해 준다. 그리고 그 증거의 힘은 그들 모두가 함께 채택될 때에만 느껴진다(p. 54).

이와 같이 유신론이 중립적인 추론 과정에 의해 확고히 정립되는 것으로 간주되고 있다. 앞서 지적된 바와 같이 그와 같은 유신론은 성경의 유신론이 아니다. 칼빈이 택한 절차는 해밀톤의 절차와는 정반대이다. 해밀톤은 데카르트와 다른 철학자를 따라서 인간이 그 자신에 입각하여 자기 자신을 밝혀낼 수 있다고 생각했다. 칼빈은 자신에 관한 지식을 즉각적으로 그의 창조주이신 하나님과 자기가 맺고 있는 관계를 전제한다고 말했다. 개방된 우연의 영역에서 인간이 자신에 대하여 규명한다는 것은 불가능한 일이다. 어떠한 원인의 다리도 규명될 수 없는 것(즉 자기 자신)으로부터는 규명될 수 없는 또 다른 어떤 것(즉 외부세계)으로 이어질 수 없다.[35] 그 자체만으로의 원인의 관념은 그것을 통하여 하나님이 세상을 창조하셨음을 입증하기 위한 것으로 이해될 수 없다. 만일 하나님이 세상을 창조하셨다면 이 세상에서의 원인관념은 그 파생적 성격을

---

[34] B. P. Bowne(1847-1910)은 19세기 후반 Boston University에서 가르친 보스톤학파 가운데 한 사람이다.
[35] Van Til은 여기서 인식론의 역사를 요약한다. 지성은 자신이나 외부세계의 존재를 정당화할 수 없기 때문에 인식론은 지성이 외부세계를 알 수 있다는 사상을 정당화할 수 없었다.

이러한 것으로부터 정함 받은바 되어야만 할 것이다. 만일 그것이 먼저 하나님 없이 작용한다고 가정되었다면 나중에 와서 그것이 오로지 하나님께 의존해서만 작용된다고 증명할 수는 없는 일이다.

질서와 목적 그리고 도덕성의 관념에 대해서도 똑같은 말을 할 수 있다. 만일 이들 중 어느 하나가 처음에 하나님과는 상관없이 독립적으로 기능할 수 있었다면 그것들은 도대체 왜 하나님을 필요로 하겠는가?[36]

더욱이 이와 같은 여러 개의 자율적 실재들이 어떻게 하나의 사슬로 묶여질 수 있겠는가? 만일 각각의 이러한 논증들 자체가 힘을 갖지 못한다면 그것들을 모아 놓은 이 일련의 논증에 축적된 힘이 어떻게 있을 수 있겠는가?

그 뒤에 오는 가정 전체가 개혁주의 신앙의 기본적 원리의 노선에서 벗어난 것이다. 오직 하나님의 빛 속에만 어떠한 빛이 있게 마련이다. 시편 기자(시 94편)는 우리에게 인간과 더불어 밑바닥에서부터 시작하지 말고 오히려 하나님과 더불어 위로부터 시작하기를 가르친다. 만일 **파생적인 존재**인 한 피조물이 무언가를 안다면 근원적 존재는 얼마나 훨씬 많이 알고 계시겠는가? 시편 기자의 방법이 바로 이것이었다. 데카르트는 인간이 근원적 존재로서 무엇인가를 알며 하나님도 역시 무엇인가를 안다고 가정했다. 만일 인간의 지식이 처음부터 하나님의 지식에 의존적인 것으로 정의되지 않으면 그것은 결코 존재할 수 없다.

해밀톤이 사용한 것과 같은 방법론을 사용하려 생각하는 것은 알미니안주의자와 로마 가톨릭의 노선에 서는 것이다. 자율이 신학에 있어

---

36 독자들은 여기서 Van Til의 비평이 구체적인 행위와 관련된 것이 아니라 신앙의 변증에 포함된 원리들과 관련이 있다는 사실을 알아야 한다. Van Til 자신이 다른 곳에서 말한 것처럼, 우리는 변증학적 논의의 어느 곳에서든 시작할 수 있다. 가령 우리는 인과관계로부터 시작해서 하나님이 세계의 원인이 되신다는 것이 어떻게 사실일 수밖에 없는지를 보여줄 수 있다. 그러나 이 실제적인 출발점은 결코 원리적인 것이 되어서는 안된다. 그렇지 않으면 우리는 인과관계가 자신 안에 스스로에 대한 설명을 포함하고 있으며 나중에 하나님에 관한 보충설명만 덧붙이면 된다고 생각하기 쉽다. 인과관계 자체는 세계 안에서(그리고 세계를 위한) 하나님의 주권이라는 상황 속에서만 합당하게 이해될 수 있다.

서 환영을 받는 곳이라면 그것이 또한 변증학에 있어서도 환영받지 못할 리 있겠는가? 그러나 자율이 신학에 있어서 모든 악의 근본임이 거듭 밝혀진 바 있는 이때에 그것이 왜 변증학에서 조차 환영을 받아야 한다는 말인가?

해밀톤은 그의 책 다섯 번째 장에서 초자연주의 합리성을 다룬다. 하나님이 존재하심이 입증되었다. 그러므로 그는 우주에 대해 간섭하실 수 있다(p. 87). 해밀톤은 이와 같은 간섭의 개연성을 계속해서 입증하고 있다.

1) 첫째로 하나님이 인간을 창조하시고 그를 홀로 내버려 두시지 않았을 개연성이 지극히 높은 것으로 보인다. 만일 하나님이 성경이 그를 묘사하는 것처럼 그의 근본적 성품에 있어서 조금이라도 인간들과 비슷하시다면 그 인격적이신 하나님이 자신이 창조하신 그 존재와 더불어 교제하고 친분을 가지려 하셨을 것은 지극히 자연스러운 일일 것이다.
2) 둘째로 인간이 인간 영혼의 궁극적 운명에 대하여 무지하게끔 내버려졌을 가능성은 거의 없는 것같이 보인다. 만일 모든 인간의 영혼이 그 둘 중에 한 곳으로는 필히 가게 될 천국과 지옥이 존재하는 것이 사실이라면, 하나님이 이와 같이 엄청난 사실을 인간들이 모르도록 내버려두셨을 리 만무한 것으로 보인다는 것이다. 만일 인간의 궁극적인 운명이 그가 이 세상에 사는 짧은 기간에 의해 결정되고, 그가 이 지상에 사는 동안에 범한 잘못을 속죄할 기회를 일단 죽고 나면 다시는 얻을 수 없게 될 것이라는 부수적 사실들이 진실이라면 그것은 특별히 더욱 그렇다. 무엇보다도 만일 하나님이 성경이 가르치는 대로 이와 같은 구속을 그가 일으키신 주님을 믿는 믿음을 통하여 인간의 삶에 적용시키려 의도하셨다면, 하나님은 어떠한 방법을 통해서라도 이 사실을 인간들에게 분명히 말씀하셨을 것임에 틀림없다. 이와 같이 우리는 만일 성경에 나타난 그 하나님이 존재하신다면 그가 어떤 중요한 사실을 인간에게 계시하셨을 개연성이 지극히 높다는 것을 살펴보았다(pp. 93, 94).

이제 개연성의 문제를 지나 실재성의 문제를 다루기로 하자.

여기서 이 주제를 조금만 더 깊이 생각해 본다면 하나님이 그와 같은 계시를 우리에게 주셨는지 아닌지를 결정할 수 있는 유일한 방법은 그와 같은 계시가 주어졌다는 것을 입증하는 방향으로 기울어진 증거를 검토해 보는 길뿐이다. 그 문제가 오직 순수하게 사실에 관계된 것이며 사실만이 관계된 것이기 때문에 그것은 오로지 증거에 입각해서만 결정될 수 있다. 우리는 지구가 그 축을 중심하여 자전하는 것이 불가능하다는 이론을 내세울 수 있다. 그러나 그 이론이 아무리 그럴듯하게 들릴 수 있다 해도 우리가 그런 이론을 내세웠다는 그 사실이 지구가 매 24시간마다 한 번씩 자전하는 것을 막지는 못할 것이다! 마찬가지로 만일 하나님이 계시를 주셨다면, 그 사실에 대해 아무리 많은 반대 이론을 전개해 보아야 그 사실을 바꿔 놓을 수는 없다. 하나님이 인간에게 계시를 주셨다는 것을 믿지 않는 사람이 자신의 주장이 옳다는 것을 증명할 수 있는 유일한 방법은 그들이 그와 같은 계시에 대한 증거가 가치 없는 것임을 입증하는 것뿐이다(p. 98, 99).

초자연적 계시에 대한 증인들을 고려해 볼 때, 우리는 "그 증인들이 과연 적합한가?" 또 "그 증인들이 과연 믿을 만한가?" 그리고 "그 증인들은 사실을 알 수 있는 입장에 있었는가?" 등과 같은 질문을 던진다(p. 99). 그리하여 우리는 "하나님의 말씀인 성경에 관한 증거를 취하여 우리 자신이 그와 같은 계시가 과연 거기에 담겨 있는지 아닌지를 중립적인 조사자로서 검토할 준비를 끝마치게 된다. 특히 우리는 성경을 대상으로 하여 과연 그것이 주장하는 대로 하나님의 말씀인지의 여부를 검토할 준비를 갖추게 된다.

물론 우리는 자신에 대하여 온당치 않은 주장을 해서는 결코 안 될 것이다.

만일 하나님이 어떤 교리가 진정 옳은 것이라고 가르치셨다면, 인간이 감히 그것이 타당한 것인지 아닌지를 결정할 위치에 서 있는 것은 분명히 아니다. 인간은 비록 그 교리에 대해 모두 이해할 수 없을지 모르고 인간 이성에 의하여 그 교리가 진리 됨을 증명할 수 없다 할지라도 그것을 받아들이는 것이 인간의 의무이다! 만일 하나님이 그것을 가르치셨다면 모든 인간은 그것을 받아들일 수 있다. 모든 문제의 관건은 과연 하나님이 그것을 가르치셨느냐 아니냐에 달려 있다. 이 문제를 결정함에 있어서 인간은 이 점에 관한 증거들을 판단하는 가운데 그의 이성을 가능한 최대의 범위까지 사용할 충분한 권한을 가진다. 그것은 순수하게 사실에 관한 문제이며 있는 그대로 증거의 법칙에 의하여 판정되어야만 한다. 그러나 만일 지성이 하나님이 이러한 교리들을 성경 가운데서 성경의 여러 책을 쓴 영감된 선지자와 영감된 저자를 통하여 실제로 가르치셨음을 확신하게 됐을 경우, 그 지성은 그 자체를 하나님이 가르치실 교리의 타당성을 판단할 심판자로 세울 자격을 전혀 갖지 못한다. 지성은 가르침을 받은 그 교리들의 의미에 대하여 논의할 수 있을 뿐, 지성은 교리의 의미가 교리 자체에 의하여 결정되고 난 연후에 그것의 진위에 대하여 논의할 아무런 권리도 갖지 못한다. 그렇게 하는 것은 인간 자신을 하나님 위에 올려놓는 일이며 그 자신의 지혜에 대해 의문을 제기하는 것이 될 것이다. 어떤 이들은 이런 일을 서슴지 않고 하는 것이 사실이긴 하지만, 적어도 정상적인 지성을 갖춘 사람이 그와 같은 일을 하는 것은 신성모독일 뿐이다(p. 133).

그렇다면 인간으로서 우리가 마땅히 해야 할 일은 이 일단의 문헌이 하나님의 말씀임을 밝혀 내고자 하는 것이다. 처음부터 우리가 그것을 자증적인 것으로 받아들이는 것은 아니다. 우리는 그 자체의 증거에 의해 그것을 하나님의 말씀으로 받아들이는 것이 아니다. 그와는 반대로 자증적인 성경으로부터 취한 것이 아닌 판단 기준의 수단으로서 하나님의 말씀임을 주장하는 성경을 검증하는 것이다.

"우리는 다른 책들에 접근하듯 성경에 접근해야만 한다"(p. 134). 그러할 때 우리는 어떤 책이 하나님의 말씀인 것으로 정당하게 판정될 모든 조건들을 모조리 만족시키고 있음을 차근차근 발견하게 될 것이다. 해밀톤은 성경적 윤리학의 문제에 대해서 이렇게 말하고 있다. 우리는 이제 기독교가 실제로 움직일 어떤 체계를 구성하는 데 필요한 모든 조건들을 만족시키고 있으며 성경이 가르치는 윤리체계는 어떤 다른 윤리체계보다 우월한 것임을 입증하고자 한다(p. 147).

해밀톤은 제10장에서 특히 "성경의 역사적 신빙성"을 다루고 있다. 그는 성경과는 관계없이 얻어진 매우 잘 정립된 철학적 지식으로 성경을 검증하고 있다. 성경은 철학 교과서가 아니다. 그러나 성경은 어떠한 의미에서든 현대 철학자들이 일반적으로 받아들이고 있는 이론과 상충하지 않는다(p. 167).

그는 성경의 역사성이 "현대 과학의 분명하게 발견되고 잘 증명된 사실과 조금도 상충되지 않음을" 발견했다(p. 168). 제16장에서는 그리스도의 부활에 관한 논의가 전개되고 있고 제17장에서는 예언의 성취가 다루어졌다.

> 우리는 성경이 하나님의 말씀이며 기독교가 진리임을 증명하는 두 개의 가장 강력한 증거를 마지막까지 아껴 비축해 두고 있었다. 우리는 성취된 예언과 예수 그리스도의 부활 속에 우리의 주장이 참되다는 적극적 증거를 가지고 있음을 믿는다. 우리는 이 두 가지 종류의 증거가 증거를 공평하게 받아들일 수 있는 열린 마음을 가진 사람을 모두 납득시킬 만큼 강력한 것이라는 점을 믿는다. 또 우리는 성경과 성경의 내용들이 참되며 하나님의 말씀이 진리 그 자체임을 보여주는 아주 적극적인 증거들을 가지고 있으며, 이 증거들이 미국의 독립선언서가 13개 주의 대표들에 의하여 1776년에 필라델피아에서 만들어진 진짜 문서임을 믿을 수 있도록 만드는 증거들만큼 강력한 성격의 증거임을 믿는다(pp. 283, 284).

우리는 기독교의 부활에서 다른 모든 이적과 전혀 다른 이적을 보게 된다. 부활이 없었다면 기독교의 교회도 없었을 것이다. 우리가 아는 기독교의 교회는 절대적으로 예수 그리스도의 부활과 그 부활에 포함된 모든 것 위에 세워졌다(p. 284). 그러므로 우리는 신약성경을 기독교의 근원이나 부활신앙을 설명할 수 있는 유일한 역사적 문서를 담고 있는 것으로 여기고 거기에 호소한다(p. 286).

이제 우리는 이 모든 과정을 마치고 다음과 같은 결론을 내리게 된다.

> 우리는 이제까지 모든 가능성을 검토해 왔다며 가능한 유일의 결론은 그리스도께서 실제로 죽은 자들 가운데서 살아나셨다는 사실을 발견했다는 것이다. 그런데 만일 그가 정말 다시 살아나셨다면, 우리가 이 장(章)의 서두에서 언급했던 바와 같이 그 부활의 사실은 초자연적 기독교의 모든 내용을 또한 수반한다. 그것은 우리의 기독교를 뒤덮고 있는 영광의 구름떼를 수반하는 사실이다. 죽으신 후에 죽은 자 가운데서 다시 살아나실 수 있는 분은 오직 초자연적 구주밖에 없다. 그리스도께서 부활하셨다는 사실은 기독교의 진리를 의심할 여지 없게 확립시켜 준다. 그러나 그것이 기독교가 참된 종교 중 하나인 것만을 증명해 주는 것은 아니다. 그것은 또한 그리스도께서 하신 말씀과 행하신 일들 모두가 참되다는 사실을 증명해 주고 그것은 다시 성경이 하나님의 말씀임을 증명해 준다(p. 295).

예언의 성취를 증거하는 논증 또한 기독교의 진리를 시사한다.

> 하나님만이 미래를 아시며 미래를 계시하실 수 있다. 그러므로 의심할 여지 없이 기록된 예언들이 성취되기 수백 년 전에 쓰여 진 어떤 책을 발견했을 때 그 예언들이 하나님 자신에 의하여 계시된 것이라는 사실을 어떻게 의심할 수 있겠는가? 이제 우리가 인용하게 될 예언들은 그것이 실제적인 예언이었다는 것에 어떠한 의문도 제기할 수 없을 만큼 상세한 예언들이다. 우리는 또 만일 그가 하나님의 대언자로서 말하는 것이 아니었다면, 그와 같은 사건들은 거의 일어날 수 없는 사건이었으며 한 인간이 그와 같은 사실을 그토록 자세하게 예언한다는 것은 불가능한 일이기 때문에 어느 누구를 막론하고 예언된 것과 같은 사건이 일어나리라는 것을 알았거나 짐작할 수조차 없었을 것이라는 점을 밝히 보여주게 될 것이다(pp. 297, 298).

그러므로 우리가 자신들에 대해 밝힌 다음에는 원인과 질서, 목적 그리고 도덕성의 다리를 놓아 하나님께 연결함으로써 우리가 다른 책에서 하던 그대로 성경의 가르침에 접근해 나가게 된다. 그것들이 증거하는 근본적 사실은 그리스도의 부활이다. 이와 같이 우리는 중립적인 접근에 의하여 부활하신 그리스도께 도달하였다. 이런 일을 행한 후에야, 우리는 그의 권위 위에 서게 된다. 그는 구약성경을 하나님의 말씀으로 증거하고 계신다. 그는 그의 사도들이 하나님의 말씀을 완성한 신약성경을 쓸 수 있도록 하기 위한 성령을 약속하셨다.

이런 일을 한 후에야 우리는 주권적 하나님의 말씀 앞에 엎드리고 또 사람들로 하여금 그 말씀의 판단에 이성을 굴복시킬 것을 요구하게 된다.

카이퍼가 이제까지 우리가 언급했던 종류의 변증학을 그토록 격렬하게 반대했던 것은 바로 이러한 일을 한 후였다. 만일 이성이 처음부터 도전을 받지 않으면 그것은 결코 제대로 도전될 수 없다. "이성"이 하나님 말씀의 진리체계를 부인하려 애쓰는 것만큼 성경이 하나님의 말씀이라는 사실에 대한 증거도 마찬가지로 억누르려고 애쓰지 않겠는가? 어느 누구도 성경이 제시하는 대로의 부활의 의미와 성경체계의 내용에 입각하지 않고서는 그리스도의 부활의 사실과 성경의 신성에 관한 사실을 깨달을 수 없다. 참된 신앙은 맹목적인 것이 아니라 제시된 증거에 대해 응답하는 신앙이라는 것을 지나치게 강조하는 것으로 인해서 기독교의 존재와 내용의 확고부동한 통일성이 간과되고 있다.

찰스 핫지와 카스퍼 위스터 핫지(Casper Wistar Hodge) 그리고 프란시스 페이톤(Francis Patton) 등이 쓴 저작들을 일일이 논의한다는 것은 불가능한 일이다. 워필드와 성도로 존경받는 윌리엄 브렌톤 그린 2세 그리고 그의 제자인 플로이드 해밀톤을 간단히 살펴본 것으로도 충분할 것이다.

앞에서 인용된 내용에서도 이들이 기본적으로는 본격적인 개혁주의 신앙의 진영에 충성을 다하고 있다는 증거가 엿보인다. 그럼에도 불구하고 그들이 채택한 변증의 절차 가운데는 칼빈의 방법론에 가깝다기보다 오히려 버틀러 감독의 방법론과 유사한 방법이 있는 것 또한 사실이다.

"구 프린스턴"과 "암스테르담" 변증학의 관계에 대한 균형 잡힌 견해를 가지기 위해서 이제 우리는 필히 카이퍼와 바빙크(Bavinck)의 견해들에 내포된 "비일관성"의 문제를 생각해 보아야만 한다. 우리는 이미 카이퍼가 그의 주요 주장들 가운데서 신자와 불신자 사이에 해석의 중립적 영역이 존재한다는 생각에 대해 극력 반대하고 있다는 사실을 강조한 바 있다. 그리고 우리는 워필드가 유신론의 문제와 심지어는 성경이 하나님의 말씀이라는 주장에 관해서까지도 불신자와 더불어 중립적 기초 위에서 논의를 진행해야 할 필요성을 강력하게 주장하고 있다는 사실도 제시한 바 있다. 그러나 우리는 카이퍼 역시 때때로 마치 그가 불신자와 더불어 중립적 근거 위에 서 있기나 한 것처럼 논의하고 있는 것도 말한 바 있다.

카이퍼는 워필드를 그토록 극렬하게 비판하고 또 이중적 과학의 개념을 영웅적으로 옹호하고 있는 그의 『백과』 속에서조차도 워필드가 하고 있는 일과 똑같은 일을 때때로 하고 있다. 워필드는 정말 카이퍼의 이러한 비일관성을 제대로 지적해 냈다. 우리는 카이퍼에게서 나타나는 이러한 비일관성의 존재를 시사하는 증거들을 간략하게 다룰 것이다. 그리고 우리는 바빙크에 대해서도 간단하게 다룰 것이다. 이러한 비일관성이 이미 본 저자가 쓴 『일반은총』(*Common Grace*)과 『개혁주의 신학서론』(*Introduction to Systematic Theology*) 강의록 속에서 상당히 지적된 바 있으므로 우리는 여기서 주로 성경에 관한 문제와 연관된 사항을 다루게 될 것이다.

카이퍼나 바빙크는 모두 성경이 그리스도인을 위한 지식의 참된 객관적 원리라는 사실을 매우 강조하였다. 그리스도인은 자연과 역사를 연구함으로써 획득한 모든 지식을 창조의 교리와 섭리의 교리 그리고 그리스도를 통한 구속 사역의 교리의 빛 속에서 생각해 보아야 한다. 우리는 이렇게 함으로써만 로마 가톨릭의 자연신학 교리를 피할 수 있다. 변증학적으로 이것은 성경이 자증적인 것으로 받아들여져야만 하고 성경에 담긴 진리체계가 그 속에서 경험의 모든 사실들이 있는 그대로 보여지는 빛으로 받아들여져야만 한다는 것을 의미한다.

그러므로 자연인이 그 자신의 원리에 따라서 인생을 해석한 것에 호소해서는 성경에 관한 개념의 진리와 성경에 담긴 교리체계의 진리에 대한 아무런 확증도 얻을 수 없다. 사실상 자연인이 그의 원리에 입각해서 경험의 어떤 양상을 바로 해석할 수 있다는 것은 용납될 수 없는 일이다. 물론 그가 참된 해석의 체계에 기여할 수 있는 것은 사실이지만 이렇게 하는 것은 그의 원리가 거짓된 것이며 기독교의 원리가 참이기 때문이다.

그러나 카이퍼와 바빙크는 자연인이 그에게 말씀하시는 하나님의 진리를 파괴하려고 모색할 수밖에 없다고 말하면서도 때때로 자연인이 자율에 관한 그의 가정을 바꾸라고 강요되지 않았을 때에도 그들의 이야기를 수긍할 것이라는 잘못된 사실 속에서 위안을 찾고자 애쓰곤 한다.

4. 카이퍼

카이퍼(Kuyper)의 경우가 바로 그렇다는 것은 형식적 믿음의 개념을 그가 어떻게 다루고 있는지를 보면 분명해진다. 그는 『백과』의 첫 부분에서 지혜의 개념을 회의주의에 대한 반격으로 논의하고 있다. 이와 같이 그는 죄로 말미암아 이 세상 속으로 들어온 회의주의로 기울어지는 자연적 경향을 저항하는 일반적 믿음에 대해서도 언급하고 있다. 그는 믿음을 순전히 형식적인 의미로 다루고 있다고 말했다(Vol. Ⅱ, p. 72). 형식적 믿음 자체는 인간적 주체 속에 본래적으로 존재한다. 우리 자신의 존재에 관한 모든 확실성이 이 믿음에 근거한다. 그것은 증거와 별개의 독립적인 것으로서 모든 증거에 선행한다(p. 78). 또한 그것은 우리가 외부세계에 대한 우리 감각의 진리를 수용함의 전제가 된다. 우리는 우리 자신의 감각의 신빙성을 **믿어야만** 한다(p. 80). 이러한 믿음 없이 우리 자신을 넘어서 어떤 대상에게 미치는 것은 불가능하다. 현상으로부터 본질에 이르는 교량을 형성해 주는 것은 바로 이 믿음이다(p. 80). 그리고 과학은 관측에 의존하기 때문에 이것은 과학을 위해 근본적으로 중요한 것이다. 이러한 믿음이 없다면 우리는 결국 칸트와 피히테(Fichte)의 주관주의에 빠지고 만다(Ibid).

우리 자신에 대해서와 우리 주변의 사실에 대한 우리의 관찰에 확실성의 근거를 제공해 주는 것 이외에도 믿음은 모든 논리적 증명의 기초가 된다. 우리는 논리의 궁극적 명제의 진리를 증명할 수 없다. 우리는 그것을 믿어야만 한다. 모든 증명의 기초를 이루는 것이 바로 이 궁극적 명제의 진리를 의심 없이 믿는 믿음이다(p. 83). 특히 주체의 원리는 이 믿음에서 나온다(p. 84). 더 나아가서 믿음은 과학체계를 건설하는 것을 돕는 원동력이다(p. 84). 자연의 균일성과 사실들에 관한 보편적 지식에 관한 개념은 믿는 것밖에 다른 도리가 없다. 조사에 앞서 조사자는 그 사실이 하나의 보편적 형식에 부합하리라는 것을 믿어야만 한다.

여기서 답습되고 있는 절차가 구 프린스턴 변증학의 절차와 매우 흡사한 것임을 볼 수 있다. 카이퍼는 여기서 그가 말하고 있는 믿음의 개념에 있어 내용이 빠진 것이라고 주장하고 있다. 그러므로 그것은 그 주체가 하나님을 피할 도리 없이 직면하고 있기 때문에가 아니라 단지 그 자체로서 그 주체 속에 본래 있는 것이기 때문이다. 인간적 주체는 따로 이 형식적 믿음을 통하여 먼저 자기 자신의 존재를 의식하게 된다. 그리고 이 형식적 믿음이 매개가 되어 외부세계와의 어떤 교량이 놓아진다. 이를 통하여 인간의 환경이 조작되는 사고의 법칙들도 역시 이 형식적 믿음 위에 기초한다.

이 모든 것은 카이퍼가 칼빈을 좇아 신의식에 대하여 가르쳤던 것과 일치하지 않고 오히려 모순된다. 카이퍼는 여러 차례에 걸쳐서 인간은 그가 만나는 모든 사실들 가운데 항상 하나님을 직면하고 있다고 주장했다. 형식적 믿음 같은 것은 도무지 존재하지 않는다. 물론 모든 사람이 믿음을 가지고 있는 것은 사실이다. 즉 불신자도 신자와 마찬가지로 믿음을 가지고 있다. 그러나 그 믿음은 그들이 역시 하나님의 피조물이라는 사실에 기인한다. 그러므로 믿음은 언제나 내용을 가지고 있다. 인간이 불신자가 된 것은 하나님을 신앙하는 믿음의 내용에 반대된다. 이와 같이 불신자가 가진바 본래 믿음의 내용을 억누르려고 애쓰고 있다.37 그는 그것을 어떤 형식적인 것으로 축소시키려 애쓴다. 그런 다음에 믿음의 내용은 그가 갖고자 하는 어떠한 형태로든 채워질 수 있게 된다. 이런 경우 그 내용은 사실상 비결정적이다. 그리고 결국 인간이 자기 자신에 대해서나 세계에 대해서 갖는 지식은 아무런 기초도 갖지 못하게 된다. 인간이 자기 자신을 지식의 주체로 규명할 수 있게 되는 것은 오직 인간이 자기규명 행위 자체에 있어서 자신을 하나님의 피조물로 규명했을 때뿐이다. 만일 하나님이 그 자신을 인간에게 그의 창조자이며 심판자이심을 밝힌 일이 없다 하더라도 인간이 그 자신을 지식의 주체로 규명하는 것이 허용된다면 거기에는 지식을 위한 아무런 기초도 존재하지 않는다.38

그럴 경우 카이퍼가 그토록 강력하게 옹호하며 싸웠던바, 중생치 못한 주체들이 하나님에 대한 그들의 윤리적 적개심 때문에 그들에게 주어진 진리를 억누르려고 애쓸 것이라는 사실을 일관성 있게 주장하는 일 역시 불가능하게 되고 만다. 카이퍼는 마치 믿음에 관한 단지 형식적인 개념이 주체 그 자체 속에서 회의주의를 만나기 때문에 그것이 회의주의를 방어하는 댐이나 되는 것처럼 말하고 있다(p. 73).

그러나 이것이 어떻게 가능할 수 있겠는가? 이는 바로 믿음에 관한 이 형식적 개념이 믿음의 내용이나 대상에 대해서 아무것도 이야기하고 있지 않기 때문이다. 뿐만 아니라 믿음에 관한 형식적 개념은 그 형식성으로 인하여 순수 비이성적 사실성의 상관성 개념과 하나님과 인간을

---

37 Van Til이 여기서 말하는 "원래적 믿음"은 하나님의 형상으로 지음을 받은 모든 인간에게 이식된 하나님에 대한 지식을 일컫는다.
38 Van Til은 여기서 이 주제를 확장하지 않지만, 이러한 인식론적 진술이 지니는 함축은 급진적이고 광범위하며 파장이 크다. 그가 말하려는 요지는 Calvin이 『기독교 강요』에서 처음에 했던 진술이다. 즉 이러한 우리의 지식은 창조주 하나님에 대한 지식과 인접한다는 것이다. 그러므로 창조주 하나님에 대한 지식을 동시에 가지지 않는 자신에 대한 지식이란 있을 수 없다.

모두 포함하는 추상적 체계인 논리의 상관성 개념을 허용하고 심한 경우에는 적극적으로 요구하기까지 한다.³⁹ 이와 같이 믿음에 대한 형식적 개념은 그 자체가 바로 회의주의의 원천이다.

주체 내의 회의주의는 카이퍼 자신이 다른 곳에서 잘 만족시키고 있는 방법, 즉 믿음은 항상 내용을 가진다는 것을 주장하는 방법이 아니고서는 결코 극복될 수 없다. 그 내용은 하나님을 인간의 창조주이시며 세상에서 일어나는 모든 일을 주장하시는 분으로 믿는 본래적 믿음이다. 이러한 믿음이 불신앙으로 떨어졌을 경우 이 불신앙은 하나님을 믿는 본래의 믿음을 완전히 억누르는 일에 있어서 결코 성공하지 못한다. 인간이 인간인 이상 그는 본래적으로 피할 수 없이 하나님을 믿는 자이다.⁴⁰ 그리하여 그는 우주에 관한 참된 지식에 기여할 수 있다. 이와 같은 사실과 더불어 일반은총의 사실이 있으며 그가 어느 정도는 신자와 더불어 과학체계를 건설하는 일에 협력할 수 있다는 사실 또한 덧붙여진다.⁴¹

카이퍼는 어떤 경우에 있어서도 믿음이 단지 형식적이라는 사상을 관철할 수 없었다. 그는 믿음이 엄밀한 과학이나 외형적 과학 분야에 있어서만큼은 형식적이라고 말했다. 그는 그가 영적 과학(spiritual sciences, 즉 정신과학 또는 인문과학―역자주)이라고 부르는 것에 있어서는 죄의 사실이 그것의 존재를 느끼게 만든다고 주장했다. 그는 영적 과학의 경우에 있

---

39 Van Til이 말하려는 요지는 내용없는 믿음으로서의 Kuyper의 형식적인 믿음은 주관적인 요소로서 그 자체가 객관적인 요소를 필요로 한다는 것이다. 이 객관적 요소는 (이성적) 주제와 맞서기 때문에 비이성적(nonrational, 반이성적[irrational]과 다르다)이다. 두 요소―주체와 객체―의 종합은 논리적 체계에 의해 영향을 받기 쉽다. 이것은 가장 대표적인 인식론적 구조로서, 회의론으로 끝나기를 수없이 반복했다. 뿐만 아니라 Kuyper가 이 전적인 인식론적 노력으로부터 하나님을 배제한 후로 하나님과 인간은 모두 이곳에 묘사된 지식의 과정에 순응한다.

40 이것은 인간이 본래적으로 불가피하게 하나님을 알고 있기 때문에 사실이다.

41 여기서 Van Til은 모든 사람에게 있는 하나님에 대한 지식 개념에 하나님의 일반은총의 활동을 "덧붙인다"는 사실에 유의해야 한다. 이것은 하나님에 대한 지식으로서의 신의식이 하나님의 형상으로서의 인간을 구성하는 한 요소이기 때문이라는 사실을 알아야 한다. 바울의 말처럼 이 지식은 우리에게 "창세로부터"(롬 1:20) 들어와 있는 것이다. 따라서 이것은 일반은총의 결과가 아니다.

어서 작용하지 않으나 외향적 과학 또는 엄밀한 과학들 가운데서는 작용하는 "객체를 통일하는 힘"에 대하여 이야기하고 있다(p. 98). 그리고 영적 과학들에 있어서는 믿음이 언제나 내용을 가진다. 그리고 믿음이 내용을 가지는 순간 차이가 나타나기 시작한다(p. 94).

그러나 우리가 어떻게 물리적 또는 객관적 과학과 영적 과학 사이에 선을 그을 수 있는가? 이 두 경우 모두 인간적 주체가 개입된다. 이 사실을 배제할 수 있는 "객체를 통일하는 힘"이란 존재하지 않는다. 카이퍼가 사실들을 관찰함에 있어서도 주체적 요소가 개입된다고 주장했다. 여기에는 아무런 문제가 없다. 이는 순수하게 형이상학적이며 심리학적 사실일 뿐이다. 주체가 지식의 상황에 포함되었다는 것이 회의주의를 고무한다는 것은 사실이 아니다. 회의주의가 대두되는 것은 이 주체가 그 자신을 하나님을 염두에 두고 해석하려 하지 않을 때뿐이다.

카이퍼는 순수하게 형식적인 그 무엇인 믿음의 개념으로부터 출발하여 영적 과학들에 있어서 내용을 가지고 있는 믿음의 개념에로 선회하여 마무리지음으로써 자기 자신을 아주 어렵게 만들고 있다. 그것은 카이퍼가 그의 주된 주장을 명확하게 제시하는 것을 불가능하게 만들어 버렸다. 그의 주장은 피조 된 모든 인간이 하나님을 믿는 믿음을 가진다는 것이다. 그러므로 믿음은 항상 이러한 내용을 가진다. 하나님을 받아들이지 않을 유일한 대안은 그것을 억누르는 노력을 통하여 하나님을 부인하는 것이다. 그리스도를 통하여 그의 백성들 가운데서 원리적으로 이미 제거되었으며 또 마땅히 제거되어야만 할 것이 바로 이 죄악 된 주체로 말미암은 억누름이며 이러한 윤리적 주관주의이다. 그리스도의 하신 일을 통하여 과학이 구원되었으며 그것의 통일성이 보존되고 그것의 목적이 성취되었다. 그리고 일반은총이 하나님에 대한 자신의 믿음을 억누르려는 죄악 된 인간의 노력을 다시 억누르며 그리하여 죄인들조차도 지식의 발전에 기여할 수 있게 만든다.

형식적 믿음에 관한 카이퍼의 개념은 그의 주요 추론노선과 일치하지 않는다. 왜냐하면 그는 형식적 믿음에 관한 이와 같은 개념으로 인하여 마치 형이상학적 주체 그 자체가 처한 환경의 객체들을 잘못 해석하는 경향을 가지고 있는 것처럼 말하고 있기 때문이다. 그는 마치 이와 같은 경향이 객체가 비록 그 자체는 내용을 가진 것이 아니지만 어떻게 해서든지 그 자체를 규명하는 주체로부터 그 객체성 자체를 먼저 획득해야만 할 "객체를 통일하는 힘"에 의하여 저지될 수 있기나 한 것처럼 말하고 있다.

그 결과 카이퍼는 신자들은 우주를 해석함에 있어서 불신자들의 해석을 모든 면에 있어서 도전해야만 한다는 사상을 관철시킬 수 없었다. 자연과학에 관한 그의 논의는 애매모호하다. 그의 주요 원리는 그가 모든 과학이 오로지 기독교의 진리를 전제로만 가능하다고 말할 것을 요구한다. 그러므로 그의 주요 원리는 그가 성경의 원리를 자증적인 것으로 주장할 것을 요구한다. 그리고 이는 인간의 자기규명(self-identification)과 자연의 균일성이 하나님이 인간에게 자신을 밝히신 자기규명에 대한 이와 같은 규명에 근거하고 있다는 것을 포함한다. 만일 카이퍼가 자신이 그토록 용감하게 제시했던 기독교적 세계관의 내적으로 일관성 있는 영상을 가지고자 한다면 그는 순수하게 형식적인 신앙의 개념을 반드시 내어버려야만 한다. 그가 믿음에 대한 이와 같은 형식적 개념을 주장하는 곳곳에서 카이퍼는 실제로 인간적 자율에 대한 가정 위에 움직이고 있는 사람이 그것을 가지고 외관적 현상들뿐만 아니라 사물의 원인도 해석할 수 있는 바른 원리를 가지고 있는 것으로 인정하고 있다(p. 95).

리델보스(Ridderbos)와 마셀링크(Masselink)는 모두가 신자와 불신자에게 실질적으로 공통적인 해석의 영역이 존재한다는 그들의 생각을 뒷받침함에 있어서 카이퍼에게 호소한다. 그들은 특별히 측량하고 측정하는 것과 형식 논리에 관한 카이퍼의 주장에 호소한다. 카이퍼는 어느 누구나 외형적 문제들을 효과적으로 취급할 수 있다고 말했다. 그리고 사람의 추론능력은 죄의 사실로 인하여 어떤 영향도 받지 않는다. 비그리스도인은 그리스도인인만큼이나 논리적으로 추론할 수 있다.

그러다면 과학적 지식이 오로지 외면만을 다루거나 그것이 인간의 타락으로 인하여 아무런 변화도 입지 않는 그 주관적 요소에 의하여 주관 되는 한, 이는 신자와 불신자에게 있어서 공통적이다(p. 116).

리델보스와 마셀링크는 매우 제대로 카이퍼에게 호소하고 있는 것으로 발견된다. 그들은 형식적 믿음에 관한 카이퍼의 생각에 뭔가를 훨씬 더 첨가할 수도 있었을 것이다. 왜냐하면 형식적 믿음의 개념과 신자와 불신자 사이의 해석의 사실상 공통적 영역에 관한 개념은 상호 깊이 연관되어 있기 때문이다. 사실과 논리에 대하여 창조의 개념이 고려될 필요가 없다고 일사불란하게 주장할 수 있게 되는 것도 오로지 형식적인 믿음의 개념을 가졌을 때뿐이다. 그렇게 되면, 이 우주가 우연에 의하여 운행되고 있으며 그와 동시에 논리란 그로써 하나님이 인간과 맺고 계시는 관계를 철두철미하게 통달하고자 할 수단이라고 믿는 사람들이 이런 것들을 도무지 믿지 않는 그리스도인들과 함께 협력할 수 있게 된다. 그러나 그와 같은 경우에 비그리스도인이 그간 자기의 원리에 입각하여 모든 실재 전반을 해석할 수 있노라 주장할 논리적 권리를 가지게 된다는 것이 아울러 첨가되어야만 한다.

리델보스와 마셀링크가 그들의 입장을 뒷받침하기 위하여 호소하고 있는 것이 바로 카이퍼의 이러한 비일관성이다. 그러나 개혁주의 변증학에 있어서 진보는 이러한 비일관성이 제거되고 카이퍼의 주요 입장이 유지될 때에만 나타나게 될 것이다. 이런 경우에는 모든 사람이 믿음을 가지며 모든 사람이 하나님을 아는 한 그 의미가 존재하게 된다. 그리고 모든 사람이 과학에 기여할 수 있게 된다. 그 속에서는 그 똑같은 주체가 죄로 말미암아 윤리적인 의미에서 "주관적"이 되는 그런 또 하나의 의미가 존재한다. 이 윤리적 주관주의는 측량 및 측정과 추론을 포함한다. 그것은 모든 해석 과정의 활동들을 포함한다. 왜냐하면 그와 같이 주장된 사실의 철학과 논리의 철학이 경험을 규명하고 정리할 모든 가능성을 파괴할 것이기 때문이다(p. 562).

카이퍼 자신도 자연인은 참된 자기 지식을 갖고 있지 않다고 이야기한다. 자연인은 오로지 하나님의 말씀의 빛 속에서만 자기 자신을 있는 그대로 알게 된다(p. 564). "그러므로 자연신학은 성경과 더불어 나란히 살 것이 아니라 성경 속으로 흡수되어야만 한다. 자연신학은 오직 성경을 통해서만 우리를 올바르게 자연과 접촉하게 해 준다"(p. 564).

5. 바빙크

우리가 성경을 그리스도인의 유일한 원리(principium unicum)[42]임을 강조하는 것을 배운 것은 카이퍼에게서 뿐만 아니라 바빙크에게서도 마찬가지이다. "계시에 대한 바른 개념은 오로지 계시 그 자체로부터만 획득될 수 있다. 만일 아무런 계시도 주어진 일이 없다면, 그러한 개념에 대한 모든 성찰은 헛되이 소모된 수고일 것이다. 만일 계시가 실제로 주어졌었다면, 오직 그것만이 우리에게 계시의 개념을 제공하고 우리가 종교들과 계시를 연구할 때 채용하는 원리를 지시한다"(*Gereformeerde Dogmatiek*, 1:309). 바빙크는 믿음의 기초가 그 내용과 동일한 것으로서 믿음의 기초와 내용은 분리될 수 없는 것이라고 말했다(p. 644).

신자가 왜 그는 성경이 하나님의 말씀이라고 생각하느냐는 질문을 받게 되면, 그는 성경의 특징과 표준을 지적할 수 있을 것이다.[43] 그는 그 문체의 장엄함과 내용의 고상한 성격, 거기 담긴 사상의 깊이와 그 결실들의 축복됨 등을 들어 이야기할 수 있을 것이다. 그러나 "이러한 것들이 그의 믿음의 근거들은 아니며, 오히려 그것들은 후에 믿는 마음에 의하여 성경 속에서 발견된 특성과 증거이다. 이는 하나님의 존재에 대한 증거도 믿음을 선행하거나 믿음을 뒷받침하는 것이 아니라, 오히려 믿

---

42 *principium unicum*은 "유일한 원리" 또는 원천이다. 예를 들어 Herman Bavinck, *Reformed Dogmatics: Prolegomena*, ed. John Bolt, trans. John Vriend (Grand Rapids: Baker, 2003), 86 이하를 참조하라.

43 Van Til이 언급한 대로 Bavinck가 말하는(즉 그가 Calvin과 웨스트민스터 신앙고백서 1장 5조에서 핵심으로 취한) 성경의 특징 및 준거에는 "문체의 장엄성, 내용의 숭고성, 사상의 심오함 및 풍성한 열매" 등이 있다. Bavinck, *Reformed Dogmatics: Prolegomena*, 589.

음으로부터 나오고 또 믿음에 의하여 고안되어지는 것과 마찬가지다"(p. 634). "하나님이 말씀하신 것은 성경의 내용을 포함한 모든 교의를 추적할 수 있는 근본적 원리이다." "하나님의 말씀은 성경에 관한 것을 포함한 모든 교리들이 그곳에 원천을 두는 근본 원리이다."[44]

그러나 바빙크 역시 자증적이며 인간이 내리는 해석의 근본 원리인 성경을 그토록 강조하면서도 때때로 인간이 이 원리 없이도 경험의 많은 부분을 바르게 해석할 수 있다는 생각으로 되돌아가곤 한다.

『개혁주의 교의학』에서뿐 아니라 그가 쓴 『계시의 철학』(Philosophy of Revelation, Wysbogeerte der Openbaring [Kampen, 1908], 21)에서도 바빙크는 계시의 개념이 계시 그 자체에서 솟아나야만 한다고 강조하고 있다(p. 21). 그러나 바빙크는 이러한 기독교적 계시의 개념을 여러 가지 형태의 철학으로부터 방어하면서 때때로 이와 같은 높은 기반을 떠나서 여러 종류의 철학과 중립적으로 논쟁을 벌이곤 한다. 그는 현대 철학자와 더불어 철학적으로 논쟁하기를 원하며 그렇게 하여 그들과 더불어 자의식의 사실 그 자체로부터 출발하되, 그가 다른 때에 했던 것과는 전혀 다르게 이 사실을 하나님과 그리스도와 맺고 있는 관계의 맥락 속에 넣지 않은 채 시작하고 있다.

우리가 어떻게 여러 종류의 현대 철학들, 특히 실증주의가 실재를 보는 관점에 있어서 잘못되었음을 보여줄 수 있겠는가? 그것은 그들이 나름대로 몇 가지 요소들로써 그들의 우주를 구성하는 것보다 "훨씬 많은 요소들, 즉 훨씬 많은 사실"이 존재함을 지적함으로써 가능하다. "우리가 실재에 도달할 수 있는 유일한 길은 자의식의 길뿐이다"(Ibid., 46). 이 점에 있어서는 관념주의가 옳다. 그러나 만일 관념주의가 이러한 사실로부터 지각이 하나의 순수한 내재적 행위라는 결론을 연역해 내게 되면 그것은 잘못된 것이다(p. 47).

---

[44] 즉 "하나님이 말씀하신 것(Deus dixit)은…모든 교의들(dogmata)을 추적할 수 있는 근본적 원리(primum principium)"라는 것이다.

그러므로 우리는 자의식 속에서 단지 현상만을 다루는 것이 아니라 본질, 즉 모든 이론과 추론에 선행하여 우리에게 직접적으로 주어지는 실재를 다루고 있다. 자의식은 실재와 관념의 통합이다. 여기서 자아(self)란 의식을 말하며 과학적인 지식이 아닌 경험과 확신 그리고 하나의 실재로서의 자아에 대한 의식을 말한다. 자의식 속에서 우리 자신의 존재가 우리에게 모든 생각 이전에 그리고 어떤 의지와도 상관없이 독립적으로 직접적이며 즉각적으로 우리에게 계시된다(p. 61).

바빙크는 위에서 인용한 내용이 나오는 그의 책 여러 장(章)들 가운데서 인간의 자의식 그 자체의 개념 속에서 확고부동한 실재를 찾고자 애썼다. 그는 자신의 신학 전반을 통하여 인간이 자의식 속에서 실재를 발견하게 되는 이유가 자의식이 그와 동시에 창조주이시며 만물의 지배자이신 하나님에 관한 의식이기 때문이라는 사실을 부각시키지 않고 있다. 바빙크는 비기독교 철학자들을 그들의 토대 위에서 만나려는 목적으로 이 사실을 누락시켰다.

바빙크가 자의식 자체 속에서 "실재적 존재와 관념적 존재의 통일"[45]을 발견했다고 생각했다는 것은 매우 특이할 만한 점이다. 바빙크는 다른 여러 곳에서 자신의 신학적 토대 위에 서서 실재적 존재와 관념적 존재의 통일은 오직 하나님 안에서만 발견된다고 주장했다.[46] 물론 인간 자신이 자기가 실재적으로 존재한다는 것에 대한 올바른 의식을 소유한다는 것은 사실이다. 인간은 자신이 존재한다는 것을 필히 알 수밖에 없다. 그리고 만일 인간 자신이 그 존재의 의미를 알지 못한다면 결국 자신의 존재를 알 수 없는 것이다.

그러나 인간은 자신의 존재의 의미를 "사고" 또는 "관념적 존재"와 직접적이며 즉각적으로 일치시킴으로써 아는 것이 아니다. 인간은 자기

---

[45] "관념적" 존재와 "실재적" 존재의 차이는 일반적으로 후자는 전자의 개체화된 사례라는 것이다.
[46] 즉 하나님은 그분만이 자체(a se)로서 존재하시며 삼위 하나님으로 개체화되셨다는 점에서 두 가지 의미에서 모두 존재하신다는 것이다.

자신을 하나님의 유비적인 존재인 것으로 간주할 때에만 그가 어떠한 존재임을 알 수 있고 또 자신이 존재한다는 것도 알 수 있다.[47] 이와 같이 인간이 자기 스스로를 규명한다는 것은 결국 자신을 유비적으로 규명하는 것이다. "실재적이며 관념적인 존재"라는 말은 만일 그것이 기독교 체계에 입각하여 의미가 부여되지 않으면 단순한 추상적 개념에 불과하다. 그리고 만일 우리가 자의식 속에서 본질적 실재가 우리에게 계시되었다고 말한다면, 이 계시는 반드시 인간의 자아가 그 자신의 창조주의 자아에 관하여 이야기하기 때문에 그 자아가 그 자체에게 자아됨을 의미하는 것으로 받아들여져야만 한다.[48]

더욱이 인간의 자아의식 속에서 실재가 다른 어떤 것에서보다 즉각적이거나 보다 확실하게 발견되거나 하는 것처럼 인간의 자의식을 그 세계로부터 추상화하는 것도 역시 바빙크 자신의 신학을 역행하는 것이다. 그가 생득적 지식과 후천적 지식이 서로 얽혀 있다는 것을 증명하지 않았던가? 또 그가 무죄 상태(*status integritatis*)[49]하에서조차 인간을 둘러싸는 사실들을 통하거나 그의 내부의 의식을 통하여 인간에게 주어진 하나님의 계시가 하나님에 의하여 인간에게 주어진 초자연적 사상의 전달과 결합되었다는 사실을 지적하지 않았던가?(『개혁주의 교의학』, Vol. Ⅰ, p. 321). 인간의 환경을 통하여 인간에게 주어진 하나님의 계시와 인간 자신의 자아의식을 통하여 인간에게 주어진 계시는 똑같이 그리고 분명하게 실재가 하나님에 의하여 창조되었으며 하나님이 그것을 통치하고 계신다는 것을 지시한다. 데카르트가 인간 자신을 서술의 궁극적 출발점

---

47 하나님의 유비적 존재가 된다는 것은 하나님의 형상(*eikon*)이 된다는 것이다. 하나님은 "I AM"(스스로 계시는 분)이시며 인간은 언제나 어디서나 형상인 것이다. 그는 자신을 형상으로 알 때만 그리고 자신이 누구의 형상인지를 알 때만 자신을 알 수 있다.

48 다시 말하면 우리는 추상 속에서는 자아가 될 수 없다. 따라서 우리는 그러한 자아에 대해 알 수 없는 것이다. 알려질 수 있는 유일한 자아는 하나님의 형상으로서의 자아이며, 하나님의 형상이 된다는 것은 자아로서 우리가 "우리의 창조주의 자아(Self of our Creator)에 대해 말하는 것"이다.

49 *status integritatis*는 순순한 상태(state of integrity)를 말하며 구체적으로 타락 전의 인간을 지칭한다.

으로 삼았을 때, 그는 사실상 이처럼 언제 어디에나 임재해 계신 하나님의 모습을 부인한 것이었다. 구 프린스턴의 변증학은 이 점을 망각하고 있었다. 그리고 바빙크 역시 자신이 생각하는(Cogito)[50] 자아 그 자체를 인간 지식의 기초로 삼아 출발하려 했을 때 잠시나마 이 점을 망각하고 있었다.

바빙크는 계시가 철학, 과학, 역사 그리고 종교에 대해 가지는 관계에 대하여 논의한 다음 계시와 기독교에 관한 새로운 장(章)을 다음과 같은 말로 시작하고 있다. "사유의 본성, 자연의 본질, 역사의 성격 그리고 종교의 개념으로부터 파생된 계시의 실재에 관한 논증은 결국 그것을 통하여 인류가 거쳐온 과정에 의하여 그리고 에덴동산으로부터 십자가에 이르기까지 인류를 인도하였고 십자가로부터 영광에 이르기까지 인류를 인도한 발전 과정에 의하여 강화되었다"(p. 144).

본문 여러 곳에서 자주 확인되는 바와 같이 위의 요약적 내용은 바빙크가 어느 정도는 성경 속에서 발견된 진리체계의 정체와 의의에 대한 증거를 성경이 보여주는 우주에 관한 해석이 아닌 다른 해석에 입각하여 찾고자 했다는 것을 말해 준다.

"인간이 거쳐 온 발전 과정"은 계시의 개념을 시사한다. 전설도 계시가 그 배후임을 시사한다(p. 144). 물론 아무도 과거에 대하여 자신 있게 말할 수는 없다. "그럼에도 불구하고 어떤 공통적 기원에 대해 상당한 개연성을 부여하며 지시하는 현상들이 있음도 사실이다"(p. 157). 바빙크는 여기에서도 우주의 이해를 위한 계시의 필수성을 이끌어 들이기 위하여 먼저 우주를 이해하려 애쓴다. 그리고 그는 이런 일을 하는 가운데 인간에게 주어진 하나님의 일반계시의 주장을 자연히 약하게 만들고 있다. 이 점에 관한 바빙크의 접근은 그가 『개혁주의 교의학』 속에서 거듭하여 시도하던 것과 마찬가지의 접근이다. 그리고 인간에게 필수적이 되었다고 주장함에 있어 옳은 것이었음을 인정한다. "이러한 이유로 토

---

[50] 본서 7장 각주 3을 참조하라.

마스는 일반계시가 우리로 하여금 알게 해 주는 진리에 대해서조차 자연적 지식은 소수의 사람에게나 적당한 것이고 찾아내기에 너무나 긴 시간이 소요되며 더구나 불완전하고 불확실한 것이기 때문에 계시와 권위가 필수적일 수밖에 없다고 말했을 때 과연 옳았던 것이다"(p. 325).

여기서 바빙크는 분명한 계시와 불확실한 것을 넘어서 계시를 곡해한 계시의 해석을 구별하지 못하고 있다. 바빙크가 성경을 믿는 기독교 신앙이 다른 종교에 대한 신앙보다 결코 옹호하기 용이한 것은 아니라고 주장했을 때 이것은 결국 유신론적 입장이 개연적이며 그 이상은 결코 아니라는 것을 받아들이는 것과 보조를 같이 하는 것이었다. 신자는 자기의 입장에 대한 아무런 강력한 증거도 갖고 있지 않다. 그는 성경을 성경의 권위에 입각하여 받아들여야만 한다. 그러나 적어도 신자 역시 다른 종교인들이 공격을 받았을 때 할 말이 많은 것만큼이나 그의 신앙을 옹호하기 위해 할 말이 많기는 마찬가지다.

> 불신앙도 분석해 보면 결국 어떤 증거에 의거한 것이 아니라 마음속에 뿌리박고 있는 것이다. 이 점에 있어서는 신자와 불신자가 같은 입장이다. 즉 그 둘이 가진 확신은 그들의 인격성에 달려 있고, 이 확신은 증거와 추론에 의하여 후천적으로 뒷받침된다. 신자와 불신자와 이런 후천적 방법으로 서로 논쟁을 벌일 때 신자들이 안 믿는 사람들보다 불리한 입장에 있지는 않다. 하나님은 그를 찾는 자들이 충분히 알 수 있는 분이지만 그를 피해 도망가는 자에게는 철저하게 감추어진 분이다(p. 635).

바빙크는 또 이렇게 말했다. "역사적 증거와 이성적 증거는 아무도 개종시키지 못할 것이지만, 불신자들이 자신의 불신앙을 정당화시킴에 있어서도, 상대의 입장을 공격하는 논쟁에 있어서 그 힘을 발휘하는 것과 마찬가지로 신앙을 옹호함에 있어서도 그 힘을 발휘한다"(p. 635).

바빙크는 일반계시와 특별계시의 권리를 이와 같이 낮춤으로써 다시 한 번 칼빈의 신학과 불일치할 뿐만 아니라 자기 자신의 신학의 주류와도 일관성을 잃고 있다. 바빙크는 인간에게 주신 하나님의 계시가 일반계시이든 특별계시이든 간에 내재적으로 분명하다는 점을 거듭해서 지적한다. 그는 또 하나님이 말씀하시는 때가 언제든—그리고 그는 어느 곳에서나 말씀하고 계신다—인간은 자신도 모르게 그가 말씀하시는 진리를 받아들여야만 한다는 사실을 거듭해서 강조했다. 이는 그들이 하나님의 형상으로 지음 받았다는 것, 즉 신의식을 갖고 있다는 것이다. "하나님 자신께서 모든 인류에게 증거하고 계신다. 그리고 하나님의 형상에 따라 창조된 인간 자신은 그 자신에도 불구하고 하나님의 증거를 경청하고 그것에 동의하여야만 한다. 그것이 그들로 하여금 과대평가와 과소평가에 빠지지 않도록 보호해 줄 것이다"(2:55).

바빙크가 이와 같이 주장했을 때 그는 일반계시와 특별계시를 통하여 하나님이 주장하시는 객관적인 권리를 바로 다루고 있다. 인간은 누구나 하나님의 음성을 인지해야만 한다. 아무도 그것을 피할 수 없다. 인간은 있는 그대로 하나님의 피조물이기 때문에 하나님의 말씀은 "인간의 이성적 본성과 도덕적 본성의 지지를 받는다."

그러므로 하나님의 음성을 피하여 달아나고자 애쓰는 자들의 논증이 하나님의 음성이 어디에나 울려 퍼지고 있다는 것을 인정하고 또 그렇게 주장하는 자들의 논증 같이 이성적으로 건실하다는 것은 사실이 아니다.

전자는 바닥없는 대양 속에 있는 바위와도 같은 "생각하는 자아"에서 시작한다. 그러나 그것은 개별화될 수 없다. 그들은 만일 어떤 사실이 발견될 수 있다하더라도 어떻게 다른 사실들과 그것이 연결될 수 있는지를 입증할 수 없다. 전자는 자연의 균일성을 설명할 수 없다. 그들은 모순율이 주상적 통일성으로 이를 변형시킴에 성공하는 것과 같이 그것으로 하여금 개체성을 파괴시키도록 만듦으로써 모순율을 남용하지 않고서는 이를 사용하지 못한다.[51] 그들은 **원인, 본질, 목적** 등과 같은 말

---

[51] 불신 사상에서 이 문제는 통일성과 다양성을 다루려는 시도에 초점을 맞추고 있다는 사실에 다시 한 번 유의하기 바란다. 불신자는 사실들이 어떻게 연관되는지를 보여주지 못한다. 따라서 그는 그와 같은 범주화를 정당화할 수 없다. 그는 개인을 통일성 있는 전체로 흡수하지 않는 이상 논리의 법칙을 적용할 수도 없다. 우리는 Van Til이 이것을 두 명의 Socrates 이전 철학자를 통해 설명하고자 한 것을 기억한다. Heraclitus는 모든 것이 유동적

들 속에서 납득할 만한 의미를 발견할 수 없다. 그들의 사고 전반에는 어떤 일관성도 존재하지 않는다.

이와 같이 바빙크 신학의 주류를 이루는 것은 하나님의 권리를 높여 주장하면서 불신앙의 철저한 비합리성을 지적하는 것 등이었다. 그러나 바빙크가 "생각하는 자아" 그 자체에서 출발하여 원인 논증을 통하여 한 가지 점을 입증하고(p. 61), 목적론적 논증으로는 다른 점을 증명하며(pp. 62, 63), 존재론적 논증으로는 또 다른 점을 증명하여(p. 65) 한 단계씩 유신론적 입장을 단편적으로 건설하지만, 결국에는 우리를 홀로 존재하시는 하나님에게로 이끌어 가지 못하는 것은 그의 중심 견해와는 일치하지 않는 것이다. 존재론적 논증에 대하여 그는 그것이 우리로 하여금 존재와 관념 사이에 놓인 계곡을 건너가도록 해 주지는 못한다고 말하고 있다(p. 62).

바빙크가 관념과 존재의 통일을 하나님 안에서 전제할 때 우리가 그를 추종하는 것은 당연하다. 그와 같은 하나님의 임재가 인간에게는 오로지 분명하게 뚜렷할 뿐이다. 그러나 바빙크가 스스로 궁극적이라 여기는 인간에게서 출발하여 분명하게 하나님이 아닌 다른 어떤 궁극적 **원인**에로 나아가고, 하나님의 목적이 아닌 다른 어떤 궁극적 **목적**에로 나아가고, 사고의 악순환으로부터 우리가 탈피할 수 있도록 우리를 돕는 존재가 아닌 다른 어떤 궁극적 **존재**에로 나아갈 때 우리는 결코 그를 추종해서는 안 된다. 후자의 경우에 있어서도 우리는 "인간의 이성적 본성과 도덕적 본성" 가운데 어떤 반응을 발견할 수 있으나 그 경우에는 헛되이 하나님으로부터 도피하려고 애쓰는 사람들에 의하여 해석된 것일 뿐이다. 왜냐하면 인간의 경험 현상 속에서 하나님의 음성이 분명하게 들린 적이 없다든지 하나님의 얼굴이 분명히 드러나 보인 적이 없다고 주장하는 것과 그들은 단단히 연관되어 있기 때문이다. 그리고 그들은 자신이 하나님과 그리스도를 믿는 신앙이 지금까지 알려지지 않았든

이라고 했으며, Parmenides는 모든 것은 근본적으로 하나라고 주장함으로써 Heraclitus를 반박한다.

지, 혹은 전혀 알려지지 않은 것에 대한 신앙에 아무런 이견도 제시하지 않는다고 말하는 것이 그들의 입장과 밀접하게 연관된다는 것을 안다.

여기서 카이퍼나 바빙크에 대하여 더 다룬다는 것은 불가능한 일이다. 또한 그들의 동료와 추종자들의 작품에 대해서는 언급해 보지도 못했지만, 현재 우리의 주된 목적을 위하여 이 일이 꼭 필요한 것은 아니다. 우리의 주된 목적을 제시하면 다음과 같다.

1) 구 프린스턴신학교의 신학과 암스테르담의 신학은 본질적으로 동일하다. 핫지가(家)와 워필드, 드윗트(DeWitt), 그린 등은 카이퍼, 바빙크와 그들을 따른 사람들과 마찬가지로 성경이 하나님의 말씀이며 진리체계가 유비적 체계임을 강력히 주장한다. 그러므로 모든 인간의 경험은 그것에 입각하여 해석되어야만 한다. 타락 이전에도 초자연계시는 자연계시를 보완하고 있었다. 이와 같이 성경은 죄인인 인간에게 초자연계시를 공급한다. 죄인은 그가 필요로 하는 것이 무엇인지 안다고 가정할 수 없다. 그는 자신의 필요를 필히 오해하게끔 되어 있다. 그는 위대한 의사에게 진단을 받아야만 한다. 그러므로 성령께서 죄인에게 그의 죄를 확신시켜 주실 때에만 그 동일하신 성령께서 그에게 성경이 하나님의 말씀임을 확증시킬 수 있다. 성령께서 중생시키신 자들에게만 성경이 있는 그대로 보이게 된다.

그러므로 성경의 신적 **증거**들은 하나님의 자증(self-attestation) 과정 자체이며 자증 행위이다. 우주의 모든 사실들이 하나님을 증거한다. 그리고 그들의 증거는 모두 상호 연관되어 있다. 만일 하나님의 존재에 대한 증거와 기독교 진리에 대한 증거에 의하여 만들어진 누적된 결과가 있다면 그것은 모든 사실들이 같은 것에 대하여 이야기하면서 각기 다른 방법으로 똑같은 점을 입증하기 때문에 누적된 것으로 나타난다.

2) 이 두 가지 신학은 본래 신학에 있어서 모든 형태의 로마 가톨릭이나 복음주의적 사고를 모두 배격한다. 그와 같은 사고는 모두 하나님의 계획을 뒤바꿔 놓을 수 있는 인간의 능력에 대한 개념에 부합되지 않는 것을 성경이 가르칠 수 없다고 가정한다. 그러므로 로마 가톨릭과 복음주의는 자율의 개념 위에 세워져 인간의 지혜를 효과적으로

도전하지 못한다.

프린스턴의 사람들이나 암스테르담의 사람들 모두가 이 점에 대해서는 일관성 있게 명백히 말하고 있다. 그들이 인간의 "공통적 의식"에 대하여 말하고 있을 때 그들이 뜻하는 바는 바로 칼빈이 인간은 자기 자신을 아는 그 행위 자체로써 하나님을 또한 안다고 말했던 『기독교 강요』의 서두에서 의도했던 것이다. 그들이 하나님의 존재에 대한 증거들에 관하여 이야기하고 있을 때, 그들이 말하고자 하는 것은 바로 하늘이 하나님의 영광을 선포하고 궁창이 그 손으로 하신 일을 나타내는 것을 선포한다는 것이다. 그들은 기독교 종교의 객관적 타당성을 주장한다. 그들 중 어느 하나가 불신자와 더불어 논쟁하게 된다면 그는 이 불신자에게 그의 불신앙은 자연의 균일성과 모든 분야에 있어서의 납득할 수 있는 서술을 파괴한다고 말해 줄 것이다. 이 사람들은 직접적으로 이러한 것들을 주장하든지 아니면 간접적으로 암시하든지 간에 이런 일을 거듭해서 하고 있다.

따라서 우리가 다음과 같은 주장을 펼칠 때 우리는 구 프린스턴과 암스테르담이 다 함께 주장해 온 바로 이와 같은 공통적 기반 위에 서게 된다.

1) 우리는 변증학에 있어서도 신학에서 사용했던 것과 같은 원리, 즉 자증적 성경의 원리와 그것이 내포하고 있는 유비적 체계의 원리를 사용해야만 한다.
2) 그러므로 우리는 불신자와 신자 사이의 "공통적 관념"에 호소할 것이 아니라 모든 인간이 인간으로서 공통적으로 갖고 있는바 하나님의 형상으로 창조된 데서 말미암는 그 "공통적 관념"에 호소해야만 한다.[52]
3) 이와 같이 우리가 인간으로서 인간에게 이처럼 호소할 때에 그것은 오직 우리가 기독교의 원리를 불신자의 원리와 정면으로 대립시켜 놓았을 때에만 그 목적이 성취된다. 동질성과 모순에 대한 비이성주의 및 이성주의적 원리들과 더불어 자율성의 원리가 유비 원리의

---

[52] 모든 사람이 하나님의 형상으로 창조되었기 때문에 가지고 있는 "공통적 관념"들은 우리에게 이식된 하나님의 지식, 즉 신의식에 의해 수반된 관념들이다.

이름으로 배격될 때에만 인간이 인간으로서 갖는 공통적 관념들에 호소할 수 있게 된다.

4) 그러므로 기독교만이 유일하게 인간이 취할 수 있는 합리적인 것이라고 주장되어야만 한다.⁵³ 그리고 그것은 철저하게 합리적이다. 그것은 기독교 이외의 모든 다른 입장들을 취하는 이들에게는 전적으로 비합리적이다. 기독교만이 이성 그 자체를 십자가에 못 박아 희생시키지 않는다. 기독교가 없다면 이성은 완전히 진공 속에서 움직이게 될 것이다.

5) 그러므로 기독교를 위한 논증은 반드시 전제에 입각한 논증이어야만 한다. 어거스틴으로부터 하나님의 계시는 세상의 모든 다른 빛들이 거기서 빛을 얻는 태양이라는 것이 확고히 주장되어 왔다. 기독교 진리의 가장 좋은 그리고 유일하고 절대적으로 확실한 증거는 만일 기독교의 진리가 전제되지 않으면 어떤 것에 대한 아무런 증거도 존재하지 않는다는 사실 그 자체이다.⁵⁴ 기독교는 증거 개념의 기초 그 자체임이 분명해진다.

6) **원리적으로는** 하나님을 떠나 소외되었고 그의 얼굴을 피해 도망하며 애쓰는 죄인들이 기독교의 입장을 받아들이게 되는 것은 피할 수 없이 분명한 증거에 의하여 도전을 받고 성령께서 그들의 눈을 열어 그들로 하여금 그들 자신을 있는 그대로 보게끔 만들어 주었을 때 일어난다. 죄인들도 지적으로는 그들에게 제시되는 증거들을 기꺼이 따를 수 있다. 만일 기독교와 비기독교의 입장의 차이가 유일하게 개혁주의적 근거 위에서 나타나는 것처럼 뚜렷하게 드러나게 된다면, 자연인은 논쟁을 위해서 자신을 기독교의 입장에 놓아 볼 수도 있다. 그러나 비록 그가 이러한 의미에서 다른 경우보다 하나님에 대하여 보다 분명히 알고 또 비록 그가 그의 신적 감각에 의하여 하나님을

---

53 만일 그리스도인이 주장하는 것처럼 기독교가 사실이라면 그것만이—"하나님의 생각을 좇아 사유"하게 함으로—실재와 부합된다는 (신학적) 사실로부터 나온다.
54 우리가 앞서 확인한 대로 이 사상은 Van Til의 접근의 핵심이다. 이것은 종종 "반론의 불가"나 "초월적 방법"으로 불린다. 그러나 이것은 엄격한 방법이라기보다 기독교 변증에 대한 전반적 접근으로 이해되어야 한다. 이것은 어떤 사실로부터 시작할 수 있으며 그 사실의 배후에 존재하는, 그 사실을 가능하게 하는 전제에 대해 묻는다. 만일 이러한 전제가 반이성적(우연이나 "엄연한 사실"[brute fact])이라면 처음에 시작한 "사실"은 진실하게 알려질 수 없다.

이미 알고 있었다 할지라도 비그리스도인들이 진리를 실존적으로 알게 되는 것은 오로지 하나님의 은혜로 말미암아 성령께서 그들의 눈에서 비늘을 제거해 주셨을 때뿐이다.[55] 그렇게 될 때 그들은 그를 아는 것이 곧 영생으로 직결되는 바로 그 하나님을 알게 된다.
7) 그러므로 로마 가톨릭과 복음주의에 의해 주로 채택되었으며 구 프린스턴에 의하여 상당히 많이 그리고 암스테르담에 의해서는 그보다 적게 채용되어 왔던 전통적인 변증학 방법론은 이제 더 이상 존속되어서는 결코 안 된다.

워필드와 카이퍼의 어깨 위에 선 우리가 그들을 가장 잘 존경할 수 있는 길은 그들의 기본적인 입장과 일관되지 못한 것을 계속 고집하기보다는 오히려 그들이 펼쳤던 사상의 주류 위에서 계속 발전해 나가는 길이다. 그렇게 함으로써 우리는 칼빈과 사도 바울에게 가장 충실하게 된다.

---

[55] 여기서 말하는 "실존적으로"는 "인격적으로"(또는 인격적 존재라는 관점에서)라는 의미이다.

제14장

일반은총과 실존주의

우리는 결국 일반은총에 관한 문제로 다시 돌아왔다. 이 주제에 대한 비평가들의 입장은 상호 엇갈린다. 그들은 1924년 기독교 개혁교회 총회(CRC)가 결의한 세 가지 교리 조항에 대한 필자의 입장이 무엇이냐라는 간단한 문제에 대해서도 일치된 의견을 보이지 못하고 있다. 다아너는 다음과 같이 말한다. "윌리엄 마셀링크 박사에 의하면 반틸은 성령이 죄를 억제한다는 소극적 기능에 대해서는 믿지만 성령이 사회적 공의에 영향을 끼친다는 적극적 기능에 대해서는 믿지 않는다…. 반면에 리델보스에 의하면 반틸은 사회적 공의 및 일반은총에 대해 바른 주장을 한다."[1]

그는 계속해서 "반딜이 성령의 죄를 억제하는 소극적 영향력이나 사회적 공의에 기여한다는 긍정적 영향력을 믿지 않았다는 결론"으로 유도하는 몇 가지 "요소들"을 덧붙인다.[2] 그는 앞서 "따라서 반틸의 일반은총에 대한 방법 및 그것에 대한 정의는 1924년의 것과 많이 다르다"

---

[1] James Daane, *A Theology of Grace: An Inquiry into and Evaluation for Dr. C. Van Til's Doctrine of Common Grace* (Grand Rapids: Eerdmans, 1954), 90.
[2] Ibid.

고 했다.[3] 그는 필자의 입장이 "일반은총에 대한 공격"이며,[4] 필자가 일반은총의 여지를 전혀 허락하지 않는다고 주장한다.

1. 칼라마주(Kalamazoo)[5]에서 결의된 첫 번째 조항

필자의 입장에 대한 증거는 명백하다. 『일반은총』(Common Grace) 및 조직신학에 대한 강의안에서와 마찬가지로 필자의 『일반은총 소고』(A Letter on Common Grace)에서도 이러한 내용이 일부 담겨 있다. 나는 훅세마(Hoeksema)와 스킬더(Schilder)가 세 가지 조항에 대해 비판한 만큼 그들에 맞서 이를 주장하고 옹호했다.

이러한 사실은 몇 가지 인용만으로도 입증될 것이다. 첫 번째 조항의 내용은 다음과 같다. "총회는 성경과 신조에 비추어볼 때 하나님이 영생을 주시기 위해 택하신 자들에게 베푸시는 구원의 은혜 외에도 피조물 전체에 대해 보여주시는 하나님의 일정한 호의 또는 은혜가 있다는 것이 확실하다고 선언한다." 이에 대한 우리의 입장은 무엇인가?

> 일반은총을 부인하는 자들이 있다. 그들에 의하면 하나님은 역사의 어느 시점에서도 "진노의 그릇"과 같은 자들에게는 어떤 호의적 태도도 보일 수 없다고 주장한다. 그러나 이러한 추론은 논리가 성경을 지배한 결과이다. 그러므로 필자는 훅세마와 스킬더에 맞서 오직 성경적 해석의 인도함만을 받아 그들의 주장보다 더 구상적이고 유비적으로 생각해야 한다고 주장했던 것이다. 기독교의 모든 진리들은 외견상 모순적으로 보이는 것이 당연하다.[6] 그러나 우리의 사고는 존재론적

---

3 Ibid., 34.
4 Ibid., 31.
5 부록 1은 1924년 Kalamazoo에서 열린 기독교 개혁교회 총회에서 공식화한 세 가지 사항에 대해 제시한다.
6 Van Til의 모순 개념은 전형적인 철학적 개념보다 광범위하고 덜 세련되었다. 그는 여기서 성경의 모든 교리가 확인과 부인을 동시에 똑같은 방식으로 한다고 말하는 것이 아니

삼위일체―즉 성경이 우리에게 제시한 삼위 하나님―에 기반을 두기 때문에 유비적으로 생각해야 하는 것이다. 우리는 외견상 모순적으로 보이는 사실을 받아들이기를 두려워하지 않는다. 우리는 그것이 외견상 그렇게 보일 뿐이며 실제로는 그렇지 않다는 사실을 안다.[7] 일반은총의 문제도 마찬가지이다. 우리는 우리의 논리가 그렇게 하기를 원하는 것처럼 보인다고 해서 하나님이 유기자와 택자를 포함한 모든 인류에 대해 어떤 호의적 태도도 가질 수 없다고 주장해서는 안 되는 것이다. 우리는 다른 모든 성경적 교리와 마찬가지로 일반은총의 경우도 가능한 모든 성경적 가르침을 취합하여 상호 체계적인 관계로 결합해야 한다고 생각한다. 그러나 우리는 교리들 간의 논리적 추론이 가능한 관계를 원하는 것이 아니다. 우리는 단지 유비론적 체계를 가지고 싶을 뿐이다.[8]

필자는 『조직신학 개론』(*An Introduction to Systematic Theology*)에서도 동일한 주장을 제시한 바 있다. 우리는 선민과 유기자에 대한 교리로부터 "하나님이 인류를 어떻게 대하실 것인가에 대한 성경의 가르침은 사실이 될 수 없다"는 추론을 도출하려고 해서는 안 된다.

우리는 어떤 면에서 하나님은 신자들이 새로운 생명을 얻었음에도 불구하고 하나님 앞에서 범죄하기 때문에 싫어하신다고 생각할 수 있다. 따라서 하나님은 자신 안에 있는 죄의 원리에도 불구하고 하나님이 허락하신 "비교적 선한" 삶을 사는 불신자들에게 호의적일 것이라고 생각할 수 있다. 우리가 하나님(및 그와 세상의 관계)에 대해 이론적 방식으로 생각했다면, 하나님은 결코 유기자들에게 호의를 베푸실 수 없다는 사람들의 주장에 동의했을지도 모른다. 반면에 우리가 하나님(및 그와 세상의 관계)에 대해 구상적으로(concretely) 생각한다면 우리는

다. 오히려 Van Til이 주장하는 모순 개념은 넓은 의미의 역설에 해당한다고 할 수 있다. 이런 의미에서 그리고 창조주와 피조물의 구별된 속성으로 말미암아, 모든 기독교 교리는 "무한하고 변함이 없는 하나님이 일시적이고 변화무쌍한 시공계 안에서(그것을 통해, 그것과 함께) 일하신다"는 사실을 포함하고 있다는 점에서 역설적 요소를 가진다.

[7] "…사실상 그렇지 않다"는 것은 모든 역설이 하나님의 마음 안에서 해결책을 찾기 때문이다.

[8] Cornelius Van Til, *A Letter on Common Grace* (n.p., 1953), 24, 25.

하나님이 성경을 통해 이 문제에 대해 들려주신 말씀에 귀를 기울여야만 한다.[9] 따라서 우리는 이 문제에 대해 하나님이 불신자에 대해 어느 정도 호의적인 생각을 가지고 계신다는 사실을 가르치고 있는지의 여부에 대해 성경이 실제로 가르치는 대로 따라갈 수밖에 없다.[10]

혹세마는 하나님이 결코 택자와 유기자라는 두 그룹(또는 계층)의 사람을 하나의 그룹이나 계층 또는 보편성으로 다루실 수 없다고 주장한다. 피기우스와 알미니안주의자는 인간이 하나님을 따를 것인가 대적할 것인가를 결정하기 전까지는 하나님이 한 그룹이나 계층 또는 보편성을 두 그룹으로 나누실 수 없다고 주장한다. 혹세마에게 모든 은혜는 선택의 은혜이며 알미니안주의자에게 모든 은혜는 인간으로서의 인간에 대한 은혜, 하나님의 피조물로서 인간에 대한 은혜이다. 혹세마에게 모든 은혜는 특별은총이며 알미니안주의자에게 모든 은혜는 일반은총이다.

혹세마와 알미니안주의자는 이론적 논리가 어느 정도 성경을 지배하도록 내버려둔다. 그들은 우리가 선택과 일반은총 둘 다 고수하는 자기모순에 빠졌다고 비난한다. 그러나 양자 사이에는 어떤 모순도 없다. 우리는 알미니안주의가 말하는 "일반은총"을 고수하지 않는다. 그렇게 하는 것은 사실상 선택을 부인하는 것이다. 그러나 우리는 하나님이 선민이든 유기자이든 모든 인간(men as men)에게 호의적 태도를 보이신다는 사상을 고수한다. 이것이 『일반은총』(Common Grace) 및 필자의 강의안에서 제시하는 주장이다.

우리는 이 첫 번째 조항이 이론적 논리에 맞선 변증일 뿐만 아니라 올바른 성경 주석에 근거했다는 것을 알 수 있다. 시편 145:9은 총회가 첫 번째 조항을 뒷받침하기 위해 제시한 본문 가운데 하나이다. 시편 기자가 "여호와께서는 만유를 선대하시며 그 지으신 모든 것에 긍휼을 베푸시는도다"라고 한 것에 대해 스킬더는 이것은 단지 하나님이 그렇게 존

---

9 Cornelius Van Til, *An Introduction to Systematic Theology* (syllabus 1951), 246.
10 Ibid., 247.

재하고 있는 상태를 기뻐하신다는 것을 보여줄 뿐이라고 주장한다.

스킬더 역시 이런 식으로 성경적 내러티브에 시대를 초월한 논리를 강요한 것이다. 그러나 우리는 이 본문을 있는 그대로 받아들여야만 한다. 역사의 마지막 날에는 결코 택자와 유기자 두 부류의 사람이 하나님으로부터 같은 대우를 받지 않을 것이다. "역사가 끝날 때 더 이상 하나님은 유기자에 대한 어떤 호의도 보이지 않으실 것이다. 그러나 이것은 역사의 시초에도 하나님이 두 그룹의 사람들을 한 그룹으로 다루시지 않으셨다는 것을 입증하는 것은 아니다."

> 하나님은 역사의 시초, 즉 그들의 악한 시도가 절정에 달하기 전에, 어떤 의미에서 그들을 택자와 함께 분류하셨다. 하나님이 처음 아담에게 말씀하실 때 그는 모든 인류의 대표자로서 아담에게 말씀하신 것이다. 이것은 하나님의 마음에 각 사람에 관한 문제가 아직 결정되지 않았다는 뜻은 아니다. 그것은 이미 결정되어 있다. 그러나 하나님이 택자와 유기자를 어떤 의미에서 하나의 보편으로 다루셨다는 것은 부인할 수 없다. 아담은 완전하게 창조되었다. 그가 타락했을 때 모든 사람은 죄인이 되었으며 그들은 아담 안에서 하나님의 진노의 대상이 되었다. 그들 모두는 죄인이 된 것이다. 그들은 모두 **같은 날 공통적 대표자의 한 행동을 통해** 죄인이 된 것이다.[11]

그렇기 때문에 시편 145:9은 첫 번째 조항에 대한 변증의 적절한 인용으로 보인다. 뿐만 아니라 선택과 유기에 관한 교리는 연역적 체계신학의 원천으로서, 추상적으로 받아들여서는 안 된다는 사실을 보여준다. 우리는 이러한 교리들이 역사를 꼭두각시 춤으로 탈바꿈시켰다는 알미니안주의자의 주장에 대해 사실은 그것과 정반대라고 대답한다. 역사 안에서 일어나는 인간의 선택들은 만사를 주관하시는 하나님의 뜻에도 "불구하고"가 아니라 그러한 뜻 "때문에" 진정한 의미를 가진다. 마찬가지로 우리는 하나님이 인류를 두 그룹으로만 다루실 것이라고 주장

---

11 Cornelius Van Til, *Common Grace* (Philadelphia: Presbyterian and Reformed, 1947), 30.

하는 자들과 달리 하나님은 역사 속에서 인류를 하나의 단위로 다루신다는 사상을 지지한다. "좋든 나쁘든" 즉 이론적 논리의 관점으로부터 어떤 결과가 도출되든 "총회가 가르치고자 한 것은 하나님이 모든 사람(men as men)에게 어느 정도 은혜를 베푸신다는(호의적 태도를 보이신다는) 것이다."[12] 이러한 총회의 판단은 전적으로 옳다. 인간이 하나님께 범죄하였기 때문에 버림을 받았다는 것은 성경적 역사관의 핵심이다. 그들은 모든 곳에서 인간에게 관대함을 드러내고 계신 하나님께 범죄한 것이다. 칼빈의 다음과 같은 말은 다시 한 번 우리의 지침이 된다. "따라서 바울은 아덴 사람들에게 그들이 '하나님을 혹 더듬어 찾아 발견'할 수 있음을 상기시킨 후 즉시 '그는 우리 각 사람에게서 멀리 떠나 계시지 아니하도다'라고 덧붙인다. 모든 사람은 자신 안에 '그것으로 말미암아 살고 기동하며 존재하는 하늘의 은혜'에 대한 의심할 수 없는 증거를 가지고 있다(1.5.3)."[13]

2. 아담 안의 인류에 대한 하나님의 원래적 호의

따라서 역사의 시초에 하나님은 "모든 사람에 대해 호의적 태도를 가지고 계셨다." 아담은 모든 사람의 대표자이다. 그리고 아담 안에서 모든 사람은 영원한 생명을 제시받았다. "모든 사실에는 하나의 요구가 담겨 있다. 그러나 이 요구조차 인간에 대한 하나님의 호의적 태도임을 드러내 보여준다. 이 모든 상황이 없었다면 대표자의 윤리적 행위[14]는 진공 속에서 일어난 일이 되고 말았을 것이다."[15]

---

[12] Ibid., 26.
[13] Van Til, *An Introduction to Systematic Theology*, 62.
[14] Van Til이 말하는 "대표자의 윤리적 행위"는 아담이 우리의 대표자로서 수행한 불순종을 말한다. 이러한 행위는 아담(따라서 그를 대표로 하는 우리)에 대한 하나님의 은혜와 선하심이라는 상황 안에서 일어난 것이다. 이러한 하나님의 은혜와 선하심의 상황이 아니면 그의 행위는 "진공 상태에서 일어난 일이 되고 말았을 것이다."
[15] Van Til, *An Introduction to Systematic Theology*, 62.

사람은 원래 선하게 창조되었다. 말하자면 사실상 인간 편에서의 윤리적 반응이 있었으며 이러한 윤리적 행위가 하나님의 인정을 받았다는 것이다.[16]

하나님 편에서의 이 원래적 호의는 엄격한 의미에서 은혜라고 할 수 없다. 왜냐하면 아직 죄가 들어오지 않았기 때문이다. 그러므로 우리는 아담에게 나타난, 하나님이 인류에 대해 원래 가지고 계셨던 호의적 태도에 대해 말하고 있는 것이다. 바빙크를 비롯한 개혁주의 신학자들은 종종 이러한 하나님의 호의적 태도를 은혜라고 부른다. 그렇기 때문에 그들은 "은혜"라는 용어를 하나님이 피조물에 대해 아무런 의무도 갖지 않는다는 것을 표현하는 다소 느슨한 개념으로 사용한다. 은혜를 하나님이 모든 사람에 대해 원래 갖고 계신 호의적 태도와 연계하는 것은 확실히 이 문제를 해결할 수 있는 중요한 요소가 된다.

아담의 불순종이라는 대표적 행위는 하나님이 사람에 대해 갖고 계신 이러한 원래의 호의적 태도에 반하여 일어난 것이다. 따라서 죄는 언약적 불순종의 행위이다. 그리고 은혜는 특별은총이든 일반은총이든 언약적 불순종의 행위로서 죄와 관련된 것이다. 사실 일반은총 문제의 해결을 위해 무엇보다 중요한 것은 이 문제를 개혁주의 역사관 전체의 조망 속에서 접근하는 것이다. 그렇게 할 때만이 하나님의 은혜가 아담 안에서 언약을 파기한 자들에게 임할 수 있다. 그들은 역사의 시초에—심지어 그들이 존재하기도 전(즉 그들이 역사적 개인으로서 존재하기 전)에도—이미 하나님의 호의적 태도의 대상이었던 것이다. 이러한 은혜가 참다운 은혜가 되는 것이다.

이러한 논지는 『특정설과 일반은총』(*Particularism and Common Grace*)에서도 다시 한 번 제시된다. 개혁주의 신앙의 특정설만이 성경적 은혜 개념을 정당하게 다룰 수 있다. 모더니스트나 뉴 모더니스터의 사물관을 고수하는 자들은 죄에 대한 회개를 요구하지 않는 은혜, 참 은혜가 아닌

---

16 Ibid., 71.

일반적이고 공통적인 은혜(일반은총)를 원한다. 로마 가톨릭의 사물관을 고수하는 자들은 창조주와 피조물 사이의 구별을 대부분 제거해버린 일반은총을 원한다. 루터파와 알미니안주의자는 하나님의 궁극적인 선택적 사랑이 결여된 일반은총을 원한다. 그러므로 모든 일은 하나님의 뜻에 의해 발생한다는 개혁주의적 관점 안에만 진정한 은혜가 있다. 이와 같이 은혜는 주권적 하나님의 행위이다. 따라서 구원하는 은혜는 선택적 은혜이다. 일반은총은 순수하게 은혜이면서 동시에 순수하게 일반적이다. 왜냐하면 이 두 요서는 하나님의 경륜을 전제하지 않고서는 어디에서도 결합될 수 없기 때문이다.

이상의 논지들은 대화형식으로 제시될 수 있다. 칼빈의 대변자는 다음과 같이 말한다.

> "일반은총이 반대자에게 나타나면 (그가 그것을 받아들이든 말든) 그의 환경과 유전형질이 실질적으로 성경에 계시된 하나님에 의해 주관되어 왔음이 객관적으로 드러날 것이다. 그렇지 않다면 어떤 세계도 존재할 수 없을 것이다. 말하자면 인간의 의식에 대한 사실들과 인간의 환경을 둘러싼 사실들을 포함한 이 세계의 모든 사실들은 앞서 지적한 대로 성경이 그들의 존재를 위해 제시한 언약적 관점 안에서 보아야만 한다. 그러므로 모든 사실들은 어느 곳에서든 누구에게나 하나님이 예전에 인류를 창조하시고 그들과 마주하셨다는 사실에 대해 말한다. 모든 사실들은 역사의 시초에 일어났던 한 가지 사건, 즉 하나님이 인류를 호의적으로 대하셨으며 자신을 전심으로 사랑하고 순종할 것을 조건으로 영생을 제시했다는 사실에 대해 말해준다."

그는 계속해서 모든 인류에 대한 참된 성경적 일반은총 개념은 역사의 시초에 그 기반을 둔다고 말한다. 또한 각 개인에 대한 선택의 진정한 의미 역시 그 기반을 역사의 시초에 둔다고 말한다. 이 두 가지 개념은 상호 의존적이다. 아담 개인에 대한 선택은 인류의 영원한 복과 저주가 달려 있었기 때문에 전적으로 중요한 사건이었다. 이러한 중요성이 인간의 의지에 따른 것이라고 주장할 수 있는 근거는 어디에도 없다. 이러한 중요성이 인간의 의지에 귀속될 수 있는 것은 오직 하나님이 만사를 주관하신다는 사실을 배경으로 할 때뿐이다. 이러한 배경이 없는 인간의 의지는 허공에 떠다닐 뿐이다. 그것은 인류 전체는 물론 개인 자신에게조차 아무런 의미가 없다.[17]

그는 계속해서 이렇게 말한다. "이처럼 모든 것을 주관하시는 하나님의 뜻이 없다면 어떻게 모든 사람에게서 발견되는 죄의식—하나님의 법을 파괴했다는 의식—이 현재의 상태처럼 나타날 수 있겠는가?" 이 죄의식은 하나님이 처음에 인간에 대해 호의를 베푸셨다는 사실 및 아담 안에서 모든 인류가 이 호의를 거부했다는 사실에 비추어 볼 때만 가능한 것이다. "하나님이 영원히 그분으로부터 분리되어야 마땅한 자들에게도 지속적으로 은총(호의)을 베풀고 계신다는 사실이 아니라면, 전적으로 사악한 존재로서의 인간의 환경이 내면적인 불모지와 유사한 어떤 것으로 변해버리지 않는 사실을 어떻게 설명할 것인가? 인간이 전적인 포악으로 달려가는 것을 막는 하나님의 징계조차, 하나님 은총의 증거가 아닌 다른 어떤 것으로 여겨질 수 있겠는가?"

그는 계속해서 다음과 같이 자신의 주장을 이어간다. "확실히 이 일반적 또는 공통적 은혜는 모든 면에서 공유될 수 있는 것이 아니다. 하나님이 그의 앞에 살 자들을 다루심과 결국은 그의 면전에서 쫓겨날 자들을 다루심이 아무런 차별 없이 동일할 수는 없다. 하나님의 호의는 처음부터 사람의 본분과 그의 책임을 제시하기 위한 목적에서만 공통적이었다. 이러한 공통성은 처음부터 하나님의 한 계획(one common plan) 안에 들어 있는 차별성과 연계된다. 그렇다면 하물며 죄인에 대한 일반은총은 인간에게 중요한 선택을 제시하기 위한 목적이라는 사실이 얼마나 강하게 함축되어 있겠는가?"[18]

앞서 언급한 첫 번째 조항을 뒷받침하기 위해 인용한 다른 성경은 마

---

[17] Van Til이 여기서 말하려고 하는 요지는 만일 우리의 의지가 자율성을 가지고 기능한다는 의미에서 자유하다면, 자율성을 가지고 기능한다는 바로 그 사실 때문에 하나님에 대해 설명할 수 없는 것이다. 하나님에 대해 설명할 수 있기 위해서는 의지가 하나님의 계획이라는 상황 안에서 기능해야만 한다. 이러한 계획과 상관이 없는 경우 우리가 설명해야 할 외적인 "법칙"도 없으며 따라서 설명할 수 있는 선택도 없다.

[18] Cornelius Van Til, *Particularism and Common Grace* (Phillipsburg, N. J.: L. J. Grotenhuis, 1951), 11, 12.

태복음 5:44 및 누가복음 6:35이다. 스킬더는 비와 햇빛을 주신다는 사실만으로 하나님이 사람들에게 호의적이라는 결론을 내릴 수는 없다고 주장한다. 필자는 이러한 그의 주장을 반박한 총회의 입장이 옳다고 생각한다. "스킬더는 우리가 이러한 사실들로부터 우리에 대한 하나님의 생각에 대한 결론을 정당하게 도출할 수 없다고 주장하지만 우리는 우리에 대한 하나님의 생각이 이러한 사실들을 통해 드러난다고 분명히 말할 수 있다."[19] "따라서 하나님이 사람을 위해 때를 따라 비와 햇빛을 선물로 주실 때 이러한 선물은 인간에 대한 하나님의 권유로 보아야 한다. 하나님의 권유란 곧 그들의 창조주이신 하나님을 사랑할 것과 죄를 회개하고 용서를 구하는 것이다. 하나님은 오래 참으시는 중에 인간으로 하여금 이러한 선물들을 통해 자신을 찾게 하시는 것이다."[20]

3. 복음의 일반적 제시

기독교 개혁교회 총회는 첫 번째 조항을 뒷받침하기 복음 제시의 일반적 속성에 대해 언급하였다. 필자는 이 부분에 대해서도 하나님이 특정 사람들을 구원하시지 않기로 정하셨다면, 위선이 아닌 이상 그들을 구원으로 초청하실 수 없을 것이라고 주장하는 자들에 맞서 총회의 주장을 지지한 바 있다. 동시에 필자는 이러한 제시가 아담과 함께 시작되어야 할 필요성이 있음을 강조하였다.

> 여기서 초기 사상과 후기 사상을 관찰한다면 우리는 이러한 문제점들이 상당히 줄어들었다고 믿어야 한다. 칼빈은 인간이 원래 "구원의 길에 서 있었다"고 주저 없이 말한다. 모든 인간이 구원의 길에 서 있는 동안 구원은 모든 사람에게 제시되었다. 칼빈은 이것을 역사적 사실로

---

[19] Van Til, *Common Grace*, 32.
[20] Van Til, *Particularism and Common Grace*, 13.

주장한다. 그는 구원이 절대적으로 주어졌는지 조건부로 주어졌는지에 대해 피기우스와 논쟁을 벌였으나 그것이 모든 사람에게 주어졌다는 사실에 대해서는 반박하지 않았다…. 칼빈은 하나님이 역사의 시초에 모든 사람에게 영생을 주셨다는 사실로부터 출발한다. 피기우스와 같은 사람들은 이것이 전적으로 불가능하다는 반론을 제기하기 쉽다. 그는 이렇게 말할 것이다. "선택 교리에 의하면 하나님은 모든 사람을 구원하기로 작정하신 것이 아니다. 그렇다면 모든 사람에 대한 영생이 무슨 의미가 있다는 것인가? 당신은 어떻게 감히 하나님이 사람을 구원의 길에 두셨다고 말할 수 있는가?" 이에 대해 칼빈은 결코 비기독교적 가정에 근거한 논리로 벗어나려 하지 않는다. 그는 오히려 논리적인 면에서 이러한 일반적 제시는 실제로 하나님에 의한 것이기 때문에 의미가 있고 가능하다고 주장한다.[21]

따라서 복음은 다음과 같이 제시된다.

…모든 사람에게 미친다. 그것은 한때 "구원의 길에 있을 때" 구원을 제시받았던 죄인들에게도 해당된다. 그것은 한때 한 사람 안에서 아담에게 주어졌던 영생을 거부했던 모든 사람에게 해당된다. 이제 인간은 이러한 초기 상태와 상반된 "사망의 길에 있다"는 표현을 사용해야 한다. 한편 이러한 상황 속으로 그리스도의 구속 사역이라는 사실이 약속 또는 성취를 통해 들어왔다. 그는 자기 백성만을 위해 죽으셨다. 그러나 아직까지 그들은 오직 하나님의 마음속에서만 그의 백성일 뿐이다. 그들은 여전히 악한 인류의 한 지체로 살아가고 있다. 그들과의 접촉은 바로 이러한 상황에서 이루어진다 따라서 복음 제시나 권면은 불신자에 대한 것이 아니듯이 신자에 대한 것도 아직 아니다. 그것은 이러한 구별이 있기 전에 온다. 따라서 그것은 모든 사람에게 오며 그렇게 함으로써… 의미를 가진다. 그리스도는 일부 사람들에게 생명에서 생명에 이르는 향기가 되시지만 다른 사람들에게는 사망에서 사망에 이르는 냄새가 되신다. 궁극적으로 믿지 않을 자들은 더욱 변명할 수 없는 것이다.[22]

---

21 Van Til, *Common Grace*, 76, 77.
22 Ibid., 77, 78.

전반적으로 공통(일반) 개념은 은혜에 적용되든 복음에 적용되든, 초기 및 후기 개념과 밀접하게 연결되어 있다. "공통"은 어느 시점까지 언제나 "공통"이며 그 후에 차별을 가진다. 그러나 "공통" 개념은 후기보다 초기에 공통적 성격이 더욱 강하다. 모든 인간은 신자든 불신자든 양자의 차별화가 진행되기 전까지 유사한 대우와 취급을 받는다.[23] 택자와 불택자에 대한 진노 역시 양자의 구별이 진행되기 전까지는 공통적으로 적용된다. 일반은총 및 모두에 대한 복음적 부르심도 마찬가지이다. 이러한 것들이 제시된 대상은 "공통성"을 적용해도 될 만큼 구별이 되지 않은 상태에 있는 인간이다. 역사는 진정한 의미를 가진다. 그리고 선택 교리는 이 역사의 의미를 파괴하는 방향으로 해석되어서는 안 되며 그 교리의 기초가 되는 방향으로 해석되어야 한다.[24]

그러므로 암스테르담과 구 프린스턴은 인류 전체에 대한 복음의 일반적 제시와 함께 일반은총에 대해서도 가르쳤다. 하나님은 처음부터 인간들 사이의 최종적 구별에 대한 궁극적 계획을 가지고 계셨다. 이러한 사실에 대해서는 타락 후 예정론자(infra-lapsarian)나 타락 전 예정론자(supra-lapsarian) 모두 공감한다.[25] 그러나 이것이 역사의 시초에 있었던 인간에 대한 호의적 태도를 축소하는 것은 아니다. 그런데도 왜 하나님의 일반적

---

[23] Van Til이 공통성과 관련하여 "초기와 후기"를 구별하고 "차별화" 개념을 사용한 것은 역사의 종말론적 국면을 염두에 둔 것이다. 시초에 "하나님의 선민을 불러모음"은 초기 단계이다. 하나님의 은혜로 구원받은 자들은 극히 적은 숫자이다. 그러나 역사가 전개되면서 전체 인류 가운데 점차 많은 사람들이 구원받는 믿음으로 인도됨에 따라 차별화는 더욱 부각된다. 따라서 역사와 함께 점차 구별이 선명해지기 때문에 후기 단계에는 초기 단계보다 "공통성"이 약해지는 것이다. Van Til이 이러한 점진적 차별성의 부각을 볼 수 있다고 한 것은 경험적 주장이라기보다 하나님은 자신의 선민을 점차 모으신다는 성경의 종말론적 논지에 초점을 맞춘 것이다.

[24] Van til, *An Introduction to Systematic Theology*, 249.

[25] 칼빈주의자들은 개혁주의의 예정론 교리에 있어서 하나님이 생각하고 계신 작정의 순서—특히 인간에 대한 선택과 타락의 관계와 관련하여—에 대해 논의한다. 간단히 말하면 타락 후 예정론은 창조, 타락, 선택의 순서를 주장하나 타락 전 예정론은 선택, 창조, 타락의 순서를 주장한다. Herman Bavinck는 *Reformed Dogmatics: God and Creation*에서 이러한 범주 자체가 부적절하다고 주장하지만 역사적으로 대부분의 개혁주의 학자들을 타락 후 예정론을 주장해왔다.

은총(호의)은 타락 후조차 지속될 수 없는가? 그것은 죄를 그 자체로 궁극적인 존재의 행위로 받아들일 때에만 사실이 될 수 있을 것이다. 하나님은 영원부터 역사적 존재로서 인간이 범할 죄로 인해 인간을 거부했다. 따라서 하나님은 역사속에서 그리스도께서 그들을 위해 하실 사역 및 성령께서 그들 안에서 이루실 사역으로 말미암아 다른 자들을 선택하셨다. 여기서 말하는 역사란—하나님의 생각이든, 사실로 실현되었든—하나님이 생각하시는 계획에 의해 의도된 것이라는 점에서, 역사적이어야 한다는 사실에 대한 강조는 중요하다.

따라서 역사의 시초에 보여준 모든 인간에 대한 호의적 태도는 범죄한 자들에 대한 진지한 복음 제시 및 일반은총으로 나타난 것이다.[26] 모든 사람은 죄로 말미암아 사망의 길에 서 있다(칼빈). 하나님은 한 부류의 사람에게 생명의 길에 대한 진지한 제시를 하신 것이다(로마서 2장). 이것이 인간에 대한 삼위 하나님의 일반적 증거이다.

그러므로 인간에 대한 하나님의 선하신 선물인 비와 햇빛은 참으로 그들에 대한 하나님의 은혜를 보여준다. 동시에 이러한 것들은 하나님의 영의 사역—즉 사람들을 불러 회개시켜 아담 안의 인간에게 원래 주어진 사명을 성취하게 하는 일—을 위해 제시되는 일반적 증거인 것이다.

그러므로 자연인은 이러한 일반은총을 통해서도 "선한 행위"를 할 수 있다.[27]

4. 칼라마주에서 결의된 두 번째 및 세 번째 조항

두 번째 및 세 번째 조항은 함께 다루어도 될 것이다. 두 번째 조항은 "개인과 사회의 삶에 있어서 죄의 억제"에 대해 언급하며, 세 번째 조항은 "중생하지 못한 자는 어떤 구원적 선도 행할 수 없지만…사회적 선은 가능하다"고 주장한다. 필자는 죄인이 하나님의 저지로 말미암아 어느 정도 자신의 원리대로 살지 못한다는 사실을 거듭 주장해왔다.

---

[26] 이 진술 역시 하나님의 일반은총에 대한 Van Til의 종말론적 강조를 보여준다.
[27] Van Til, *A Letter on Common Grace*, 57, 58.

따라서 인간은 원리적으로 소경이다. 그가 하나님과 자신에 대한 진실을 보기 위해서는 거듭나야 한다. 그는 지식에까지 거듭나야 한다…[28] 그러나 사람은 영적으로 죽었다는,[29] 즉 원리적인 면에서 죽었다는 사실에도 불구하고 비교적 선한 일에 대해 알 수 있고 그러한 선을 행할 수도 있다. "하나님의 비구원적 은혜로 말미암아 이 땅에서 죄인에 대한 하나님의 진노는 이 땅에서 경감되었다…. 이러한 사실은 인간의 마음이 절대적이고 완전하게 악한 성향으로 굳어 있지는 않다는 점에서 찾아볼 수 있다. 인간은 기본적으로 하나님에 대해 적대적이며 하나님과 이웃을 싫어하기 쉽지만 이러한 적개심이 이 땅에서 완전히 발산되지는 않는다. 그는 완성품이 아니다."[30]

다행히 자연인은 이 땅에서 완전한 나래를 펼치지 못한다. 따라서 그리스도인이 자신의 의지에 반해 죄를 범하듯이 자연인은 자신의 본질인 사단적 원리에 반하여 죄를 범한다. 그리스도인이 자신을 사로잡는 "옛 사람"의 악령 때문에 "그리스도의 생명"을 실현하는 것을 방해받고 있다면 자연인은 자신을 억압하여 사단의 삶을 이루지 못하도록 막는 신의식이라는 악령을 가지고 있는 것이다.

따라서 실제적 상황은 언제나 진리와 거짓이 혼합된 상태인 것이다. 자연인은 "이 땅에서 하나님이 없는" 존재이지만 하나님을 알며 자신의 본 모습에도 불구하고 어느 정도 하나님을 인식한다. 하나님을 싫어하는 사람도 하나님의 형상으로 지음을 받았기 때문에 그리고 자신 안에 있는 결코 지울 수 없는 신의식으로 인해, 제한적인 의미에서 하나님을 알고 선을 행하는 것이다.[31]

---

[28] "새 사람을 입었으니 이는 자기를 창조하신 이의 형상을 따라 지식에까지 새롭게 하심을 입은 자니라"(골 3:10).
[29] "그는 허물과 죄로 죽었던 너희를 살리셨도다"(엡 2:1).
[30] Van Til, *A Letter on Common Grace*, 23, 24. quoting idem, *An Introduction to Systematic Theology*, 98.
[31] 이것은 Van Til의 사상에서 기억해야 할 중요한 논지이다. 여기에는 두 가지 요소가 있다. (1) 원리적인 면에서 인간은 하나님을 전적으로 대적하거나 전적으로 위한다. "원리적인 면에서"라는 말은 "이론적으로"라는 말이 아니다. "원리적인 면에서"라는 것은 우리의 모든 말과 행위의 특징, 기초 및 "출발점"을 일컫는 말이다. 따라서 우리는 "원리적인 면"이라는 개념을 이론적이고 비실제적으로 보아서는 안 된다. 따라서 "원리적인 면"은

이런 의미에서 필자가 "절대적으로 윤리적인 안티테제"라는 표현을 사용한 부분은 주로 안티테제 개념을 최악의 상태에 이른 인간으로 해석하는 자들을 겨냥한 것이라 할 수 있다. 요는 절대적 또는 전적인 윤리적 타락 개념을 사람이 최대한 사단적이 되었다는 개념으로 볼 필요도 없고 보아서도 안 된다는 것이다. 안티테제는 윤리적이며 형이상학적이지 않기 때문에 하나님의 억제하는 은혜는 인간이 최악의 상태로 치닫는 것을 막는다.[32]

이제 독자들은 다아너의 비판이 얼마나 근거가 없는 것인지를 알았을 것이다. 그의 주장에 대해 살펴보자.

1) 삼위 하나님 자체는 궁극적이지 않다

1장에서 살펴본 대로 그는 필자의 신학이 "철학적 기반" 위에 서 있다고 주장한다. 보다 구체적으로 말하면 내가 "헤겔의 관념론과 현대 실존주의를 복합한 사상을 제공했다"는 것이다.

독자들은 필자의 사상의 기본적 범주가 다음과 같다는 것을 알 것이다.

- 하나님의 직접적이고 정확무오한 말씀으로서 성경
- 세상과의 관계에 앞서 내적인 자기의식 안에서 외적으로 존재하시는 삼위 하나님에 관한 교리

우리의 궁극적 향방을 결정한다는 점에서 "실제적"이다. (2) 우리는 이 원리에 따라 살지 못한다. 아담 안에서든 그리스도 안에서든 우리의 일상은 이러한 불일치를 보여줄 것이다. 그리스도 안에 있는 자들의 경우 불일치는 구원의 "아직"이라는 요소에 기인한다. 우리는 아직 완전하게 성화되거나 영화롭게 되지 못한 것이다. 아담 안에 있는 자들에게 이러한 불일치는 그들의 운명의 "아직"이라는 요소 때문이다. 그러나 이 요소는 그들 안에 있는 신의식과 하나님이 죄를 (어느 정도) 억제하심이라는 상황에 기인한다. 예를 들어 로마서 1:24, 26, 28을 참조하라. 하나님은 자신의 진노로 인해 아담 안에 있는 자들이 그들의 악을 더욱 드러내도록 하기 위해 그들을 억제하는 선하심을 제거하신다.

32 Van Til, *A Letter on Common Grace*, 34, quoting idem, *An Introduction to Systematic Theology*, 27.

필자는 바빙크와 개혁주의 신학을 따라 삼위 간의 관계를 존재론적 삼위일체로 제시한다. 이것은 헵(Hepp)이 강조했던 모든 신학은 관계 신학이라는 논지에 초점을 맞춘 것이다. 다른 신학 형식은 삼위 간의 내적 관계인 존재론적 삼위일체와 하나님과 세상과의 관계인 경륜적 삼위일체와 구별하지 않는다.

다아너는 필자가 존재론적 삼위일체를 필자의 해석의 기본적인 틀로 생각한 것을 추상이라고 생각한다.

> 하나님의 본성에 대해 동일한 궁극성을 지닌 하나와 여럿으로 보는 해석 원리를 침해하는 어떤 원리도 기독교적 해석 원리라고 주장할 수 없다는 것은 사실이다. 그러나 이 원리 자체를 다른 모든 형식들과 구별하여 가장 기본적인 해석 원리로 삼는 것은 최악의 추상주의이다.[33]
> 그리스도를 통한 하나님의 계시야말로 가장 기본적인 그리스도인의 해석 원리가 아닌가?[34]

마지막 문장에서 우리는 문제의 핵심을 보게 된다. 다아너는 "그는 왜 하나님이 하신 일을 해석 원리의 중요한 요소로 삼지 않느냐?"고 묻는다. 그도 알겠지만 필자는 "존재론적 삼위일체" 교리 안에 모든 "비공유적 속성들"을 포함시켰다고 대답한다. 그러나 그는 존재론적 삼위일체 대신 "그리스도를 통한 하나님의 계시"를 "그리스도인의 가장 기본적인 해석 원리"로 대체하려 하기 때문에 필자가 따라갈 수 없는 것이다. "그리스도를 통한 하나님의 계시"는 하나님과 세상의 관계이기 때문이다. 나는 이것이 신 프린스턴(New Princeton)에서 가르치는 변증법적 신학 방식으로, 제한된 개념이 제외된 하나님 사상을 거부하고 실존주의 철학에 바탕을 두고 있다는 사실을 안다. 그러나 그것은 헵이나 메이천이나 칼빈이나 바울의 신학이 아니다. 나는 다아너처럼 실존주의자인 키에르케고르가 "기독교 역사철학에 놀라운 기여"를 했다고 생각하지 않는다.

---

33 Daane, *A Theology of Grace*, 103.
34 Ibid.

키에르케고르는 그리스도 안에서 사람과 관계하시지 않는 하나님 개념을 혐오했다. 또한 칼 바르트가 주장하는 하나님 역시 오직 "그리스도" 안에서만 사람과 관계하시는 하나님 개념이다. 바르트의 핵심 원리는 세상과의 관계와는 별개로 영원부터 자신 안에 존재하는 하나님이 배제된 "그리스도를 통한 하나님의 계시"이다.

다니너는 존재론적 삼위일체로부터 시작하면 "예수 그리스도를 통한 삼위 하나님의 계시와의 효율적인 연결"은 불가능하다고 생각하는 것이 분명하다. 그러나 이것은—변증적 논법에 앞서 개혁주의 신학의 역사에서 그래왔던 것처럼—창조와 섭리 사역을 통해 시행된, 세상에 대한 하나님의 전체적 계획을 통해 얼마든지 가능하다.

2) 하나님의 작정은 결정적인 것이 아니다

다니너는 필자가 하나님의 영원한 작정을 출발점으로 삼는다고 말한다. 그는 내가 그렇기 때문에 역사와 관련된 일반은총 개념을 정당하게 다루지 못한다고 덧붙인다.

> 하나님의 영원한 작정을 자신의 출발점으로 삼은 반틸은 역사적 시간의 흐름과 관련하여 이해해야 하는 일반은총에 대한 강조를 제대로 다루지 못하였다. 하나님의 영원한 작정은 시간을 초월하기 때문에 이러한 작정을 일반은총 문제의 기초로 생각하여 이 문제에 대한 접근의 출발점으로 삼는다면 모든 문제는 영원이라는 영역 속에 머물고 말 것이다.[35]

이 반론은 첫 번째 반론과 유사하다. 실제로 필자는 하나님의 작정 또는 뜻을 역사에서 "일어나는 모든 일"의 출발점으로 삼는다. 나는 역사 안에 있는 존재의 의미를 이러한 하나님의 뜻에 비추어 규명한다. 그리고 나는 키에르케고르와 그를 따르는 자들이 "시간의 흐름"을 이러한 뜻

---

35 Ibid., 24.

과 무관한 존재로 해석한다는 사실을 안다. 또한 나는 바르트가 키에르케고르와 마찬가지로 다아너가 우리에게 제시한 것과 동일한 이유로, 역사의 기반으로서의 하나님의 뜻 또는 작정 개념을 거부한 것을 안다. 바르트는 세상과 별개로 계시는 하나님으로서의 존재론적 삼위일체 개념이나 역사의 사건들을 주관하시는 하나님의 계획(counsel) 개념은 역사에 "시간을 초월한"(timeless) 논리를 주입시키는 것이라고 주장한다. 그는 이러한 사상이 독특성에 대한 잘못된 이해를 초래하고 따라서 시간이라는 실재에 대해서도 그럴 것이라고 말한다. 이것은 무엇보다도 그리스도라는 사건(Christ-Event)을 바로 다루지 못하게 될 것이라고 그는 말한다.

바르트의 신학은 역사적 기독교를 파괴하는 철학적 구조라는 것이 이에 대한 필자의 대답이다. 역사에 대한 하나님의 영원하신 계획과 자족하신 하나님 개념을 희생해가면서까지 실재와 "시간의 흐름"의 의미를 주장한다면 성경의 그리스도는 사라질 것이다. 아마도 그는 비합리주의의 심연으로 깊이 가라앉고 말 것이다. 다아너는 자신이 어떻게 하나님과 그의 작정을 출발점으로 삼지 않고도 변증적 신학과 구별되는 정통신학을 구성할 수 있었는지를 보여줄 수 있는가? 그는 자신이 어떻게 존재론적 삼위일체 대신 그리스도 안에 있는 계시를 기본적 해석 원리로 삼아 바르트의 신학과 구별된 정통 기독론을 구성할 수 있는지를 보여줄 수 있는가?[36]

3) 선택과 유기는 동일한 궁극성이 아니다

두 번째 조항과 관련하여 다아너는 필자가 "선택과 유기의 동일한 궁

---

[36] Van Til이 말하려는 요지는 존재론적 삼위일체를 전제하지 않으면 세상이 신에게 의존하듯 "신"도 세상에 의존할 수밖에 없게 된다는 것이다. 따라서 하나님과 피조물 사이에는 "상호 의존"이 존재하게 되며 이 경우 하나님은 정통 신학의 하나님이 아닌 것이다.

극성"이라는 잘못된 주장을 한다고 말한다.[37] 나는 실제로 선택과 유기의 동일한 궁극성을 주장한다. 하나님이 일어나는 모든 일을 자신의 뜻에 의해 주관하신다고 생각한다면 이러한 주장은 당연한 것이다. 나는 하나님과 그의 계획을 출발점으로 삼기 때문에 이러한 계획이 선택뿐만 아니라 유기의 기반도 된다고 생각한다. 하나님의 계획은 하나의 단위이다. 따라서 일부 사람들에 대한 그의 선택 행위 자체는 나머지 사람들에 대한 유기로 나타난다.

나는 이 문제에 대한 존 머레이 교수의 해석에 전적으로 동의한다. 그는 선택에 나타난 하나님의 주권적이고 선하신 뜻에 대해 다루고 이어서 유기라는 무시무시한 주제로 옮겨간다. 그의 주장은 웨스트민스터 신앙고백서 3장 7조에 기초한다. 본 조항의 내용은 다음과 같다. "…나머지 사람들에 대해서는, 하나님은 자비를 베풀기도 거두기도 하시는 그의 뜻의 측량할 수 없는 섭리를 따라 피조물에 대한 절대적 주권의 영광을 위하여 기쁘신 뜻대로 그대로 두기도 하시고 죄로 말미암아 수치와 진노를 당하도록 정하기도 하셨으니 이는 그의 영광스러운 공의를 찬송하게 하려는 것이다." 머레이는 이를 다음과 같이 해석한다.

> 그러나 후반부 내용에 대해서는 해명까지는 아니더라도 몇 가지 고려해보아야 할 점이 있다. 먼저 이 부분이 불택자에 대한 하나님의 작정을 두 가지 면에서 제시하고 있는 것은 사실이다. 즉 그들을 그대로 두시기도 하고 죄로 말미암아 수치와 진노를 당하게도 하신다는 것이다. 또한 이 신조에서 이 부분만큼 신학적으로 정확하고 탁월한 내용도 찾아보기 어려울 것이다. 이것은 3장의 "영원한 죽음으로 미리 정하신 자들"이라는 의미심장한 구절—이 구절을 불택자에게 적용할 수 있는 한—속에 들어 있는 요소들을 나눈 것이다.
>
> 유기에 대한 작정을 하나님의 순수한 법정적 행위로만 보려는 자들은 예전에도 지금도 존재한다. 이러한 사상은 하나님 편에서 인간을 주권적으로 차별하신다는 사상에 대한 반발로 나온 것이다. 따라서

---

37 Daane, *A Theology of Grace*, 25.

그들은 인간의 궁극적 운명에 있어서의 차이에 대해 그들 자체에서 나오는 결정들 안에서 모든 설명을 찾으려 한다. 구원의 문제에 있어서도 사람들 간의 차이는 그들 자체에 달려 있다는 것이다. 반면에 웨스트민스터 신학자들은 선택에 대한 작정에 있어서와 마찬가지로 유기에 대한 작정에 있어서도 하나님의 주권적이고 기쁘신 뜻을 강조하려는 경향을 보여준다. "하나님은 자비를 베풀기도 거두기도 하시는 그의 뜻의 측량할 수 없는 섭리를 따라 기쁘신 뜻대로…"

그러나 이러한 하나님의 절대적 주권에 대한 주장은 매우 중요한 한 가지 차이점을 제거하지 못했다. 앞서 언급했듯이 유기에 대한 작정은 두 가지 면을 포함한다. 그대로 두는 것과 수치와 진노를 당하도록 정한 것이다. "그대로 두다"는 어떤 수식어도 가질 수 없지만 "수치와 진노를 당하다"라는 부분은 "죄로 말미암아"라는 수식어를 가진다. 이 차이는 매우 중요하다. 신앙고백서의 정확성은 탁월하다. 죄인을 그대로 두는 것은 그들이 죄인이기 때문이 아니다. 만일 그렇다면 모든 사람을 그대로 두어야 할 것이다. 그러나 불택자가 수치와 진노를 받도록 정한 것은 그들이 죄인인 때문이다. 다르게 표현하면, 죄는 어떤 사람을 그대로 두는 근거가 될 수는 없지만 수치와 진노를 당할 수 있는 근거는 된다는 것이다. 그대로 두는 것은 하나님의 주권적이고 기쁘신 뜻에 달린 것이다. 그는 기쁘신 뜻대로 자비를 베풀기도 하시고 거두기도 하신다. 그러나 수치와 진노는 악한 마음을 전제로 한다. 진노는 언제나 죄의식에 대한 대가이며 죄책감은 죄의 결과로 온 것이다. 다시 말하면 수치와 진노는 언제나 죄와 정죄 안에서 법정적 근거를 가진다는 것이다.

그러나 이 부분의 구조는 한 가지 관찰을 더 요구한다. "하나님의 기쁘신"이라는 말은 "그대로 두기도 하시고"와 함께 "죄로 말미암아 수치와 진노를 받게도 하셨으니"를 수식한다. 이것은 앞서 언급한 "차이"의 명료성 및 의미를 복잡하게 만드는 것처럼 보인다. 그리고 이것은 종종 이 신앙고백서에 대한 개혁주의 주석가들의 관심에서 벗어났다. 그러나 하나님의 주권적 뜻이라는 원리를 주장하는 열심은 여기서도 나타나게 될 것이다. 그대로 두시는 데에는 하나님의 주권적이고 선하신 뜻만 작동한다. 그러나 수치와 진노를 받도록 정한 것에는 주권적이고 선하신 뜻과 함께 하나님의 법정적 정죄가 작동한다. 수치와 진노의 근거는 실로 죄―오직 죄―이지만, 지옥에 가야 마땅한 다른 악한 자들은 그대로 두고 불택자에게 수치와 진노를 당하게 하는 근거는 하나님의 주권적인 뜻이다. 따라서 여기서 그대로 두는 것의 근거와 수치와 진노를 당하게 하는 근거의 차이가 분명하고 확실하게 도출되지만, 하나님의 주권적인 뜻은 유기에 대한 영원한 정죄 안에서 작동되는 고유한 영역에서 부인되지 않는다는 것을 알 수 있다. 이 문제에 대한 진지한 분석은 다시 한 번 학자들이 채택한 구조를 정당화해 줄 것이다.[38]

문제는 우리가 선택과 유기의 동일한 궁극성을 부인할 경우, 일어나는 모든 일을 주관하시는 하나님의 계획을 부인하는 것이 된다는 것이다. 그럴 경우 우리는 인간을 자신의 운명의 근접 원인(proximate cause)인 동시에 궁극 원인(ultimate cause)으로 만들게 되는 것이다. 피기우스는 칼빈에 대해 다아너가 필자에게 했던 것과 동일한 성격의 반론을 제기하였다. 피기우스는 만일 사람의 죄가 하나님의 영원한 심판의 근거가 된다면 하나님의 유기는 그것과 어떤 관련도 있을 수 없다고 주장한다. 이에 대해 칼빈은 피기우스가 "궁극 원인과 근접 원인의 최소한의 차이조차 구별하지 못한다"고 대답한다. "칼빈은 하나님의 뜻을 인간의 최종적 운명의 궁극 원인으로 보고 죄를 근접 원인으로 보는 관점은 매우 타당하다고 말한다."[39]

다아너는 필자가 하나님의 작정을 출발점으로 삼았기 때문에 하나님의 주권을 비성경적으로 규명한다고 생각한다.[40] 또한 그는 이러한 출발점으로 인해 내가 인간의 죄를 유기자가 받아야 할 수치와 진노의 근거로 제시하면서, 하나님이 인간의 죄를 "주권적인 기쁘신 뜻대로" 그대로 두신다고 주장한 것 또한 비성경적이라고 말한다. 그렇다면 웨스트민스터 신앙고백서 역시 동일한 비판을 받아야 할 것이다. "그대로 두신 것은 그들이 죄인이기 때문이 아니다. 만일 그렇다면 모든 사람을 그대로

---

[38] John Murray, "The Theology of the Westminster Standards," *The Calvin Forum* 9, no. 6 (January 1944): 111–15.
[39] Van Til, *Common Grace*, 66.
[40] Daane, *A Theology of Grace*, 25.

두셔야 할 것이다…. 그대로 두시는 것은 하나님의 기쁘신 뜻에 달려 있다."41

필자는 바르트가 선택과 유기의 동일한 궁극성에 관한 교리를 부인한다는 사실을 안다. 또한 나는 그가 왜 그렇게 하는지도 안다. 바르트는 하나님 자신이나 그의 뜻보다 그리스도를 통한 하나님의 계시를 기본적 해석 원리로 삼기 때문이다. 바르트는 전자의 교리가 우리와 하나님과의 관계에 대한 불필요한 신비를 만들어 낸다고 생각한다. 따라서 그는 그리스도 안에서 온전하신 삼위 하나님이 전적으로 계시된다고 주장한다. 사람은 그리스도의 오심 이전의 창조로 말미암아 사람이 된 것이 아니다. 사람은 그리스도의 형상으로 만들어진 피조물이다. 어쨌든 그들이 존재한다면 그것은 그리스도 안에서 존재하는 것이다. 그들이 어떤 식으로든 존재한다면 그것은 그리스도 안에서 영원히 존재하는 것이다. 따라서 궁극적 유기란 없다. 그리스도 자신이 유일한 궁극적 유기자이다. 그리스도 안에서 모든 유기자는 선민이 되었으며, 유기는 "불가능한 가능성"이 되었다. 그것은 궁극이 아니라 준궁극(penultimate)이다. 인류에 대한 하나님의 마지막 말씀은 예(yes)인 것이다.42

이러한 바르트의 "그리스도 중심주의"(Christomonism)43는 실존주의에 기반을 둔 것으로 필자는 그에 맞서 일반적 칼빈주의를 제시함에 있어서 하나님이 자족하신 하나님으로 존재하신다는 사실을 강조한다. 하나님의 작정은 일어나는 모든 것을 주관하신다. 따라서 유기는 선택과 동일한 것이 확실하다. 그것은 선택의 부정적 국면이다. 유기가 선택과 동일하지 않다면 선택 자체는 인간에 의한 선재 행위(prior deed)에 의존할

---

41 Murray, "The Theology of the Westminster Standards."
42 Cornelius Van Til, "Has Karl Barth Become Orthodox?" *The Westminster Theological Journal* 16, no. 2 (May 1954).
43 Christomonism은 Van Til의 말처럼 Barth가 삼위일체 하나님(정통신학에 의하면 그는 무엇보다 자존하시는 분이시며(a se), 우리에게는 간접적으로만 계시되었다)보다 그리스도에게 우선권을 준다는 점에서(그는 그리스도만이 계시되었다는 일원론적 주장을 한다) Barth의 신학에 지워진 짐이라고 할 수 있다.

수밖에 없다.

다아너는 자신이 어떻게 펠라기우스 및 알미니안주의자의 입장을 피하면서 하나님이 유기의 궁극 원인이라는 사실을 부인하고, 인간의 죄라는 근접 원인에서 물러설 수 있는지를 보여줄 수 있는가? 다아너는 유기와 선택의 동일한 궁극성에 대한 거부가 바르트의 것과 어떻게 다른지를 보여줄 수 있는가?

4) 아담의 선택의 동일한 궁극성

다아너가 그렇게 하지 않을 것이라는 사실은 아담이 타락할 수도 있고 타락하지 않을 수도 있는 두 가지 가능성의 동일한 궁극성에 대한 솔직한 주장을 들어보면 더욱 분명해진다. 선택과 유기의 동일한 궁극성에 대한 거부와 아담이 하나님을 선택할 가능성과 반대할 가능성의 동일한 궁극성에 대한 수납은 상호 포괄적이다. 둘 다 자신의 출발점을 하나님의 뜻 안에 두는 것을 거절한다. 둘 다 하나님의 계획과 관계없이 가능성의 궁극성을 주장한다. 다아너는 "반틸이 타락 이전 시기의 일반적 제시의 목적이 인간을 선택과 유기로 구별하기 위함이라고 주장할 수 있는 것은 타락의 시점에 순종에 대한 실제적인 가능성을 무시하였기 때문이다."[44]

그는 필자가 가능성을 하나님의 뜻과의 공존으로 규명했다는 사실에 대해 불만을 표현한다. "반틸은 하나님의 뜻이 역사에 실재화되지 않은 진정한 가능성을 포함한다는 것은 있을 수 없는 것이라고 생각한다. 이러한 가능성 개념은 순수한 결정론에 해당하며 아담은 죄를 범하지 않을 자유를 가지고 창조되었다는 전통적 입장과 배치된다."[45]

여기서 다아너는 다시 한 번 키에르케고르와 마찬가지로 유한한 존재는 하나님과 무관하게 규정되어야만 하는 개념이라고 생각한다. 그것은

---
44 Daane, *A Theology of Grace*, 68.
45 Ibid., note.

하나님의 계획이라는 관점에서 규명될 수 없다는 것이다. 다아너는 키에르케고르를 따라 자신의 논문에서 하나님의 계시는 "존재보다 우선한 사상 및 삶의 규범"⁴⁶이 되어서는 안 된다고 말한다. 가능성 자체는 하나님의 계획과 무관하며 유한한 존재는 이러한 계획과 무관하게 존재한다는 것이다.

다아너가 이러한 근거에 기초하여 필자의 입장을 결정론적이라고 부른다는 것은 쉽게 이해될 수 있다. 그는 칼빈이 피기우스에 맞서 했던 말을 들어도 그렇게 했을 것이다.

> 따라서 만일 사람이 자신의 멸망의 첫 번째 기원이 아담으로부터 왔다는 사실을 인식하지 못하도록 막을 수 있는 것이 없다면, 우리의 믿음이 모든 엄숙함과 흠모함 및 겸손한 마음으로 "인간의 타락을 미리 섭리하신 하나님의 비밀한 뜻"을 멀리서 인식하는 것을 무엇이 막을 수 있겠는가? 그리고 동시에 이 동일한 믿음이 자신에게서 자신의 멸망의 근접 원인을 발견하고, 아담을 통해 볼 수 있는 것처럼 죄책감과 영원한 사망의 올무에 매여 있다는 사실 및 그러므로 모든 사람은 영원히 죽을 수밖에 없는 존재라는 사실을 인식하는 것을 무엇이 막을 수 있겠는가? 그러므로 피기우스는 이러한 근접 원인과 궁극 원인의 거룩한 조화를 이루게 한 가장 탁월하고 아름다운 대칭을(그는 자신이 그렇게 했다고 생각했기 때문에) 분리하거나 흔들거나 바꾸지 않았던 것이다.⁴⁷

5) 아담아, 너는 누구냐?

다아너는 아담이 순종할 가능성을 그가 불순종할 가능성과 동일한 궁극으로 삼았기 때문에 그의 "아담"은 하나님의 경륜(뜻)과 무관하다. 그는 하나님과 그리스도의 관계를 근본적인 해석 원리로 삼기 때문에 창세기가 모든 인류의 중심축으로 제시하는 역사적 아담에 대해서는 무시

---

46 Cf. section 1.
47 Van Til, *Common Grace*, 67, 68.

할 수밖에 없다. 나는 그가 그럴 수밖에 없을 것이라고 생각한다. 그러나 이것이 그의 생각이 아니라 바르트의 생각임을 나는 안다. 바르트에게 있어서 모든 인간은—유일한 실제적 사람이기 때문에 진정한 첫 사람 아담이라고 할 수 있는 그리스도 안에 있는 존재로 생각되기 전까지는—단지 일종의 실체에 불과하다.

바르트가 이러한 관점을 취하게 된 것은 우리가 칼빈과 함께 하나님이 스스로 존재하신다는 사실 및 우리가 우리의 대표자인 역사적 아담을 통해 하나님과 관계한다는 사실을 고수할 때 직면하게 될 신비주의를 피하고 싶었기 때문이다. 바르트에게 모든 창세기 기사는 정상적인 역사가 아니다. 그것은 초-역사(super-history)이다.[48] 그는 대표자의 불순종 행위를 통한 인간의 타락 및 아담에 관한 성경의 기사는 무용담이라고 말한다.

필자는 이러한 역사의 증발을 피하여 역사적 기독교, 특히 역사적 개혁주의의 관점을 시작하기 위해 역사적 사실로서 창세기 기사의 중요성을 끊임없이 강조해왔다.[49] 필자는 첫 번째 역사적 인간으로서 아담의 역사성과 대표로서의 의미 및 중요성에 대해 거듭 변호해왔다. 제시된 인용문에서도 볼 수 있듯이 필자가 "보편성으로서 인간은 아담 안에서 긍정적 실존을 가진다는 사실을 보여주기 위해 제시한 분량은 짧은 문장 하나뿐"이라는 것은 사실이 아니다.[50] "반틸의 일반은총 신학은 아담을 위한 어떤 여지도 남기지 않는다. 그의 신중한 연구는 결국 '아담아 네가 어디 있느냐'라는 부르짖음으로 끝난다."[51]

---

[48] Barth의 신학에서는 시간적 사실로서 역사인 *Historie*와 역사를 초월하여 *Historie*에 의미를 주는 "사건"으로서의 *Geschichte*를 구별한다. 상세한 내용을 위해서는 Cornelius Van Til, *Christianity and Barthianism* (Philadelphia: Presbyterian and Reformed, 1962)를 참조하라. Barth가 시간을 어떻게 구분하고 있는지를 보려면 Karl Barth, *The Doctrine of the Word of God: Prolegomena to Church Dogmatics, in Church Dogmatics*, 1.2, ed. G. W. Bromiley and T. F. Torrance (Edinburgh: T & T Clark, 1975), 45–121을 참조하라.

[49] **Cornelius Van Til, *The New Modernism: An Appraisal of the Theology of Barth and Brunner* (Philadelphia: Presbyterian and Reformed, 1947), and "Has Karl Barth Become Orthodox?"**

[50] Daane, *A Theology of Grace*, 50.

[51] Ibid., 42.

필자의 대답은 모든 사람의 대표자인 아담도 첫 번째의 역사적 인간으로 살았다는 것이다. 따라서 나는 그에 대해 충분히 묘사해 왔다. 내가 그렇게 한 것은 바르트처럼 그리스도 안에서 하나님과 인간의 관계를 기본적 해석 원리로 삼지 않았기 때문이다. 만일 그랬다면 나는 죄를 정의함에 있어서, 내가 했던 것처럼 아담을 통하여 인류에게 계시된 하나님의 뜻과 율법에 대한 고의적인 위반이라고 정의할 수 없었을 것이다. 바르트의 기독론적 원리에 있어서 죄는 오직 그리스도 안에서 그와 맞서 범하는 죄일 뿐이다. 따라서 하나님과 인간 사이의 안티테제는 그리스도-사건(Christ-Event)을 통해 모든 사람들로부터 영원히 제거되었다. 따라서 은혜, 즉 모든 은혜는 일반은총이다. 이런 은총은, 인류의 대표로서의 첫 번째 역사적 인물인 아담 안에는 존재하지 않는 반면에 순수한 가능성에서 출발하여 그리스도-사건 안에서 구원을 얻음으로 말미암아 아담과 함께 존재하게 된 그런 공통성을 감추어버린다. 즉 기회라는 모태에서 나온 실체들이 그리스도-사건의 구원적 행위에 참예함으로서 인격이 되었다는 것이다.

다아너는 자신이 어떻게 "아담의 선택은 실제적인 것이었으나 하나님의 최종적이고 결정적인 계획을 배경으로 한다는 사상을 가진 역사적 칼빈주의"와 일치하는 신학을 구성했는지 보여줄 것인가? 아담아, 너는 누구냐?

6) 일반은총 문제

다아너는 나의 일반은총에 대한 진술이 세 가지 조항의 형식과 많이 다르다고 주장한다.

> 일반은총에 대한 전통적 개념은 역사적 및 신학적으로 죄의 실재와 밀접한 관계를 가진다…[52]

---
52 Ibid., 33.

세 가지 조항은 일반은총을 죄의 상태와 연관해서만 언급하기 때문에 그것의 공통성에 관한 개념은 죄에 대한 언급 없이는 규명될 수 없다. 죄의 개념과 은혜의 개념은 둘 다 1924년에 만들어진 일반은총 개념 속에 들어 있는 본질적 요소이다. 이와 달리 반틸은 아무런 제한 없는(unqualified) 공통성을 일반은총 문제의 본질로 삼는다…[53]

반틸은 타락 전 시대와 타락 후 시대의 차이를 무시함으로써 자신이 시간이나 역사적 연대를 진지하게 생각하지 않고 있음을 보여준다.[54]

이러한 비판은 모두 필자가 하나님의 작정을 중요한 출발점으로 삼았다는 사실로부터 추론한 것이다.[55] 제시된 증거는 없으며 사실 어떤 증거도 제시될 수 없다. 오히려 증거는 그것과 반대이며 확실히 그렇다. 필자는 스킬더와 훅세마에 맞서, 개혁주의 그리스도인으로서 우리는 일어나는 모든 일이 하나님의 뜻에 의해 결정된다는 사상을 가져야 하며 따라서 역사에서 실제로 일어나는 모든 사건들의 진정한 의미를 강조해야 한다고 거듭 주장한 바 있다.

"먼저"와 "나중" 개념에 대한 강조는 중요하다. 물론 우리는 하나님의 마음에 유기된 자들과 선택된 자들이 있음을 알고 있다. 이러한 사실은 우리에게 계시되었기 때문에, 마지막 날에 어떤 사람들은 버림을 받고 어떤 사람들은 구원을 받을 것이라는 사실을 우리는 안다. 이러한 종말론적 구별과 관련된 궁극 원인이 무엇이냐에 관한 논란은 없다. 적어도 이 점에서 양측은 피기우스에 맞서 하나님의 뜻이 궁극적으로 결정적인 요소라고 주장하는 칼빈과 함께 한다.[56] 그러나 역사가 개입되면 상황은 달라진다. 여기서 문제는, 말하자면 우리가 이러한 "나중" 개념에 "먼저" 개념을 어디까지 주장하도록 허용해야 하느냐라는 것이다. 우리는

---

53 Ibid., 34.
54 Ibid.
55 Ibid., 30.
56 이것은 Schilder와 Hoeksema처럼 세 가지 조항을 거부한 자들과 그 조항을 변호한 다른 개혁주의 신학자들에 대한 언급으로 현재의 논쟁과는 무관하다.

"먼저" 개념이 지금까지 강조된 것보다 더 많이 강조되어야 한다고 생각한다.[57]

이러한 관계 속에서 강조점은 첫 번째 역사적 사람이 모든 사람—아직 역사적 존재나 실체로 존재하지 않을지라도—을 대표한다는 사실에 맞추어져야 한다. 하나님은 모든 사람에 대해 호의적인 생각을 가지고 계신다.[58] 이러한 호의적 태도는 그의 섭리로 말미암아 존재하게 될 모든 사람에 대한 것이었다. 이것이 **일반**은총이다.

몇몇 사람이 아니라 모든 인류가 아담 안에서 범죄한 것이다. 따라서 하나님은 모든 사람을 공통적 저주 아래 가두셨다. 우리는 결코 선택이라는 사실로부터 이러한 저주가 택자나 유기자에게 실재가 아니라는 추론을 해서는 안 된다. 우리는 이론적 논리를 통해 성경이 우리에게 말한 역사의 마지막 날에 될 일은 역사의 시초에도 해당된다는 결론을 도출해서는 안 된다.[59]

타락 후에 은혜가 임했다. 그리스도 안에는 하나님의 백성을 위한 구원의 은혜가 있다. 또한 "하나님의 형상으로 지으심을 받은 사람"으로서 사람에게는 일반은총이 있다. 하나님은 타락 전에 모든 사람에 대한 호의적인 태도를 가지고 계셨다. 이와 같이 타락 후에도 하나님은 인간의 범죄에도 불구하고 여전히 그들을 사람으로서 찾으신다. 모든 사람은 원래 "구원의 길에 서 있었다." 타락 후 모든 사람들은 사망의 길에 서게 되었다. 그러나 하나님은 모든 사람을 불러 회개시키신다. 그는 많은 사람을 그리스도 안에 있는 구원으로 초청하신다. 이 초청은 참되다. 그것은 진정한 의미를 가진다. 칼빈의 말처럼 우리는 나중에 계시를 통해 그의 타락이 하나님에 의해 결정되었다는 사실을 알지만 그럼에도 불구하고 이 초청은 아담의 선택이 그랬던 것처럼 참된 의미를 가진다.

---

57 Van Til, *Common Grace*, 72.
58 Ibid.
59 반복되는 말이지만, 여기서 일반은총의 "초기 개념" 및 "후기 개념"에 관한 Van Til의 언급은 종말론적이라는 사실을 유의해야 한다.

우리는 구원에 대한 초청의 일반성에 놀랄 필요가 없다. 우리는 하나님의 특별한 의지가 모든 것의 배경이 된다는 이유로…이러한 일반적 초청이 하나님의 태도에 대해 아무것도 보여주지 않는다고 주장해서는 안 된다.[60]

일반적 초청은 역사의 초기 단계에 존재했던 사람들과 관련해서만 의미가 있다. 그것은 선민과 유기자가 "나누어지지 않은 일반성"(undifferentiated generality)의 한 요소로 존재할 때에만 의미를 가진다.[61]

하나님이 인간을 전체로 다루신다는 사실의 진정한 의미에 대한 이 모든 주장에도 불구하고, 즉 (1) 타락 이전의 호의적 태도, (2) 제시된 복음의 일반적 특성, (3) 모든 사람을 회개에로 초청하심으로써 그들에게 좋은 선물을 주신다는 사실을 통해 다아너가 발견한 것은 결정론뿐이다.

다아너에 의하면, 우리가 자족하신 하나님과 하나님의 뜻이 역사를 결정하는 궁극 원인이라는 관점에서 시작하여 유기자의 죄는 그들에 대한 정죄의 역사적 원인이며 그들을 그대로 두시는 것은 하나님 편에서의 결정이라고 주장하는 한 그리고 아담의 선택의 배후에는 하나님의 결정적인 계획이 있다고 주장하는 한, 우리는 결정론자라고 불릴 수밖에 없는 것이다. 다아너는 타락 전 예정론에 대한 부인으로 만족하지 않는다. 그는 하나님의 작정과 관계없는 인간의 독립성을 원한다. 다아너에 의하면 역사를 구성하는 사건이 하나님의 계획과 관계없이 존재하지 않는 한 역사에 대한 바른 접근은 불가능하다. 다시 말하면 현대 실존주의의 비합리적 의미에서 역사를 다루지 않는 한 무의미하다는 것이다.

다아니는 우리가 "죄 없는 시대와 죄 있는 시대" 개념을 받아들이기를 원한다.[62] 그는 대담하게도 세 가지 조항이 이러한 개념을 가지고 있다

---

60 Van Til, *Common Grace*, 80.
61 Ibid., 81.
62 Barth의 시간에 대한 관점이 무엇인지 정확히 규명하기는 어렵다. 그렇게 할 수 없는 이유 가운데 하나는 그의 주장이 그만큼(거의 절망적으로) 공허하다는 것이다. Barth, *The Doctrine of the Word of God*, in *Church Dogmatics*, eds. G. W. Bromiley and T. F. Torrance

고 주장한다(p. 34). 그러나 필자는 그렇지 않다고 단언한다. 죄 있는 시대와 죄 없는 시대에 대한 개념은 바르트에게서 나온 것이다. 이 개념은 그에게 악이 존재 속에 내재되어 있다는 것을 암시한다. 그러므로 그에게는 누구도 죄가 없었던 역사의 시점, 즉 낙원에서의 시간은 존재하지 않는다. 그에게 우리의 모든 시간—연대기적 시간—은 악한 시대일 뿐이다.[63] 무엇보다도 그는 창세기 이야기의 역사성에 대한 정통적 관점을 부인한다.

세 가지 조항은 확실히 이러한 것을 염두에 두고 있지 않다. 어떻게 죄 있는 시대와 죄 없는 시대의 개념이 역사적 기독교와 부합될 수 있겠는가? 타락 이전에 인간이 완전하던 시간이 있었다. 그리고 타락 후, 모든 사람이 죄인인 시대가 왔다. 죄가 있고 없고는 사람이 그렇다는 것이지 그들의 존재 환경이 그렇다는 것은 아니다.

다아너는 우리에게 자신이 어떻게 일반은총에 관한 문제를 하나님과 그리스도의 관계라는 기본 원리에 의해 형성함으로써 잘못된 은혜 개념에 빠지지 않았는지를 보여줄 수 있는가?

결론적으로 우리 앞에는 전체적 상황을 보여주는 한 장의 그림이 있다. 마셀링크는 헵의 "공통성 개념"에 대한 관점 및 자연신학을 주장하는 "구 프리스턴 변증학"의 관점에서 필자를 비판한다. 세실 드 보어는 존재와 지식의 정도에 대한 스콜라적 개념의 관점에서 필자를 비판한다. 그는 로마 가톨릭과 마찬가지로 절대적으로 악한 행위는 존재하지 않는다고 말한다. 그러한 의지는 비존재가 되기 때문이라는 것이다. 제시 드 보어는 고전적 실재론과 현대 현상론에 근거한 기독교적 관점에서 필자를 비판한다. 다아너는 실존주의 철학에 근거한 변증법적 신학을 가진 신 프리스턴에 공감하는 관점에서 필자를 비판한다.

정도의 차이는 있지만 그들이 주장하는 모든 비판의 핵심에는 자율적

(Edinburgh: T & T Clark, 1975), 45-121, and Van Til, *Christianity and Barthianism*, esp. 11-114.

[63] 이것은 하나님이 그 자체가 "악한" 시대의 보편적 충만을 전제하는 성육신 안에서만 존재하신다고 하기 때문에 피할 수 없는 결론이다.

인간(autonomous man)이 자리한다. 의식적이든 무의식적이든, 이들은 성경에 제시된 하나님의 자기 확인(self-identification) 원리를 지지하기를 꺼린다.⁶⁴ 그들은 자신을 궁극적 해석자로 삼는 자연인의 부당한 요구를 만족시켜줄 방법을 찾는다. 나는 그러한 방법을 받아들일 수 없다. 나는 그것이 승리라고 생각하지 않는다. 하나님이 그것을 금하시기 때문이다. 그러나 나는 그들이 나와 함께 죄와 의 그리고 심판에 대해 세상을 정죄하시는 성령의 사역에 동참하기를 촉구한다.⁶⁵

---

64 우리는 여기서 본서가 하나님에 대한 개혁주의 교리와 함께 시작한 것이 얼마나 중요한 것인지 볼 수 있다.
65 "그가 와서 죄에 대하여, 의에 대하여, 심판에 대하여 세상을 책망하시리라"(요 16:8).

APPENDIX

부록 1

기독교 개혁교회 총회(CRC)에서 결의한 세 가지 교리 조항에 대해 잘 모르는 독자들은 다음에 제시된 내용을 참고하면 편리할 것이다. 다음은 『깃발』(*The Banner* [June 1, 1939, pp. 508 이하])에 제시된 내용이다.

총회는 "세 가지 조항에 대한 처리"(Treatment of the Three Point)라는 제목을 가진 세 가지 조항의 "위원회의 권고"(Advice of the Committee in General) 가운데, 해당 부분에 대해 살펴본 결과 다음과 같은 결론에 이르게 되었다.

* * *

A. 하나님은 택하신 자들뿐만 아니라 인류 전체에 대해 호의적인 태도를 보이신다는 첫 번째 조항과 관련하여, 총회는 성경과 웨스트민스터 신조에 비추어볼 때 영원한 생명으로 택하신 자들에게만 보여주시는 구원적 은혜 외에도 피조물 전체에 대해 보여주시는

하나님의 일정한 호의 또는 은혜가 있다고 선언한다. 이에 관한 증거는 인용된 성경구절 및 복음의 일반적 제시에 대해 논의하고 있는 도르트 신조 II조 5항, III조, IV조 8항 및 9항에 근거한다. 또한 이것은 개혁주의 신학이 번성하던 시절 개혁주의 저자들이 선언했던 옛 개혁주의 선조들의 관점임이 분명하다.

편집자 주석: 시편 145:9, 마태복음 5:44, 45, 누가복음 6:35, 36, 사도행전 4:16, 17, 디모데전서 4:10, 로마서 2:4, 에스겔 33:11; 18:23은 증거로 제시된 성경구절이다. 독자들은 성경을 쉽게 참고할 수 있기 때문에 본문을 별도로 제시하지는 않았다. 또한 도르트 신조의 해당 조항에 대해서도 쉽게 찾을 수 있을 것이다. 다만 개혁주의 선조들의 선언에 대해서는 접근이 쉽지 않으므로 그 부분만 옮기고자 한다. 그러나 분량이 많아 중요부분만 요약하여 발췌하고자 한다.

칼빈, 『기독교 강요』, Book II, ch. II, 16: 그러나 이러한 것들은 인류의 일반적 유익을 위해 하나님의 영이 자신이 원하는 자들에게 베푸시는 가장 탁월한 선물임을 잊지 말아야 한다… 이 거룩한 영이 하나님으로부터 전적으로 벗어나 있는 불경건한 자들과 어떤 교제를 누릴지도 모른다는 의문은 전혀 근거가 없다. 하나님의 영이 신실한 자들에게만 거하신다고 할때 우리는 우리를 하나님의 성전으로 성별하시고 거룩하게 하시는 영을 염두에 두어야 한다. 그러나 하나님이 창조 법칙에 의해 각각의 종에게 부여하신 속성에 따라…모든 피조물을 채우시고 기동하게 하시며 생기 있게 하는 사역 역시 동일한 영의 능력을 통해서이다….

『기독교 강요』, Book III, ch. XIV, 2: 우리는 하나님이 사람들 가운데 선을 행하는 자들의 현재적 삶에 어떻게 많은 축복을 베푸시는지 안다. 이것은 이처럼 유사한 외적 선이 하나님으로부터 최소한의 호의를 받을 자격이 되기 때문이 아니라 이러한 외적이고 형식적인 것들에 대한 현세적 보상을 통해 하나님이 참된 의를 높이 평가하신다는 것을 보여주고(계시하고) 싶어 하시기 때문이다. 앞서 언급한 대로 이러한 미덕—그것이 어떤 종류이든—또는 미덕의 심상은 하나님의 선물이다. 칭찬할 만한 것은 모두 그에게서 나온 것이다.

반 마스트리히트(Van Mastricht), 제1부 p. 439: 이것으로부터 피조물에 대한 하나님의 삼중적 사랑을 발견할 수 있다. (1) 먼저 일반적(general) 사랑이 있다(시 104:31 및 145:9). 하나님은 이러한 사랑을 통해 모든 만물을 창조하시고 보존하시며 다스리신다(시 36:7 및 147:9) (2) 공통적(common) 사랑은 특히 인간에 대한 사랑으로, 모든 사람 각각에 대한 사랑이 아니라 모든 종류—인종을 불문하고 택자든 유기자든 예외 없이—의 사람에 대한 사랑이다…. 히브리서 6:4, 5 및 고린도전서 3:1, 2는 이러한 사랑에 대해 언급하고 있다.

주석: 세 번째 사랑(신자들에 대한 사랑)에 대해서는 모두가 공감하기 때문에 별도로 인용하지 않았다.

* * *

B. 개인과 사회의 삶에 있어서 죄의 억제에 관해 다루고 있는 두 번째 조항에 대해 총회는 성경과 신조에 근거하여 이러한 죄의 억제가 있다고 선언한다. 이러한 사실은 인용된 성경구절 및 벨직 신앙고백서(Belgic Confession) 13조, 36조에 의해 분명히 확인된다. 이 신조에 의하면 하나님은 성령의 일반적 역사하심을 통해, 마음을 새롭게 함 없이 죄의 무방비적 표출을 억제하시며 그 결과 인간 사회는 유지될 수 있다. 또한 이것은 개혁주의 신학이 번성하던 시절 개혁주의 저자들이 선언했던 옛 개혁주의 선조들의

관점임이 분명하다.

편집자 주석: 인용된 성경구절은 창세기 6:3, 시편 81:11, 12, 사도행전 7:42, 로마서 1:24, 26, 28, 데살로니가후서 2:6, 7이다.

다음에 인용한 개혁주의 저자들은 첫 번째 조항에서와 동일하다.

『기독교 강요』, Book II, ch. III, 3: 모든 시대마다 단순한 본성의 명령에 의해 미덕을 위해 일생을 헌신한 사람들이 있다. 그들의 행위에는 여러 가지 실수가 발견되기도 하지만 그들은 이러한 미덕에 대한 추구를 통해 그들의 본성에 어느 정도의 순수성이 남아 있다는 증거를 보여준 것이다…. 그러므로 이러한 사례들은 우리가 인간의 본질을 전적으로 부패한 것으로 생각하지 않도록 가르치는 것처럼 보인다. 왜냐하면 본능적 경향으로부터 숭고한 행위를 할 뿐만 아니라 일평생 한 마음으로 가장 고결한 방식으로 사는 사람들이 있기 때문이다. **그러나 우리는 여기서 이처럼 부패한 본성 안에는, 그것을 성결하게 하지는 않으나 그것의 작동을 내적으로 억제하는 하나님의 은혜의 여지가 있다**는 사실을 기억해야만 한다(굵은 글씨체는 필자가 임의로 표시한 것이다). 하나님이 모든 사람의 마음을 무법한 정욕대로 버려두셨다면, 바울이 정죄한 인간의 보편적 본성에 가장 정확히 해당하는 모든 악을 입증할 만한 행위를 하지 않을 사람은 결코 존재하지 않을 것이다…. 하나님은 선택을 통해 잠시 후 우리가 다룰 방법에 의해 이러한 악을 치유하신다. 불택자에 대해서는 세상의 보존을 위해 필요하다고 생각하는 한 그들을 억제하심으로 그들의 악이 폭발하지 못하도록 저지만 하실 뿐이다.

반 마스트리히트, II, p. 330: 그러나 하나님은 이러한 영적 사망과 속박의 맹렬함을 순화시키신다. (1) 내적으로는, 남아 있는 하나님의 형상과 본래적 의를 통해…억제하는 내적 은혜가 더해졌다…. (b) 외적으로는, 국가와 교회와 가정 및 학교와 같은 수단을 통해 죄의 자유와 방종을 감시하고 억제하며 심지어 훌륭한 행위에 대해서는 보상이 주어지기도 한다.

* * *

C. 중생하지 못한 자가 사회적 의를 행할 수 있는가라는 세 번째 조항과 관련하여, 총회는 성경과 신조에 근거하여 중생하지 못한 자도 비록 구원적 선을 행하지는 못하나(Canons of Dordt, III, IV, 3) 사회적 선을 수행할 수 있다고 선언한다. 이러한 사실은 인용된 성경구절과 도르트 신조(III, IV, 4) 및 벨직 신앙고백서에서 잘 드러난다. 즉 하나님은 마음을 새롭게 함 없이 이러한 사회적 선을 행할 수 있도록 영향력을 행사하신다는 것이다. 또한 이것은 개혁주의 신학이 번성하던 시절 개혁주의 저자들이 선언했던 옛 개혁주의 선조들의 관점임이 분명하다.

주석: 인용된 성경구절은 다음과 같다. 열왕기하 10:29, 30; 열왕기하 12:2(대하 24:17-25와 비교하라); 열왕기하 14:3(대하 25:2와 14-16, 20, 27을 비교하라); 누가복음 6:33; 로마서 2:14(13절과 비교하라. 또한 롬 10:5 및 갈 3:12을 비교하라).

주석: 다음은 총회가 인용한 개혁주의 선조들의 글 내용이다.

우르시누스(Ursinus), **Schatboek**(The Treasurebook of Clarification on the Heidelberg Catechism), **On Lord's Day III**: 우리는 회심하지 않은 사람과 관련하여 그들은 결코 어떤 선도 행할 수 없다고 말한다. 이 말을 이해하기 위해서는 먼저 여기서 말하는 선이 어떤 성질의 것이며 그것을 행할 수 없다는 말의 의미는 무엇인지를 알아야 한다. 먼저 선에는 세 가지 종류가 있다. (1) 자연적 선(natural good)은 먹는 것, 마시는 것, 걷는 것, 서고 앉는 것과 같은 행위이다. (2) 사회적 선(civic good)은 사고 파는 행위, 사람이나 물건을 정당하게 다루는 행위, 일부 지식 및 기술과 같이 우리의 현세적 복지를 증진시키는 것이다. (3) 영적이고 초자연적인 선(spiritual and supernatural good)은 영생을 받기 위해 절대적으로 필요한 선이다. 이것은 진심으로 하나님께 돌아와 그리스도를 믿는 것이다. 회심하지 않은 사람이 선을 행할 수 없다는 것은 바로 이 세 번째 요소의 선을 의미한다. 회심한 자는 하나님으로부터 오는 이 선물을 가지고 있음에도 불구하고 다른 요소에 있어서는 회심하지 않은 사람이 회심한 사람보다 훨씬 탁월할 수 있다. 고린도후서 3:5, 야고보서 1:17, 출애굽기 31:2 및 잠언 16:1을 참조하라.

반 마스트리히트, I, p. 458: 사실 개혁주의 학자들도 중생하지 않은 사람이 구원적 은혜와 관계없이…선을 행할 수 있다고 인정하지만 그들 안에 있는 선이나 그들이 행하는 모든 도덕적 선조차 그들의 자유의지에서만 나오는 것이 아니라 중생하지 않은 사람들의 마음속에 역사하는 일반은총을 통해서 나온다고 덧붙인다. 가령 출애굽기 31:2, 3에 나오는 브살렐이 가지고 있는 온갖 재주나 히브리서 6:4, 5에 나오는 성령의 비췸을 얻고 하나님의 선한 말씀과 내세의 능력을 맛본 자들에게 있는 모든 도덕적 선이 이러한 예이다.

반 마스트리히트, II, p. 330: …자연적인 선이 있다. 예를 들면 먹고 마시는 것이나 논리적으로 생각하는 것 등이다. 이웃에게 친절하고 예의바르며 해를 끼치지 않는 사회적 선도 있다. 또한 열심히 예배하고 기도하며 큰 잘못을 범하지 않는 도덕적, 종말론적 선도 있다(눅 18:11, 12). 영적 선은 믿음, 소망과 같은 것으로서 죄의 상태에서 자유의지는 자연적 선, 사회적 선 및 도덕적 선은 행할 수 있으나 구원을 동반하는 영적인 선은 행할 수 없다.

우리는 훅세마 및 그와 함께 한 자들이 "세 가지 조항"에 대해 비평했던 여러 가지 내용에 대해서는 별도로 살펴보지 않을 것이다.[1] 이러한 비평들은 일반은총에 대한 논쟁의 마지막 요소에 대해 상세히 다룰 때 그들이 지닌 가치와 함께 실제로 드러나게 될 것이다.

---

[1] H. Hoeksema, *A Triple Breach*; H. Hoeksema, *Calvin, Berkhof and H. J. Kuiper*, and *The Standard Bearer*.

APPENDIX

부록 2

반틸은 변증학 초판에서 "본서의 주제에 관해 더 연구하고 싶어 하는 독자들의 편의를 위해" 세 권의 책과 일곱 개의 강의안 및 소책자를 열거한 바 있다. 그가 소개한 자료들은 대부분 절판되었다.

가장 포괄적인 자료는 P&R 출판사에서 나온 *The Works of Cornelius Van Til, 1895-1987*, CD-ROM, edited by Eric Sigward (New York: Labels Army Co., 1997)이다.

P&R에서 최근에 나온 반틸의 다른 책들은 *Christian Apologetics, 2nd ed.*, edited and annotated by William Edgar; *An Introduction to Systematic Theology*, 2nd ed., edited and annotated by William Edgar; *Christianity and Barthianism* 및 *Foundations of Christian Education* 등이 있다.

INDEX

색인

ㄱ

가능성 458, 460, 485, 488, 546
가설에 대한 검증 430
각인된 개념 301
간접적 논법 206, 207, 214
강압적 작정(compelling decrees) 381
개신교 154, 155
개신교 스콜라주의 437
개연성(probability) 396, 495, 497, 510, 545, 546
개체화, 개체성(individuation) 293, 311, 316, 421
개혁주의 변증 205, 225, 226, 230
결정론 142, 514, 601, 607
경륜적 삼위일체(economic Trinity) 61, 67
경험주의 234, 271, 471, 474, 475, 499, 500, 503, 512, 515
계몽주의 94

계시 214, 215, 216, 427
    계시의 명확성 519
    계시의 영역 429-434
    키에르케고르 338
    계시에서 피할 수 없음 289
    계시의 명료성 394-395
    계시의 전제 427-428
    계시와 이성 222
    자증적 계시 331
고전적 실재론 282, 344, 352, 356, 365, 369, 370, 420, 421, 423, 438, 444, 523, 533, 608
공통적 관념(*koinai ennoiai*) 38, 301, 303, 309, 310, 320, 486
공통적 의식(인식) 179, 180, 181, 455, 576
공통적 저주 606
과학 290, 291, 292, 493, 522
관념론(idealism) 25, 26, 34, 38, 45,

47, 53
절대자 140-141
바빙크의 관점 569
상관관계 362, 365
영원에 대한 관점 362, 365
하나님에 대한 관점 360-363
그린의 관점 538
관념론의 논리 230-231
성경관 330
교리 74
구속사 252
구원론 54
구체적 보편성(concrete universal) 40, 79, 83, 84
군사 용어 451
궁극적 원인 335, 376, 377, 381, 412, 429, 487
권위 95, 97, 241
귀납론자 405, 407, 408
그리스도 중심주의 600
그린(Greene, William Brenton, Jr.) 535
"극단적 초자연주의"(suffocating supernaturalism) 412, 413, 448
근대적 실재론 413
근접 원인(proximate causes) 376, 378, 380, 599
긍정주의, 긍정적(positivism) 353, 540
기계적 법칙 87
기도 (그리고 하나님의 계획) 115
기독교 개혁교회 24, 35, 283, 579, 611
기독론 67
기본적 덕목(cardinal virtues) 134, 137
기적 87, 338, 422, 528

기준 148

ㄴ

『나는 왜 하나님을 믿는가』(*Why I Believe in God*) 373, 388
내재주의적 해석(immanentistic interpretation) 163, 286, 287, 302, 400
네스토리우스주의(Nestorianism) 68
논리세계 88, 303, 311, 458, 462
니버, 라인홀드(Niebuhr, Reinhold) 253, 388
니체(Nietzsche, Friedrich) 247, 349

ㄷ

단순 유신론자(bare theists) 215
대속적 속죄 484, 486
덧붙여진 선물 185
덧붙여진 은혜(donum supperadditum) 289, 298
다아너(Daane, James) 28, 44, 77, 99, 130, 148, 330, 332, 335, 336, 337, 340, 341, 342, 343, 344, 593, 594, 595, 596, 599, 600, 601, 602, 604, 607, 608
데카르트(Descartes, René) 243, 286, 349, 551, 552
도덕적 양심 127, 128
도르트 신조(Canon of Dordt) 21, 611, 612
도예베르트(Dooyeweerd, Herman) 11,

32, 33, 256, 368
동굴의 비유 183, 188, 191
동기 126
등급 모티브(gradation motif) 530
디오티마(Diotima) 221

ㄹ

라이프니츠(Leibniz, G. W.) 231, 243
로마가톨릭
    변증학적 방법론 578
    권위에 대한 관점 241, 254-264
    일반은총 300-304
    윤리 132-135
    인간의 의식 192-195
    하나님에 대한 사람의 지식 106-107
    자연신학 434
    비존재 608
    접촉점 154-168
    전도 278
    형이상학적 구속 297
    과학관 292-293
    성경관 220
    죄와 은혜 296-298
    유신론 466
    신학 399
    전통 330
    진리 436
    워필드의 관점 155
로엘롭스(Roelofs, Howard Dykema) 345, 346, 348
로이스(Royce, Josiah) 88, 407

루터(Luther, Martin) 158, 334, 586
리델보스(Ridderbos, S. J.) 35, 284, 300, 303, 304, 305, 306, 565, 579
리차드슨(Richardson, Alan) 408
리츨(Ritschl, Albrecht) 250

ㅁ

마리뗑(Maritain, Jacques) 255
마셀링크(Masselink, William) 23, 24, 30, 32, 34, 76, 77, 117, 579, 608
마지막 일들 75
맥카이(Mackay, John A.) 253, 424
머레이(Murray, John) 52, 157, 177, 398, 597
메이천(Machen, J. Gresham) 32, 594
모더니즘 253, 340, 342
모순율(law of contradiction) 114, 115, 116, 117, 246, 247, 407, 443, 444, 502, 503, 580
목적론적 논증(teleological argument) 509, 574
목적론적 법칙들(teleological laws) 87
몬테규(Montague, William Pepperell) 456
문화적 헌장 48
물질주의(materialism) 538
미덕관 132
밀리칸(Millikan, Robert A.) 419

ㅂ

바르트(Barth, Karl) 22, 349, 350, 488, 493, 595, 596, 600, 602
바른 이성 532
바빙크(Bavinck, Herman) 8, 10, 22, 32, 54, 59, 171
반론의 불가 577
반 마스트리히트(Van Mastricht) 613, 614, 616
반역 118
반 할세마(Van Halsema) 27, 43, 77, 98, 367, 442
버스웰(Buswell, J. Oliver, Jr) 373
버클리(Berkeley, George) 27, 407
버틀러(Butler, Joseph) 170, 200, 221, 393, 396, 410, 463, 471, 472, 526, 535
번연, 존(Bunyanm, John) 226
범신론(pantheism) 58, 59, 101, 215, 353
범우주론(pancomism) 360
벌코프, 루이스(Berkhof, Louis) 54, 283
벨직 신앙고백서 21, 613, 615
변증법적 신학 22, 594
보운, 보던 P.(Bowne, Bordon P.) 551
보잔켓(Bosanquet, Bernard) 33, 232, 361, 407
복음의 제시 588, 589, 591
복음주의 93, 519
    변증학 452, 470
    윤리학 135
    인간의 의식 399, 454
    일관성 없는 개신교로서 466
    접촉점 169, 170, 174, 183,
    복음주의와 개혁주의 17, 298, 331, 335, 466
    워필드의 관점 169
본래의 의 159
본질 및 존재 257, 258, 259
본체 244, 317
볼렌호벤(Vollenhoven, D. H. Th.) 32, 33, 368, 446
부스웰 372, 487, 496, 504
부차적 309
불가분리 107
불가지론(agnosticism) 121
불가해성(incomprehensibility) 63
불멸성(immortality) 538
불신앙 572
불일치 593
불확실주의(equivocism) 461
브래들리(F. H. Bradley) 33, 230, 232, 237, 246
엄연한 사실(brute facts) 42, 261, 364, 421, 422, 430
브루너(Brunner, Emil) 250, 252, 386
브리엔느(Vriend, John) 357, 358
블록 하우스 방식(block-house methodology) 228
비결정론 415
비인격성 142
비존재 83, 85, 244, 430, 444, 529, 608
비합리주의

비합리(이성)주의와 권위 244
다아너의 비합리주의 595-596
비기독교적 인식론의 비합리주의 109
피퍼(Pieper)의 비합리주의 334
(합리주의/비합리주의 변증도 참조)
빈델반트(Windelband) 358, 372

ㅅ

사실 42, 234, 235, 310
사제주의(sacerdotalism) 155
삼위일체 57, 61, 67, 82, 126, 357, 465
색안경 275, 402
서술(predication) 102, 106
선결문제 요구의 오류(*petitio principii*) 207
선택 74, 121, 391, 596
섭리(providence) 367, 406, 408, 412, 415, 416, 422
성경 329, 330, 331, 332, 333, 334
　성경과 변증학적 방법론
　권위 53, 95, 218, 219, 233, 263-265, 270- 330, 348, 495
　무오성(infallibility) 23, 214, 273, 363, 373, 387, 593
　성경과 도덕성 32, 36, 304, 305
　필요성 536
　유일한 원리(*principium unicum*)로서 567,
　계시로서 95, 98, 129, 160, 214, 268, 276, 528, 536
　자증적 특성 324, 329, 331, 520, 531, 555, 559, 576,
　모든 것을 다룸 13, 504,
　충분성 279
　초자연적 계시로서 267
성경지상주의(biblicism) 331
성령 31
성육신 67, 68
세계 433
세계 전체는 무의미(세계 전체는 무의미(meaninglessness) 113
세실 드 보어(Cecil De Boer) 8, 25, 33, 36, 88, 282, 332, 363, 412, 431, 436, 437, 448, 523, 608
소크라테스(Socrates) 215
속죄 390, 484
수용적으로 재구성 121, 123, 128
쇼펜하우어(Schopenhauer, Arthur) 247
"순간"(키에르케고르의 "moment" 개념) 336, 337, 339, 340, 342
순수 사실성 243, 244, 245
순환논법 483, 492
순환적 추론(circular reasoning) 206
스킬더(Schilder, Klaas) 31, 525, 580, 582, 588
슐라이어마허(Schleiermacher, Friedrich) 249, 250
스콜라주의(scholasticism) 437, 438, 440, 463, 533
스토아철학자 126, 407
스토커(Stoker, Henrik) 368

스파이어스(Spires, Grady) 11
스피노자(Spinoza, B.) 102, 243, 365
시간 45, 192
    바르트의 시간관 608
    시간과 하나님 91
    시간의 궁극성 243
신뢰성의 동인 331
신비 63
신의식(sense of deity) 174, 181, 189,
    192, 203, 285, 300, 309, 403,
    410, 454, 455, 533, 534, 561,
    573
신의 존재 증명 313
신적 복사판(divine duplicates) 449
신정통주의(New-orthodoxy) 250
신조 21, 23
신 칸트주의(Neo-Kantianism) 153
신 프린스턴(New Princeton) 594, 608
신학 원리(principia) 11
신 현대주의 452, 493
실용주의 52, 330, 349, 350, 405
실재 80, 533, 537, 538, 540
실재론 79, 344
실재에 대한 경외감 350
실존주의 330, 607
싱어(Singer, Edgar A.) 96

ㅇ

아낙시만더(Anaximander) 251
아담 46, 47, 127, 133, 291, 440, 454,
    602
아담의 의식 121, 453

아르미니우스(Arminius, Jacobus) 21
아리스토텔레스(Aristotle) 255, 256,
    257, 258, 259, 260, 350, 352,
    437, 522, 528
아인슈타인(Einstein, Albert) 419
악 127, 146, 296, 297, 462
안셈(Anselm) 55
대립(antithesis) 30, 439, 534
후험적(a posteriori) 361
선험적(a priori) 361
알미니안주의 21, 283, 399
    변증학적 방법 221-228, 393
    구속교리 485
    권위 264-273
    자율권 370
    성경적 권위 396
    일반은총 582
    창조신앙 117
    전도 278
알스톤(William Alston) 207
얀센, 랄프(Janssen, Ralph) 283
양심 462
어거스틴(Augustine) 297, 372, 577
언약 190, 287, 290, 387, 394, 455
언약 파괴자 369
에메트, 도로시(Emmet, Dorothy) 247
홈리히하우젠(Homrighausen, Elmer
    George) 253
역사 192, 287, 583, 584, 589, 590,
    595, 596, 601
역사적 252, 603
역사철학 54, 76
역설 115, 116, 581

연속성과 불연속성 223, 302
연역 332
영국의 관념론 80
옛 사람/새 사람 401
오늘의 성경 373
오리겐 528
오토 파이퍼(Piper, Otto) 454
오포프(Ophof, George M.) 283
온건한 방식으로(suaviter in modo) 410
올레베케(Orlebeke, Clifton) 27, 38, 364, 520
와일드(Wild, John) 344, 346, 353, 354, 356, 371, 413
왓슨(Watson, Richard) 100
우르시누스(Ursinus) 615
우발성 413, 421
우연 243, 244, 245, 246, 266, 315, 418, 433, 513, 517
우주 94, 103, 110
워필드(Warfield, B. B.) 10, 32, 155, 156, 526
원격 원인(궁극적 원인 참조)
원근법주의(perspectivism) 247
원인 논증 574
원자론 235, 236, 238, 239
원형(archetypal)/복사(ectypal) 지식 106
웨스트민스터 신앙고백서 21, 65
웨스트민스터신학대학원 24
윌리엄 제임스(James, William) 52, 96
윌버 스미스(Smith, Wilur) 490, 496
유기(reprobation) 581, 582, 596
유디프로의 질문(Euthyphro question) 141
유명론(nominalism) 81, 385
유비 170, 521, 576
유신론 53, 200, 213, 228, 320, 465
유티커스주의(Eutychianism) 68
윤리 125
은혜 606
이성
    이성과 성경의 권위 219
    버틀러의 관점 171
    찰스 핫지의 관점 173-176
    타락한 인간의 이성 441
    일반적인 인간의식 454
    하나님의 선물로서 이성 182
    그린(Greene)의 관점 536-537
    해밀톤의 관점 548-557
    이성과 계시 445
    로마가톨릭의 관점 254
    워필드의 관점 532-534
이 세상 너머 저편(초월적) 11, 42, 206, 499, 500, 577
이신론 170
이신칭의 158
이원성 538
인간
    언약적 존재로서 288
    인간론 62-66
    하나님에 대한 지식 106-110
    재해석자로서 422
    계시적 성격 308
    궁극적인 준거로서 523
인간의 경험 267, 268, 279
인간의 궁극성(ultimacy) 179

인간의 본성에 일어났던 "대혼란" 161
인격론, 인격주의 81, 268
인격성 538, 539, 542
인식론 25, 111
일반계시 24, 32, 41, 215, 331, 506
일반상식 180
일반은총 10, 24, 28, 35, 44, 281, 283, 563, 579
일반은총과 스콜라주의 281
일시적 창조 360, 363, 365, 367, 372, 437
일원론(monism) 223, 368, 371, 405, 540
의(righteousness) 165
의식의 확실 538

ㅈ

자아 166
자연법 284, 415
자연신학 77, 282, 283, 284, 287, 292, 435
    구 프린스턴의 자연신학 435
    토마스 아퀴나스의 자연신학 39
자연의 통일성 210, 423, 461
자연철학 76
자유의지 297, 334, 440, 477, 485
자율성 99, 194, 225, 227, 242, 254, 276, 385, 530, 576
자의식 568
재세례파(anabaptism) 283
전도 199, 224, 277, 278, 469, 533
전문가의 권위 242, 248, 250, 253, 260, 262, 372, 505
전적 부패 129, 377
전적 타락 183, 212, 284, 304, 305, 306, 310, 400, 438
전제주의(presuppositionalism) 11, 204, 372, 427
전통적 변증학 263, 330, 393, 463, 535
전포괄적인 지식 114, 121
절대 윤리적 안티테제(absolute ethical antithesis) 24, 25, 30, 31, 59, 61, 196, 310, 439, 593
접촉점(point of contact) 38, 81, 131, 151, 203, 478
    알미니안주의 277
    카넬 478
    복음주의 169-171
    개혁주의 189-197
    로마가톨릭 154-168
제2원인(second causes) 335, 380, 412, 415
제노(Zeno) 444
제시 드 보어(De Boer, Jesse) 26, 33, 37, 282, 344, 345, 346, 347, 371, 413, 420, 422, 423, 438, 447, 451, 523, 533, 608
조직신학 52
존재 91
존재론적 논증 55, 574
존재론적 삼위일체 61, 67, 68, 167, 168, 357, 358, 367, 374, 580, 594, 596
존재 등급(scale of being) 530

존재 원리(principium essendi) 529, 43
존재 유비(analogy of being, analogia entis) 106, 289, 305, 307, 522
존재 일반 264, 472
존 칼빈 22
종교 심리학 418, 517
종말론 606
종속설(subordinationism) 83
죄 64, 89, 99, 118, 129, 273, 287
    악과 고통의 문제 457
    죄와 유한성에 대한 혼동 66
    죄의 소멸 146
    윤리적 단절 118
    죄와 인간의 지식 118-119
    죄와 죄의 내용들 386-389
    죄와 하나님을 아는 지식 286
    형이상학적 결핍으로서 296
    이성에 미치는 영향력 162
    죄에 대한 책임 143
    로마가톨릭의 죄관 162-163
죄 없는 시대와 죄 있는 시대 607
죄와 유한성 66
중립성, 중립화(neutrality) 205, 324, 444
중생 122, 126, 452
중생하지 못한 자 284, 614
중생하지 못한 자의 의식 122, 123, 130, 131, 436, 453
증거 546
지각 163
지식 69
지식 원리(principium cognoscendi) 529
지식을 억압 203

지식의 단계 522
지식의 원리 43
지식의 정도 436, 438
지옥 288, 486
지적 재세례파 35, 80
직관 178, 179, 181, 237, 238
직접적인 논증 207
진리체계 332, 333
진스, 제임스(Jeans, James) 419
질송(Gilson, Etienne) 255, 257, 259, 260, 261

ㅊ

세대주의(dimensionalism) 88, 420, 425, 438
창조 85, 86, 113, 275
창조적으로 구성적 122, 128
창조주를 섬기고 예배 94, 119, 129
창조주와 피조물의 구별 252, 292, 369, 471, 581
초기 개념 및 후기 개념 590, 606
초자연계시 267, 276, 447, 539
최고의 선(summum bonum) 126
추상적 보편성 40
추상주의(abstractionism) 332, 594
출발점 152, 157, 159, 171, 202, 204, 207
측량 및 측정 38, 314, 316, 434, 435, 566
침묵하는 사실들(mute facts) 42, 430

ㅋ

카넬(Carnell, E. J.) 408, 409, 476, 477, 478, 496, 504
카시러(Cassirer, Ernst) 152, 154
카이퍼(Kyper, Abraham) 8, 10, 11, 22, 24, 39, 122
칸트(Kant, Immanuel) 11, 28, 94, 121, 230, 235, 243, 244, 249, 250, 294, 317, 337, 365, 417
칼빈(Calvin, John) 178, 594
칼빈신학교(Calvin Theological Seminary) 7, 8
칼빈주의 5대 교리 464, 484, 506
칼빈 포럼 8, 25
칼케돈 신조 68
커티스(Curtis, Heber D.) 419
코헨, 모리스(Cohen, Morris R.) 413, 422
쿤(Kuhn, Helmut) 346, 349, 350, 351, 352, 353
크리스채너티 투데이(Christianiaty Today) 12
키에르케고르(Kierkegaard, Soren) 22, 336, 337, 338, 340, 341, 342, 343, 445, 594, 595, 596, 601
키케로(Cicero) 126

ㅌ

타고난 지식(*cognitationes insitae*) 301
타당한 주장(valid argument) 212
타락 64, 94, 275, 452, 601, 602
타락 전 예정론(supralapsarianism) 590, 607
타락 후 예정론(infralapsarianism) 590
타인 자본(borrowed capital) 522
탈레스(Thales) 369, 404
테일러(Taylor, A. E.) 200, 201, 210, 249, 254, 268
템플(Temple, William) 250
토마스 아퀴나스(Thomas Aquinas) 58, 132, 170, 200, 258, 526
톱 162, 175
통일성 223
통일성과 다양성 573
튜레틴(Turretin, Francis) 175
트렌트 회의 263
특별 원리 528, 529, 533
특수성 81, 84
특수주의(particularism) 156, 169

ㅍ

파르메니데스(Parmenides) 223, 231, 235, 444, 459, 573
파스칼(Pascal, Blaise) 349
팔레이(Paley, William) 509
페레(Ferré Nels F. S.) 253, 454
페이톤(Patton, Francis) 76, 558
포스트모더니즘 247
프란시스 쉐퍼(Schaeffer, Francis) 12
프린스턴신학교 24, 253
플라톤 60, 81, 140, 295, 350, 352, 372, 407, 522, 528
플라톤적 실재론 384, 385, 387

피기우스(Pighius) 335, 336, 376, 378,
　　380, 391, 415, 582, 589, 599,
　　600, 602
피셔(Fisher, George P.) 535
피어스(Peirce, C. S.) 88
피퍼(Pieper, Francis) 334
필로(Philo) 80
필연론(necessitarianism) 129

ㅎ

하나와 여럿(one and many) 57, 79,
　　81, 115, 123, 359, 374
하나님
　　바르트의 "절대적 타자"로서
　　　　250
　　절대적 인격체로서 126
　　내적 사역과 외적 사역 360
　　하나님의 자존성 55
　　하나님의 속성 59-60
　　　　공유적 속성 55-57
　　　　비공유적 속성 55-58, 68
　　생성으로서(바르트) 140
　　구체적 보편자로서 390
　　하나님의 의식 100
　　하나님에 관한 교리 357-366
　　하나님의 호의적 태도 580-581,
　　　　584-588
　　하나님의 자유 252
　　하나님의 영광 125
　　내재성 58-59
　　불변성 55-56
　　불가해성 63
　　무한성 56
　　불가시성 57
　　자신을 이해하시는 지식
　　　　100-103
　　세계를 이해하시는 지식 103-
　　　　106
　　편재성 56
　　전지성 57
　　하나님의 저지 591
　　자족성 358, 600, 607
　　단순성 56
　　하나님과 죄 379
　　하나님의 주권 597-599
　　하나님의 영성 57
　　구성적 생각 364-366
　　하나님과 시간 91
　　초월성 58-59
　　궁극적 원인으로서 416, 429
　　궁극적 환경 111
　　절대적 해석자로서 119
　　단일성 56
하나님과 인간 사이의 상호 연관성
　　(correlativism) 375, 385
하나님의 경륜(하나님의 계획, 사고,
　　작정 참조) 115, 116, 334, 375,
　　433, 448, 595, 601, 602
하나님의 자유로운 지식 105
하나님의 진노 583, 592
하나님의 필연적 지식 105
하몬드(Hammond, T. C.) 346
하와 97, 98, 234
하이델베르크 요리문답(Heidelberg
　　Catechism) 21

함축의 방법 361
합리론 109
합리주의(rationalism) 28, 29, 104, 204, 209, 231, 330, 336
합리주의/비합리주의 141, 223, 232, 337, 421, 500
핫지(Hodge, Caspar Wistar) 32, 159, 160, 163, 379, 390, 442, 536, 558
항의 조항(Remonstrant Articles) 22
해밀톤(Hamilton, Floyd E.) 540, 547
해석
    사실들에 대한 해석 58
    본질적으로 모호한 해석 348
    하나의 관점으로서의 해석 247
    해석과 측량 및 측정 435
핵심 진리 282, 522
행동주의(activism) 140
허용적 작정 381
헤겔(Hegel, Georg W. F.) 103, 109, 121, 388
헤겔사상 40, 45, 338, 342, 349, 375
스미스(Smith, Henry B.) 536
헬라철학 369, 370, 371, 466
헵(Hepp, Valentine) 24, 32, 179, 434, 436, 464, 522, 594, 608
현대 실존주의 330, 356, 593
현대주의 408, 452, 493
현대 철학 243, 247, 294
현상학(phenomenalism) 43, 47, 235, 245, 247, 417, 418, 608
형식적 믿음 560, 561, 564, 566
형이상학적 안티테제 367, 439

"혼돈과 태고의 밤"(chaos and old night) 413, 448, 460, 461
횃불과 나팔(Torch and Trumpet) 463
회개 285, 306, 320, 392, 398
회의주의(scepticism) 238, 564
후기 칸트주의 420
후험적(a posteriori) 논법 511
훅세마(Hoeksema, Herman) 28, 332, 580, 582, 605
흄(Hume, David) 271, 407, 497, 511
희망 147
헤라클리투스(Heraclitus) 223, 573
헤시오드(Hesiod) 413

변증학
The Defense of the Faith

2012년 08월 15일 초판 발행
2017년 05월 05일 초판 3쇄 발행

지은이 | 코넬리우스 반 틸
편　집 | K. 스코트 올리핀트
옮긴이 | 신국원

펴낸곳 | 개혁주의신학사
등　록 | 제21-173호(1990. 7. 2)
주　소 | 서울시 서초구 방배로 68
전　화 | 02) 586-8761~3(본사)　031) 942-8761(영업부)
팩　스 | 02) 523-0131(본사)　031) 942-8763(영업부)
홈페이지 | www.clcbook.com
이메일 | crpkor@gmail.com
온라인 | 기업은행 073-073466-01-010 예금주: 개혁주의신학사

ISBN 978-89-7138-015-4 (93230)

* 낙장·파본은 교환해 드립니다.